성서, 어떻게 가르칠 것인가?

Zur Bibel motivieren
by Gerd Theißen

성서,
어떻게 가르칠 것인가?
– 열린 성서 학습의 길

게르트 타이쎈 지음
고원석·손성현 옮김

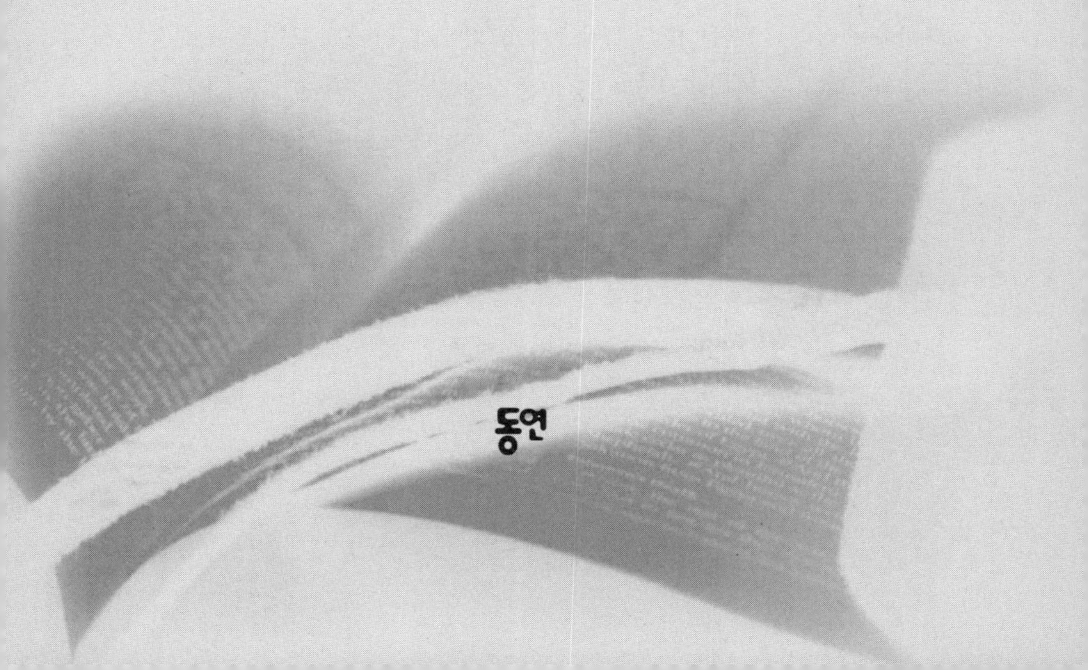

동연

한국어판 서문

다원화된 세상의 성서 읽기

성서 교수학은 성서에 대한 사랑에서 시작한다. 성서를 사랑하는 사람은 다른 사람들을 위해서 성서의 문을 활짝 열어놓으려고 한다. 특히 자라나는 세대와 이 세상의 모든 사람들을 위해 그렇게 하고 싶은 것이다. 성서를 사랑하는 사람은 성서의 작은 것 하나하나도 소중히 여긴다. 문구 하나하나, 다양한 버전의 이야기, 전혀 성서에 있을 법하지 않은 주변부의 작은 이야기조차도 모두 소중히 여긴다. 그러나 엄밀히 말해, 성서의 독자는 성서 안에서 가장 중요한 것을 파악하기 원한다. 그렇다, 성서는 하나님과의 대화, 다른 인간과의 대화를 가능하게 해주며 삶을 변화시키는 책이어야 한다. 성서는 많은 사람에게, 교회에게, 나아가 모든 인류에게 근본적인 책으로 자리매김했다. 오늘날 성서는 모든 대륙에 있는 사람들을 서로 연결시켜 준다. 동아시아와 유럽, 한국과 독일에 사는 사람을 하나로 묶는다.

성서를 사랑하는 사람은 성서 안에서 가장 중요한 것을 찾고자 한다. 그것은 하나님과 그리스도에 대한 근본적인 확신, 그리고 성서의 근본적 모티브에 대한 확신이다. 사실 신앙이란 바로 이 근본 모티브를 통해 인간의 삶에 깊숙이 스며든다. 예컨대 이 세상이 무(無)로부터 창조되었다는 확신, 창조 세계 안에 감추어진 지혜에 대한 확신, 전에는 한 번도 본 적이 없는 기적적인 사건이 갖고 있는 가공할 능력에 대한 확신, 개개인의 신앙이 성공적인 삶을 위한 열쇠가 된다는 확신 등이 여기에 속한다. 성서 안에서 가장 중요한 것은 바로 이러한 근본적 모티브로 요약될 수 있다. 나의 성서 교수학은 그런 근본적 모티브를 찾아내려고 한다. 그러나 내가 찾아낸 모티브가 최종적인 것이라고 주장하지는 않는다.

성서를 사랑하는 사람은 우리의 마음속에 있는 이 근본적인 확신에 생기를 불어넣고 싶어 한다. 여기서 중요한 것은 문구 하나하나가 아니라, 성서의 말씀 하나하나가 진실이라는 믿음이다. 성서에 대한 근본적인 확신이 계속해서 살아 움직이는 것이 중요하다. 하나의 언어를 배우기 위해서 그 언어로 쓰인 모든 책을 읽는 것은 불가능하다. 그러나 그 모든 책을 쓰는 데 언어적 틀을 제공하는 기본 규칙은 파악할 수 있다. 마찬가지로 우리는 성서에서도 그런 기본 규칙을 파악하고 그것의 도움을 받아 새로운 텍스트, 즉 성서의 정신을 계승하는 새로운 텍스트를 써내려갈 수 있다. 나의 성서 교수학은 이러한 기본 규칙이 어떤 것인가를 묻고 있다.

성서를 사랑하는 사람은 지구촌 세계에서 다른 사람의 신념을 함부로 무시하거나 업신여기지 않으려고 한다. 그러므로 성서를 다른 종교와 함께 대화하는 자리로 이끌어 내는 일과 성서적 신앙의 독특성을 규정하면서 아울러 다른 종교의 독특성과 관계를 맺는 일이 무척 중요하다. 이를 통해 상호 존중의 분위기가 형성돼야 한다. 지금 우리는 – 유럽이건 동아시아건 – 다원화된 세상에서 살고 있기 때문이다.

성서를 사랑하는 사람은, 성서와 멀리 떨어진 채 살아가는 사람들이 성서에 다시 관심을 갖게 되기를 바란다. 성서 문화권에 속한 나라에서도 심각한 세속화가 진행됐다. 그러므로 성서 교수학은 비종교적 확신과도 대화하려고 한다. 이 대화에서도 상호 존중의 분위기를 유지하는 것이 중요하다. 그래서 우리는 세속적인 사유 안에서 성서의 근본적 모티브와 유사한 것들을 찾아보려고 한다. 가령 성서의 근본 메시지 가운데 하나는 회개(돌이킴)의 기회다. 인간은 다시 한 번 새롭게 시작할 수 있다. 비록 실패한 인간이라 할지라도 모든 것을 새롭게 하시는 하나님의 능력을 신뢰할 수 있다. 우리의 세속화된 세상도 이와 유사한 심리 치료적 관점을 발전시켰다. 모든 사람은 다른 사람의 도움을 받아 자기 삶을 다시 한 번 고칠 수 있다는 것이다. 물론 우리가 인간의 회개와 갱신에 부족함이 없을 정도로 충분한 심리 치료 모델을 제공할 수는 없을 것이다. 그러나 우리는 이러한 심리 치료의 문화를 통해서 모든 사람에게 왜 회개가 필요한지를 자신 있게 주장할 수 있다.

성서를 사랑하는 사람은 무엇보다도 그 성서 안에서 하나님과 마주하게 될 것이다. 이 하나님은 구약성서에서 "나는 곧 나다"(출 3:14)라고 자신을 소개하신 분이다. 신약성서는 이 하나님을 한 마디로 이렇게 표현한다. "하나님은 사랑이다. 사랑 안에 있는 사람은 하나님 안에 있고, 하나님도 그 사람 안에 계신다"(요일 4:16). 성서를 사랑하는 사람은 바로 이 하나님, 곧 사랑의 하나님과 잇대어 살기를 원하는 것이다.

나는 이 책을 한국어로 옮겨 준 고원석 교수와 손성현 교수에게 감사의 마음을 전한다. 두 사람은 유럽과 동아시아의 상황을 잘 이해하고 있다. 두 사람 모두 독일에서 박사 학위를 했으며 독일의 종교적·신학적 상황도 잘 알고 있다. 그 두 사람은 성서에 대한 이 책의 사상, 곧 유럽의 콘텍스트에서 생성된 그 사상이 한국에서도 풍요로운 열매를 맺을 수 있다고 본 것이다. 이것이 나에게는 더욱 큰 기쁨으로 다가온다.

2010년 5월 9일
하이델베르크에서
게르트 타이센

독일어판 서문

가르치는 일은 중단할 수 없다

성서학자가 성서 교수학(Bibeldidaktik)에 관한 글을 쓰는 데 특별한 이유를 갖다 붙일 필요는 없다. 성서학자는 성서 본문에 대해 강의를 하고, 일반인들에게 성서를 연구하고픈 마음이 들도록 동기부여하는 사람이다. 성서학자는 항상 성서 교수학과 씨름한다. 그런데도 지금까지 성서학 전문가가 쓴 성서 학습론은 없었다. 내가 이 책을 쓰게 된 데는 몇 가지 특별한 이유가 있다.

먼저 개인적인 이유를 들자면, 1970년대에 나는 인문계 고등학교에서 종교와 독일어를 가르치는 교사였다. 나는 교사라는 직업이 만족스러웠고, 대학에서 교수로 일하면서도 나 자신을 교사라고 생각했다. 이 책에서 전개될 성서 교수학은 성서 가르치는 것을 업으로 삼고 지금까지 내가 걸어온 길을 돌아보며 결산하는 의미를 담고 있다. 나의 성서 학습론은 내가 고등학교 교사로 일할 때부터 키워왔던 생각과 경험의 열매다. 성서 학습론은 묻는다. 우리는 왜 다음 세대에게 성서를 전해주어야 하는가? 성서가 명상을 위한 좋은 텍스트, 그리스도교 공동체의 기본 규범, 문화적이고 역사적인 자료이기 때문인가? 성서 학습론은 많은 사람들이 성서를 읽고, 성서를 연구하도록 하는 여러 가지 길 가운데 하나다.

성서는 우리 사회의 기초가 되는 문화적 정보에 속한다. 굳이 교회에 나가 설교 본문으로 성서를 접하지는 않는다 하더라도 성서는 반드시 알아야 한다. 그런데 이러한 사실을 의식하고 있는 사람은 소수에 불과하다. 성서 교수학은 묻는다. 지성인이라면 왜 성서를 연구해야 하는가? 성서에서 말하는 신앙과 아무 관계없이 사는 사람도 해당이 되는가? 그 어떤 것으로도 대치될 수 없는 무언가가 성서에 있다는 말인가? 이런 질문에 답하는 것이 성서 교수학, 특히 열린 성서 교수학(offene Bibeldidaktik)의 과제다. 열린 성서 교수학은 그리스도교적인 교육을 받으며 자라지 않은 사람까지도 염두에 둔다.

교회 안에서도 성서에 대한 논란이 많다. 성서의 가치를 높이 평가하는 것은 흔히 보수적인 정서의 징표로 간주된다. 신학 토론의 장에서 어떤 성서적 (혹은 '성서에 충실한') 신학을 옹호하는 사람을 보면 대부분 시대의 흐름에 대한 보수적 반론이 버티고 있을 뿐, 시대의 흐름에 저항하는 예언자적 통찰이 느껴지는 경우는 아주 드물다. 성서에 대한 애정이 제일 빈약한 것은 지적 수준이 높고 진보적인 사람들이다. 열린 성서 교수학은 특히 이런 사람들, 비판적이고 개혁적인 세력에게도 관심이 있다. 열린 성서 교수학은 개방적인 그리스도교의 대표자들이 성서에 대한 사랑을 회복하기 원한다. 보수적인 그리스도인에게는 성서의 의미에 대해 설득할 필요가 없다.

이런 설득 작업은 개신교 안에서도 필수적이다. 개신교 전통에서 성서는 개인 신앙의 핵심이었다. 그런데 오늘의 개신교 신앙은 종교철학이나 예술, 예배학, 영성, 윤리학, 명상 등 다른 곳에서 자기 확실성을 추구하고 있다. 개신교가 가톨릭과 가까워지는 것은 환영할 만한 일이다. 가톨릭이 성서를 재발견한 것도 마찬가지다. 하지만 개방적인 성향의 그리스도교 진영에서 성서의 지위가 매우 낮다는 사실은 충격적이다. 성서의 중요성이 약화되었다는 것은 개신교의 생명력이 약화되었다는 증거다. 현재 개신교 성인 교육이나 각종 세미나에서 성서는 별로 중요한 역할을 하고 있지 않다. 물론 '교회의 날' 행사에서는 여전히 많은 사람들이 성서 연구 워크숍을 찾고 있으며, 여기서는 성서를 집중적으로 연구하는 분위기가 더욱 고조되고 있다.

세속적인 세상에서 성서의 의미를 호소력 있게 전파하는 일은 가톨릭이나 개신교 모두에게 어려운 일이다. 양측 모두 다른 종교와의 대화 속에서 성서에 대한 이해를 새롭게 점검하지 않을 수 없는 상황이다. 유대인과 모슬렘도 성서를 인용한다. 불교도와 힌두교도도 성서에 대한 나름의 입장을 표명하고 있다. 이 모든 것이 배움의 기회다. 다른 종교를 가진 사람들과의 대화, 또 그리스도교 문화권에서 자랐지만 완전히 세속적으로 살고 있는 사람들과의 대화가 자기 자신의 신앙적 토대, 자기가 기대고 있는 전통에 대해 깊이 생각할 수 있는 계기가 되는 경우가 많다.

신학은 성서에 대한 근본적 확신을 주로 해석학의 형태로 전달한다. 여기서 해석학은 보편적인 이해의 학문이기도 하고 특별히 성서 해석학이기도 하다. 어떻게 먼 과거에 생겨난 텍스트를 오늘 이 시대의 사람들이 읽고 이해할 수 있으며, 어떻게 그 텍스트가 오늘 우리에게도 유효한 것인지를 묻는 것이 해석학이다. 해석학은 바로 그런 이해를 이해하려고 노력한다. 하지만 해석학은 성서 읽기의 구체적 현실과 상당히 동떨어져 있는 경우가 많다. 성경을 이해하거나 오해하는 사람들이 발 딛고 서 있는 구체적 상황에는 이르지 못하는 것이다. 나의 성서 학습론이 아주 실제적인 물음에서 출발하고 그런 물음을 철저하게 짚어 나가는 것은, 나의 근본적인 고민을 현장과의 긴밀한 유대 속에서 논구하기 위함이다.

이 책을 쓰면서, 실천 지향의 학문을 하는 사람이라면 누구나 맞닥뜨릴 수밖에 없는 딜레마를 나도 확실히 느끼게 되었다. 만족할 만한 학습론이 없는 상황에서도 가르치는 일은 중단할 수 없다는 것이 바로 그 딜레마다. 성서 학습론은 무수히 많은 학문 영역과 맞닿아 있다. 해석학, 역사 이론, 종교철학, 종교심리학, 사회학, 발달심리학, 종교교육학, 도야 이론, 어마어마하게 많은 성서 신학, 종교학, 현대 이론 등등 다 헤아리기 어렵다. 게다가 현대인의 정서에 대한 이해도 필요하다. 아무도 이 모든 것을 제대로 공부할 수 없다. 각기각색의 이론 조각들을 하나의 납득할 만한 체계 안으로 아우르는 일도 결코 쉬운 일이 아니다. 하지만 모름지기 책임 있게 자기의 일을 추진해 나간다는 것은 자기가 하고 있는 일의 목표와 내용과 방법을 분명히 밝히고, 최선의 지식과 양심을 동원하여 그 일에 임하는 것이다.

이 책이 나오기까지 나는 많은 이들에게 감사의 빚을 졌다. 이 책의 초고를 꼼꼼히 읽고 조언을 해준 사람들에게 먼저 고마움을 표한다. 대학에서는 하인츠 슈미트, 헬무트 슈비어, 한나 로제, 아네테 메르츠가 수고해 주었고, 현장에서 일하는 사람으로는 헬무트 뫼드리처가 일찍부터 나의 원고를 읽어 주었다. 일선 학교의 교장인 바바라 쾨르만, 랄프 호흐쉴트도 함께해 주었다. 특히 헬무트 슈비어와 함께 세미나를 이끌어 가면서 이 책의 주제에 대해서 논의하고, 그와 함께 나의 초고에 대해서 이야기를 나눈 것이 큰 도움이 되었다. 책의 내용을 수정하는 데 직간접적으로 자극을 준 여러 학생들에게도 진심으로 감사한다. 원고를 편집하는 데는 앙케 가이스도르프와 크리스티나 바그너의 도움을 입었다. 심리학적 응용 부분에서는 (특히 방법론 부분에서는) 아내와의 많은 대화가 도움이 되었다. 내가 이 책을 처음 써내려가고 있을 때 아내는 교육심리학을 강의하고 있었다. 오래전부터 아내는 심리 치료사로 일하고 있다.

나는 이 책을 하르트비히 티엔(Hartwig Thyen) 교수에게 헌정한다. 평생 성서에 대한 사랑을 – 때로는 신앙의 기본 텍스트로, 때로는 감동적인 문학 작품으로 – 전파하는 데 열심이었던 나의 오랜 동료에게!

2002년 10월
하이델베르크에서
게르트 타이쎈

역자 서문

“죽음의 시간이 이를 때까지 우리와 동행하는 책, 오직 하나인 책이 있다.
이 책은 우리에게 삶을 가르치고, 죽음을 가르친다.
우리가 이 책을 제대로 읽고 이해할 수 있다면
이 책의 깊은 곳에서 항상 새로운 빛이 비쳐날 것이다.
그 빛은 우리가 신뢰하는 영원의 아침노을이다.”
– 에두아르트 슈프랑어(Eduard Spranger)

“성서는 그 내용 자체가 신성한 근원을 증명하는 책이다.
성서는 나의 가장 고귀한 보물이며,
그 보물이 없었다면 나는 비참한 사람이었을 것이다.”
– 임마누엘 칸트(Immanuel Kant)

성서 학습의 중요한 파트너가 되길 바라며

성서를 혼자 읽고 새기며 좋아하는 것과 그 책을 다른 사람에게 잘 가르치는 것은 전혀 다른 일이다. 성서를 가르치되, 학습자가 마지못해 따라오는 경우와 학습자 스스로 성서의 세계에 적극 다가서는 경우는 전혀 다르다. 성서를 혼자 읽는 데 그치지 않고, 성서를 가르치는/가르치고 싶은/가르쳐야 하는 사람에게는 그 무엇보다도 절실한 물음이 있다. 어떻게 하면 성서를 잘 가르칠 수 있을까? 어떻게 가르치면, 배우는 이가 자발적으로 그 책과 만나 대화하면서 풍요로운 삶을 살 수 있을까? 어떻게 가르치면, 그에게서 성서를 읽고픈 마음이 피어오를까? 이 책은 그 물음을 더 깊이 파고들고, 더 넓게 확장시키면서 우리 시대 성서 학습의 필연성과 가능성을 진지하게 모색하고 있다. 그래서 이 책의 원제는 ‘성서로 (다가서게끔) 동기부여하기' (Zur Bibel Motivieren), 부제는 '열린 성서 교수학의 과제, 내용, 방법' (Aufgaben, Inhalten und Methoden einer offenen Bibeldidaktik)이다.

교수학(Didaktik)은 '가르치다' 는 뜻의 그리스어 디다스케인(didaskein)에서 나온 말이며, 성서 교수학도 흔히 기독교 '교육' 의 한 분야로 갈무리된다. 성서 교수학에 대한 책은 – 성서학 전공자의 연구를 인용하거나 활용할망정 – 당연히 기독교교육학자의 몫이었다. 그런데 그런 당연함을 보란 듯이 깨고 나온 창조적인 '영역 침범' 의 대표적인 사례가 바로 이 책이다. 세계적 신약학자인 게르트 타이쎈(Gerd Theißen)이 집필한 성서 교수학 개론서라니! 이 책이 출간됐을 때(2003년) 독일에서 기독교교육학을 전공하던 역자들에게는 신선한 충격이 아닐 수 없었다. 타이쎈의 성서 교수학은 출간되자마자 독일 기독교교육학자들의 깊은 관심과 비평의 대상이 되었다. 신약학자 타이쎈의 풍부한 (기독교)교육학 지식과 교육학적 통찰은 경탄할 만한 것이었다. 시간이 흐르면서 타이쎈의 이 책은, 잉고 발더만이나 호르스트 클라우스 베르크의 성서 교수학과 함께 가장 널리 읽히는 성서 교수학 이론서로 자리매김했다.

타이쎈은 우리나라에 가장 많이 소개된 신약학자 가운데 한 사람이다. 그의 초기 저작인 『예수운동』에서, 가장 최근 저작인 『기독교의 탄생』까지 무게 있는 신약학 저술이 거의 대부분 우리말 혹은 영어로 번역됐다. 그래서 타이쎈이 성서 교육, 넓게는 기독교 교육에 관해 지대한 관심을 지니고 있었다는 사실이 의아스러울 수도 있다. 그러나 그는 신학교를 졸업한 뒤 독일의 본(Bonn)에서 인문계 고등학교 교사로 재직한 경력을 가지고 있다. 한때 타이쎈은 고등학생들에게 〈종교〉와 〈독일문학〉을 가르치는 선생님이었던 것이다. 신약학 교수가 된 뒤에도 성서에 별로 관심이 없는 사람, 성서가 낯설게 느껴지는 젊은 세대에게 가까이 다가서려는 타이쎈의 부단한 노력과 빼어난 글솜씨는 1986년 『갈릴래아 사람의 그림자』라는 베스트셀러를 탄생시켰다. 이야기 형식으로 써내려간 역사적 예수 연구의 걸작으로 꼽히는 이 책은 2010년 현재 17쇄가 나온 스테디셀러다. 학문적 성서 연구에도 충실하면서, 오늘날 젊은 세대의 감수성에 호소할 수 있는 서사 구조와 문체가 돋보인 『갈릴래아 사람의 그림자』! 그 책의 저자인 타이쎈을 단순히 '대중 친화적인' 신약학자로 한정할 수는 없다. 거기에는 타이쎈의 (기독교)교육적 관심과 열정이 작용하고 있었던 것이다. 그리고 그것이 무르익고 확장되어 구체적인 이론의 열매로 나타난 것이 바로 타이쎈의 성서 교수학이다.

타이쎈의 성서 교수학이 오늘 우리의 성서 학습, 즉 한국 교회와 신학교의 성서 학습의 장에서도 중요한 대화 파트너가 될 수 있을까? 독일의 기독교/교육과 한국의 기독교/교육은 너무나 다르지 않은가? 독일은 전통적인 기독교 국가요, 종교 수업이 공립학교에서도 두루 실행되고 있는 나라요, 타종교를 바라보는 시선도 한국 사회의 그것과는 사뭇 다르다. 그럼에도 불구하고 '성서를 어떻게 가르칠 것인가?'에 대한 근본적인 물음 앞에서 다양한 사유의 빛, 동시에 어떤 일관된 태도를 보여주고 있는 이 책이 한국의 신학자, 신학생, 교회학교 교사, 혹은 그저 성서에 남다른 관심이 있는 일반인들에게 의미 있는 이론적 안내서, 대화의 파트너가 될 수 있으리라고 확신한다. 독일 기독교교육을 전공한 역자들의 눈에는, 세부적인 면에서 타이쎈의 지나친 도식화나 일반화가 아쉽게 느껴질 때도 있었다. 하지만 아직 독일 기독교교육학에 대한 소개가 부족한 한국의 실정에서는 그의 거친 요약·정리가 나름대로 미덕이 될 수 있겠다고 판단했다. 어쨌든 이 번역서는 타이쎈의 성서 교수학에 다소간 매료된 역자 두 사람의 학문적 교류와 우정의 성과다. 전반부(처음부터 4장까지)는 손성현, 후반부(5장부터 끝까지)는 고원석이 일차적으로 번역한 뒤, 수차례 만나 상대방의 번역을 검토하고 우리말을 다듬었다. 결코 쉽지 않은 번역을 하면서 우리의 피곤함을 씻어준 것은 성서에 대한 우리의 관심과 애정만이 아니라, 이 책을 함께 읽으며 오늘 우리의 성서 교수학을 만들어 갈 학생들에 대한 기대와 애정이었다. 앞으로 우리가 만나게 될 학생들에게 꼭 필요한 책이 되기를, 그들만의 성서 교수학을 다져나가는 데 단초가 되는 책이 되기를 바라는 마음 간절하다.

이 책을 번역하는 동안 귀중한 학문적 조언을 주시고 따뜻한 격려를 아끼지 않으셨던 장로회신학대학교의 장흥길 교수님, 감리교신학대학교의 송순재 교수님께 이 지면을 빌려 감사드린다. 그리고 글을 함께 읽으며 내용을 바로 잡아준 김장섭 박사, 그리고 교정을 도와준 고수진 목사, 김지현 군, 최희진 양에게도 고마움을 표한다. 또한 빠듯한 일정, 무더위와 싸워 가며 좋은 책을 만들기 위해 애써 주신 동연출판사의 김영호 사장님과 직원들에게도 감사의 마음을 전하고 싶다.

2010년 8월
서울 광나루/냉천동에서
고원석 · 손성현

차례

한국어판 서문 _4
독일어판 서문 _7
역자 서문 _12

들어가는 말 – 열린 성서 교수학의 과제 _21

1부 성서 학습의 목적

1장 | 일반교양과 성서

1. 교양 개념과 그 특별한 아우라 _37
2. 자연과학, 사회과학, 정신과학의 현실 이해와 성서 이해 _47
   자연과학 _47
   사회과학 _52
   정신과학 _56
3. 과거와 현재 속에서 인간의 자기 이해와 성서 이해 _59
   성서는 우리의 과거 이해에 어떤 기여를 하는가? _60
   성서는 현재의 의사소통에 어떤 기여를 하는가? _63
   성서는 자기 정체성의 발견에 어떤 기여를 하는가? _66

2장 | 종교 수업과 성서

1. 해석학적 모델: 삶의 방향 제시와 문화적 기억 활용 _83
   해석학적 성서 교수학의 태동 _84
   영향사적 해석학을 통한 심화 _85
   해석학적 성서 교수학에 대한 비판: 의심의 해석학, 문화적 기억의 해석학, 타자성의 해석학 _88

2. 문제 지향적 모델: 문제 해결의 잠재력, 그리고 문제 해결의 한계 _94
문제 지향적 성서 교수학의 태동 _95
학습 목표와 실용적 요구로 환원된 성서 텍스트 _101
문제 지향적 성서 교수학에 대한 비판: 유토피아, 그리고 우연성 극복의 필연성 _103
3. 상징 교수학 모델: 상징 언어, 상징의 정치학 _106
성서적 상징 교수학의 태동 _106
상징 개념의 구분 _110
상징 교수학에 대한 비판: 상징의 역사성과 양면성 _113
4. 케리그마 모델: 하나님과 만날 수 있는 기회, 종교 경험의 기회 _118
케리그마적 성서 교수학의 태동 _121
케리그마적 성서 교수학의 발전 _124
케리그마적 모델에 대한 비판: 열린 성서 교수학을 변론함 _137

2부 성서 학습의 내용

3장 | 교수학적 분석의 기준
1. 성서의 요체화 _151
근본: 성서의 정신적 토대 _151
요체: 삶과 배움의 토대가 되는 것 _155
표본: 근본적 구조와 요체적 내용을 증명해 주는 텍스트들 _159
2. 성서의 대화화 _161
세속적인 담론 간의 대화 _162
종교 간의 대화 _163
종파 간의 대화 _164

4장 | 성서의 요체화
1. 그리스도교 신앙의 두 가지 근본 원칙 _168
유일신 사상 _169
구원자 신앙 _171

2. 성서적 신앙의 근본 모티브 _175
창조 모티브 _176
지혜 모티브 _179
기적 모티브 _182
소외 모티브 _185
희망 모티브 _189
회개 모티브 _192
엑소더스 모티브 _195
대속 모티브 _198
거주 모티브 _202
신앙 모티브 _204
아가페 모티브 _206
입장 바꾸기 모티브 _209
심판 모티브 _211
칭의 모티브 _213

5장 | 성서의 대화화
1. 현실의 세속 문화와 대화하는 성서 _229
그리스도교의 제1원칙: 하나님 신앙과 세속 경험 _232
그리스도교의 제2원칙: 구원자 신앙과 세속 경험 _245
성서의 근본 모티브에 이르는 세속적 통로 _252
2. 타종교와 대화하는 성서 _265
종교 유형론: 타종교를 조망하려는 시도 _270
유대교와 성서: 구약성서의 독자적 가치 _281
이슬람과 성서: 꾸란에 나타난 하나님상(像)과 예수상(像) _292
힌두교와 성서: 아힘사와 비폭력 _302
불교와 성서: 선택 사상에 대한 저항 _307
다원주의 종교 이론과 성서 _315
3. 타종파와 대화하는 성서 _325
제도의 절대화: 가톨릭과 프로테스탄트 원리 _328
문자의 절대화: 근본주의와 프로테스탄트 원리 _328
업적의 절대화: 사회도덕주의와 프로테스탄트 원리 _330

3부 성서 학습의 방법

6장 | 학습 동기화와 관련된 일반 범주들

1. 동기화와 종교 _343
    - 자극을 통한 동기화 _344
    - 욕구감소로서 동기화 _346
    - 인지적 정보처리로서 동기화 _349
    - 동기화 형식 _351
2. 동기화와 해석 과정 _357
    - 성서 수업에서 긍정적/부정적 동기화 _358
    - 성서 수업에서 동화/조절 동기화 _360
    - 성서 수업에서 내적/외적 동기화 _361
    - 성서 수업에서 자발적/타율적 동기화 _362
3. 성서 이해를 위한 동기: 종교적 관심 _363
    - 종교적 동기와 관심 _365
    - 종교적 경험과 종교적 관심 _367
    - 종교적 감수성과 종교적 관심 _370
    - 보편적 의미 욕구와 종교적 관심 _371
    - 종교 교육에 있어서 경험적 관심 _377

7장 | 성서 학습의 동기화

1. 성서 학습의 연합동기유발 _388
    - 환경설정 _389
    - 언어 _390
    - 그림 _392
    - 음악 _392
2. 성서 학습의 성취동기유발 _395
    - 형식적 성취 _396
    - 비형식적 성취 _396
    - 합의적 성취 _398

3. 성서 학습의 모방동기유발 _399
실제 모델 _400
매개 모델 _400
허구 모델 _401
4. 성서 학습의 문제동기유발 _402
해석 과제 _402
비교 과제 _407
성찰 과제 _410
재구성 과제 _413
5. 성서 학습의 결과동기유발 _417
결과의 개연성 _417
결과의 조성 _419
6. 성서 학습의 자발적 동기유발 _419
교사 역할 떠맡기 _421
협동 수업의 모형 _424
주석가 역할 떠맡기 _426
성서의 역할 떠맡기 _427

부록: 교실에서 소란을 줄이기 위한 전략

본문 주석 _449
참고문헌 _495

■일러두기

- 본문 주석은 미주로 처리해 부록 다음에 있습니다.
- 본문 아래 각주는 옮긴이가 독자의 편의를 위해 덧붙인 역주입니다.
- 성서 인용은 『새번역 성서』를 원칙으로 했습니다.
- 꾸란 인용은 『코란』(The Holy Qûran), 서울, 이슬람 국제 출판국, 1988을 사용했습니다.

들어가는 말

열린 성서 교수학의 과제

성서를 학문적으로 연구하는 것을 직업으로 삼은 사람은 성서의 동기유발 능력에 대해 생각할 필요성을 거의 느끼지 못한다. 성서가 그 사람 삶의 일부이기 때문이다. 그는 성서 안에서 살고, 숨쉬고, 생각한다. 다른 사람들은 그 성서와 씨름하고 싶은 마음이 없다는 사실을 그가 상상이나 할 수 있을까? 그는 성서의 역사적 콘텍스트 안에서 성서의 의미를 탐구하며, 그 의미가 현대인들에게도 삶의 동기가 될 수 있다고 믿는다. 그러나 그것은 그렇게 당연한 일이 아니다.

한 가지 먼저 물어야 할 것이 있다. 그 사람이 몰두하고 있는 그 성서는 어떤 책인가?[1] 성서가 **고백의 책**이라면 이때 성서는 교회의 책이다. 교회의 제단 위에 놓인 성서는, 바로 그 성서를 통해 하나님과의 만남이 가능해진다는 믿음을 의미하는 가시적 상징물이다. 성서는 설교의 본문이며, 중요한 결정의 근거가 되며, 신학의 토대가 되는 책이다. 성서는 개인의 삶 속에서 **명상의 책**으로 쓰일 때도 하나님과의 만남을 약속한다. 이때 성서는 매일의 독서와 묵상을 위한 말씀이다. 성서의 언어가 일상적 의식의 흐름 속에서 깨어날 때 성서는 내밀한 삶을 이어나간다. "주님은 나의 목자시니 내게 부족함이 없으리로다." 실수를 저지른 뒤 성서의 언어가 불쑥 튀어나오기도 한다. "우리가 우리에게 죄 지은 자를 사하여 준 것 같이 우리의 죄를 사하여 주옵시며……." 마지막으로 성서는 우리의 사회 속에서 **교육의 책**이기도 하다. 여기서 성서는 수업과 학문의 대상이 되는데, 비단 신학이나 종교 수업뿐만이 아니라 문학, 예술, 역사, 윤리 과목에서도 교육의 소재가 된다. 수백 년 동안 성서는 예술에 영감을 불어넣었고, 오늘날에도 위대한 예술가들에게 영감의 대상이다. 성서학자가 사람들에게 성서 연구에 대한 동기를 불러일으키고자 할 때, 그가 생각하는 성서는 교육의 책이다. 하지만 그보다 중요한 것은 아마, 성서가 이 모든 영역에서 **길들여지지 않는 책**이라는 점이다. 성서 안에 있는 사유 가운데 상당수는 도무지 교회가 사용할 수 없는 성격의 것이다. 신앙심을 고취하는 교훈적인 것을 기대했던 사람이라면 실망하기 쉽다. 성서는 교육의 책이 되기에도 상당히 껄끄러운 책이기 때문이다.

바로 이런 책을 사랑하는 사람이라면 성서 교수학의 문제를 생각하지 않을 수 없다. 교수학(Didaktik)이란 현재 우리의 지식과 능력 중에서 어떤 것을 다음 세대에게 전수할 것인지, 어떤 목적으로, 어떤 것을 선별하여, 어떤 순서로 전수할 것인지에 대한 성찰이다. 우리의 다음 세대가 우리 문화의 위대한 책이요 신앙의 토대인 성서를 배우고 있다는 사실은 오랫동안 아주 당연한 일로 받아들여졌다. 그러나 지금은 그 이유를 제시해야만 한다. 이것은 비단 학교 수업에만 국한된 상황이 아니라 우리의 문화 전체, 대학 교육, 성인 교육, 대중 매체, 개개인의 교양과도 관련된다.

학교나 교회에서 성서를 가르치는 교사들과 목사들은 상당히 힘든 시간을 보내고 있다. **세속화**의 영향력은 점점 강해지고 있다.[2] 함부르크나 베를린 같은 대도시에서는 유아 세례 비율이 절반에 못 미친다. 2000년 통계에 의하면 청소년의 83퍼센트가 교회에 가지 않는다.[3] 그리스도교가 계속해서 교회의 모습으로 존속할 것이며, 쇠락의 현실은 그 핵심 영역에만 해당될 뿐 사회복지 사업이나 교육 사업과 같이 사회적인 인정을 받고 있는 영역에서는 살아남게 되리라는 메시지, 즉 진보적인 문화신학의 메시지는 회의에 부딪혔다.[4] 세속화의 파도를 극복한 여러 가지 가운데 하나가 바로 성서라는 사실을 문화신학 진영은 의식하지 못하고 있다. 오히려 교회 안의 예술품이 더 큰 인기를 누리고 있다. 대중음악에 등장하는 종교적 요소가 성서보다 더 강한 인상을 준다. 이 모든 것에도 불구하고 성서는 건재함을 과시하고 있다. 바로 이런 의미에서, 일반적인 세속화 이론은 자기기만에 바탕을 두고 있다는 문화신학의 논제에는 어느 정도 타당성이 있는 듯하다.

그런가 하면, 세속화처럼 보이는 것이 실제로는 다원화라는 시각도 일리가 있다.[5] 내적으로 다원성이 크게 부각되고 있는 대규모 교회에서는 다양한 사람들을 결속시키는 일이 매우 어렵다는 것이다. 그에 비해, 그리스도교 신앙의 분명한 특징을 제시하고 내부적으로 강렬한 확신을 공유한 소규모 공동체들은 전성기를 맞고 있다. 이런 경향은 그리스도교 이외의 종교 집단에서도 나타나고 있어, 일각에서는 종교의 귀환에 대해 말할 정도다. 대도시에서는 일요일에 가톨릭 성당이나 개신교 예배당을 찾는 사람보다 소규모 종교 공동체로 모이는 사람들이 더 많다는 사실을 이제는 신학생들도 알고 있다. 그런데 이런 소규모 집단 가운데 상당수가 성서를 중심으로 모이고 있다. 그러므로 우리가 분명히 알고 넘어가야 할 것이 있다. 이백 년 전부터 종교의 종말에 대한 예언이 있었으나 실제로는 그 종말이 찾아오지 않았다는 사실이다. 프리드리히 니체는 말했다. "신은 죽었다!" – 이 말은 백여 년 전부터 통용되는 말이다(니체가 말한 신은 사실상 성서의 신이었다). 그러나 "신은 말했다. 니체는 죽었다!" – 이 말은 지금까지 백 년 동안, 또한 앞으로도 계속 통용될 것이다.[6] 종교는 계속 존재할 것이다. 세속화의 그림자로, 약간 거리를 두는 그리스도교적 형태로, 국가 교회의 종교성으로 인간 안에 존속할 것이다. 끊임없이 인간을 움직이는 그리움, 곧 완전한 타자에 대한 그리움을 느끼는 현대인 속에 존재할 것이다. 마지막으로, 그리고 무엇보다도 성서 독자들 속에서 살아 있을 것이다. 성서를 읽는 사람들은 쉽게 이 세상에서 사라지지 않을 것이다.

성서 교수학은 이러한 상황을 전제하고 사람들을 성서와의 진지한 만남으로 유도하려고 한다. 한편으로는 종교 수업이 교회나 성서와 함께 주변부로 내몰리지 않기 위해서 안간힘을 쏟고 있다. 그러나 다른 한편으로는 많은 사람들이 바로 그 종교 수업을 통해서 종교 문제나 윤리적 문제와 진지하게 씨름할 수 있는 기회를 찾고자 한다. 다른 대부분의 영역에서는 그런 문제가 완전히 내몰려 있는 상황이기 때문이다. 성서는 내몰려 있는 것에 내재된 힘과 종교적 물음의 내구성으로 산다. 문화신학은 바로 이 점을 고려해야 한다. 문화신학이 성서를 교회에 의해 좌우되는 빛바랜 그리스도교의 일부로 생각한다면 그것은 큰 오산이다. 이런 상황에서 성서 교수학의 과제는 교회 안에서도 성서에 대한 관심을 불러일으키는 것이다. 사실 교회 안에서도 성경 이야기만 나오면 하품이 나오는 이른바 성서에 대한 권태(Bibelmüdigkeit)를 느낄 때가 종종 있다. 하지만 이것은 성서의 문제가 아니라 일부 교회의 문제다. 성서 교수학은 이러한 상황에 이의를 제기할 필요가 없다. 다만 성서 교수학은 다음 세대와 이 사회와 학교와 성서 앞에서 성서 공부의 타당성을 밝혀내는 일에 흔들림 없이 정진할 뿐이다.

교수학은 다음 세대를 염두에 둔 자기 해명이다. 설문 조사에 의하면 어린이 성서는 아주 좋은 성과를 내고 있다. 청소년들은 성서가 나이든 사람이든 문제 있는 사람이든 모두에게 중요한 책이라고 치부하는 편이다.[7] 청소년들이 자발적으로 성서에 관심을 갖는 일은 없다. 그렇다고 종교 교사가 수업 시간에 성서를 활용하지 않는 상황을 정당화하려는 것은 아니다. 어떤 여대생은 대학에 오기 전까지 아홉 해 동안 종교 수업을 받았는데 수업 시간에 한 번도 성서를 펴본 적이 없다고 말했다. 이런 말을 들으면 현대 사회가 성서와 같은 전통의 가치를 급격히 하락시키고 있다는 느낌이 강해진다.[8] 그런데 바로 이렇게 빠른 속도로 진행되는 전통의 '소모'는 매우 역설적인 효과가 있다. 오래된 전통일수록 현대화의 소용돌이에 쉽게 휩쓸리지 않는다. 최신 유행하는 사조가 뉴욕을 빠져나가는 속도에 비하면 예루살렘과 아테네의 사유 세계가 현대로부터 멀어지는 속도는 차라리 느린 편이다. 그러므로 이제 우리는 성서 교수학의 첫 번째 물음을 던진다. "새 천년 대를 살아갈 우리의 다음 세대에게도 이 책을 진지하게 연구할 것을 당부하고자 한다면 그 근거는 무엇인가?" 이 질문에 비하면, 현대의 문학 작품 중에서 과연 어떤 것을 선별하여 우리 자녀에게 전수시킬 것인가 하는 질문은 비교적 대답하기 쉬운 것 같다.

성서를 다음 세대에게 전수하려는 의지는 또한 우리가 살고 있는 이 세상의 **공공성**(Öffentlichkeit)에 비추어 볼 때도 정당한 것이어야 한다. 교수학은 교육 정책을 수립하기 위한 논의의 장에서 어떤 과목의 타당성을 주장하는 데 도움을 준다. 다양한 단체들이 자기네에게 유의미한 지식 체계를 학교 커리큘럼에 편입시키려고 경쟁을 한다. 교회는 우리의 다음 세대가 (현재 브란덴부르크 주에서 실행되고 있는) 중립적인 과목인 '세계관–윤리–종교'(Lebenskunde-Ethik-Religion)에서도 성서를 접할 수 있게 되기를 바란다. 교회는, 젊은 세대가 자기 정체성을 찾아나가는 과정에서 함께 부딪히며 고민을 나눌 수 있는 사람들이 종교 과목을 통해 성서를 가르치기를 원한다. 열린사회의 최소 합의를 넘어서서 인생의 중대한 문제에 자기 입장을 세울 수 있고, 자기의 존재를 걸고 무언가를 위하여 헌신할 수 있는 사람들이 젊은 세대에게는 필요하다. 우리 사회가 합의에 도달한 최소한의 가치들, 가령 '역사에 대한 책임', '인간 존엄성의 불가침성', '연대', '자연에 대한 존중' 은 그저 당연한 가치들인가? 이런 말의 배경에는 하나님에 대한 책임, 하나님의 형상으로 창조된 인간, 이웃사랑의 계명, 창조 세계 보존의 명령과 같은 성서의 '이야기' 가 있음을 볼 수 있어야 하는 것 아닐까? 그러므로 성서 교수학의 두 번째 핵심 물음은 다음과 같다. "성서가 단순히 설교 본문으로 기능할 때는 성서에 귀 기울이지 않는 사람들이라 할지라도, 성서를 우리 문화의 근본 텍스트로 여기게 하고 그 성서를 진지하게 연구하는 것을 우리 사회의 의무로 만들 만한 근거를 가지고 있는가?"

성서를 다음 세대에게 전수하려는 의지가 있으면 우선 교사들부터 설득시켜야 한다.[9] 교수학은 교사에게 동기를 부여한다. 교수학은 교사들이 자기 안에서 학습 동기가 유발되는 것을 느끼고, 나아가 학생들에게도 학습 동기를 유발하는 데 도움을 주는 모든 지적인 시도를 포괄한다. 자기 안에서 먼저 확실해진 것, 우리는 그것만을 다른 사람에게도 확실하게 가르칠 수 있다.[10] 이것은 학교 교육에만 해당되는 것이 아니다. 신학대학의 교육도 마찬가지다. 현재 신학대학 커리큘럼 개혁에 대한 논의에서도 우리 시대의 여러 문제를 직접 다루는 수업의 비율은 높이되 성서 연구 과목의 비율을 낮추려는 경향이 있다.[11] 여기서 우리는, 과연 성서 연구가 우리의 기대를 만족시킬 수 있을 것인지에 대해 회의적인 사람들이 있음을 느낄 수 있다. 그런 사람들에게 볼프 비어만(Wolf Biermann)*이 했던 말을 들이대고 싶은 마음이 든다. "여러분은 성서라는 등불을 말(됫박)로 덮어두어서는 안 됩니다. 성서는 요즘 세상에도 은혜롭게 써먹을

*볼프 비어만(1935~). 독일의 대표적인 시인 가수. 자신의 신념에 따라 17세 때 동독으로 이주했지만 12년 후인 1976년 동독 집권당을 비판하는 예술 활동이 문제가 되어 동독에서 서독으로 추방당해 세계적인 주목을 받았다.

만한 요소가 조금 남아 있는 것에 불과한 그런 책이 아닙니다. 성서는 인류의 경험을 기록하고 있는 중요한 책이며 앞으로도 그럴 것입니다. …… 우리 인간이 – 꼭 하나님을 끌어들이지 않는다 해도 – 이 세상에서 다른 인간과 더불어 경험할 수 있는 모든 것이 담겨 있는 최초의 위대한 개론서랍니다. 그러므로 성서는 여러분의 책이자 나의 책입니다."[12] 그러므로 성서 교수학의 세 번째 질문은 다음과 같다. "우리는 종교 수업이 단순히 세계관을 가르치는 수업이 되어서는 안 된다는 사실, 젊은 학생들의 삶을 동반해 주려고 한다면 성서에 대한 진지한 연구가 필요하다는 사실을 교사들에게 납득시킬 만한 근거를 가지고 있는가?" 또한 "종교 과목을 대치하는 과목(윤리나 철학 과목)에서도 성서 읽기가 필요하다는 사실을 납득시킬 만한 근거를 가지고 있는가?"

마지막으로, 성서를 다음 세대에게 전수하려는 의지는 성서 자체에 대해서도 정당한 것이어야 한다. 성서는 오래된 책이다. 성서는 나이든 사람들에게나 필요한 것이라고 치부하는 청소년들만 그 사실을 알고 있는 것은 아니다. 성서가 오래된 책이라는 사실은 우리 성서학자들이 더 잘 알고 있다. 우리는 성서가 유래한 그 옛날의 세상을 알고 있다. 우리는 그 과거의 세상을 존중하는 법을 훈련받았기에, 오늘의 현실을 과거의 현실에 투영한 해석에 빠져들지 않는다. 어쩌면 바로 그렇기 때문에 성서학자들은 – 보통 다른 사람들은 갖고 있지 못한 – 교수학적 고민의 훈련이 되어 있다고 말할 수 있을 것이다. "성서는 정말 오래된 책이에요!" 하고 말하는 청소년들을 우리는 충분히 이해한다. 하지만 한번 생각해 보자. 어쩌면 바로 그 오래됨 자체가 소중한 것 아닐까? 우리의 현대적 사고방식에 저항하는 그 오래됨이 소중하지 않은가? 하나의 정경을 만들어 내고, 그 안에 담긴 수많은 전복적 사유가 잊히지 않고 살아남도록 한 것이야말로 이스라엘이 인류에게 선사한 가장 큰 선물 가운데 하나가 아닐까? 이로써 성서 교수학의 네 번째 물음이 떠오른다. "우리는 너무나 낯선 이 오래된 책을 연구하고, 우리의 자녀에게 전수할 만한 근거를 가지고 있는가?"

우리 시대의 지적인 상황은 이런 물음을 놓고 진지하게 대화할 만한 수준이 된 것 같다. 우리가 살고 있는 세상은 종교인과 비종교인이 함께 살아가야 하는 세속화 이후의 세상이라는 인식이 확대되고 있다. 전통 종교가 현대 사회를 재점령할 수 없는 것과 마찬가지로 세속적 지성도 종교의 종말을 희망할 수 없는 상황이다. 두 진영 모두 서로의 이야기를 귀담아들어야 한다. 1980년대 이후 만연된 '포스트모던'의 정서는 이런 변화를 용이하게 했다. 예컨대 포스트모던 건축은 서로 어울릴 것 같지 않은 스타일을 조합하여 새로운 형태의 예술을 가능하게 했는데, 이는 전혀 생경한 것과도 어울릴 수 있는 우리 사회 분위기의 표출이었다. 인간 지식의 궁극적 근거에 대한 회의, 진보에 대한 회의, 객관적 현실 인식의 가능성에 대한 회의도 커졌다. '거대 서사'는 불신의 대상이 되었다.[13] 비록 사람들은 포스트모더니즘을 하나의 역류 현상, 즉 인류의 거대한 흐름은 언제나처럼 한 방향으로 흘러가고 있다는 것을 증명하는 역류에 불과하다고 보기는 하지만, 포스트모더니즘은 종교의 현실을 변화시켰다. 종교가 현대 사회의 한 요소라면, 종교를 잘 이해하는 것이 계몽이다. 어쩌면 종교가 스스로를 이해하는 것보다 종교를 더 잘 이해하는 것이 계몽에 가깝다는 것이다. 종교인에게는 세속적인 세상의 이해 방식에 따라 살 것을 강력하게 요구하면서 스스로는 종교적 확신과 대화에 임하기를 거부한다든지, 대화의 기본은 상대에 대한 존중일진대 종교인에 대한 기본적인 존중마저 여읜 종교 비판이나 퍼붓는다면 그것은 결코 계몽의 정신에 부합하는 것이 아닐 것이다.[14] 하지만 종교는 포스트모던 정신을 가진 사람에게도 여간 까칠한 대상이 아니다. 종교란 것이 애당초 궁극적 근거가 되려고 하고, '거대 서사'를 제시하고, 스스로 절대 진리를 소유하고 있다고 주장하기 때문이다.

이 책이 그리는 열린 성서 교수학은 모든 사람이 다가설 수 있는 성서 이해를 추구하며, 그 '삶의 자리'는 세속화 이후의 현대 사회다. 종교적 내용을 내포하고 있는 성서 교수학은 지금까지 교회의 선교 활동의 일환으로 이해되었다. 포스트모던 정서는 다른 사람의 확신에 편안하게 공감하되, 거기에 무조건 동의해야 한다는 의무감은 느낄 필요가 없다. 포스트모던 정서는 자기의 신념을 표현하되 그 신념의 선교사가 되지는 않아도 된다.

현대의 상황에 대해 포스트모더니즘과는 정반대 반응을 보이는 것이 바로 그리스도교 근본주의다. 그리스도교 근본주의는 경건주의 전통과는 구별돼야 한다. 경건주의는 17~18세기로 거슬러 올라가며, 이 경건주의에서 결정적으로 중요했던 '회심'이란 예수를 향한 헌신과 경건의 실천(*praxis pietatis*)이었다. 경건주의는 교회라는 제도를 거부했고, 삶과는 동떨어진 정통 신학도 거부했다. 경건주의의 주관주의는 근대적인 요소였다. 그에 비해, 북아메리카에서 시작된 근본주의는 세속화되는 정치 및 19세기 근대 과학에 대한 반작용이었다.[15] 근본주의자들은 1878년 나이아가라 신조에서 축자영감설 외에도 그리스도론, 동정녀 탄생, 대속의 죽음, 부활, 예수 재림에 대한 네 개의 고백을 신앙의 '핵심'(Essentials)으로 지목했다. 그러나 그들에게 더 중요한 관심사는 다음 세 가지였다.

(1) 역사 비평적 성서 연구에 대한 거부, 즉 보편적이고 합리적인 성서 해석에 대한 거부.

(2) 창조 이야기를 문자 그대로 이해하는 창조론으로 진화론에 맞서 싸움.

(3) 전통적인 도덕 수호 – 특히 여성 해방, 낙태, 동성애 반대.

'복음주의' 는 근본주의와는 달리 비교적 온건한 입장으로서 현대 문화에 우호적이고[16] 최소한의 신학은 허용한다. 성서의 내용은 가능하다면 최대한 역사적이어야 하며, 교회의 신앙도 가능한 한 최대로 지켜 나가야 한다는 입장이다. 복음주의는 극단적인 근본주의적 입장과는 의식적으로 거리를 둔다.

근본주의는 1980년대에 이르러 그리스도교, 유대교, 이슬람교에서 르네상스를 경험했다.[17] 경건주의가 주관주의를 통해 근대 세계와 접점을 찾았다면, 최근의 근본주의도 이와 비슷한 양상을 띤다. 포스트모던 정서가 모든 확실성의 상대화와 다원주의를 수용하는 반면, 근본주의적 정서는 확실성의 해체에 저항한다. 그러므로 후자는 형식적으로나마 근대적 정서와 유사하다. 근대적 정서는 객관적인 학문적 인식과 보편적으로 확실한 도덕적 판단과 진보의 힘을 고집한다. 이와 마찬가지로 근본주의는 객관적인 종교적 진리, 확고한 도덕적 가치, 전 세계에 임하는 종말론적 구원에 집착한다. 근본주의는 종교의 실추된 권위를 정치적 힘으로 탈환하려는 시도이며, 종교를 (유사-)근대의 산물로 팔아치우려는 시도다. 신앙을 무슨 과학 이론처럼 객관적 사실로 고착시키려는 시도인 것이다. 그리하여 성서 해석의 전권을 차지하기 위한 가차 없는 공격이 전개된다. 역사 비평은 최대의 적수다. 기업을 경영하는 사람들이 보편적인 경영 철학을 무시하는 '이단자' 를 결코 용납하지 않듯이, 근본주의는 근본주의 신앙을 의문시하는 비판자를 용납하지 않는다. 하지만 그게 다가 아니다. 우리의 자본주의 사회가 어떤 이론을 평가하는 기준은, 그 이론이 얼마나 성공적으로 생산품이 되느냐 하는 것이다. 시장은 진리 발견의 도구로 간주된다. 현대 근본주의도 바로 이 법칙을 따른다. 근본주의는 자신의 '생산품' 을 성공적으로 판매하고자 한다. 그러기 위해서는 시장 전략을 활용해야 한다. 그래서 근본주의는 반(反)근대적인 성향에도 불구하고 현대적이며 근대적인 모습으로 자신을 꾸민다. 최신 전자 장비를 활용하는 교회는 근본주의의 발명품이다. 근본주의는 반근대주의가 근대주의의 옷을 입고 나타난 것이다.

근본주의와 복음주의 진영은 열성적으로 성서를 내세운다.[18] 사실 성서는 모든 교회의 공통분모다. 하지만 (개신교) 교회 내에서 '성서' 와 '성서적인 것' 을 치켜세우는 사람들의 생각이 서로 일치하는 것은 아니다. 이 두 단어는 복음주의 진영에서 암호처럼 쓰이고 있지만, 분열의 소지를 내포하고 있기도 하다. '성서의 말씀대로' – 복음주의는 이 말을 거의 키워드처럼 사용한다 – 사는 사람들은 교회 안에서도 소수에 불과하다. '성서 교수학' 이라는 개념도 부정적인 느낌을 불러일으킨다.[19] 열린 성서 교수학은 현재 개신교회의 '유행' 에 맞서 의식적으로 '성서' 와 '성서적인 것' 이라는 단어를 사용하고, 이런 단어의 가치를 회복시켜야 한다. 이것은 제2차 바티칸 공의회 이후 가톨릭교회에서 '성서' 가 진보적인 신학의 상징이 된 것과도 통하는 일이다. 라틴아메리카의 바닥 공동체를 통해 성서의 진가가 재발견된 것이 이런 변화의 촉진제가 되었다. 열린 성서 교수학은 개신교의 일부가 성서로부터 멀어져 가고 있다는 사실에 너무 의기소침할 필요가 없다. 열린 성서 교수학은 '성서' 가 영향력을 발휘하는 범위가 교회의 울타리와 정확하게 일치하는 것은 아니라는 사실을 보여줄 수 있다. 구약성서(혹은 제1성서)는 유대교의 경전이기도 하다. 구약과 신약으로 나뉜 성서는 이슬람에서도 계시의 완성으로 나아가는 전 단계로 간주된다. 성서는 그리스도인만의 책이 아니다. 성서는 교회의 영역을 훨씬 뛰어넘어 유럽의 역사에 영향을 끼쳤으니, 성서 비판과 종교 비판도 이런 영향사에 속한다. '성서적' 이라는 형용사의 범위는 근본주의, 복음주의, 개신교, 가톨릭, 교회 혹은 그리스도교의 울타리보다 훨씬

크고 넓다. 그러므로 우리는 열린 성서 교수학을 주창하는 것이다.[20]

신앙을 가진 사람과 그렇지 않은 사람을 구분하지 않는, 모든 사람을 위한 열린 성서 교수학은 성서의 모습 그 자체와 닮아 있다. 유대교는 경전을 만들어 낸 최초의 종교다. 이로써 유대교는 책의 종교라는 한 전형을 창출했다. "유대교, 그리스도교, 이슬람교 같은 책의 종교가 가진 매력은 사람들이 그 종교의 예배 의식이나 생활 형식에 종속되지 않고도 – 철저한 식사 관습, 메카 순례, 미사 참석, 종교 수업 없이도 – 그 종교와 사귈 수 있다는 점이다. 믿고 안 믿고는 또 다른 문제다. 하지만 그와는 별도로 책 읽기는 가능하다"(J. Ross).[21] 물론 책의 종교는 하나같이 선교하는 종교라는 특성이 있다. 하지만 그와 무관하게 그 종교의 책을 읽을 수도 있다. 이로써 독자는 성서가 생겨나는 데 어느 정도 영향을 미친 중요한 동기와 마주하게 된다.

성서가 만들어질 때에는 외적인 요인이 있었다. 구약성서 정경의 형성은 에스라로부터 시작되는데, 에스라는 기원전 4세기 초 페르시아 왕의 명령에 따라 '하늘의 하나님의 율법'에 기초하여 유대 공동체를 새롭게 건설한 사람이다(에스라 7장). 우리는 그가 어떤 '율법'을 가져왔는지 알 수 없다. 어쨌든 그 율법은 대내적으로 하나의 새로운 질서를 세웠을 뿐만 아니라, 대외적으로 유대교의 자율성을 확고히 했다. 그래서 페르시아의 통치자들도 그 율법을 존중하려고 했다. 정경 형성에 외적인 요인이 개입되는 사례는 칠십인역, 즉 구약성서의 그리스어 번역에서 또 한 번 일어났다. 『아리스테아의 편지』에 의하면, 칠십인 역은 유대인이 아닌 사람을 위해 유대 종교를 설명한 것이다. 이 번역은 그 당시 명성이 자자했던 알렉산드리아 도서관에 비치하기 위해 완성되었다(Aristeas 9 이하). 이 편지는 이방의 왕과 번역자들이 올바른 통치에 대해 오랜 대화를 나누는 모습을 보여준다. 비록 이 편지가 전설에 가까운 전승이라 할지라도, 유대인의 관점에서 보면 칠십인역은 – 이 번역의 배경을 이루고 있는 실제 역사적인 동기와 무관한 – 순수하게 내부 문서로 만들어진 것은 아니었다.

그에 비해 신약성서는 오로지 초기 그리스도교의 내적인 자극에서 나온 것이다. 신약성서는 소수 집단을 위한 문헌이다. 바로 그렇기 때문에, 신약성서 안에서 공공성에 대한 지향이 나타나 있다는 사실이 놀라운 것이다. 그리스도교 문헌의 기초가 되는 최초의 문서들은 '복음', 즉 공적인 성격을 지닌 '기쁜 소식'을 주제로 삼았다. '복음'은 초기 그리스도교의 첫째 편지인 로마서의 주제이기도 하다. 로마서 1장에서 바울이 언급하고 있는 수신자는 모든 민족(롬 1:16-17), 그리스 사람, 미개한 사람, 지혜가 있는 사람, 어리석은 사람이다(롬 1:14). '복음'은 첫 복음서의 주제이기도 하다(막 1:1). 이 복음은 온 세상에 전파되어야 한다(막 13:10, 14:9). 물론 여기에는 선교적 의도가 있다. 하지만 신약성서는 원칙적으로는 모든 사람에게 읽히는 책이 되려고 했다. 믿는 사람만 읽는 책이 아니다. 이미 증명된 바와 같이, 고대에는 그리스도교를 비판하려는 사람들도 성서를 꼼꼼히 읽었다. 그러므로 열린 성서 교수학은 성서 자체의 의도와 모순되지 않는다.

우리의 성서 교수학은 지금부터 크게 세 단계로 전개될 것이다. 맨 앞에는 성서 연구의 (학습) 목표에 대한 물음이 있다. 오늘의 지성인들이 도대체 왜 성서를 연구해야 하는가? 왜 우리는 어린이나 청소년과 함께 성서를 읽어야 하는가? 두 번째 단계에서 우리는 성서를 통해 무엇을 공부해야 하는지 물을 것이다. 성서의 내용 중에서 우리가 어린이들과 함께 공부할 수 있을 정도로 핵심적인 내용은 무엇인가? 성서의 어떤 면이 다른 사람과의 커뮤니케이션을 촉진하는가? 제일 마지막 부분은 성서 수업의 방법론과 씨름한다. 세 단계 모두가 전제하고 있는 바는, 어떤 교수학(Didaktik)도 성서 자체보다 성서를 잘 설명해 낼 수 없다는 사실이다. 성서가 끊임없이 읽히는 까닭은 자기 안에 동기를 유발하는 힘을 지니고 있기 때문이다. 성서 교수학은 이 동기부여의 에너지가 성서 독서와 성서 연구의 '실질적인' 동기로 전환될 수 있도록 도울 수 있을 뿐이다.

1부

성서 학습의 목적

– 왜 우리는 성서를 공부해야 하는가?

왜 우리는 성서를 공부해야 하는가? 이 질문은 학교나 수업에만 해당되는 질문이 아니다. 우리의 문화 전체가 이 물음에 대해 분명한 자세를 취해야 한다. 그래서 우리가 첫 단락에서 다루게 될 질문은, 과연 성서가 얼마만큼 우리의 일반교양에 속하느냐는 것이다.[22] 그 다음에는 성서가 얼마만큼 종교 교육에 속하느냐는 질문을 던진다. 이것이 결코 당연한 문제가 아니기 때문이다. 성서는 종교 교육의 중심부에서 밀려난 상황이다.

1장

일반교양과 성서

– 교양인이 성서를 알고 이해해야 하는 이유

호메로스는 그리스인의 성서였다. 그리스인들이 호메로스가 믿었던 신들을 더 이상 믿지 않게 되었을 때에도, 그들은 호메로스의 서사시를 놓지 않았다. 그리스도인들도 호메로스의 서사시를 읽었다. 호메로스는 고대가 몰락한 뒤에도 인문적 교양과 문학적 교양의 필수 요소로 남아 있다. 성서에게도 이와 비슷한 일이 일어나야 할까? 과거 성서는 모든 세계관과 인생관의 토대였으나 이제 그 토대는 침식되고 있다. 과연 성서는 이러한 상황 속에서도 살아남을 수 있을까? 몇 가지 가능성이 있다. 고대 후기에 교양 있는 그리스도인들이 호메로스의 저작을 읽었던 것과 마찬가지로, 현대에는 베르톨트 브레히트, 에른스트 블로흐, 레스첵 콜라코프스키, 마네 스페르버와 같은 비그리스도교 지성인들이 성서를 읽었다.[23] 하지만 고대의 그리스도인들이 호메로스의 신들을 믿지 않았던 것처럼, 성육신

한 하나님을 믿지 않는 사람들에게 성서는 어떤 가치를 지니고 있을까? 그런 성서 이해를 토대로 유대인이나 모슬렘과 소통할 수 있을까?

1. 교양 개념과 그 특별한 아우라 – 성서는 교양 이론에 어떤 기여를 하는가?

'빌둥'(Bildung)* 이라는 독일어는 다른 나라 말로 옮기기 어렵다. 하지만 이 단어가 뜻하는 바는 독일어에만 있는 어떤 특이한 것이 아니다. '교양'은 단순한 지식 혹은 지적 숙달 그 이상이다. 물론 그 '이상'이 무엇인지에 관한 논의는 마치 안개에 휩싸여 있는 듯할 때가 많다.

먼저 이 단어는 신학의 유산인가? 이 개념에 드리워진 독특한 아우라는 '교양'이라는 말이 나오는 이야기의 맨 처음에 하나님이 등장하기 때문인가? "하나님이 당신의 형상(Bild)대로 사람을 창조하셨으니, 곧 하나님의 형상대로 사람을 창조하셨다"(창 1:27). 그 형상은 인간이 죄를 지어 타락하면서 상실되었으며, 인간이 그리스도의 형상으로 변화됨으로써 회복되어야 할 형상이다. 신약성서는 인간이 인간된 것은 달라지기 위함이라는 독특한 사상을 관철시켰다. 인간은 다시 태어나기 위해 태어난다. "앞으로 우리가 어떻게 될지는 아직 밝혀지지 않았습니다"(요일 3:2). 이로

---

* '빌둥'(Bildung)에 대한 우리말 번역어로는 '교양', '교육', '도야', '형성' 등이 있었다. 빌둥은 참된 자기의 모습을 갈고 닦는 주체적이고 역동적인 과정의 요소를 내포하기에 '도야'(陶冶)라는 번역어가 적절하게 다가오는 맥락이 있다. 다른 한편, 그런 과정이 이룩해 낸 사상적 · 문화적 결과라는 의미로 쓰일 때는 '교양'(教養)도 좋은 번역이 될 수 있다. 그런가 하면 (국가) 제도적 · 행정적 차원에서 교육과 관련된 모든 것을 뜻하기도 하기에 그럴 때는 '교육'으로 번역돼도 무방하다. 본서의 번역자들은 빌둥을 일단 교양으로 옮기고, 예컨대 도야로서 빌둥의 의미가 강조돼야 할 부분에서는 두 단어를 함께 쓰는 방식을 택했다.

써 삶 속에 불안정함이 찾아왔다. 이 불안정성은 교양에 대한 생각에도 계속 영향을 끼치고 있다. 우리에게 태어날 때부터 주어져 있는 것을 뛰어넘어 다른 것이 되려고 하는 의지야말로 교양의 중요한 구성 요소이기 때문이다. 인간은 어떤 경우에도 하나님의 형상이다. 여기에는 아무런 의심의 여지가 없다. 그러나 불안정성은 성서의 또 다른 음조다. 성서에는 창조 이래로 지속되고 있는 하나님 형상에 대한 진술이 있는가 하면, 구속의 역사를 통해 새롭게 획득해야 할 형상에 대한 진술도 있다. 기원후 2세기 교부 이레네우스는 하나님 형상(*imago Dei*)을 하나님과의 유사성(*similitudo Dei*)과 구분함으로써 그 두 가지 진술을 연결시켰다. 그에 따르면 하나님의 형상은 창조의 기본 구조로서 인간 안에 보존돼 있다. 인간이 죄를 지었을 때 하나님과의 유사성은 상실되었지만 하나님의 형상은 남았다. 하나님과의 유사성은 구속의 역사를 통해 회복되어야 한다. 하나님은 인간이 하나님의 아들이 되게 하시려고 인간의 아들이 되셨다(이레네우스, 『이단논박』 III,10,2). 그러므로 인간이 하나님과 동등한 형상을 되찾는 것은 구속사의 결과요 하나님의 '교육 사업'의 결과다.

교육 사상의 발달사는 세속화의 과정이라고 말할 수 있다. 과거에는 하나님의 형상을 되찾는 것으로 생각됐던 것이 지금은 인간의 과제가 되었다. 교양은 자연이 인간에게 부여한 것을 실현하는 도구로 이해된다. 인간은 하나님의 존귀와 위엄을 반사하는 존재가 아니라, 자기의 존귀함을 드러내는 존재로 파악된다. 하나님의 구속 사역을 통한 변화가 아니라 인간의 자기 계발을 통한 변화가 부각됐다. 이러한 교육 사업은 (1) 인간의 삶 내에서 (2) 삶의 테두리를 벗어나지 않는 목표를 지향하며 (3) 자기 자신의 노력으로 이루어져야 한다. 교육(교양) 사상의 발달사에서 뚜렷한 족적을 남긴 세 시대가 있다.[24]

(1) 신비주의는 인간이 하나님과 동등한 형상이라는 사실과, 그 형상의

상실과 회복을 위대한 구속사의 과제로 보지 않고 인간의 내적인 역사로 이해했다. 하나님은 피조물 속으로 당신 자신을 완전히 내어주셨는데, 인간의 영혼이 그분에게 다시 가까이 다가갈 때 피조물로부터 자신을 되찾으신다. 내면으로 향하는 신비의 길은 인간을 하나님과 동등한 형상으로 '빚어냄'(Bildung)의 길이 된다(마이스터 에크하르트).

(2) 르네상스는 그 동등한 형상의 발전을 인간 안에 있는 내적인 기질의 전개로 이해했다. 그러므로 교양(Bildung)이란 모든 사물과 생명체에 내재된 엔텔레케이아(파라켈수스)이다. 이런 유기적 발달 사상이 전면에 부각됨에 따라 창조주 하나님은 뒷전으로 물러나게 되었다. 그러나 인간이 어떤 내적인 목표를 향해 나아가는 것은 근본적으로 하나님의 계획이라는 생각은 남아 있었다. 인간은 그 계획을 실현하는 것이다.

(3) 계몽주의 이래로 교양은 인간의 자기실현을 뜻하는 말이 되었다. 신인문주의는 직업 활동과 사회 활동에 유용한 훈련만이 아니라 자기의 능력 계발 그 자체를 중시했다. 인간의 교양이란 임의로 계산할 수 없는 고유한 가치라는 생각의 근거가 신학보다는 미학일 때가 많았다. 인간은 예술가와 비교될 수 있다. 그러므로 인간이 교양을 획득하기 위한 노력이 그 자체로 소중한 것은 예술품이 고유한 가치를 지니는 것과 똑같은 이치라는 것이다. 대개 이런 주장의 이면에는 인간도 제2의 창조자로서 제1의 창조자와 동등한 형상이라는 사상이 깔려 있다.

교양/도야(Bildung)는 이 세상과의 씨름, 함께 살아가는 다른 사람들과의 씨름을 통한 자기실현이다. 이런 교양 개념은 그 어떤 교육 시스템도 성취할 수 없는 약속과 결부될 수밖에 없었다. 교양이라는 개념에는 항상 기존의 정의를 초과하는 무엇인가가 있다. 그래서 어떤 사람들은 아예 그 개념을 포기하고 싶어 한다. 그런데 또 어떤 사람들은 바로 그것 때문에, 교양이라는 개념과 결부된 비판적 잠재력 때문에 그 개념을 굳게 붙잡는다. 단순한 학습(Lernen)의 개념을 뛰어넘는 그 초과 의미, '교양' 개념의 초과 의미는 무엇인가?

(1) **교양은 단순한 (직업) 훈련(Ausbildung) 이상이다.**[25] 교양은 그 자체로 고유한 가치를 지니고 있고, 직업 훈련은 교환 가치로 평가된다. 인간은 직업 생활을 영위하기 위해서 뭔가를 배우고 그것을 가지고 시장에서 자신의 능력을 전시한다. 그 능력을 발휘하는 사람에게 보수가 지급된다. 그러나 교양에는 보수가 없고 '사례' 만이 있다. 교양은 직업 활동과 관련된 모든 학습에 우선한다. 교양은 자기의 직업과는 전혀 다른 직업을 가지고 사는 사람에게도 소중한 무엇이다. 물론 여기에도 모순처럼 보이는 현상이 나타난다. 어떤 특정한 목적에 구애되지 않는 교양을 위해서도 돈이 들기 때문이다. 대학에는 등록금이 있고, 박물관이나 극장에는 입장료가 있는 것을 보면 알 수 있듯이 교양도 비싼 것이다. 또 하나 유념할 것은, 목적에 구애됨 없는 교양조차도 인류의 역사 속에서 거듭거듭 어떤 목적의 수단이 되곤 했다는 사실이다. 교양은 목적에 매이지 않는다는 말이 치명적인 거짓말로 드러날 때가 많았다.

(2) **교양은 단순한 교육(Erziehung) 이상이다.** '교육' 은 다 자란 어른이 자라나는 세대에게 영향을 끼치는 것이다. 그것은 어떤 의도와 관련된 것일 수도 있고 단순히 기능과 관계된 것일 수도 있다. 일단 어른이 되면 교육을 받는 게 아니라, 특정한 훈련이나 상담이나 치료를 받는다. 그에 비해 교양은 평생에 걸친 과정이다. 교양은 어린이와 어른을 잇는다. 수업을 진행하는 교사가 지식 면에서나 능력 면

에서 항상 조금 앞서 있는 것은 사실이나, 그 지위가 언제나 우월한 것은 결단코 아니다. 대학 교수의 교양이 오히려 학생을 통해 개선될 수도 있다. 이렇듯 권위주의적 수직 구조가 약화된다는 점만 생각해도 교양은 충분히 가치가 있는 개념이다. 그러나 여기에도 약간 모순된 부분이 있다. 물론 교양은 교육이 아니다. 하지만 교양은 분명 자기 교육(Selbsterziehung)이다. 그러므로 교양이라는 개념에는 어느 정도 이기적인 강조점이 있는 것이 사실이다. 교양은 끊임없이 자기를 빚어가려는 노력이다. 그러다가 다른 사람과 잘 어울려 살아가기 위한 노력이 소홀해지는 것은 아닐까?

(3) 교양은 지평을 넓힌다. 교양은 자기만의 삶의 영역을 초월하는 것이다. 인문주의의 교양 이념은 고대의 고전이야말로 인간으로 하여금 낯선 세계와 만나 교양을 얻도록 해주는 것이라고 믿었다. 고대의 고전을 공부하는 것은 현재의 구체적인 유익과는 아무런 상관도 없는 일이다. 그러나 오늘날에는 고전만 그런 역할을 하는 것은 아니다. 인간이 자기의 삶이라는 환영을 떨치고 나서는 곳이면 어디나 교양이 자라난다. 다른 문화권과의 만남도 여기에 속한다. 여행도 교양의 기회가 된다. 특히 단순한 관광객의 수준이 아니라 새로운 눈으로 낯선 세계와 사귈 때 여행은 우리를 새롭게 빚는다. 하지만 여기에도 모순은 있다. 멀리 떨어진 시대와 문화를 파고들다 보면 자기 자신의 세계가 오히려 소원해질 수 있기 때문이다. 지평 확대가 지평 축소를 가져온다. 오디세우스의 모험에 대해서는 모든 것을 꿰고 있다 해도 정작 자기 인생의 목표를 찾는 모험에서는 갈팡질팡하기만 한다면 무슨 소용이 있겠는가? 교양을 핑계 삼아 현실을 외면하고 '신기한 나라'로 도피하는 사람도 종종 있다. 바로 그렇기 때문에 교양의 네 번째 측면이 중요한 것이다.

(4) **교양은 상호소통적인 것이다.** 교양은 한 사회 속에서 통용될 수 있는 것이어야 한다. 일반교양이라는 표현은 모든 사람이 자기가 속한 집단의 범위를 넘어서서 다른 사람과 소통할 수 있다는 믿음을 전제로 한다. 사실 민주주의는 이 믿음 위에 서 있다. 민주주의 사회는 그 사회가 안고 있는 공동의 문제를 공적인 영역에서 논의할 수 있어야 한다. 하지만 여기에서도 교양의 모순적인 면이 드러난다. 교양은 사회적인 장벽을 극복하려고 하면서도 새로운 장벽을 쌓아 올릴 때가 많기 때문이다. 교양인과 그렇지 않은 사람 사이의 장벽은 부자와 가난한 사람, 강자와 약자 사이의 장벽만큼이나 고통스러운 것이다. 교양은 이른바 '교양 없는 사람들'에게 엄청난 위압감으로 다가올 수 있다.

(5) **교양은 자기 결정이다.** 교양을 통해 우리는 우리 스스로의 삶을 결정해 나갈 수 있다. 교양은 삶의 동기를 제공해 준다. 모든 인간은 외부의 규정에 따라 좌지우지되지 않고 자기다운 삶을 실행할 수 있다 – 바로 이것이 교양의 약속이다. 인간의 삶을 채우는 것은 인간의 지식이요, 인간의 지식을 지탱해 주는 것은 인간의 삶이다. 하지만 여기에도 모순이 있다. 많은 지식을 쌓았으나 여전히 아는 것이 거의 없음을 의식하는 사람은 때때로 무지의 구름 속에 숨어 자족적으로 살고픈 욕구를 느낀다. 교양은 아무 걱정도 거리낌도 없는 편안한 삶을 불가능하게 만든다. 고개를 들어 이 세상의 문제를 볼 줄 아는 사람이라면, 도무지 이 세상에는 아무런 양심의 거리낌 없이 할 수 있는 일이 없다는 사실에 무력감을 느끼게 될 것이다. 너무 많은 교양은 자기 스스로 결정하는 삶을 어렵게 만들 수 있다.

(6) **교양은 자기 성찰적이다.** 아무런 매개 없이 자기 자신만 생각하는 사람은 없다. 인간은 다른 사람과 협동하고 이 세상을 가꾸는 과제를

감당하면서 동시에 끊임없이 자기 자신에 대해 고민한다. 이 세상의 사물에 대한 지식에는 항상 우리 자신에 대한 지식이 스며 있고, 다른 사람과의 만남은 우리 자신과의 만남을 동반한다. 바로 이것이 교양의 자기 반성적 특성이다. 인간은 모든 사물을 교양의 대상으로 삼지만, 동시에 자기 자신을 주제로 삼아 치열하게 고민한다. 바로 이런 특징 때문에 또 다른 모순이 일어난다. 처음에는 다른 것을 변화시키는 것보다 자기 자신을 변화시키는 것이 쉬워 보인다. 실제로는 자기 자신과 씨름하는 것이 정말 어렵다. 체계적으로 자기 자신을 성찰한다고 하면서 어쩌면 우리 안에서 제대로 배양되어야 할 무엇인가를 파괴해버릴 수도 있다. 그것은 바로 다른 사람과 사물에 대한 개방성이다. 우리가 우리 자신의 문제만 바라보고 산다면 이 개방성은 아예 불가능하다.

이렇듯 교양의 약속은 모두 양면적이다. 교양은 원래의 목적을 방해하는 여러 부작용을 내포하고 있다. 그럼에도 불구하고 인간이 하나님과 동등한 형상이라는 사실은 바로 그러한 약속을 통해 희미하게 빛을 발하고 있다. 하나님의 형상인 인간은 궁극적으로 그 어떤 유한한 것이나 제한적인 것에 묶이지 않는다. 인간은 존재 그 자체로 가치가 있다. 때가 되면 누가 누구를 가르치는 일도 없을 것이다(렘 31:34). 인간은 자기가 사는 세계를 초월한다. 인간은 자기 스스로 삶을 결정해 나갈 책임을 지고 있으면서 동시에 다른 모든 인간 및 피조물과 연결되어 있다. 교양의 양면적 성격은 현실 세계 속에서 살아가는 인간의 불완전성, 즉 인간이 하나님으로부터 아직 멀리 떨어져 있음을 보여주는 것이기도 하다. 요컨대 교양의 약속은 인간이 하나님과 동등한 형상이라는 사실을 함축하고 있으며, 교양 개념의 양가성은 인간의 유한성을 보여준다. 교양 개념에 대한 신학적 해석은 순수한 내면적 해석을 심화할 수 있다. 교양 개념 속에 잠재되어 있는 종교적 뿌리는 아주 객관적인 입장에서 학습 계획이나 학습 성취 운운하는 사람들에게는 상당히 거슬리는 요소다. 하지만 이 잉여가치 덕분에 교양 개념은 그 어떤 것으로 대치될 수 없는 독자적인 것이 된다. 그런 교양 개념만이 실용주의적 삶의 가치를 위해 우리의 지식과 능력을 도구화하는 일에 맞설 수 있기 때문이다.

교양 개념의 인간학과 신학적 인간학이 필연적으로 마찰을 빚는 유일한 지점이 있다. 그것은 위에서 제일 나중에 언급된 모순을 통해 뚜렷이 드러난다. 자기 성찰성은 교양의 근본 특징이다. 하지만 바로 이것이 신학적 인간상에서는 문제가 된다. 자기 자신의 문제에만 골몰하는 인간은 '자기 자신을 향해 구부러진 마음' (*cor incurvatum in se ipsum*)을 가진 인간이다. 그의 인생은 빗나간 인생이다. 그러나 하나님과의 관계는 인간을 자기 고착으로부터 해방한다. 사실 교양 개념의 한계만이 문제가 아니라 교양을 추구하는 것 자체도 문제일 수 있다. 물론 우리가 교양의 개념을 변화시켜 이렇게 말할 수만 있다면 얘기는 달라진다 – 내적인 자유를 바탕으로 다른 사람과 일에 관심을 기울이는 사람이 바로 교양인이다. 교양인은 자기 일의 전문가(Sachwalter)이자 남과 더불어 사는 사람(Mitmensch)이다(K. Schaller).[26] 이러한 교양 개념은 성서의 에토스와 상통한다. 완전히 자기만 바라보는 교양인은 결코 자유인이 아니다. 그는 자기 자신의 포로일 뿐이다.

그러므로 교양의 개념이 하나님 형상의 사상과 결부되어 있는 것은 단지 그 어원에 있어서만 그런 것이 아니라 실제적으로 그러하다는 사실을 더욱 강조할 필요가 있다. 사람들이 의도적으로 그 개념의 신학적 심층 차원을 감추려 드는 때에도 그 개념에 내재된 독특한 '아우라' 가 드러난다. 어떤 사람은 그 아우라가 그리스나 로마의 고전에서 나온 것이라고 본다. 신인문주의의 교양 이념은 인간의 도구화에 맞설 수 있는 힘을 그리스와 로마 고전에서 찾았다. 어떤 사람은 교양의 의미를 미학에서 끌어온다. 아름다움은 그 자체가 목적이다. 오늘날의 인권도 이러한 교양 이해를 따르고 있는 경우가 많다. 모든 인간이 불멸의 존엄성을 지니고 있다는 고백은 모든 사람이 그 자체로 목적이라는 선언이다. 인간의 존엄성은 결국 하나님 형상을 말하는 것이로되 (명시적인) 초월성은 배제한 표현이다. 우리는 교양 개념에 스며 있는 이 '아우라'를 어떤 명분으로도 포기해서는 안 될 것이다. 이 아우라는 인간 삶의 최종적 목적은 우리의 실제적인 삶의 차원을 초월한다는 것을 지시해 준다. 교양 개념의 심층적 차원은 결코 포기할 수 없는 비판적 잠재력을 내재하고 있다. 비록 그것 때문에 교양의 양면성이 슬쩍 은폐되고, (특히 독일에서는) '교양'의 개념 주위에 빽빽한 안개가 드리워져 있다 할지라도 말이다.

신인문주의 교양 사상에서 성서는 이렇다 할 역할을 하지 못했다. 19세기 성서는 기초적 대중 교육의 한 부분이었다. 당시 대중 교육은 살아가는 데 구체적으로 도움을 주는 것을 추구했다. 디스터벡(A. Diesterweg)은 예수의 합리적이고 보편적인 종교를 중요시했지만, 그의 종교 수업 이론은 교리 교육과 찬송가와 성서 읽기를 포기했다.[27] 그가 말하는 예수의 종교는 교회의 예수와 갈등 관계에 있었다. 성서는 더 이상 일반 대중의 책이 아니다. 과거의 종교 수업은 모든 학생이 성서를 어느 정도 알고 있다고 전제하고 진행되었지만, 요즘은 성서에 대한 기초 지식을 가르치는 것이 종교 수업의 과제다. 성서는 더 이상 모든 사람이 배워 익혀야 하는 '대중적인' 교양에 속하지 않는다. 하지만 교양이란 것이 어떤 실용적인 목표를 지향하지 않는 일반교양을 의미한다면, 성서가 일반교양에 속할 수 있는 가능성은 오히려 지금이 더 크다고 볼 수도 있다.

이제 교양은 결단코 기능주의적 전문 지식과 동일시되지 않는다. 그 대표적인 예가 클라프키(W. Klafki)의 도야 이론(Bildungstheorie)이다. 그의 이론은 1950년대부터 독일어권 교육학을 지배했다. 클라프키는 도야에 대한 두 개의 정의를 하나 씩 차례로 전개해 나갔다. 1950년대에 그는 교양을 대상과 인간 사이의 쌍방 해명(wechselseitige Erschlossenheit)으로 규정했다.[28] 그 당시의 이론에 따르면 교양이란 세계 이해와 자기 이해의 특정한 형식이며, 이때 교수학은 어떻게 대상과 인간이 서로에게 해명되는가에 대한 고찰이다. 여기서 핵심은 대상을 체험하는 것이다. 교양/도야의 출발점은 각각의 대상들이 속해 있는 영역의 구조를 해명해 내는 개별 학문이다. 바로 이러한 교양 개념에 착안한다면 우리는 성서에 대한 이해를 학문이라는 광범위한 영역에 포함시켜야 하며, 여기서 학문은 크게 자연과학과 사회과학과 정신과학으로 분류할 수 있다. 이런 분류는 일반 학교에서 과목을 나누는 기준이 된다.[29] 그러므로 우리의 성서 교수학은 다음과 같은 물음을 던진다. "이런 세 가지 학문의 영역에서 성서 이해는 어떤 위치를 차지하고 있나?"

1970년대에 이르러 클라프키는 인간이 자신의 삶의 문제를 어떻게 극복해 나갈 수 있느냐 하는 문제의식을 가지고 교양의 개념을 수정한다.[30] 이제 교양은 역사와 대화하며 현재와 미래의 핵심 문제를 의식하는 것이며, 그 문제 극복을 위한 공동의 노력을 준비하는 것이다.[31] 여기서 교양은 역사를 통해 획득된 의식이기에 과거를 포괄하며, 지금의 주요 문제를 응시하고 있기에 현재를 포괄하는 것이며, 미래에 대한 책임을 요구하는 것이기에 미래를 포괄한다. 그래서 우리는 두 번째로 이렇게 묻는다. "성서 이해는 우리의 역사의식과 현재 및 미래의 문제 극복에 어떤 기여를 하는가?" 여기서 중요한 것은 일반교양의 다양한 형태(학교, 대학, 아카데미, 성인교육, 대중매체, 개인적인 노력, 그리고 물론 종교 수업과 견신례 수업) 속에 나타난 목표 설정이다.[32]

2. 자연과학, 사회과학, 정신과학의 현실 이해와 성서 이해

우리의 지식은 자연과학, 사회과학, 정신과학의 세 가지 형식으로 나뉜다. 성서 이해는 정신과학에 속하지만, 다른 두 영역에서도 중요하다. 이 세 가지 형식의 지식은 자기 나름대로 인간의 교양에 기여하는 바가 있다.[33]

자연과학

자연과학 지식은 흔히 지배의 지식(Herrschaftswissen)으로 이해되기도 하는데, 이는 인간이 자연과학 기술에 힘입어 이 세상의 자연스러운 과정을 지배할 수 있게 되었기 때문이다. 자연과학적 지식은 실험, 즉 자연에 대한 기술적 개입에서 나오는데 이로써 자연과학의 '도구적' 해석이 타당성을 지니게 된다. 자연에 대한 개입을 통해 획득된 모든 지식은 다시 더욱 효과적으로 그 자연에 개입하는 일에 동원된다. 하지만 자연과학적 인식이란 것이 그게 다는 아니다. 자연과학은 이 세상을 이해하는 데 어떤 방향성을 제시하고자 한다. 우리 인간에게 자연 속에서 일어난 기본적인 과정에 대한 인식, 물질의 구조에 대한 인식, 여러 종(種)의 생성에 대한 지식이 필요한 것은, 우리 스스로를 그 사물의 전체 틀 속에서 이해하기 위함이다. 자연과학은 그런 면에서 '어떤 방향을 제시해 주는 지식'(Orientierungswissen)이며 다른 어떤 것으로 대치될 수 없다. 물론 자연과학은 이 광대한 우주 속에서 우리 인간이 무엇을 해야 하는지 말해줄 수는 없다. 하지만 그 우주 속에서 우리의 자리가 무엇인지를 객관적으로 설명해 줌으로써 우리가 여기 이 자리에서 무엇을 할 수 있는지를 제대로 가늠해볼 수 있도록 해준다. 그러므로 우리는 (꼭 자연을 지배하기 위해서만

이 아니라) 우리 스스로를 이해하기 위해서 자연과학에 의존하지 않을 수 없다. 교양의 범위에서 자연과학을 제외하는 것은 교양 없음의 징표다.

그런데 성서도 자연과학에서 나름의 역할을 한다. 자연과학의 지식은 성서적 세계상에 맞서 싸우면서 자기의 위상을 정립해왔다. 하지만 성서의 창조 신앙이 자연과학의 인식 의지를 촉진한 것도 사실이다.

자연과학의 호기심이 성서적 세계상의 제약으로부터 벗어나면서 근대의 역사가 시작되었다. 바야흐로 우리의 소망보다 우리의 지식이 높은 자리를 차지하게 되었다. 전통적인 세계 이해에 안주하려는 소망도 마찬가지였다. 성서의 세계관은 그 힘을 상실했다. 성서는 더 이상 이 세계의 이치를 규정하지 못한다.

그럼에도 불구하고, 무조건 뮈토스와 로고스를 대립시키고, 성서의 세계관과 근대의 자연과학을 대립시키는 것은 너무나 유치한 일이다. 오히려 뮈토스는 이 세상을 이해하고 그 안에서 인간의 위치를 찾아보려는 이성(로고스)의 시도, 곧 첫 번째 시도였다. 성서의 창조 이야기도 이것을 분명하게 드러내 보여주고 있다. 특히 최초의 창조 이야기(후대에 기록된 창세기 1장)와 두 번째 이야기(창세기 2장)를 비교하면 더욱 분명하다. 전자는 창조의 체계적인 순서와 하나님의 질서정연한 창조 역사에 대한 놀라움을 증언한다. 이는 뮈토스의 형식을 빈 점진적 창조설로서 인간은 맨 나중에 등장하며 이 세상에 대한 자신의 책임을 의식하고 있다.

이미 성서의 창조 이야기에 학문 이전의 지식 의지가 작용하고 있다는 사실을 받아들인다면, 성서의 창조 신앙이 자연과학적 인식의 발전을 촉진했다는 사실도 어렵지 않게 이해할 수 있다. 성서는 특히 두 가지 면에서 자연과학에 영향을 끼쳤는데, 하나는 지혜에 대한 예민함이요, 다른 하나는 자연의 우연성이다.

(1) 이 세상에 투입된 '지능' 에 대한 놀라움은 오늘날까지도 자연과학

에 종교적 색채를 부여한다.[34] 케플러나 뉴턴을 비롯하여 많은 자연 과학자들은 자연 속에 놀라운 지혜가 감추어져 있다고 생각했다. 그들은 자연을 하나의 책, 곧 하나님이 수학의 언어로 쓰신 책으로 보았다.

(2) 이와 동시에 이 세상의 우연에 대한 지식은 경험적 연구를 촉발했다. 하나님이 다른 걸 원하셨더라면 모든 것이 달라졌을 것이다. 어떤 선험적 아이디어도 자연의 질서를 선취할 수 없다. 우리는 경험을 통해(*a posteriori*) 자연을 관찰하고 묘사할 수 있을 뿐이다. 자연과학의 실험 과정도 성서의 창조 사상과 통하는 바가 있다. 만일 하나님이 '기술자'로서 이 세상을 만드셨다면 우리가 세상을 인식할 수 있는 가장 좋은 방법은 재구성이다. 직접 토기를 만들어 봐야 토기장이의 작품을 더 잘 이해할 수 있는 것과 같은 이치다.

자연의 지혜와 우연에 대한 믿음은 하나님에 대한 믿음에 의해 완전히 내몰리지 않고, 우주에 대한 종교적 경건성의 형태로 오늘날까지도 그 명맥을 유지하고 있다. 자연의 지혜와 우연에 대한 믿음은 자연과학의 성과를 감정적으로 치켜세우곤 한다. 하지만 그것은 자연과학이 상실한 뮈토스의 힘을 재확인시켜 준다. 우리가 아무리 우리의 지식을 총동원한다 해도 우주 안에서 우리의 참된 자리를 찾아낼 수는 없다. 자연과학은 철저하게 실제 사실만을 추구할 뿐, 거기서 무엇이 가치 있고 의미 있는 일인지는 무관심하다. 지금 우리의 자연과학 지식은 그 옛날 성서의 창조 이야기를 기록한 저자의 지식보다 훨씬 낫다. 하지만 지금 우리는 성서의 창조 이야기에서 후렴으로 울려 퍼지는 그 한 문장, "그리고 보라, 좋았다!"를 외치지 못한다.

과학의 역사에서는 자연과학과 성서가 분리되지 않는다. 자연과학은 정신사적인 측면을 지니고 있다. 이는 자연과학도 인간의 일이기 때문이다. 자연과학에도 역사가 있다. 우리의 근대적 세계상을 이해하려면 성서의 신화적 세계도 알아야 한다. 그래야 자연과학적 인식이 우리의 삶을 촉진하는 측면도 알게 되고, 또한 신학적 확신을 통해 그것의 한계를 이해할 수 있다. 자연과학이 상실한 아우름의 힘을 신화적 사유가 가지고 있음을 인정할 수 있다. 그것은 이 세상을 어떤 소중한 것으로 해석해 내는 힘이기도 하다.

이러한 역사적 맥락에서 자연과학의 성과와 성서 사이에 실질적인 소통이 일어난다. 하나는 자연과학이 창조주에 대한 신앙 안으로 들어오는 길이다. 창조주는 이 세상을 창조하여 인간이 거기에 거할 수 있도록 해 주셨다. 예컨대 우리는 다음과 같이 표현할 수 있다. 하나님은 질료(Materie)를 창조하셨다. 그리고 이 질료는 더 높은 조직으로 진화할 수 있는 능력을 내장하고 있었다. 성서의 창조 이야기에 나오는 일곱 날 동안의 창조 기사는 진화의 단계로 해석할 수도 있다. 진화가 실제로 어떻게 진행되었는지에 대해서는 자연과학이 밝혀내지만, 그 과정을 평가하고 경축하는 일은 자연과학에 앞서 성서가 한 일이다. 에르네스토 카르데날은 이것을 라틴아메리카의 시편 안에서 시적으로 표현했다. 맨 앞부분만 여기에 인용해 보자.[35]

> 내 영혼아, 주님을 찬송하여라.
> 주, 나의 하나님, 당신은 위대하십니다.
> 　　주님은 원자 에너지를
> 　　옷처럼 걸치시는 분
> 토기장이가 작업대에서 그릇을 만들어 내듯
> 주님은 우주의 먼지로 이루어진 소용돌이 구름으로
> 나선형으로 솟구치는 은하수를 만드셨습니다.

주님의 손으로 가스가 응축되어 빛을 내면서
별이 만들어졌습니다.
주님은 거대한 행성을 마치 홀씨와 씨앗을 뿌리시듯
여기저기 흩뜨려 놓으셨으며
아름다운 혜성을 꽃처럼 심으셨으니……

또 다른 하나는 성서 종교의 발생을 자연과학적 진화 이론의 틀에서 이해하는 길이다. 진화론적 해석은 인간의 문화까지 포괄하며, 인간의 문화를 진화라는 포괄적인 과정의 최종 단계로 본다. 여기서 질문이 생긴다. 이 진화 속에서 종교는 어떤 역할을 맡고 있는가? 종교의 사회적 계명은 '생존을 위한 투쟁'을 제한하는가? 사회생태학은 인간 문화의 이타적 행동 방식이 어떻게 친족이 아닌 사람들에게도 확대될 수 있었는지 그 수수께끼를 풀지 못하고 있다. 생물학적 진화론의 입장에 의하면, 이타적 행동이 관철될 수 있는 유일한 조건은 그것이 '이득'이 될 때다. 즉 그것이 자기 유전자의 증식 가능성을 높일 때다. 그렇다면 이타주의도 상호성에 입각할 때, 혹은 자기와 유전적으로 친척 관계에 있는 사람에 대한 것일 때 가치가 있다. 그러나 인간의 윤리는 우리의 곁에 있는 사람이 친척이건 그렇지 않건 그 사람을 도와주라고 요청한다. 바로 여기서 우리의 고민이 깊어진다. 친척도 아닌 사람을 '형제'와 '자매'로 대하도록 한 것은 인간의 내면을 움직이는 힘이 있는 종교가 아니었을까?[36] 대뇌의 작용을 통해 생기는 이른바 공감의 능력과 종교가 어떤 관련이 있는 것 아닐까? 이로써 종교는 생물학적으로 적응력이 없는 존재까지도 보호하려는 윤리를 가능하게 한 것 아닐까? 그렇다면 선택/도태의 원칙은 연대의 원칙에 의해 묻혀버렸는가? 화학적 진화에서 생물학적 진화로 넘어가는 시기에는 엔트로피의 법칙이 제한적으로나마 유예됐던 것처럼, 생물학적 진화에서 문화적 진화로 넘어가면서는 도태의 법칙이 유예되었을 수도 있다. 인간 문화에 내재된 '도태 반대' 사상에서 성서는 다시금 문화의 중심에 서게 되었다. 성서야말로 약자와 부적응자를 배제하는 도태의 법칙에 대한 저항이기 때문이다. 비록 이런 정신이 '실험적' 성격을 띠고 있는 것은 사실이나 최소한 언급할 만한 가치는 있는 것 같다.[37]

어쨌거나 자연과학은 미래의 종교와 미래의 종교 비판에서도 결정적으로 중요한 역할을 할 것이다. 포스트모더니즘은 자연과학의 힘을 상대화시키면서 몇 가지 타당한 관점을 소개하고 있지만 인간의 의식에 완전히 각인되지는 않은 실정이다. 오늘날 자연과학은 일반적으로 가장 신뢰할 만한 지식이다. 교수학은 오늘 여기를 살아가는 인간과 관계하기 때문에 보통 신학자들이 보여주는 것보다는 더 진지한 자세로 자연과학을 대하지 않을 수 없다.

사회과학

사회과학은 **협동의 지식**(Kooperationswissen)이다. 사회과학은 우리가 다른 사람의 행동을 이해하고 다른 사람과 함께 일할 수 있도록 도와준다. 사회과학의 지식은 다른 사람과의 협동을 통해서만 생겨나기 때문에, 사회과학을 협동의 지식이라고 파악하는 것은 타당성이 있다. 사람들이 질문에 응답을 하고 어떤 규칙에 따라 함께 실험을 해야 사회과학이 가능하다. 그런 협동을 통해서 얻은 지식은 다양한 모습으로 쓰인다. 인간을 통제하기 위해 혹은 인간을 해방하기 위해, 보수적인 의도로 혹은 진보적인 의도로도 쓰인다. 사회과학은 사람들이 서로를 지배하는 데 기여하기도 하고 자유의 공간을 넓히는 데 기여하기도 한다. 사회과학이 통제를 위한 지식이 되건, 아니면 해방을 위한 지식이 되건 한 가지 분명한 것은 그것이 방향 제시의 기능을 한다는 사실이다. 심리학은 인간의 생각과 지각과 행동의 기본적인 특징에 대해 설명해 준다. 사회학은 우리의 행동만이 아니라 우리의 윤리관과 세계관까지도 사회적인 제약 속에 있음을 알려 준다. 그리고 이 두 가지는 우리가 스스로를 이해하는 데 중요하다.

성서는 여기서 어떤 역할을 하는가? 성서는 종교 공동체에 방향을 제시해 주는 규범적인 책이다. 성서는 사회적인 힘을 가진 책이다. 높은 곳에서부터 다른 사람들을 효과적으로 '지배'하기 위해 사용되는 책인가 하면, 아래로부터 솟구치는 저항의 촉매제가 되는 책이기도 하다. 역사 속에서 종교는, 그리고 그 종교와 관련된 상징들은 언제나 인간의 협동 혹은 공격성을 창출하는 수단이었다. 종교는 사회적 평등의 근원이자 해석학적 시민전쟁의 단초이기도 했다.

이 명제는 합리적 행동의 탄생에도 적용된다.[38] 합리적 행동의 뿌리는 고대 그리스와 로마에서 찾을 수도 있지만, 성서에서 찾아낼 수도 있다. 성서는 한 민족의 역사를 통해 유일한 하나님의 명령에 따라 사는 삶이 어떤 것인지를 보여준다. 고대 초기에는 유대인이 철학적인 민족으로 간주되기도 했다.[39] 그 당시 사람들은 철학자만이 책을 모으고, 또 그 책의 가르침에 따라 살려고 한다고 믿었다. 그런데 여기, 모든 민족 구성원이 하나의 드높은 에토스를 철저히 실현하려고 애썼던 민족이 있다. 그 민족은 눈에 보이지 않는 하나님을 경배했다. 그 하나님은 윤리적 에너지의 핵(核), 타오르는 중심이었다. 윤리적 규범에 대한 의무가 강화되면서 죄의식도 증가했다. 이것은 윤리적 예민함이 극대화될 때 나타나는 부정적 측면이다. 철저한 자기 연단의 어두운 그림자였다. 바울의 저작만 읽어보더라도 율법의 억압적인 측면에 대한 인간의 반항을 느낄 수 있다. 니체(F. Nietzsche)와 프로이트(S. Freud)의 종교 비판은 인간의 자기 억압의 어두운 그늘을 밝혀내고 분석했다. 하지만 성서와의 만남이 이런 종교 비판만 가져온 것은 결코 아니다. 성서는 끊임없이 어떤 삶의 기준을 제시해 주었다. 평범한 사람들도 그 기준에 따라 사는 동안 하나의 일관성 있는 삶을 살 수 있었으니, 마치 왕이라도 된 듯이 올곧은 삶을 살아갈 수 있었던 것이다.

하지만 성서가 합리적 행동만 촉진한 것도 아니고, 억압의 요인으로 작용하기만 한 것도 아니다. 우리는 성서가 비판적이고 반역적인 의도에서 사용되었던 것도 기억해야 할 것이다. 이를 실감나게 보여주는 한 가지 예가 있다. 1834년 작가 게오르크 뷔히너(Georg Büchner)와 신학자 프리드리히 바이디히(Friedrich Weidig)가 펴낸 전단지 '헤센의 파발꾼' (Der Hessische Landbote)은 시종일관 성서를 인용하거나 암시하고 있다.[40]

> "판잣집에는 평화! 왕궁에는 전쟁! 1834년은 성서의 말씀이 거짓말을 심판하는 해 같구나. 하나님이 농부와 수공업자는 다섯째 날에, 영주와 귀족은 여섯째 날에 창조하신 다음, 그 영주와 귀족에게 말씀하시기를 '땅에 기는 모든 짐승을 다스려라!' 라고 하시기라도 한 것 같구나. 마치 하나님이 농부나 서민을 무슨 버러지 마냥 생각하신 듯……."

우리는 사회과학과의 관련성 속에서도 두 가지 측면에서 성서를 고찰할 수 있다. 첫째, 사회과학의 성과를 신학적 틀에 넣고 생각하는 것이다. 그러면 교회는 초월의 경험을 통해 생성된 실체로 간주된다. 인간은 교회를 그 어떤 사회적 현실로부터 도출해 낼 수 없다. 하지만 교회의 세상적 측면은 조직의 형태, 위계질서, 구조에 따라 사회과학적으로 파악할 수 있다.

그러나 신학적인 요소가 사회과학의 틀에서 해석되는 경우가 많다. 그 결과는 대개 파괴적인 종교 비판이다. 종교는 아동기 초기의 의존 상태로 회귀하려는 경향으로 간주되기도 하고, 냉혹한 현실과 맞서기를 거부하는 인간들이 정서적인 지지대가 필요한 나머지 하늘에 계신 사랑의 아버지를 찾는 현상으로 치부되기도 한다. 또 성서는 그저 계급투쟁의 표현일 뿐이라고, 억압에 저항하는 무기력한 몸짓(그리고 피조물의 탄식)이거나, 인간 스스로 만들어 낸 생산관계의 의존성을 주물(呪物)의 도움을 받아 은폐하는 것일 뿐이라는 주장도 있다. 그런데 이런 현대의 종교 비판마저도 성서의 메타포와 이미지를 사용한다. 칼 마르크스는 종교를 '피조물의 탄식' 이라고 말하면서 로마서 8장22절의 모티브를 사용했다.[41] 주물 숭배에 대한 그의 주장은 구약의 예언자가 인간 스스로 만든 우상의 형상을 비판한 것과 상통한다(예컨대 이사야 44:9-20). 인간이 만들어 낸 물건이 우상이 되어 인간을 지배하는 초이성적 힘을 발휘하고 어떤 신적인 존재로 숭상을 받았던 것이다. 프로이트는 고집스러운 백성을 광야로 인도해야 했던 모세의 모델에 비추어 자기를 이해했다. 프로이트의 하나님이었던 '로고스' 는 구약 하나님의 특성을 지니고 있다.

이러한 종교 비판은 심리학적 성서 해석과 사회과학적 성서 해석에도 영향을 끼쳤다. 그러나 이 두 해석이 종교 비판의 가치 판단을 근본적으로 공유하는 것은 아니다. 그렇다고 이런 성서 해석이 종교의 일상적인 측면만 다루는 것은 아니다. 오히려 성서와 종교의 영역 안에서 연구가 가능한 것을 경험적으로 분석하는 과정에서 인간적인 연구가 불가능한 차원이 – 마치 벽에 난 균열처럼 – 자꾸만 드러나는 것이다. 우리는 자꾸만 성서와 종교를 인간 사회의 틀 속에 집어넣으려고 하지만, 신앙은 신앙을 통해서만 이해될 수 있으며 그 어떤 비종교적인 요인을 통해 도출될 수 없다. 비록 종교가 사실상 사회에 의존하고 있다 하더라도 끝끝내 어떤 독자성, 비판적 자율성을 지니고 있다는 주장은 존중되어야 할 것이다. 다시 말해 종교는 사회의 전능에 맞서는 인간의 저항으로 이해될 수도 있다. 종교를 일종의 심리적 과정이나 사회적 과정의 결과로 파악하는 가장 극단적인 환원주의가 있는 것도 사실이지만, 모름지기 종교란 항상 뭔가 다른 것을 지시하려고 하는 기호들로 이루어져 있다는 사실만큼은 아무도 부인할 수 없을 것이다. 그 기호들은 나름의 의미를 추구하면서 해석해야 한다. 그리고 그것은 다름 아닌 정신과학의 과제다.

정신과학

문헌과 물질의 증거를 취급하는 정신과학은 자기 이해의 지식(Selbst verstandigungs wissen)이다. 정신과학은 의사소통이 일어나게 한다. 정신과학의 제일 처음에는 언제나 언어 훈련이 있고 이것은 모든 이해의 전제 조건이다. 언어를 매개로 한 소통은 정신과학의 대상일 뿐 아니라 전제 조건이다. 그것 없이 정신과학은 한 발짝도 앞으로 나아가지 못한다. 그러나 정신과학이 모든 도구적 목적에서 완전히 자유롭다고는 할 수 없다. 언어는 규칙에 따라 움직이는 구성물이요, 언어 능력은 일종의 '지배의 지식' 이다. 흔히 우리는 한 언어를 '마스터' 했다는 표현을 쓰는데, 이것은 우연이 아니다. 언어를 '능수능란하게 부리는 것' (master)은 좋은 목적에도 쓰이고 나쁜 목적에도 쓰인다. 선전이나 거짓말을 위한 것일 수도 있고, 계몽과 진리를 위한 것이 되기도 한다. 하지만 한 가지는 분명하다. 우리가 과거의 원전을 연구하는 것은 그런 목적을 위한 것이 아니다. 우리는 그것을 인간의 자기 이해의 표현으로 보고 연구하는 것이다. 우리는 인간이 자기의 삶을 영위하고 해석하여 일련의 통찰을 이끌어 내는 데 관심을 둔다. 그 통찰이란 오늘 우리도 실천할 수 있는 삶의 가능성에 대한 통찰이다. 이때 우리는 그 원전 텍스트를 통상 다른 사람과 함께, 또 다른 사람을 위해 해석한다. 우리는 텍스트와 대화하면서 오늘 우리가 공감할 수 있는 현재적 자기 이해의 가능성을 타진한다. 그러다 보면 마치 우리가 과거와의 만남 속에서 그 과거의 '말 건넴' 앞에 서 있는 듯한 느낌이 드는 것이다. 그러면 모든 인간적인 자기 이해는 하나의 '케리그마', 즉 우리를 향해 우리의 삶을 바꾸라고 요청하는 메시지가 된다. 하지만 여기서도 우리가 분명히 짚고 넘어갈 수 있는 것, 그것은 정신과학적 이해도 일차적으로는 방향 제시의 지식이라는 사실이다. 지금 우리에게 삶의 방향을 제시해 주는 모델은 무수히 많다. 그러나 그 가운데서 우리가 실존적으로 선택할 수 있는 것은 많지 않다. 성서는 분명 하나의 독특한 삶의 모델을 제시한다. 어떤 작은 민족이 이 독특한 모델을 특이한 방식으로 실행하면서 인간의 삶을 해석하고 또 극복하려 했다. 그런 의미에서 우리는 성서 안에서 어떤 목소리를 듣는다. 그리고 그 목소리를 듣는 사람은 언제나 있을 것이다. 정신과학의 영역에서 성서는 수많은 흔적을 남겼다. 비록 성서가 인생의 토대로서는 그 위세가 약화된 면이 없지 않지만, 성서가 남긴 암호와도 같은 흔적은 계속해서 해독되어야 한다. 정신과학, 예술, 문학에서 성서 지식은 필수적이다.

정신과학과 관련해서도 위에서 잠깐 엿본 것과 같은 두 가지 가능성이 있다. 하나는 정신과학의 인식을 신학적 틀에서 이해하는 것이고 (이것은 신학의 입장에서도 전혀 문제가 되지 않는다) 또 하나는 정반대의 길로서, 바로 그 신학의 틀을 보편적인 정신과학의 틀 안에 넣고 생각하는 것이다.

성서 이해는 일단 모든 근대 해석학의 원형이다. 해석학의 출발점은 신학적인 규범에 의해 진행되는 성서 주석이었다. 인간의 이해가 그런 규범적인 법칙에서 해방되는 과정이 가장 드라마틱하게 이루어진 곳이 있다면 그곳은 바로 성서 해석의 영역이다. 성서도 합리적인 방법으로 연구해야 한다는 인식은 아주 점진적으로 관철되었다. 그와 동시에 성서 이해는 보존의 해석학의 원형이 되었다. 이 해석학은 시간적 격차를 초월하여 오늘 우리에게도 의미 있는 것이 무엇인지를 묻는다. 어떤 특정한 집단에게 기준이요 본보기가 되는 책을 그 집단의 '바이블' 이라고 부르는 것은 결코 우연이 아니다. 어떤 책을 실존적 애정과 관심을 가지고 연구하는 사람에게, 성서 연구의 역사는 하나의 좋은 모델이다.

다른 한편, 우리는 성서에 대한 이해를 정신과학의 방법론 안에 집어넣고 이해할 수 있다. 우리는 성서를 일반 종교학의 범주 안에서 분석할 수 있다. 어떤 '초기 그리스도교 종교 이론' 은 성서를 기호학적인 성소, 즉 돌이 아니라 메타포와 상징과 제의와 윤리적 생활 방식으로 만들어진 기호학적 성소로 분석한다. 우리가 눈으로 보는 성당이 인간적 모티브로 인해 건축된 것처럼 기호학적인 성당도 그렇게 만들어졌다는 것이다. 그럼에도 불구하고 그 성소는 하나님을 경배하기 위해 건축되었으며 이로써 인간이 초월자와 자기의 관계를 표현할 수 있는 공간이라는 사실을 우리가 존중하지 않는다면, 우리는 그 성소, 즉 성서의 언어를 거의 이해할 수 없다. 물론 이것은 직접 예배는 참석하지 않으면서 그저 '방문객' 으로 성당을 둘러보는 사람의 견해, 즉 종교에 관한 한 외부의 견해에 불과하다. 하지만 때로는 그 성당에서 사는 사람보다 방문객이 오히려 훨씬 공감 어린 관찰을 할 수도 있다.[42]

각각의 지식 형태에서 어떤 특정한 실용적 측면만 부각되는 – 자연지배, 협동, 자기 이해 – 문제를 피하기 위해 다시 한 번 강조해야 할 것 같다. 모든 지식은 일차적으로 방향 제시의 기능을 한다. 이것은 모든 표면적 목표 설정을 넘어서는 차원이다. 지식은 그 자체가 이미 목적이다. 그러므로 지식은 좁은 의미의 교양에 속한다. 학문이 없다면 우리는 이 세상에서 어떤 적절한 자기 이해를 전개해 나갈 수 없다. 그러므로 위의 세 가지 지식 형태는 모두 교양에 속한다. 그러므로 성서는 이 세 가지 영역에서 나름대로의 의미를 지니고 있다. 이때 우리는 계속해서 종교 및 성서와 학문 사이의 관계가 이중적으로 규정되는 것을 경험한다. 한편으로는 전통적인 신학의 진술이 틀을 형성하고 다른 학문의 해석이 그 틀 속으로 들어올 수 있다. 본래 신학이 우주 전체를 주제로 삼고 있고, 개별 학문은 그중 일부에 집중하기 때문에 이 첫 번째 방식은 상당 부분 타당하다. 학문은 사실(facts)만을 평가하고 신학은 의미를 추구하기 때문에 이 둘은 서로 보완할 수 있다. 하지만 종교적이고 성서적인 진술을 세속 학문의 틀 속에 넣고 이해하는 방식도 반드시 필요하며, 현대의 문화 속에서는 결코 피해갈 수 없는 길이다. 이 길은 단순히 종교 비판으로 끝나버리는 길이 아니라, 종교의 신비와 만나게 되는 길이기도 하다. 여기서 종교는 궁극적인 실재와의 관계를 통한 충만한 생명을 약속하는 문화적 기호 언어다. 오늘 우리의 현대 문화는 대개는 이런 길을 통해서만 종교라든지 성서에 접근할 수 있다. 그러므로 성서 교수학의 입장에서는 이 두 번째 방식도 첫 번째 방식, 즉 성서의 도움으로 하나님과의 대화를 추구하는 신학적 전이해에 근거한 접근 방식 못지않게 중요하다.

지금까지 우리는 지식의 내적인 구조에 입각하여 세 가지 지식의 영역을 살폈다. 교양은 단순히 지식의 영역을 풀어 설명하는 것으로 끝나지 않는다. 교양은 인간에게 자기 인생의 문제를 해결할 수 있는 힘을 주려고 한다. 그러므로 우리는 좀 더 긴 호흡으로 성서가 – 종교인만이 아니라 모든 인간에게 있어 – 삶의 문제 해결에 어떤 기여를 하는지 살펴보고자 한다.

3. 과거와 현재 속에서 인간의 자기 이해와 성서 이해

우리는 앞서 교양을 이 세상과 인간의 상호 해명으로 정의했다(W. 클라프키). 이 정의의 반쪽은 인간을 위해 이 세상의 객관적 실재를 설명하려는 것이라면, 다른 반쪽은 인간 자신의 변화를 추구한다. 클라프키의 두 번째 개념 규정은 이 두 번째 측면을 적극적으로 파고든다. 그에 따르면 교양/도야는 과거 역사를 매개로 현재와 미래의 핵심 문제를 의식하는 것이다. 이런 문제의식을 통해서 인간은 이 세상 앞에서 자신을 해명한다. 그러므로 우리는 이렇게 묻는다. "이런 교양에 성서 이해가 기여하는 바는 무엇인가?" "성서 이해가 없다면 무슨 결핍이 있을까?"

성서는 우리의 과거 이해에 어떤 기여를 하는가?

성서는 우리의 뿌리에 대한 소중한 문서다. 그것이 우리의 삶에 어떤 방향을 제공하는 것이냐, 아니면 지나간 시간에 대한 기억일 뿐이냐는 일단 부차적인 문제다. 물론 성서의 역사적 의미를 짧은 몇 마디로 스케치하는 것은 결코 쉬운 일이 아니다. 그럼에도 몇 가지 핵심 단어는 언급할 필요가 있다. 여기서 어떤 완벽한 서술을 추구하지는 않겠다.

우리가 인류의 역사에 대해 알고 있는 바에 의하면, 인간의 문명이 비약적인 발전을 경험한 곳 가운데 하나가 바로 서남아시아[近東], 즉 이집트와 시리아와 메소포타미아를 포괄하는 비옥한 초승달 지역이었다. 이곳에서 도시와 국가와 문자가 생겨났다. 우리의 근대 역사는 이 지역의 주변부에 살았던 작은 두 민족과 함께 시작된다. 이 두 민족은 그 지역에 깊이 뿌리를 내리고 있었지만 의도적으로 그 지역의 문명에 저항했다. 바로 이스라엘과 그리스다.

이스라엘 사람들은 '이집트에서 종살이하던 집' 과 북쪽 아시리아 원수들과의 대결 속에서 스스로를 정의했다. 옛 세계로부터의 엑소더스(탈출)에 성공한 자유인, 이것이 그들의 자기 이해였다. 이스라엘의 거룩한 경전에 등장하는 이 세계는 오늘날 우리에게도 아주 생생한 모습으로 남아 있다. 우리는 그 세계의 지혜와 법률, 문화, 기도, 여운이 있는 신화를 알고 있다. 종교사 연구를 통해 구약은 하나의 심포니처럼 울려 퍼지고 있고, 우리는 이미 오래전에 침몰해버린 문화의 주제와 문제를 엿들을 수 있다.[43] 이스라엘은 그 문화적 기억을 정경(Kanon)이라는 아이디어를 통해 풍요롭게 했다. 즉 이스라엘은 그 소중한 기억이 인간의 부주의로 인해 망각의 제물이 되지 않도록 하기 위해, 기록된 문헌을 모으는 작업에 착수했던 것이다. 이로써 그들은 배움과 기억의 문화를 발전시켰고, 이것은 오늘날까지도 과거에 대한 관심의 동력이 되고 있다. 죄와 실패의 문제 극복이 절실할 때에는 더더욱 그러하다. 그들이 정경으로 삼은 문헌에는[44] 무엇이 있는가?

(1) 인간관: 이스라엘의 정경에 나타난 인간관은 인간이 하나님과 같은 형상으로 만들어졌다는 사상을 통해 그 어떤 것에 의해서도 침해될 수 없는 인간의 존엄성을 제시하고 있다. 인간 존엄성이라는 신성불가침의 조건이 파괴되는 상황 속에서도 이 인간관은 계속해서 영향력을 발휘하고 있다.

(2) 계명의 윤리: 이스라엘의 정경은 모든 인간적인 판결을 초월하는 하나님의 법을 제시하면서 아주 인상적인 계명의 윤리를 전개한다. 이 윤리는 십계명과 이웃사랑 계명의 형태로 오늘날까지 영향을 끼치고 있다.

(3) 역사관: 이스라엘 정경의 역사관은 인간에게 역사에 대한 책임이 있음을 주지시키고, 불행한 과거 청산을 가능하게 해주는 회개를 촉구한다.[45]

(4) 하나님 이해: 이스라엘의 정경에서 무엇보다 중요한 것은 한 분 하나님에 대한 신앙이다. 하나님은 무한한 윤리적 에너지의 핵으로 이해

된다. 현대인이 고백하는 하나님, 혹은 거부하는 하나님은 바로 성서의 하나님이다.

이스라엘의 정경에 나타난 인간관, 윤리관, 역사관, 신관을 빼놓고는 유럽의 역사를 상상할 수 없다. 그래서 유럽의 교양인이라면 이 영역에 대해서 어느 정도의 지식을 갖추고 있다.

이에 비해, 그리스인의 자기의식은 트로이전쟁의 서사시와, 페르시아에 맞서 자유를 쟁취하기 위한 투쟁의 역사에 의해 형성됐다. 그들은 외국인에 의한 지배에 저항했고, 최초로 민주적인 공동생활의 형식을 만들어 냈다. 민주주의는 사람들이 자율적으로 자신들의 관심사를 처리하는 것이다. 그들은 자유로운 인간을 위한 자기 절제의 윤리를 전개했다. 이 윤리는 인간이 권력을 제한하는 것이 타당하다는 것을 증명한다. 그들이 만들어 낸 철학은 삶의 모든 전제 조건을 – 수많은 학파와 견해의 경쟁 속에서 – 끊임없이 검토하게끔 만들었다.

이 두 민족, 즉 유대 민족과 그리스 민족은 거의 비슷한 시기에 (기원전 6세기) 유일신 사상을 발전시켰다. 그리스의 경우는 콜로폰의 크세노파네스, 유대인의 경우는 제2이사야의 시기다. 그들은 스스로가 깊이 의존하고 있는 당대의 세계를 비판하며 저항했다. 두 민족은 헬레니즘 시대에 와서 서로 활발한 대화를 나누게 됐다. 그 대화의 결과로 초기 그리스도교가 탄생했다. 이때 유대교의 계명 윤리(Gebotsethik)는 헬레니즘의 통찰의 윤리(Einsichtsethik)와 결합했다. 초기 그리스도교의 문서에도 이런 결합이 나타나고 있으니, 형식은 계명의 윤리지만 인간의 통찰에 근거한 윤리가 요구되고 있는 것이다. 하나님이 계명을 인간의 마음에 새겨 넣으셨기 때문이다. 바울 사도는 '분별' 이라는 철학적 사유를 하나님의 뜻과 연결 짓는다. "모든 것을 분별하고 좋은 것을 굳게 잡으십시오"(살전 5:21). "하나님의 뜻이 무엇인지를 분별하도록 하십시오"(롬 12:2). 또한 초기 그리스도교는 모든 사람이 자유로운 공동체에 대한 사상을 발전시켰으니, 이는 고대 사회에서 보통은 자유로운 삶을 살 수 없었던 이방인, 노예, 여성이 모두 자유로울 수 있는 공동체다(갈 3:28). 이 공동체의 특징은 모두가 자기의 자유를 서로 섬기는 데 사용한다는 점이다(갈 5:13-14). 본래 자유의 사상은 고대 그리스의 자율성의 윤리에서 나온 것이나, 서로 섬김의 사상은 유대 전통에서 유래한 것이다. 자기 자신의 결정만이 아니라 다른 사람의 필요도 중요하게 생각했던 타자의 윤리가 지속적인 영향을 미쳤던 것이다. 오늘날까지도 이 두 가지 전통은 우리의 윤리관에 영향을 끼치고 있다.

성서는 현재의 의사소통에 어떤 기여를 하는가?

오늘 우리가 살고 있는 다원화된 현대 사회는 서로 다른 견해를 가진 사람들이 서로를 이해할 때에만 존속할 수 있다. 소통의 부재와 잘못된 이해는 갈등의 불씨가 되어 – 그 원인이 종교적인 것이든 아니면 세속적인 것이든 – 테러로 번질 수도 있다. 이 세상의 갈등과 종교의 관계에 대한 우리의 평가는 최근 들어 놀라운 변화를 경험했다.

20세기 중반의 세계사를 위협했던 것은 다른 어떤 것보다도 국가사회주의, 스탈린주의, 인종차별주의, 제국주의와 같은 세속의 이데올로기였다. 전통적인 종교는 이런 이데올로기의 공격 앞에 선 방어벽이었다. 국가사회주의에 맞서는 고백 교회의 저항 운동이 있었고, 공산 국가의 무신론 선전에 맞서 신앙의 원칙을 지킨 교회들이 있었고, 식민주의에 맞서 토착민들과 함께 해방 운동을 전개한 사람들이 있었다. 종교의 인간적 측면을 온몸으로 보여준 알베르트 슈바이처, 마하트마 간디, 마르틴 루터 킹, 디트리히 본회퍼 같은 위인들도 있었다. 그런데 이런 이미지는 20세기 후반에 들어 급격하게 변했다. 북아일랜드 개신교와 가톨릭, 힌두교도와 모슬렘, 이스라엘과 아랍 국가, 수단의 기독교인과 모슬렘 사이의 끝없는 싸움은 종교가 광신주의와 공격성의 원인을 제공하고 있다는 인상을 불러일으켰다. 종교 지도자들 가운데도 이안 페이슬리(Ian Paisley), 아야톨라 호메이니(Ayatollah Khomeini), 오사마 빈 라덴(Osama bin Laden)과 같은 부정적 이미지의 지도자들이 등장했다. 종교의 비인간적인 면모가 가시화됐다. 종교의 인간적인 잠재력은 평화운동, 망명자를 위한 거처를 제공하는 교회, 제3세계 지원 등의 인도주의적 활동으로 나타났으나, 테러와 전쟁의 모습으로 불거져 나온 종교적 광신의 그림자가 더 많은 주목을 받았다.

이런 상황 속에서 여러 가지 피상적인 반응이 나오고 있다. 종교 때문에 자꾸 정치적 갈등이 생기는 것이므로 종교와 결별하는 것이 최상의 길이라고, 그런 결별의 과정을 오래전부터 밟아가고 있는 우리야말로 옳은 편에 서 있다고 주장하는 사람들이 있다. 지식인이라면 이런 근시안적인 반응의 문제를 꿰뚫어볼 줄 알아야 한다. 그런 반응을 보여서는 서로 다른 문화와 종교 사이의 소통 부재 문제는 결코 해결되지 않는다. 어쩌면 우리가 – 종교가 있고 없고를 떠나서 – 다른 사람의 종교를 어느 정도 이해하고, 그것을 공정하고 세심하게 평가할 수 있느냐의 문제는 우리의 생존과 직결된 문제인지도 모른다. 여기서 우리는 두 가지 측면을 다 볼 수 있어야 한다. 종교는 삶의 힘이지만 광신주의가 될 수도 있다. 그러나 종교는 악의 에너지가 축복으로 전환될 수 있다는 언약에 기초한다.

성서는 이런 맥락에서 아주 탁월한 '교과서'다. 성서에도 전쟁 이데올로기와 인종 말살에 대한 요구가 있다. 그러나 다른 한편으로는 이웃사랑의 계명이 이방인에게 확대되기도 한다. 거룩한 것과 거룩하지 못한 것이 공존하고 있다. 우리는 성서를 통해서 신화와 전설, 제의와 윤리의 종교 언어를 배울 수 있다. 그 많은 종교 언어 가운데 하나를 어느 정도 이해할 수 있을 때 비로소 다른 것을 이해할 수 있다. 그것은 모국어를 잘 배워야 다른 언어로 접근해갈 수 있는 것과 같은 이치다. 종교적 사유와 실천에 대한 공감의 능력이 없다면 이 세상의 언어 하나가 사라지는 것이다. 그 언어는 세계 전체가 위기에 처한 바로 지금 우리 모두를 하나로 묶어 주는 끈이 될 수도 있는 언어다.

성서는 우리에게 다양한 상징의 언어를 가르쳐 준다. 보편적 상징 세계에 침윤한 집단 무의식의 원형적 구조에 대한 이론을 파고들어야만 상징의 언어를 배울 수 있는 것은 아니다. 모든 위대한 종교도 한때는 '일차' 종교, 즉 지금 우리가 알고 있는 아프리카의 부족 종교와 비슷한 형태였으나 – 거기서도 고전 전승이 중요한 교육의 수단이다 – 그것이 변형을 거쳐 오늘의 모습이 되었다는 추측만 할 수 있어도 충분하다.[46] 우리는 여기에 제의, 뮈토스, 에토스라는 세 가지 기본 모형이 있음을 알게 된다. '이차' 종교, 즉 문자 종교는 그 모형을 받아서 발전시킨다. 그래서 우리는 여러 종교 간에 비슷한 유형, 서로 상응하는 부분을 발견하게 된다. 각각의 종교는 자기의 뿌리가 되어 준 부족 종교로 거슬러 올라간다. 하지만 모든 종교의 발전 과정에서 특정한 유사성이 나타난다. 문자 종교 외에도 수도승 제도가 있고, 여러 종교에서 신비주의가 있고, 또 경전이 있는 것을 다른 방식으로는 설명할 수 없다. 그리스도교의 선교와 아시아 다른 종교의 선교가 서로 비슷한 점을 보이는 것도 달리 설명이 되지 않는다. 일차적 종교의 형식 언어, 그에 근거한 이차적 문자 종교(이른바 세계 종교)의 발달을 이해하는 것은 현대의 '핵심 문제'에 실제적인 관심을 보이고자 하는 일반교양의 목표 가운데 하나다.

성서는 자기 정체성의 발견에 어떤 기여를 하는가?

성서의 종교가 자기 정체성의 발견에 직접적인 영향을 끼치지는 않지만, 성서와의 대면은 자기 이해를 분명하게 하는 데 도움이 된다. 성서는 인생의 중요한 결단을 야기하는 촉매제가 된다. 오늘날 사람들이 성서를 대하는 태도는 크게 세 가지로 나눠볼 수 있다. 물론 이 세 가지 안에도 여러 가지 강조점의 차이가 있을 것이다.

(1) 가장 널리 퍼져 있는 태도는 비판적 거부의 태도다. 극단적인 경우에는 성서와 그리스도교는 부정적 정체성을 구현한다. 그것은 자기가 원하지 않은 것, 벗어나고 싶은 것이다. 성서를 읽으면 성서와 자기가 얼마나 다른지를 느끼고 자기가 세속적이라는 사실을 알게 된다. 성서는 일반교양의 한 부분이기도 하다. 하나님을 믿지 않는다고 말하는 사람에게 있어서 하나님이란 바로 성서의 하나님을 말한다.[47]

(2) 문제의식을 가지고 선별적으로 수용하는 태도는 조금 드문 경우다. 성서의 어떤 측면을 받아들이고, 다른 측면을 거절하는 것이다. 어쨌든 성서의 종교를 자기가 기댈 만한 고향처럼 생각하지는 않는다. 하지만 그런 사람에게도 성서는 나름대로 영향을 끼친다. 종교는 그저 하나의 유산이지만, 그래도 그것을 포기할 수는 없다. 우리는 이런 선별적인 자세를 무작정 패치워크 종교(Patch-Work-Religion)로 치부해버려서는 안 된다. 이런 태도에는, 인간이 어떤 상황에서도 비판적이고 섬세한 정신을 가지고 선택할 수 있어야 한다는 조심스러움이 배어 있다.

(3) 성서의 종교에 대한 긍정은 해석학적으로 자유로운 수용에서 근본주의적 고집에 이르기까지 다양한 형태로 나타난다. 그러나 성서

전통의 전수는 여기서도 항상 선택적이다. 성서 내용의 선별은 대개 무의식에서 먼저 시작된다. 의식의 영역에서는 성서의 전통을 자기가 이해하는 방식으로 전수하려는 의도가 버젓이 드러날 때가 많다.

위의 세 가지 태도도 각각의 영역에서 여러 가지 다양한 모습으로 나타날 수 있다. 자기 인생의 가능성과 여러 가지 결단의 가능성 앞에서 분명한 입장을 취하는 것이 바로 교양의 목표다. 그러므로 종교와 관련해서도 사람을 믿느냐 믿지 않느냐의 양자택일로 몰아가는 것은 적절하지 못하다. 믿는 것과 믿지 않는 것 모두 독특한 방식으로 성서와 관련을 맺고 있다. 무조건적인 신앙도 아니고, 무조건적인 불신앙이라고도 볼 수 없는 입장이 많이 있다. 그러나 성서가 말하는 신앙에 대한 객관적인 지식은 모두에게 똑같이 중요한 것이다. 그러므로 열린 성서 교수학은 다양한 입장을 가진 사람들을 고려해야 한다.

믿는 사람만이 아니라 모든 사람을 염두에 두고 있는 열린 성서 교수학의 핵심 문제가 바로 여기서 제기된다. 성서적 신앙을 받아들이지 않는 외부인도 성서의 핵심을 이해할 수 있는가? 외부인에게도 성서는 하나님과의 대화를 가능하게 해주는 종교적 문서로 이해될 수 있는가? 초월의 차원을 실존적으로 용납하지 않는 사람이 성서의 초월성을 이해할 수 있는가? 듣는 사람에게 예상치 못한 압박감을 줄 수도 있는 실존적인 요청 없이도 성서의 초월적 차원을 해석할 수 있는가? 하나님 앞에서는 구경꾼이 없다(I. 달페르트)는 말은 진정 맞는 말인가? 여기에 대한 나의 주장은 다음과 같다. 성서 텍스트의 종교적 차원을 이해하는 것은 모든 사람에게 중요하다. 무신론자에게는 다른 사람의 종교적 자기 이해를 더 잘 이해하기 위해 중요하고, 그리스도교 신앙인에게는 자기 자신을 더 잘 파악하기 위해서 중요하다. 종교적인 물음을 놓고서 종교인과 비종교인 사이에 원활한 의사소통이 이루어지면 안 될 이유라도 있는가? 다원주의적 사회에서는 전도에 대한 강박 없이 서로의 의견을 주고받을 수 있다. 포스트모던 문화의 다원주의와 관용은 여러 가지 혼란을 가져올 수도 있지만 진보의 한 걸음이 될 수도 있다. 그 진보는 성서 교수학을 근본적으로 바꿔놓을 수 있다.

외부의 시선: 가상의 종교학 스케치

이런 외부로부터의 이해를 더 쉽게 만들기 위해서 나는 약간 사이언스 픽션의 흉내를 낸 사유의 실험을 감행하고자 한다. 어떤 행성에 아주 뛰어난 지능을 가진 생명체들이 살고 있다고 상상해 보자. 그 생명체들의 기술은 지구에 살고 있는 사람들에 대한 정보를 맘대로 수집해서 평가할 수 있을 정도로 발달된 상태다. 그들은 자연과학적 인식만 할 수 있다. 종교나 신앙이 뭔지는 전혀 알지 못한다. 그래서 인간이 예배를 드린다든지, 기도를 한다든지, 태어나서 무덤에 묻힐 때까지 희한한 의식을 거행한다든지, 성경을 읽는다든지 하는 일체의 종교적 행위가 도대체 무엇인지 궁금하기 짝이 없다. 저 인간들은 하나님을 믿고 있는가 아니면 의심하고 있는가? 예언자의 말을 듣고 어떤 계명을 신성불가침으로 여긴다는데, 그것은 도대체 뭔가? 그 궁금증을 해소하기 위해서 외계의 생명체들은 우주 종교학 연구소를 설립한다. 그들은 그 연구 결과를 요약하여 발표하는데 지구의 자연에서 찾아낸 이미지, 유비, 우화 등을 사용한다.

첫 번째 연구 결과: 인간은 제한된 세계에서 살아가는데, 그 세계는 사실 실재(reality)와 일치하지는 않는다. 인간이 살아가는 세계는 인간의 육체, 감각, 두뇌가 지닌 특별한 능력과 관련이 있다. 인간의 감각은 빛의 파장 가운데서 하나만 감지할 수 있다. 인간의 눈은 자외선과 적외선은 빛으로 감지하지 못한다. 인간이 다른 감각을 지녔다면 이러한 빛의 파장도 느낄

수 있을 텐데 흥미롭게도 인간은 자기네가 사는 세상과 실재가 일치하지 않는다는 사실을 알고 있다. 자기네가 감지하고 재구성하고 해석하는 것 이상의 실재가 있다는 것을 알고 있다. 인간은 자기가 사는 세상이 제한되어 있다는 지식을 철학과 종교라는 것으로 표현한다. 그 가운데 어떤 것은 두 마리 개구리의 우화를 빌려 설명할 수 있다.

> 어떤 개구리가 깊은 구덩이의 바닥에서 살고 있었다. 양쪽 벽이 아주 가파르고 높은지라 그 개구리는 한 번도 구덩이 밖으로 나가본 적이 없었다. 구덩이 밖의 세상은 본 적도 없었다. 구덩이에는 지저분한 물웅덩이, 진흙, 자잘한 풀이 전부였다. 그러던 어느 날, 구덩이 바깥의 세상에서 다른 개구리 한 마리가 구덩이 속으로 곤두박질쳤다. 그 개구리는 구덩이에 살던 개구리에게 끝없이 넓은 풀밭, 드넓은 호수, 바람에 흔들리며 소리를 내는 갈대에 대해 얘기해 주었다. 그러자 구덩이에 살던 개구리가 물었다. "그 풀밭이 얼마나 큰데?" 그러면서 구덩이의 한쪽 끝에서 중간까지 펄쩍 뛰었다. "이 정도? 아니면 더 커?" 세상 경험을 한 개구리는 고개를 저으면서 말했다. "훨씬 더 크지!" 구덩이 개구리는 "그럴 리가 없지!" 하면서 다시 구덩이의 이쪽 끝에서 저쪽 끝까지 뛰었다. "그 풀밭이란 게 대충 이 정도니?" 넓은 세상에서 온 개구리는 다시 고개를 저으며 말했다. "훨씬 더 커! 상상할 수 없을 만큼 크다고!" 그러나 구덩이에서 살던 개구리는 화를 버럭 내면서 소리를 질렀다. "이 거짓말쟁이야! 썩 꺼져! 미쳐서 헛소리나 하는구나!"

구덩이에서만 살았던 개구리와 인간의 차이는 무엇인가? 인간은 자기가 사는 세상 너머에 끝없이 크고 복잡하고 신비로운 세상이 있다는 상상을 할 수 있다. 인간은 자기가 살고 있는 이 세상이 두뇌가 만들어 낸 작품이라는 것을 인식할 수 있다. 인간은 자기가 감각기관을 통해 세상을 경험하게 되면 두뇌가 그 경험을 일정한 방식으로 조작하여 어떤 구성물을 만들어 낸다는 사실을 인식하는 능력을 갖고 있다. 그와 동시에 인간은 자기가 도저히 도달할 수도 없고 제 맘대로 할 수도 없는 어떤 총체적인 실재와 대면하고 싶은 욕망을 가지고 있다. 그래서 인간은 종교를 만든다. 종교란 인간의 능력을 벗어나 있는 것, 인간의 지식을 초월하는 것, 인간의 욕망에 한계를 제시하는 것, 인간의 감정이 제대로 응답할 수 없는 어떤 것을 대하는 자세, 그 태도의 문화라고 할 수 있다.

두 번째 연구 결과: 인간이 살아가는 세계의 경계선이 영원히 고정된 것은 아니다. 어떤 사람들은 자기 삶의 세계를 초월하는 경험을 하곤 한다. 위의 우화에서 세상 경험을 한 개구리에 해당되는 사람들이다. 그 개구리는 구덩이에서만 살아온 개구리에게 더 큰 실재에 대한 것을 알려주려고 했다. 인간의 역사에는 그 실재가 몇몇 사람의 삶 속에 강렬한 형태로 드러나는 파격적인 사건이 종종 있는데, 인간들은 그것을 계시라고 부른다. 위대한 종교 창시자들은 바로 그런 소수의 인간이었다. 넓은 세상에 대한 이야기를 하다가 다른 개구리들로부터 미친 놈, 거짓말쟁이로 낙인찍혀 거절당하는 개구리와 비교될 만한 인간들이다. 하지만 이것이 어떻게 가능한가? 우주의 종교 연구가들은 다음과 같은 이론을 편다. 인간의 모든 기관은 환경에 적응하는 데 필요한 구조를 갖추고 있다. 인간에게 있는 모든 신념이며 행동 방식, 기호들도 마찬가지다. 이 모든 것은 인간의 생각과 행동을 외부 환경에 적응시키기 위한 시도인 것이다. 그러므로 인간은 이 세상에 대한 '사전 정보'를 가지고 있는 셈이다. 그 기관도 변이를 겪게 되는데, 드문 경우이기는 하지만 갑자기 적응 능력이 개선되기도 한다. 그러면 인간은 세상을 전보다 잘 알게 된다. 때가 되면 변이를 통해서 아가미는 허파가 된다. 허파를 가진 생명체는 물속이 아니라 마른 땅까지도

알게 된다. 이와 유사한 변화를 경험한 소수의 인간은 계시자로 간주된다. 이것을 실감나게 설명하기 위해서 물고기와 올챙이의 우화를 들려주고 싶다.

물고기 한 마리와 올챙이 한 마리가 사랑에 빠졌다. 시간이 흘러 올챙이는 개구리가 되어 육지로 뛰어올랐다. 이제는 개구리가 되었으니 마음껏 공기를 호흡하면서, 지금껏 살던 연못 너머의 넓은 세상을 경험했다. 개구리는 여자 친구인 물고기와 만나기 위해 물속으로 돌아왔다. 그녀에게 아름다운 바깥 세상에 대한 이야기를 들려주었다. 하지만 그녀는 한숨을 쉬며 말했다. "난 너와 함께 그곳에 갈 수 없어. 물이 없으면 난 죽고 말 테니까." 그러자 개구리가 말했다. "네가 나를 정말 사랑한다면 어디든지 나를 따라가는 거야. 너, 나를 정말 사랑해? 아니면 나를 사랑하지 않는 거야?" 물고기는 개구리에게 따뜻하게 속삭였다. "너를 사랑해!" 개구리가 대답했다. "좋아, 가는 거야!" 물고기는 육지로 뛰어올랐고 그 순박한 사랑 때문에 곧 죽어야 했다.

이 우화는 무엇을 말하는가? 인간 중에서 저 올챙이와 같은 운명을 경험하는 인간이 있다. 어떤 인간은 올챙이 상태에서 개구리로 발전한다. 그의 존재가 변하고, 새로운 세상을 경험하게 된다. 다른 인간들은 그를 따르게 된다. 때로는 그 추종의 동기가 다른 어떤 거창한 것이 아니라 그 개명한 사람에 대한 순수한 '사랑'이다. 인간의 종교 역사에 출현한 위대한 계시자들은 비상할 정도로 일찍 개구리로 발전한 올챙이와 같다고 할 수 있다. 다른 사람들이 그를 따라나서기는 하지만, 그들의 능력은 그것을 감당하지 못할 때가 많다.

세 번째 연구 결과: 인간은 그 초월적이고 총체적인 실재를 하나의 신비로

운 세계라고 이해한다. 인간의 삶은 그 세계를 향한 발돋움이다. 하지만 인간의 생각이 도달한 지점은 그 이상이다. 인간은 이 총체적 실재가 인간을 창조했다고 믿게 된다. 인간은 모든 사물을 만들어 낸 총체적 실재의 피조물이다. 존재하는 모든 것은 – 모든 세포, 신경, 조직, 생각 – 궁극적으로 그 총체적 실재의 작품이다. 모든 것은 총체적 실재와 조화를 이뤄야만 존재할 수 있다. 그 실재는 생명의 모든 형태, 즉 시행착오와 '변이'와 '도태'의 끝없는 과정을 통해 생성되는 모든 형태를 다 허용하지는 않는다. 다른 것과 비교할 때 '더 적응을 잘하고' 더욱 능력이 있어서 경쟁에서 이기고 번성할 수 있는 것들을 '선택' 한다. 이 냉혹한 선별/도태의 압력이 온 생명의 생물학적 토대를 형성할 뿐 아니라 인간이 살아가는 세계 전체에도 영향을 끼치고, 나아가 인간의 사회 기관, 철학, 학문, 종교에도 영향을 준다. 특히 학문의 영역에서는 선택의 압력이 유난히 가혹한데, 그 가혹한 정도는 우리의 모든 추측과 가설마저도 무력하게 만든다. 학문적 절차, 특히 자연과학적 절차가 중요시되는 곳에서는 우리의 모든 추측과 가설을 '현실의 제단'에 희생시키지 않을 수 없다. 요컨대 모든 생명, 즉 단세포 생물로부터 인간에 이르기까지, 개미의 움직임으로부터 노벨상 수상자의 두뇌에 이르기까지 모든 것은 엄격한 선택의 압력 하에 있다.

이렇듯 철저하게 실재의 총체적 체계에 의존된 상태는 종교적 의식 속에서 '피조물의 감정'이라든지, 모든 것을 규정하는 궁극적 실재인 하나님에 대한 의존의 의식으로 나타난다. 이 총체적 실재에 대한 관계는 양면적이다. 한편으로 인간은 자기의 존재, 자기의 몸, 자기의 감각을 기뻐한다. 인간 존재는 성공한 작품이요 탁월한 것이다. 인간인 자기 존재와 생명을 주신 하나님을 찬양한다. 삶이란 자기 자신과 나누는 위대한 대화와 같으며, 종교란 인간이 이 대화를 의식하고 펼쳐 나가는 것과 같다. 종교의 출발은 감사다. 하지만 이것은 한 가지 측면에 불과하다. 총체적 실재는 인간을 성공한 생명체로 만들어 내는 데 그치지 않고 모든 일에 직접 간섭한다. 그 실재는 모든 것을 허용하지 않는다. 생명체 가운데 상당수가 실패와 파멸을 경험하는데 그것은 실재와 조화를 이루지 못했기 때문이다. 무엇보다 놀라운 것은 모든 생명이 일시적이라는 사실이다. 모두에게 가장 확실한 것이 있는데 그것은 죽음이다. 생명의 형태가 늘 새롭게 변모하고, 늘 새로운 세대가 나타날 수 있는 것은 오직 죽음 때문이다. 죽음으로 인해 선택과 진화가 일어난다. 그러나 이 모든 것은 무한한 고통을 수반한다. 그래서 인간은 총체적 실재에게 의존되어 있음을 감사하는 한편, 그 실재가 자기를 도태시킬 수도 있다는 두려움 속에서 살아간다. 이것은 종교적 판타지 속에서 '최후의 심판' 에 대한 두려움으로 나타난다. '최후의 심판' 이란 무엇인가? 궁극적 실재인 하나님이 여러 다양한 생명체 가운데서 가장 성공적인 생명체를 가려 뽑는 것이다. 그 선별된 생명은 하나님의 세계에 적합한 존재들이다. 그 세계는 우리가 사는 세계 너머의 큰 세계이며, 그 세계에 비하면 우리의 제한된 세계는 극히 작은 섬에 불과하다. 이것을 올챙이와 개구리의 우화로 다시 표현해 보자.

> 맨 처음에는 작은 물고기들과 올챙이들이 연못에 살고 있었다. 물고기와 올챙이는 거의 구별되지 않았다. 육지로 올라가 새로운 세계에 진입하느냐 마느냐가 가려질 때 비로소 구별이 가능했다. 허파를 가진 것들은 땅으로 갈 수 있었고, 다른 것들은 물속에 남아 있어야 했다. 이로써 구별이 일어났다. '판결' 이 난 것이다.

올챙이, 개구리, 물고기의 세계와 인간의 세계가 다른 점은 무엇인가? 인간은 모두 똑같다. 인간 사이에는 물고기와 개구리 사이의 차이와 같은 근본적이고 결정적인 차이는 없다. 인간은 생물학적인 기관에 따라 구별되는 것이 아니라, 자기 스스로 책임질 수 있는 행동과 태도에 의해 구별된다. 바로 그렇기 때문에 인간은 자기가 직접 짊어지고 나가는 이 생명을 그르칠까 봐, 모든 것의 근원인 총체적 실재의 뜻에 어긋나는 삶을 살다가 죄책감을 느끼며 결국에는 실패자가 될까 봐 두려워한다. 인간은 그냥 사는 것이 아니라 자기의 삶을 운영하는 존재다. 그러므로 인간은 자기의 삶이 실패로 돌아갈 수도 있다는 사실을 알고 있다. 어쩌면 내가 운영하는 이 삶이 허상만을 좇다가 총체적 실재에 의해 '버림당하는' 삶이 될 수도 있다는 것이다.

네 번째 연구 결과: 인간의 종교에는 (앞으로는) 선택(도태)에 반대하고 저항하는 요소도 있다. 우주 연구소의 종교 연구자들은 인간이 믿고 있는 여러 종교를 멀찍이 떨어져서 관찰하고 또 서로 비교해 봤다. 그 결과 여러 종교 사이에 상당히 유사한 측면이 있다는 것을 발견해 냈다. 특히 눈에 띄는 유사점은 인간이 그 총체적 실재와의 관계에서 양면적 감정을 느낀다는 점이다. 인간은 자신이 부여받은 생명에 대해 감사하면서 동시에 인생의 실패에 대한 두려움을 느끼고 있다. 거의 모든 종교는 이런 실패에 대한 두려움을 극복하려는 노력을 내포하고 있다. 성서의 종교에서는 이런 노력이 더더욱 뚜렷하게 나타난다. 성서에서는 이른바 궁극적 실재에 의한 **선택**의 압력(Selektionsdruck)이 무조건적 수용(unbedingtes Akzeptieren)으로 변할 것이라는 언약이 있기 때문이다. 그러므로 궁극적 실재는 우리 인간을 적합한 생명이냐 부적합한 생명이냐 판단하기만 하는 것이 아니라 부적합한 생명까지도 무조건 받아들여 준다는 신뢰감이 생성된다. 여기에 한 가지 유일한 '조건'이 있다면, 그것은 인간이 그 무조건적 수용의 메시지를 믿는 것이다. 궁극적 실재는 그 어떤 생명도 버리지 않으며, 그 어떤 것도 잃어버린바 되지 않고 보존된다는 사실을 – 비록 그 일이 어떻게 가능한지는 알 수 없지만 – 신뢰하는 것이다. 이런 믿음을 매개해

주는 어떤 인물들이 있다. 이 사람들은 구덩이에 떨어지기 이전에 세상을 경험했던 개구리와 비교될 수 있다. 이렇게 '하늘로부터 내려온 사신' 은 모든 인간이 자기의 유한한 세계를 떠나 더 넓은 세계로 비약해야 한다는 메시지를 전달한다. 인간이 자기의 제한된 세계 속에 살면서 그 범주 안에서 사유하는 한 다른 사람을 끊임없이 평가하고 정죄한다. 누구는 적합하고 누구는 부적합하고, 누가 옳고 그르고, 누가 능력 있다거나 무능력하다거나 하면서……. 물고기에게는 물이 당연한 조건인 것처럼, 유한한 세계에 갇힌 인간에게 그런 삶의 태도는 당연한 것이다. 하지만 더 이상 올챙이가 아닌 개구리는 물 말고도 다른 삶의 조건이 있다는 사실을 알고 있다. 그것은 공기! '적합 – 부적합' , '능력 – 무능력' 의 기준에 따라 비정하게 도태시키는 이 세상이 실재 전체는 아니라는 것이다. 더 광대하고 포용적인 세상의 결정적인 메시지는 무엇인가? 그것은 모든 인간이 – 명망, 성, 종족, 출신, 공적, 능력에 상관없이 – 무조건 받아들여진다는 메시지다. 그러니까 인간의 경험 세계에서 이 무조건적인 수용과 비교될 수 있는 것은 오직 사랑의 경험, 즉 자기가 있는 그대로 받아들여지고 있다는 의식뿐이다. 선택의 논리를 무기력하게 만드는 이 무조건적인 수용의 메시지가 바로 성서가 증언하는 복음이다. 이렇듯 도태의 논리에 반대하고 저항하는 요소는 성서의 종교 이외의 다른 종교에서도 나타난다. 특히 불교는 서로에 대한 억압과 경쟁의 고통스러운 과정에서 벗어나는 길을 가르친다.

다섯 번째 연구 결과도 중요하다: 종교의 토대, 창시자, 경전, 교리는 거룩(Heiligkeit)의 아우라에 감싸여 있다. 도태의 논리에 저항하는 것이 종교라 할지라도 그 종교가 사람들의 기억 속에서 잊히거나 내몰리지 않기 위해서 대책을 마련하지 않는다면 결국 그 종교 자체가 도태의 논리에 의해 희생될 수밖에 없다. 종교는 생명의 기본적인 필연성과 충돌하기 때문에 언제든 사멸할 위험을 안고 있다. 바로 그런 이유에서 종교는 스스로를 절대화한다. 종교는 이 세상과는 전혀 다른 실재의 돌입이다. 종교의 창시자는 신성불가침의 존재가 된다. 그가 만든 경전은 일체의 비판을 허용하지 않는다. 종교의 기본적 깨달음은 교리로 자리매김한다. 그리스도교는 이 세 가지 절차를 모두 이용하여 인간의 망각에 대비한 면역 체계를 구축했다. 창시자를 거룩한 빛으로 감싸고, 그와 관련된 문서를 경전으로 삼고, 누구도 침범할 수 없는 교리를 만들었다. 물론 계시된 말씀과 기록된 말씀과 선포된 말씀을 모두 '하나님의 말씀' 으로 간주하고 서로를 상대화함으로써(칼 바르트) 본의 아니게 비판의 단초를 마련해 놓기는 했다. 하지만 이 세 가지 중에서 예수의 인격(die Person Jesu)을 제일 절대화하는 것만큼은 명백한 사실이다. 예수는 창조된 존재가 아니라 창조 이전부터 존재하고 있었던 것으로 간주된다. 이슬람은 무함마드에게 받은 경전, 즉 꾸란을 절대화한다. 이슬람은 꾸란도 창조되지 않은 것이요 영원한 것이라고 믿는다. 꾸란 이외에 무함마드의 생애에 관한 전승이 있는데, 여기에 대해서는 비판적인 평가가 허용되며 실제로 많은 모슬렘이 이 전승의 신빙성을 의심하고 있다. 불교는 붓다의 가르침을 절대화한다. 바로 그렇기 때문에 다른 모든 권위는 상대화할 수 있다. 심지어 붓다가 실제로 살았는지도 별로 중요하지 않다. 불교의 경전이 실제로 붓다 자신의 말씀을 담고 있는지 그렇지 않은지도 중요하지 않다. 그가 설파한 가르침의 진리는 그 자체에 깃들어 있다. 이렇듯 언제나 어떤 특정한 사람이나 실체는 어떤 일이 있어도 상대화되지 않고 거룩함의 아우라에 둘러싸이는데, 이것은 종교가 시간 속에서 풍화되지 않고 버틸 수 있도록 해준다.

지금까지 비교적 가볍게 스케치해 본 것에 의하면, 종교는 수많은 '시행착오' (trial and error)를 통한 변화와 발전의 과정 속에서 객관적 세계에 적응한 하나의 신념 세계다. 그럼에도 종교는 끊임없이 상대화와 망각에 대항하여 자신을 보호해야 한다는 역설이 본 연구의 '결론'이다. 앞으로 살펴보겠지만, 종교는 외적으로 이 세상에 적응해야 한다는 압력을 느끼고 그 적응을 위해 노력할 뿐만 아니라 어떤 내적인 프로그램을 만들어 낸다. 이것은 모든 생명체의 발달이 그 생명체의 내적인 가능성에 의존되어 있는 것과 같은 이치다. 우주 공간에 있는 종교 연구소에 대한 가상의 이야기는 종교에 관한 한 이방인에 해당하는 사람에게 일단은 – 외부의 시선을 빌려 – 종교적 경험을 쉽게 풀어 설명하기 위한 것이었다. 종교적 경험이라는 것이 어떤 정신병적인 것이 아니라는 사실을 보여주기 위함이었다. 종교를 관찰하는 사람이 반드시 그 종교를 믿고 고백하는 사람이 되지 않아도 충분히 그 종교에 대한 좋은 이해를 가질 수 있다.

내부의 시선: 종교 안에만 있으며, 다른 어떤 것으로 대치될 수 없는 것에 대한 성찰의 결과

우리가 외부의 시선을 빌려 종교를 설명해 본 것은, 과연 종교라는 것이 이해 가능한 것인지 묻기 위함이었다. 그런데 이 물음 못지않게 중요한 물음이 있다. 종교를 그저 관찰하기만 하는 사람 안에도 자기의 삶을 종교적으로 해석해 보고픈 마음이 생길까? 이제 우리의 상상의 나래를 접고 이 세상으로 내려와 다시 한 번 묻자. 만일 이 세상에 하나님에 대한 물음이 없다고 한다면[48] 우리의 교양/교육에 어떤 결함이라도 생기는가? 조직신학자인 헤를레(W. Härle)는 이 물음에 대해 네 가지 대답의 가능성을 제시한다. 이때 그는 굳이 성서를 인용하지 않는다. 이로써 우리가 성서의 역할을 스스로 생각해 보게끔 한다. "만일 이 세상에 하나님[神]에 대한 물음이 없다면?"

(1) 인생과 이 세상의 의미(Sinn)에 관한 의사소통이 결여될 것이다.[49]

모든 의미 있는 것은 어떤 포괄적인 맥락 안에 들어갈 때 비로소 의

미 있는 것이 되며, 우리 인간은 모두 파편적인 의미를 지니고 있어서 그것보다 포괄적으로 의미를 부여하는 존재를 찾지 않을 수 없다. 만일 신에 대한 물음이 없다면 총체적 의미를 향한 물음은 공허해진다. 물론 우리가 순간적으로 의미 있게 생각할 수 있는 사건들은 있다. 예컨대 아기의 탄생이라든지 어려운 사람을 돕는 일이 의미 있게 다가올 수 있다. 그러나 그런 의미를 무색하게 만드는 경험도 얼마든지 있다. 그러므로 다음과 같은 주장이 설득력 있게 들리는 것 같다. 모든 것을 포괄하며 의미를 부여하는 어떤 존재가 창조한 하나의 포괄적인 의미가 있든지, 아니면 도무지 아무런 의미가 없든지 둘 중 하나다(W. 바이셰델).[50] 그렇다면 성서의 기능은 무엇일까? 인간은, 자기에게 포괄적인 의미를 부여하는 그 실재와 성서를 통해 관계를 맺을 수 있다. 물론 우리는 다른 주장을 펼 수도 있다. 어쩌면 이 세상에서 인간의 실존 자체가 인간을 어떤 특별한 근거가 없는 선택, 즉 결정의 의미를 거스르는 사건보다는 의미 있는 사건을 지향하는 선택으로 몰아가는 것이라고! 어쩌면 그것도 믿음일 수 있다. 성서는 우리에게 무의미성에 맞설 수 있는 용기를 주는 책이다.

(2) 우리의 마음(Herz)이 무엇에 매달리는가에 대한 깨달음이 결여될 것이다.[51] 마르틴 루터는 십계명의 첫째 계명을 주석하면서 하나님을 다음과 같이 정의했다. "너의 마음이 매달리는 그것, 네가 너를 전적으로 내맡길 수 있는 그것이 사실상 너의 하나님이다." 그러므로 하나님에 대한 물음은 나의 마음이 어디에 매달려 있는가에 대한 물음, 내가 나를 완전히 내맡길 수 있는 것에 대한 물음이다. 나에게 궁극적으로 중요한 것은 무엇인가? 종교는 무조건적인 어떤 것에 대한 감각이다. 나에게 무조건적으로 어떤 의무를 지우는 것, 나

를 무조건적으로 보호해 주는 것에 대한 감각이다. 그렇다면 여기서 성서의 기능은 무엇일까? 성서야말로 이런 무조건적인 요구의 증인이며, 동시에 어떤 조건적인 것을 절대화하지 말라는 경고다. 성서의 관점에서 볼 때 우상숭배란 어떤 조건에 얽매일 수밖에 없는 것을 절대화하는 것이다. 성서는 인간의 마음이 자꾸만 유한한 것에 매달리는 경향이 있다는 것을 드러내고, 그런 어리석음에 빠지지 말라고 경고한다.

(3) 우리의 삶에 **올바른 기준**(das rechte Maß)을 제시하는 윤리적 방향성이 결여될 것이다.[52] 어떤 경우에도 침해되어서는 안 되는 윤리적 규범의 뿌리를 무조건 종교에서 찾을 수는 없다. 하지만 우리의 규범과 가치가 오로지 실증적인 법률과 인간적인 합의의 산물은 아니다. 국가와 법률과 관습이 최종적인 심급이 될 수 없기 때문이다. 우리가 넘지 말아야 할 경계선을 제시하는 것은 쉽지만 우리가 적극적으로 실행해야 하는 것에 대한 윤리적 합의는 훨씬 어렵다. 하나의 새로운 에토스를 '합리적으로' 창조하는 것은 불가능하다. 이미 주어진 에토스를 합리적으로 검토하는 것만이 인간에게 가능한 일이다. 그렇다면 여기서 성서는 어떤 기능을 하는가? 성서는 에토스가 어떤 한계에 부딪힌 지점에서 위대한 스승의 기능을 한다. 하나님의 계명은 인간의 계명과 다르다. 하나님의 계명은 미리 주어진 것이다. 전통 속에 보존된 그 계명은 우리에게 무척 껄끄러운 것으로 다가오기도 한다. 그 계명을 꼼꼼히 점검하는 것이 우리의 과제다. 그러나 성서는 그 에토스의 한계마저 깨달을 수 있도록 해준다. 우리는 그런 윤리적 규범을 완전히 실천할 수 없는 존재다.

(4) 우리가 **도저히 어찌할 수 없는**(unverfügbar) 것이 있다는 인식이 결여될 것이다.[53] 인간이 마음대로 할 수 있는 일은 대개 긍정적인 것보

다는 부정적이고 소극적인 것이다. 우리는 생명을 창조하지는 못하지만 생명을 직접 끊을 수 있다. 우리는 우리 행동의 전제 조건(자연법칙, 우리의 출신, 역사, 공간)도, 그 행동의 한계도 마음대로 할 수 없다. 우리는 그 전제 조건을 제대로 감지하지 못할 때가 많다. 너무나 당연해 보이기 때문에 그것을 의식하지 못하는 것이다. 우리는 행동의 한계에 부딪혔을 때 비로소 고통스러운 자각이 일어난다. 우리가 도저히 어찌할 수 없는 것에 대한 감각도 종교의 일부다. 종교가 없다면 그 감각도 퇴화될 것이다. 성서에는 이와 관련된 놀라운 사례들이 등장한다.

요약: 종교의 소중함, 아마도 그 어떤 것으로 대치될 수 없는 소중함은 "우리 존재의 의미요, 우리의 궁극적 관심이요, 우리의 삶을 위한 올바른 척도요, 우리가 도저히 어찌할 수 없는 무소부재의 존재로서 – 비록 우리가 그것을 제대로 의식하거나 분별하지 못한다 할지라도 – 우리 삶의 터전이 되어 주는 바로 그 실재(die Wirklichkeit)에 대한 물음 때문이다."[54] 실재의 종교적 차원에 대한 물음이 전통적인 신 관념에서만 나타나는 것은 아니다. 하지만 이 종교적 차원에 대한 예민함은 성서를 열린 마음으로 대할 수 있게 해주고, 성서를 통해 배울 수 있도록 해준다. 물론 인간은 스스로 많은 것에 대해 진지하게 성찰할 수 있다. 그러나 오랫동안 묻혀 있던 어떤 것을 발견하기 위해서는 외적인 자극에 의존해야 할 때가 많다. 성서도 그런 자극이 될 수 있다.

그러므로 열린 성서 교수학의 중요한 과제 가운데 하나는, 종교적 경험의 언어인 성서가 모든 사람에게 이해할 만한 것이 되도록 하는 것이다. 이런 맥락에서 성서를 읽는 것은 일반교양의 필수요소다. 물론 성서의 최종적인 사상은 단순히 일반교양의 차원을 넘어서는 신앙적인 것이라며 이의를 제기하는 사람도 있을 것이다. 성서는 교양서적이 아니라 신앙고백을 위한 책인가? 나는 이렇게 진단한다. '종교적 음악성이 없는' (religiös unmusikalisch) 사람에게는 종교를 가능하게 해주는 조건을 이해하는 것이 중요한 교양이 될 수 있다. 이 땅 위에서 다양한 형태로 나타나는 인간의 자기 이해 가능성에 대한 성찰은, 인간의 풍요로운 삶에 관심을 가지고 살아가는 열린 정신의 소유자에게는 반드시 필요한 덕목이다. 종교적 언어의 이해와 그것의 실천은 서로 다른 영역이다. 일단은 종교적 언어를 인격적으로 받아들이는 과정이 있어야 그것이 하나님 체험으로 연결될 수 있다. 바로 그때 일반교양을 넘어서는 첫걸음이 시작된다.

성서와 함께 일반교양을 촉진하는 일의 목적은 일단 성서 안에 나타난 초월 체험을 해석하는 것이지만, 그것 이외에도 다른 목적이 있다. 그 다른 목적은 종교 수업의 목적에 고스란히 담겨 있다. 그리고 성서는 그 수업 속에서 다양한 역할을 감당하고 있다. 그러므로 이제는 종교 수업의 목표 설정에 대해 자세히 들여다볼 필요가 있다.

2장

종교 수업과 성서

– 왜 종교 수업 시간에 성서를 읽어야 하는가?
– 네 가지 모델, 네 가지 대답

독일에서는 아주 오랫동안 '종교 수업'이 '성서를 가르치는 수업'과 같은 말이었다. 지금은 성서에 대한 이해가 종교 수업의 여러 가지 목표 중 하나일 뿐이다. 지금부터 우리는 지난 50년 동안 독일 종교 수업의 목표로 제시된 네 가지 목표에 대해 논하려고 한다. 각각의 목표는 네 가지 수업 모델, 즉 해석학적 수업, 문제 지향적 수업, 상징 교수학적 수업, 케리그마적 수업 모델과 관련이 있다(여기서 '케리그마적' 모델은 과거의 '복음적 훈육'과 최근의 '요체적 성서 교수학'을 포괄하는 개념이다). 각각의 모델에서 성서는 조금씩 다른 측면에서 나름대로 역할을 감당한다. 열린 성서 교수학은 그 다양한 측면을 수용하며, '안으로부터의' 성서 공부와 '밖으로부터의' 성서 공부를 모두 허용하려고 한다. 때로는 밖으로부터 성서 읽기를 추천하면서도 때로는 안으로부터의 성서 읽기를 더욱 진지하게 고민해야 하는 필요성을 보여줄 것이다. 여기서 중요한 것은 네 가지 모델 하나하나에 대한 학술적인 평가가 아니라, 성서가 의미 있는 책으로 부각되는 네 가지의 실질적인 측면들이다. 그렇기 때문에 네 모델이 모두 독일어권 종교교육학에서 나온 것이라는 사실이 크게 문제 되지는 않을 것이다. 이 네 모델은 어떤 나라의 특수한 상황을 넘어 실질적으로 문제가 되는 사안들을 보여주는 데 도움이 되기 때문이다.

1. 해석학적 모델: 삶의 방향 제시와 문화적 기억 활용

왜 수업 시간에 성서를 읽어야 하는가? 첫 번째 대답은 이렇다. 성서는 한 인간의 삶이 경험할 수 있는 모든 것을 뛰어넘는 경험 및 가치의 보고다. 위대한 전통은 개개인이 걸어가는 길을 훨씬 앞서 가고 있다. 그 전통에는 많은 세대의 경험이 (그런 경험이 일어나고 또 훗날까지 영향을 미친 이야기가) 축적되어 있다. 실제로 성서의 경우처럼, 인류 역사 속에서 그렇게 다양한 시대의 기억이 한 책에 집약되어 있는 경우는 상당히 드물다. 성서 생성의 역사는 국가가 없었던 부족 지파의 시대로 거슬러 올라갔다가 국가 형성기를 거쳐 왕국이 몰락하는 시대까지 이르고, 신약성서에서는 거대한 제국의 틈바구니에 낀 작은 민족의 삶에서 시작하여 수많은 민족 속에서 소규모의 종교적 하위문화 형태로 확산되는 시점까지다. 그 성서가 후대에 어떤 영향을 끼쳤는가는 유럽 역사를 이해하는 실마리라고도 볼 수 있다. 이 점에 있어서는 성서에 견줄 만한 책이 없다. 근세에 이르러 성서의 영향력은 유럽의 울타리를 넘어 전 세계로 퍼져 나갔다. 성서에 그렇게 많은 지혜가 수집·응집되어 있다면 성서를 잘 풀어내야[주석해야] 그 지혜가 풍부한 열매를 맺을 수 있다. 이해와 해석에 대한 성찰이 바로 해석학이다. 그러므로 우리가 해석학적 모델을 맨 처음 다루는 것은 아주 실질적인 이유 때문이기도 하다.

해석학적 성서 교수학의 태동

해석학적 성서 교수학의 전성기는 1950년대와 60년대 초반이었다.[55] 제2차 세계대전의 파국 이후 사람들은 의식적으로 전통에 매달렸고, 전통은 전쟁과 홀로코스트의 야만에 시달렸던 사람들에게 정신적인 피난처가 되었다. 그 어떤 매개물 없이 직접 성서를 읽는 것을 골자로 하는 이른바 '복음적 훈육'(Evangelische Unterweisung) 모델은 이미 1920~30년대에 시작됐으나 1945년 이후에 비로소 위력을 발휘했다. 이때의 수업은 사실상 설교였다. 그러나 성서는 근대 이전의 책이라는 사실, 그러므로 성서가 사람을 변화시킬 수 있으려면 먼저 사람이 성서를 이해해야 한다는 사실을 영원히 무시할 수는 없었다. 또한 종교 교사는 학교 안에서 교회를 대표하는 사람이 아니라 학교에서 일하는 교사라는 사실도 영원히 부정할 수 없었다. 그래서 '복음적 훈육' 모델에 대한 반작용으로 해석학적 성서 교수학이 생겨났다. 이 모델은 역사 비평의 방법론과 실존적 해석학과 학교교육 이론을 결합시키고자 했다.

해석학적 성서 교수학의 근본적 확신 가운데 하나는 바로 이것이다. 성서 본문이 먼저 이해가 되어야 그 본문을 통해 신앙이 생겨날 수 있다! 이해는 보편적인 학문의 방법에 의존한다. 그 방법의 도움을 받아 과거의 텍스트를 해명할 수 있기 때문이다. 그러므로 이해는 역사 비평의 방법에 의존한다.[56] 역사 비평은 먼저 그 텍스트를 낯설게 만들고, 그 텍스트가 과거의 일부임이 드러나게 한다. 그 다음에는 과거의 텍스트에서 현재의 의미를 도출하는 해석학을 통해 텍스트가 보완돼야 한다. 거기에 실존적 해석이 덧붙여진다. 과거의 텍스트가 오늘을 사는 인간에게 해독(解讀)되어 그의 물음에 대한 하나의 대답을 제시할 수 있을 때 비로소 그 텍스트의 세계가 환히 열린다. 과거의 위대한 텍스트는 인간이 스스로를 어떻게 이해했느냐를 보여주는 것으로서 오늘 우리의 삶에도 영향을 끼친다. 그 텍스트는 자기만의 고유함과 진정성을 추구하는 인생의 객관화다. 그런데 종교적 텍스트는 어떤 종교적 전이해(前-理解, Vorverständnis)를 가진 사람이 이해하게 되어 있다. 그 전이해란 어떤 초월적인 힘이 인간의 삶을 규정한다고 보는 것이다. 성서의 텍스트 안에서 인간의 세계 너머에서 들려오는 케리그마, 즉 인간의 삶에 오직 은총과 오직 믿음을 통해(*sola gratia et sola fide*) 본래성을 선사하는 케리그마를 들을 수 있는 사람에게 성서 텍스트는 생명을 살리는 능력이 된다. 오직 우리가 이해한 케리그마만이 우리에게 정면으로 부딪혀 올 수 있다. 케리그마의 선포는 교회의 일이지만 케리그마를 이해하는 것은 학교의 일이다. 종교 수업의 목표는 신앙이 아니라 성서 전승의 이해다. 전승의 이해야말로 학교의 보편적인 과제이기 때문이다. 그러므로 성서를 진지하게 읽고 연구하는 것은 교회의 선포와 관련된 것일 뿐 아니라 학교의 교육적 사명과도 맞닿아 있다.[57]

그때부터 지금까지 어떤 변화가 있었는지는 1960년대부터 90년대까지 다른 몇몇 해석학 이론과 비교해 보면 분명하게 알 수 있다. 한 편에는 영향사(影響史, Wirkungsgeschichte)에 초점을 맞춘 해석학이 있고(H. G. 가다머), 다른 한 편에는 의심의 해석학(E. 쉬슬러-피오렌자)과 문화적 기억의 해석학(J. 아스만)과 타자의 해석학(Th. 준더마이어)이 있다.

영향사적 해석학을 통한 심화

영향사적 해석학(1960년부터)[58]은 전통에 대한 위대한 신뢰의 표현이다.

우리는 어떤 중립적인 거리를 두고 지나간 과거의 전승에 다가서지 않는다. 우리는 전승의 (무의식적이고 의식적인) 영향력을 통해서 이미 그 전승과 연결되어 있다. 이 영향(Wirkung)은 다른 요인들과 함께 이미 우리의 전(前)이해를 규정한다. 그러므로 우리는 그 텍스트를 있는 '그 자체'로 파악하지 않고, 그 텍스트가 우리의 '전이해'에 드러나는 형태로만 파악하게 된다. 그러나 이것은 제약이 아니다. 역사적인 조건에 얽매어 있는 우리의 전(前)이해이건만 무엇인가를 환히 밝혀내는 힘을 지니고 있다. 성공적인 이해는 우리의 현재적 전이해와 과거 사이에 '지평 융합'(Horizontverschmelzung)이 일어나도록 한다. 이때 과거의 전통은 – 우리가 인정하고 싶어 하는 것 이상으로 – 우리의 이해를 도와준다. 전통은 우리의 신뢰를 이끌어 낸다. 이 신뢰를 내가 할 수 있는 방식으로 설명해 보라고 할 것 같으면 나는 영향사의 해석학과 거리가 먼 진화 이론을 끌어들인다. 성서 전통과 같은 위대한 전통은 실제로 기본적인 신뢰의 대상이다. 나는 내 몸의 여러 기관을 신뢰한다. 그 기관은 수많은 시행착오, 변이와 도태의 오랜 발전의 역사가 있었기에 생겨났고 그래서 아주 놀라운 '적응력'을 지니고 있다. 우리는 눈이 어떻게 작동하는지 알지 못하는 상황 속에서도 오랫동안 눈의 능력을 신뢰해왔다. 마찬가지로 우리는 위대한 전통이 우리에게 어째서 도움이 되는지 합리적으로 따지기 전부터도 오랫동안 그 위대한 전통의 생명력을 신뢰했다. 만일 성서가 그런 위대한 전통이라면 그것을 신뢰하지 않을 까닭은 없다. 우리가 그 책을 꼼꼼히 읽고 해석하기만 하면 그 책은 우리의 삶에 방향을 제시해 주는 풍요로운 유산이 될 것이다. 해석학적 모델이 의도했던 것이 바로 이것이다. 이 모델은 성서 안에는 위대한 지혜가 숨겨져 있다고 믿는다. 그렇다면 우리의 과제는 그 지혜를 사람들이 깨달을 수 있도록 하는 것뿐이다.

예: 마가복음의 첫머리에는 예수 메시지를 요약한 한 문장이 있다. "때가 찼다. 하나님의 나라가 가까이 왔다. 회개하여라. 복음을 믿어라"(막 1:15). 이 말씀에 감추어진 지혜는 무엇인가? 제일 먼저 아주 골치 아픈 문제와 맞닥뜨리게 된다. 그것은 하나님의 나라에 대한 기대다. 이미 시작된("때가 찼다!"), 동시에 곧 변화될 세상에 대한 기대에 바로 뒤이어 변화에 대한 요청이 있다. 각 사람이 변화해야 한다는 요청, 근본적으로 삶의 방식을 바꾸어야 한다는 회개의 요청이 그것이다. 이 두 가지는 밀접하게 연결돼 있다. 즉 하나님이 지금 임재하시면 인간은 회개의 요청을 받게 마련이다. 이 회개의 모티브에는 어떤 숨겨진 이성(Vernunft)이 있다. 그 이성은 학문을 관조하는 사람에게는 금방 분명해진다. 학문은 모름지기 이성의 형식이며, 오늘날까지 – 여러 가지 회의적인 견해도 있긴 하지만 – 최고의 명성을 누리고 있는 형식이다. 학문이란 끊임없이 생각하고 말하면서 현실의 문제와 맞닥뜨리고, 나아가 그 생각과 진단을 수정하는 것이다. 그러므로 학문은 사유의 영역에서 지속적으로 일어나는 회개라고 할 수 있다. 학문적 견지에서 진리는 언제나 오류의 수정이라는 형식을 통해 주어진다. 학문은 틀리면서 앞으로 나아가는 방법이다. 성서에도 이와 똑같은 모티브가 등장한다. 하지만 그 모티브는 인지적인 능력에 의해 주도되는 학문의 영역처럼 삶의 제한된 한 영역에만 해당되는 것이 아니라 인생 전체를 포괄하는 근본 모티브다. 그것은 우리의 삶을 하나님의 뜻에 조율하는 것을 과제로 삼은 평생의 모티브다. 성서의 회개 모티브를 철저히 받아들인 삶은 잘못된 행동, 파괴적인 태도, 일방적인 편견을 끊임없이 수정할 자세가 되어 있다. 비록 그것이 고통스러울지라도……. 회개로의 부름은 예언자로부터 묵시문헌에 이르기까지 성서의 일관된 모티브다. 이것은 성서의 내적 진리에 속한다. 비록 그 부름을 담고 있는 이야기나 비전 등이 오늘 우리에게는 문자적인 의미에서 '진실'은 아닐지라

도 그 부름이 성서의 진리인 것만큼은 분명하다. 이 부름은 단순한 요청이 아니다. 이것은 예컨대 누가복음에서 예수와 함께 십자가 처형을 당한 불쌍한 강도에게 선포된 약속이기도 하다. 그런데 그 약속이 회개를 일으킨다. 그 강도는 회개를 증명할 수 있는 아무것도 할 수 없었다. 그런 그에게도 언약의 말씀은 효력을 발휘한다. 회개한 사람은 – 살았거나 죽었거나 – 예수와 연결되어 있다. 성서는 이렇듯 위대한 '회개의 지혜'를 지닌 책이다. 우리가 그것을 아직 깨닫지 못한 상황에서도 성서는 회개가 우리에게 필요하다는 것을 알고 있다. 성서는 우리가 회개할 때라야 살 수 있다는 사실을 알고 있다. 성서의 하나님은 이렇게 말씀하신다. "나는 악인이 죽는 것을 기뻐하지 않고, 오히려 악인이 그의 길에서 돌이켜 떠나 사는 것을 기뻐한다"(겔 33:11). 이 회개의 지혜가 (그리고 성서의 다른 지혜들도) 제대로 해석되기만 하면 그 지혜는 우리의 생명을 촉진할 것이다. 성서에 대한 신뢰 그 자체가 이미 우리의 인생에 방향을 제시해 준다.

해석학적 성서 교수학에 대한 비판: 의심의 해석학, 문화적 기억의 해석학, 타자성의 해석학

하지만 전통에 대한 신뢰는 무조건 정당화될 수 있는가? 영향사의 해석학은 세 가지 비판적인 문제제기에 부딪혔다. 첫 번째 비판은 이미 1960~70년대 이데올로기 비판적 해석학, 즉 '의심의 해석학'(Hermeneutik des Verdachts)으로부터 왔다. 만일 전통이 우리를 잘못된 길로 인도할 때는 그 전통에서 '빠져나와야' 하는 것 아닌가? 성서에는 억압적인 권력과 가부장제와 반유대주의를 정당화하는 부분이 있지 않은가? 성서의 영향사를 신뢰하며 그 흐름에 '동참'하기에 앞서 이데올로기 비판이 필요한 것 아닌가? 전통에 대한 신뢰 대신, 그 전통이 비인간적 요소를 담고 있을 수도 있다는 '불신'이 들어섰다. 페미니스트 신학은 그런 '의심의 해석학'을 가장 극명하게 표출했다. 해방신학과 그리스도교-유대교 대화에서도 이와 유사한 생각을 찾아볼 수 있다. 이후에 살펴볼 문제 지향적 성서 교수학에서는 이런 이데올로기 비판적 요소가 중요한 역할을 감당한다.

영향사의 해석학에 대한 두 번째 비판은 바로 '문화적 기억의 해석학'(Hermeneutik des kulturellen Gedächtnisses) 쪽에서 제기됐다. 그에 따르면, 과거의 긍정적 의미는 지속적인 영향을 미치는 전통에만 있는 것이 아니다. 개인의 기억이 각각의 의식을 뛰어넘는 것과 마찬가지로, 집단의 기억도 개별적인 사회적 커뮤니케이션(어느 특정한 시기에 아무런 문제의 소지가 없어 모두가 동의하는 것, 그래서 계속해서 영향을 미치고 있는 모든 것)을 뛰어넘는다. 그 기억이 – 문헌과 제도라는 도구에 의지하여 – 현재의 지평을 넘어 과거에 도달한다는 사실이야말로 문화적 기억의 가능성이다. "개별적으로 소통되거나 전수된 의미의 영역을 훌쩍 뛰어넘는 이 포괄적인 기억의 영역은 극단적인 경우 아주 확고하고 견고해져서 오늘 이 시대의 사회적 · 정치적 현실과 서로 갈등을 빚을 수도 있다."[59] 그러면 과거는 '현재와 반대되는 기억'(konstrapräsentische Erinnerung)이 된다.[60] 성서는 바로 이 점에서 탁월한 교과서다. 기억은 현실과 마찰을 일으키더라도 확고히 자리를 잡는다. 이집트에서 종살이 하던 과거는 약속의 땅을 받아 누리는 현재와 대비되며, 거룩한 땅에서 보내던 과거와 포로 생활의 슬픔이 대비된다. 기억에서 중요한 것은 현재와 모순되는 것, 현재 속에서 기능적 가치가 없는 것, 한 마디로 '현재와 반대되는'(kontrapräsentisch) 것이다. 이것이 가다머의 해석학이 말하는바 과거와 현재의 '지평 융합'이라는 목표와 완전히 상반되는가? 언뜻 보기에는 그럴 수 있다. 하지만 가다머의 해석학도 낯선 것을 자기의 지평에 임의로 끼워 맞추려고 하는 시도와는 의도적으로 거리를 두고 있다. 그의 해석학은 상대방의 독특성을 존중하려고 했다. 그러나 그 해석학의 논리를 따르자면, 결국 성공적인 이해란 타자의 지평과 현재의 지평이 하나가 되는 '지평 융합'이다. 반면 문화적 기억은 지평 융합만이 아니라 지평의 단절, 즉 서로 융화되지 않는 부분까지도 포괄한다. 낯선 것은 현재 속에서 그야말로 낯선 것으로 부각되고, 현재와 융합될 수 없는 때가 자주 있다.

이로써 영향사의 해석학에 수정을 가한 세 번째 비판, 즉 '타자의 해석학'(Hermeneutik des Fremden)이 등장한다.[61] 유럽의 경우에는 전통의 영향사가 고대 근동과 그리스로부터 오늘까지 이른다고 말할 수 있지만, 그 영향사가 현재 이 땅 위에 살고 있는 다른 문화권에도 통용되는 것은 결코 아니다. 물론 여기에도 영향사적인 맥락들이 존재한다. 그 낯선 문화와 유럽의 문화를 연결해 주는 역사는 발견과 선교, 식민지화와 탈식민지화, 억압과 해방의 역사다. 유럽 사람들은 이 역사를 통해서 자신들의 적나라한 모습과 대면할 수 있다. 이런 무거운 역사가 아닌 편안한 역사가 있는 곳에서도 현재의 타자를 이해하는 일은 아주 특별한 문제와 기회를 동반한다. 과거의 역사 속에 등장하는 타자는 우리의 잠재적 경쟁자 혹은 원수가 되어 우리를 위협할 수가 없다. 또한 우리의 해석이 맞는지 틀리는지 얘기해 줄 수도 없다. 우리는 지금 여기에 살아 있는 타자하고만 살아 있는 상호관계를 맺을 수 있다.

전통의 지속적 영향력에 대한 신뢰를 중시하는 영향사의 해석학이 이데올로기 비판의 해석학, 문화적 기억의 해석학, 타자의 해석학에 의해 수정된 것이 다름 아닌 1970~90년대인 것은 결코 우연이 아니다. 1968년 이후로 유럽은 과거 전통과의 단절을 경험했고, 1980년대 이래로는 전자 저장 장치의 개발로 문화적 기억의 혁명이 일어났다. 이 혁명은 문자와 활자의 발견만큼이나 파격적인 것이었다. 이와 동시에 이민 인구의 급증으로 인해 다문화적 공존이 전 세계의 중요한 이슈가 되었다. 바야흐로 유럽이 주도하던 근대 사회는 막을 내린 것 같다는 느낌이 확산되었다. 포스트모던 시대의 도래였다.[62] 20세기의 가공할 범죄로 인해 문화적 기억에 단절이 일어났다는 사실을 사람들은 그제야 철저하게 의식할 수 있었다.[63] 이러한 상황은 '현재와 반대되는 기억'에 대한 감각을 촉진시켰다. 과거를 향해 눈을 돌리니 그 과거는 현재와는 전혀 다른 모습으로 보였다. 앞에서 나는 우리의 삶을 지탱해 주는 전통과 우리의 삶에 힘을 제공하는 조직을 유비시켜서 설명했다. 그러나 전통과 현재의 단절은 이러한 유비(Analogie)에 균열을 가져온다. 생물학적 진화에서는 자기 보존 능력이 입증된 것, 즉 현재에도 뭔가 쓸모가 있는 것만이 보존된다. 그 기능이 불량한 것은 탈락할 수밖에 없다. 그러나 역사적 진화는 기능성이 불량한 것, 실패한 것에 대한 기억을 보존한다. 역사적 진화는 포로 생활에 대한 기억, 십자가에 대한 기억, 히틀러와 스탈린에 의해 희생된 사람들에 대한 기억에 특별한 지위를 부여한다. 그러므로 문화적 기억은 도태의 논리에 반대한다. 이런 의미에서 정경은 특수한 형태의 문화적 기억으로서 중요한 기능을 수행한다. 하지만 정경은 최초의 것도 아니고 유일한 것도 아니다.

(1) 문화적 기억의 최초 형태는 이집트에서 발견할 수 있다. 고통스러울 정도로 자세한 반복과 확고한 텍스트를 통해 영속성을 획득한 제의, 그리고 성전과 돌 속에 한 문화의 근원적 정보가 '코드화되었다.' 이집트의 마아트(*Maat*)는 모든 사람이 모든 것과 함께 나누는 조화의 질서, 연대의 관계다.

(2) 이스라엘은 새로운 형태의 문화적 기억, 즉 정경(Kanon)을 만들어 냈다. 정경은 그 텍스트의 생성과 관련해서는 텍스트를 탈-콘텍스트화(dekontextualisieren)하고, 거룩한 경전[성서]이라는 틀 속의 새로운 이야기 속에서는 재-콘텍스트화(rekontextualisieren)한다. 이

로써 그 텍스트는 단번에 망각의 손아귀에서 벗어나 영원한 해석의 대상이 된다. 경전은 현재에 아무런 기능을 하지 못하는 것도 보존할 수 있다.

(3) 문화적 기억의 세 번째 형태는 그리스에서 고전 텍스트의 형태로 나타났다. 이 텍스트에 대해서 다른 텍스트들은 끊임없이 반론을 제기한다. 그리스 고전 텍스트가 보존된다는 것은 그런 반론도 전승될 수 있게 된다는 뜻이다. 후대의 작가들은 고전과 씨름하면서 자기만의 예술, 또한 자기만의 독특성을 보여주었다.

이 모든 것이 성서 교수학에서는 무엇을 의미하는가? 성서의 숨겨진 지혜, 지금 우리의 삶에도 도움이 될 수 있는 그 지혜에 대한 신뢰는 '현재와 반대되는' 과거의 기억을 추구함으로써 보완되지 않으면 안 된다. 성서는 현재와 반대되는 기억의 교과서다. 그러나 성서의 텍스트는 현재의 삶과 '현재적으로' 융합될 수 있다. 교수학의 관점에서는 이 두 가지가 모두 중요하다. 지평 융합이 일어나는 텍스트도, 지평의 단절을 초래하는 텍스트도 모두 중요하다. 성서는 이 두 가지 측면에서 우리의 '문화적 기억'에 속한다. 이것은 교회에만 해당되는 것이 아니라, 학교 및 사회생활과도 관계된다. 성서는 우리의 문화적 기억의 일부로서 세속화된 우리 시대의 사람들에게도 의미 있는 것이 될 수 있다. 그들에게 신앙이라든지 종교는 이미 오래전부터 '현재와 반대되는 기억'의 한 조각, 다시 말해 우리 시대와는 전혀 어울리지 않는 무엇이다. 종교가 중요한 것은 '전적인 타자'를 지시하고, 세속화된 사회와 상반되기 때문이다. 교양/도야(Bildung)의 핵심은 무엇인가? 만일 우리가 자기 확신으로 가득한 정신적 환경에서 벗어나는 것이 교양의 골자라면, 세속화된 이 세계에서는 종교적 교양이야말로 진정한 교양일 것이다. 종교적 확신과 현대의 확신이 융합하는 것은 거의 불가능해 보이지만, 바로 그렇기 때문에 지평의 확대가 가능하다. 전통을 해석학적으로 풀어내는 작업 대신 문화적 기억을 대상으로 하는 작업이 시작되는 순간 성서 교수학은 모든 사람에게 활짝 열린다.

문화적 기억 이론은 우리가 성서의 규범적 능력을 새롭게 이해할 수 있게 해준다. 성서를 문화적 기억으로 이해한다면 성서를 어떤 권위주의적이고 신앙적인 책으로 치부하지 않고, 성서가 정경으로서 지니고 있는 권위에 대해 생각해 볼 수 있다. 성서라는 정경 텍스트 안에는 현재와 반대되는 기억이 함축되어 있기 때문이다. 우리의 현재가 한 가지 형태의 기억에 의해 지배되지 않게 하기 위해 경전을 형성하는 것이다. 그 경전의 들머리에는 오경(五經, Pentateuch)이 있는데, 여기에는 각기 다양한 기억이 스며 있는 자료들이 하나로 엮여 있다. 오경 안에서도 이미 당시의 세계에 순응해버린 제사장계 텍스트에는 왕에 대한 꿈도 없고 전쟁이나 정복에 대한 꿈도 없는데, 바로 그 다음에 신명기와 신명기적 텍스트를 배치시킨 것은 다분히 의도적인 것 같다. 여기에는 전투적이고 민족주의적인 요소가 더 두드러지고 하나의 왕에 대한 희망도 뚜렷이 드러난다. 경전이 형성되던 시기 페르시아 제국에는 필시 '현재와 반대되는 기억', 즉 이스라엘이 정치적으로 독립 국가였고 하나의 왕을 모시고 있던 시대에 대한 기억을 되살리려고 했던 집단이 있었을 것이다.[64]

요즘은 성서 자체가 현대에 반대되는 기억에 속한다. 예나 지금이나 성서는 오늘날의 우리를 지탱해 줄 만한 것들을 많이 지니고 있다. 그러나 그 안에는 우리의 삶과 상충되는 요소들도 많이 있다. 그래서 우리는 이렇게 묻지 않을 수 없다. 과연 우리의 현대 사회는 그렇게 자기와 상충되는 것을 꼭 필요로 하는가? 과연 우리 사회는 그것을 필수적인 반론으로, 잘못을 고칠 수 있게 해주는 요소로, 우리의 일방적인 자세를 보완해 주는 것으로 수용할 수 있는가? 어떤 사람은 또 이렇게 물을 것이다. 이렇게 자꾸 뭔가를 기억하려는 일은 기록 보관소에서나 담당할 만한 일 아닌가? 일부 그리스도교인이나 인문주의자에게나 중요한 일이지 모든 사람에게도 그러한가? 문화적 기억을 잘 간수하면 오늘 이 시대의 문제를 해결하는 데 도움이 되는가? 바로 이 질문이 우리를 두 번째 성서 교수학 모델로 안내한다.

2. 문제 지향적 모델: 문제 해결의 잠재력, 그리고 문제 해결의 한계

성서는 문제 해결책의 보고(寶庫)로서 우리가 다가올 미래의 과제를 잘 해결해 나갈 수 있도록 도와준다. 에큐메니칼 진영이 내세우는 세 가지 기본 가치로 그것을 표현하자면 창조 질서의 보존, 정의의 실현, 평화의 보존이다. 여기에 한 가지를 더 추가한다면 그것은 자유일 것이다. '문제 지향적 모델'(Problemorientierter Ansatz)도 성서를 제대로 파악하려고 애쓴다. 성서는 결코 꺾이지 않는 어떤 기대와 희망의 이야기를 담고 있는 책이며, 그 이야기 속에 간직된 기억은 미래의 문제를 해결하는 데도 큰 도움이 된다. 이스라엘 사람들은 이집트로부터의 엑소더스[출애굽]을 기억함으로써 바빌론 포로 생활로부터의 엑소더스를 위한 희망을 길어 올릴 수 있었다. 나아가 신약성서 시대에는 더욱 위대한 미래, 즉 하나님 나라를 향한 엑소더스를 추구할 수 있었다. 다윗 왕에 대한 기억은 새로운 다윗 왕에 대한 기대를 낳았다. 그러므로 성서를 미래 문제의 극복 능력에 비추어 평가하는 것은 성서의 내적인 역동성과도 통하는 것이다. 그리고 이것이야말로 문제 지향적 종교 수업이 의도하는 바다.[65]

문제 지향적 성서 교수학의 태동

사실 해석학적 종교 수업도 문제를 지향하고 있었다. 해석학적 모델은 성서가 인간의 실존적 문제에 대한 답을 갖고 있다고 믿었다. 그렇다면 해석학적 수업과 다른 점, 문제 지향적 종교 수업만의 새로운 것은 무엇인가? 다음 세 가지를 언급할 수 있다.

해석학적 성서 수업은 실존 철학이 대상으로 삼고 있는 '인간'에게 집중할 뿐 구체적인 경험 속에서 살아가는 인간을 지향하지 않았다. 청소년 문화 속에서 살아가는 학생에게는 더더구나 관심이 없었다. 문제 지향적 종교 수업과 함께 독일의 종교 교육 영역에는 '경험론적 전환' (empirische Wende)이 일어났고[66] 바야흐로 종교 교육은 학생의 구체적인 현실, 수업 중에 실제로 일어나는 일에 관심을 보이게 되었다. 이와 동시에 학교의 종교 수업은 철저하게 학습 목표에 따라 구조화됐다.[67] 학습 내용을 위한 수업이 아니라, 학생의 자질과 능력 향상을 위한 수업이 되어야 한다. 그러니까 정말 중요한 것은 우리의 문화를 지켜 보존하는 것이 아니라, 학생이 자기의 삶을 주도적으로 이끌어 가는 것이다. 학습 목표에 대한 강조는 학생의 현재 상태가 학생에게 기대되는 상태와 전혀 다르다는 사실을 예민하게 깨달을 수 있게 했다. 우리는 (경험론적 전환에 근거하여) 실제 현실 속에서 살아가는 인간에게 우선적으로 관심을 두고, (학습 목표를 더욱 강화하여) 그에게 바람직한 삶의 능력이 어떤 것인지를 생각한다. 그러고 보니 종교 수업 시간을 통해 엿볼 수 있는 어린이/청소년의 현실은 종교성의 결핍이라고 할 만한 정도다. 그래서 생겨난 것이 어린이와 청소년의 '사회화 과정을 동반하는 치료적 수업' (sozialisationsbegleitender therapeutischer Unterricht) 모델이다.[68]

두 번째로 새로운 것은 공통의 미래 문제(gemeinsame Zukunftsprobleme)

에 대한 관심이다. 해석학적 모델은 과거에 관심을 가졌고, 그 과거가 개개인의 삶에 부여하는 가치에 집중했다. 해석학적 모델은 사회적이고 미래적인 관점도 아우를 수 있어야 했지만 사실상 그렇게 되지 못했고, 기껏해야 천편일률적인 문화 비평 정도였다. 현재 사회가 개인의 진정성을 위협한다는 식의 비난만 있었다.[69] 사람들은 현재에 적응해야 한다는 압력에서 자유롭고자 과거에 집중했다. 그러나 우리 앞에 공통의 과제로 닥쳐오는 미래의 문제를 해결할 수 있으려면 과거의 전통과 기억을 계속 써내려가는 것만으로는 충분하지 않다. 공동체적인 결단과 행동은 미래에 대한 그림이 없이는 불가능하다. 해석학적 성서 교수학이 정치적이고 사회적인 차원을 소홀히 한 것은 결코 우연이 아니었다. 1970년대의 해방신학적 분위기는 미래에 대한 청사진과 유토피아에 대한 관심을 증폭시켰다. 이때 사람들은 성서야말로 희망의 이미지로 가득한 희망의 보고라는 것을 알게 됐다. 성서의 재발견이었다. 성서 전통의 해방신학적 측면은 전면에 부각된 반면, 다른 측면은 비판의 대상이 되었다. 여기에서 세 번째 특징이 도출된다.

이제 문제 지향적 성서 해석은 전통이라면 일단 신뢰하고 보는 입장을 거부한다. 전통은 문제 해결의 능력을 증명할 때 비로소 정당화될 수 있기 때문이다. 성서에는 정말 난감한 텍스트들이 있다. 문제를 해결해 준다기보다는 문제 그 자체인 본문들이다. 성서에는 '위험한 텍스트' 도 있다. 비극적인 파장을 불러일으킨 반유대주의적 진술, 파괴적인 영향을 끼친 가부장적 사고, 로마서 13장처럼 국가에 대한 충성을 종용하는 듯한 진술 등 비판적인 눈으로 읽지 않으면 안 되는 텍스트들이다. 그러므로 성서는 무턱대고 신뢰를 바칠 만한 책이 아니라는 것이다. 페미니스트 성서 주석은 – 내가 보기에 이것은 모든 비판적 성서 읽기의 대표 격이다 – 의심의 해석학을 내세웠다. 이것은 성서에서 여성의 행적이 자꾸만 은폐되고 있다는 매우 타당한 의심과, 성서에서는 그나마 모습을 드러낸 여성들도 성서 주석의 역사 속에서는 아예 자취를 감추고 말았다는 불신감에 기초한 해석학이다. 신뢰의 해석학에 대한 반대급부로 비판의 해석학도 나왔다. 어떤 사람들은 그런 텍스트를 아예 적극적으로 선별해서, 현재의 문제와 갈등의 관점에서 그 텍스트를 해석했다. 그 결과 "그리스도교의 역사는 자유의 '혁명사' 로 부각됐다."[70]

나는 또 다른 예로 '입장 바꾸기' (Positionswechsel)의 모티브를 든다. 마가복음에는 이 모티브가 인상적으로 묘사되어 있다.

"너희가 아는 대로, 이방 사람들을 다스린다고 자처하는 사람들은,
백성들을 마구 내리누르고, 고관들은 백성들에게 세도를 부린다.
그러나 너희끼리는 그렇게 해서는 안 된다.
너희 가운데서 누구든지 위대하게 되고자 하는 사람은 너희를 섬기는 사람이 되어야 하고,
너희 가운데서 누구든지 으뜸이 되고자 하는 사람은 모든 사람의 종이 되어야 한다."

(막 10:42-43)

똑같은 모티브가 신화적 형태로 나타난 곳도 있다. 신화적 형태란 초인적 존재에 대한 이야기의 형태라는 뜻이다. 이 초인적 존재에게는 이 세상의 삶이란 그저 지나쳐 가는 중간 단계에 불과하다. 이른바 빌립보 찬가는 그리스도야말로 철저한 입장 바꾸기의 구현으로 그려낸다. 초기 그리스도교 시가(詩歌)의 놀라운 걸작인 그 노래를 인용해 보자.

"그는 하나님의 모습을 지니셨으나,
하나님과 동등함을 당연하게 생각하지 않으시고,
오히려 자기를 비워서 종의 모습을 취하시고 사람과 같이 되셨습니다.
그는 사람의 모양으로 나타나셔서 자기를 낮추시고,
죽기까지 순종하셨으니, 곧 십자가에 죽기까지 하셨습니다.
그러므로 하나님께서는 그를 지극히 높이시고,
모든 이름 위에 뛰어난 이름을 그에게 주셨습니다.
그리하여 하늘과 땅 위와 땅 아래 있는 모든 것들이
예수의 이름 앞에 무릎을 꿇고,
모두가 예수 그리스도는 주님이시라고 고백하여,
하나님 아버지께 영광을 돌리게 하셨습니다."

(빌 2:6-11)

이 두 텍스트에도 성서의 감춰진 지혜가 있다. 마가복음의 윤리적 진술이나 빌립보서의 신화적 텍스트 모두 입장 바꾸기에 대한 말씀이다. 이 모티브의 영향을 받은 사람이 지배자를 평가하는 기준은, 그가 사람들을 다스리되 지배 자체를 포기할 준비가 되어 있으며 지배당하는 사람의 입장에 서볼 수 있는 자세가 되어 있느냐의 여부다. 일반 정치에서는 이것이 지배의 역학을 판단하는 가장 합리적인 방법이라는 사실이 증명되었다. 지배하는 위치에 있는 사람들의 마음 자세가 자기들도 언제든지 선거에서 패할 수 있으며, 그러면 다시 다른 사람의 지배를 받을 수 있다는 것을 용인할 수 있어야 지배력의 끔찍한 남용이 제어될 수 있다. 권력을 잡은 사람들이 법과 규범을 만들고 자기들도 거기에 따라 행동하며, 그 지배 아래 살아갈 때라야 이성적인 지배 형태가 작동할 가능성이 생긴다. 그것은 지배하는 사람들에게만 유리한 지배 형태가 아니라 모두에게 도움이 되는 지배 형태다. 일반 정치에서는 권력을 제어하는 합리적인 방법으로 입증된 그 지혜가 성서에서는 입장 바꾸기의 형태로 나타나 있으며, 이것은 성서에서 매우 광범위하게 나타나는 중요한 삶의 모티브다. 이것은 비단 정치적 영역에만 해당되는 것이 아니다. 아이들을 대하는 태도를 가르치는 마가복음의 본문에서도 이 모티브는 확연히 드러난다. 가족 내에서도 지배 구조가 있다! 교육도 지배 체제의 한 부분이다! 일상 속에도 위계질서, 즉 명성과 영향력과 권력의 서열이 있다. 성서의 이야기와 이미지를 통해, 입장 바꾸기 모티브의 빛에서 자기의 삶을 성찰하며 살아가고 싶다는 생각을 한 사람 – 그의 결단과 행동은 결코 약한 사람(예컨대 어린이)의 입장을 외면하지 않을 것이다. 성서 텍스트의 이러한 모티브를 간파하고 내면화하는 것, 즉 자기의 마음 깊은 곳에 받아들이고 그에 따라 행동하고자 애쓰는 것은, 지고의 지위를 포기한 신적인 존재가 과연 있느냐 없느냐를 놓고 머리를 굴리는 것보다 훨씬 중요하다. 나에게 빌립보서의 그리스도 찬가는, 입장 바꾸기의 모티브에 따라 사는 삶이야말로 하나님의 뜻과 통하는 삶이라는 메시지의 표현이다. 하나님께서도 그렇게 행동하신다. 입장 바꾸기 모티브에 착안하여 성서에 나오는 다른 정치적 진술에 확실한 비판을 가할 수도 있다. 예컨대 바울은 특별한 유보 조항도 없이 "사람은 누구나 위에 있는 권세에 복종해야" 한다고 말하는데, 우리는 이것을 무조건 받아들일 수 없는 것이다. 지금 높은 지위에 있다고 해서 낮은 지위였을 때는 요구하지 않았을 권력을 요구한다면 그때 우리가 떠올려야 할 말은 "사람보다는 하나님에게 복종하라!"이다. 성서를 이해하는 사람은 성서를 비판적으로도 이해할 수 있는 사람이다. 성서에서 한 구절을 충분히 제 것으로 받아들이려면 다른 구절을 비판하고, 그 진술의 한계로 볼 수 있어야 한다.

입장 바꾸기 모티브를 예로 들어서 보여주려고 했던 것은, 성서의 감춰진 지혜 안에 '문제 해결의 잠재력'이 있다는 사실이다. 우리가 이 시대의 에토스를 형성하기 위해서는 그러한 전통에 의지하지 않을 수 없다. 민주주의라는 제도만 가지고는 충분하지 않다. 우리에게는 그 민주주의적 근본 자세를 받아들이고 위기 시에도 자기 책임을 감당해 내는 사람들이 필요하다. 이런 사람들은 "누구든지 으뜸이 되고자 하는 사람은 모든 사람의 종이 되어야 한다"는 말씀을 자기의 삶 전체로 표현해 내는 사람들이다. 이른바 대중을 지배하고 지도한답시고 고위 관리들이나 권력자들에게도 이런 내적인 확신으로 당당한 모습을 보일 수 있는 사람들이 필요하다.

문제 지향적 성서 교수학의 발흥은 1968년 학생운동을 통해 가시화된 사회적 전환과 관계가 있다. 당시는 가치관과 생활 방식에 일대 변화를 가져온 대전환의 시기였다. 물론 68운동은 그런 변화의 원인이라기보다는 결과라고 봐야 할 것이다. 그 당시의 모든 문화는 미래를 지향했고, 여기저기서 그 미래를 위해 유토피아적 에너지가 활성화됐다. 해방의 실천을 위한 적절한 이론을 찾기만 한다면 더 많은 자유와 정의를 실현할 수 있을 것 같았다. 일반 교육학에서는 이러한 미래 지향적 변화가 커리큘럼 이론과 맞물렸다.[71] 교육학은 이제 더 이상 전통을 전달해 주기 위한 학문이 아니었다. 전통의 가치는 무조건 합리화될 수 없었다. 모든 교육학적 고민의 출발점은 젊은 세대가 미래의 문제를 극복해 나가는 데 필요한 능력과 자질을 정확하게 짚어 내는 것이었다. 전통적인 지식도 그 기준에 맞춰 평가됐다. 과거의 텍스트 중에서도 이러한 과제에 도움이 되는 것을 선별해 내야 했다. 그 결과 역사적인 해석의 학문보다는 현재와 관련이 많은 사회과학과 인문과학의 수요가 높았다. 신학에 대한 기대도 달라졌다. 이제 신학은 텍스트보다는 현실을 추구하는 신학이 되어 인간의 경험을 해석하는 현실 학문이 돼야 했다. 교리학보다는 사회적 실천에 기준을 제시해 줄 수 있는 구체적 방향 제시의 학문이 요구됐다. 이러한 정신적 분위기 속에서 '종교 수업의 대상과 재료로서 성서가 지니고 있었던 핵심적 지위'가 문제시되지 않을 수 없었다.[72] '성서 텍스트에 대한 수업'과 나란히 두 번째 수업 유형이 기획됐다. 그것은 '현재 속에서 그리스도인 됨과 사람됨(Christsein und Menschensein in der Gegenwart)에 대한 수업' 이었다. 이 수업 방식은 성서 텍스트를 필요한 경우에만 끌어다 썼다.[73] 여기에는 어떤 특정한 경향이 두드러졌다. 즉 현재의 문제와 주제는 독립적인 지위를 차지하고, 성서 텍스트는 그 현재 문제의 처리를 합리화하기 위해 끝부분에만 등장한다. 아예 성서 텍스트를 제외시킬 때도 많았다.[74]

학습 목표와 실용적 요구로 환원된 성서 텍스트

조금 더 자세히 들여다보면, 미래를 향한 대전환에는 두 가지 상이한 측면이 있다. 하나는 전통이 학습 목표에 따라 '문제 해결의 잠재력'(Problemlösungspotential)이 되어, 인간으로 하여금 자기의 과제를 풀어가도록 돕는 역할을 한다는 점이다. 학습 목표를 지향하는 교육을 철저하게 관철시키면 결국 전통의 존재 이유는 인간에게 봉사하는 것이다. 바로 그것 때문에 전통은 큰 의미를 지니게 되는 것이다. 전통은 삶을 통제하는 방법을 가르쳐 준다. 인생은 그 전통을 지향한다.

그런데 미래 지향의 두 번째 측면은 여기서 한 걸음 더 나아간다. 여기서는 과거로부터 전승된 문화를 지향하는 것 자체에 대한 의심이 생겨난다. 파울젠(F. Paulsen)은 이미 19세기 말에 (사회적 변화가 빠른 속도로 진행되던 시기에!) 이런 '법칙'을 공표했다. "학교는 자체적인 발전을 모른다. 학교는 문화의 발전을 따라갈 뿐이다."[75] 어떤 내용이 가치 있는 것인지는 일단 일반 문화가 결정한다는 것이다. 백년 뒤, 다시 한 번 사회 변화가 급속도로 진행되자 이번에는 교육학이 더 이상 역사의 뒤를 절뚝거리며 따라가지 않고 오히려 역사를 앞서 가겠다고, 장차 어떤 자질과 능력이 요구되는지도 미리 알아내어 교육하겠다고 의욕을 부렸다. 이제 교육은 인간 개개인을 성찰하면서 인간이 살아가는 데 필요한 것은 무엇이냐를 묻는 것만이 아니라, 우리가 살고 있는 사회와 연관된 사유를 전개한다. 우리의 사회는 앞으로 어떤 사람을 필요로 하는가? 이제 인간은 전통의 파수꾼이 아니라 미래의 개척자가 되었다. 하지만 미래를 지향하는 흐름 속에서도 중요한 차이들이 있다. 그 당시 지배적인 시대적 분위기와 상응하여 1960~70년대의 커리큘럼 이론 영역에서는 해방적 목표가 주도적이었다. 그러나 실용주의적이고 기술 관료적인 목표 설정도 있었다. 비판적인 시민보다는, 우리 사회의 변화하는 상황에 잘 적응하는 유연한 인간이 되도록 하자는 목표였다. 실제로 1980년대 이후에는 진보 낙관주의와 더불어 해방적 요소도 퇴색되기 시작했다. 커리큘럼은 미래를 위한 실용주의적 요구에 맞는 기술 관료적인 구조가 되었다. 여기서 종교와 성서에게는 이렇다 할 역할이 주어지지 않았다.

그러므로 우리는 이렇게 정리할 수 있다. 미래를 향한 전환에서 해방적 목표 설정이 퇴색하자 남은 것은 과거에 대한 기피였다. 이것은 1960~70년대부터 가속화된 문화적 단절의 배경 음악이었다. 현재의 사회적 요구에 대한 순응력을 높인다는 명목으로 과거의 교육 내용은 가치 절하됐다. 실용적으로 인생에 도움이 되는 것만 배워야 한다. 아무도 쓰지 않는 라틴어는 왜 배워야 하나? 지금 우리 사회에 필요한 사회적 합의의 토대를 제공해 주지도 않는데 성서는 왜 읽나? 개개인의 능력을 증진하는 데 성서가 도움이 될까? 성서가 우리 사회에 어떤 '이익'이 되나? 수업이 학습 목표에 집중하고 커리큘럼 이론은 미래에 집중한 결과 종교 수업에서 과거 성서가 차지했던 핵심 지위는 흔들릴 수밖에 없었다. 이제는 학생들이 살아가는 세계가 핵심이 되었고, 과거 유산의 유지보다는 미래의 사회적 과제가 우위를 차지하게 되었다.[76]

문제 지향적 성서 교수학에 대한 비판: 유토피아, 그리고 우연성 극복의 필연성

문제 지향적 종교 수업 모델은 해방적 의도를 가지고 성서 교수학에 긍정적인 영향을 끼쳤다. 성서에는 많은 유토피아적 전통이 있다. 더 나은 미래 세상에 대한 우리의 비전은 여전히 성서가 담고 있는 정의, 평화, 창조 질서 보존의 꿈에서 흘러나오고 있다.

여전히 모든 해방 운동은 하나의 작은 '엑소더스'[출애굽]이며, 모든 사회 비판은 예언자의 전통에 서 있으며, 새로운 인간에 대한 모든 희망은 인간의 가슴에 계명을 주신 새로운 언약의 메아리다. 1970년대 교육학에서 지배적인 영향력을 행사한 미래 지향성(Zukunftsorientierung)은 성서의 미래 지향성, 즉 아브라함이 메소포타미아에서 빠져나온 이야기에서 묵시록에 이르기까지 성서 전체를 관통하는 언약과 공명(共鳴)한다. 하지만 이런 텍스트가 정말로 성서 전체라고 할 수 있나? 이런 텍스트는 그야말로 사전 평가를 거쳐 이데올로기 비판적으로 '순화된' 성서 텍스트 아닌가?

그러나 우선 이런 식으로 성서를 이해하는 것은 성서 텍스트를 현대의 목적에 따라 도구화(instrumentalisiern)하는 위험이 있었던 것 아닐까? 그리고 이 시대가 요구하는 자극을 주는 데 적합한 다른 텍스트, 즉 기능상으로 성서 텍스트와 대등한 가치가 있는 텍스트가 있다면 결국 성서 텍스트는 밀려나는 것 아닐까? 이데올로기적으로 비판받을 만한 텍스트만 건너뛰었나? 죄와 용서, 죽음과 삶, 창조와 보존에 대한 텍스트도 충분한 조명을 받지 못한 것 아니었나? 게다가 신앙이란 단순히 유토피아에 대한 끌림으로 간주될 수 없지 않은가? 문제 지향적 종교 수업이 성서 텍스트를 현대의 목적에 따라 도구화하고, 기능상 그와 대등한 가치가 있는 텍스트로 대치하는 바람에 종교 수업의 '자기 세속화'가 일어났다. 그러므로 문제 지향적 성서 교수학의 경우에는 이것이 어떻게 모두에게 열린 교수학이 될 수 있을까 고민할 필요가 별로 없다. 이 모델의 원래 의도상 이미 모두에게 열린 형태기 때문이다.

여기서 다시 한 번 강조해야 할 것 같다. 성서를 문제 해결의 잠재력으로 평가하는 것은 정당한 일이다. 하나의 전통이 현재의 문제를 해결하는 데 어떤 기여를 할 수 있느냐는 질문은 학문적 영역에서는 '비학문적인' 질문으로 간주된다. 어쨌거나 이 세상의 어떤 것도 인간이 자기 삶의 가치에 대한 문제를 고민하면서 전통을 연구하는 일을 막을 수는 없다. 그러나 우리가 문제 지향적 성서 교수학의 '실용적' 모델을 따르기로 한다면, 어떤 지점에서는 조금 다른 결과에 직면하게 된다. 1986년 철학자 헤르만 뤼베(Hermann Lübbe)는 『계몽 이후의 종교』라는 책을 출간했다. 여기서 그는 종교가 어떻게 – 이와 정반대되는 예상에도 불구하고 – 현대에도 존속하고 있으며, 계몽주의와 종교 비판을 겪고서도 꿋꿋이 버티고 있는지 그 원인을 묻고 있다. 그리고 그는 종교의 힘을 유토피아적 능력(이 능력은 다른 사상적 체계에서 끌어올 수도 있다)이 아니라 우연성 극복(Kontingenzbewältigung)의 능력에서 찾았다. 종교는 인간이 자기 마음대로 좌우할 수 없는 인생의 전제 조건들을 인정하고, 그것을 경험한 사람들이 공적으로 그 경험과 씨름할 수 있도록 해주는 하나의 언어를 부여해준다. 종교는 우리가 마음대로 할 수 없는 어떤 것에 대한 태도의 문화다. 종교는 인간이 어떤 부당하고 좋지 못한 경험에 내던져졌을 때 인간 존재의 한계를 직시할 수 있게 해준다. 종교는 우리의 능력이 더 이상 말을 듣지 않는 상황, 우리의 윤리 문화가 몰락한 상황, 생명의 제약성과 유한성을 상기시킨다. 다른 어떤 사상 체계도 이런 우연 극복의 기능을 대신할 수 없다.[77] 비록 이런 '보수적인' 종교 이론에서 종교의 유토피아적 기능이 제대로 다뤄지지 않는다든지, 현대 신학자들의 감정의 발로로 치부되는 것처럼 보이기도 하지만 어떤 경우에도 우리가 부인할 수 없는 사실이 있다. 그것은 종교가 인간으로 하여금 자기 인생의 한계, 자기 능력과 자질의 한계를 받아들이고 그것을 다루는 데 도움을 준다는 사실이다. 종교는 커리큘럼 이론이 끝난 바로 그 자리에서 실용적 기능을 발휘한다. 커리큘럼 이론은 미래의 과제를 위해 인간의 능력을 키워 주겠다고 약속한다. 그러므로 이것은 종교와 정반대의 위치에 서 있다. 왜냐하면 종교는 모든 능력에는 극복이 불가능한 한계가 있고, 모든 성공과 모든 인생에 한계가 있음을 상기시켜 주기 때문이다.

성서와 종교 수업이 인생의 한계만을 다루는 것은 아니다. 인생의 목적에 대해서도 말하고 있다. 커리큘럼 이론의 해방적 자극이 둔화되고 오히려 인간을 현재 세상에 잘 적응하는 '유연한 인간'으로 만드는 일을 합리화하는 이론으로 전락한 상황에 맞서서 비판적 교양(kritische Bildung)을 외치는 사람, 즉 인생이란 것이 전반부는 효율적으로 돈을 벌고 후반부는 그것을 실컷 누리며 사용하는 것으로 끝나는 것이 아니라 그 이상이 있다고 외치는 사람은 성서야말로 뜻이 통하는 책이라는 사실을 알게 된다. 비판적 교양과 성서는 인간이 노동 시장에서 일만 하는 경제적 인간(*homo economicus*)이나, 현대 엔터테인먼트 문화에 젖어 사는 유희의 인간(*homo ludens*)으로 끝나버리는 존재가 아니라고 믿는다. 진정한 교양, 진정한 교육이라면 그것이 종교적인 것이든 그렇지 않든 사유와 지각의 크기를 중시하는데, 이것은 모든 조작적인 행위를 뛰어넘는 것이다.

하지만 과연 그게 뭔가? 과연 무엇 때문에 종교는 인간이 오감으로 느끼는 것 너머에 관심을 갖게 하는가? 종교는 어떻게 인생을 더 깊이 있는 것으로 만드는가? 인간이 자기 한계에 민감하게 함으로써? 삶에 대한 집중력을 높임으로써? 1980년대부터 유행어가 된 '영성'을 통해서? 이런 물음과 함께 우리는 이제 세 번째 모델과 만나게 된다.

3. 상징 교수학 모델: 상징 언어, 상징의 정치학

성서 텍스트가 우리의 인생에서 실용적이고 해방적인 기능을 수행하는 것은 오히려 그 텍스트가 그런 실용적이고 해방적인 목표를 위해 사용되지 않을 때다. 성서 텍스트가 그 힘을 발휘하기 위해서는 텍스트 그 자체의 가치가 존중돼야 한다. 인류의 '숭고한' 자산, 예컨대 예술이나 음악이나 자연과 성서는 어떤 공통점이 있다. 즉 이런 자산들은 인간에게 도무지 헤아릴 수 없을 정도로 큰 가치를 지니고 있지만, 이것들이 존재 그 자체로 인정받지 못하면 그 가치가 퇴색된다는 사실이다. 확실히 문제 지향적 성서 교수학은 성서 본문을 도구화할 위험에 처해 있었다. 그에 대한 반작용이 일어난 것은 당연한 일이었다. 이것이 바로 '상징 교수학'(Symboldidaktik)의 출발점이다.

성서적 상징 교수학의 태동

해석학적 성서 교수학이 텍스트의 '이해'를 지향했고, 문제 지향적 성서 교수학이 인간의 '행동'을 지향했다면, 상징 교수학은 세속적인 언어로는 도저히 도달할 수 없는 심층적 차원, 즉 인간과 실재의 심층적 차원을 볼 수 있는 '마음의 눈'(엡 1:18)을 열어 주고자 한다.[78] '상징'이라는 개념에 대해서는 여러 가지 정의가 가능하지만 그 말이 나올 때마다 항상 떠오르는 표상이 있다면, 그것은 우리가 오감으로 느낄 수 있는 어떤 것 안에 또 다른 신비로운 실재가 깃들여 있다는 것이다. 그리고 그것은 상징적인 관찰을 통해서만 볼 수 있는 깊숙한 뒷면의 실재다. 그런 관찰의 능력이 없는 사람들은 실재의 깊은 차원을 그냥 지나쳐 간다. 하지만 상징을 볼 줄 아는 사람은 태양의 광채 안에서 모든 것의 창조주를 본다. "우리는 주님의 빛 안에서 빛을 봅니다"(시 36:9). 물의 시원함을 통해 생명의 샘을 경험한다. 고요히 서 있는 산을 보며 그 굳건한 영원성을 뛰어넘는 존재를 느낀다. 십자가를 보면서, 자기의 '죄책'을 다른 사람에게 돌려 '희생양'을 만드는 인간의 폭력성을 느낀다. 상징은 이 세상과 인간 안에 있는 심층적 차원을 드러낸다. 그래서 많은 이들이 성서의 상징 언어를 무의식의 언어, 즉 온전한 삶을 향한 추구를 표현하는 언어로 이해한다. 어쩌면 종교란 인간이 온전한 삶을 살기 위해 하나하나 배워 가야 할 상징적 언어 아닐까? 유럽의 문화 속에서 삶을 풍요롭게 하는 상징의 보고가 있다면 그것은 바로 성서와 종교 아닐까? 이 상징 언어야말로 성서가 우리의 문화를 위해 줄 수 있는 가장 필수적인 것, 다른 어떤 것으로도 대치될 수 없는 것 아닐까? 종교 수업이 (해석학적 능력의 특수한 사례로서) 이른바 상징 능력을 키워 주는 수업이며, 그래서 다음 세대에게 꼭 필요한 인간학적 기능을 수행하는 수업이라면 학교 내의 종교 수업은 충분히 정당화될 수 있지 않을까? 이런 종교 수업의 가치는 (해석학적 성서 교수학의 경우처럼) 단순히 과거 전통의 전달도 아니요, (문제 지향적 교수학의 경우처럼) 미래 문제의 극복도 아니다. 종교 수업의 의미는 바로 현재를 위한 것이다. 종교적 토대를 다지면서 자기의 삶을 감지하는 것이다. 이것을 위해서는 어린이와 청소년도 쉽게 접근할 수 있는 이야기 형태의 언어, 그림처럼 생생한 언어가 필요하다.[79]

하나의 예로 '창조'라는 상징을 살펴보자. 창조는 시간마저도 처음 시작되던 태초에 하늘과 땅이 만들어지는 이야기다. 이 이야기를 통해서 오늘 우리 인간은 눈에 보이는 세상을 초월하는 심층적 실재를 느낀다. 그리고 이 이야기에 등장하는 상징은 우리의 일상적인 언어로는 도달할 수 없었던 곳, 우리 안의 깊은 감정에 말을 건넨다. 요한복음의 들머리에서 우리는 놀라운 말을 읽게 된다.

"태초에 말씀이 계셨다. 그 말씀은 하나님과 함께 계셨다. 그 말씀은 하나님이셨다. 그는 태초에 하나님과 함께 계셨다. 모든 것이 그로 말미암아 창조되었으니, 그가 없이 창조된 것은 하나도 없다"(요 1:1-2).

언뜻 보면 이 말씀은 어떤 사람도 확실히 알 길이 없는 너무나 사변적인 텍스트다. 이 세상이 창조될 때 거기 있었던 사람은 없다. 그럼에도 이 텍스트는, 그리고 창조와 관련하여 성서에 등장하는 다른 텍스트들은 강한 감정적 직관과 확신을 불러일으킨다. 슐라이어마허(F. D. E Schleiermacher)는 이것을 '절대 의존의 감정'(das Gefühl schlechthinniger Abhängigkeit)이라고 불렀고, 다른 사람들도 그와 비슷하게 '피조물의 감정'이라고 부른 바 있다.[80] 내가 신학교에서 슐라이어마허의 저작을 읽으면서 그 '절대 의존의 감정'이 무슨 의미인지 이해하려고 애쓸 때였다. 칼 바르트의 맹렬한 추종자였던 강사 한 분이 학생들에게 이렇게 물었다. "도대체 이런 걸(절대 의존의 감정이라는 개념) 가지고 뭔가를 떠올릴 수 있는 사람이 있나요? 누가 이런 걸 알 수 있을까요?" 그는 아무도 대답하지 않을 거라고 생각했던 것 같다. 실제로 아무도 말을 꺼내는 사람이 없었다. 그런데 내가 입을 열었다. 나는 그 말을 들으면 우리의 삶이 도무지 어쩔 수 없는 것, 예컨대 공기, 빛, 공간 등으로 둘러싸여 있다는 것을 느끼게 된다고……. 우리의 실존은 철저하게 우리의 통제 밖에 있다. 우리가 존재한다는 사실, 도무지 무엇인가가 존재한다는 사실과 그 방식에 대해 우리는 아무런 영향력을 행사할 수 없다. 평생 우리의 삶과 맞물려 있는 시간과 공간, 우리의 부모, 우리의 육체가 우리의 통제 밖에 있다. 과거 속으로 사라져버린 모든 것은 이제 우리의 마음대로 할 수 없다(무슨 수를 써도 바꿀 수 없다). 시간의 흐름 속에서 살아가는 우리의 실존도 우리의 마음대로 할 수 없다. 시간은 우리를 우리가 거부할 수 없는 힘으로, 우리가 전혀 원하지 않는 곳으로 데려간다. 그곳은 다름 아닌 죽음! 이 모든 것에 우리는 철저하게 의존되어 있다. 이렇게 마음대로 되지 않는, 너무나 우연적인 존재 현실에 대해 이야기해 주는 것이 바로 요한복음의 첫 부분이다. 하지만 요한복음은 그것을 우리가 무기력하게 받아들여야만 하는 현실이라고 보지 않는다. 요한은 말한다. 이러한 현실 한복판에 '로고스'가 있다. 그것은 인간에게 말 걸어오시는 말씀이요, 인간에게 방향을 제시하는 빛이요, 우리의 삶에 동기를 부여하는 의미인 것이다.[81]

다시금 성서의 텍스트가 (어떤 목적의 수단이 아니라) 그 자체로 목적인 텍스트로서 우리의 관심을 받게 된 것은 상징 교수학의 중요한 업적이다. 이로써 상징 교수학은 해석학적 성서 교수학의 맥을 이어받았다. 하지만 오늘날 사람들이 성서 텍스트를 이해하려면 먼저 성서 언어의 문법(여러 가지 이미지, 상징, 이야기)을 익히고 연습해야 한다는 사실을 의식했다. 상징 교수학 모델의 문제에 대한 지적과 수정도 있었다. 때때로 종교의 다양한 기호 언어(Zeichensprache) 전체가 상징 언어로 이해된 결과, 상징과 메타포와 역할과 이야기와 계명 사이의 차이가 무시된다.[82] 상징적인 것과 종교적인 것이 너무 쉽게 동일시되기도 한다. 모든 것을 상징으로 만들어버리는 경향 때문에, 감각과 의미가 독특한 방식으로 결합하는 그림 기호(Bild-Zeichen)를 명확하게 감지하는 데 어려움이 생기기도 한다. 그러므로 섬세한 분별이 필요하다. 여기에 덧붙여, 특별한 근거 없이 상징을 보편화하는 경향에 대한 비판도 있다.

(1) 성서의 상징 언어를 무시간적 상징 언어의 탈역사적 표현으로 이해하는 것은 문제다. 예컨대 성서의 상징 언어를 집단 무의식(칼 구스타프 융)의 표출 가운데 하나로 보고, 그러니까 문화와 문화의 경계선도 아무 문제없이 통과할 수 있다고 생각하는 것이다. 어떤 역사적인 접근도 결국에는 같은 곳, 즉 인간의 심층 구조에 도달한다는 주장이다.

(2) 상징은 이미 선험적으로 어떤 좋은 것이라고 여기는 것도 문제다. 그렇게 되면 상징의 양면성(Ambivalenz)과 파괴적인 힘이 간과된다. 상징이란 좋은 것에 쓰일 수도 있지만 나쁜 일에 사용될 수도 있다는 사실, 이른바 상징의 정치학(Symbolpolitik)이 무시될 수 있다. 거룩의 상징도 있지만 테러의 상징도 있다는 사실이 충분히 고려되지 않는다.

이러한 잘못된 경향에 맞서 우리가 확실하게 짚고 가야 할 것이 있다. 즉 상징은 무조건 종교적 언어인 것도 아니고, 우주적 보편성을 지닌 기초 언어도 아니며, 상징이라고 해서 윤리적으로 항상 긍정적인 것은 아니라는 사실이다. 상징은 아주 구체적인 콘텍스트에 뿌리를 내리고 있으며 때로는 양가적인 작용을 일으킬 수도 있는 특별한 기호다. 바로 그렇기 때문에 상징 교수학이 필요한 것이다.

상징 개념의 구분

먼저 종교의 다양한 기호 형식을 구별할 필요가 있다. **상징**은 말과 실제 현상 안에 나타난 핵심적 이미지를 말한다. 상징은 이 세상을 상징적으로 감지할 때 생겨나며, 이때 눈에 보이는 실제 사물은 뭔가 다른 것을 지시하는 것이 된다.[83] 상징은 우리가 사는 세상의 심층적 차원과 인간의 내면의 깊은 곳을 비춘다. 빛, 물, 흙, 공기 같은 자연의 근원 요소와 길, 바다, 산, 사막, 들판, 정원과 같은 지정학적 공간이 그런 상징이 될 수 있다. 나아가 사원, 집, 움막 등의 건축물이나 손, 발, 눈, 귀, 입, 심장과 같은 신체 부분도 상징이 된다.[84] 상징은 다른 무엇인가를 지시하는 그 특성 때문에 인간으로 하여금 이 세상에서 삶의 방향을 찾아나가는 데, 또 자기의 내면과 씨름하는 데 도움을 준다. 인간은 상징이 구축하는 하나의 우주 안에서 호흡하며 살아간다. 이 세상은 거대한 하나의 집이 되고, 온 자연은 성전이 되며, 우리의 몸은 살아 있는 제물이 되는 것이다.

상징과 메타포는 다르다.[85] 상징은 항상 '글자 그대로' 받아들여야 한다. 상징 안에서는 1차 의미와 2차 의미가 결합한다. 누군가가 실제로 타오르는 불꽃을 글로 묘사하는데, 그 불꽃이 사랑의 상징이 될 수 있다. 그래도 불꽃은 실제 불꽃이다. 불꽃은 그 맥락 (예컨대 연애 이야기) 때문에 2차 의미를 떠안게 되고 이로써 정열의 이미지가 된다. 그러나 메타포는 글자 그대로 받아들이면 오해가 일어난다. '사랑의 불꽃' 이라는 말은 실제로 사람의 입이나 눈에서 뿜어져 나오는 어떤 불을 의미하지는 않는다. 인간의 감정과 동기의 내적인 현실을 의미할 뿐이다. 상징은 그런 실제 현실의 일부일 수도 있다. 하지만 메타포는 항상, 의미론적으로 서로 어울리지 않기 때문에 보통은 결합이 허용되지 않는 단어나 의미의 결합으로 이루어진 언어 현상이다. 그래서 메타포를 접한 청중이나 독자는 전의적(轉義的) 의미를 받아들여야 한다. 원래 '짖다' 는 말은 개한테 쓰는 말이기 때문에, '돌들이 짖는다!' 는 표현은 전의적 의미로 쓰인 것이다. 이것은 메타포다. 상징 교수학이 상징과 메타포를 예리하게 구분하지 않는 데는 나름대로 이유가 있다. 상징적으로 감지한 실제 현실이 메타포의 토대가 되기 때문이다. 우리가 실제 현실 속에서 타오르는 불꽃을 보고 그것을 정열의 이미지로 감지하기 때문에 우리는 '정열의 불꽃' 이라는 말을 만들게 되는 것이다.

상징은 역할(Rollen)과도 다르다. 대부분의 상징은 인간이 구체적인 행동을 통해 자기와 동일시할 수 있는 대상이 아니다. 하지만 역할의 경우는 이런 동일시가 가능하다. 종교는 그 종교의 구성원들에게 다양한 역할을 제시한다.[86] 우리는 인간이 맡은 역할이 그 인간을 변화시킨다는 사실을 알고 있다. 똑같은 숲을 보더라도 그 사람이 산림지기냐 여행자냐 도로 기사냐에 따라 전혀 다른 방식으로 본다. 마찬가지로 어떤 종교적 역할을 떠맡으면 이 세상을 다른 눈으로 볼 수 있게 된다. 바야흐로 이 세상이 투명하게 하나님을 비추기 시작한다. 어쩌면 우리는 이렇게 말할 수 있는지도 모른다. 어떤 역할을 맡는다는 것은 그에 상응하는 모종의 관계를 맺는 것이다. '학생' 의 역할을 맡은 사람은 '선생' 과 어떤 관계를 맺는다. 성서에 등장하는 여러 역할도 하나님과의 관계 맺음을 제시하는 것들이다. 아브라함의 역할과 자기를 동일시하는 사람은, 아브라함으로 하여금 자기 아버지의 집을 떠나게 만들었던 그분의 역할과 어떤 관계를 맺는다. 이런 역할은 설화나 신화에만 나타나는 것이 아니다. 그 역할을 예배 안에서 '실연' (實演)할 수도 있다. 제의를 통해 '내면화' 할 수도 있다. 세례를 받은 사람은 하나님의 자녀가 된다. 성만찬에 참여하는 사람은 예수의 제자가 된다. 이야기의 콘텍스트가 역할을 만들어 내기도 하고 역할[배역]이 그런 콘텍스트를 창출하기도 한다. 탄식 시편은 고난의 상황과 고난 극복의 희망에 대한 이야기로 전환될 수 있다.

종교가 인간의 삶에 가장 직접적으로 영향을 끼치는 것은 규범(Norm)이라는 형식을 통해서다. 종교적 삶에서 '계명' 이 매우 중요한 역할을 수행하기는 하지만 그 규범이 항상 명령조인 것은 아니다. 십계명을 제외한 세례 교육과 세례 이후의 종교적 삶은 거의 상상할 수 없다. 격언의 형태로 어떤 원칙을 제시해 주는 짧은 문장이 인생에 방향타가 될 수 있다. 어떤 명령이나 격언은 아주 추상적인 문장이다. 십계명의 제1계명이나 이웃 사랑의 계명, 그리고 예수 윤리의 축약으로 널리 알려진 '황금률', 즉 "그러므로 너희는 무엇이든지, 남에게 대접을 받고자 하는 대로, 너희도 남을 대접하여라. 이것이 율법과 예언서의 본뜻이다"(막 7:12)라는 말씀이 대표적인 예다.

상징 교수학에 대한 비판: 상징의 역사성과 양면성

우리는 종교적 언술의 모든 형태를 모조리 상징 언어로 치부할 수 없다. 또한 상징의 언어라고 해서 시간의 제약마저 뛰어넘는 어떤 비상한 능력을 지닌 것도 아니다.[87] 성서의 상징 언어는 다른 종교의 상징 언어와는 다른 특별한 언어다.[88] 그러나 모국어를 잘 배운 뒤에는 거기에 기초해서 다른 언어를 배울 수 있는 것처럼, 성서의 상징 언어에 익숙한 사람은 다른 종교의 '어휘' 속에서도 수많은 유사점을 찾아낼 수 있다. 하지만 성서의 상징 언어는 어떤 특별한 역사와 맞물려 있다. 성서의 상징 언어는 특정한 사회적 경험을 코드화한 것이며 – 비록 그것이 자기가 생성된 콘텍스트를 뛰어넘을 수는 있지만 – 결코 탈시간적인 이미지 언어가 아니다.[89] 다양한 문화권마다 다양한 창조 신앙과 창조의 상징이 있다. 하나님이 하늘과 땅의 창조주이시며 그분 외에는 다른 신이 없다는 의식은 막강한 힘을 지닌 외세의 위협을 경험하면서 생겨났지만, 포로기에 이르러서야 비로소 관철된 의식이다.[90] 이러한 상황 속에서 창조 신앙은 중요한 기능을 감당했다. 이스라엘의 패망은 마르둑 신이 야훼 하나님과 싸워 이긴 결과가 아니라는 것이다. 오히려 이 비극적인 패망 속에서, 하늘과 땅을 만드신 유일하신 하나님이 역사하고 계신다. 이스라엘이 유배 생활을 하고 있는 이 땅도 하나님의 소유며, 바빌론 민족은 바로 그 하나님이 이스라엘을 벌하시기 위해 사용하신 민족에 불과하다. 물론 이런 삶의 문제 해결만을 위해서 창조 신앙이 있는 것은 결코 아니다. 이 무시간적인 상징은 오늘까지도 이 세상을 해석하는 데 유의미한 시점을 제공해 주기는 하지만 하나의 구체적인 역사에 뿌리를 내리고 있다. 시간의 제약을 뛰어넘는 보편성을 스스로 내세우는 '무의식', 이른바 탈시간적 무의식이 역사의 이미지를 빚어 내는 것이라기보다는 역사의 다양한 이미지가 무의식을 형성하는 것이다. 이것을 망각하면 성서 텍스트와 그 안에 담긴 상징을 진지하게 받아들일 수 없다. 성서의 상징이 기껏해야 그 상징 안에서 파편적으로 나타나는바 집단 무의식의 탈시간적인 세계의 중재자 노릇이나 하고 마는 것이다. 성서의 텍스트를 아무리 살펴도 기대했던 원형(Archetyp)의 이미지가 나타나지 않으면, 다른 텍스트에 나오는 것을 증폭시켜 그것을 끼워 넣는 식이다. 이런 방식으로 텍스트를 탈시간적 상징의 관점에서 해석하고 여기에 대한 반론은 허용되지 않는다.

끝으로, 상징이나 상징 언어 그 자체를 무조건 어떤 좋은 것으로 여긴다면 그것은 너무나 순진한 생각이다. 종교의 상징은 실재를 더욱 깊이 감지할 수 있도록 해줄 뿐 아니라, 인간의 행동을 조정하는 데도 도움을 준다. 함께 모여 벌이는 축제와 구체적인 행동으로 이어진다. 이 행동은 선한 것일 수도 악한 것일 수도 있다.[91] 십자가로 하는 일과 갈고리 십자가*로 하는 일은 천국과 지옥의 차이다. 상징은 두 경우 모두 어떤 행동 방식의 체계를 의미한다. 두 경우 모두 상징은 정치와 결합한다. '적십자'는 인류애의 정치와 연결되고, 갈고리 십자가는 반인간성의 정치와 연결된다. 권력 투쟁도 수많은 상징적 행동을 동반한다. 그러므로 종교적

---

*하켄크로이츠(Hakenkreuz): 나치의 상징인 갈고리 모양의 십자가

상징을 통해 우리는 우리 안과 밖에 존재하는 실재의 깊이를 예민하게 자각할 수 있을 뿐만 아니라, 권력과 재산과 교양과 신성을 둘러싼 분쟁 해결의 실마리를 찾을 수도 있다. 그러므로 상징을 보고 느끼는 차원은 (종교 외적인 영역도 포괄하는) 행동의 차원으로 보완되지 않으면 안 된다.

이것은 그리스도교 상징 세계의 심장부에서도 드러나는 일이다. 역사적 예수는 비유 이야기의 대가일 뿐 아니라 상징적 행동의 대가이기도 했다. 그중 일부는 상징 정치적 의미를 내포하고 있다.[92] 예수가 열두 제자를 선택하고 그들에게 장차 이스라엘을 통치하게 될 것이라고 약속한 것(마 19:28이하)은 유대의 관료 정치와 로마의 총독 정치에 대한 상징 정치적 저항이었다. 예수가 나귀를 타고 예루살렘에 들어온 것, 그리고 군중이 그 입성을 다윗 통치의 도래로 여겨 환호한 것은 로마 총독이 유대의 큰 명절 때마다 예루살렘에 입성한 것에 대항하는 연출이었다. 예수가 그 옛날 예언자들이 보여주었던 상징적인 방식으로 성전의 장사 행위를 방해한 것은 성전과 제사장의 지배 구조에 대한 반대였다. 상징 정치적 행동은 예수의 전유물이 아니다. 예수가 (그리고 다른 예언자들이) 상징의 정치를 통해 기존의 권력에 대한 저항을 표현했던 것처럼, 그 시대의 정치 권력자들도 상징의 정치를 이용하여 자기네 권력을 확고히 했다. 헤롯 안티파스는 갈릴리 호숫가에 새로운 수도를 세우고 그 이름을 '티베리아스'라고 함으로써 황제에 대한 자신의 충성심을 표현하려고 했다. 게다가 그는 이 도시를 공동묘지 위에 세워, 티베리아스로 들어와 살게 될 사람들이 영주에 대한 충성심을 유대 규범에 대한 충성심보다 위에 두는지를 시험하기도 했다. 공동묘지 위에 건축을 하는 것은 유대의 정결 법에 대한 위반이었기 때문이다.

이제 우리에게 정말 중요한 것은, 상징이 '마음의 눈'에 호소할 뿐만 아니라 어떤 행동의 동기가 된다는 사실을 분명하게 인식하는 것이다. 상징은 폭력적인 갈등을 막아줄 수도 있지만, 종교적 광신과 비관용 확산의 원인이 될 수도 있다.

이것은 예언자 예수의 '상징적 행동' 에만 해당되는 것이 아니다. 성서의 이미지 세계 전체에 해당되는 것이다. 성서의 에토스, 즉 성서가 긍정적으로 평가하고 있는 행동 방식의 종합인 그 에토스는 성서의 상징에 대한 최고의 해석자다. 제아무리 종교적 상징이라 할지라도 그것이 구체적인 행동의 모범과 아무런 관련이 없다면 침묵을 지킬 수밖에 없다. 상징을 통해 실재를 상징적으로 볼 수 있다는 말도 맞지만, 상징이 행동의 동기가 된다는 사실도 그만큼 옳은 말이다. 그래서 상징은 긍정적인 안내의 힘이 있는가 하면, 사람들을 그릇된 길로 끌어가는 힘도 있다. 우리는 그리스도론의 상징을 통해서 그것을 확인해 볼 수 있다. 역사적 예수가 예언자적 상징 행위를 한 것은 하나님에 대한 메시지를 전달하기 위함이었다. 그러나 최초의 그리스도인들은 예수의 운명을 '하나님의 상징 행동', 즉 하나님께서 인간에게 하나의 메시지(혹은 그분의 '케리그마')를 매개하는 포괄적인 상징 행위로 해석했다. 만일 우리가 그리스도의 상징만 고찰한다면 그것을 완전히 이해할 수 없다. 그 안에 코드화되어 있는 가치와 규범의 전복을 깨달을 때 비로소 그 의미가 밝혀진다. 외형적으로 볼 때 그리스도 상징의 기본 틀은 다음과 같다. 천상의 존재가 본래 살던 곳을 떠나 인간이 되어 십자가형이라는 치욕스러운 형태의 죽음을 당하지만 하나님이 그를 깨워 내시고 하늘의 모든 능력과 권세의 '주인' 으로 임명하신다(빌 2:6이하). 바울은 이 사건을 강함과 약함, 부유함과 가난함, 지혜와 우둔함, 거룩함과 죄의 역전(逆轉)으로 해석했다.

(1) 하나님의 아들이 십자가에 달려 죽임을 당한 뒤 하늘에 올라 하나님 곁에 계신다는 메시지의 초점은, 이 세상의 강한 것은 약함이요, 이 세상에서 약한 것처럼 보였던 그분의 모습이야말로 강함이라는

하나님의 선언이다. 이 세상의 지배자들은 그분에게 폭력을 가하여 십자가에 못 박아 죽일 수는 있었다. 그러나 그들의 권력은 모조리 그분께 돌아갔다. 그리스도께서 이제 모든 능력과 권세를 지니시며, 그분을 못 박아 죽인 '세상 지배자들'까지도 지배하신다(고전 1~4장, 빌 2:6이하). 권력과 약함의 관계가 역전된 것이다.

(2) 부유함이나 재물의 경우에도 마찬가지다. 창조 이전부터 계신 이는 본래 '부유'하셨으나, 인간을 위해서 그 부유함을 포기하시고 가난해지셨다. 이로써 부유함과 가난함이 새롭게 평가된다. 여기에 상응하여 그리스도인은 사적인 부유함을 포기하고, 더 많은 평등을 이루기 위해 노력한다(고후 8~9장).

(3) 십자가의 메시지는 그리스인에게는 미련한 것이요, 유대인에게는 거리끼는 것이나, 하나님의 눈으로 보면 거룩한 지혜의 발현이다(고전 1:18이하). 여기서는 지혜와 어리석음의 가치 역전이 일어난다.

(4) 정의와 죄의 경우도 마찬가지다. 하나님은 죄를 알지도 못하신 이를 우리를 대신하여 죄로 삼으셨으니, 이는 우리가 그분 안에서 하나님의 의(義)가 되게 하려함이다(고후 5:21). 이로써 저주의 장소가 축복의 장소로 변한다(갈 3:13-14).

(5) 권력과 부귀와 지혜와 정의의 재평가는 그리스도론의 상징에 호소력을 부여한다. 역사성을 지닌 에토스와 연결됨으로써 상징은 설득력 있는 언어가 된다. 상징은 그 자체로 보편적인 이미지의 세계가 아니라 각 시대의 갈등 상황과 긴밀하게 연결돼 있다.

그러므로 상징은 해석을 필요로 한다. 상징의 감정적이고 정서적인 작용만으로는 불충분하다. 상징 교수학은 상징 이미지를 활성화시킨답시고 사유를 포기하는 것이 되어서는 안 된다. 이미지 자체만으로는 사상(思想)을 빚어 낼 수 없다. "이러한 성찰에 근거할 때, '상징은 생각을 불러일으킨다.' 는 표현은 너무 단편적인 것일 수 있다. 상징은 생각을 그치게 만들 수도 있다. 상징이 꼭 그런 의도*로 사용될 때만 그런 것은 아니다."[93]

그럼에도 상징 교수학 모델은 중요한 존재 이유가 있다. 세속적인 세상에서 살아가는 인간은 상징 언어를 배움으로써, 인간의 삶이란 결코 자족적인 것이 아니라 초월에 근거하고 있으며 삶의 한복판에서도 초월에 감싸여 있다는 사실을 고요히 의식할 수 있게 된다. 이제 우리는 성서 교수학의 마지막 모델을 다루게 된다. 이 모델은 적어도 시간적으로는 지금껏 다뤘던 세 모델보다 앞선 모델이다. 케리그마적 모델이 바로 그것이다. 이 모델은 – 과거에는 '복음적 훈육' 이라는 명칭을 갖고 있었다 – 변증법적 신학이 종교교육학에 영향을 끼친 결과였다.[94] 바로 이 모델과의 대결을 거쳐 다른 모델들이 발전 · 전개되었다.

4. 케리그마 모델: 하나님과 만날 수 있는 기회, 종교 경험의 기회

성서는 인간 경험의 보고(寶庫)이며, 문제 해결 능력과 수많은 상징의 보고다. 하지만 그것이 다는 아니다. 성서가 예부터 지금까지 인간에게 영향을 끼쳐온 사례들을 살펴보면, 언제나 성서는 우리가 궁극적인 실재와 관계를 맺고 하나님과 대화를 시작할 수 있는 기회를 제공하는 책이었다. 오늘날까지 성서 텍스트가 인류에게 끼친 영향력은, 한 방울의 영원(永遠)이 인간의 삶 속에 떨어져 그 삶을 무한한 가치로 채운 것과 같다고 말할 수 있다. 이런 일은 커리큘럼을 미리 짠다고 되는 일이 아니다. 커리큘럼

*생각을 그치게 하려는 의도

이론이 묻는 물음은 고작 '청소년이 미래의 삶을 마스터하기 위해서는 어떤 능력, 어떤 자질, 어떤 지식이 필요한가?' 이다. 그러나 인간의 삶은 그런 목표를 달성하는 것으로 채워지지 않는다. 최소한 세 가지 이유 때문에 그렇다.

첫째, 인간이 삶의 의미를 명확하게 자각하고 자기의 정체성을 형성해 나가는 일은 평생 완결될 수 없는 과정이다. 우리는 살아가는 동안 "이제 나는 목표 달성했어!"라고 말할 수 없다. 우리 앞에는 항상 또 다른 과제가 있다. 또 이것은 다음 문제와 연결된다.

모든 목표는 더 큰 목표를 지향한다. 모든 목표는 도무지 측량할 수 없을 정도로 무한한 우주의 언저리에 살짝 가닿는 것이다. 무한한 우주에 비하면 인간이 사는 세상이란 극히 작은 섬에 불과하다. 우리가 근대적 합리성을 내세워 어떤 목표를 지향하면 할수록 (또 그 목표에 맞는 교육을 추구할수록) 그 모든 것이 결국은 거대한 허무 속으로 서서히 묻혀 간다는 섬뜩한 느낌에 사로잡힌다. 거기서 벗어날 수 있는 유일한 길은 우리의 삶 속에서 그 자체로 가치가 있는 어떤 것과 만나는 것이다. 그러면 우리는 더 큰 목표를 갈망하지 않는다. 이미 모든 것이 충만한 상태이기 때문이다. 그런 존재가 있다면, 그 존재는 어떤 인위적인 개입 없이 하나의 선물로서 그 모습을 드러낸다. 인간은 그것을 조작할 수 없다. 그것은 스스로 우리에게 자신을 환히 열어 밝힌다.

여기에 또 세 번째 이유가 있다. 무조건 어떤 목표를 지향하고 그 목표에 맞게 다음 세대의 삶을 준비시키려는 교육이 놓치는 것이 있다. 그것은 그 목표를 달성하지 못할 경우 어떻게 해야 하는지를 준비시키지 못한다는 점이다. 우리는 학생들에게, 어떤 역경에도 굴하지 않고 늘 새로운 삶을 시도하고, 늘 새로운 목표를 설정하도록 자극을 줄 수 있다. 그러나 거기에도 한계가 있다. 인생은 우리가 경기장에서 지정된 트랙을 따라,

목표를 향해 아무런 방해를 받지 않고 옆 사람과 선의의 경쟁을 하는 커리큘럼*이 아니다. 차라리 인생은 미로(迷路)다. 우리는 그 안에서 길을 잃기도 하고, 제자리를 맴돌기도 하고, 서로 누군가의 길을 가로막기도 한다. 인간은 목표를 이루지 못하는 경우에도 다른 길을 모색할 수 있다. 어디 그뿐인가? 인생의 가장 큰 도전은 우리가 실패한 바로 그곳에서 시작된다. 어떤 커리큘럼이 우리에게 그런 준비를 시켜줄 수 있는가? 여기서도 우리는 우리의 실패와 좌절보다 큰 무엇인가에 대해 묻게 된다.[95]

성서는 하나님과의 만남의 끈을 이어갈 수 있는 기회를 제공한다. 하나님은 그 자체로 무한한 가치를 의미하는 실재다. 그 궁극적 실재와 운명적으로 만난 사람은 사랑에 빠진 사람과 비교될 수 있다. 이제 그에게는 인간의 의미나 목적에 관한 물음조차 그리 절실하지 않다. 사랑하는 사람의 곁에 있고, 그이와 함께 만남의 끈을 이어가는 것 자체가 이미 인생의 완성이다. 그 이상은 필요 없다. 이렇게 생명 그 자체와 열애에 빠지는 경험은 그리스도인이건 무신론자건 누구에게나 가능한 경험이다. 성서가 우리에게 제안하고 요청하는 것은 무엇인가? 그것은 그렇듯 무조건적인 가치를 지닌 존재를 피상적인 차원에서 만날 것이 아니라, 확실한 언약을 맺음으로써 단순한 연애 관계가 아니라 결혼의 관계로 만들라는 것이다. 결혼 관계는 위기를 넘어설 수 있는 관계다. 부정함과 갈라섬과 외면함도 넘어서는 관계다. 성서는 그 결혼이 너무나 끔찍한 위기에 빠져버린 이야기를 들려준다. 그럼에도 신랑이신 하나님은 이혼이 아니라 화해와 용서를 원하신다. 이 이미지가 성서에 등장한다. 바로 이 이미지를 가지고 예언자 호세아는 하나님에 대한 인간의 배신을 비판하고 회개를 촉구한다

---

*원래 커리큘럼(Curriculum, 教育課程)이라는 말은 달리기를 하는 '원형 트랙', 혹은 그 트랙을 따라 뛰는 경기를 뜻하는 말이다.

(호 1-2장). 물론 사랑 이야기는 커리큘럼에 들어가지 못한다. 우리는 하나님과의 관계 맺음을 어떤 방법적인 순서로 계획할 수 없다. 그 관계 맺음은 계획이 불가능하며, 커리큘럼에 따른 학습 목표로는 도저히 포착할 수 없는 것이다. 하지만 그것을 통해서 어떤 배움이 일어나는 것만큼은 사실이다.[96] 그러므로 성서 수업은 어떤 무계획적인 것이 일어나야 하는 계획적인 일인 셈이다.[97]

케리그마적 성서 교수학의 태동

바로 이 역설적인 관계에 대한 감각을 계발해온 것이 바로 케리그마적 종교 수업이었다.[98] 이 모델은 그 계획 불가능한 것을 계획해야 한다는 문제 때문에는 별로 고심하지 않았다. 왜냐하면 그 문제는 모든 종교 수업의 (또한 모든 다른 과목의) 난제이기 때문이다. 또한 이것은 변증법적 신학의 핵심적인 경험이기도 했다. 인간은 하나님에 대해 말하지 않을 수 없지만, 하나님에 대해서 말할 수도 없다. 하지만 하나님에 대한 일체의 말이 실패함으로써 하나님을 증언하는 것이다.[99] 이러한 한계 의식은 하나님에 대한 너무도 명증한 언설의 상대화를 가져올 수도 있었겠지만 우리는 그러지 못했다. 우리는 하나님의 말씀, 즉 인간이 믿음 안에서 복종해야 할 명령의 말씀을 수업의 한복판에 세웠다. 하나님에 대한 말의 불가능성을 주장했지만, 인간 자율성의 무능력함과 근대 휴머니즘 프로젝트의 실패에 대해서도 말해야 했다. 종교 수업은 학생들에게 하나님과 우상 사이에서, '하나님'과 '나' 사이에서 결단할 것을 종용했다. 여기서 말하는 '나'는 근대적 인간으로서 자기 문제를 스스로 규정하기 위해 발버둥치는 '나'를 말한다. 그런 '나'는 비난받아 마땅한 '우상'이었다. 이 모델의 권위적인 특징은 거부감을 불러일으켰다.

케리그마적 종교 수업을 제대로 이해하기 위해서는 그것이 처음 제기됐던 1920~30년대의 상황을 (1945년 이후에는 '복음적 훈육' 으로 이어짐) 알아야 한다. 그 이전의 자유주의 신학적 종교교육학은 그리스도교를 다음 세대에게 전수해야 할 문화유산으로 여겼다. 학생은 개인의 발달 단계를 거치면서 그와 평행을 이루는 종교적 문화적 발달 단계를 밟아 나가 마침내 책임감 있는 인간이 되는 것을 과제로 삼았다.[100] 문화와 종교의 조화, 그리고 개인이 종교적 신앙을 통해 자연스럽게 도덕적 인격으로 발전한다는 생각은 1914년 이후의 대재난을 통해 철저히 무너져 내렸다. 전통적인 형태의 그리스도교는 1914년 이전의 세계와 함께 완전히 침몰해버린 것처럼 보였다. 이제 그리스도교가 당연히 받아들여야 할 전통으로 존속할 수 없게 된 상황이었기에, 그리스도교를 받아들이는 것은 의식적인 결단을 통해서만 가능한 것이 되었다. 바로 이런 이유에서, 인간을 문화사와 종교사의 틀에서 이해하는 방식 대신 인간의 개인적인 결단을 촉구하는 방식이 부각되었다. 새로운 케리그마적 성서 교수학의 첫 번째 주창자였던 게르하르트 보네(G. Bohne)가 쓴 논문의 제목은 「종교 수업과 종교적 결단」(1930)이었다.[101] 보네의 모델은 그 시대의 '권위적인' 분위기와 잘 어울렸다. 그리고 이러한 분위기 때문에 그 당시 완전히 상반되는 두 경향과도 결합할 수 있었다. 하나는 국가사회주의당과 그 지도자를 따르라는 선동 구호였고, 다른 하나는 그리스도를 따르기 위해서는 국가사회주의에 맞서 싸워야 한다는 선전 포고였다. 사실 이 두 종류의 '따름' 에서 도덕적으로 하나의 공통분모를 찾으려는 시도는 얼토당토않은 것이었다. 케리그마적 종교 수업의 대표자 가운데 한 사람이었던 오스카 함멜스벡(Oskar Hammelsbeck)이 고백 교회(Die Bekennende Kirche)의 대표자로서 결연하게 국가사회주의에 맞섰던 것을 생각하면 더더욱 그러하다. 함멜스벡은 신학적 · 실존적 책임감을 가지고 자유의 사상을 펴나갔다.[102]

하지만 케리그마적 종교 수업의 대표자 모두가 국가사회주의의 권위주의적 정신으로부터 자유로웠던 것은 아니다. 보네[103]와 헬무트 키텔(H. Kittel)[104]도 그러지 못했다. 하지만 이들이, 고백 교회의 저항 운동에 정신적 지주였던 변증법적 신학과 가까운 관계였기 때문에 1945년 이후 그들의 과오는 너무 쉽게 잊혀졌다. 그들은 이른바 '복음적 훈육' 모델의 선조가 되었다. 그들은 1950년대에 이 모델을 통해서 종교 수업의 이데올로기 비판 기능을 강조하며, 종교 수업을 일반 학교 안에 확실히 자리매김하려고 했다.[105] '복음적 훈육' 모델에 의하면, 복음 선포는 이 세상의 것을 절대화하는 흐름을 비판함으로써 삶의 균형을 잡아나가는 데 기여한다. 여기에는 교육의 절대화, 기술과 학문의 절대화도 포함된다. 그러나 이 모델의 주창자 자신들의 이데올로기적 문제점을 은폐한 것은, 학교를 이데올로기에 맞서 보호하겠다던 '복음적 훈육'의 주장에 드리워진 어두운 그림자가 아닐 수 없었다. 오직 오스카 함멜스벡과 같은 종교교육학자의 주장만이 믿을 만한 주장이 될 수 있었다.

현대의 종교교육학자들이 성서로부터 비껴서거나 성서에 대한 권태로움을 내비치는 동안에도, 변증법적 신학의 영향을 깊이 받은 신학자들은 종교 수업에서 성서가 핵심적 지위를 차지해야 한다는 입장을 고수했다. 이들이 주장하는 전통의 생명력은 바로 그 '시대에 맞지 않는 동시대성'에 근거하고 있다. 1920년대에 태동한 '위기의 신학'은 오늘날까지도 놀라울 정도로 생명력이 넘친다. 이제 우리가 마땅히 감사를 표해야 할 '시대에 맞지 않는' 종교교육학자들이 있으니, 그들은 시대의 흐름을 거슬러 자기들의 통찰을 고수했던 사람들이다.

케리그마적 성서 교수학의 발전

이미 1920년대에 한 번 그랬지만, 1970년대에 이르러 다시 한 번 사람들은 그리스도교 전통의 전수가 당연한 것이었던 시대가 끝나는 경험을 했다. 이번에는 그 원인이 어떤 외적인 위기가 아니라, 우리의 사회 속에서 그야말로 조용히 진행되는 세속화였다. 위기의 상황에서는 실존적인 호소를 통해 어떤 결단을 이끌어 내는 일이 설득력 있게 다가올 수 있었다. 그러나 고요한 시대에는 성서의 내적인 힘에 대한 고요한 선전만이 사람들을 설득할 수 있다. 종교 수업의 현장에서 다시금 케리그마적 호소로 돌아가자는 주장은 더 이상 가능하지가 않았다. 그보다는 구체적인 삶의 경험과 수업 경험에 토대하여 성서의 말씀이 우리의 삶을 이끌어 가는 힘을 지니고 있다고 끈질기게 주장하는 편이 더 설득력이 있다. 성서에 대한 신뢰를 견지하고 있는 세 명의 종교교육학자가 있다. 발더만(I. Baldermann)은 성서의 언어에 대한 신뢰를 대변한다. 성서 언어는 시간적 간극과 무관하게, 어떤 전문적인 해석 없이도 오늘을 사는 우리에게 직접 말을 건네는 언어다. 베르크(H. K. Berg)는 시간적 간극에도 불구하고 새로운 해석 방법을 통해 성서가 우리에게 말하도록 할 수 있다고 믿는다. 루스터(Th. Ruster)는 성서가 현대 사회와 모순 관계라는 사실을 매우 도발적으로 강조하면서, 그 낯선 경험마저도 소통 가능한 것으로 만드는 거룩한 영의 능력을 신뢰한다. 위의 세 사람은 성서와 현대를 만나게 하는 세 가지 가능성을 대변한다. 그 둘은 시간을 초월하여 친밀하게 만날 수 있다는 주장도 있고, 근본적인 대결 관계에 있다는 주장도 있다.

1) 잉고 발더만: 성서의 언어적 능력에 대한 신뢰

발더만은 말씀 사건의 역동성을 믿는 해석학적 신학의 영향을 받은 사람이다.[106] 그는 현대와 과거 사이에 '건널 수 없는 깊은 협곡'이 있다는 주장을 받아들이지 않는다. 그는 성서가 "우리의 방법을 통해 다시금 발언하게 되는 것을 원하지 않는다. 성서는 인류의 핵심적인 문제에 대해 아주 강렬하고도 분명한 대답을 주기 때문에 어떤 방법적인 주석 없이 그 자체로 이해될 수 있다. 세계 어디서도 마찬가지다."[107] 물론 그가 모든 방법으로부터 거리를 둔다고 주장한다면 그것은 자기기만이다. 발더만은 양식사 비평 방법의 영향을 받았고, 특히 시편과 예언서의 요체적 언어 형식에 관한 양식사 비평(예컨대 클라우스 베스터만)의 통찰을 받아들였다. 발더만에게 성서로부터 배운다는 말의 뜻은 성서의 언어를 따라간다는 뜻이다. 발더만은 어린이와 청소년에게도 직접적으로 와 닿는 성서의 말씀, 곧 요체적인 통찰을 부각시켜, 어린이와 청소년이 그 말씀 속에서 바로 자기 자신을 발견할 수 있게 하려고 한다. 요체적인 성서 텍스트란 인간의 한계 상황 속에서 오히려 그 견고함을 증명하는 핵심적인 본문을 의미한다. 그는 다섯 가지 '요체적 구조'를 제시한다. 제일 앞에는 하나님의 언약과 명령이 있다.

(1) 이 언약은 **용기를 북돋는 언어**(Sprache der Ermutigung)로서 그 핵심 메시지는 하나님께서 가까이 계시다는 확언이다. 이런 언약의 말씀은 대표적으로 제2이사야에 등장한다. "내가 너를 속량하였으니, 두려워하지 마라. 내가 너를 지명하여 불렀으니, 너는 나의 것이다"(사 43:1).

(2) 언약의 말씀은 토라와 상응하며, **토라는 인간성의 언어**(Sprache der Menschlichkeit)다. 토라는 언약을 내포한 명령의 말씀이다. 인간은 자기에게 요구되는 그런 인간이 되어야 한다! – 거기서 그치지 않고 그런 인간이 될 것이다! 이것을 잘 보여주는 계명이 바로 "너는 너의 이웃을 네 몸처럼 사랑하여라!"(레 19:18)이다. 자기 민족만 사랑

하는 것이 아니라 이방인까지도 사랑하는 것이다(레 19:34).

성서에서 이런 하나님의 말씀에 대한 인간의 반응은 세 가지 요체적인 언어 형태로 나타난다. 두려움의 언어, 기쁨의 언어, 깨달음의 언어가 그것이다.

(3) 시편에 등장하는 두려움의 이미지는 있는 그대로 우리 자신의 언어다. "하나님, 나를 구원해 주십시오. 목까지 물이 찼습니다. 발붙일 곳이 없는 깊고 깊은 수렁에 빠졌습니다"(시 69:1-2a). 어린이들도 이런 이미지의 도움을 받아 자발적으로 자기의 두려움을 표현해 낼 수 있다.[108]

(4) 다시 찾은 생명에 대한 감사에서 우리는 기쁨의 언어를 발견한다. "내가 죽지 않고 살아서, 주님께서 하신 일을 선포하겠다"(시 118:17). 이러한 감사의 언어도 시간의 간격을 뛰어넘어 우리의 마음에 와 닿는다.

(5) 여기에 지혜문학의 형태로 등장하는 깨달음의 언어가 덧붙여진다. 깨달음의 언어는 자주 '평행구 형식'(*Parallelismus membrorum*)으로 나타나는데, 이것은 모든 것이 양면적이라는 사실을 깨닫게 해 준다. "사람의 길이 자기의 눈에는 모두 옳게 보이나, 주님께서는 그 마음을 꿰뚫어보신다"(잠 21:2).

어른이든 어린이든 인간의 근본적인 삶의 경험에 호소하는 언어가 성서에서는 하나님과 인간의 관계를 서술하는 근본적인 개념으로 자리매김한다. 인생의 핵심 경험과 성서의 핵심 내용이 서로 호응하는 것이다.

- 하나님의 정의(Die Gerechtigkeit Gottes)는 인간을 향한, 특히 가난한 사람과 죄인을 향한 하나님의 긍정적인 관심이다. 또한 이것은 하나님의 영광과 조화를 이루는데, 이것은 인간이 하나님께 고백하는 그분의 무게(Gewicht)이다.
- 하나님의 계약(Der Bund Gottes)은 그분의 신실하심에 대한 약속이

다. 여기에 상응하는 것은 인간도 신실해야 한다는 책임성이다. 계약을 맺을 때나, 계약이 깨졌을 때 (속죄제의 형식으로) 드리는 제물은 그 계약이 깨질 수도 있으며, 다시 갱신되기도 한다는 사실을 보여준다.

- 하나님의 통치(Gottes Herrschaft)는 다름 아닌 우상의 통치에 대한 대안(Alternative)이며, 제 방향을 잃고 스스로를 절대화하는 그 속세의 권력에게 충성을 바치는 것 말고 다른 삶의 길이 있음을 보여주는 것이다. 삶과 죽음은 하나님의 통치에 달려 있는 것이다. 그분만이 삶과 죽음까지 다스리시는 주님이다.[109]

2) 호르스트 클라우스 베르크: 새로운 방법에 대한 신뢰

베르크(H. K. Berg)도 성서의 언어적 능력을 확신한다. 성서는 '불과 같은 말씀' (Wort wie Feuer)이다.[110] 하지만 그 말씀이 제대로 표현되기 위해서는 방법론이 필요하다. 여기에 도움을 주는 것이 바로 새로운 주석 형태들이다. 전통적으로는 역사 비평적 방법이 있었고, 이것을 보완하여 텍스트와 현재 사이의 간격을 메우는 새로운 방법들이 등장했다. 거기에는 실존주의적 주석, 언어학적 주석, 심층심리학적 주석, 상호작용의 주석, 원역사 주석, 유물론적 주석, 페미니즘 주석, 라틴아메리카 주석이 있다. 그 밖에도 텍스트 상호 간 주석, 영향사 주석, 낯설게 하기 주석, 유대교 주석이 있다. 베르크는 이런 다양한 주석 방법을 도구 삼아 성서 텍스트가 '불' 처럼 빛을 발하도록 하려는 것이다. 그의 성서 교수학은 문제 지향적 종교 수업과 연결되어 있다. "종교 수업에서는 젊은이들이…… 성서 전승의 해방적 자극이야말로 자기를 위한 변화의 기회라는 것을 깨닫고 그것을 받아들일 만한 성서 본문을 선별하여 주석해야 한다."[111] 그러나 문제 지향적 종교 수업과 결정적인 면에서 차이를 보인다. 베르크에 따르면, 성서는 단순히 우리가 미리 분석해 놓은 문제에 대한 답을 주는 것이 아니라 문제를 비판적으로 분석할 수 있게 해준다. 성서는 삶의 문제와 이 세상의 문제를 극복하는 데 도움을 주는 학습 기회를 제공한다. 성서는 여러 가지 위협에 맞설 수 있는 용기를 주는 책이다.

- 성서는 겉보기에 도무지 변화될 것 같지 않은 상황 속에서도 희망을 품고 저항하는 길을 가르친다. 이로써 성서는 불안과 절망의 감정에 맞선다.
- 성서는 모든 인간이 죄인이라는 깨달음을 전한다. 이로써 '완벽에 대한 강박' 을 벗어나서 불완전한 인간도 받아들일 수 있도록 도와준다.
- 성서는 성공적인 삶의 모델을 제공하는데, 대개는 '정글과도 같은 세상' 한복판에서 그에 맞서는 세상(Gegenwelt)을 제시하는 방식으로 그렇게 한다.

새로운 접근 방식을 통해서 또 다른 세 가지 학습 기회가 추가된다.

- 성서는 온전성을 추구하는 인간을 도와주는 치유의 기억들을 보존하고 있다. 심층심리학적 주석이 이 부분을 주로 다룬다.
- 성서는 의사소통적 구조를 지니고 있다. 관계의 결핍과 익명성이 지배적인 세상에서 사람들에게 성서는 큰 도움을 줄 수 있다. 집단 차원에서 이루어지는 상호작용의 성서 학습이 이런 특징을 잘 활용한다.
- 성서는 그것을 읽거나 듣는 사람의 머리만이 아니라 온전한 전체에 호소한다. 그러므로 인지적 과정만이 강조되어 한쪽으로 치우친 문화를 바로잡는 데 도움을 준다. 상징 교수학이 특별히 이런 역할을 감당한다.

내용적인 면에서 베르크는 성서 안에 여섯 개의 '기본 정보' 가 있다고 말한다. 성서 교수학이 적극적으로 소개할 만한 핵심 내용이다. (1) 하나님은 생명을 주시는 분이다. (2) 하나님은 공동체를 일으키신다. (3) 하나님은 당신의 백성과 함께 고난당하신다. (4) 하나님은 억압당하는 사람들을 해방시키신다. (5) 하나님은 당신의 영을 보내주신다. (6) 하나님은 영원히 다스리신다. 창조, 계약, 고난, 해방, 성령, 하나님의 통치는 성서의 위대한 주제다. 여기서 '정보'(Bescheid)라는 표현은 케리그마 신학적 차원으로, 즉 하나님께서 내려 주시는 '정보'로 이해해야 한다. 이 '정보'를 주시는 이는 초월적인 분이다.

발더만과 베르크는 해석학적 종교 수업의 한계, 즉 개인의 (혹은 '실존적인') 문제에만 집중했던 것을 극복했다. 두 사람은 성서를 정치적이고 사회적인 책임과 연결 지어 해석했다. 성서에 대한 집중적인 관심과 예언자적 비판을 결합시킨 두 사람의 특징을 어느 가톨릭 신학자가 이어받아 더욱 급진적인 사회비판과 대결의 교수학으로 발전시킨다. 이 교수학은 교육학적 매개라는 측면을 의도적으로 건너뛴다.

3) 토마스 루스터: 성서 메시지의 대결하는 힘에 대한 신뢰

루스터(Th. Ruster)는 종교 수업이 '성서적 현실 이해로 안내'하는 것이 되어야 한다고 주장한다.[112] 종교 수업은 어린이의 이해 수준에 성서의 세계를 맞추려고 해서는 안 되고, 오히려 학생들을 '그 낯선 경험'에 참여시켜야 한다는 것이다. 성서에 기록된 것은 하나의 독자적인 세계다. 우리는 낯선 행성에 처음 발을 디뎌 놓는 심정으로 그 세계 속으로 들어가야 한다. 어린이의 사고 능력의 범위 안에서 성서의 세계라든지 성서의 하나님과 만날 수 있는 어떤 접점을 찾으려는 시도는 거의 의미가 없다. 종교교육학이 '주체'인 어린이에게 집중하면서 성서의 내용을 '요체화'하는 것조차도 모두 틀렸다는 것이다. 어린이나 청소년이 성서에 접근할 수 있도록 성서의 내용을 '단순화'하는 것은 쓸데없는 일이라는 것이다. 차라리 그들이 성서의 생소함, 있는 그대로의 그 생소함과 맞부딪힐 수 있도록 해주어야 한다. 현대의 종교교육학이 자꾸만 성서의 생소함[낯섦]

을 부인하려고 해서는 안 된다. 성서의 하나님을 종교와 형이상학의 하나님, 즉 '모든 것을 규정하는 궁극적인 실재'로서의 하나님과 혼동하고 있다면 그런 신학은 성서의 하나님에 대한 배신이라는 것이다. 그런 신학의 역사는 현대에 들어서면서 완전히 끝이 났다. 성서의 하나님은 궁극적 실재로 경험될 수 있는 것과 구별되는 분이다. 우리 사회에서 '모든 것을 규정하는 궁극적인 실재'는 돈이기 때문이다. 성서의 하나님과 맘몬 사이에는 엄연한 양자택일만이 가능하다. 이 세상의 형이상학적 배경과 혼동되는 하나님이라면 그런 하나님은 우상에 불과하며, 그 우상은 이 세상의 우상인 자본주의와 한 통속이다.[113] 기존의 신학에 대한 루스터의 철저한 비판은 변증법적 신학의 초기 형태를 취하고 있다. 현대 종교교육학에 대한 그의 저항은 진지하게 받아들여야 한다. 루스터는 (1) 기호학과 (2) 체계이론의 뒷받침을 받아 자신의 논리를 전개하면서 (3) 대결의 교육학(Konfrontationspädagogik)을 제창한다.

(1) 기호학(Semiotik)은 텍스트를 하나의 독자적인 의미의 세계로 파악하는 데 기여하는 방법론이다. 만일 우리가 기적 이야기를 읽는다면 거기서 기적적인 것을 임의로 걸러 내려고 할 것이 아니라, 그 기적의 의미 세계(Sinnwelt)로 들어가야 한다.[114] 우리는 성서 텍스트를 낯선 세계로 생각하고 읽어 나가야 한다. 그러면 성서 텍스트가 흥미로워진다. 모든 사람이 다 납득할 수 있는 논리에 성서를 끼워 맞출 때보다 훨씬 흥미진진하다. 기적 이야기가 인지적이고 실존적인 차원에서 이 시대의 독자들을 – 그 나이에 상관없이 – 이야기 나름의 확신 속으로 끌어오느냐 마느냐의 문제는 그 기적 이야기에게 맡길 수밖에 없다. 물론 이런 주장의 배경에는 성서 내용을 어떻게 습득하느냐의 문제를 고민하는 해석학 이론의 영향이 엿보인다.

(2) 체계이론(Systemtheorie)은 낯선 의미 세계의 습득을 설명해 내기 위

한 해석학의 기능을 한다. 체계이론은 다른 어떤 것에서 도출되지 않는 새로운 것의 탄생을 생각할 수 있다. 예컨대 그 어떤 것도 인간이 자연에서 발생한다고 지시해 주지 않는다. 그럼에도 인간은 자연에서 발생했다(혹은 자연에서 '출현했다'). 이로써 자기 의식과 언어 능력을 지닌 새로운 생명체가 이 세상에 나타났다. 이렇게 뒤돌아보니 지금까지 진행된 발전 과정 전체가 전혀 새롭게 보이는데, 마치 모든 발전이 그 인간을 지향하고 있는 것처럼 보일 정도다. 그렇다면, 성서의 의미 세계에서 어떤 새로운 요소가 젊은 세대의 삶 속에 들어와 그 안에서 모든 신념 체계의 재구성을 일으키는 것도 충분히 상상할 만한 일이다. 모든 것은 새로운 관점에서 재조명된다. 루스터는 성령의 기적도 그런 가능성 가운데 하나로 설명한다. "결국 어떤 것을 믿는 마음으로 이해하게 만드는 것은 오직 하나님의 영이다. 학습을 발현적 과정으로 파악하는 이론에 힘입어 이제 우리는 그가 어떻게 그런 일을 하시는지 좀 더 세세하게 추정해 볼 수 있다."[115] 믿는 마음으로 이해하는 것(gläubiges Verstehen)도 '발현적 과정' (emergenter Prozess)이라면, 그것은 우리의 현실 이해에서 완전히 벗어난 것은 아니다.

(3) 그러나 루스터의 대결 교수학(Konfrontationsdidaktik)은 교수학 이론의 범위에서 완전히 벗어난 것이다. 가령 루스터는 이런 말을 한다. "내용 습득(Aneignung)은 수업의 문제도 아니요 가르치는 사람의 문제도 아니다. 그것은 어린이의 머릿속에서 이렇게 혹은 저렇게 진행된다. 어린이가 뭔가를 배웠는데 그 배운 내용을 기초로 또 무엇을 생각해 낼 수 있을까? 이 이론에 의하면 거기에 외적으로 어떤 영향을 끼치는 것은 불가능하다. 어린이는 어떤 방식으로든 그 정보를 자기만의 시스템[체계] 안에 집어넣는다. 그러므로 수업을 통

해 가르칠 내용이나 형식을 고를 때 어린이의 습득 조건이나 이해 조건을 미리 고려하지 않고도 그 아이가 성서의 세계와 맞부딪히도록[대결하도록] 할 수 있다는 것이 나의 생각이다. 수업 내용을 고르고 그것을 전달하는 일은 오히려 그 대상(성서)의 논리를 따라야 한다."[116]

우리는 여기에 전제된 해석학에 대해 물음을 던져야 한다. 그 해석학에 따르면, 성서의 세계는 처음 볼 때만 생소하게 다가올 것이다. 만일 성서 안에 – 적어도 성서의 심층 구조 안에 – 어떤 '논리'가 숨겨져 있다면, 바로 그 논리를 설명해 내야 한다. 루스터 자신도 성서적 실재 이해 가운데서 이 심층 구조에 속하는 세 가지 '내용적 요소'를 간추려 소개한다. (1) 생명에 이르는 계명과 죽음에 이르는 계명 사이의 양자택일, (2) 인간의 정체성 자각을 가능하게 해주는 분별의 지혜와 힘, (3) 그 누구에게도 모자람 없이 차고 넘치는 풍성함에 대한 근본적 경험이다.[117] 성서에 나오는 이런 근본적 진술은 누구라도 이해할 만한 것이다. 이런 진술은 인간의 기본 욕구와도 상응한다. 풍성함의 원리는 삶의 완성에 대한 소망과 통하고, 분별 의지는 그 어떤 것과도 혼동되지 않는 유일무이한 존재가 되고픈 갈망과 통하고, 생명에 이르는 계명과 죽음에 이르는 계명 사이의 양자택일은 권위에 대한 욕구와 통한다. 루스터 자신도 다른 성서 교수학자들과 마찬가지로 '요체적인 것'을 추구한다. 다만 그는 그것을 일방적으로 규정할 뿐이다.

루스터의 교수학에 대해서도 할 말이 있다. 학습자의 이해 능력을 전혀 고려하지 않는다고는 하지만 사실은 말만 그렇게 과격할 뿐이다. 배움이란 언제나 두 가지 과정으로 이루어진다. 한 사람이 기존에 가지고 있던 이해 능력에 학습의 대상(내용)을 통합시키는 이른바 '동화'(assimilation)의 과정과, 이와는 반대로 새로운 학습 내용을 접했을 때 인간의 이해 능력을 키워 내는 이른바 '조절'(accommodation)의 과정이 배움을 구성한다. 이 두 가지는 동전의 양면이다. 그런데 루스터의 이론은 '조절'만을 강조하면서도, 그의 교수학은 성서를 자기의 범주에 무리하게 '동화'시킨다. 요컨대 그는 모든 성서의 내용을 하나님이냐 우상이냐의 문제로 환원시킨다.

끝으로, 그의 교육학 전체에 대해서도 문제를 제기하지 않을 수 없다. 어째서 루스터는 대결의 교수학을 청소년이 아닌 어린이에게만 적용하고자 하는가? 어린이들한테서는 그의 이론이 좋은 효과를 낼 수도 있을 것이다. 그가 어린이들에게 기적 이야기를 들려주면, 어린이들은 그 이야기를 고스란히 믿을 것이다. 어른은 어린이를 대신하여 무엇이 진짜고 무엇이 가짜인지 정의를 내린다. 루스터가 주장하는 대결의 교수학은 성서의 생소함을 핑계 삼아, 어른의 말에 반박할 수 없는 미성숙한 아이들에게 권위주의적인 현실관을 관철시키려는 것은 아닌가? 청소년만 해도 그런 식의 주장이 먹히지는 않을 것이다. 그런 문제에도 불구하고, 기존의 일반적인 종교 교수학과 성경 교수학에 대한 그의 비판은 나름대로 중요한 지적이라고 볼 수 있다. 성서와의 씨름은 낯선 의미 세계와의 씨름이다.

지금까지 살펴본 세 교수학은 각각 성서 연구의 다양한 면모를 드러내 보여주었다. 발더만은 성서의 언어를 신뢰하는 해석학의 도움을 받아 성서의 세계와 현재 사이의 간격을 좁히려고 했다. 어린이가 성서 텍스트 안에서 자기 자신의 경험을 발견할 수 있다면 과거와 현재 사이의 지평 융합이 일어난다는 것이 그의 희망이다. 베르크가 보기에는 텍스트의 세계와 오늘 우리가 사는 세계 사이의 간격이 – 발더만이 생각한 것보다 – 훨씬 크다. 그 간격을 메워 주는 것이 해석 방법인데, 이것은 텍스트를 삶의 맥락에 따라 해석함으로써 그 텍스트가 새로이 우리의 삶을 향해 뭔가를 말해줄 수 있도록 한다. 루스터의 경우에는 성서와 현재 사이의 해석학적 간격이 아예 단절로 치닫는다. 그것을 다시 잇기 위해 성령론을 들고 나와야 할 정도다. 하나님의 영만이 기적을 일으켜 우리로 하여금 성서라는 낯선 경험의 세계로 들어갈 수 있게 한다. 하지만 그의 모델에도 중요한 진실이 있다. 그것은 성서가 낯선 경험으로 가득한 세계라는 사실이다. 우리가 성서와 맞닥뜨릴 때, 이미 주어져 있는 것과 연결된다. 또한 종교적인 현실 해석을 통해 우리 시대의 지배적인 현실 인식에서 좀 더 자유로워지려는 바람과 연결된다. 이때 우리는 성서의 현실 이해와 오늘의 현실 이해 사이를 중재하는 일을 어린이에게 그냥 맡겨버려서는 안 된다. 수업 시간에 기적 이야기를 가르치는 교사는 자기의 현실 인식의 틀에서 자기 자신이 어떤 것을 가능하다고 여기고 어떤 것을 불가능하다고 보는지 명확하게 말해주어야 한다.

이제, 케리그마적 종교 수업이 도대체 어떤 것인지 보여주는 예를 하나 들어보도록 하자. 또 그 예가 성서의 근본 개념(발더만)이나 근본 정보(베르크)인지, 아니면 성서적 현실 이해의 내용적 요소(루스터)인지 살필 것이다. 칭의론(稱義論, Rechtfertigung)의 모티브를 예로 들어보자.

> 인간이 오직 은혜로(*sola gratia*) 의롭다고 인정함 받음[稱義/義認]의 모티브는 성서 전체를 관통하는 주요 모티브다. 전혀 자격이 없는 인간이건만 하나님 앞에서 무조건적인 가치를 지닌다. 노아의 홍수 이야기를 생각해 보라. 사람은 원래 그 마음이 악하기 마련이다. 그럼에도 하나님은 장차 이 세상을 쓸어 없애지 않기로 다짐하신다(창 8:21). 시내 산 계약을 생각해 보라. 이스라엘 백성은 계명을 받고 얼마 되지도 않았건만 엉뚱한 길로 빠져들어 금송아지 앞에서 춤을 춘다. 그럼에도 하나님은 다시금 율법의 돌 판을 만들어 주신다. 하나님은 다시금 그 율법을 통해 이스라엘 백성에게 다가오신다. 그러므로 율법을 주시는 것 자체가 이미 하나님의 은총이

다(출 32-34장). 복음은 이미 구약성서에도 나타난다. 바울은 그 복음을, 인간이 – 비록 죄인이라 할지라도 – 율법의 행함이 아니라 오로지 믿음으로 의롭게 되는 것이라고 표현한다. 칭의란 하나님이 인간을 무조건 인정해 주시는 것을 의미한다. 인간의 삶과 행위가 그런 인정을 받을 만한 아무런 이유가 없는 데도 무조건 인정해 주심을 의미한다. 여기서 우리는 세 가지 차원의 구분을 접하게 된다.

1. 사람됨(Person)과 업적(Werk)의 구분: 한 인간은 그가 행한 모든 일의 – 그 일이 선한 것이든 악한 것이든 – 합계보다 크다. 이 구분은 성서적 휴머니즘의 토대다. 성서는 가장 흉악무도한 범죄자를 볼 때도 그의 과오만 봐서는 안 된다고 가르친다. 하나님 앞에서 인간은 하나의 인격체로서 단순히 자기가 행한 일과 동일시되지 않는다. 경탄할 만한 위대한 일을 행하는 '성자' 도 마찬가지로 하나님의 은총에 기대어 살아간다는 것이야말로 성서의 가르침이다.
2. 사람됨(Person)과 지위(Status)의 구분: 인간의 가치는 하나님과의 관계에 있기 때문에, 인간의 가치가 다른 사람과의 관계에 의해 결정될 수는 없다. 한 인간을 명예, 권력, 재산, 교육 수준에 따라 등급을 매기는 그런 관계가 사람됨을 규정할 수 없다. 모든 인간은 사회적 잣대로 평가될 수 없는 가치, 사회적 지위와 무관한 가치를 지니고 있다.
3. 사람됨(Person)과 운명(Geschick)의 구분: 한 사람의 운명이 어떤 식으로 펼쳐지든지 – 장애가 있거나, 어떤 병에 걸리거나, 늙어 약해지거나, 정신적으로 문제가 생기거나, 타락하거나 – 그 사람의 가치는 당장 눈에 보이는 현실에 의해 좌우되는 것이 아니라, 하나님이 그 사람과 어떤 관계를 맺고 있느냐에 따라 결정된다. 어떤 사람도 다른 사람의 삶의 가치에 대해 판단할 권리가 없다.

칭의의 메시지에 담긴 이 세 가지 구분은 인간의 사회적 · 정치적 삶과 관

> 련하여 매우 중요한 의미를 지니고 있다. 이 진리는 모든 사람에게 해당된다. 그렇지 않다면 그것은 진리가 아니다. 우리가 누군가를 배제시킨다면, 그것은 우리가 그의 업적이나 지위나 운명을 그의 사람됨보다 중요하게 생각한다는 것을 뜻한다. 그러므로 칭의의 메시지는 – 바울이 제대로 본 것처럼 – 유대인이나 이방인이나 모든 민족을 포괄하는 우주적인 능력이다. 칭의는 모든 세계에 예외 없이 적용되는 정의(正義)다.

무한한 실재와 잇대어 있다는 확신은 한 개인이 살아가는 데 엄청난 의미가 있다. 이 확신은 생명을 위한 것이고, 생명을 향한 동기를 부여한다. 그런데 역설적이게도 이것은 모든 생명이 마땅히 지향해야 할 무엇인가가 '계시' 되었기 때문에 가능한 일이다. 커리큘럼 이론은 교육의 내용을 실용적 기준에 따라 평가하려는 경향을 보인다. 하지만 우리가 다음 세대를 가르치되, 실용적인 면에서 더 잘살게 되는 것을 모든 것의 평가 기준으로 보도록 가르친다면? 그러면 우리의 다음 세대는 실패 속에서도 우리의 삶을 지탱해 주는 뭔가가 있다는 사실을 놓치고 말 것이다. 종교 수업은 그 자체로 가치 있는 그 무엇, 모든 사람에게 해당되는 그 무엇을 지시해 주는 역할을 한다. 모든 사람이 무조건 받아들여졌다는 것으로 칭의론이 전부 설명된 것은 아니다. 자기 자신의 존재가 입증되었다는 느낌을 모든 사람이 느낄 수는 있다. 하지만 이 메시지가 이 세상에서 살아가는 모든 사람을 염두에 두고 있다는 사실을 진지하게 받아들인다면, 이 메시지를 전하는 우리는 이 세상에 소요를 일으키는 사람이다. 지위와 성별과 인종과 문화를 초월하는 하나님의 정의가 온 땅에 두루 퍼지는 세상을 꿈꾸는 사람이다.[118]

이로써 우리는 하나의 역설적인 결론에 도달한다. 종교 수업의 목표는 일반적인 의미의 학습 목표가 될 수 없다. 우리는 궁극적 실재와의 만남을 지시하고, 그 만남과 관련한 성서의 이야기와 증언을 연구할 수는 있으나 그 만남을 직접 만들어 낼 수는 없다. 그런데도 종교 수업은 뭔가 성과를 내야 한다. 종교 수업은 성서가 하나님과 인간 사이의 사랑 이야기라는 사실을 설명해 낼 수 있다. 처음에는 (구약성서에 있는) 하나님과 이스라엘의 사랑 이야기로 시작했다가 (신약성서에 와서는) 그것이 모든 민족에게 확장된다. 종교 수업은 '불과 같은 말씀' 인 성서, 우리의 삶을 비추는 영원의 불꽃인 성서의 언어로 학생들을 안내할 수 있다.[119] 성서가 하나님의 사랑 고백에 대해 이야기한다면, 그 사랑 고백이 건조한 언어로 전달돼서는 안 된다. 사랑 이야기는 이미지와 상징에 의존한다. 성서 텍스트의 바로 이런 차원을 열어 밝히는 데 상징 교수학이 안성맞춤이다. 하지만 그것이 전부가 될 수는 없다. '불과 같은 말씀' 은 여러 가지 형태를 – 상징 외에도 어떤 깨달음, 논증, 서사의 형태를 – 취할 수 있다.

케리그마적 모델에 대한 비판: 열린 성서 교수학을 변론함

그렇다면 열린 성서 교수학은 불가능한 것인가? 성서에서 자기 삶의 방향을 추구하는 사람들에게만 '본질적인 것' 을 전달할 수 있나? 설교만이 텍스트의 본뜻을 제대로 드러낼 수 있는 것일까? 설교를 주된 과제로 삼지 않는 수업의 경우는 본질적인 것을 포기해야 하는가? 수업은 그저 '사전작업' 만 하면 되나? 과거보다 진일보한 케리그마적 성서 교수학을 표방하는 학자들에게서 가끔 이런 견해가 부각되는 것을 볼 수 있다. 그들에 의하면, 신앙 그 자체는 가르치거나 배울 수 있는 학습의 대상이 아니다. 신앙은 하나님의 선물이다. 인간이 배워서 습득할 수 있는 것은 "성서를 읽게끔 만드는 여러 가지 동기, 자기 자신과 동일시할 수 있는 모델, 어떤 태도, 행동 방식, 해석 및 행위의 모델, 상징적 표상, 모범적 삶의 모습 등이다."[120] 이런 것은 아웃사이더에게도 가르칠 수 있다. 그러나 방법론적으로 볼 때 '본질적인 것'은 – 수신자에게 정서적인 '폭력'을 쓰지 않고서는 – 성서 수업의 대상이 될 수 없다는 것이다. 이것 말고는 다른 길이 없을까? 열린 성서 교수학 안에서도 성서를 종교적 텍스트로 읽을 수 있을까? 나는 "그렇다!"고 대답하고 싶다. 모든 성서 교수학은 – 신앙을 가진 사람을 위한 것이든 신앙이 없는 사람을 위한 것이든 – 성서가 살아 있는 종교의 토대가 되는 책이라는 사실을 고려해야 한다. 성서를 통해 초월적인 실재와의 대화가 가능해진다. 우리는 이 사실을 반드시 케리그마의 방식, 즉 설교와 같은 호소의 방식이 아니더라도 충분히 이해할 수 있다. 종교학이나 종교이론도 하나님과 나누는 대화의 차원을 진술하고 설명할 수 있다. 성서 텍스트의 초월적 차원은 한 인간이 반드시 실존적으로 그 텍스트 안에 들어가지 않더라도 대략 이해할 수 있다. 우리의 목표는 고백 형태의 동의가 아니라 고백을 위한 이해다. 그 고백을 무조건 맹종하지 않는 사람들에게도 가능한 이해다. 우리의 목표는 다른 사람의 신앙을 존중하는 것, 자기 자신의 태도를 좀 더 잘 이해하는 것이다. 성서 수업의 목표는 신앙이 아니라 이해와 존중이다. 하지만 종교적 차원에 직접 들어가지 않고서, 종교적 차원의 진면목을 어떻게 이해할 수 있다는 말인가?

이 세계 너머의 실재를 증언하는 종교의 자의식을 진지하게 여기는 학문에는 신학 외에도 종교학이 있다. 다만 종교학은 그 자의식을 스스로 받아들이지는 않는다. 사실 종교학은 종교의 초월적 차원을 그냥 신자들에게 맡겨야 할지 (즉 각각의 '신학'에 따라 나름대로 해석하도록 내버려 두어야 할지) 경험적으로 모든 사람에게 접근 가능한 영역으로 제한해야 할지 고민 중이다. 하지만 종교학 중에서도 종교의 핵심적 차원인 이 초월적 차원에 적극적으로 발을 들여놓고 종교를 거룩함의 체험, 즉 '초월적' 힘과의 만남으로 정의하는 종교학도 있다. 열린 성서 교수학을 전개하기 위해서는, 또 세속적인 시대에도 확실하게 자리매김할 수 있는 종교 수업을 위해서는 이런 포괄적인 (그렇지만 '개방적인 정체성을 추구하는' (identitätsoffen)) 종교학을 주장한다. 우선 신학이 먼저 그렇게 개방적인 정체성을 도모하는 자세로 종교를 분석해 나갈 것을 촉구한다. 이러한 종교학이 신학의 진리 주장과 대화할 때 종교철학으로 발전한다. 다시 말해 종교적 현상을 역사적으로나 경험적으로 분석하는 데서 한 걸음 더 나아가 그 현상의 진리와 비진리를 판별할 수 있는 이론을 발전시키게 된다.

성서 교수학의 영역에서 그런 종교 이론을 정립하려는 시도는 아마도 무리일 것이다. 그래서 나는 다양한 종교 교수학 모델과 성서 교수학 모델을 아우르는 데 도움을 줄 수 있는 간명한 개념 정의로 일단 만족하려고 한다. 종교란 무엇인가? 다음의 개념 정의는 결코 유일한 것이 아니다. 하지만 너무나 치우친 극단적인 개념 규정도 아니다. **종교란 하나의 문화적 기호 체계로서, 궁극적 실재에 조응하면서 살아가면 결국 삶에 이익이 된다는 것을 약속한다.**

(1) 종교는 '**문화적인**' 기호 체계로서 문화적인 기억과 전통의 일부다. 종교적 기호 언어는 수많은 시행착오의 과정을 통해 걸러진 것이며, 거기에는 점진적인 발전 속에서 특정한 형태로 조성된 '지식'이 내포되어 있다. 그리고 이 지식 가운데 일부는 한참 뒤에 가서야 진지한 성찰을 통해 빛을 보기도 한다. 해석학적 모델과 문화과학 모델은 이런 측면을 밝혀내는 데 적합하다.

(2) 종교는 '**기호의 세계**' 로서, 좁은 의미의 '상징' (언어-이미지) 이외에 다양한 이야기와 규범까지도 포괄하는 상징 언어다. 상징 교수학은 그 시야가 상징에만 쏠려 있다는 문제가 있지만, 종교 자체를 하나의 거대한 상징 언어로 파악한다면 상징 교수학의 존재 이유는 확고한 것이다. 하지만 모든 상징은 각각의 역사적 콘텍스트를 감

안하여 해석해야 한다는 것을 잊지 말아야 한다.

(3) 종교는 '삶에 이익'(Lebensgewinn)이 되는 것으로서, 삶의 의미와 권위와 아늑함과 자기실현을 향한 초월적인 욕구를 만족시킨다. 문제 지향적 모델은 종교가 우리의 삶에 어떤 이익이 되는지를 묻는다. 그런데 종교가 삶에 가져다주는 이익은, 그 삶이 결국 아무런 '이익'이 되지 못하고 죄책과 실패와 죽음으로 치닫는 상황에서도 그에 대처할 수 있는 힘이다.

(4) 종교는 '궁극적 실재에 조응'하는 것인데, 이것은 케리그마적 종교 수업이 가장 중요하게 여겼던 차원과 관련된다. 모든 종교적 서사와 이미지는 궁극적 실재와 만남의 끈을 이어가기 위함이다. 케리그마적 종교 수업은 '위로부터'의 만남을 부각시킨다. 하나님이 당신의 말씀으로 직접 그 만남을 추진하신다. 그에 비해, 종교학의 연구 결과에 기초한 종교 수업은 이 만남의 의미를 '아래로부터' 해독한다. 다시 말해 어떤 거룩한 실재와의 만남을 수용하는 인간의 관점에서 접근한다.

이제 우리는 성서 공부의 목표에 관한 우리의 생각을 요약할 수 있게 되었다. 학습 목표는 학습 기회다(K. H. 베르크). 우리의 주제가 하나님이라면 – 단순히 객관적인 거리를 유지한 지적 사유의 대상이 아니라, 인간의 삶을 비춰 주는 불꽃의 근원이 되는 실재라면 – 특정한 방법론에 기초한 학습 목표를 세우고 모든 공부를 그 방향으로 끌어가서는 안 된다. '학습 성과'가 보장되지 않더라도 다양한 학습의 기회를 열어 줄 수는 있다. 해석학적 모델, 문제 지향적 모델, 상징 교수학, 케리그마적 모델의 도움으로 얻을 수 있는 네 가지 학습 기회가 있다.

(1) 성서는 모든 개인보다 앞서 있는, 나아가 모든 세대보다 앞서 있는 인류의 경험과 깨달음을 선사한다. 그것을 잘 해석하면 삶의 방향

을 잡아 가는 데 도움을 준다. 성서는 그냥 놔두어도 전통 그 자체로서 오늘 우리의 삶에 영향을 끼치는 것이 아니다. 성서는 자꾸 기억하려는 노력 없이는 사라져버리고 마는 '문화적 기억'의 일부다. 우리는 우선 그 성서와의 '지평 융합'을 추구하지만, 현대와 반대되는 기억을 통한 '지평 단절'도 도모할 수 있다.

(2) 성서는 이른바 문제 해결의 잠재력을 지니고 있다. 이 능력은 정의, 평화, 창조 질서의 보존, 자유와 같이 중요한 문제를 해결하는 데 도움을 준다. 하지만 그것이 파괴적인 기능을 할 수도 있다. 특히 성서는 우리의 문제 해결 능력이 한계에 부딪혔을 때 우리가 어떻게 대처할 수 있는지 그 길을 보여준다. 성서는 문제 해결이 실패로 돌아간 상황에서 '우연성 극복'의 길을 가르쳐 준다.

(3) 성서는 보편적으로 퍼져 있는 상징 언어의 요소를 지니고 있다. 그러나 성서의 언어는 이 세상 다른 어떤 언어와 마찬가지로 철저하게 역사적인 조건 속에 있다. 그러므로 성서의 상징 언어도 배워서 익히지 않으면 안 된다. 우리는 상징을 통해 이 세상의 종교적 배경에 대한 감수성을 일깨울 수 있다. 그러나 종교의 언어에는 상징과는 다른 기호 언어, 즉 계명이나 규범이나 가치 체계 등도 있다. 성서에 등장하는 위대한 상징적 이야기들은 그런 규범과 가치의 콘텍스트 안에서 읽어야 제대로 이해될 수 있다.

(4) 성서는 궁극적인 실재와 만날 수 있는 기회를 제공한다. 이 만남을 통해 한 방울의 영원이 인간의 삶에 떨어져 그에게 무조건적인 가치를 선사한다. 성서는 생생하게 살아 있는 종교의 토대가 되는 텍스트다. 모든 사람에게 활짝 열려 있는 성서 교수학은 바로 이런 성서에 대한 이해를 일깨우려는 것이다. 그러나 그 방식은 사람들이 신앙을 갖도록 촉구하는 설교가 아니라, 종교가 증언하는바 계시의

출현에 대한 이해심과 존중을 일깨우는 종교학적 해석이다. 이것은 성서를 자기 삶의 규범적 토대로 인정하라고 강요하지 않는다.

성서 교수학의 네 가지 고전적 모델에 대한 우리의 견해를 다음의 표로 정리해 보자.

성서 교수학의 네 모델	각 모델의 수정 및 확장
1. 해석학적 성서 교수학 실존적 고민의 빛에서 성서를 이해하는 것이 목표다. 성서는 모든 사람보다 앞서서 존재하는 '전승'인데, 비록 먼 훗날을 살아가는 인간일지라도 성찰을 통해서 그 전승의 진가를 발견할 수 있다. 영향사 해석은 (1960년대부터) 과거와 현재의 지평 융합을 추구한다. 그렇지만 한 시대가 다른 시대를 '빨아들이지'는 않는다. 그러나 어떤 전승의 맥락이 끊긴 자리에서도 무비판적으로 그런 맥락을 전제하는 것은 문제점으로 지적되고 있다. 문제 지향적 종교 수업은 이런 문제를 이데올로기 비판의 관점에서 보완한다(대략 1970년대부터).	이 모델의 주장을 문화학적으로 확대하면, 성서는 우리 세계의 문화적 기억(J. 아스만)의 일부다. 문화적 기억은 아무 노력도 없이 그저 전통 그 자체로서 오늘날까지 영향을 끼치는 것이 아니라, 철저하게 노력의 결과다. 문화적 기억은 지평 융합을 지향하는 것이 아니라 현대와 반대되는 기억을 보존하고 있다. 그러므로 지평 융합이 아니라 지평의 단절이 일어난다. 현재와 과거가 나뉘어져 있다. 세속화된 현대인은 종교에 접근할 때는, 현대와는 반대되는 기억의 형태로만 존재하는 종교에 접근할 때가 많다.
2. 문제 지향적 성서 교수학 성서의 문제 해결 잠재력을 우리의 삶을 위해 유용한 것으로 만드는 것이 목표다. 성서의 텍스트가 건설적인 문제 해결에 기여하지 못하거나, 오히려 그것을 방해할 때는 그 텍스트를 이데올로기 비판적으로 읽는다. 성서를 통한 긍정적인 문제 해결의 사례는 아래와 같다. – 과거 '출애굽'의 새로운 형태로 볼 수 있는 근대의 해방 운동 – 구약의 우상 비판의 새로운 형태로 볼	종교의 기능은 사회–윤리적 비전에만 있는 것이 아니라 우연성의 극복(H. 뤕베)에도 있다. 종교는 우리의 인지적 · 감정적 · 실용적 문제 해결 방안이 모두 좌초한 순간에도 종교만의 기능을 발휘한다. 종교는 다른 어떤 신념 체계로도 대치할 수 없는 능력, 곧 우연성 극복의 능력에 힘입어 계몽의 시대를 지나면서도 흔들림이 없는 생명력을 획득한다.

<table>
<tr>
<td>수 있는 (세속적인 것의) 절대화 비판
– 바울의 율법 비판의 계승으로 볼 수 있는 도덕 비판
한 가지 심각한 문제는, 현재와 미래를 위한다는 명목으로 과거의 텍스트를 도구화하는 것, 그리고 그 텍스트를 그와 비슷한 기능을 하는 다른 텍스트로 대치하는 것이다.</td>
<td></td>
</tr>
<tr>
<td>3. 상징 교수학의 성서 읽기
성서의 상징 언어는 인간과 세계 안에 있는 심층적 차원으로 들어가는 문이다. 상징 교수학의 목표는 인류의 보편적인 상징 언어와도 통하는 성서적 상징 언어를 활용하는 능력을 획득하는 것이다. 이것은 모든 인간에게 필요한 능력이다. 상징은 실재를 종교적으로 감지할 때 결정적으로 중요한 기능을 한다.
한 가지 문제는 이 모델의 탈역사성과 탈합리성이다. 일부 상징은 번번이 인간 내면의 표출로만 해석되는 바람에, 그 상징이 인간 너머의 초월성과 관련된다는 사실이 퇴색된다. 바로 이 초월성과의 관련성은 케리그마적 종교 수업의 중요한 주제다.</td>
<td>종교적 기호 체계는 상징으로만 구성되는 것이 아니다. 은유와 역할과 이야기와 계명과 격언도 여기 속한다. 좁은 의미의 상징을 제대로 해석하기 위해서는 그것을 구체적인 행위의 콘텍스트 안에 두고 볼 수 있어야 한다. 가령 상징은 상징과는 사뭇 다른 명령이나 격언 안에 등장하기도 한다. 상징은 인간이 실재를 감지하는 데만 영향을 주는 것이 아니라, 그보다 훨씬 강력한 힘으로 인간의 행동을 – 긍정적인 의미에서건 부정적인 의미에서건 – 조정하거나 조형할 수도 있다. 이때 모든 기호는, 그리고 기호 간의 관계는 역사적 조건 하에 있다. 기호와 대상은 언제나 임의의 규정에 의해 상호 연결되며, 그 관계는 학습을 통해 배워야만 한다.</td>
</tr>
<tr>
<td>4. 케리그마적 성서 교수학
케리그마적 종교 수업(과거의 복음적 훈육)이 고수하고 있는 입장은, 성서 텍스트란 인간과 대화하기를 원하시는 하나님의 적극적인 대화의 기록이라는 사실이다. 성서의 이런 선포적 성격은 수업 속에서도 관철되어야 한다.
문제점: 일단 수업이 설교가 되면 학생들</td>
<td>언뜻 보면 이 모델은 열린 성서 교수학에 대해 냉담한 입장인 듯하다. 하지만 초월성과의 대화는 ‘위로부터’만 가능한 것이 아니라, 종교학과 종교 이론의 도움을 받아 ‘아래로부터’ 시도할 수도 있다. 종교학과 종교 이론은 낯선 실재의 돌입을 증언하는 종교의 자기 이해를 진지하</td>
</tr>
</table>

로부터 받아들여지지 않는다. 학생들은 그런 수업을 권위주의적인 강요로 여기고 거기서 벗어나려고 하기 때문이다. 성서의 낯선 경험과 대결하듯 만남으로써 믿음이 '발현적으로' 생겨난다는 최근 주장도 권위주의적 오용의 가능성이 있다. 어른의 현실 규정을 여간해서는 거부하기 어려운 어린이의 미성숙을 이용할 수도 있기 때문이다.

게 받아들인다. 종교와 초월적 존재의 관계맺음을 해석하는 일은 그것을 규범적으로 받아들이는 것과는 전혀 다르다.

이렇게 다양한 종교 교육의 흐름은 다양한 성서 공부의 기회를 제공한다. 이 다양한 모델은 수많은 문화 영역에서, 또 학교와 대학교에서 성서를 읽고 가르칠 만한 동기를 부여해 주는 것이다. 성서를 가르치는 교사로서 먼저 나 자신이, 지금 내가 어떤 보물을 누군가에게 전달해 주고 있다는 사실을 확실히 믿는다면! 그러면 우리는 다른 사람에게도 성서 안에 어떤 소중한 것이 있다는 사실을 확신시킬 수 있다. 그런데 성서에서 정말 우리에게 그렇게도 소중한 것은 무엇인가? 학습 목표와 학습 기회는 학습의 내용에 대해서 직접적인 언급을 해주지는 않는다. 성서에 뿌리를 둔 정체성을 이해하고 그것을 존중하는 것이 성서 학습의 목표라면, 변화하는 시대에 그 정체성은 어떤 것이며 또한 어떻게 그 정체성이 - 새로운 천년을 맞아 현재와 성서 사이의 역사적 간격이 증가하고 종교적 상황의 다원성도 증가하는 상황에서도 - 대화를 통해 지속될 수 있는지가 분명해야 한다. 그러므로 우리의 관심은 성서의 내용 가운데서 요체적인 것이 무엇이며, 또 대화를 통해 설명될 수 있는 것이 무엇이냐는 것이다. 그것은 성서 어디에 있는가? 이로써 우리는 자연스럽게 성서의 학습 내용에 관한 물음에 도달한다. 우리는 위에서 네 가지 성서 교수학의 사례를 들기 위해 그때마다 성서의 근본 모티브를 하나씩 간략하게 설명했다. 그리스도교의 정체성을 구성하고 그 정체성을 대화 가능한 것으로 만들어 주는 '학습 내용' 은 임의로 고른 내용이나 텍스트가 아니다. 그것은 텍스트 안에서, 텍스트와 더불어, 텍스트 사이에서 드러나는 근본적인 모티브들이다. 지금부터는 성서 안에 있는 '학습 내용' 에 대해 살펴보도록 하자.

2부

성서 학습의 내용

– 성서에서 본질적인 것은 무엇인가?

학교 수업은 항상 시간이 부족하다. 그래서 모든 것을 다룰 수 없다. 모든 것을 읽고 배울 수는 없다. 그래서 교수학을 하는 사람은 가장 중요한 것을 가려내고자 한다. 성서에 많은 시간을 할애하고 싶어 하지 않는 사람이라면 더더욱 진지하게 생각해 봐야 할 물음이 있다. 제한된 시간 안에 꼭 가르쳐야 할 내용은 무엇일까? 성서에 많은 시간을 할애하고자 하는 사람도, 과연 성서의 내용 중에서 어떤 것에 그렇게 많은 시간을 들여야 하는지 말할 수 있어야 한다. 교수학은 그런 '소재'의 선별만 고민하는 분야는 아니다. 이 세상 그 어떤 것도 저절로 학습의 대상이 되지는 않는다. 모든 것은 교수학적 변용을 통해 학습 가능한 것이 되어야 한다. 성서의 경우도 마찬가지다. 그렇다면 성서를 교수학적 방법으로 분석하고 활용하려고 할 때 과연 어떤 기준이 있는 것일까?

3장

교수학적 분석의 기준

일반 교수학은 교수학적으로 현실에 대비하기 위해서 고도로 추상적인 기준을 설정해 놓았다. 그에 따르면, 우리가 마땅히 선별해야 할 것 – 그것은 한 인간에게 사물의 핵심을 해명해 주는 것, 그리고 그가 그 핵심을 향해 자기를 여는 데 도움을 주는 것이다. 교육[교양]이란 이중 해명(doppeltes Erschließen)이다. 즉 낯선 세계를 습득하는 것과 그 안에서 자기 자신을 이해하는 것(W. Klafki)이다. 이런 관점에서 보면, 성서 교수학의 목표는 인간을 위해 성서를 여는 것이요, 성서를 위해 인간을 여는 것이다. 이 목표를 위해서는 성서 안에서 '근본적인 것' (das Fundamentale), 즉 성서 텍스트의 근본 구조를 찾아내야 하고, 인간의 삶과 배움을 위해서는 '요체적인 것' (das Elementare)을 끄집어내야 하며, 또한 근본적이면서도 요체적이어서 하나의 모범으로서 다른 텍스트에도 적용할 수 있는 '표본적인 것' (das Exemplarische)을 선별해야 한다. 이렇게 해서 이른바 '범주적 교육' (kategoriale Bildung)이 이루어진다. 여기서 이루어지는 교육은 이런 것 저런 것에 대한 우연한 앎이 아니라, 배워야 할 대상의 근본 구조에 숙달되는 것이다. 이것은 아직 배우지 않은 주제를 접할 때도 그대로 활용될 수 있는 능력이다.[121]

내가 보기에는, 지금까지 언급된 교수학적 범주가 의사소통에 관한 물음까지 포괄하는 범주로 확대되어야 한다. 우리 사회의 다원화와 개인화를 고려할 때, 우리가 지금 배우는 것을 가지고 어떻게 하면 다른 사람들과 대화할 수 있는가를 묻는 일은 꼭 필요한 일이다. 의사소통적인 것(das Kommunikative)과 대화 가능한 것(das Dialogfähige)은 새로운 기준으로서 단순히 가르치는 사람과 배우는 사람 사이의 교수학적 대화에만 적용되는 것이 아니라, 서로 다른 신념 체계를 가지고 살아가는 우리 시대의 사람들이 서로를 이해해야 하는 역사적인 상황하고도 통한다.[122] 이로써 우리는 모두 네 가지의 기준을 염두에 두게 된다. 학습할 내용 속에는 **근본적인** 것이 있고, 우리의 삶 속에는 **요체적인** 것이 있고, 배움을 위해서는 **표본적인** 것이 필요하고, 여기에 **의사소통적인** 것이 첨가된다. 그런데 이 네 가지를 우리는 두 가지로 요약하려고 한다. 그것은 요체화와 대화화다.

요체화(要諦化, Elementarisierung)란 성서 안에 있는 근본적인 것(혹은 요체적 내용 구조)을 골라내는 것이다. 우리는 그것을 성서의 원리와 근본 모티브에서 찾는다. 이것을 찾아내어 서술하는 것이 바로 성서 신학이다. 즉 성서의 모든 것을 다 설명하지는 않지만 – 모든 내용의 뿌리가 되는 바 – 성서 텍스트의 심층적 구조를 탐색하는 성서 신학 말이다(4장). 우리는 여기서 한 걸음 더 나아가, 그 근본 모티브 가운데서도 어떤 것이 어린이와 어른의 삶을 규정하는지 묻는다. 그러면 텍스트의 모티브는 삶의 모티브가 된다. 성서 안에 있는 요체적인 것은 요체적 경험을 가능하게

해주며, 개별적인 삶의 변화를 초월하는 성서적 '정체성'을 가능하게 해 준다.[123]*

대화화(對話化, Dialogisierung)는 다원주의적 사회 속에서 상호 대화를 촉진시킬 만한 것이 성서 안에 있는지를 묻는다(5장). 우리의 성서 이해는 세 가지의 대화에서 그 효용성을 입증해야 한다. 첫째는 세속적으로 살아가는 사람들과의 대화, 둘째는 다른 종교와의 대화, 셋째는 그리스도교 내의 여러 종파 간의 대화다. 여기서 대화는 자기의 전통을 확인하기 위해 나중에 가서야 덧붙여지는 그런 대화가 아니다. 오히려 우리는 오직 다른 이와의 대화를 통해서만 우리 자신의 전통을 확실하게 인식하게 된다. 우리가 유대교적 정체성을 표방하든 그리스도교적 정체성을 표방하든 그 정체성을 확실하게 의식하고 살아가려면, 그 정체성을 다른 사람 앞에서 서술하고 또 그것을 통해서 다른 사람도 우리의 근본 모티브를 이해하고 존중하기를 희망할 수 있어야 한다. 그렇지 않다면 우리는 그 어떤 정체성도 지닐 수 없다.

---

*요체화는 라틴어의 엘레멘툼(*Elementum*)을 어원으로 한다. 라틴어 사전의 정의를 찾아 읽으면 '1) 근본 재료, 원 재료, 요소, 2) 처음 원인, 시초, 요소들, 가르침'이다. 이 단어에서 유래한 독일어 형용사 엘레멘타(elementar)는 일차적인 의미가 '1) 기본적인, 본질적인, 2) 초보자나 경험 없는 사람도 알고 있는, 기초적인, 단순한, 초보적인'이다. 거기서 나온 학술적 개념인 Elementarisierung에 대한 기존의 번역으로는 '기초화'가 있었다. 그러나 '기초'라는 말을 쓰면, 그것은 일군의 어른 전문가들이 이미 확보하고 있는 수준 높고, 복잡하고, 난해하고, 방대한 지식 및 정보를 아직 그 수준에 이르지 못한 (대개는 나이가 어린) 비전문가를 위해 제일 쉽고 간략한 형태로 요약해 주는 것, 한 마디로 가장 기초적인 내용을 추려내는 것으로 생각할 수 있다. 요컨대 '기초화'라는 번역어는 일종의 위계적 사고를 내면화할 위험이 있다. 이런 위계적 사고야말로 Elementarisierung이 가장 문제시하는 것이다. 그런데 '엘레멘타'라는 형용사가 갖고 있는 또 다른 의미, 즉 '본질적인'(wesentlich)이라는 의미에 좀 더 비중을 두면 이것은 군더더기 없이 명료하고 핵심적인 것, 지엽적으로 흩어져 나간 모든 의식/지식/삶의 갈래를 거슬러 올라가 가장 중요한 요체(要諦)를 추구하는 움직임으로 상상할 수 있다. 이미 고급 수준에 있는 어른 교사가 아직 아무것도 모르는 학생에게 '기초' 지식을 가르쳐 주는 것이 아니라, 교사나 학생이 함께 신앙과 삶의 '요체'(das Elementare)를 찾아나가는 수업이야말로 Elementarisierung이 지향하는 종

1. 성서의 요체화

요체화[124]는 내용을 단순화하되 본질적인 것을 소홀히 하지 않으려는 것이다. 학문의 영역에서도 여러 가지 과정을 규칙으로 정리하고, 다양한 것들을 몇 가지 유형으로 구분하고, 특수한 것을 보편적으로 만들 때 이런 단순화가 일어나고 있는 것이다. 교수학은 이렇게 개별 학문 분야에서 일어나는 단순화의 경향을 넘어선다. 교수학은 '실제 현실이 이론적 서술보다 언제나 복잡하다' 는 교수학의 준칙을 따른다. 하지만 우리의 머릿속을 카오스가 지배하고 있어서 차라리 현실이 그 카오스보다 훨씬 질서 정연해 보이는 것보다는, 우리의 머릿속에 질서가 있는 것이 (그래서 현실을 '단순화하는 것' 이) 낫다. 물론 모든 단순화는 학문적으로 신뢰할 만한 것이면서 또한 세분화가 가능한 것이어야 한다. 하지만 그런 단순화가 정당한 것은, 모름지기 한 인생을 규정하는 것만이 교육이라고 할 수 있기 때문이다. 요체적 내용의 모티브는 우리의 삶과 만날 때 비로소 요체적인 삶의 모티브가 된다. 너무 복잡한 내용은 거치적거리는 이물질에 불과하다. 그러므로 교수학은 내용 안에 있는 요체적 구조와 인간의 삶 속에 있는 요체적 경험 사이의 – 클라프키의 용어를 빌리자면, 근본적인 것과 요체적인 것 사이의 – 상응을 추구한다.[125]

근본: 성서의 정신적 토대

성서의 기초적 내용을 요약하는 것은 '성서 신학' 의 과제다. 20세기 성서

교 수업, 신앙 교육의 모습이다. 배워야 할 내용의 요체를 찾아가는 것만이 아니라, 그것을 함께 배우는 교사와 학생의 삶 속에서도 요체를 도모하는 것이다. 그런 까닭에, 언뜻 듣기에 익숙지는 않지만, 그 개념의 내용을 오롯이 살릴 수 있는 '요체화' 라는 번역어를 선택했다.

신학 중에서 가장 영향력 있는 모델은 루돌프 불트만의 실존적 해석(existentiale Interpretation)이다.[126] 그는 신약성서에서 하나의 핵심을 발견해 냈다. 그것은 십자가와 부활의 케리그마다. 이 케리그마는 신앙을 통해 인간을 변화시킨다. 이제 그는 그리스도와 함께 죽고, 그리스도와 함께 부활하는 사람이 된 것이다. 이러한 변화 이전의 삶과 이후의 삶은 몇 가지 근본 범주(이른바 실존적인 것의 범주)의 도움으로 해석되었다. 옛 삶과 새 삶의 차이는 무엇인가? 어떤 이는 신앙에 이르지 못한 상태에서 자기의 본질적 삶을 '제 힘으로' 실현하려고 하는 반면, 어떤 이는 신앙 안에서 자기의 삶을 선물로 받아들인다. 신약성서의 메시지를 이런 식으로 해석하는 것은 철저하게 개신교적이다. 그 메시지의 핵심에는 율법의 요구가 아니라 오직 은혜, 오직 믿음을 통해 참된 삶을 누릴 수 있다는 약속이 있다. 물론 여기서 말하는 율법이란 자기의 행위로 자기의 삶을 구축하려는 유혹을 뜻하는 것이었다. 성서의 핵심은 '케리그마' 다. 즉 결단을 촉구하는 부름(Ruf)이다. 하지만 그 부름에서는 윤리적 명령법(das ethisches Imperativ)보다 구원의 직설법(der Indikativ des Heils)이 앞선다. 여기서 '근본적인 것' 은 성서 텍스트가 서술하고 있는바 인간 실존의 근본 구조이다. 하지만 이 모델은 이른바 '실존적인 것' 이 무엇인지 정교하게 규정해 놓지 않았다. '염려', '두려움', '죽음', '본래성', '비본래성' 등의 해석 범주가 지배적이었다. 이것은 실존철학의 인간관과는 상통할지 몰라도 성서의 인간관과 상응하는 것은 아니었다. 시편에 등장하는 기쁨과 감사와 찬양은 어디 있는가? 요셉 이야기의 특징인 폭력성과 화해는 어디 있는가? 예언자의 비판과 정의는 어디 있는가? 구약성서의 율법서에 나타나는바 법의 제정에 의한 긴장과 긴장 이완의 요소는 어디 있는가? 실존적 모델은 지나치게 '실존주의적' 이고, 그래서 개인주의적이었다.

오스카 쿨만(O. Cullmann)의 구속사 신학[127]은 이에 대한 진정한 대안이었다. 그가 보기에 결정적으로 중요한 것은 한 인간의 변화가 아니라 역사 속에서 일어나는 변화였다. 인간과 함께하시는 하나님의 역사는 모든 인간과 더불어 우주적 차원에서 시작된 것이며 또한 우주적인 종말을 향해 나아간다. 맨 처음과 마지막의 사이에서 하나님은 인간의 실패 때문에 인간을 대표할 집단을 따로 세우시고 그들과 함께 당신의 의지를 펴나가신다. 모든 인간의 죄 때문에 하나님은 이스라엘을 대리자로 선택하셨다. 그러나 이스라엘이 죄를 짓자 '남은 자'를 세우셨다. 결국 그들마저 실패하자 대속자, 곧 대리자(Stellvertreter)가 될 수 있는 사람은 단 하나, 나사렛 예수였다. 그는 과거의 역사를 거울처럼 비추어, 새로운 '남은 자'로 열두 사도를 선택했다. 사도들은 이스라엘에 상응하는 공동체로 교회를 세웠다. 교회는 모든 인간을 대신하고, 또 대표하는 공동체로서 선교를 통해 모든 사람이 하나님께 돌아오도록 하기 위해 존재한다. 그러므로 성서는 본질적으로는 역사 해석이다. 성서는 이 세상을 향해 결단을 촉구하는 외침이 아니라, 인간을 참여시키는 거대한 사건들의 이야기다. 여기서 '근본적인 것'은 역사의 기본 구조, 즉 우주적 보편성(Universalität)과 부분적 특수성(Partikularität)과 연속적 대리/대표(sukzessive Stellvertretung)의 구조다. 이것은 성서적인 역사 이해의 기본 범주다. 이러한 역사 이해는 여전히 실존적 해석의 그늘 속에 있다. 그러나 전 세계 인류와의 관계성을 부각시킴으로써 – 개인에게 집중한 실존적 해석과 마찬가지로 – 현대적인 특성을 띠게 되었다.

이 책은 성서의 종교에 대한 **종교 이론적 해석**(religionstheoretische Interpretation)을 표방한다. 종교는 역사적인 기호의 체계, 즉 인간이 하나님을 경배하기 위해 만든 여러 가지 기호의 집이다. 그 건물의 독특성은 어디서 드러나는가? 우리는 그것을 지금도 건축 중인 기호학적 성소에서 자꾸만 눈에 띄는 근본 규칙, 즉 구성의 원칙에서 알아보게 된다. 그러므로 여기서 '근본적인 것' 은 종교적 언어의 근본 구조, 즉 종교적 언어의 문법이다. 하지만 그 문법은 텍스트만 다루는 것이 아니라 종교 의식과 에토스까지도 규정한다. 그 근본 구조의 학습은 (대개는 무의식적으로 진행되는데) 종교적 사회화 과정을 통해 일어난다. 교육과 교수학은 그 과정을 의식적인 것으로 만든다. 성서 텍스트의 이러한 근본 구조 속에서 우리는 성서의 '영' (Geist)을 발견한다. 이런 의미에서 이 모델은 성서적 신앙의 자기 이해와 연결된다.

지금까지 위에서 살핀 세 가지 모델은 모두 현대적 해석의 범주를 활용하고 있다. 끝으로 우리는 직접 성서에게 물음을 던진다. 성서 자체의 자기 이해에 근거할 때 성서에서 '근본적인 것' 은 무엇인가? 이 물음에 대해서는 하나의 대답만 가능하다. 성서에서 근본적인 것은 바로 '하나님' 이다. 성서의 모든 것은 하나님께 나아가는 길을 찾는 데 기여할 뿐이다. 인간은 하나님의 '영' 을 통해 하나님께 다가갈 수 있다.[128] 바울은 "동일한 것은 동일한 것을 통해서만 인식된다"는 고대의 원리에 기대어 신학적 인식론을 펼쳤다. "사람 속에 있는 그 사람의 영이 아니고서야, 누가 그 사람의 생각을 알 수 있겠습니까? 이와 같이, 하나님의 영이 아니고서는, 아무도 하나님의 생각을 깨닫지 못합니다" (고전 2:11). 이 영은 말씀과 연결되어 있는데, 사람의 손으로 기록된 문자가 아니라 살아 있는 말씀을 통해 해명된다. "문자는 사람을 죽이고, 영은 사람을 살리기" (고후 3:6) 때문이다. 하나님의 영은 인간의 마음에 하나님의 뜻을 써 넣으시며(고후 3:3) 인간의 마음을 움직여 하나님의 뜻을 내면으로부터 이해하고 행할 수 있게 한다. 그리스도는 그러한 자유를 선사하신다. "주님은 영이십니다. 주님의 영이 계신 곳에는 자유가 있습니다" (고후 3:17). 그러므로 그 '영' 은 성서의 근본인 하나님께 인간을 열어 밝히는 일을 하고, 또한 성서의 텍스트를 인간에게 열어 밝혀 인간이 그 텍스트에 동의할 수 있도록 한다. 하나님의 영이 없다면 제아무리 경전이라 해도 그 위에 너울이 드리워져 진정한 이해를 방해한다(고후 3:14). 성서의 자기 이해에 근거해서 보면, 오직 '성서의 영' 을 내포하고 그로써 하나님께 나아가는 길을 매개하는 텍스트, 그런 이야기, 그런 이미지만이 '근본적인 것' 이다. 무엇이 성서의 영인지를 우리가 알기만 한다면, 성서 교수학에서 학습 내용을 결정할 때 결정적으로 중요한 두 가지 물음에도 대답할 수 있다. "성서의 내용 가운데서 어떤 것이 유대교와 그리스도교의 정체성을 가능하게 하는가?" "성서의 내용 가운데서 어떤 것이 사람과 사람, 종교와 종교, 종파와 종파 사이의 대화를 가능하게 하는가?" 우리는 성서에 기대어 다음과 같이 말할 수 있다. 시대의 변화를 뛰어넘는 성서적 정체성의 근거는 성서의 문자가 아니라 성서의 영이다. 그런데 정체성은 항상 다른 사람과의 대화를 통해서 표출되어야 한다. 그렇지 않으면 그 정체성은 침식하고 만다. 성서의 영은 교회 내부의 대화에만 오시는 영이 아니라 "불고 싶은 대로 분다"(요 3:8). 그 영은 – 사도행전 2장 1절 이하의 성령 강림절의 기적에서 나타난 것처럼 – 서로 다른 언어를 쓰는 사람들조차 서로 소통할 수 있게 한다. 그러므로 성서 안에서 '근본적인 것' 에 대한 물음은 소통에 대한 물음으로 이어진다.

요체: 삶과 배움의 토대가 되는 것

성서 안에 드러난 근본적인 구조를 찾아내어 연구하는 것만으로는 충분하지 않다. 우리는 그 구조가 인간의 삶 속에서도 요체적인 것이라는 사실을 보여주어야 한다. 그렇게 해야만 그 구조를 교수학적으로 활용할 수 있다. 여기에는 두 가지 질문이 맞물려 있다. (1) "배우는 일에 있어 요체적인 것은 무엇인가?" 다른 말로 하면, "무엇부터 배우기 시작해야 하는가?" "무엇을 토대로 우리의 배움을 쌓아올릴 수 있는가?" (2) "삶 속에서 실존적인 것은 무엇이며 위기가 닥쳤을 때에도 무너지지 않고 견디는 것은 무엇인가?" (3) 배움 속에서 (어린이와 청소년에게) 요체적인 것에 대한 고민과 삶 속에서 (어른에게) 요체적인 것에 대한 고민을 결합시키면 발달심리학의 문제의식과 만나게 마련이다. 발달심리학은 아동기부터 성인기에 이르기까지 인간의 행동과 체험이 어떻게 변하는지에 집중한다. 요체적인 것인 어린이와 어른을 결합시키려면 반드시 각각의 발달 단계를 고려해야 한다.[129] 이 세 가지 측면은 성서 교수학의 요체화에서 중요한 역할을 감당한다. 이때 세 가지 수업 재료 모둠이 형성된다.[130]

a) **상징**: 초기 그리스도교에는 유일신 사상과 구원자 신앙이라는 두 가지 근본 원리가 있었는데, 이 두 원리에 상응하는 '하나님' 혹은 '그리스도' 라는 상징이 있다.

b) **전승**: 우리는 이 전승에 기초하여 향후 성서의 근본 모티브를 찾아내어 연구할 것이다.

c) **관계성**: 이것은 위의 두 가지를 한데 엮는다. 여기서는 좁은 의미의 삶-모티브, 즉 삶을 형성하고 삶을 관통하는 모티브를 다룬다.

하나님이 믿을 만한 세상을 창조하셨고, 그 세상 속에서 인간의 삶이 번영을 누릴 수 있다는 사실은 신앙의 요체적인 내용이요, 근원적 신뢰는 **근본적인 관계성**(grundlegende Beziehungsqualität)이다. 어린 시절의 종교교육은 바로 여기서 시작되며, 어른도 어떤 위기에 직면하면 여기에 의존한다. 근원적 신뢰는 이후의 발달 단계에도 계속 영향을 미친다. 이 신뢰는 **핵심적인 상징**과 연결되어 있다. 예컨대 하나님은 창조자, 목자, 바위시다. 그의 손이 인간을 붙잡으시고 그의 인생을 인도하신다. 우리는 이러한 이미지를 몇몇 중요한 **전승**에서 찾아보게 된다. "주님은 나의 목자"라고 노래하는 시편 23편이 그 대표적인 예다. 시편 73편의 신뢰의 노래도 좋은 예다. "그러나 나는 늘 주님과 함께 있으므로, 주님께서 내 오른 손을 붙잡아 주십니다. 주님의 교훈으로 나를 인도해 주시고, 마침내 나를 주님의 영광에 참여시켜 주실 줄 믿습니다. 내가 주님과 함께하니, 하늘로 가더라도, 내게 주님 밖에 누가 더 있겠습니까? 땅에서라도, 내가 무엇을 더 바라겠습니까?"(시 73:23-25). 이런 기도의 텍스트만큼이나 요체적인 것으로는 홍수 이야기와 같은 서사적 텍스트가 있다. 그 이야기의 끝에서 하나님은 이런 약속을 주신다. "땅이 있는 한, 뿌리는 때와 거두는 때, 추위와 더위, 여름과 겨울, 낮과 밤이 그치지 아니할 것이다"(창 8:22). 성서의 언어 세계 안에서 자라난 사람이라면 이런 말씀이 어린 시절 두려움이 엄습할 때 얼마나 큰 보호막이 되어 주었는지 회상할 수 있을 것이다. 어른이 다 되어서도 이런 말씀의 여운은 오래 남는다. 저 어두운 먹구름 너머로 보이는 무지개는 하나님이 그 어떤 상황에서도 당신의 말씀을 지키신다는 것을 암시하는 징표가 된다.

이러한 근본적 신뢰(basic trust)가 위기 때마다 다시금 새롭게 형성된다는 것이 인간의 보편적인 경험이다. 그래서 에릭 에릭슨(E. H. Erikson)의 생애 주기 이론이 큰 반향을 일으킨 것이다. 그의 이론에 의하면, 인간은 언제나 서로 양립되는 두 경향 사이에서 균형을 잡으며 살아가야 한다. 어린 시절에는 근본적 신뢰 대(對, vs.) 근본적 불신, 자율성 대 수치심과 의심, 주도성 대 죄책감의 긴장 관계가, 청소년 시절에는 근면성 대 열등감, 정체성 대 정체성 혼돈의 긴장 관계가, 성인기에는 친밀감 대 소외감, 생산성 대 정체, 마지막으로 노년기에는 통합성 대 절망과 혐오의 긴장 관계가 있다. 종교적 상징이 다루고 있는 수많은 갈등을 이해하기 위해 반드시 이 순서를 따라야 하는 것은 아니며, 또 그 순서에 대한 정신분석적 근거를 받아들여야 하는 것도 아니다. 이 이론은 순전히 경험에서 나온 해석이 아니라 나름의 목표를 설정하고 있다. 인생은 서로 대립되는 경향의 조화다. 또한 인생은 모름지기 그래야 한다는 것이다.

콜버그(L. Kohlberg)의 **도덕적 판단의 발달 이론**도 마찬가지다. 이 이론은 타율적인 도덕에서 자율적인 도덕으로 발전하는 과정을 설명한다. 이 과정은 '전-인습적 단계'에서 시작된다. 이 시기의 어린이가 어떤 규칙을 지키는 것은 상호 이해관계에 기초한 것이 아니라 순전히 권위 때문이다. 뒤 이어 '인습적 단계'에서 도덕적 행위는 관계에 상응하는 행동이다. 이 시기는 아들의 역할, 형제의 역할, 친구의 역할에 맞게, 혹은 어떤 비인격적인 체계에 맞게 행동하는 시기다. 마지막에는 '후-인습적 단계'가 있다. 이 시기는 상대적인 규범과 절대적인 가치를 구별하는 단계로서 여기까지 도달한 사람은 자기 스스로 선택한 법칙에 따라 살아간다. 이것 역시 단순히 경험적 연구 결과만이 아니라 어떤 문화적인 가치관을 반영한 것이다. 여기서 우리는 자율성 외에 '연대'(Solidarität)라는 가치도 윤리적 발달의 한 목표가 될 수 있는 것은 아닌지 논의해야 한다.

프릿츠 오저(F. Oser)와 안톤 부허(A.A. Bucher)와 같은 학자들이 내놓은 **종교적 발달 이론**도 이와 유사하다. 이 이론은 완전히 의존적인 상황에서 벗어나 점차적으로 궁극적 실재와 자유롭게 동일시하는 단계까지의 과정을 설명해 내려고 한다. 제임스 파울러(J.W. Fowler)의 신앙 발달 이론도 마찬가지다. 이런 이론에는 경험적인 관찰만 있는 것이 아니라 타당성 있는 여타의 가정(假定)이나 가치 분석도 동반되어 있다. 경험적 관찰도 이 시대의 문화적 가치관에 의존되어 있다는 사실을 우리가 꿰뚫어볼 수 있어야하고 그래야만 그런 맞물림이 우리에게 도움이 될 수 있다. 교육학과 교수학도 그런 가치관의 영향 하에 있다.[131] 우리는 어떤 가치를 향해 인간의 행동을 조율시키는 이론들을 '사용'하는 것이다. 이런 이론들은 사람들에게 어떤 동기를 부여해 주는 힘을 갖고 있다. 그렇지만 우리는 종교 발달의 심리학(그리고 종교심리학 전체)에 대한 연구가 아직은 미진한 상태라는 사실을 간과해서는 안 된다.

표본: 근본적 구조와 요체적 내용을 증명해 주는 텍스트들

어떤 '표본적인 것' 이 있는가? 있다면 어떤 방식으로 있는가? 이 문제에 대해서는 상당히 긴 시간 토론이 필요할 것이다. 하지만 우리가 실제로 성경 수업을 할 때, 수많은 텍스트 가운데서 어떤 것을 선별한다는 사실만큼은 분명한 사실이다. 텍스트 선별 과정에서 의식적으로 어떤 교수학을 염두에 두지는 않더라도 우리는 대개 두 가지 조건을 만족시키는 본문이나 주제를 고른다. 첫째, 그 텍스트(주제)에 대한 학습의 결과를 다른 텍스트(주제)에도 적용시킬 수 있다. 둘째, 그 텍스트는 학습자에게 뭔가 호소하는 바가 있다! 우리는 자기도 모르게 이런 질문을 던지는 것이다. "어떤 텍스트(주제)를 공부하면 그걸 통해 많은 다른 텍스트(주제)까지 함께 공부하는 효과를 낳을 수 있을까?"

각각의 텍스트(Text)는 다양한 **텍스트 종류**(Textsorte)에 속한다. 한 텍스트를 공부하면 텍스트 종류가 똑같은 다른 텍스트도 모두 다루는 셈이다. 성서에 있는 이야기체 텍스트, 시적인 텍스트, 법률적인 텍스트, 논증적인 텍스트가 각각 표본이 될 수 있고, '양식 비평' 이 발견해 낸 성서의 다양한 장르도 표본이 될 수 있다. 텍스트의 여러 종류 가운데서 특별한 지위를 부여받은 것은 없다.[132] 모든 텍스트 종류 안에는 핵심적인 진술이 있다. 창조는 이야기로 전승되고, 신뢰는 기도로 표현되고(시 23), 유일신 사상은 율법으로 요구되고(출 20:2), 칭의론은 논증적 성격의 편지글로 전개되고(로마서), 신정론(神正論)은 대화체 지혜문학의 틀로 소개된다(욥기). 성서는 단일한 텍스트가 아니라, 다양한 장르와 형식을 한데 모은 개론서(Kompendium)다. 모든 장르와 형식은 그 자체로 존중되어야 한다. 양식

사 비평은 표본적인 것을 찾는 작업에 큰 도움이 된다.[133]

또한 성서는 각각 다른 진술 경향(Aussagetendenz)을 지닌 책들을 모아 놓은 책이다. 이런 다양한 진술 경향을 잘 분석해 준 것이 바로 '편집 비평' 이다. 그에 따르면, 마가복음에는 예수를 따라 나서라는 부름(Ruf)이 부각되어 있다. 마태복음은 '더 나은 정의' 를 요구하고 있고 이것이 산상 설교에 요약되어 있다. 누가의 2부작(누가복음과 사도행전)은 회개를 촉구하며 거기 등장하는 위대한 인물(세례자 요한, 예수, 베드로, 바울)은 모두 회개 설교자다. 잃어버렸다가 다시 찾은 것에 대한 세 가지 비유는 누가복음의 내적인 중심(15장)이다.[134]

마지막으로 성서에는 다양한 역사적인 시기(geschichtliche Epoche)가 있다. 우리는 성서가 보여주는 역사의 흐름, 즉 족장 시대에서 시작하여 초기 그리스도교 시대까지 이어지는 흐름을 따라갈 수 있다. 문헌 비평과 종교사 비평 등 여러 가지 학문적 재구성 작업을 따라가면서 역사를 이해하는 일이 어렵기는 하지만 가능한 방법이기도 하다. 예컨대 이스라엘 역사의 첫째 단계에는 비관용적 예언자 담론이 등장하는데, 여기서는 소수의 단일신주의자 집단이 다수와 맞서 싸우는 시기다. 둘째 단계는 관용적 담론의 단계로서 이 시기를 반영하고 있는 텍스트가 바로 오경(Pentateuch)이며, 오경에는 서로 모순이 되는 신학들도 공존하고 있다. 셋째 단계는 포로기 이후로서 이 시기의 이스라엘은 욥기를 비롯한 지혜문헌, 요나서와 같은 단편소설을 통해 국제적인 담론의 장으로 진입한다.[135] 이렇듯 시기상의 특징(das Epochentypische)도 표본적인 텍스트와 주제를 선별하는 데 참작할 만한 기준이다.

성서의 근본 모티브(Grundmotiv)와 원칙(Axiom)은 지금까지 언급한 모든 것에 적용될 수 있는 또 하나의 선별 기준이다. 성서 텍스트의 세계가 지니고 있는 본질적인 특징을 가려낼 수만 있다면, 각각 하나의 텍스트만 가지고도 충분히 창조의 모티브, 지혜의 모티브, 탈출의 모티브 등을 생생하게 펼쳐 보일 수 있다. 하지만 가장 좋은 것은 두 개의 텍스트를 고르는 것이다. 그러면 그 둘을 비교하면서 하나의 모티브가 어떻게 다른 형태로 나타날 수 있는지를 볼 수 있다. 예컨대 창조의 모티브는 아주 다양한 텍스트에서, 아주 다양한 형식으로 나타난다. 창세기 1~2장에서는 신화적 이야기로, 요한복음의 서문에서는 찬송으로, 로마서 1장 18절 이하에서는 논증적인 텍스트로 등장한다.

2. 성서의 대화화

의사소통의 개념은 '범주적 교양' 에 새로운 차원을 추가함으로써 그 이론을 확장시켰다. 물론 교양(Bildung)은 학습의 핵심 내용(Sache)과 인간(Mensch)을 두 축으로 하는 쌍방관계다. 여기서 교사는 해당 과목의 전문가로서 근본적인 것(das Fundamentale)을 대표하고, 학생은 자기의 이해력에 상응하는 요체적인 것(das Elementare)을 대표한다. 수업은 세 축, 즉 학생과 교사와 학습 대상(Gegenstand)을 중심으로 움직인다. '요체적인 것' 은 학생만이 아니라 교사에게도 의미가 있는 어떤 것이다. 요체적인 것은 그 둘을 잇는다. 그러므로 교양은 핵심 내용과 인간 사이의 열림일 뿐만 아니라 인간과 인간 사이의 열림이다. 종교와 신앙을 배우는 시간에는 교사와 학생이 똑같이 인생의 중요한 문제 앞에 선다. 핵심을 파고드는 사유는 모두에게, 즉 어른에게도 필요한 것이다. 어린이 앞에서 우리는 '하나님과 이 세상' 에 대한 우리의 근본적 확신을 내보이지 않으면 안 된다. 종교적 물음의 요체화는 어른들 자신을 위해서도 좋은 일이다.

이제 우리는 여기서 한 걸음 더 나아가려고 한다. 교사와 학생 간의 의

사소통은 다원화된 세상에서 가능한 여러 대화 가운데 하나에 불과하다. 그 대화는 더 큰 대화, 우리 사회의 대화로 통하는 관문이 되어야 한다. '교양' (Bildung) 개념은 각각의 직업을 넘어서서 모든 사람을 하나로 연결시킨다는 약속을 내포한 개념이다. 물론 현대 사회의 인간은 직업에 따라서만 나뉘는 것이 아니라 정치적·종교적·문화적 출신에 따라 나뉘기도 한다. 이러한 상황에서 모든 '교양의 유산' 은 그것이 과연 인류의 공존을 촉진하는 것인지, 아니면 이를 어렵게 만드는 것인지 검증해 봐야 할 대상이다.[136] 그러므로 성서 종교의 대화 능력(Dialogfähigkeit)은 우리의 중요한 주제다. 성서의 종교는 세속적인 세상과의 대화에도, 다른 종교와의 대화에도 별로 마음을 열지 않는 것 같다는 추측이 있기 때문에 더더욱 중요한 주제다. 그러므로 우리의 질문은 이것이다. "성서에 있는 어떤 것이 우리를 다른 사람과 연결해 주는가?" "어떤 것이 다른 사람과의 대화를 촉진하는가?" "어떤 것이 그런 대화를 방해하는가?"

모든 대화에는 두 가지 차원이 있다. 내용의 차원에서는 논리적인 주장을 교환한다. 이때 대화는 토론이다. 관계의 차원에서는 존중과 인정을 동시에 교환한다. 이 관계의 차원에서 우리는 상대방을 우리와 비교적 멀리 있는 사람, 아니면 나와 친밀한 사람이라고 느낀다. 나와 멀리 떨어져 있다고 생각하는 사람과 대화는 일단 오해의 가능성을 염두에 두고 시작한다. 그러다가 의견의 일치를 경험하면 기쁨을 느끼게 된다. 나와 가까이 있다고 생각하는 사람과 대화할 때는 의견 일치를 전제하고 시작한다. 그래서 오해가 생기면 충격이 훨씬 크다. 내용의 차원과 관계의 차원은 모든 대화에 내재되어 있지만 그 비율은 대화에 따라서 다르게 나타난다. 논리적인 주장이 지배적인 토론에서도 관계의 문제가 끼어든다.

세속적인 담론 간의 대화

세속적인 담론 간의 대화(der intersäkulare Dialog)에서는 논리적인 대화가 지배적일 것 같지만 대개는 그 표면에서만 그렇다. 세속적인 세상의 대화는 종교해석학과 종교비판의 위대한 전통을 함축하고 있다. 여기서 우리는 매우 분석적인 성찰의 사조와 마주하게 된다. 마르크스, 니체, 프로이트와 같은 위대한 종교비판자들은 날카로운 논증의 전통을 수립했다. 이들은 근대 세계의 선구자로 간주된다. 이들은 종교나 성서에 대한 저항을 통해 이 세상이 비로소 해방되었다는 일종의 통념을 형성하는 데 이바지했다. 이런 해방의 파토스가 '관계의 차원' 에서는 방해가 될 때가 종종 있다. 겉으로는 종교철학적 주장을 교환하는 것 같지만 실제로는 존중받기 위해서 기를 쓰고 달려든다. 그렇게 되면 논리적 주장의 흐름이 방해를 받는다. 세속적인 대화에서 관계의 차원은 대개 무의식의 영역에 머물러 있는데, 그것을 의식의 영역으로 끌어올린다면 더 나을 것이다.

종교 간의 대화

그에 비해 종교 간의 대화(der interreligiöse Dialog)는 최대한 공감하려는 자세로 시작될 때가 많다. 특히 신비주의적 영성의 대표자들은 어떤 유사한 체험에 기초하여 개별 종교 간의 차이와 장벽을 허물고자 할 때가 많다. 어느 종교에서나 신비주의는 비슷한 모습으로 나타나는 것 같다. 그럼에도 우리는 번번이 잘못된 전제를 갖고 대화에 임한다. 직접적인 '감정이입' 이란 불가능한 것이기 때문에, 우리는 낯선 세계에 '들어가기 위해 부단히 노력' 하지 않으면 안 된다. 그래야만 종교 간의 대화는 서서히 논증적인 토론에 이를 수 있다. 종교 간의 대화는 단순히 선한 의지를 표현하는 수준에서 벗어나 논증적인 명료함을 추구해야 한다.

종파 간의 대화

그에 비해 종파 간의 대화(der interkonfessionelle Dialog), 즉 에큐메니칼 운동 차원의 대화는 친밀함에서 출발할 때가 많다. 그러나 그 친밀함이란 존재하지 않는다. 각 종파의 교리를 비교 논의하는 수준에서 이루어지는 공식적인 논의는 소수의 에큐메니칼 '전문가'에게 거의 일임되다시피 하는 상황이다. 하지만 대다수에게 일어나는 일이 더 중요하다. 그 대다수에게 있어 대화는 이미 존재하는 공동체를 확인해 주는 것이다. 이 대화는 한 공동체의 일원이라고 여기는 사람들 사이의 소통, 함께 이야기할 뿐만 아니라 함께 살면서 삶을 경축하는 사람들 사이의 소통을 일으키는 기능을 한다.

모든 대화의 과제는 내용적 차원과 관계적 차원이 조화를 이루는 것이다. 관계적 차원에서 이미 상당한 진전을 경험했다고 여기는 사람은 논리적 토론을 통해서 서로의 차이를 더욱 깊이 성찰할 필요가 있다. 반면, 논리적 토론에 있어서 놀랄 만큼의 지적인 수준을 확보한 사람이라면 관계의 차원을 놓치지 않았는지 살펴야 할 것이다.

성서 전통의 요체화와 대화화 – 이것은 성서 교수학의 중요한 과제다. 물론 요체화는 무조건 내용적 차원에, 대화적인 것은 무조건 관계적 차원에 해당하는 것은 아니다. 성서의 요체를 정하는 과정에서도 우리는 무의식적으로 타인의 존중을 받기 위해 신경 쓰지 않는가!

4장

성서의 요체화

– 성서적 원칙과 근본 모티브
– 성서적 정체성의 기준

'성서의 영' 이란 과연 무엇인가? 우리는 이 물음에 대한 대답을 신학적 개념을 가지고 할 수도 있고, 종교이론의 범주를 가지고도 시도할 수 있다. 다른 모든 종교와 마찬가지로 그리스도교도 하나의 기호 언어다. 이 기호 언어는 수많은 이야기, 언어 이미지, 세례와 성만찬과 같은 제의, 나아가 십자가와 책, 제단, 교회와 같은 대상 등으로 이루어진다. 개신교는 성서의 입장에서 모든 종교적 기호 형태를 합법화한다. 성서 앞에서 정당화될 수 없는 것(예컨대 교회의 무오류성에 대한 가르침)은 받아들여지지 않는다. 모든 종교적 기호와 기호 형태는 인간이 하나님과 만나는 데 필요한 일종의 '언어' 다.

그런데 이것이 하나의 언어, 즉 하나로 응집되는 총체라는 사실을 어떻게 알 수 있을까? 모든 언어는 (여러 종교와 종파의 다양한 기호 언어도 마찬가지다) 특정한 규칙을 따른다. 독일어, 프랑스어, 영어와 같은 언어에도 문법 규칙이 있어서 여러 낱말의 뭉침과 흩어짐[離合集散]을 규정한다. 종교의 기호 언어에는 종교적 규칙이 있다. 이 규칙은 어떤 기호가 어떤 종교의 기호 저장고에 속하는지, 어떻게 그 기호들이 서로 연결되기도 하고 흩어지기도 하는지를 규정한다. 예컨대 인간의 회개에 대한 진술도 매우 다양한 형태로 나타난다. 회개(Umkehr)는 그리스도교로 회심하는 것일 수도 있고, 어떤 과제를 수행하도록 부름을 받는 것이기도 하고, 인식을 통한 깨달음이기도 하고, 자신의 허물을 목격한 뒤의 뉘우침이기도 하고, 자기 안의 모든 것이 새롭게 태어나는 것일 수도 있다. 이것은 상당히 다양한 (제의적인) 기호와 연관될 수 있다. 세례, 안수, 기도 혹은 자동차에 붙인 물고기 상징과 연결되기도 한다. 회개는 '죄' 에서 돌이키는 것이다. 이 점에 있어서는 초기 그리스도교 내에서 의견의 차이가 없었다. 하지만 제2의 회개를 거부하는 히브리서에서처럼 그 회개가 '유일회적인 것' 이냐, 아니면 대부분의 교회가 가르치는 것처럼 회개는 언제나 가능한 것이냐에 대해서는 논란이 있었다.

일반적으로 언어를 배울 때도 그렇지만, 종교적 기호 언어를 배울 때도 아직 모든 규칙을 다 터득하지는 못한 상태라 하더라도 그 언어를 배울 수 있다. 우리는 성서의 이야기를 듣고, 교회력에 따른 절기를 지키고, 말구유와 십자가의 의미를 배우면서 그 언어를 내면화한다. 우리가 모국어를 쓰면서 무의식적으로 모국어의 문법을 익히는 것처럼, 종교적 기호 언어 안에서 생활하게 되면 자연스럽게 그 종교의 근본 규칙을 익히게 된다. 어떤 언어를 사용하는 사람은 많지만 그 언어의 규칙을 제대로 연구하는 '문법학자' 는 소수인 것처럼, 종교적 기호 언어의 경우도 마찬가지다. 이 언어의 '문법 교사' 는 신학자다. 그가 가르치는 기초 문법 규칙은 성서의 근본적 모티브, 즉 회개 모티브, 입장 바꾸기 모티브, 창조 모티브,

칭의 모티브 등이다. 이 모티브들이야말로 성서의 영(der Geist der Bibel)이다. 신앙의 길에 들어서고자 하는 사람은 자기의 삶과 이 세상의 현실을 그런 성서적 근본 모티브의 관점에서 해석한다. 이 모티브들은 문자라는 형식을 빌려 전수되어 왔다. 그러나 성서 모티브가 성서 문자와 동일한 것은 아니다. 이것은 문법 규칙이 그 규칙에 기대어 만든 실제 문장과 동일하지 않은 것과 같은 이치다. 우리는 그 규칙의 도움을 받아서 항상 우리의 종교적 기호 세계를 새롭게 구성하고, 아직까지 아무도 말한 적이 없는 '문장'을 만들 수 있다. 그래도 그 문장은 우리 종교의 기호 체계를 벗어나지 않는다. 이 규칙은 종교의 구성 원칙이다. 역사를 통해 배우게 되는 이 규칙들이 때로는 인간의 성향과 조화를 이루기도 하고, 때로는 인간의 성향과 갈등을 빚는다. 예컨대 다른 생명체를 희생시켜 자기를 지켜가려는 인간의 성향과 종교 언어의 규칙은 상충관계다. 우리에게 중요한 것은, 신앙의 근본 모티브들이 학습된다는 사실이다. 그 모티브들은 '들음'에서 생긴다.[137] 우리는 성서 텍스트를 듣고 그것을 마음에 받아들이면서 우리 안에 내면화한다.

이런 입장은 요체적인 성서 교수학의 입장과 가까운 편이다. 요체적 성서 교수학은 문제 지향적 성서 교수학이나 상징 교수학의 입장에 반대하는 '보수적인' 경향을 띠고 있었다. 요체적 성서 교수학은 '위로부터' 인간에 임하는 하나님의 말씀에 대한 개방성을 조성하려고 한다. 그러나 종교를 '아래로부터' 해석하는 이른바 '진보적인' 전통도 우리의 입장에 동조할 수 있다. 왜냐하면 종교는 인간의 창조물이기도 하기 때문이다. 종교는 하나의 기호 체계다. 돌로 만든 것이 아니라 이야기, 이미지, 제의, 여러 가지 물건으로 이루어진 '기호학적 대성당'(ein semiotischer Dom)이다. 한 마디로 다양한 종류의 기호로 이루어진 건물이다. 가시적인 교회나 대성당과 마찬가지로 이것도 인간이 기획하고, 인간이 건축하고, 인간이 사용하고, 인간이 보존하는 건물이다. 고딕식 성당을 보면서 그 안에 있는 찬양을 보지 못한다면, 다시 말해 하나님을 향한 찬양의 노래를 돌로 형상화한 것이 바로 이 성당이라는 것을 이해하지 못한다면 고딕식 성당 자체를 이해할 수 없다. 마찬가지로 종교라는 기호학적 대성당을 이해하려면 그것이 초월적인 실재의 강력한 임재에 대한 감사의 표현이라는 사실을 파악해야 한다. 세속적인 관광객은 그 건물을 단순히 지배권력의 표현 혹은 인간의 두려움과 그리움의 표현으로 이해할 수도 있다. 그것이 '전적인 타자' 에 대한 그리움의 표현이라는 사실을 이해하지 못한다면 그 의미를 제대로 파악하지 못할 것이다. 그러나 어떤 사람은 그 대성당을 보면서 '전적인 타자' 에 대한 그리움에 사로잡힐 것이다. 또 어떤 사람은 그 성당의 건축 기법의 예술성을 즐길 수도 있을 것이다. 다른 건축물과 마찬가지로 '기호학적 대성당' 에도 구성상의 원리가 있다. 종교에도 몇 가지 원칙과 근본 모티브들이 있다. 우리는 먼저 성서의 '근본적인 구성 원칙' 을 스케치해 보려고 한다. 이것은 '성서의 영' 이 어떤 것인지를 간략하게 압축해 본 것이다. 그런 다음, 그 원칙이 오늘의 (어린이와 어른의) 삶 속에서 어떻게 '요체적인' 의미를 가질 수 있는지 짧게나마 암시를 주고자 한다.

1. 그리스도교 신앙의 두 가지 근본 원칙

그리스도교 신앙은 두 개의 근본 원칙(Grundaxiom)에 기초하고 있다. 하나는 유일신 사상이요, 다른 하나는 구원자에 대한 신앙이다. 제1원칙, 즉 한 분이신 유일하신 하나님에 대한 신앙은 예언자적인 종교인 유대교와 이슬람에도 있다(고대의 '이교 세계' 에도 여러 신들을 하나로 수렴하여 유일신을 추구하는 경향이 있었다). 제2원칙은 원래 유일신을 믿던 종교에서 그 하나님을 떼어 내어 동방의 구원 종교와 – 비록 느슨한 형태기는 하지만 – 연결시킨다. 이것은 그리스도교 내의 신비주의 전통과 초기 그리스도교의 영지주의 전통에 나타난 구원자의 역할을 감안할 때 특별히 크게 부각된다. 구약성서의 핵심에는 한 분이신 유일한 하나님의 계시가 있고, 신약성서의 핵심에는 구원자가 있다. 이 두 가지 근본 원칙이 정경의 이중 구조에 고스란히 반영되어 있다.[138]

유일신 사상

그리스도교 신앙의 제1원칙은 유일신 사상(Monotheismus), 즉 하나이신 유일한 하나님에 대한 신앙이다.[139] 이 세상과 인간의 삶과 신앙의 모든 것이 이 최종적 실재와 연결되어 있으며 그 실재가 모든 것을 규정한다. 이 원칙은 일체의 혼합을 금지한다. 다른 신과의 결속은 전혀 허용될 수 없다. 다른 신과 결부된 모든 것과의 접촉도 금지 사항이다. 그 어떤 것도 하나님과 비교될 수 없다. 이 세상에 있는 것은 하나님이 아니다. 유일신 사상은 주전 6세기 두 민족, 즉 유대인과 그리스인의 역사 속에 등장한다. 소크라테스 이전의 철학자들, 그리고 제2이사야는 다신론을 넘어서는 신관념을 전개한다. 소크라테스 이전에 활동했던 철학자들의 유일신 사상은 대단히 통일성 있는 세계 해석으로 이어졌다. 여기에는 다양한 것들을 하나로 통일시키는 세계관에 대한 욕구, 인간 정신의 그 선험적인 욕구가 반영돼 있다. 그러므로 하나의 하나님에 대한 사상과 논리학의 발견은 동전의 양면과 같다. 그 결과 인지적인 동기가 활발하게 작용하는 유일신 사상이 생겨났다. 그에 비해, 이스라엘의 유일신 사상은 윤리적인 동기가 강하다. 인간의 책임은 하나의 유일한 심판자의 존재와 연결된다. 그 존재가 인생의 모든 것을 결정한다. 하나님은 불처럼 타오르는 윤리적 에너지다. 하나님은 사랑으로 타오르는 불로 나타나시기도 하지만, 인간이 그 사랑을 거부할 때는 이글거리는 지옥의 불로 나타나시기도 한다. 그분의 절대적인 계명은 인간의 삶에 아주 독특한 통일성을 부여한다. 인간은 하나님 앞에서 자기의 삶에 책임을 져야 한다는 사상에는 어떤 절대적인 것에 대한 통찰, 그리고 인간 안에 있는 자유에 대한 통찰이 배어 있다.

유일신 사상은 내적인 난제에 봉착한다. 이 세상에서 일어나는 모든 일, 즉 악(惡)의 문제까지도 한 분이신 유일한 하나님에게 소급시켜야 하기 때문이다. 그렇게 되면 하나님의 윤리적 계명과 그분의 행동 사이에 모순이 생기게 된다. 하나님의 선하심과 하나님의 전능함은 양립할 수 없다는 추론이 가능해진다. 우리는 이 문제를 풀어가는 세 가지 전략을 알고 있다.

(1) 첫 번째 전략은 하나님의 주권과 초월성을 강조하는 것이다. 그분의 생각은 인간의 생각과 완전히 다르다. 그분은 숨어 계신 하나님(*deus absconditus*)이다. 그러므로 인간은 눈에 보이는 대로 믿어서는 안 된다. 모든 유혹과 시험에 굴복하지 않고 그분과의 신실한 관계를 유지하는 것이 중요하다. 이것이 바로 아브라함의 길이다. 인간의 눈으로는 도무지 알 수 없는 상황에서도 하나님의 방법을 신뢰하며 이삭을 바치려고 했던 아브라함의 길이다. 또한 욥의 길이기도 하다. 욥은 고난의 의미에 관한 물음에 아무런 대답을 찾지 못한 상황에서도 그저 하나님과의 만남이 이어지고 있다는 사실에 만족했다.

(2) 두 번째 전략은 욥의 친구들이 대변하고 있는 전략이다. 그들은 인간의 고통을 인간의 죄 탓으로 돌리려고 한다. 욥기의 독자는 보나마나 그 친구들의 생각에 반대할 것이다. 하지만 우리가 인정하지

않을 수 없는 것이 있다. 그것은 욥의 친구들이 시도하는 해석이 어떤 촉진적인 효과가 있다는 사실이다. 만일 인간 스스로가 악에 대한 책임이 있다고 한다면, 인간은 그 악을 제거하기 위해 뭔가를 행해야 한다. 인간은 회개할 수 있다. 유일신 신앙은 항상 죄의식의 증가와 관련이 있다. 유일신 신앙이 가지고 있는 여러 가지 문제점 가운데 하나는, 바로 그 죄의식이 다른 것보다 우세하게 된다는 점이다.

(3) 세 번째 전략은 원칙적으로 유일신 사상의 전제를 의심하게 만든다. 이런저런 신들이 각축을 벌이고 있다고 믿으면 이 세상의 모순성은 쉽게 설명이 된다. 선(善)이 무기력한 것은, 그것이 악한 힘의 방해를 받고 있기 때문이다. 유일신 신앙 내부에서는 악의 힘을 어떤 또 다른 신과 연결 짓기보다는 악령이라든지 타락한 천사와 같은 부류와 연결시키려는 경향이 있다. 하나님과 인간 사이에는 헤아릴 수 없이 많은 중간 존재들이 있다는 것이다. 이런 존재들을 상정하면 악에 대한 모든 책임을 유일한 신이 혼자 떠맡지 않아도 되는 셈이다.

구원자 신앙

그리스도교의 제2원칙은 **구원자 신앙**(Erlöserglaube)이다. 이 원칙은 제1원칙에 종속되어 있지만, 동시에 제1원칙과 긴장 관계 속에 있다. 구원자 신앙이 종속적인 까닭은, 그 유일신 하나님이 오직 구원자를 통해서만 모든 민족에게 다가설 수 있기 때문이다. 구원자를 통해 유일신 사상은 보편적인 것이 된다. 구원자는 한 분 하나님에 대한 신앙을 관철시킬 뿐 아니라, 그 신앙이 구조적으로 안고 있는 문제를 해결하는 데도 기여한다.

(1) 구원자에 대한 신앙은 유일신 사상을 신화적 중간 존재로 상대화하는 경향을 철회한다. 그리스도는 모든 악령과 천사를 다스리는 주님이다. 그리스도는 모든 원수를 이기고 모든 세력 위에 군림하여 그 나라를 하나님께 넘겨 드리니 마침내 하나님은 "모든 것 안에 계시는 모든 것"(만유의 주님)이 되신다(고전 15:11-28).

(2) 또한 구원자에 대한 신앙은 인간의 죄의식을 극복하는 데 도움을 준다. 죄의식의 고조는 유일신 사상과 구조적인 관련이 있다. 유일신 사상에는 회개를 촉진하는 힘이 있는데, 이것은 인간을 마비시키는 비관주의가 될 수도 있다. 그런데 죄의 구원이 있다면, 그로 인해 논리적으로 하자가 없는 유일신 사상으로 나아가는 길이 열린다.

그리스도교 신앙의 이 두 번째 원칙을 형성한 것도 어떤 절대적인 존재에 대한 통찰과 책임성에 대한 통찰이었다. 역사적 예수를 신적인 존재로 격상시킨 것은 종교적 통찰의 도움으로 가능했다. 이 세상의 한정적 조건하에서 살았던 허무한 존재가 영원하고 무조건적인 존재, 인류에게 뭔가를 요구하는 존재로 해석되었으며 이로써 오직 신적인 존재에게나 가능한 신화적 아우라에 둘러싸였다. 그런데 중요한 것은 이러한 신화적 아우라가 그 존재를 완전히 흡수해버리지는 못했다는 사실이다. 여전히 우리는 예수에 대한 전승의 배경이 되고 있는 예수, 즉 갈릴리의 순회 설교자를 발견한다. 이 역사적 예수는 활동 초기에 세례요한에게 세례를 받았으나, 곧이어 독자적인 활동을 펼쳐 나가면서 임박한 하나님 나라에 대한 메시지를 전파했다. 그 메시지는 그 당시 아웃사이더들에게 큰 호응을 받았다. 당시의 권력가들은 그를 미워했고, 결국 그는 로마인들에 의해 처형당했다. 이런 예수에 대한 기억이 예수 전승에 깊이 각인되어 있다. 처음부터 사람들은 그를 이 세상의 역사 속에서 살아가는 구체적인 인물로 생각했다. 그는 유한하고 부자유한 인간, 죽을 수도 있는 인간이었다.

그런데 이 역사적인 인물이 죽은 뒤 이른바 '고등 그리스도론'(hohe Christologie)이 생겨났는데, 이것은 부활 사건 이후 사람들이 그를 하나의 인간이 아니라 하나님의 아들로 믿게 되면서 형성된 것이다. 그분은 하나님과 인간의 역사 속에 구원으로 향하는 결정적인 전환을 일으키신 분이다. 사람들은 그가 이 세상을 구원하기 위해 하늘에서 내려온 신적인 존재라고 생각했다. 그는 시간이 있기 전부터 계셨던 로고스이지만 시간 속으로 들어오셨다. 모든 인간 위에 계신 하나님의 아들이지만 스스로 인간의 조건에 종속되셨다. 자유로운 분이시나 부자유한 이 세상에 자신을 내맡기셨다. 이러한 그리스도론은 인간의 자기(Selbst)가 지니고 있는 내적인 구조와 상응한다. 영원한 것, 무조건적인 것, 자유에 대한 통찰이 그 안에 살아 숨 쉬고 있는 자기, 그러나 어쩔 수 없이 이 세상의 여러 가지 굴레와 억압과 무상함에 내맡겨져 있는 자기 말이다. 영지주의가 그리스도를 인간의 자기에 대한 상징으로 해석하는데, 그들도 뭔가를 제대로 보긴 한 것이다. 다만 그들은 마치 자기의 가장 깊은 내면은 여러 가지 조건이나 무상함으로부터 완전히 자유롭기라도 한 것처럼 (자기도취에 빠져) 말한다.

그리스도교 신앙의 두 가지 근본 원칙 사이에는 모종의 긴장 관계가 있다. 그것은 유일신 신앙의 원칙을 통해서 해결된다. 하나님을 제외하고는 그 어떤 것도 하나님과 대등한 위치에 있을 수 없다. 고대 교회는 오랜 성찰의 과정을 거쳐 성부와 성자의 관계를 하나의 통일된 본질로 소급시키기에 이르렀다. 이로써 두 신, 혹은 세 신을 믿는 신앙을 극복했던 것이다. 이것이 하나의 본질과 세 위격(*una substantia, tres personae*)을 주장하는 삼위일체 교리로 나타난다. 그 성찰의 과정 속에서 교회는 각 '위격'의 독특성도 구별해 냈다. 창조주 하나님은 무한한 능력으로 피조물을 다스리는 분이다. 그분은 모든 존재의 위대한 신비다. 그런데 그 하나님이 직접 인간의 몸을 입고 내려오셔서[성육신] 아무런 조건 없이 자신을 인간의 실존과 동일시하신다. 성육신 사상은 하나님과의 만남을 인간의 고귀한 부분에만 한정하려는 유혹, 또는 그 만남을 시간적으로 제약하려는 유혹, 또는 그 만남의 실재를 부정하려는 유혹에 맞서, 하나님이 인간의 삶과 자신을 완전히 동일시하신 것을 확고히 붙잡는다. 이것이 두 본성 이론[=신인 양성론]의 의미다(*vere homo et vere deus* = 예수 그리스도는 참 사람이요, 참 하나님이다). 한 걸음 더 나아가, 성령 하나님은 자신을 모든 사람과 동일시하신다. 이제 하나님이 자신을 인간 예수와 동일시하신 사건은 한 번의 사건으로 끝나지 않는다. 하나님은 당신의 영을 통해서 모든 신앙인에게 임재하시고자 한다. 이것은 예수에게 일어난 사건을 그들로 하여금 확실히 믿도록 하기 위한 것이기도 하지만, 그들의 삶 속에서 이 사건이 하나님 임재의 사건으로 항상 새롭게 경험되도록 하기 위한 것이기도 하다.

고대 그리스도교의 역사에서 태동된 삼위일체 교리는 – 내가 보기에는 – 유일신 사상의 근본 문제에 대한 해답을 제공한다. 만일 하나의 유일신에게 모든 문제의 책임이 돌아간다면 결코 해결될 수 없는 두 가지 문제가 발생한다. 첫째, 유일하신 한 분 하나님의 전능과 이 세상의 고난은 양립할 수 없다. 만일 하나님이 전능하시면서 동시에 선하신 분이라면 말이다. 둘째, 그 하나님의 전능은 인간의 자유와도 양립하기 어렵다. 만일 하나님이 모든 것을 규정하시고 인간의 행동까지도 결정하시는 분이라면 말이다. 삼위일체 이론은 여기에 대해 이론적으로 만족스럽지는 않지만, 실용적인 면에서는 도움이 되는 답을 제시한다. 하나님이 예수 안에서 직접 인간의 고통을 짊어지셨다는 것이다. 성령 하나님은 인간에게 자유를 선물하시고 인간의 자립성과 존엄성을 갱신하신다. 그러므로 하나님의 전능은 인간의 독특성을 억압하지 않는다. 오히려 개개인은 모두 하나님이 거주하는 집이며 이로써 무한한 가치를 부여받는다.

그리스도교의 두 가지 근본 원칙은 이미 오래전부터 참된 그리스도교와 거짓 그리스도교를 구별하는 기준이 되었다. 신약성서의 정경 문헌, 그리고 정경과 내용적으로 일치하는 교회 공동체 문헌과 더불어 많은 영지주의 문헌이 있었다.[140] 하지만 영지주의 문헌은 정경이 될 수 있는 가능성이 전혀 없었고, 어떤 필사본에서도 영지주의 문헌을 정경으로 취급하지 않았다. 대부분의 영지주의 문헌이 거부된 까닭은 무엇인가? 영지주의는 이 불완전한 세상을 만든 불완전한 신 데미우르고스를 가르치기 때문이다. 데미우르고스 자신은 참된 하나님의 존재를 부정한다. 교회의 문헌과 전통을 선별할 때 하나님의 통일성은 아주 자명한 원칙이었다. 그것을 거부하는 사상은 가차 없이 배척되었다. 여기에 더한 둘째 시금석은 성육신에 대한 신앙이었다. 그리스도 안에서 이루어진 신적인 것과 인간적인 것의 결합은 그저 표면적인 결합, 그저 스쳐 지나가는 결합이 아니다. 초대 교회는 성육신 사상을 통해 두 가지 근본적인 결단을 표명했다. 하나는 이 세상에 대한 긍정이다. 이 세상은 저 불완전한 데미우르고스의 작품이 아니라, 창조주 하나님의 선한 의지에서 나온 것이다. 또 하나는 인간에 대한 긍정이다. 하나님은 인간 전체, 즉 인간의 몸과 영혼을 받아주셨다. 하나님과 인간의 결합은 부분적인 것이 아니며, 그저 스쳐 지나가는 것도 아니고, 겉보기에만 그런 것도 아니다. 이로써 이 세상과 인간은 구원(Heil), 혹은 파멸(Unheil)이 일어나는 결정적인 공간으로 성화(聖化) 혹은 재평가된다.

2. 성서적 신앙의 근본 모티브

우리는 성서 안에서 두 가지 근본적인 확신, 즉 유일하신 한 분 하나님에 대한 신앙과 구원자 예수에 대한 신앙과 병존하는 어떤 '영' 과 만나게 된다. 우리는 그 '영' 으로 이 세상 전체와 인간의 삶을 해석하게 된다. 그 영은 여러 가지 근본 모티브를 포괄한다. 근본 모티브란 성서의 모든 곳은 아니지만 상당히 많은 부분에 등장하는 중요한 신념을 뜻한다. 몇 군데 텍스트에 등장하고, 다양한 주제와 결부되며, 다양한 장르로 표현되고 있는 것이면 충분히 그런 모티브가 될 수 있다. 이런 모티브는 공통의 특징에 근거하여 여러 가지 다양한 텍스트 사이에서 일종의 '가족 유사성' (Familienähnlichkeit)을 양산한다. 나는 이제부터 그런 근본 모티브의 리스트를 만든다. 이 리스트는 완결된 것이 아닌 열려 있는 것이다. 어떤 엄격한 체계를 조성하려는 것도 아니다. 오히려 여기저기서 서로 어울리기도 하고 서로 겹치기도 하는 느슨한 규칙의 묶음이며, 항상 움직이지만 어떤 내적인 구조를 갖추고 있는 모빌과도 같은 것이다. 누구나 이 리스트에 또 다른 모티브를 첨가시킬 수 있다.

창조 모티브[141]

하나님은 당신의 뜻을 따라 이 세상을 창조하셨다. 모든 것이 존재하지 않았을 수도 있고, 모든 것이 지금과는 전혀 다른 모습일 수도 있다. 하나님의 창조 능력은 매 순간 역사하고 있다. 또한 그 능력이 역사의 한복판에서 두드러진 적도 있으니, 예수를 죽은 사람 가운데서 살려 내신 일이 바로 그것이다.

모든 사물의 '있음' 과 '없음' 은 유일하신 한 분 하나님을 그 기원으로 한다. 그분과 무관한 어떤 질료가 만물의 기원일 수 없다. 그분에게 견줄 만한 데미우르고스가 있는 것도 아니다. 그렇다고 만물이 그분에게서 유출(Emanation)된 것도 아니다. 세상만물은 전적으로 하나님의 의지의 산물이다. 하나님 외에는 다른 창조주도 없고, 하나님이 만든 다른 세상도 없다. 원래는 오직 하나님과 '없음'[無]만 있었다. 그리고 하나님의 창조의 능력은 이 '없음'에서 만물을 창조하셨다. 그러나 바로 이 무로부터 창조(*creatio ex nihilo*)의 사상이 만들어지기까지는 오랜 세월이 걸렸다.

구약성서의 창조 텍스트에는 세 종류의 창조 관념이 두드러진다. 첫째는 카오스와 싸워 승리함(욥 38~41장, 사 51:9-10)이요, 둘째는 성적인 생산을 통해 이 세상이 태어남(창14:19, 사 51:1)이요, 셋째는 명령의 말씀으로 만물이 생겨남(창 1:1이하)이다. 시간이 지남에 따라 세 번째 관념이 점점 널리 퍼졌고, 구약에서 신약 시대로 넘어가는 길목에서 처음으로 무로부터의 창조에 대한 (명백한) 진술이 나왔는데 그것이 마카베오하 7장 28절이다. 하나님은 무로부터 창조하셨다. 이때의 '무'는 여전히 어떤 형체 없는 '무엇'이었다. 창조는 아직 엄격한 의미에서 무로부터의 창조가 아니었다(이 사상은 2세기의 영지주의자인 바실리데스가 처음으로 생각해 낸 것이다). 하지만 이 창조는 말씀에 의한 창조다. 바울은 하나님이 "죽은 사람들을 살리시며, 없는 것들을 불러내어 있는 것이 되게 하시는 하나님"(롬 4:17)이라고 말한다. 요한복음에서도 창조는 '말씀'을 통해 일어난 사건이다. 이 말씀을 통해 빛이 이 세상에 오고, 그 빛은 기존의 어둠과 갈등 관계에 놓인다. 그 '말씀'은 피조 세계에 하나의 의미를 가져온다. 그러므로 이 세상은 인간이 풀어야 할 암호로 가득한 비밀스러운 텍스트다. '자연의 책'(Buch der Natur)이라는 메타포는 말씀을 통한 창조의 관념에서 나온 것이다.

신약성서는 창조 사상을 전제하고는 있으나 그것을 상세하게 전개하지는 않는다. 그러므로 우리는 구약성서의 창조 텍스트를 배경으로 깔고 예수의 말을 들어야 한다. 예수가 말하는 하나님은 악한 사람에게나 선한 사람에게나 똑같이 해를 떠오르게 하시는 분(마 5:45)이고, 하늘의 새와 들의 백합화를 돌보시는 분(마 6:26이하)이며, 사람의 머리카락까지도 다 세어 놓고 계시며 한 마리 참새도 당신 손으로 보호하시는 분(마 10:31-32)이다. 이러한 창조 신앙은 도처에 있다. 하나님의 창조 의지는 큰 것이나 작은 것이나 모든 것에 깃들어 있다. 태초에 세상이 창조될 때(요 1:1이하, 고전 8:6), 매번 새로운 날이 생성될 때(제1클레멘트 서신 24:2-3), 인간이 '새로운 피조물'로 재창조될 때(갈 6:15 등), 그의 속사람이 날마다 새로워질 때(고후 4:16) 하나님의 창조 의지가 역사한다. 예수를 죽은 사람 가운데서 살려 내실 때도, 장차 모든 그리스도인을 살려 내실 때도 그 창조 의지가 역사한다. 존재하는 모든 것은 그 의지를 통해 빛과 생명으로 가득 찬다. "태초에 말씀이 계셨다. 그 말씀은 하나님과 함께 계셨다. 그 말씀은 하나님이셨다. 그는 태초에 하나님과 함께 계셨다. 모든 것이 그로 말미암아 창조되었으니, 그가 없이 창조된 것은 하나도 없다. 그에게서 생명을 얻었으니, 그 생명은 사람의 빛이었다. 그 빛이 어둠 속에서 비치니, 어둠이 그 빛을 이기지 못하였다"(요 1:1-5). 이 빛은 구름 뒤에서 비치는 태양과 같아서 눈에 보이지 않는다. 그러나 오로지 한곳, 그 구름의 뚫린 곳을 통해 태양은 온통 이 세상으로 쏟아져 들어오니, 그 지점이 바로 나사렛 예수다. "그 말씀은 육신이 되어 우리 가운데 사셨다. 우리는 그의 영광을 보았다. 그것은 아버지께서 주신, 외아들의 영광이었다. 그는 은혜와 진리가 충만하였다"(요 1:14).

어떻게 이 모티브가 오늘 우리에게 요체적인 삶의 모티브가 될 수 있을까? **창조 모티브**는 우리로 하여금 이 세상을 잠재적인 '아니-있음'[非-存在]의 배경에서 볼 수 있도록 해준다. 그러고 보면 이 세상에 그 어떤 것도 당연하지 않다. 그냥 그런대로 살아 있는 생명은 없다. 모든 순간은 변화의 여정에 있다. 모든 순간은 미래의 '아직-아니-있음'에서 나오는 한 순간을 향해 나아가면서 현재의 순간으로 들어갔다가 금세 '더 이상-있지-않음' 속으로 가라앉는다. 성서 언어의 빛에서 볼 때 하나님은 '없음' 으로부터 끊임없는 창조를 이루시는 능력이다. 성서는 이 '있음' 의 신비를 창조로 이해한다. 이 '있음' 은 또한 하나님의 말 건네심이다. 우리는 성서의 도움을 받아 이것을 매일의 생명에 대한 감사로 전환시킬 수 있다. 이 세상과 나의 존재에 대한 경탄이 감사와 찬양으로 전환될 때, 이른바 '진부한' 세상사가 의미 있는 삶의 나날로 변한다. 우리의 삶이 더욱 깊어지는 것은 바로 이런 의식을 통해서다. 이런 창조 신앙이야말로 삶의 요체가 아니고 무엇이겠는가! 어린이나 어른이나, 학생이나 교사나 모든 사람이 창조 신앙의 빛에서 자신을 돌아볼 수 있다. 그 누구도 자기 자신을 창조하지는 않았다는 사실을 의식하는 **요체적 피조물 감정**(elementares Kreaturgefühl)은 신의 죽음을 선포하는 세상의 흐름 속에서도 꿋꿋이 살아남았다. 세속화된 현대인들조차도 모든 것 속에 스며 있는 우연성을 직접 경험하게 될 때, 그 감정의 존재를 직접 느끼게 된다.

지혜 모티브[142]

이 세상은 하나님의 말씀과 지혜로 창조되었다(요 1:1이하). 인간의 지혜는 이 신적인 지혜에 도달할 수 없으되, 역설적으로 그리스도를 통해 그 지혜에 다가설 수 있게 된다. 그분 안에는 "그리스도 안에는 모든 지혜와 지식의 보화가 감추어져" 있기 때문이다(골 2:3).

모든 생명을 가능하게 만드는 질서와 합리성이 – 비록 그것이 전면에 부각되기보다는 배경으로 머물러 있지만 – 만물을 규정하고 있다. 구약성서의 지혜는 하나님의 드러나지 않은 창조의 질서와 조화를 이루어 사는 삶이야말로 번영을 누릴 수 있다는 전제에서 출발한다. 그런데 이런 낙관론이 치명적인 위기에 처한다. 모든 고통에는 어떤 깊은 뜻이 있다고 확신했건만, 도무지 납득할 수 없는 고난의 현실이 이런 확신을 불가능하게 만든다. 인간의 생각은 이 세상의 의미(즉 지혜)를 도저히 깨달을 수 없다. 아니, 어쩌면 그 의미란 것이 너무나도 명백해서, 이 세상은 인간의 행복과 고통에 전혀 관심이 없다는 사실을 예리하게 느끼고 그 말도 안 되는 현실의 답답함을 느끼는 것이다(전도서). 하나님이 이 세상의 질서 속에 나타나지 않으신다는 사실로 인해 인간이 경험을 통해 획득할 수 있는 지혜는 위기에 봉착하고, 이 위기는 계시의 지혜에 대한 갈망으로 이어진다. 계시의 지혜는 하나님이 선택하신 소수만이 접근할 수 있는 지혜다(지혜서 6~9장, 바룩 3장, 집회서 24장). 본래 지혜는 하나님의 한 측면, 즉 이 세상을 향하신 하나님의 선하신 측면이지만 구약성서의 지혜는 하나님과 독립된 존재로 의인화된다. 지혜는 심지어 하늘의 여왕으로 등장하는데, 이로써 하나님의 모성적 측면을 부각시키면서도 유일신 사상을 위태롭게 하지는 않는다. 여기서 지혜는 토라와 동일시된다. 지혜는 인간이 깨달아 알 수 있는 범위를 점점 더 넘어서는 질서, 이 세상의 감춰진 질서를 계시한다.

신약성서에서 지혜는 토라가 아니라 그리스도와 동일시된다. 그럼으로써 지혜는 이 세상과 더욱 심각한 갈등 관계가 된다. 원래는 그 지혜를 받아들여야 할 사람들이 오히려 지혜의 사신들을 거절하거나 심지어 죽이는 사태가 벌어진다(눅 11:49이하). 이렇게 지혜로운 척하는 사람들은 제 역할을 못하고, 일반적으로는 지혜와 거리가 멀었던 이들, 즉 무식한 사람, 미숙한 사람, 수고하고 무거운 짐을 지고 살아가는 사람들이 하나님의 지혜에 다가서게 된다(마 11:25-30, 고전 1:26-27). 위에서 오는 평화로운 지혜는 아래에서 오는 공격적인 지혜와 충돌한다(약 3:13-18). 이렇게 지혜는 도처에서 저항에 부딪히나 결국 그 저항을 뚫고 나간다. 우주적 차원에서는 빛이 어둠의 저항에 부딪힌다(요 1:1이하). 역사적으로는 그리스도 안에 있는 지혜가 거부당하고, 끝내는 그분이 이 세상의 통치자들에 의해 십자가에 못 박혀 죽임을 당했다(고전 2:8). 윤리적으로는 사람의 옛 본성이 끊임없이 지혜를 거부한다. 이 세상의 이면에 있는 질서에 대한 신뢰는 그대로지만, 하나님이 이 세상에서 당신의 뜻을 관철하시려고 어리석음의 길을 선택하신 것은 그 질서의 교란을 의미한다(고전 1:18이하). "하나님의 어리석음이 사람의 지혜보다 더 지혜롭고, 하나님의 약함이 사람의 강함보다 더 강합니다"(고전 1:25).

지혜 모티브가 우리의 삶에 결정적으로 중요하다는 사실은 자명하다. 이 모티브는 우리로 하여금 인간의 삶을 긍정해 주는 질서, 눈에는 보이지 않지만 분명히 존재하는 그 질서를 추구하게 만든다. 이 세상의 질서를 그저 당연한 것으로 받아들일 수도 있지만, 그것을 경탄 속에서 다시 보고, 단순히 눈에 보이는 것 이외의 더 깊은 질서를 찾아보려는 마음으로 살아갈 수도 있다. 자연과학의 발달로 자연 속에 있는 신비한 질서가 발견되고, 소립자와 **기본 동력**을 통한 설명의 과정에서 그 질서에 어떤 압도적인 '합리성'이 깃들어 있다는 사실이 밝혀졌다. 그것은 어떤 훨씬 탁월한 이성의 흔적으로 볼 수도 있다. 그 이성에 비하면 우리 인간의 이성이란 희미한 여운에 불과하다. 바로 이 압도적인 합리성이 우리 자신의 합리성을 긍정적으로 자극한다는 사실은 물리적-신학적 신 존재 증명(physiko-theologischer Gottesbeweis)이 효력을 잃은 상황에서도 여전히 경험 가능한 것으로 남아 있다. 사물의 총체적 체계라 할 수 있는 어떤 존재가 우리를 만들어 냈고, 우리 안에 어떤 지능을 부여하여 그것을 발전시킬 수 있도록 했다. 그 지능은 우리가 살고 있는 이 체계 안에 투입된 지능의 비밀을 풀 수 있는 능력을 지녔다. 물론 이 모든 것이 전혀 와 닿지 않는 사람도 있을 것이다. 하지만 지혜를 추구한다는 것은 – 성서적 지혜 모티브의 빛에서 볼 때 – **의미에 대한 요체적 긍정**(elementare Sinnbejahung)의 근거가 될 수 있다. 또한 그 긍정에 바탕을 둔 의무감, 즉 이렇게 의미 있는 것으로 드러난 질서를 잘 유지해야 한다는 책임감의 근거가 될 수도 있다. 감춰진 지혜에 대한 추구는 구세대와 신세대를 이어줄 수 있다. 지혜를 추구하는 모든 사람은, 지혜와 조화를 이룬 삶이 지혜와 대립하고 있는 삶보다 번영할 것이라는 약속을 따르고 있는 셈이다. 그러나 이 피조 세계에서 '지혜로운' 것이 그때그때 지배적인 사회 구조에 따라(이 '세상' 에서는) '어리석은' 것이 될 수도 있다.

기적 모티브

이 세상의 모든 사건은 인간의 모든 기대를 완전히 무너뜨리는 기적적인 사건의 가능성을 안고 있다. 완전히 결정된 것은 아무것도 없다. 하나님과 인간, 신앙과 기도는 기적적인 변화를 일으킨다. 또한 기적은 하나의 기호로서, 그 사건 너머의 어떤 것을 지시하기도 한다. 예수는 이런 기적의 능력을 지닌 사람이었다.

기적은 신앙의 자녀 중에서도 가장 사랑받는 자식이다. 그런데 많은 사람들이 그 아이를 비합법적인 자식으로 취급하면서 수치스러워한다. 하지만 기적 이야기에는 우리의 삶을 긍정하는 '메시지' 가 담겨 있다. 요컨대 기적의 능력을 통해 완전히 뒤집어질 수 없을 만큼 확고한 것은 아무것도 없다. 구약성서는 하나님이 일으키시는 놀라운 '기사와 이적' 을 증언한다. 그분은 강력한 기적으로 이스라엘 백성을 이집트에서 구해 내셨다. 하지만 구약에서는 하나님만이 아니라 사람도 기적을 행했으니 모세, 엘리야, 엘리사가 그런 사람이었다.

신약성서에는 이런 '지상에서의' 기적 은사가 많이 등장한다. 예수와 그 제자들도 치유의 운동에 가담했다. "너의 믿음이 너를 구원했다" 는 문구(막 5:34, 10:52, 눅 17:19 등)라든지 산을 옮기는 믿음에 관한 말씀(막 11:22-23, 고전 13:2)은 인간 안에도 신앙과 기도를 통해 그런 기적의 능력이 작용하고 있다는 확신의 표현이다. 기적 이야기를 읽으면서 우리가 느끼는 것은 모든 고통에 맞서는 강렬한 저항이다. 세상 일이 순리대로 평범하게 일어나든지 말든지, 그것은 별로 중요하지 않다. 그보다 중요한 것은 한 인간이 도움을 받을 수 있는 권리다. 기적은 전적으로 삶을 살리고, 어려움에 처한 삶에 도움을 주는 데 기여한다. 징벌 기적은 예외다. 징벌 기적은 아나니아와 삽비라처럼 겉으로는 공동체에 큰 도움을 주는 척하고 있지만 실제로는 그렇지 못했던 사람을 겨냥하기도 하고(행 5:1-11), 말라버린 무화과나무의 경우처럼 권력의 이동을 상징하기도 한다(막 11:12-14, 20-21). 최초의 그리스도인들은 놀라운 능력을 발휘하곤 했는데 그 가운데 하나가 '치유의 은사' (고전 12:28)였다. 하지만 그들은 그런 기적 능력의 한계도 체험했다. 귀신 축출이 항상 성공했던 것은 아니다(막 9:28-29). 바울은 자기 자신의 병을 못 고쳤고(고후 12:9), 예수도 기적을 일으켜 십자가에서 내려오지 않았다(막 15:31-32).

신약성서의 기적은 어떤 사건을 해석하는 기호/표징(Zeichen)으로 나타나기도 한다. 베들레헴 위로 떠오른 별은 새로운 통치자인 예수의 탄생을 해석한다(마 2:1이하). 지진은 예수의 죽음을 우주적 차원의 충격으로 해석한다(마 27:52). 여러 가지 재난은 예수의 재림을 예고한다(마 24:4-14). 이런 것은 '하늘로부터 내리는 표징' 이지만, 예수는 그런 표징 보이기를 거절한 바 있다(막 8:11-12). 그 대신 이 땅 위에서 일어나는 기적을 하나님 나라의 '표징' 으로 해석했다. 그런 기적은 아직 나타나지 않고 감추어져 있는 것, 뭔가 다른 실재를 가리키는 표징이다. 그러니까 예수 스스로가 기적을 일종의 표징(상징)으로 이해한 셈이다. 악마가 쫓겨 가는 것은 악의 세력이 완전히 정복당하고 하나님 나라가 동터 오는 것을 의미한다(마

12:28). 공관복음서에 등장하는 기적 가운데 일부는 다양한 것을 상징한다. 고기잡이는 선교의 상징이 된다(눅 5:1이하). 눈먼 사람을 고치신 일은 깨달음의 상징이다(막 8:22이하). 갈릴리 호수의 폭풍은 그 당시 폭풍의 위협 속에 있던 교회를 상징한다(마 8:23이하).

이런 상징들이 가지고 있는 의미의 잉여는 직접적인 사건을 완전히 무시하지는 않지만, 그 사건의 이면에서 빛을 발한다. 요한복음에서는 기본적으로 모든 기적이 상징이다. 그리고 이 상징적 의미는 일차적으로 경험되는 의미를 의문시한다. 모든 기적은 구원과 계시를 위한 이미지라는 것이다. 모든 기적은 하늘의 지혜로 인간을 먹이심이요, 신앙의 눈을 떠서 지금 여기에서 새로운 삶을 시작하도록 하기 위함이다.[143] 기적을 보면서 당장 눈에 띄는 현상만 감지하는 사람은 기적을 오해한 사람이라는 것이다. 이렇듯 기적 이야기의 상징적 해석에 대한 강조는 신약성서의 기적을 당대의 다른 기적과 구별시켜 준다.

기적 모티브도 인간의 삶 가운데 엄연히 존재하는 삶의 요체다. 우리가 마주하고 있는 실재는 우리가 도저히 예견할 수 없는 측면을 지니고 있다. 완전히 결정된 것은 아무것도 없다. 세상사가 아무런 놀라움 없이 그저 스쳐 지나가는 것은 아니다. 그렇다고 자연의 법칙이 무효가 될 수도 있다는 주장은 아니다. 하지만 우리는 기적 이야기를 통해서 하나의 약속과 만나게 된다. 인간의 소망 가운데서 처음부터 아무런 가망이 없는 것은 하나도 없다는 약속이 바로 그것이다. 인간은 그 소망을 기도나 탄식으로 표현할 수 있다. 전혀 가망이 없어 보이는 상황에서도 반전의 희망이 있다. 무엇보다도 기적 모티브는 인간을 하나로 묶어 준다. 어느 누구도 완전히 버려질 수는 없다는 사실의 표현이다. 최후의 순간에도 선한 방향으로의 전환이 가능하다. 모든 사람에게 빵을 나누어 줄 수 없는 절망적인 상황이 마지막 말이 되어서는 안 된다. 질병으로 인한 절망적인 상황 때문에 우리의 내면이 타인에게서 멀어져서는 안 된다. 모든 절망 위로 한 가지 확신이 빛나고 있다. 그것은, 아무리 극단적인 상황이라도 모든 삶은 하나님의 능력으로 아늑히 감싸여 있다는 확신이다. 그러므로 숙명론은 없다. 그 대신 요체적인 기적 체험이 있다.

소외 모티브

모든 삶은 하나님과 일정 정도 거리를 두고 있다. 또한 모든 삶은 자기 스스로 만들어 내고 또 유지하고 있는 현실에 상응하는 삶이 되지 못한다. 인간은 죄, 고통, 유한성, 죽음을 통해서, 또는 어떤 어두운 세력에 의해서 하나님으로부터 분리되고 그로써 자신의 근원으로부터 소외됐다.

성서를 꿰뚫고 있는 아주 단순한 원칙 하나가 있다. 그것은, 하나님은 거룩하고 영원하고 전능하시되 인간은 죄인이고 죽을 수밖에 없으며 끊임없이 악한 세력의 위협을 당하는 존재라는 사실이다. 이 상황은 어떻게든 해명되지 않으면 안 된다. 이 상황은 하나님이 인간을 창조하셨을 때 의도하신 바가 아니다. 창세기의 원-역사(原-歷史)는 이 세상에 죄가 들어왔다고 이야기한다. 선과 악에 대한 인식이 생기자 그 죄는 타인에 대한 폭력으로 발전하여, 급기야 아벨이 살해당하는 참극이 벌어진다. 과도한 피의 복수는 그 뒤로도 계속된다. 하나님과 인간 사이의 경계도 지켜지지 않고 인간과 인간 사이의 관계도 망가졌다. 하나님의 아들들이 거인족을 낳았으니(창 6:1이하), 이는 신적인 존재가 경계선을 침범한 것이다. 또한 인간들은 바벨탑을 쌓았으니, 이는 인간 편에서 경계선을 넘어버린 것이다. 죄란 형제·자매에 대한 사랑 상실, 협동 능력의 상실 의미한다.

유일신 사상이 확산되면서 인간의 죄의식은 하나의 원죄에 집중된다. 그것은 하나님에게서 떨어져 나와 다른 신을 섬기는 것이다. 그래서 신명기 역사서는 이스라엘의 역사를 죄와 타락에 이은 심판과 회개의 역사로 구조화한다. 역사의 흐름이 좋은 결말을 맺거나 나쁜 결말을 맺는 것은 인간에게 달린 일이다. 신명기 역사서는 힘찬 어조로 역사에 대한 책임의식을 각인시킨다. 양심은 더욱 민감해진다. 신명기 역사서가 인간의 책임을 강조한다면, 제사장 문서는 이스라엘을 향한 돌이킬 수 없는 약속, 즉 모든 죄가 사해질 것이라는 하나님의 약속을 강조한다. 희생 제사는 (포로기 이후) 무엇보다 죄를 없애기 위한 것이다. 희생 제사의 정점은 속죄일이며, 이 날은 온 백성의 모든 죄, 곧 무의식적인 죄까지도 없애는 날이다(레 16장).

그러나 엄격하게 책임을 강조하는 것도, 희생 제사를 통한 속죄도 문제를 해결하지 못했다. 윤리적 자의식이 커 갈수록 하나님은 더더욱 '낯선' 분으로 다가왔다. 욥은 죄의식 강화를 통해 고통의 문제를 해결하려는 시도에 저항했다. 그는 자신의 무죄를 주장했다. 그런 그를 잠잠하게 만든 것은 오직 '완전한 타자' 이신 하나님, 인간보다 무한히 우월하신 하나님의 계시였다. 결국 그 고통이 하나님의 '잘못' 인지, 인간의 '잘못' 인지는 밝혀지지 않았다. 분명한 것이 있다면, 인간이 하나님에게 도전할 수 없다는 사실, 하지만 하나님은 악의 문제를 인간의 죄로 소급시켜 합리적으로 설명하려는 시도보다는 하나님에게 달려들어 씨름하는 것을 더 낫게 보신다는 사실이다. 욥기의 앞부분에 나오는 틀-이야기(Rahmenerzählung)는 악의 문제를 설명할 수 있는 제3의 가능성을 제시한다. 거기서는 사탄이 원고로 등장한다. 그렇다면 악은 하나님이나 인간이 아니라 제3의 악마적 세력에게서 나오는 것이 된다. 하지만 이 이야기를 제외한 다른 부분, 즉 욥기의 대화편에서는 이 가능성이 아무런 역할을 하지 못한다.

신약성서에는 악을 설명하는 세 가지 방법이 모두 등장하는데 조금 발전된 설명 방식을 취한다. 진정 악의 근원은 하나님인가? 인간의 죄인가?

아니면 사탄인가? 신약성서에서 사탄은 하나님을 거스르는 세력, 그리고 이 세상의 적대감을 의인화한 것으로 해석된다.

(1) 죄의식의 첨예화: 세례요한은 하나님의 분노에 직면하여 모든 사람이 회개해야 한다고 부르짖었다(마 3:7이하). 바울은 인간이 하나님과 철저하게 적대관계에 있는 '육신' 이라고 말했다(롬 8:7).

(2) 악마와 권세의 위협: 예수도 귀신 축출을 통해 악마의 세력과 싸워 이겼다(마 12:28). 악마는 예수 앞에서 도망간다. 그러나 악마에 대한 최종적인 승리는 예수의 부활이다. 부활하신 예수는 모든 권세와 능력의 주인이 되신다.

(3) 숨어 계시는 하나님: 신약성서에도 숨어 계신 하나님(*deus absconditus*)을 악의 원인으로 보는 부분이 있다. 토기장이에게는 자기 마음에 들지 않는 토기를 내팽개칠 자유가 있다(롬 9:19이하).

전체적으로 볼 때 신약성서에서는 이 세 가지 요인이 조화를 이루고 있다. 로마서에서는 악의 책임이 인간의 죄에도 있고(롬 1:18-19), 권세에게도 있고(롬 8:31이하), 하나님에게도 있되(롬 9:19이하) 그리스도께서 그 죄를 사하시고, 그 권세를 이기시고, 하나님의 분노를 극복하신다.

소외 모티브(Entfremdungsmotiv)는 우리 인생의 요체가 되는 모티브다. 이 모티브의 도움을 받아 우리는 우리가 마땅히 살아야 할 삶으로부터 얼마나 멀리 떨어져 있는지 깨달을 수 있다. 더욱이 이 깨달음은 그 자체로 영원히 소중한 실재, 즉 하나님과의 만남을 통해서 얻게 되는 깨달음이다. 그리고 이 하나님은 선한 것을 향한 무조건적인 에너지다. 현대인의 정서는 인간의 소외를 죄의 결과로 이해하기보다는 유한성과 고통의 결과로 이해하는 편이다. 사실 현대인들은 성서 전통이 말하는 죄의식에 대해 거부감을 느낀다. 그리고 이것은 성적인 것과 깊이 연루된 죄의식에 대한 항거일 때가 많다. 그러나 인간의 근원적 뒤틀림을 아예 외면하는 낙관주의보다는 성서에 근거한 죄의식이 우리의 현실을 더욱 분명하게 조명해 준다. 인간이 더 많은 가능성을 갖게 될수록, 그 가능성을 누리지 못하면 결국 실패한 인생일 뿐이라는 느낌도 더 강해진다. 이것은 개인의 인생 계획에만 해당되는 것이 아니라 지구적 차원의 계획에도 해당된다. 이것을 다음과 같은 비유로 설명해 보자. 하나님과 진화는 인간을 이 자그마한 별 위에서 약속된 땅으로 인도하여, 인간의 눈앞에 복의 길과 저주의 길을 보여준다. 그가 이 별 위에서 살아갈 수 있을지, 산다면 어떻게 살아갈 것인지는 인간의 손에 달려 있다. 역사 앞에서 인간이 지니고 있는 이러한 책임감을 성서는 대략적으로나마 보여주고 있다. 또한 그 책임감을 지키는 데 실패한 이야기, 그렇게 실패한 사람들이 어떤 방식으로 계속 살아갔는지에 대한 이야기도 들려준다. 이렇듯 역사 전체에 해당하는 원칙이 개개인의 역사에도 적용된다. 우리는 단 한 번뿐인 우리의 인생을 개인적인 계획에 기초하여 디자인할 수도 있다. 하지만 바로 그렇기 때문에 우리의 실패는 너무나 처절한 것으로 다가온다. 그 실패는 외부 장애물 탓이 아니라 우리 자신 탓이기 때문이다. 소외 모티브의 휴머니즘이 부각되는 것이 바로 이 지점이다. 소외 모티브는 인간이 자기의(自己義)에 빠지는 것을 막아 준다. 어느 누구도 완벽하게 자기가 진정 원하는 삶, 하나님 앞에서 떳떳한 삶을 살 수 없다. 자기 자신이 완벽하지 않다는 의식은 어른과 어린이 모두에게 공통된 것이다. 어린이는 자신의 '불완전성' 을 끊임없이 돌아보게끔 되지만, 어른은 어린이 앞에서 '완전함' 을 내세울 때가 많다. 하지만 그들이 생각하는 완전성은 공허한 것이다. 요체적인 소외의 감정(elementares Entfremdungsgefühl)은 우리의 생애 전체를 동반한다. 모든 인간은 자기가 마땅히 살아야 할 삶에서 멀찍이 떨어져 있다. 모든 인간은 하나님에게서 멀리 떨어져 살고 있다.

희망 모티브

성서의 이야기 속에는 새로운 세계에 대한 기대가 면면히 흐르고 있다. 이것은 이 세계 한복판에서 이미 시작된 새로운 세계에 대한 기대다. 그리스도인은 두 세계의 시민이다. 그리스도인은 옛 세계의 '사르크스' [육체]에 사로잡혀 있으나, '프뉴마' [영]를 통해 예수와 함께 시작된 새로운 세상의 일원이 되었다.

구약성서는 끝없이 확장되는 언약의 역사다. 악이 처음으로 침입한 사건도 언약의 빛에서 이해할 수 있다. 가인은 죄가 자기를 지배할 것이라는 언지를 받는다(창 4:7). 노아는 다시는 홍수가 땅을 멸하지 않을 것이라는 약속을 받는다(창 9:15). 아브라함은 땅의 언약과 자손의 언약을 받는다(창 12:1이하). 예언자들은 과거에 있었던 구원의 경험을 회상하며 그것이 미래에도 '반복' 될 것이라고 약속한다. 그것은 새 언약, 새 출애굽, 새 다윗, 마침내 새 하늘과 새 땅이다.

묵시(Apokaliptik)는 새 세계에 대한 기대에 변화를 가져온다. 신약성서는 묵시적 세계관과 묵시적 인간관을 전제하는데, 이것은 인간과 이 세계를 모두 종말론적 과정으로 이해한다. 예수 부활 이전에는 하나님의 통치, 즉 현재에 이미 시작된 하나님의 통치가 곧 도래할 것이라는 기대가 있었다(막 1:14-15). 예수 부활 이후에는 예수의 부활과 더불어 새 세상이 이미 시작되었다는 신앙이 생겨났다. 옛 세상에서 새 세상으로 '넘어감' 에 대한 의식은 다양한 방식으로 신약성서 전체에 영향을 끼치고 있다.

(1) 세례요한과 예수에게는 **임박한 종말에 대한 기대**(Naherwartung)가 있었다. 지금 우리는 새 세상으로 넘어가는 문지방을 지나고 있다. 세 세상은 바로 눈앞에 있다. 이것을 의식한 세례요한은 도끼가 이미 나무뿌리에 놓였다고 말했다. 초기 그리스도교 안에도 임박한

종말에 대한 기대가 불타올랐다(막 13장, 요한계시록). 예컨대 요한계시록이 증언하고 있는 위기가 그런 기대의 배경이 되었다. 예수의 메시지에는 세례요한이 외친 임박한 종말에 대한 실망감을 다루고 있는 것처럼 보이는 부분이 있다. 세례요한이 선포한 심판이 오지 않는 것은, 인간에게 회개의 시간을 주려는 하나님의 은혜의 표현이라는 것이다(눅 13:6-9).

(2) 예수의 십자가 처형과 부활 이후, 초기 그리스도교의 **현재적 종말론**(präsentische Eschatologie)은 진일보한 모습을 보인다. 초기 그리스도교는 모든 그리스도인이 새 세상으로 가는 문지방을 이미 넘어섰다고 확신했다. 그들은 죽음에서 생명으로 옮겨진 이들이다(요 5:24, 요일 3:14). 공간적으로 표현하자면 다른 존재의 영역으로 재배치된 것이다(골 1:13, 3:1이하, 엡 2:1이하). 그들은 '새 생명' 안에 거하고(롬 6:4), '새로운 피조물'로 살아가며(갈 6:15, 고후 5:17, 골 3:10, 엡 4:24), 죽음으로부터 일어난 사람들이다(엡 5:14). 하지만 옛 세상의 힘과 새 세상의 힘이 동시에 그들에게 영향력을 행사한다. 그리스도인은 두 세상에 속한 사람이다. 그는 옛 세상의 힘인 사르크스와 새 세상의 힘인 프뉴마 사이에서 이리저리 흔들리고 있다(롬 8:5이하).

(3) 초기 그리스도교의 '넘어감' 의식을 표현할 수 있는 세 번째 가능성은 **구속사**(Heilsgeschichte)이다. 구속사에 대한 의식은 초기 그리스도교 제3세대가 임박한 종말에 대한 기대와 현재적 종말론을 성찰하는 과정에서 생겨난 것이다. 예수에게 있어서 구원은 아주 가까운 것이었다. 예수 이전은 기대의 시간이요, 예수 이후는 선교의 시간이다. 예수의 시간은 모든 것이 성취되는 시간의 핵심이다. 이 성취의 시간은 삼중 구조다. 세례요한이 앞서서 그 시간을 이끌고, 교회의 시간은 그것을 계승한다. 그런 의미에서 누가의 2부작은 예

수가 있는 성취의 역사를 시간의 중심에 배치한다. 이러한 시대 구분을 통해서 핵심적인 구원의 시간이 부각된다(H. 콘첼만).

위의 세 모델에 나타난 우주관과 인간관은 만물의 근본적 변화에 대한 희망을 그 특징으로 한다. 온 세상이 새로워져야 하듯이, 인간도 그렇게 새로워져야 한다. 하나님은 '새 생명'(롬 6:4)과 거듭남(요 3:5, 딛 3:5)을 가능하게 하시는 분이다. 우주적 갱신과 인간적 갱신이 이렇게 서로 상응하는 것을 우리는 '참여의 종말론'(Partizipationseschatologie)이라고 부를 수 있다. 인간의 삶은 온 세상의 포괄적 갱신에 참여한다. 하지만 인간의 갱신도 아주 큰 비중을 차지하는 것이라서, 우리는 그것을 별도의 근본 모티브, 즉 회개의 모티브로 구별시켜 고찰하려고 한다.

하지만 그 전에, 우리네 삶의 요체적 모티브인 **희망 모티브**(Hoffnungsmotiv)에 대해서 다시 한 번 살펴보자. 인류의 역사에서 진보에 대한 믿음이 몰락하면서, 희망의 모티브도 사라져버린 것처럼 보인다. 그리스도의 재림이 이루어지지 않은 데 대한 실망감도 세속 영역과 종교 영역을 가리지 않고 다양한 형태로 퍼져 있지만, 희망의 모티브는 그런 실망감에 꺾이지 않고 살아남았다. 선을 향한 위대한 변화를 꿈꾸는 유토피아적 희망이 절망의 벽에 부딪힌 것 같은 상황에서도 우리는 계속해서 평화의 이상을 그리고 있다. 우리는 자연과의 평화, 사람과 사람 사이의 평화를 꿈꾸며, 모든 사람에게 평등하게 안전함과 먹고 마실 것과 교육이 보장되는 세상을 꿈꾼다. 비록 우리가 정의와 자유의 실현 가능성에 대해 회의적이거나 심지어 냉소적이기도 하지만, 이러한 체념을 우리 아이들에게 전염시킬 수는 없다. 마치 무엇인가가 우리에게 경고하는 것 같다. 젊은 세대가 더 나은 미래를 향해 출발할 수 있는 기회를 너희가 박탈해서는 안 된다고……. **요체적 희망**(elementare Hoffnung)은 언제나 존재한다. 그것을 질식시키는 것은 파렴치한 짓이다.

회개 모티브

인간은 철저한 변화의 가능성을 지니고 있다. 이 세상이 하나님의 뜻에 맞게 변화되어야 한다면 인간도 마땅히 그러해야 한다. 인간이 그리스도와 함께 십자가에 못 박히고, 그리스도와 함께 새로운 삶을 시작한다면 실제로 새로운 삶은 가능하다.

성서는 인간이 자기 삶의 방향을 철저히 재고하여 새롭게 시작할 수 있음을 보여준다. 인간은 하나님에게서 멀어질 수도 있고, 다시 하나님께로 돌아갈 수도 있다. 이러한 변화의 가능성은 유일신 사상과 관련이 있다. 하나님과 다른 신, 둘 가운데 하나를 선택해야 하는 상황에서 하나님을 향한다는 것은 다른 신들에게 등을 돌리는 것이다. 고대의 다신 종교에서는 여러 신을 한꺼번에 모시고 그때그때 필요한 신에게 경배할 수 있다. 참된 하나님 숭배와 거짓된 하나님 숭배 사이의 양자택일을 본격적으로 요구한 민족이 바로 이스라엘이다. 이 양자택일 사상이 철저한 회개 사상으로 이어진 것이다. 이와 유사한 형태는 고대 철학에서만 나타난다. 고대 철학도 진리와 오류 사이의 양자택일을 강조하고, 오류를 떠나 진리로 향하는 근본적인 변화를 중요시했기 때문이다.

예언자들은 온 백성의 회개를 요구했다. 포로기 이전의 문서 예언자들이 보기에, 이스라엘 백성은 이 회개의 가능성을 번번이 놓치고 말았다. 아모스는 이에 대한 하나님의 심판을 열거한 뒤에 마치 후렴구처럼 이렇게 외친다. "그런데도 너희는 나에게로 돌아오지 않았다!"(암 4:6-11). 호세아는 이렇게 탄식한다. "그들의 온갖 행실이 그러하니, 하나님께로 되돌아가지 못한다."(호 5:4. 참조-사 9:12). 예레미야도 이렇게 말한다. 이스라엘 백성은 자기 남편을 버리고 다른 남자에게 갔던 여자와 같다. 그 여자는 원래 남편에게 돌아갈 수 없다(렘 3:1. 참조-신 24:4).

그렇다면 어떻게 회개가 가능한가? 그것은 외적으로나 내적으로 커다란 변화가 일어난 후에나 가능하다. 외적인 변화는 심판이다. 처참한 파국이 지나간 뒤 남은 자들이 돌아온다. 그래서 이사야는 자기 아들의 이름을 '스알 야숩', 즉 '남은 자가 돌아올 것이다!' 라고 지었다(사 7:3. 참조-사 10:22이하, 겔 33:10이하, 습 3:12-13, 슥 8:1 이하). 내적인 변화는 하나님이 사람을 새롭게 하시는 것이다. (참회)시편이 거듭거듭 간구했던 것이 바로 이것이다. "아, 하나님, 내 속에 깨끗한 마음을 창조하여 주시고 내 속을 견고한 심령으로 새롭게 하여 주십시오. 주님 앞에서 나를 쫓아내지 마시며, 주님의 성령을 나에게서 거두어 가지 말아 주십시오. 주님께서 베푸시는 구원의 기쁨을 내게 회복시켜 주시고, 내가 지탱할 수 있도록 내게 자발적인 마음을 주십시오"(시 51:10-12). 포로기 (이후) 예언자들은 이러한 내적인 변화를 미래의 사건으로 선포했다. "너희에게 새로운 마음을 주고 너희 속에 새로운 영을 넣어 주며, 너희 몸에서 돌같이 굳은 마음을 없애고 살갗처럼 부드러운 마음을 주며, 너희 속에 내 영을 두어, 너희가 나의 모든 율례대로 행동하게 하겠다. 그러면 너희가 내 모든 규례를 지키고 실천할 것이다."

회개는 이렇듯 하나님에게 돌아감을 의미하는 것이었지만 신약성서에 와서는 전혀 새로운 의미가 추가됐다. 이방인 그리스도인에게 회개란 유일하신 한 분 하나님께 '되돌아감' 이 아니라, 처음으로 그분에게 가까이 가는 것을 의미했다. 이미 구약성서도 모든 민족이 하나님을 경배하기 위해 시온으로, 야훼에게로 올 것이라는 기대 속에서 이방인의 회심을 염두에 두고 있었다(사 2:2이하, 45:18이하, 60:1이하, 슥 8:20이하, 9:6이하). 예수도 이 전통에 서 있었기 때문에, 수많은 이방 사람들이 하나님의 나라로 몰려올 것이라고 말했다(마 8:11-12). 그리스도인들은 이러한 회심을 하나님의 기적적인 역사로 여기고 가만히 기다리기만 한 것이 아니라, 적극적으로 모든 민족에게 다가가 그들에게 신앙을 전했다. 그리스도인들은 한 사람의 회심을 다양한 이미지로 묘사했다. 그것은 부르심(고전 1:2), 빛을 받음(히 6:4), 의롭다는 인정을 받음(롬 3:21이하), 힘의 이동(롬 6:14이하), 값을 치르고 사는 것(고전 6:20)이요, 다시 태어남(요 3:1이하)이다. 여기서는 무엇보다도 옛 삶과 새 삶 사이의 균열의 골이 더 깊어졌다. 이방 사람에게 이것은 그야말로 철저한 전환을 의미하는 것이었다. 그 균열은 마치 죽음과 생명 사이의 간격만큼이나 큰 것이었다. 회심은 그리스도와 함께 죽는 것이요, 그와 함께 사는 것이었다(롬 6:1이하). 세례는 곧 죽음을 의미한다는 주장이 이방인의 사도인 바울에게서 처음으로 등장하는 것은 결코 우연이 아니다. 바울은 이방 그리스도교 공동체에게 과거의 삶을 완전히 끊어버리라고 요구하지 않을 수 없었던 것이다.

그러나 그런 회개의 모티브는 심판에 대한 두려움이 아니라 하늘에 계신 하나님의 기쁨이어야 한다. 특히 누가는 이것을 잃어버린 것들에 대한 비유에서 강조한다. "이와 같이 하늘에서는, 회개할 필요가 없는 의인 아흔아홉보다, 회개하는 죄인 한 사람을 두고 더 기뻐할 것이다"(눅 15:7, 16). 또한 이 기쁨은 이 땅의 기쁨이기도 하다. 잃어버린 아들의 비유에서 결정적으로 중요한 것은 첫째 아들이 (그리고 독자가) 함께 기뻐할 수 있게 되는 것이다. 이 회개가 각 사람에게 단 한 번 일어나는 사건인지는 여전히 논란거리다. 히브리서는 참회와 회개의 유일회성을 확신하는데(히 6:4이하, 10:26이하) 이런 입장은 사실상 소수의 의견이다. 마태복음의 공동체 연설만 해도 이미 그리스도인이 된 사람들에게 회개를 권고하고 있다(마 18:3, 12이하). 요한계시록도 이미 세워진 교회 공동체를 향해 회개를 촉구한다(계 3:5, 16, 21 등). 이렇게 보면 회개는 유일회적인 것이 아니라 평생의 과제다.

회개 모티브(Umkehrmotiv)는 한 사람의 삶에 감동을 줄 수 있는 가장 긍정적인 모티브 가운데 하나다. 이 모티브는 우리에게 이렇게 말한다. 너는 언제라도 실패할 수 있어. 하지만 항상 새롭게 시작할 수 있어! 우리의 잘못이 우리를 영원히 묶어 놓지는 못한다. 우리의 삶이 그 잘못 때문에 무조건 파멸로 끝을 맺는 것은 아니다. 인간이 태어난 것은 다시 태어나기 위해서다. 패배를 겪고 넘어지지만 새롭게 일어설 수 있다. 확실한 비그리스도인이었던 괴테도 이 모티브야말로 생명을 촉진하는 힘이라는 것을 보여준다. "네게 이것이 없다면 / 바로 이것, '한 번 죽음으로써 뭔가가 되라!' (Stirb und werde!) 하는 이것이 없다면 / 이 어두운 세상에서 / 넌 우울한 손님에 불과할지니라." 삶의 한복판에서 삶이 새로워질 수 있다는 근원적인 확신은 신앙이 우리에게 선사하는 요체적인 확실성이다. 이런 내적인 자세, 즉 내가 이 세상에 태어난 것은 다시 태어나기 위해, 그것도 항상 다시 태어나기 위해서라는 마음을 가지고 자라나는 사람이라면 그렇지 않은 다른 사람과는 전혀 다른 기대를 가지고 삶을 대할 것이다. 한 걸음 더 나아가, 그는 자기의 이웃을 다른 눈으로 볼 수 있을 것이다. 나의 이웃 – 이 사람 역시 언제라도 회개할 수 있는 사람이다. 특별히 어린이와 청소년에게는 항상 새롭게 다시 시작할 수 있는 기회를 통해 인생의 문이 하나씩 열리는 것이다. 이런 맥락에서 우리는 요체적인 회개의 기회(elementare Umkehrchance)를 말할 수 있다. 우리는 이것을 모든 사람에게 인정해 주고, 우리 자신에게도 허용해야 한다.

엑소더스 모티브[144]

하나님의 부르심은 개인의 삶만 변화시키는 것이 아니라 수많은 인간 집단의 역사를 변화시킨다. 성서에서 이 집단적 변화의 이야기는 아브라함이 고향을 떠나는 엑소더스에서 시작하여, 이스라엘이 이집트를 탈출하는 엑소더스, 신약성서에 와서는 예수를 따라 새 세상으로 길 떠나는 신앙 공동체의 엑소더스로 이어진다.

성서에서 말하는 변화는 개인의 변화만이 아니라 한 민족 전체의 변화다. 이스라엘은 익숙했던 세계에서 떠나 새로운 땅에 들어가고 거기서 새로운 사회적 삶을 시작하게 된다는 이미지는 성서 곳곳에서 발견된다. 탈출, 그리고 대안적 삶의 비전은 – 대개 '옛 세계' 와의 명확한 단절을 동반하여 – 성서 전통의 엑소더스 모티브를 구성한다.

고향을 떠난 첫 번째 인물은 아브라함이다. 그는 후손과 땅을 선물로 받아 위대한 민족을 이루리라는 언약을 받았다. 그는 군사를 동원한 정복 전쟁 없이, 수많은 갈등을 피해 가면서 새로운 땅에 도달했다. 아브라함의 새로운 삶은 외부에서 오는 문제보다는 내부의 문제 때문에 위험에 봉착했다. 형제들 간의, 친척들 간의 갈등이 있었다. 야곱과 에서의 갈등은 언약을 위협했다. 요셉 이야기는 형제들 간의 갈등을 묘사하면서 오직 용서만이 공존을 가능하게 만드는 것임을 보여준다.

본래의 엑소더스 이야기는 이스라엘의 기원을 놓고 선조 이야기와 경쟁을 벌인다. 엑소더스 이야기는 이스라엘의 기원을 아브라함에게서 시작하지 않고 저 위대한 탈출의 사건, 즉 이집트의 억압적인 힘으로부터 빠져나온 사건으로 보기 때문이다. 이스라엘은 이집트인의 전차를 따돌리고 도망하여 크고 작은 전투를 치르며 새 땅에 진입했다. 이스라엘은 광야에서 하나님의 뜻이 무엇인지를 경험하게 되었다. 십계명은 이스라엘이 '이집트' , 즉 노예 신세에서 벗어나 얻은 그 자유를 지켜나가는 데 필요한 조건이 무엇인지를 정해 주었다. 황금 송아지 이야기(출 32)와 모세에 대한 불평 이야기(출 16-17, 민 11)는 외부의 위협 이외에도, 하나님에게 등 돌림으로써 발생하는 위협이 있다는 것을 보여준다.

성서에 등장하는 세 번째 엑소더스는 바빌로니아에 포로로 잡혀 있던 사람들이 돌아와 성전 국가인 유다를 세운 것이다. 제2이사야는 이 귀환을 새로운 엑소더스라고 생각했다(사 40:3-4). 포로 생활을 마치고 돌아온 사람들은 역사적으로 처음 어떤 종교적 신앙에 기초한 공동체 국가를 건립하고자 했다. 이들은 예부터 내려오는 전승을 법전으로 만들고, 그것을 국가 권력에 의존하지 않는 하나님의 법으로 삼았다. 바로 이 시기에 유일신 하나님에 대한 배타성이 자리 잡기도 하지만, 이와 달리 유대인의 오경(Pentateuch)은 삶의 다양한 형태를 너그러이 허용하고 있다. 국가적 차원의 재건에 대한 희망을 품은 사람들이 있는가 하면, 성전 제의를 통해 이미 역사의 목표에 도달했다고 확신하는 사람들도 있었다. 어쨌거나 스스로를 주변 세상에 대항하는 대조 세상(Gegenwelt)으로 이해하는 하나의 거룩한 국가 공동체(Gemeinde)가 생겨난 것이다.

신약성서의 교회 공동체도 바로 이러한 전통을 계승하여 스스로를 '엑소더스 공동체'로 이해했다. 교회 공동체는 구약성서의 엑소더스 모델을 따라 기존 사회를 버리고 떠나온 사람들이다(고전 10:1이하). 또한 이 역사 속에서 살아가되 어딘가에 안주하지 않고 늘 떠나는 사람들이다(히 3:7이하, 11:1이하). 교회 공동체는 하나의 대조 세상을 체현한다는 의식을 갖고 있었다. 그 새로운 세상에 속하는 사람들은 이 세상에서 아무것도 아닌 사람들이다(고전 1:26이하). 이 세상에서 그들은 이방인이요, 공민권이 없는 거류민이다(벧전 1:1이하). 그럼에도 불구하고 그들은 마치 어떤 정치적 집단처럼 하나의 '에클레시아', 하나의 '몸', 하나의 '민족'을 이룬다. 하지만 그 안에는 이 세상과는 전혀 다른 법칙이 지배한다.

엑소더스 모티브는 지금 이 세상에서 살고 있는 사람들의 마음까지도 움직일 수 있다. 기존의 생활 방식을 떠나 새로운 대안적 삶을 꿈꾸게 한다. 눈에 보이는 이 세상의 한계 너머에 새로운 삶이 있음을 믿고 떠날 수 있게 한다. 이러한 엑소더스 운동의 하나가 20세기 초의 청소년 운동이었다. 1968년의 개혁 운동도 엑소더스의 파토스를 지니고 있었다. 물론 지금처럼 청소년들에게 많은 것이 허용되는 시기에는 68운동의 반권위적 추진력이 불붙지 않는다. 어디로부터, 또 어디를 향해 해방되어야 하는지 제대로 알지 못할 때, 해방 운동의 추진력은 흐지부지되고 만다. 그렇다고 해도 이 주제는 시간을 뛰어넘는 것이다. 만일 인간이 이런 역동적인 '길 떠남'의 운동을 모르고 산다면 그 삶은 더욱 초라할 것이다. 시대를 초월하는 **요체적인 출발 의식**(elementares Aufbruchsbewusstsein)은 우리로 하여금 이미 현재 속에 깃들어 있는 새 세상의 표징을 예감하고 그것을 과감히 붙잡을 수 있게 해준다.

대속 모티브[145]

모든 생명은 서로 긴밀하게 연결되어 있기 때문에 하나의 생명이 다른 생명을 위해 무언가를 하는 것이 가능하다. 한 생명에게 일어난 일이 다른 생명에게도 일어날 수 있고, 그 일이 그들 모두에게 좋은 영향을 끼칠 수도 있다. 이렇게 다른 이를 대신하는 일이 일어난다. 짐승을 잡아 제사를 바치던 풍습은 다른 생명의 희생을 통해 자기 생명을 부지하려는 인간의 강박을 증명한다. 그런데 그리스도는 전혀 다른 방식을 제시한다. 그것은 다른 이를 위해 자기의 생명을 희생하는 것이다.

---

*Stellvertretung: 이 독일어는 '대임'(代任), '대리'(代理), '대표'(代表) 등으로 번역될 수 있는 법률적 성격의 단어다. 어떤 집단을 대표(Vertretung)하는 자리(Stelle)에 앉아 거기에 해당하는 임무를 수행하는 것, 혹은 누군가가 수행해야 할 자리나 의무를 '대신' 감당하는 것을 뜻하는 말이다. 그리스도교 전통에서는 그리스도께서 인류를 대신하여, 또 우리 한 사람 한 사람을 대신하여 모든 죄를 속량하신 것을 가리키는 말로 쓰일 때가 많으며 흔히 '대속'(代贖)이라고 하기 때문에 여기서도 주로 '대속'으로 옮기지만, 경우에 따라서는 위에 열거된 다른 말로 옮긴다. 이 말은 꼭 종교적인, 신학적인 의미에서만 사용되는 말은 아니다.

대속*은 생명 전체의 구조다. 어느 한 생명에게 일어난 일은 비슷한 형태로 모두에게 일어날 수 있다. 이런 의미의 '대신함' 은 꼭 무엇인가를 대신하여 제물(Opfer)을 바칠 때 이외에도 다양한 인간관계에서 발생한다. 다만 제물을 바치는 것은 인간 삶의 기본 구조가 제의를 통해 상징적으로 재연된 것이라고 할 수 있다. 그 제물은 '부분이 전체를 대표한다.' (*pars pro toto*)는 의미에서 모든 인간을 위해 바치는 제물이 된다. 제물이 된 이의 생명 전체가, 혹은 그의 재산이 제물 바치는 이를 대신한다. 제물이 된 짐승의 피는 모든 생명을 대표하는 것이며, 제사 도중 그 피를 제단에 뿌림으로써 궁극적으로는 하나님께 되돌아가는 피다. 그러나 성서는 제사 제도의 영역을 넘어서는 다른 의미의 대속에 대해서도 말하고 있다. 그것은 하나님의 종이 많은 사람의 죄를 대신하여 고난을 당한다는 사상이다(사 53장).

대속/대표는 어디서나 일어나는 일이다. 아담은 첫 조상(Stammvater)으로 모든 인간을 대표한다. 모든 사람이 그의 모습을 따라 만들어졌고, 그의 죄는 모두에게 영향을 끼친다. 아담과 유사하면서도 대조를 이루는 그리스도는 새로운 인류의 '조상' 이다(롬 5:12이하). 그러므로 그리스도는 모든 사람이 언젠가는 도달해야 할 모습을 지금 대표하는 분이다. 이스라엘의 조상 아브라함은 이방인의 조상이 된다. 하나님이 아브라함에게 인정해 주신 '의' (義)는 모든 사람을 위한 것이 된다. 아브라함에게 깃든 복이 모든 민족을 위한 복이 된다(갈 3:6이하). 물론 이것은 그들이 믿음을 통해 아브라함과 '친척' 이 되는 것을 전제로 한다. 어쨌든 아브라함은 이런 많은 사람을 대표하는 조상(stellvertretender Stammvater)이다.

대속 모티브의 다양한 형태로는 방금 살펴본 조상 사상 외에 파송 사상(Sendungsgedanke)이 있다. "나를 보는 사람은 나를 보내신 분을 보는 것이다" (요 12:45). 이것은 예수의 제자들에게도 해당된다. "누구든지 너희의 말을 들으면 내 말을 듣는 것이다”(눅 10:16). 심지어 어린이들에게도 해당된다. 누구든지 어린이들을 받아들이는 사람은 예수를 영접하는 것이요, 누구든지 예수를 영접하는 사람은 예수를 보내신 분을 영접하는 것이다(막 9:37).

대속 모티브의 세 번째 형태는 **다른 사람을 위한 행동**(Handeln für andere)이다. 우리는 다른 사람을 위해 기도할 수 있고(롬 1:8), 다른 사람을 위해 세례를 받고(고전 15:29), 다른 사람을 위해 대신 짐을 진다(갈 6:2).

그러므로 **'다른 사람을 위한 죽음'** 이라는 관념은 이렇듯 다양한 대표/대속/대리의 맥락 속에 포함되어 있다. “한 사람이 모든 사람을 위하여 죽으셨으니, 모든 사람이 죽은 셈입니다”(고후 5:14). 죽은 사람을 살려 내어 일으키시는 하나님의 능력에 힘입어 이제 모든 사람이 '새로운 피조물' 이 된다(고후 5:17). 신약성서에는 이런 '포괄적인' 대속 사상과 나란히 '배타적인' 대속 사상이 있다. 요컨대 그리스도는 다른 사람이 당해서는 안 될 고통, 즉 사형(롬 8:3)과 저주(갈 3:13-14)를 담당하셨다는 것이다. 사도 바울도 이와 비슷한 말을 한 적이 있다. 바울 자신 안에 죽음이 작용하는 것은, 교회 공동체 안에 생명이 작용하도록 하기 위함이다(고후 4:12). 하지만 바울은 예수의 생명이 자기 안에 나타난다고도 말한다(4:11). 이로써 바울 자신과 고린도의 교인이 모두 비슷한 처지에 있음을 암시했다. 이것은 그리스도의 대속에 관한 진술과도 비교할 수 있다. 바울의 진술에 따르면, 우리에게 구원을 가져다주는 것은 단순히 그분의 죽음이 아니라 부활을 통해 극복된 죽음이다. 그리스도는 “우리의 범죄 때문에 죽임을 당하셨고, 우리를 의롭게 하시려고 살아나셨습니다”(롬 4:25. 참조-5:10, 6:1 이하, 8:34). 믿은 사람들도 그리스도와 함께 죽고, 그리스도와 함께 부활해야 한다.

대속 모티브는 우리가 모든 피조물, 모든 인간과 한데 얽혀 있음을 의식할 수 있게 해준다. 모든 생명체 안에는 우리와 매우 유사한 정보가 담겨 있다. 모든 생명체 안에는 우리 안에서와 마찬가지로 살고자 하는 의지가 작용하고 있다. 그러므로 피조물 가운데 어떤 하나가 겪고 있는 고통은 항상 대속의 고통이다. 그 고통 없이는 다른 생명체도 살아갈 수 없다. 대속 사상은 바로 이 사실을 인정하고 있는 것이다. 이것은 인간과 인간 사이의 관계를 짓누르는 문제다. 모든 생명은 다른 생명의 희생으로 살아간다. 인간도 처절하게 다른 인간을 밀어 내는 싸움을 벌이면서 살아간다. 대속의 사상은 이 갑갑한 현실을 의식할 수 있게 해주고, 회개의 가능성을 열어 준다. 우리 인간도 적극적으로 서로를 위해 살고, 다른 사람을 도울 수 있다. 나의 짐을 다른 사람에게 지우는 대신 내 삶의 무게를 기꺼이 짊어질 수 있다. 바로 여기서 우리는 삶의 요체와 맞닥뜨린다. 어린이와 청소년도 대속을 경험할 수 있다. 그들도 어떤 중요한 일을 처리할 때는 자신들을 대표(대신)할 누군가에게 그 일을 맡길 수밖에 없다. 그 대표자가 맡아서 하는 일이 그들의 호의를 얻기 위한 것에 불과할 때 그 일은 전혀 다른 모습으로 다가올 것이다. 어쩌면 그런 현실을 애써 외면할 수도 있다. 어린이도 직접 누군가를 대신하는 활동을 할 수 있다. 엄마 아빠를 대신하여 어린이가 직접 애완동물을 돌보게끔 하는 것은 결코 쓸데없는 일이 아니다. 어린이는 그 동물을 대신하여 그의 생명을 돌보는 셈이다. 어찌 보면 책임이란 결국 다른 사람을 위해서 조금이나마 대속/대리/대표의 일을 감당하는 것이다. 이런 일을 통해서 어린이도 동물이 인간과 매우 비슷한 존재라는 사실을 아주 강렬하게 체험할 수 있다. 우리는 이런 **요체적인 상호 배려**(elementares Füreinandersein)가 모두에게 정말 필요하다는 사실을 알고 있다.

거주 모티브[146]

하나님은 구체적이고 감각적인 이 세상을 당신의 집으로 삼으신다. 하나님은 성령으로 인간에게 임재하시고, 그리스도 안에서 친히 인간이 되시고, 거룩한 예전을 통해 현존하신다. 교회는 하나님이 거하시는 '집' 이며, 육안으로도 보이는 그분의 '몸' 이다. 성육신은 하나님이 인간에게 – 비록 죄와 고통 가운데 있는 인간이지만 – 얼마나 가까운 분이신지를 우리가 확실히 느낄 수 있도록 해준 사건이다.

구약성서에도 하나님이 우리 가까이에 오셔서 거하신다는 사상이 나타난다. 그분의 영 혹은 그분의 지혜가 선별된 사람에게 들어와 거하며(지혜서 7:27), 그분의 이름이 성전에 거하기도 한다. 하나님은 이스라엘의 중심에 거하신다. 때가 되면 하나님이 당신의 영광으로 온 땅을 가득 채우실 것이다(시 72:19).

신약성서도 하나님이 이 땅에, 우리 인간 안에 거하신다는 사상을 계승했다. 일차적으로는 예수의 말 속에 그런 요소가 드러난다. 하나님의 거주하심(Einwohnung Gottes)은 로고스가 일방적으로 사르크스 안에 들어오는 성육신 사건으로 나타난다(요 1:14. 참조-골 2:9). 이제는 그리스도가 성전을 대신한다(요 2:18이하). 그리스도는 이 세상에서 하나님의 임재를 체현(體現)한다.

그리스도인들에게도 그와 비슷한 유형의 일이 일어난다. 그들의 몸은 하나님의 영이 거하시는 성전이며(고전 6:19), '그리스도의 지체' (고전 6:15)다. 그들이 모이는 교회 공동체는 하나님의 집이고 성전이며(고전 3:16), '그리스도의 몸' (고전 12:12이하, 롬 12:3이하)이다. 고대 세계에서 '몸' 이라는 이미지는 보통 정치 집단을 가리키는 이미지로 쓰였다. 초기 그리스도교는 그것을 다시 신화화하여, 부활하신 분이 교회 공동체 안에 신비한 모습으로 현존함을 가리키는 이미지로 사용했다. 그러므로 교회 공동체(Gemeinde)도 하나님의 임재를 체현한다.

끝으로 그리스도께서 성례전이 거행되는 자리에 임하신다는 믿음도 거주의 모티브에 속한다. 우리가 그것을 기억 속의 임재로 생각하든지, 식사를 베푸는 주인의 인격적 임재, 혹은 교회 공동체 안의 사회적 임재로 생각하든지, 아니면 빵과 포도주에 그리스도께서 실재로 임재하신다고 상상하든지(요 6:51이하), 어떤 경우든 상관없이 한 가지 분명한 것은 우리가 성례전에 참여할 때 그분도 와 계심을 믿는 것이다. 이러한 거주 모티브에 기초하여 '그리스도 안에 있음' 이라는 신비하고도 상호적인 표현이 나온다. 그리스도인들은 그리스도 안에 있으며(롬 8:1), 그리스도는 그리스도인들 안에 있다(롬 8:10). 요한복음은 그리스도와 하나님이 오신 까닭이 믿는 사람들 가운데 거하기 위함이라고 말한다. 그리스도와 하나님은 믿는 사람들 안에 있고, 믿는 자들은 그리스도 안에 있다(요 14:20이하). 요한1서 4장 16절은 하나님과 관계된 상호적이고 '신비적인' 진술을 하기에 이르렀다. "하나님은 사랑이십니다. 사랑 안에 있는 사람은 하나님 안에 있고 하나님도 그 사람 안에 계십니다."

거주 모티브(Einwohnungsmotiv)가 우리에게 주는 메시지는 이것이다. 하나님은 우리의 삶 한복판에 현존하시며, 그분의 현존을 통해서 그 삶을 거룩하게 만드신다! 이것은 오늘 우리에게도 요체적인 경험이다. 이 세상은 '성례전' 의 성격을 머금고 있어서, 하나님의 선하심을 투명하게 내어비치는 징표가 될 수 있다. 빵과 포도주 같은 사물, 어떤 사람, 또는 믿는 사람들의 공동체가 하나님 현존의 장소가 된다. 거주의 모티브는 우리 주변에 있는, 또 우리 안에 있는 육체적-감각적 실재를 재평가한다. 이 모티브는 길거리의 걸인이나 인생의 실패자에게도 존엄성을 부여한다. 그들도 지극히 높으신 분의 형제다. 그분이 그들 안에 인격적으로 깃들어 계신다. 거주의 모티브가 상징적으로 표현된 것 가운데서 가장 강력한 것이 바로 성육신 사상이다. 하나님 스스로 구체적인 인간 안에 들어오신 사건이다. 드높이 치솟았다가도 저 아래로 다시 곤두박질치는 인간의 모든 실존, 그 인간의 고통과 죽음 속으로 들어오신 것이다. 어린이들은 실재를 주관적인 이미지로 받아들일 뿐만 아니라, 객관적인 실재 이상의 가치를 지닌 실체로 경험할 수 있다. 우리의 현실 속에서 단순히 눈으로 확인할 수 있는 실재만이 아니라, 그 너머의 어떤 것을 경험하는 능력은 우리의 평생을 동반하는 요체적인 심층 체험(elementares Tiefenerleben)이다. 그것은 항상 현존하는 어떤 심층적 차원과 더불어 우리의 현실을 집중적으로 체험하는 것이다.

신앙 모티브

하나님과 구원은 신앙을 통해 인간에게 환히 열리는 세계다. 신앙이란 누군가를 신뢰하는 통전적인 행위로서, 신앙인이란 자기 삶의 토대를 자기가 아닌 다른 어떤 것에 두는 사람이다. 하나님이 말씀의 통로로 사용하는 모든 사람들의 중심에는 예수 그리스도가 있다.

구약성서에서 신앙은 일단 어떤 말씀이나 사람에 대한 인간적인 신뢰를 가리키는 것이다(잠 14:15, 26:25, 창 45:26). 이러한 신뢰의 자세는 아브라함 전승(창 15:6)과 이사야(사 7:9, 28:16)에 와서 하나님에 대한 태도로 이해된다.

신약성서에서 신앙은 (유대 전통을 계승하여) 하나님과 그리스도에 대한 신뢰, 즉 우리의 삶에 터전이 되는 신뢰를 의미한다. 여기서 눈에 띄는 것은 신앙에 대한 진술과 외적인 과정의 상관관계다. 신약성서는 신앙이 오는 것과 그리스도가 오는 것(갈 3:23, 막 2:17)에 대해 말한다. 신앙이 승리하고 그리스도가 승리한다(요일 5:4, 요 16:33). 신앙이 전능하고 하나님이 전능하시다(막 9:23, 10:27). 신앙이 있느냐 없느냐에 따라 내적인 '심판' 이 있고, 하나님의 외적인 심판도 있다. 하나님도 우리를 의롭다 인정하시는 것 같이 신앙도 우리를 의롭다고 인정한다. 이 모든 것이 단순한 관용구인 것은 아니다. 신앙은 하나님의 외적인 구원 역사와 구원자 예수의 인격 안에서 나의 중심이 흔들리지 않도록 해준다. 신앙에 대한 진술은 하나님의 다양한 역사에 상응하여 다양한 모습으로 나타난다.

유일하신 한 분 하나님만을 창조주 하나님으로 믿는 '창조의 신앙' (Schöpfungsglaube)은 드물다(약 2:19, 히 11:3). 기나긴 역사의 노정에서 드러난 신실함과 인내, 즉 '확증의 신앙' (Bewährungsglaube)도 간간히 눈에 띈다(히 11:4이하). 그보다 자주 등장하는 것은 기적 신앙과 기도의 신앙 속에서 하나님의 도우시는 힘을 믿는 '신뢰의 신앙' (Vertrauensglaube)이다(막 2:5, 막 11:22-23, 약 1:6, 5:15). 하지만 신앙은 다른 무엇보다도 '고백의 신앙' (Bekenntnisglaube)이다. 이 신앙은 예수를 주인으로 고백하는 신앙이며, 의롭다고 인정해 주고 구원하는 능력을 가진 신앙이다(막 1:14-15, 롬 10:9 등). 그러므로 이 신앙은 하나님 신앙, 그리스도론, 윤리와 연결되어 있다.

신앙 모티브는 거주 모티브하고는 거의 반대되는 특징들을 가지고 있다. 신앙 모티브가 부각된 텍스트에서 하나님은 초월적인 분으로 이 세상과는 전혀 다른 곳에 계신다. 그 하나님이 이 세상의 실재 속으로 몰아쳐 오신다. 인간도 신앙을 통해 자신의 유한한 현실을 초월하고 신적인 실재 속으로 들어간다. 그리고 자기 바깥에서 어떤 확실한 터전을 발견하게 되니 그것은 "바라는 것들의 확신이요, 보이지 않는 것들의 증거" (히 11:1)이다.

신앙 모티브는 우리의 삶에 동기를 부여해 주는 삶의 모티브다. 인간이 함부로 좌지우지할 수 없는 어떤 궁극적 실재가 있다. 삶을 살아가는 데 필요한 용기는 이 궁극적 실재에 대한 신뢰에서 나온다. 이 신뢰는 한 인격에 대한 신뢰와 비교할 수 있다. 여기에는 항상 '위험' 요소가 있다. 우리가 누군가를 신뢰한다고 할 때, 미리부터 어떤 완벽한 안전 체계를 구축할 수는 없다. 실재의 총체적 체계에 대한 신뢰도 마찬가지다. 여기서도 우리는 어떤 아주 단순한 것, 즉 **요체적인 근원적 신뢰**(elementares Grundvertrauen)와 마주하게 된다. 모든 사람은 이 근원적 신뢰를 안고 인생의 길을 걸어간다. 이 신뢰가 깨지면 그 인생에 어두운 그림자가 드리운다. 다행히도 대부분의 어린이는 자기에게 가장 친밀한 사람들과의 관계 속에서 이 신뢰의 감정을 발전시킨다.

아가페 모티브

사랑은 하나님과 인간에 대한 긍정적인 관계의 토대가 된다. 이 세상을 함께 살아가는 사람 가운데 우리가 사랑으로 관계를 맺는 사람이 우리의 이웃이다. 여기서 사랑이란 떠나가 버렸던 사람을 되찾는 것, 혹은 낯선 사람을 받아들이는 것일 수도 있고 원수에 대한 사랑일 수도 있다. 그리스도는 이러한 사랑의 원형(原形)이다. 그의 헌신은 하나님의 '원수' 였던 사람들을 위한 사랑이다.[147]

신앙이 일방적으로 사람에게서 출발하여 하나님과 그리스도를 향해 가는 것이어서 인간적인 관계에는 적용되지 않은 반면, 사랑은 하나님과 그리스도와 인간을 하나로 연결시킨다. 그리고 이 사랑은 일방적인 것이 아니라 상호성에 기초한 것이다. 이웃 사랑의 역사는 구약성서에서 시작된다. 성결법전(레 19:18)도 개인적인 원수를 사랑하는 것까지 포함하는 사랑을 말한다. 그 원수에게 보복을 해서는 안 된다. 또한 사랑은 약한 사람에 대한 사랑이다. 우리는 그런 사람을 도와야 마땅하다. 레위기 19장 34절을 보면 사랑은 그 땅에 살아가는 이방인에 대한 사랑으로까지 확대된다. 그러므로 구약성서가 일찍부터 강조하고 있는 이웃 사랑은 원수 사랑, 약자 사랑, 이방인 사랑까지 포함하는 사랑이다. 신명기에서는 하나님과의 관계도 사랑으로 이해된다. 신명기는 봉신이 주군에게 바치는 정치적 충성의 언어를 빌려 그 사랑을 표현하고 그것을 백성 전체에게 확대하여 적용한다(신 6:5).

예수 이전의 유대교도 이 두 가지 사랑(하나님 사랑과 이웃 사랑)의 명령을 권고문의 형태로 결합시킨 바 있다(『열두 족장의 유언서』TestXIIPatr: TestIss 5,2: TestSeb 5,1 등). 하지만 하나님 사랑과 이웃 사랑의 이중 계명을 명백하게 병렬시키고, 두 명령이 가장 중요한 명령임을 부각시킨 것은 공관복음서 전승이 처음이었다. 우리는 여기서 전통에 의해 규정된 사랑의 한계선이 확장되는 것을 목격하게 된다. 이러한 확장은 근본적으로 예수에게서 기인한 것이다. 이웃 사랑은 원수 사랑(마 5:43이하), 이방인 사랑(눅 10:25이하), 죄인 사랑(눅 7:36이하)이라는 급진적인 형태의 사랑으로 확대된다. 그러나 예수는 하나님의 사랑에 대해서는 말하지 않는다. 그는 사랑을 인간의 행동으로 이해한다.

바울에 와서야 비로소 신적인 사랑과 인간적인 사랑에 대한 말이 함께 나온다. 그러나 바울 역시 인간과 인간 사이의 사랑을 명백하게 하나님 사랑의 토대 위에 두지는 않는다. 그 대신 사랑을 절대화하고, 사랑을 찬미하는 노래를 만든다. 이 노래에서 사랑은 의인화된 힘이며, 그 힘은 교회 공동체에 영향을 끼친다(고전 13장). 바울이 말하는 사랑은 인간 안에 있는 자연스러운 본능과 충돌한다. 사랑은 성령의 첫째 열매로서 '육체'의 행실과 반대된다(갈 5:13-26). 사랑은 그 밖에도 국가의 강제적 질서와도 긴장 관계에 있다. 국가의 질서는 원수 갚는 일을 추진하지 않을 수 없지만 사랑은 그것마저도 포기하기 때문이다(참고 – 롬 12:19이하, 13:1이하). 사랑은 심지어 종교적 카리스마(은사)와도 갈등할 수 있다. 예컨대 사랑은 지식, 예언, 방언(고전 8:1이하, 13:1이하)과 다른 면모를 지니고 있다. 사랑은 최고의 카리스마이며, 그것이 없다면 다른 카리스마는 아무런 가치가 없다.

요한복음은 하나님 사랑과 인간 사랑의 두 전통을 한데 녹여, 그 두 가지가 서로 어떤 관련을 맺는지를 확실하게 보여준다. 요컨대 하나님과 예수께서 제자들을 사랑하신 것과 같이 제자들도 서로 사랑해야 한다(요 13:34-35, 15:9이하). 여기서 사랑은 교회 공동체 내부에만 한정되는 것 같지만, 그 사랑은 외부 환경에도 영향을 끼친다. 제자의 제자 됨은 그의 사랑을 보면 알 수 있다. 이 사랑은 윤리적 계명보다 훨씬 크다. 사랑은 하나님의 실재와 상응하는 것이다. 요한문헌(*Corpus Johanneum*)에서 우리는 하나님의 본질을 사랑으로 정의하는 대목과도 만나게 된다(요일 4:16). 이렇게 사랑이 구원의 실재이며 윤리적 명령으로 새롭게 파악되고, 모든 것 가운데서 중심적 지위를 차지하게 된 결과 요한의 예수는 사랑의 계명이야말로 (이것이 레위기 19장 18절에 이미 나오지만) '새로운 계명'이라고 선포한다(요 13:34-35). 원칙적으로 새로운 것은 이 계명이 이제 핵심적 지위를 차지하게 됐다는 사실이다. 그리하여 사랑은 그리스도교의 가장 중요한 계명이 되었다.

아가페 모티브는 신앙과 신뢰의 에너지를 이웃에게 쏟아 붓는다. 여기서 이웃은 어차피 우리와 가까운 사람만 말하는 것이 아니라 우리와 생각이 다른 사람, 우리에게 낯선 사람, 심지어 우리의 원수까지 포함한다. 인간의 얼굴을 한 모든 것이 원수처럼 다가올 수도 있다. 하지만 모든 원수가 우리의 동료로 변할 수도 있다. 인간의 얼굴을 한 모든 것이 우리에게 한 다발의 고통으로 다가올 수도 있지만, 우리로 하여금 그 고통의 현실을 바꿔 나가도록 자극을 줄 수도 있다. 이것이 바로 요체적인 더불어-인간성(elementare Mitmenschlichkeit)이다.

입장 바꾸기 모티브

하나님은 낮추기도 하시고 높이기도 하신다. 하나님은 첫째를 꼴찌로 만드신다. 인간에게 언제라도 자기 지위를 포기할 수 있는 마음의 자세를 요구하신다. 자발적으로 자신의 지위를 포기하고 마지막에는 (금욕이나 순교의 형태로) '자기 낙인찍기' (Selbst-Stigmatisierung)의 경지까지 오르는 사람은 다른 사람을 변화시키는 능력을 발산한다. 그리스도에게서는 더 큰 능력이 나온다. 그는 심판자이시지만 심판을 당하셨고, 제사장이시나 제물이 되셨고, 온 세상의 주인이시나 노예가 되셨다. 그는 십자가에서 죽으심으로 새로운 생명의 근원이 되셨다.[148]

이 근본 모티브는 구약성서에서 하나님의 역사적 행적을 해석할 때도 등장한다. 사무엘상 2장 6-7절에서 한나는 기쁨에 겨워 이렇게 노래한다. "주님은 사람을 죽이기도 하시고 살리기도 하시며, 스올로 내려가게도 하시고, 거기에서 다시 돌아오게도 하신다. 주님은 사람을 가난하게도 하시고, 부유하게도 하시고, 낮추기도 하시고, 높이기도 하신다."

신약성서의 마리아 찬가도 이러한 관점을 계승한다. "그는 제왕들을 왕좌에서 끌어내리시고 비천한 사람을 높이셨습니다"(눅 1:52). 마리아 자신이 이 같은 역전의 모델이다. 마리아는 그 '비천함' 에도 불구하고 메시아의 어머니가 되었다. 메시아가 약자 가운데 한 사람으로 태어난 것도 근원적인 입장 바꾸기의 표현이다. 이 모티브는 신약성서의 예수 이미지에서도 도드라진다. 하나님과 동일하신 분이 십자가에 못 박혀 죽기까지 낮아지셨는데, 하나님이 그분을 다시 높이셨다(빌 2:6이하).

입장 바꾸기 모티브는 윤리적 권고의 형태로도 나타난다. 신약성서는 지위를 포기할 것과 겸손할 것을 요구하고 교만을 경고한다(벧전 5:5). 교회 공동체에서 첫째가 되려고 하는 사람은 모든 사람을 섬길 자세가 되어 있어야 한다. 이로써 이 세상의 지배자들과 구별되어야 한다(막 10:42이하). 이 점에 있어서 누구보다도 예수 자신이 모범이었다. 요한복음에 나타난 예수는 제자들의 발을 씻겨 준다. 이로써 예수는 주인이지만 노예의 역할을, 스승이지만 제자의 역할을, 남자로서 여자의 역할을 떠맡는다(요 13:1이하). 우리는 복음서 전체를 역할 바꾸기 모티브로 설명할 수 있다. 천사의 섬김을 받아 마땅한 분이 자기 생명까지 내어주면서 모든 사람을 섬긴다(막 1:13, 10:45).

끝으로 이 모티브는 종말론에도 등장한다. 성서의 종말론은 최후의 심판 때 꼴찌가 첫째가 되고, 첫째가 꼴찌가 될 것이라고 말한다(막 10:31). 순교자 사상도 입장 바꾸기 모티브의 변형이라고 볼 수 있다. 세베대의 두 아들은 순교자가 될 것이라는 예언을 받는다. 이로써 그들은 첫째였다가 꼴찌가 되었다!(막 10:35이하).

입장 바꾸기 모티브(Positionswechselmotiv)는 이웃 사랑 다음으로 중요한 윤리적 가치다. 위계적 질서에 따라 구성된 사회에서 자기의 지위를 상대화하는 자세, 상대방의 지위와는 별개로 그 사람을 대하는 자세야말로 최소한의 위계와 원칙적인 평등을 결합시킬 수 있는 유일한 길이다. 과거에는 입장 바꾸기 모티브를 '겸손'이라고 불렀다. 이것은 높은 위치에 있는 사람이 다른 사람을 섬기는 자세를 포함하는 말이다. 하지만 겸손은 약자를 통제하기 위한 수단으로 오용될 때가 너무 많았다. 일차적으로 겸손은 높은 지위에 있는 사람에게 요구되는 덕목이다. 겸손은 한 사람이 어떤 서열에 있건, 어떤 지위에 있건 상관없이 그 사람의 가치를 인정해 주는 것이며, 높은 사람이건 낮은 사람이건 평등하게 대하는 것이다.

큰 사람이 작아지고 작은 사람이 커지는 것은 모든 어린이의 자연스러운 소망이다. 어른과 어린이 사이의 관계는 일단 어른이 어린이의 눈높이에 맞춰 주고 그 어린이를 존중하여 높여 줄 때 인간적인 관계로 발전한다. 이런 관계 속에서, 그리고 인생의 여러 지점에서 일어나는 **요체적 지위 극복**(elementare Statusüberwindung)이 있다.

심판 모티브

하나님의 법정에 선 인간은 자신이 행한 모든 일에 대해 책임을 추궁받는다. 인간은 자기가 행한 일에 따라 평가를 받는다. 하나님이 정하신 윤리적 기준에 따라 그에게 판결이 떨어진다. 최종적인 판단 기준이자 심판관은 바로 예수다.

심판자이신 하나님은 왕 되신 하나님과 밀접한 관련이 있다. 마치 왕이 사회적 약자의 권리를 되찾아 주듯이 하나님은 '온 땅의 심판자'(창 18:25)가 되신다. 인류의 역사는 태초부터 인간의 범죄, 하나님의 심판, 새로운 은혜의 순환이다. 예언자들은 이러한 법률적 역사관을 이스라엘의 의식 속에 깊이 각인시켰다. 묵시문학은 하나님의 심판을 우주적 차원으로 확대시킨다. 하나님의 심판은 땅 위의 왕들에게만 해당되는 것이 아니라 하늘의 모든 존재에게도 확장된다(사 24:11이하). 죽은 사람도 이 심판의 대상이다(단 12:2).

이러한 우주적 심판 사상은 신약성서의 인간관에도 영향을 끼친다. 바울은 사람의 마음에 적혀 있는 '율법의 일'과 양심의 목소리를 내적인 심판의 과정으로 묘사하는데, 이것은 마지막 심판의 전조다(롬 2:12-16). 심판 사상은 이미 일어난 구원과도 연결되어 있다. 요컨대 하나님은 그리스도 안에서 육체의 죄를 벌하셨고, 이로써 그리스도인은 성령 안에서 하나님의 명령을 성취할 수 있게 되었다(롬 8:3-4). 그러므로 그리스도인에게는 더 이상 정죄함이 없다(롬 8:1).

하지만 심판의 내면화와 현재화는 신약성서의 특징이 아니다. 신약성서의 심판 모티브에서 특이한 점은 오히려 심판과 구원의 긴장 관계다. 신약성서에 나타난 하나님은 때로는 벌을 내리는 심판관이시고, 때로는 모든 사람이 구원받기를 원하시는 능력이다(딤전 2:4). 이 긴장 관계로 인해 신약성서에는 세 가지 형태의 심판 사상이 생겨난다.

(1) 공관복음 전통은 심판의 자리에서 벌어지는 역설적인 뒤바뀜에 대해 말한다. 첫째가 꼴찌가 된다(마 20:16). 잃어버린 자와 죄인이 오히려 기회를 얻게 된다.

(2) 제2바울서신은 마지막에는 모두가 속죄함을 얻는다고(Allversöhnung) 주장하는 경향이 있어서 결과적으로 심판을 상대화한다. 심판의 목표는 만물이 그리스도 안에서 통일하는 것이다(엡 1:10). 여기에는 심판의 엄격함이 들어설 여지가 없다. 에베소서에서는 심판의 모티브가 크게 후퇴한다.

(3) 요한복음은 심판을 내면화한다. 지금 믿느냐 믿지 않느냐에 따라 이미 심판이 일어나고 있다(요 3:17, 12:47). 예수 자신은 그 누구도 심판하지 않는다. 인간이 불신앙으로 인해 스스로를 심판할 뿐이다(요 12:47). 비록 이 사상이 끝까지 관철되지는 않았지만 한 가지 분명한 것이 있다. 그것은 최후의 법정이 죄인의 잘못을 사해 주는 것이 인과응보의 윤리적 합리성을 해체하기는 하지만, 그래도 여전히 법률적인 틀에 묶여 있다는 사실이다.

심판 모티브(Gerichtsmotiv)는 하나님 앞에서 모든 인생이 자기의 삶에 대해 책임을 져야 한다는 사실을 환기시킨다. 그것은 마치 우리가 항상 재판관 앞에 있는 것처럼 사는 것이다. 그 재판관은 우리의 생각, 말, 행동을 심판하는 분이다. 사실 우리의 문화는 이렇듯 인생을 '법정화' (Tribunalisierung) 하는 것에 반감을 가지고 있다. 하지만 이것은 우리 자신의 '초자아' (Überich)가 주도하는 무자비한 재판의 이미지 때문이다. 창조주의 재판은 이와는 다르다. 그는 '자기 손으로 지으신 작품' 을 자비롭게 대하시기 때문이다. 그분은 인간의 양심이 허용하는 것보다 훨씬 자비로운 분이다. 어쨌든 건강한 성장 과정을 거친 사람이라면 그럼에도 불구하고 요체적인 양심의 경험(elementare Gewissenserfahrung)을 하게 된다.

칭의 모티브

인간이 자기 실존의 근거를 규명할 수 없는 것과 마찬가지로 자기 현존재(Dasein)의 합법성의 근거도 스스로 제시할 수 없다. 인간의 실존은 '없음' 에서 창조된 것이다. 인간이 자신의 육체적 실존을 무조건 '수용' 할 수밖에 없듯이, 그 피조성도 그저 수용하는 것 외에 다른 도리가 없다. 인간이 자기를 만들어 낸 것은 아니다. 칭의의 토대는 그리스도 안에 있는 하나님의 새로운 창조 행위다.

칭의 모티브(Rechtfertigungsmotiv)는 심판 사상의 일부로 이해될 수도 있지만 심판 사상을 초월하는 것이기도 하다. 칭의 모티브에서 하나님은 창조주로서 인간으로 하여금 자기의 삶을 다시 한 번 시작할 수 있도록 해주며, 또한 이 세상에 정의를 이루는 '왕' 이시며, 모든 것을 대신하여 희생의 제물을 바치는 제사장이시다. 그러나 하나님은 무엇보다도 사랑이시다. 그 사랑은 인간이 그럴 자격이 없음에도 인간을 무조건 수용하는 사랑이다. 이 모티브는 칭의의 개념적 규정에 얽매이지 않는다.

칭의 모티브는 원-역사(原-歷史, Urgeschichte)에도 이미 등장한다. "주님께서는, 사람의 죄악이 세상에 가득 차고, 마음에 생각하는 모든 계획이 언제나 악한 것뿐임을 보시고서, 땅 위에 사람 지으셨음을 후회하시며 마음 아파하셨다"(창 6:5-6). 그래서 모든 것을 없애시고 노아 한 사람만 구하셨다. 하지만 홍수가 지나간 뒤 하나님은 인간이 전혀 변하지 않는다는 사실을 재차 확인하면서도 이 땅과 인간에게 언약의 말씀을 주신다. "다시는 사람이 악하다고 하여서, 땅을 저주하지는 않겠다. 사람은 어릴 때부터 그 마음의 생각이 악하기 마련이다. 다시는 이번에 한 것 같이, 모든 생물을 없애지는 않겠다"(창 8:21). 아브라함이 소돔 성을 위해 하나님께 부탁하는 장면(창 18:16이하)을 보면, 하나님은 소수의 의로운 사람만 있어도 심판을 포기하실 마음이 있다. 안타깝게도 소돔에는 의로운 사람 열 명이 없었다. 멸망의 위기에서 끝없는 자비로 급선회하는 대목은 성서에서 자주 발견된다. 호세아는 이스라엘 백성이 하나님께 돌아오지 않는다고 탄식한다. 그런 까닭에 이스라엘은 소돔과 같은 운명을 겪은 아드마와 스보임처럼 멸망할 위기에 처한다. 그런데 하나님은 이스라엘을 멸망시키지 않으시고 오히려 돌이켜 이스라엘 백성에게 오신다. "내 마음이 내 속에서 돌이키어, 나의 모든 긍휼이 불붙는 것 같도다. 내가 다시는 에브라임을 멸망시키지 않겠다. 나는 하나님이요, 사람이 아니다"(호 11:8-9). 하나님은 의로우신 분이다. 그렇기 때문에 심판은 은총으로 바뀐다.

우리는 세례요한의 메시지에서 예수의 메시지로 넘어가는 지점에서도 이런 변화를 볼 수 있다. 세례자는 임박한 심판을 선포했다. 그러나 그 심판은 오지 않았다. 그에 비해 예수는 하나님의 구원을 선포했다.

바울은 성서 메시지의 핵심을 칭의 메시지로 파악했다. 본래 모든 인간은 하나님에게서 등을 돌렸기 때문에 하나님의 진노 아래 있다(롬 1:18이하). 하지만 한 분, 나사렛 예수로 인해 그 '진노'는 끝없는 '의'로 변한다(3:21이하). 칭의 사상의 밑바탕이 되고 있는 '의'(Gerechtigkeit) 개념은 중립적인 의, 즉 착한 사람에게는 상을 주고 악한 사람에게는 벌을 주는 의가 아니다. 이 의는 당파적인 의, 즉 약하고 가난한 사람들을 도와주고, 심지어 죄인의 편에 서는 의다. 이 의는 단순한 의 이상이다. 그것은 사랑이요, 용서다. 이것은 단순히 새로운 법질서를 정립하는 것이 아니라 새로운 인격적인 관계를 받아들임이다. 로마서 5장 1절 이하는 바로 이런 의미에서 칭의 메시지를 심화시키고 있다. 그리고 이것은 로마서 8장 31절 이하에서 클라이맥스에 도달한다. "그 어떤 것도 우리를 하나님의 사랑에서 끊을 수 없다!" 여기서도 심판이라는 틀은 그대로 남아 있다. 하지만 사랑이 있기 때문에 그 심판은 본격적으로 진행되지 않는다. 일단 고발자[원고]가 없다. "누가 능히 하나님께서 택하신 자들을 고발하리요, 의롭다 하신 이는 하나님이시다"(8:33). 게다가 심판자[재판장]도 없다. "누가 정죄하리요, 죽으실 뿐 아니라 다시 살아나신 이는 그리스도 예수시니 그는 하나님 우편에 계신 자요, 우리를 위하여 간구하시는 자시니라"(8:34). 오직 변호자만 있다. 구원의 토대는 그가 죽으심, 그리고 그가 죽음을 극복하심이다. 분노가 의로움으로, 적대감이 화해로 전환되는 것은 그리스도가 죽으셨다 다시 살아나심을 통해서 가능하다. 바울은 하나님의 이 무한한 은총이 우주적인 것임을 선언했다. 이 은총은 유일하신 한 분 하나님을 인정하지 않았던 이방인에게도 유효하다. 지금도 하나님의 원수로 사는 사람들에게도 유효하다. 궁극적으로 이 은총은 '없음'에서의 창조(*creatio ex nihilo*)만큼이나 무조건적인 것이다. 하나님의 의에 대한 아브라함의 믿음은 "죽은 자를 살리시며 없는 것을 있는 것으로 부르시는"(4:17) 분에 대한 믿음이다.

칭의 모티브는 생명이란 그 어떤 것으로도 파괴할 수 없는 것임을 보여준다. 걸핏하면 인간은 경우에 따라 (예컨대 전쟁, 사형 선고, 낙태, 배아 복제 연구의 경우) 상대방의 생명 권리를 부인할 수 있다고 주장하지만, 생명은 모든 실패와 좌절에도 결코 소멸되지 않는 생명의 권리를 지니고 있다.

고가의 재화가 오고 가는 갈등 상황에서 피치 못하게 죄를 짓는 일이 생길 수 있다. 하지만 우리가 갈등을 느끼는 것은, 우리 안에 생명에 대한 요체적인 긍정(elementare Lebensbejahung)이 있기 때문이다. 비록 그것이 하나님의 무한하신 긍정의 미약한 메아리에 불과하다 할지라도…….

이 두 가지 근본 원칙(Grundaxiom)과 열네 가지 근본 모티브(Grundmotiv)는 '성서의 영'(Geist der Bibel)이다. 모든 근본 모티브는 그리스도와 연관되어 있다. 이 모든 것은 성서의 테마일 뿐 아니라 다양한 내용을 구조화한다. 이것은 전통 교리의 문구보다 더 근본적인 것이다. 그래서 우리는 이것을 성서적 기호 언어의 '문법'이라고 부른다. 비록 여기에 모아놓은 규칙이 언어학적 '문법'의 정확성에는 못 미친다 하더라도 말이다. 하지만 우리의 근본 모티브와 원칙은 '성서의 영'을 파악하기에는 충분하다. 내 의견으로는, 바로 이 성서의 영이 있기 때문에 시대의 격변 속에서도 성서적 정체성이 가능하고, 그 정체성을 바깥을 향해 내보이는 것도 그 영 때문에 가능하다.[149] 우리가 살펴본 성서의 모티브는 우리 삶의 요체적 모티브이며, 혹은 앞으로 그렇게 될 가능성이 있다. 피조물의 감정, 의미에 대한 기쁨, 기적 체험, 소외의 감정, 희망, 회개의 기회, 새 출발의 의식, 누군가를 위하는 배려의 삶, 깊이의 체험, 근본적 신뢰, 함께-인간 됨, 지위의 극복, 양심 경험, 생명 긍정이 그것이다. 성서 텍스트에 담겨 있는 이런 여러 가지 자극은 지금 우리의 삶에 현존하는 모티브와 합류한다. 성서의 모티브는 우리 삶의 모티브를 해석할 수 있는 틀을 제공한다. 모든 것은 궁극적 실재와 관련을 맺는다. 그것은 단순히 삶의 모티브, 신앙의 모티브에 그치지 않는다. 그 모티브를 내면화하는 사람은 자기 스스로 성서 안에서 또 다른 '모티브'를 찾게 된다. 성서는 이렇게 자기 자신의 힘을 강화하는 동기부여의 힘(Motivationskraft)을 지니고 있다.

위에 열거한 (그리고 언제라도 보충될 수 있는) 근본 모티브는 (1) 성서의 텍스트를 교수학적으로 분석할 수 있도록 도와준다. 근본 모티브를 염두에 둘 때 우리는 텍스트를 어떤 방향으로 해석할지, 어떻게 다루어야 할지 알게 된다. 물론 그 모티브를 기계적으로 적용해서는 안 된다. 각각의 텍스트를 열린 자세로 연구함으로써 오히려 모티브의 목록이 확대될 수 있도록 하는 것이 중요하다. 한 걸음 더 나아가, 이 근본 모티브는 (2) 성서의 텍스트와 주제를 선정할 때 '성서의 영'이 작동하고 있는지 따져보는 데 기여한다. 이 두 가지 과제를 제대로 수행하려면 근본 모티브만 가지고는 충분하지 않다. 첫째, 근본 모티브가 교수학적 분석의 도구 역할을 감당하려면 텍스트에 대한 정밀한 독서와 결합되지 않으면 안 된다. 둘째, 그것이 교수학적 선별의 도구로 작동하려면 최소한 양식사 비평의 도움은 받아야 한다. 이 두 가지를 짧게 설명하려고 한다.

분석의 기준으로 작동하는 근본 모티브

근본 모티브는 개별 텍스트를 교수학적 내용에 따라 분석하는 데 도움을 주는 교수학적 도구다. 하나의 표본으로 성서의 창조 이야기를 들 수 있다(창 1-3장).[150] 여기에는 여러 가지 다양한 근본 모티브가 응축되어 있다. 제일 처음에는 **창조 모티브**가 나온다. "태초에 하나님이 하늘과 땅을 만드셨다." 히브리어 동사 *bara*(=창조하다)는 하나님의 창조 행위에만 사용되는 단어다. '하늘과 땅'이라는 표현은 만물의 총체를 뜻하는 말이다. 그런데 바로 다음에 나오는 문장은 앞 문장의 의미를 약간 상대화한다. "땅이 혼돈하고 공허하며, 어둠이 깊음 위에 있고, 하나님의 영은 물 위에 움직이고 계셨다"(창 1:2). 하늘과 땅 이외에 또 다른 무형의 카오스가 있다는 말인가? 이 문장의 배경에는 하나님이 카오스의 힘으로부터 이 세상을 구해 낸 것이라는 신화적 세계관이 깔려 있다. 그러나 다른 신화와는 달리 하나님은 세상을 싸워서 얻어 낼 필요가 없다. 그분은 말씀으로 그 일을 이루신다.

이 창조는 분리함이다. 하나님은 빛과 어둠, 하늘과 땅, 식물과 짐승, 남자와 여자를 분리하신다. 이 모든 일은 무기물에서 시작하여 인간에 이르기까지 순차적인 질서에 따라 이루어진다. 이 세상에는 구조가 있다. 질서와 서열이 있다. 지혜 모티브가 나날의 작품을 차례로 나열한다. 그때마다 마치 확인이라도 하듯 이런 말이 따라붙는다. "하나님이 보시기에 좋았다!"(창 1:9, 25, 31). 이 긍정은 그것을 듣는, 혹은 읽는 사람들에게 공감의 메아리를 일으킨다. 이 세상은 원래는 좋은 것, 질서 있는 것이다. 이 세상은 카오스가 아니라 생명의 공간이다.

두 번째 창조 기사(창 2:5이하)는 인간 세상에 초점을 맞춘다. 남자와 여자를 창조하는 장면에서는 아가페 모티브의 요체가 드러난다. 아담은 다른 모든 피조물에서 자기와 비슷한 것을 찾았으나 아무것도 발견하지 못했다. 자기의 갈비뼈로 만든 여자만이 자기에게 필적할 만한 존재다. "이는 내 뼈 중의 뼈, 살 중의 살이다!"(창 2:23). 그래서 그는 그 여인에 대한 그리움에 사로잡히고 그 여인과 한 몸이 된다. 그가 아버지와 어머니조차 떠나면 (이것은 이 이야기를 들려주는 사람이 살았던 세계, 즉 가부장제 사회의 관습에 거슬리는 것) 성적인 욕구는 도저히 억제할 수 없는 것이 된다. 그러나 이 욕구는 단순한 섹슈얼리티 이상이다. 여기서 인간이 느끼는 기쁨은 모든 친밀한 사람, 곧 나의 뼈 중의 뼈요 살 중의 살처럼 친밀한 모든 사람에게서 경험하는 것이다.

최초의 남자와 여자는 동산을 잘 가꾸면서 살게끔 되어 있었다. 하지만 그 동산의 나무들 가운데서 두 개의 나무에서 나는 열매는 건드리는 것도 허용되지 않았으니, 하나는 생명의 나무였고 다른 하나는 선과 악을 구별하게 해주는 인식의 나무였다. 이것만큼은 금지된 것이었다. 이것은 사실

모순이다. 인간이 도무지 계명이 무엇인지를 알려면 최소한 선과 악은 구분할 수 있어야 하기 때문이다. 인간은 왜 금지가 존재하는지 알고자 한다. 인간은 계명을 위반했을 때 일어나는 나쁜 결과를 맛본 뒤에야 금지의 존재 이유를 이해할 수 있다. '타락' 은 소외 모티브를 이야기로 재현한 것이다. 바야흐로 인간은 하나님과 똑같이 선과 악에 대한 지식을 갖게 되었으나 하나님과 똑같은 생명을 소유하지는 못했다. 원래 인간이 하나님과 비슷한 데다가 선악을 구분하는 지식까지 갖추었으니 정말 하나님과 닮았다고 느낄 수도 있지만, 바로 그것 때문에 하나님과의 거리가 오히려 더욱 크게 느껴지는 것이다. 인간은 유한하고 결국은 죽을 수밖에 없는 운명이기 때문이다. 이것이 구체적으로 의미하는 바는 무엇인가? 만일 인간이 안전한 동산에서 세상 경험 없이 살았다면 – 그 동산을 돌보는 일이야 했겠지만 – 고된 노동을 하면서 근근이 목숨을 부지할 필요는 없었을 것이다. 노동 그 자체가 아니라, 기쁨이 없고 고되기만 한 노동의 현실이야말로 하나님에게서 멀어진 인생의 징표다. 인간이 영원히 산다면 다음 세대를 길러낼 필요도 없다. 아이를 낳고 기르는 수고는 우리로 하여금 하나님에게서 멀리 떨어진 인생을, 생명의 상실을 회상하게 만든다.

창조 이야기는 우리가 정말 무궁무진한 것을 발견할 수 있는 풍요롭고도 함축적인 텍스트다. 여기서는 다만 그 텍스트로부터 어떤 학습 목표(Lernziel)를 찾아내되, 텍스트에 최대한 충실한 학습 목표를 찾는 법을 보여주려고 한다. 그 학습 목표라는 것이 오늘의 가치관이나 관심사를 텍스트에 투영하는 것이어서는 안 되기 때문이다. 그러므로 우리가 거듭거듭 강조해야 하는 것이 있다. 아무리 독일어 문법을 잘 익혔다고 해도 괴테의 작품을 안 읽고 넘어갈 수 없듯이, 아무리 성서의 근본 모티브를 잘 분석했다고 해도 그것이 성서의 다채롭고 생명력 있는 텍스트를 직접 읽는 것을 대체할 수는 없다. 근본 모티브가 중요한 것은, 성서 전승의 다양한 해석과 지속적인 영향력 가운데서 어떤 것이 중요한 것인지를 점검할 수 있게 해주기 때문이다.

성서 내용의 요체화를 설명하기 위한 두 번째 사례로 신약성서에 나오는 포도원 품꾼의 비유(마 20:1-16)를 들어보자.[151] 포도원 주인은 포도원에서 일할 사람을 찾기 위해서 이른 아침부터 저녁까지 네 번이나 밖에 나갔다 온다. 포도원 주인은 처음 만난 일꾼들에게만 한 데나리온의 품삯을 약속한다. 두 번째로 만난 일꾼들에게는 '적당한 품삯' 을 약속한다. 세 번째, 네 번째로 불려온 일꾼들과는 이렇다 할 분명한 약속을 하지 않는다. 저녁이 되자 주인은 나중에 온 사람들부터 시작해서 모든 사람들에게 똑같은 품삯, 즉 처음 온 일꾼들에게 약속한 품삯을 나눠준다. 이것은 처음부터 와서 일한 사람들의 항의를 불러일으킨다. 자기네가 다른 사람들보다 더 오래 일했다는 주장은 전혀 틀린 것이 아니다. 그런데도 제일 나중에 온 사람과 자기네를 똑같이 취급하는 것은 불공평하다는 것이다. 이들의 주장에 맞서 주인은 우선 자신의 자유를 강조한다. "내 것을 가지고 내 뜻대로 할 수 없다는 말이오?" 고대 문헌에서 '자기 뜻대로 행동한다!' 는 표현은 '자유' 를 나타내는 일반적인 표현이었다. 주인은 두 번째로 자신의 호의(好意)를 강조한다. "내가 후하기 때문에, 그것이 당신 눈에 거슬리오?" 포도원 품꾼의 비유에서는 임금[급여]와 관련하여 두 개의 관점이 충돌하고 있다. 하나는 분배 정의의 원칙에 따라 각자가 달성한 성과에 따라 임금을 주어야 한다는 입장이다. 다른 하나는 호의의 원칙에 따라 각자에게 필요한 만큼 주어야 한다는 관점이다(한 데나리온은 하루 품삯이다). 바로 이것이 텍스트에서 직접적으로 인식되는 요체적 구조(elementare Struktur)이다. 이 구조의 배경에는 성서의 근본 모티브 가운데 하나인 '사랑' 이 있다. 그리고 이 사랑은 그것을 받기에는 충분하지 못한 사람까지도 포괄하는 사랑이다. 은연중에 이 비유는 현대를 살아가는 사람들에게 실직의 고통, 공정한 임금에 대한 기대를 자극한다. 우리 시대에도 능력에 따라 임금을 줄 것이냐, 아니면 모든 사람에게 필요에 따른 지원을 해줄 것이냐를 놓고 의견 충돌이 있다. 그러므로 이 텍스트에 반영된 상황은 분명히 요체적인 경험(elementare Erfahrung)이다. 자라나는 학생을 생각할 때 우리는 도덕적 발달 단계 중에서 두 개의 대표적인 단계를 유념할 수 있을 것이다. 하나는 규칙에 맞는 것만을 좋은 것으로 여기는 인습적인 단계다. 또 다른 하나는 엄격한 규칙 준수에 대한 집착에서 벗어나 인간의 선량함을 추구하는 탈-인습적 단계다. 비록 포도원 주인이 하나님을 암시하고 있기는 하지만, 그래도 그의 행동은 일정한 윤리적 기준을 따르고 있다. 우리는 이 비유를 교수학적인 측면에서 활용하여, 학생들이 인습적인 도덕 판단의 단계에서 한 단계 위인 자유의 단계로 올라가는 것을 도울 수 있을 것이다. 그리고 이것을 종교적인 교육에도 활용할 수 있을 것이다. 예컨대 하나님은 자유의 최고 단계에서 역사하시는 분이다. 그분은 모든 인습적인 생각 너머에 계시는 분이다. 여기까지는 충분히 이해가 된다. 그러나 호의와 정의가 충돌하고, 업적에 따라 임금을 주자는 주장과 필요에 따라 임금을 지급해야 한다는 주장이 갈등을 일으키는 상황이 다양하게 평가되는 것이 꼭 다양한 도덕 (종교) 발달 단계 때문만은 아니다. 다양한 사회적 부분 체계(soziales Teilsystem)가 다양한 평가의 원인이 될 수도 있다. 어린이도 이런 사회적 다양성에 대해 알고 있다. 가령 노동력이나 노동 성과와는 무관하게 똑같은 임금을 주는 것은 그 대상이 가족이라는 사회적 단위일 경우에는 아무런 문제가 되지 않는다. 가족의 구성원은 자기가 이룩한 성과와는 별개로 자기에게 필요한 만큼 받는다. 집 주인은 슬쩍 아버지로 변한다. 그는 경제적 손익 관계에 따라 처신하지 않고, 엄마 아빠가 자식들을 하나하나 똑같이 사랑하듯이 행동한다. 그러니까 업적은 차이가 음식량의 차이로 이어지지 않는다. 그러므로 이것은 낮은 단계의 도덕에서 한 단계 높은 도덕으로의 발전이 아니라 서로 다른 두 세계 간의 갈등이라고 보아야 할 것이다. 여기에 근거하여 우리는 다음과 같은 신학적 진술을 제시할 수 있다. "하나님은 인간을 일꾼으로 대하지 않으시고, 마치 아버지가 자식을 대하듯 하신다. 이것이 그분의 자유다."

성서 교수학은 각각의 텍스트를 철저하게 읽어낼 뿐 아니라 전체를 조망하는 노력을 기울여야 한다. 성서는 다양한 책과 텍스트로 이루어진 미로와 같다. 그럼에도 우리가 어디에 주의를 기울여야 하는지 알게 된다면 나름대로 질서를 발견할 수 있다. 우리가 마땅히 주의해야 할 것, 그것이 바로 문학적 양식과 신학적 근본 모티브다. 그래서 우리는 이 모티브를 성서 텍스트 선별의 기준으로 사용하는 것이다.

선별의 기준으로 작동하는 근본 모티브

성서를 공부할 때는 – 학교든지 신학대학이든지 평신도 성서 연구든지 – 성서에서 가장 중요한 텍스트 종류와 양식을 찾아내야 한다. 나아가 시대별 텍스트와 주제를 골라야 한다. 다시 말해 성서 텍스트 자체에 내재된 시대 구분에 맞게 원-역사(原-歷史), 선조들의 시대, 광야 시대, 사사 시대, 왕들의 시대 등에 해당하는 텍스트를 뽑아야 한다. 또한 그 시대를 대표하는 전형적인 텍스트 중에서도 가장 중요한 책(예컨대 창세기, 이사야서, 욥기, 시편, 공관복음서, 요한복음서, 제1바울서신)을 선정해야 한다. 그런 기준이 쌓이고 쌓일수록 좋은 텍스트 선별이 가능해진다.[152]

이런 작업을 할 때 우리가 특별히 고려하지 않으면 안 되는 것이 바로 양식사 비평이다. 여기서 우리는 몇몇 양식의 리스트, 하나의 완벽한 리스트를 제시하려고 하지 않는다. 성서에서 중요한 역할을 하고 있는 양식을 그 순서에 따라 소개하되, 그 양식이 견지하고 있는 특정한 논리를 간략하게 서술하려는 것이다. 이야기체로 된 텍스트에는 뮈토스, 전설, 짧은 사건 보도, 역사적 진술, 전기(傳記), 우화 등이 있다. 이런 이야기의 배열은 단순한 병렬도 아니고 뒤죽박죽도 아니다. 개별 이야기들이 하나씩 모여 마침내 하나님과 인간 사이의 획기적인 사건이 일어나는 무대를 연출하는 것이 성서다. 그 무대를 온전히 채우는 것은 나사렛 예수의 이야기다. 전체 이야기는 어떤 대화를 위한 틀을 제공하는데, 그 대화는 하나님과 (모든 인간을 대표하는 실체로서) 이스라엘 백성 간의 대화다. 우리는 이 대화의 이야기 속에서 하나의 인물에게 초점을 맞추는 양식들이 점점 증가하는 것을 볼 수 있다. 오경은 모세 이름을 따서 모세 오경이라 부르지만, 그 책의 중심에는 모세가 아니라 이스라엘 백성이 있다. 역사서도 임금 한 사람만 파고들지 않는다. 왕좌에 오르는 이야기는 두 왕, 즉 사울과 다윗의 이야기다. 왕위 계승의 이야기는 다윗에서 솔로몬으로 넘어가는 과정을 묘사한다. 한 사람에게 한 권의 책이 헌정된 것은 예언자들의 경우가 처음이었다. 하지만 여기서도 예언자 개인의 삶은 파편적으로만 다룰 뿐이다. 예언서의 핵심은 예언자가 전하는 말씀이다. 신약성서에 와서야 완전히 한 사람의 삶과 죽음에 집중하고 있는 하나의 양식이 전개되는데, 그것은 바로 복음서에 나타난 나사렛 예수의 이야기다. 한 인물에게 집중된 전기(傳記)라는 양식은 유대교에서는 낯선 것이요 (알렉산드리아의 필로가 쓴 『모세의 생애』는 예외) 비유대인 세계에서는 일반적인 것이었다. 벌써 그 양식만 보더라도 이 이야기는 하나님과 인간 사이를 오고가는 길고긴 대화 여정의 클라이맥스인 것을 알 수 있다. 초기 그리스도교 신앙의 제2원칙, 즉 구원자 신앙은 이렇듯 성서의 양식 자체를 통해서도 드러난다.

이 이야기의 '양식사적' (formgeschichtlich) 구성에 대해서 몇 가지 더 언급할 것이 있다. 우선 하나님께서 이 대화를 이끌어가는 방식은 '요구'(Forderung)와 '언약'(Verheißung)이다. 요구는 두 가지 형태로 나타난다. 하나는 토라의 보편적 계명이고, 다른 하나는 예언자들의 구체적인 메시지다. 모세오경의 계명은 크게 세 개의 법전 형태로 나타나는데 계약 법전, 신명기 법전, 성결 법전이 바로 그것이다. 여기서 가장 도드라지는 것이 십계명이다. 이 열 가지 계명은 모세의 중재를 거치지 않고 온 백성에게 직접 선포된 계명이다. 다른 계명은 (위에 언급된 모든 법전의 내용은) 모세를 통해 전해진 것이다. 그 가운데서도 성결 법전의 사회적 계명, 즉 이웃 사랑의 계명을 포함한 계명이 특히 눈에 띈다(레 19:18). 이것은 보편적인 계명이며, 엑소더스 모티브의 틀에 속한다고 볼 수 있다. 제1계명은 명백하게 엑소더스에 의거하고 있다. "나는 너희를 이집트 땅 종살이하던 집에서 이끌어 낸 주 너희의 하나님이다"(출 20:2). 이로써 모든 요구는 역사적인 '역동성'을 부여받는다. 하나님의 요구는 미지의 미래를 향해 가는 길에서 길잡이가 된다. 그 알 수 없는 미래 앞에서 확실한 것은 하나 – 그 미래는 결코 과거의 노예살이나 예속으로 되돌아가는 것이어서는 안 된다. 모든 계명은 해방을 위한 것이다.

다른 한편 예언자들은 구체적인 메시지를 외치며 특정한 사회 현실에 영향을 끼친다. 포로기 이전의 예언자인 아모스, 호세아, 예레미야는 파멸을 경고하는 메시지를 전한다. 포로기 이후의 예언자들은 시나브로 구원의 약속을 외친다. 제2이사야의 경우가 대표적이다. 여기서 하나님의 요구는 심판 모티브와 희망 모티브에 연결된다. 계명과 예언은 역사(Geschichte)를 대화의 역사(Dialogsgeschichte)로 극화한다. 역사 속에서 하나님은 말씀으로 일하시는데, 그 말씀은 요구와 언약이라는 두 가지 형태로 나타난다.

인간의 반응은 또 나름의 장르를 통해서 표현된다. 인간도 다양한 양식을 사용한다. 가령 시편은 다채로운 양식으로 감사와 탄식을 표현한다. 여기서 우리는 구약성서의 경건한 사람들, 그들의 마음 깊은 곳, 그들이 경험한 절망과 희망, 확신과 위로를 들여다보게 된다. 시편 언어의 정서적 강렬함은 오늘을 사는 우리마저도 사로잡는다. 물론 우리는 그 시편이 여러 세대에 걸쳐 형성된 것이며, 그 여러 세대가 이 비탄과 환희의 집대성에 나름의 흔적을 남겼다는 사실을 알고 있다. 인간의 절망이 표출된 탄식 시편에는 소외의 모티브가 스며 있으며, 신뢰와 확신의 고백에는 신앙의 모티브가 깃들어 있다.

지혜의 모티브는 하나님과 인간 사이의 괴리를 다른 방식으로 접근한다. 요컨대 지혜는 다양한 질문, 성찰, 권고, 격언 등을 통해 전면에 드러나지 않은 어떤 질서에 대한 확신을 전달한다. 그리고 인간은 그 질서에 조응할 때 성공적인 삶을 살 수 있다. 지혜문학에서 하나님과 인간의 문제는 점점 인간과 인간의 문제가 된다. 성서에서 인간과 인간의 대화가 주된 특징으로 부각된 장르로는 두 가지가 있다. 첫째, 욥과 친구들의 대화가 지혜에 대한 물음을 다루고 있다. 여기서 인간과 인간의 의사소통이 이루어지는데, 이것은 구약성서에 나타난 아주 독특한 장르다. 신약성서에서는 인간과 인간이 편지로 서로 소통한다. 이 두 가지 장르는 하나님의 정의에 대한 성찰을 첨예하게 전개해 나간다. 욥은 자신의 무죄를 주장하고, 바울은 (로마서에서) 모든 인간의 죄를 강조한다. 욥의 경우나 바울의 경우나 최종적인 해법은 하나님에게 달려 있다. 죄와 보응의 관계는 인간이 알 수 없는 것이다! – 이것이 욥의 깨달음이었다. 죄와 보응의 관계는 죄인을 의롭다고 인정해 주시는 보편적인 칭의를 통해 극복된다! – 이것이 바울의 선포였다.

성서의 모든 장르는 하나님과 인간 사이의 대화로 볼 수 있다. 성서는 어떤 숨겨진 계획에 따라 한 걸음씩 목표를 향해 나아가는 이른바 '구속사' 를 가지고 있는 책이 아니다. 어쩌면 성서는 어떤 대화의 이야기/역사(Dialog-Geschichte), 그 행로가 완전히 개방되어 있는 대화의 이야기라고 생각할 수 있을 것이다. 성서의 여러 가지 장르는 나름대로 각각의 강조점을 가지고 그 대화를 이끌어 간다. 양식사(Formgeschichte)는 그것을 잘 이해할 수 있는 눈을 틔워 준다. 그러므로 양식사는 '성서라는 (엄청난) 재료' (Bibelstoff)를 잘 간추리는 길을 보여주는 하나의 모델이다. 한 장르의 표본이 되는 텍스트를 하나 읽고, 그 장르에 속한 모든 텍스트의 문학적 근본 구조를 파악할 수 있도록 한다면, 그것으로 충분할 것이다. 그러나 요체적인 것을 찾는다고 하면서 문학적인 근본 구조에만 집중할 수는 없다. 대표적인 텍스트를 찾는 작업이 단순히 양식사 비평에 따른 커리큘럼이 되어서는 안 된다. 한편으로는 양식사에 따라 대표성을 띤 텍스트이면서, 다른 한편으로는 성서의 근본 모티브가 명확하게 드러나는 텍스트를 찾아야 한다. 또 그것을 시대별로 구분해야 하는데, 성서 자체의 시대 구분을 따르거나 학문적으로 재구성된 시대 구분을 따를 수 있다. 종교적 기호 언어의 심층 문법은 그 '규칙' 이 다양한 장르, 다양한 시대의 텍스트에 적용될 때 인식 가능하다.

이미 성서 안에서도 인간과 인간 사이의 대화가 점차 강화되고 있다는 사실을 알 수 있다. 구약성서 시대의 후반에는 이스라엘 주변 타문화권과의 대화 가능성이 엿보이는 문헌들이 등장한다. 요나서, 욥기를 비롯한 지혜문헌이 바로 그런 책들이다. 오늘 우리도 이 대화를 진척시켜야 한다. 그러므로 우리는 성서의 요체화와 더불어, 성서 텍스트의 교수학적 '재건' 의 두 번째 가능성으로서 성서의 '대화화' (Dialogisierung, 對話-化)를 추구한다.

5장

성서의 대화화

– 다원화된 세계에서 성서는 어떤 대화 능력을 지니고 있는가?

요체화가 성서의 내용을 교수학적 차원에서 몇 가지 기본 진술로 환원시키는 것이라면, 대화화(對話化)는 성서의 다양성에 정당한 가치를 제공하려는 것이다. 이 대화화는 성서가 여러 가지 책과 이야기로 구성되어 있다는 인식에서 시작한다. 성서에는 우주적 창조, 원역사와 나란히 민족주의적 토지 소유의 이야기가 등장하고, 평화를 추구하는 족장들의 이야기와 나란히 사사들의 전쟁 이야기가 등장하는가 하면, 원수를 고발하는 시편과 나란히 원수 사랑을 외치는 산상수훈이, 아가서의 에로틱한 진술과 나란히 바울의 금욕주의가, 전도서의 염세주의와 나란히 고대 잠언의 낙관주의적 지혜가 등장하고 있다.

전체적으로 동일한 메시지가 상황에 따라 변이된 것이라고 말할 수도 있겠다. 서로 다른 삶의 상황은 서로 다른 대답을 요청하기 때문이다. 하지만 성서에 등장하는 각각의 목소리는 상반되는 목소리를 내고 있기 때문에, 일관성을 고집하는 것은 설득력이 없다. 예컨대 요나서는 민족주의적 예언과 상충되고, 전도서의 염세주의는 고대의 지혜에 반기를 들고 있다. 산상수훈의 "그러나 나는 너희에게 말하노니……"라는 표현은 시내산의 계시를 수정하고자 한다. 마태복음은 예수를 가리켜 토라를 신뢰하는 자로 묘사함으로써 마가복음을 비판한다. 이처럼 성서는 자기 자신 안에서 하나의 대화를 시도하고 있다. 다양한 고백과 경향 속에서 성서 해석은 이 대화를 현재까지 진행시키고 있다. 성서의 내적 다양성이 그리스도교의 다양성을 정당화하고 있다면, 성서의 내적 일치는 교파를 초월한 대화를 정당화한다.

성서는 이미 타종교와의 대화를 시작하고 있다. 이 대화는 타종교에 대적하거나 타종교를 폄하하려는 의도에서가 아닌 공통분모를 찾으려는 수준에서 진행되고 있다. 여호와는 이스라엘의 하나님인 동시에 미디안 족속의 하나님이 아니었는가(출 18장)? 여호와는 우즈 지방에 살던 경건한 비유대인 욥의 하나님이 아니었는가(욥 1:1)? 니느웨 사람들도 여호와의 음성을 청종하지 않았는가? 하나님은 심지어 페르시아의 왕 고레스를 자신의 '기름부음을 받은 자'로 선택하지 않았는가(사 44:24-45:8)? 성서의 하나님은 모든 인류의 하나님이며(롬 1:18이하, 3:29), 성서는 이미 종교 간의 대화를 시작하고 있다.

더 나아가 성서는 세속적 삶을 해석하는 대화에도 정당한 가치를 부여한다. 성서의 세계는 하나님의 실존을 결코 부정하지 않지만, 현실적 차원에서 그분의 행위를 부정하는 사람들을 언급한다. "어리석은 사람은 마음 속으로 '하나님이 없다' 하는구나"(시 14:1, 10:4). 이 '어리석은 자들'(Gottlosen)*이 바로 그들이다. 지혜서는 악인을 꾸짖는다. 그런데 여기서 악인의 입장은 전도서를 기억나게 한다. 악인들은 "우리가 이 세상에 태어난 것도 우연이었고 죽고 나면 태어나지 않았던 것이나 마찬가지다"(지혜서 2:2)라고 말하기 때문이다. 비록 실현되지는 않았지만, 바로 이것이 잠재적 무신론자들이 취한 세계관의 기본 입장이다.

현대를 살아가고 있는 우리는 성서가 진행시켜온 이 대화를 계속 이어나가야 한다. 왜냐하면 성서는 더 이상 우리 문화를 하나되게 하는 유일한(das) 기본 서적이 아니기 때문이다. 성서는 한 문화공동체 안에서도 매우 다양하게 수용되고 있고, 다양한 전승들과 경쟁관계에 있다. 현 시대를 살아가는 젊은 세대에게는 선택의 여지가 없다. 그들은 비종교적 세계관, 타종교, 타종파와 대면하며 자라고 있다. 성서는 이러한 상황 속에서 세속화된 세계와 타종교, 타종파와의 대화를 이끌어 내야 하는 매우 중요한 가치를 갖는다. 성서 교수학이 그러한 대화를 쉽게 이끌어 낼 수는 없다 하더라도, 그들과의 대화에 참여함으로써 성서를 새로운 방식으로 해명하는 것이 의미 있는 작업임을 분명하게 밝혀 주어야 할 필요가 있다.

1. 현실의 세속 문화와 대화하는 성서

세속화는 여러 종교들 가운데에서 내적인 모순을 날카롭게 드러내고 있다. 사실 종교는 모든 영역과 관련되는 개념이지만, 일부 영역(예컨대 경제와 같은 영역)에서는 배제되곤 한다. 그럼에도 불구하고 종교는 세속 문화를 위해 중요하다. 세속 제도는 종교가 제공할 수 없고, 심지어는 종교가 반대하는 전제 조건 위에 구축되어 있다. 경제는 상호 신용과 이를 실천하고자 하는 마음에 근거하고 있는데, 이것은 돈으로는 실현할 수 없는

---

*독일어 루터성서는 '악한 자'를 '하나님을 부정하는 자'(Gottlosen)로 번역하고 있다.

것이다. 사기를 치는 것이 단기적으로 이익을 가져다 줄 수는 있다. 그러나 그것은 대다수의 사람이 사기를 치지 않기 때문이다. 경제사범들이 존재하는 것은, 그들이 망쳐놓을 만한 도덕이 건재하기 때문이다. 계약을 실천하지 않는 사람들은 계약을 충실하게 실천하는 사람들에게 빌붙어 살아간다. 정치도 마찬가지다. 민주국가는 합법성에 기반을 두고 있는데, 합법성이라는 것은 스스로 존립할 수 있는 것이 아니다. 모든 사람을 인정하고 존중하는 것은 국가의 훈령으로 확립될 수 있는 것이 아니기 때문이다. 정치판에서 일어나는 권력 남용은, 권력이 모든 것이라고 생각하지 않는 사람들에게 기생하며 살아간다. 이러한 여러 모순을 극복하려면, 시편 73편이 탄식하듯이 의인보다 악인이 더 잘되는 것을 인내할 수 있어야 한다. 법과 질서가 더 우위에 있다는 확신은 공리주의적 이익을 넘어서는 규범과 내적으로 결합해야 한다. 또한 의인은 완전하지 않다는 의식이 – 그리고 나 자신과 타인 모두가 그 사실을 인정할 수 있는 유머가 – 필요하다. 이 모든 것은 절대 존재와의 연합을 통해 '종교적' 으로 성취될 수 있다. 그러한 연합이 없다면 일상은 파괴되고 말 것이다. 만일 진리를 향한 의무가 단순히 돈으로 지불할 수 있는 한에서 유효하다면, 그런 의무는 금세 무가치한 것이 되고 말 것이다. 누군가를 향한 도움이 늘 대가를 전제로 한다면, 그것도 곧 무의미해진다. 늘 관용만이 참된 것으로 인정되어서 어느 누구도 자기 자신의 문제를 돌보지 않게 된다면, 그 사회는 유지되기 어렵다. 따라서 종교는 이처럼 공식적으로는 생활과 교육을 위해 도덕을 요구하면서, 비공식적으로는 대부분의 경우 도덕을 부정하는[153] 세속사회 안에서 여전히 중요한 의미를 갖는다. 종교는 사회의 모순을 의식하고 그것에 내적으로 대항하게 만든다. 따라서 경제사회 안에서는 종교가 맹목적인 경제화를 비판하고 그럼으로써 '역기능' 을 수행할 때, 오히려 '순기능' 을 발휘한다고 말할 수 있다. 즉 하나님이냐 맘몬이냐 하는 양자택일(마 6:24)의 사고 전환 없이는 맘몬의 독재를 극복할 수 없다. 하지만 종교의 근거를 종교의 기능에서 찾을 수는 없으며, 오로지 종교는 종교 자체의 의미에서 그 근거를 찾아야 한다. 따라서 이제부터는 종교의 역설적 기능을 다루기보다는 우리 삶 속에서 종교가 가지고 있는 해석 능력에 집중하도록 하겠다.

성서는 모든 것을 하나님과 연관시킨다. 인간은 그분을 향해 자신의 삶으로 응답해야 한다. 성서의 근본 모티브들은 보이지 않는 하나님의 실재와 연관되어 있으며, 그러한 연관성을 가능하게 해준다. 그리스도교 신앙의 근본 원칙, 즉 창조자 신앙과 구원자 신앙은 세속적 가치관과 매우 다르다. 비종교적 인본주의에 따르면, 무의미한 세계 안에서 의미의 불꽃을 일으키는 존재는 바로 인간이다. 반대로 종교적 인본주의의 인식에 따르면, 의미의 불꽃은 우리의 내면에 이미 던져져 있으며 거기서 의미의 불을 지피게 된다. 종교적 인본주의의 관점에서 볼 때, 세상과 삶에 의미를 부여한다는 것은 우리가 (삶 속에서) 발견한 문제를 자율적으로 확장시켜 나가는 것을 말한다. 그래서 모든 종교인의 삶은 하나님, 즉 인간이 창출할 수 없는 의미체에 대한 응답이다. 바로 이 신앙과 불신앙 사이에서 우리는 결단해야 한다. 여기서 불신앙이란 인간이 비로소 세계에 의미를 부여한다고 생각하는 것을 말한다. 이 결단은 궁극적으로 어떤 확실한 근거 위에서 이루어지는 결단이 아니다. 예컨대 우리의 눈이 충분히 태양에 적응되지 않았다면, 우리는 태양을 볼 수 없었을 것이다. 인간 삶 속에는 (이미 주어진 현실의 의미체인) 하나님을 지시하는 표징이 존재한다. 하지만 분명한 것은 태양이 인간의 눈에 먼저 영향을 주어야만 인간이 태양을 볼 수 있다는 것이다. 태양빛을 통한 태양의 '자기 계시'가 없이는 태양에 완벽하게 적응된 인간의 눈이라 하더라도 태양을 볼 수 없다. 태양이 가려지는 일식(Sonnenfinsternis)의 시기가 있다. 그리고 우리가 사는 현대는

'하나님이 감추어진'(Gottesfinsternis, 마틴 부버)[154] 시대이다. 하나님 말씀에 대한 이해 없이 인간은 성공적으로 성서를 읽어 나갈 수 없다. 성서의 매 쪽마다 하나님에 대한 이야기로 가득하다. 하나님은 침묵하시는 곳(그리고 지혜문학에서처럼 오직 인간의 사유만이 하나님 주위를 맴도는 곳)에서조차 우리와 함께하신다. 따라서 우리는 언제나 결정적인 질문을 던지게 된다. "세속화된 현대인에게 신앙고백을 강요하지 않으면서, 하나님의 말씀을 해석할 수 있겠는가?" 하는 질문이 바로 그것이다.

그리스도교의 제1원칙: 하나님 신앙과 세속 경험

세속화된 의식세계와 통하는 성서 신앙의 제일 원칙(Axiom)이 있을까? 이 물음에 대한 대답은 사람들이 생각하는 것만큼 어렵지 않다. 모든 것의 이면에는 신비이신 하나님이 계신다고 생각하지 않더라도, 실재 자체 또는 '존재 자체'가 하나님의 자리를 대신하기 때문이다. 정교한 이론세계에서나 일상세계에서나 우리는 눈에 보이는 실재에만 접근할 뿐, 현실 그 자체에 접근하지 못한다. 우리의 지각 능력과 인식 능력으로 유효한 것이 실제로 유효한 것은 아니다. 그렇다면 하나님을 '궁극적인 실재'로 설명하는 것은 세속적 의식의 입장에서도 충분히 납득할 만한 것이다. 궁극적 실재를 대하는 인간의 입장이나 행동 방식은 종교의 방식과 유사하다. 나는 그와 관련된 예를 철학과 문학에서 제시하고자 한다.

많은 현대 철학자들에게 존재의 문제는 자신을 개방하고, 자신의 한계를 벗어나게 하는 거대한 기준으로 통한다.[155] 하이데거의 철학에서 존재의 부름은 인간을 성장하게 하고, 본래 자신의 삶을 망각한 상태로부터 회복시켜 준다. 이 존재는 인간의 '보호자' 또는 '목자' 역할을 담당한다. 이로써 인간은 다른 외부자가 제시하는 사명 안에서 살아간다. 예를 들어 '존재의 경건' 에 대해서, 그리고 (존재 자체에 대한 명상적 사유라는 의미에서) 존재를 향해 기다리는 '묵상' 에 대해서 말했을 때 – 비록 이 존재 철학이 교회 공동체에 근거하고 있지 않으며, 종교 의식 및 그것과 연관된 생활 형식을 말하고 있는 것은 아니더라도 – 존재와의 만남은 분명히 종교와 유사한 상황이다. 많은 신학자들이 하나님을 '존재 자체' 라고 명명하고 있다는 사실은 여기에 수렴되는 사고의 흐름이 존재함을 확증해 준다.[156]

두 번째 예는 문학, 특별히 릴케의 시다. 사람들은 릴케를 가리켜 반(反)그리스도교적 세계관을 가진 일원론자(Monisten)라고 부르곤 한다.[157] 릴케에 대한 이러한 규정은 지나치게 도식화된 것이다. 왜냐하면 릴케에게 시적 언어는 이 세계를 일종의 종교적 고향으로 변형시킴으로써 오르페우스*와 같이 스스로 비인간적 본성조차도 경이롭게 변화시키는 힘이었기 때문이다. 많은 사람들이 릴케의 시를 그리스도교적 전통의 틀에서 이해했으며, 그 과정에서 창조적으로 오해하기도 했다. 내 학창 시절 한 선생님이 종교 교육 시간에 릴케의 『기도시집』(Stundenbuch)**에 실린 시 한 편을 인용했던 것을 기억한다. 그때 선생님은 상당한 인격적 교감을 드러냈다.

> 사물들 위로 번지며 점점 커져만 가는
> 동그라미들 속에서 나는 나의 삶을 살고 있습니다.
> 마지막 동그라미를 마무리 지을지 알지 못하지만
> 나 신명을 다 바쳐 해보렵니다.

---

*그리스 신화에 나오는 시인이자 악사

**혹은 시도시집(時禱詩集)이라고도 번역된다.

나는 신(神)의 주위를 맴돕니다, 태고적 탑을,
나 수천 년 동안이라도 돌고 돌 곳입니다.
하지만 나는 알지 못합니다, 내가 매인지, 폭풍인지
아니면 한 곡의 위대한 노래인지.*

독자는 이 시의 끝부분에 가서야 시인의 자의식을 들을 수 있다. 시인은 여기서 단순히 신에게 응답하는 것이 아니라 신에게 생명을 바치고 있다. 『기도시집』의 다른 시에서 릴케는 신의 모습을 사람들이 건축하고 있는 대성당으로 묘사했다. "어린이건 청년이건 학자건 우리는 모두 건축자입니다/그리고 우리는 그대, 드높은 중랑(中廊)을 건축할 것입니다……." 이 예술가는 신을 건축하고 있다. 시는 다음과 같은 표현으로 끝을 맺는다. "어두워지면 비로소 우리는 그대를 풀어줄 것입니다. 그리고 나면 도래할 그대의 윤곽이 새벽을 맞겠지요. 신이시여, 당신은 위대하십니다." 이 모든 것이 그저 호화롭게 치장된 종교적 감성에 불과한가? 오로지 시인의 자기 변신이란 말인가? 오히려 오랜 경건의 뒤토스적 표현이 드러나고 있지는 않은가? 종교 영역에서 미학의 영역으로 옮겨진 창조적 말씀에 대한 신앙 아닌가?

인간의 문화 전반에는 이와 같은 종교 경험의 암시가 나타나고 있다. 우리는 이러한 암시를 세속화라는 틀 속에서 감지할 수 있다. 여기서 중요한 것은 사라져 가고 있는 세계의 여운이다. 사람들은 이 여운 속에서 세속화된 의식의 혼란스러움을 보게 되는데, 이 혼란스러움이 세속적인 세계 속에서도 그대로 남아 있는 것이다. 또 하나 중요한 것은 실재에 대한 기억이다. 이것은 분명 '말씀의 흔적'[158]이며, 이 흔적은 열린 성서 교

*시의 번역은, 『릴케전집1』, 김재혁 옮김, 책세상 2000, 316쪽을 따랐음.

수학에서 매우 중요한 의미를 지닌다.

개인적으로 우리의 세속적 의식에 의문을 제기하고, 그것을 상대화하고 깨뜨리는 경험을 지적하는 일은 지극히 타당하다. 성서도 그러한 일을 언급하고 있으며, 그것을 하나님 경험으로 해석하고 있다. 이 경험을 직접 하나님과 연결시키지 않아도 된다. 우리는 이것을 일반 사람들이 공유하는 초월 경험, 우연 경험, 그리고 공명 경험으로 기술할 수 있다. 왜냐하면 이 경험들은 절대, 영원, 책임이라는 세 가지 선험적(transzendental)[159] 범주를 통해 형상화되고 해석되어야 하기 때문이다. 성서에는 이 범주들을 떠올리게 하는 가시화된 그림들이 등장한다. '절대자'는 시내산 계명으로 나타난다(출 20:1이하). '영원'은 산들과 대지, 그리고 세계가 조성되기 이전부터 계셨던 하나님의 말씀 가운데서 등장한다(시 90). 인간의 '책임'은 모든 행위가 명명백백하게 드러나는 마지막 날, 심판자 앞에 서는 것으로 묘사되고 있다(롬 2:6-11). 물론 이러한 경험과 범주들이 성서 언어와 직접적으로 연관되지는 않는다. 하나의 궁극적 실재는 다양한 언어와 연결될 수 있기 때문이다. 그러나 역사적으로 주어진 언어 전통을 무시한다면, 궁극적 실재는 – 그것이 철학적이든 종교적이든, 또는 그리스도교적이든 비그리스도교적이든 – 소멸될 것이다. 성서는 오랫동안 검증을 거친 언어로 궁극적 실재를 형상화하고 있다. 그럼 이제 세 가지 근본적인 종교 경험을 살펴보도록 하자. 이런 경험에 큰 비중을 두는 것은 이례적인 일이다. 그것의 타당성을 위해서는 상당히 포괄적인 종교이론을 다뤄야 하겠지만, 여기서는 개관 정도로 만족해야 하겠다.

(1) **초월 경험**(Transzendenzerfahrung): 우리가 잘 알고 있는 것처럼, 우리의 일상 및 삶의 세계는 거대한 전체의 일부에 불과하다. 우리의 '세계'는 실재가 아니다. 우리가 살아가는 생활 세계는 우리의 지각과 정신 활동을 통해 해석되고 재구성된 현상에 불과하다. 더 정

확히 말하면 우리가 우리 자신을 현실 위에 정립시킨다는 점에서, 우리는 외부 세계를 수용할 뿐만 아니라 그 세계를 생산하기도 한다. 우리가 우리 자신의 인지 도구를 가지고 우리의 현실을 생산하는 한, 우리는 현실 자체를 오해할 수 있다. 우리가 외부 세계를 수용적으로 대할 때, 궁극적 실재와 대면한다. 어떤 철학적 태도를 취하느냐에 따라 우리는 생산적 요소를 더 크게 또는 더 작게 여길 테지만, 어떤 경우에서건 궁극적 실재는 우리를 넘어서 있다. 바로 여기서 우리는 초월 경험을 하게 된다. 즉 우리는 현실을 인식하려는 노력 가운데 우리를 넘어서 있는 그 무엇과 만난다. 사람들은 그것을 '신' 또는 '궁극적 실재' 라고 명명하기도 한다. 이러한 궁극적 실재가 가지고 있는 초월적 성격은 언제나 동일하다. 사람들은 현상과 존재의 차이를 사소한 것으로 여길 수 있다. 우리는 고도의 기술로 이 현상 세계를 이용하고 있기 때문에, 현상 자체를 – 그 기능을 면밀하게 살펴보지도 않은 채 – 우리의 합리적 계산에 일치하는 '블랙 박스' 로 여길 수 있다. 우리는 우리의 의식 세계를 벗어날 수 없다. 그래서 결코 우리는 우리 자신의 기대와 이론을 실재와 비교할 수 없고, 우리의 가설과 세계 구성이 실재와 어긋났는지 알 수 없다. 또 우리의 일상적·기술적 행동의 경우 현상과 존재 간의 차이란 큰 의미가 없기 때문에, 우리는 그 차이를 그대로 내버려둔 채 인식 가능하고 조작 가능한 것에만 시선을 돌리게 된다. 이러한 태도는 그 자체로는 모순되지 않는다. 그러나 이러한 태도는 우리가 현실에 대한 기술주의적 관계에 만족하는 한에서만 설득력이 있다. 우리가 현실을 지배하려 할 뿐만 아니라 현실에 맞추어 살려는 관심을 갖게 될 때, 또 현실을 변화시키려 할 뿐만 아니라 현실에 잘 적응하기 위해 자신을 변화시키려고 할 때, 우리의 세계 이면에 있던 초월성은 현실 자체에 대한 물음을 제기하면서 그 모습을 드러낸다. 우리는 초월적 존재에 도달하려는 생각이 실패로 돌아갈 때, 초월적 존재를 가장 민감하게 느낀다. 그것은 마치 바위를 깨뜨리는 파도의 파동을 느끼는 것과 같다. 성서는 우리에게 이러한 경험을 표현할 수 있는 위대한 언어를 제공한다. 성서는 존재의 초월성에 대해서 말하기보다는 하나님의 우월하심에 대해서 말한다. 그 우월성 안에서 하나님과 존재라는 두 가지가 연결된다. 하나님은 그 우월성 안에서 자신을 "나는 곧 나다" 또는 "나는 나일 것이다"(출 3:14)로 소개한다.* 결국 성서는 하나님의 초월성을 강조한다. "나의 생각은 너희의 생각과 다르며, 너희의 길은 나의 길과 다르다. 주님께서 하신 말씀이다. 하늘이 땅보다 높듯이, 나의 길은 너희의 길보다 높으며, 나의 생각은 너희의 생각보다 높다"(사 55:8-9). 성서는 우상(형상)숭배 금지 계명을 통해서 모든 가시적인 것을 넘어 계신 '전적 타자'로서 하나님의 인식 불가능성을 강조하여 제1계명과 동일한 최고의 근본 원칙으로 삼는다. "너희는 너희가 섬기려고 위로 하늘에 있는 것이나, 아래로 땅에 있는 것이나, 땅 아래 물속에 있는 어떤 것이나, 그 모양을 본떠서 우상을 만들지 못한다. 너희는 그것들에게 절하거나, 그것들을 섬기지 못한다"(출 20:4-5).[160]

(2) 우연 경험(Kontingenzerfahrung)[161]: 우리의 인식 영역을 벗어나 있는 이 초월이 의식 영역 안에서는 엄청나게 가까운 것으로 체험된다. 초월은 모든 것을 꿰뚫고 들어와 모든 영역에서 현재화되기 때문이

---

* 저자는 출 3:14을 히브리원문(BHS)을 따라 번역하고 있다. '나는 스스로 있는 자' 란 번역(한글개역/개정)은 그리스어 칠십인역(LXX)을 따른 것이다. 한글 새번역 성서는 히브리 원문(BHS)을 따르고 있다.

다. 비록 우리 내부의 현실도 외부 세계 못지않게 우리의 손아귀에서 벗어나 있지만, 우리 자신은 궁극적 실재의 일부다. 비록 우리가 우리 자신의 본래 모습을 정확히 인식하지 못하지만, 우리는 분명히 존재하고 있다. 그러나 우리는 어떤 측면에서 우리 자신을 직시하고 있다. 우리 자신이 우연한 존재란 사실 말이다. 우리는 저 멀리 떨어져 있는 은하수에서부터 이 작은 쿼크에 이르는 모든 현실과 마찬가지로 우연한 존재일 뿐 필연적 존재가 아니다. 우리가 '없지' 않고 '있다' 는 사실은 설명할 수 없는 기적이다. 이 기적이 매 순간 우리 현실을 꿰뚫고 들어와서, 우리가 가지고 있는 확신을 뒤흔든다. 이 모든 것을 관통하는 우연이 종교 경험의 두 번째 근원이다. 여기서 중요한 것은 존재와 현상의 대립이 아니라 존재와 무(無)의 대립이다. 존재하는 모든 것은 사라질 수 있는 것이기도 하다. 존재하는 모든 것은 그 언젠가 더 이상 존재하지 않게 될 것이다. 물론 이 경험은 사소한 것일 수 있다. 사실 '없지' 않고 실제로 '있는' 것이 무엇인지는 설명이 불가능하다. 그렇다고 그 이면에 그 어떤 신비가, 어떤 신적 신비가 감춰져 있지도 않다. 그것은 어쩌면 우리의 행동이나 태도에 큰 의미 없는 사소한 사건일지도 모른다. 하지만 우리가 무로 돌아가게 된다는 사실은 결코 사소한 일이 아니다. 그리고 우리가 그것과 대면하여 엄청난 열정을 가지고 – 매일 매 순간 존재하고 있음에 대해 감사함으로써 – 존재를 긍정한다는 사실 또한 절대 사소하지 않다. 비록 나 자신이 무로 사라지게 되는 것이 우리를 자주 전율하게 만들지만, '더 이상 존재하지 않음' 에 대해 생각할 때 우리는 가끔 커다란 안식에 파묻히기도 한다. 초월 경험과 우연 경험이 병렬 관계에 있다는 점은 아주 중요하다. 초월 경험을 통해서 우리를 넘어서는 존재가 드러나고 우리는 그 존재에 도달하는 데 실패한다. 그 존재는 우리의 자아(Ich)를 둘러싸고 내 모든 것을 규정하는 실재로 드러나며, 존재의 가장 깊은 내면세계를 꿰뚫고 들어온다. 한편 우리는 성서에서 현존재의 우연에 대한 강력한 말씀을 발견한다. 현존재의 우연성과 사멸성이 탄식의 언어로 구체화된다. "모든 육체는 풀이요, 그의 모든 아름다움은 들의 꽃과 같을 뿐이다. 주님께서 그 위에 입김을 부시면, 풀은 마르고 꽃은 시든다. 그렇다. 이 백성은 풀에 지나지 않는다. 풀은 마르고 꽃은 시드나, 우리 하나님의 말씀은 영원히 서 있다"(사 40:6-8). "주님께서 생명을 거두어 가시면, 인생은 한순간의 꿈일 뿐, 아침에 돋아난 한 포기 풀과 같이 사라져 갑니다. 풀은 아침에는 돋아나서 꽃을 피우다가도, 저녁에는 시들어서 말라 버립니다"(시 90:5-6). 그러나 그와 나란히, 자기 자신의 현실에 대한 기쁨도 나타난다. "주님께서 내 장기를 창조하시고, 내 모태에서 나를 짜 맞추셨습니다. 내가 이렇게 빚어진 것이 오묘하고 주님께서 하신 일이 놀라워, 이 모든 일로 내가 주님께 감사를 드립니다. 내 영혼은 이 사실을 너무도 잘 압니다. 은밀한 곳에서 나를 지으셨고, 땅 속 깊은 곳 같은 저 모태에서 나를 조립하셨으니 내 뼈 하나하나도, 주님 앞에서는 숨길 수 없습니다. 나의 형질이 갖추어지기도 전부터, 주님께서는 나를 보고 계셨으며, 나에게 정하여진 날들이 아직 시작되기도 전에 이미 주님의 책에 다 기록되었습니다"(시 139:13-16).

(3) 공명 경험(Resonanzerfahrung): 초월 및 우연 경험은 사소한 것이 되거나 주변으로 밀려날 수 있다. 그러나 우리가 그렇게 하지 않는 것은, 우리가 그런 경험 속에서 어떤 요청의 소리를 느끼기 때문이다. 궁극적 실재는 우리를 향해 '외친다'. 우리의 모든 기대와 이상이 도달할 수 없고 붙잡을 수 없는 것이라면, 그 모든 것을 포기하라! 존

재와 비존재의 기적은 "우리에게 말을 걸어와", 우리 삶을 감사할 만한 것으로 가득 채운다. 만일 우리가 그것에 진지하게 반응하지 않을 경우, 무덤덤하게 지나치며 살아가게 될 것이다. 반면 우리가 그것들로부터 공명 경험을 하게 될 때, 즉 우리가 이 현실 가운데서 우리로 하여금 저 깊은 곳으로 시선을 돌리게 하여 우리를 요동치게 하는 그 무엇과 조우하게 될 때, 비로소 그 두 가지 경험들은 사소함의 영역에서 벗어나게 된다.[162] 주변 현실 가운데 그 무엇이 우리에게 공명(Echo)을 일으키는 듯하다. 그리고 우리는 우리 자신을 그것의 공명으로 이해할 것이다. 그러한 공명 경험이 종교 경험의 세 번째 근원이다. 그 의미는 윤리적 근거를 통해 더 분명히 설명될 수 있다. 우리는 결코 사실에서부터 당위성을 이끌어 낼 수 없다. 따라서 사실의 총체인 '세계'는 우리 행동에 어떠한 규범도 자극할 수 없다. 그러면 우리의 에토스는 어떻게 발현되는 것일까? 아마 어떤 종족은 다른 종족들과 대립되는 자신들만의 도덕에 근거해서 살아 왔을 것이다. 그 도덕이 더 나은 생존 기회를 제공했다면, 그 종족들과 에토스는 서로 결합하게 된다. 반면 두 가지가 더 고차원적으로 결합을 이룬 종족은 단순히 다른 종족과의 전쟁과 위기 경험을 통해서만 살아가지는 않는다. 그들은 거대한 친화력을 발전시켜서 그들의 생존방식 차원에서 적을 수용하게 되었다. 서양의 윤리는 두 민족으로부터 발전되었는데, 유대 민족의 문화와 그리스 민족의 문화다. 이들은 자신들을 정복한 로마인들을 자신들의 문화와 종교로 포섭(包攝)하였다(그런 점에서 우리 서구인들에게 그리스도교는 유대 종교의 다른 형태라고 봐도 좋을 것이다). 그들은 자신의 에토스를 견지해 나감에 있어서 사회진화론적 과정을 거치지 않았다. 즉 타인을 가장 효과적으로 제거함으로써 생존 능력을 확보하려는 도덕을 견지하지 않았다. 오히려 그들은 타인을 수용하는 에토스를 견지했다. 이 에토스는 시행착오를 통해 파괴적 요소들을 제거함으로써 실질적으로 도움이 되는 에토스로 인정받았다. 하지만 우리가 잘 알고 있듯이, 하나의 에토스가 기능한다는 것이 에토스 자체에 큰 가치를 부여하는 것은 아니다. 비록 많은 사람들이 특정 규칙에 따라 살아야 한다는 확신을 갖고 있다고 하더라도, 거기서 생겨나는 것은 규범적 힘이 아니라 사회적 압력뿐이다. 근본적 차원에서 볼 때, 사실을 규정하는 것으로부터 명령(Imperative)이 따라오는 것은 아니기 때문이다. 실제로 많은 이들에게 가치 있다는 사실이 가치 규범으로 이어지지는 않는다. 따라서 특정 에토스가 가치 있는 것으로 인정되어 기능한다는 사실을 확증하는 것과 그 에토스를 인격적으로 수용한다는 것 사이에는 커다란 차이가 있다. 인격적으로 수용한다는 것은 모든 삶의 갈등 속에서도 그 에토스를 따라야 한다는 의무감이자, 그것을 실천하기 위해서 부정적인 대가를 감수해야 한다는 내적 긍정이며, 자기 확증보다는 오히려 자기 삶을 희생하는 것이다. 그러면 진화론자들이 견지하는 사실적 가치관으로부터 규범적 확신으로의 전이는 어떻게 가능할까? 그것은 오로지 '유일한' 명령을 통해서 가능하다. 그것은 어떤 명령어 이상의 것이다. 그 명령은 "너는 살아야 해, 그래야 만 해!"(Du sollst und darfst leben!)라고 말한다. 이 명령을 확신한다면, 우리는 생명을 가능하게 하는 명령만이 정말 가치 있는 명령이라는 사실을 유추해 낼 수 있다. 여기서 자신의 삶과 인류에 대한 긍정, 그리고 세계에 대한 긍정이 서로 결합한다. 우리는 우리 자신의 실존과 더불어 수백 만 년에 걸친 과정, 즉 지금의 우리를 출현하게 만든 화학적 결합의 과정을 긍정하는 것이다. 그 수백 만 년의 과정이 지금 나와 함께 살

> 아가는 많은 사람들을 존재하게 했다. 그들이 없다면 오늘 우리는 살 수 없는 것이다. 도대체 어디서 우리가 "너는 살아야 해, 그래야만 해!"라는 근본적인 명령을 제대로 들을 수 있겠는가? 우리가 생명에 대해 감사하고 그저 존재하고 있음을 긍정하는 가운데 이 명령을 이해하게 된다. '그것'은 종교적 기초 경험이다. 그 경험에 민감한 자는 현실을 거대한 윤리적 힘으로 경험할 수 있다. 그것은 마치 활활 타오르는 사랑의 불과 같지만, 만일 그것에 등을 돌릴 경우 지옥의 불로 변하고 만다. 따라서 그 경험에 민감한 자는 시내산의 하나님이 윤리적 원동력의 중심이라는 것을 예감한다. 이러한 절대적인 긍정, 즉 생명에 대한 절대적인 긍정이 우리를 사로잡을 때 — 이 긍정은 어떤 것이 존재해야 한다는 의지, 우리가 모든 사물 속에서 존재해야 한다는 의지로서의 긍정이다 — 이것이 우리에게 절대적인 의무, 즉 우리의 생명과 타인의 생명을 돌보고 공생을 가능하게 만드는 일을 하도록 하는 절대 의무가 되는 것이다. "그것이 과연 옳았다"라고 우리가 분명하게 말할 수 있는 규범만이 비로소 절대 의무의 힘을 갖게 되는 것이다.

존재 자체가 가치와 만나는 이 경험은 다양한 방식으로 일어난다. 우리는 자주 현실을 거대한 질서나, 의미심장한 미적 형태, 또는 생명체로 경험한다. 그래서 우리는 그 질서를 유지하고, 미를 발전시키고, 고유한 생명의 약동을 펼쳐 나가야 한다는 의무감을 갖게 된다. 이 모든 것이 바로 공명 경험이다. 세계 질서가 우리의 지성을 통해서, 자연의 역동성이 우리의 생동감을 통해서, 타인의 '너' 됨이 우리의 자아를 통해서 공명하는 것이다. 우리는 늘 이 과정에서 의심할 수 없는 대상을 감지한다. 이때 우리는 단순히 "그것은 사실이야"라고 확증하기보다는 "그것은 마땅히 그래야 해"라고 동의한다. 이 '당위성'(~해야 한다)은 어떤 대상 안에 있는 속성이 아니라 우리와 대상 간 상호작용의 결과다. 그리고 이 상호작용은 나와 실재 간의 일치 경험, 즉 이 실재가 우리에게 무한한 가치로 인정되는 경험이라 할 수 있다. 공명 경험은 가치 경험이다. 공명 경험을 통해서 우리는 사실 세계를 초월하게 되고, 사실적인 것을 꿰뚫으면서 그보다 우위에 있는 가치, 즉 "네가 마땅히 해야 할 것"(Du sollst)이라고 규정하는 가치를 깨닫게 된다. 물론 이러한 경험은 점차 평범한 일처럼 여겨지게 된다. 어떤 사람은 이렇게 말할지도 모른다. "이 공명 경험은 우리 현실에 규범-암시/최면(Soll-Suggestionen)을 걸어놓고서 우리를 조정해왔다." "궁극적 실재가 우리를 향해 외치는 호소력이란 것은 사실 실재에 투사된 우리의 욕구에 불과하다." 하지만 우리 삶은 그런 식의 상대화(Relativierung)에 부합하지 않는다. 우리가 어떤 불의를 지적하면서, 그것이 기준에 어긋나 있다는 사실을 확신한다고 해보자. 이때 그 기준은 우리 자신이 옳다고 규정한 것이 아니라, 이미 우리에게 주어져 있던 것들이다. 우리는 사실 세계에서 유효한 것에 대해 저항하고 있는 것이다.

다시 한 번 강조하자면, 우리가 근거로 삼고 있는 기준은 진화론적 발전 과정을 거쳐왔다고 할 수 있다. 하지만 그것으로는 가치와 규범의 확장 과정을 설명할 수 있을 뿐, 규범들의 규범, 즉 규범 자체를 설명할 수는 없다. 생명과 생존을 위한 에토스와 결합하기 위해서는 최소한 어떤 규범, 곧 '삶의 가치'가 전제되어야 한다. 그러면 이 하나의 근본적인 가치로부터 시작해서 모든 삶을 유지시키는 규범의 기준이 세워지게 된다. 그런데 '무엇인가 존재해야 한다!', 또는 '존재는 무보다 뛰어나다!'는 명령은 근본적으로 종교적 경험에 근거하고 있다는 것이 내 생각이다.[163] 그리고 우리는 성서에서 이 공명 경험과 관련된 찬양과 감사의 언어를 발견한다. "주님, 주님의 한결같은 사랑은 하늘에 가득 차 있고, 주님의 미쁘심은 궁창에 사무쳐 있습니다. 주님의 의로우심은 우람한 산줄기와 같고, 주님의 공평하심은 깊고 깊은 심연과도 같습니다. 주님, 주님은 사람과 짐승을 똑같이 돌보십니다. 하나님, 주님의 한결같은 사랑이 어찌 그리 값집니까? 사람들이 주님의 날개 그늘 아래로 피하여 숨습니다. 주님의 집에 있는 기름진 것으로 그들이 배불리 먹고, 주님이 그들에게 주님의 시내에서 단물을 마시게 합니다. 생명의 샘이 주님께 있습니다. 우리는 주님의 빛을 받아 환히 열린 미래를 봅니다"(시 36:5-9). 사물의 언어는 세계의 호소력을 드러낸다. "하늘은 하나님의 영광을 드러내고, 창공은 그의 솜씨를 알려준다. 낮은 낮에게 말씀을 전해주고, 밤은 밤에게 지식을 알려준다. 그 이야기 그 말소리, 비록 아무 소리가 들리지 않아도 그 소리 온 누리에 울려퍼지고, 그 말씀 세상 끝까지 번져간다"(시 19:1-4).

이상이 사람들에게서 종교적 개방성을 창출하는 세 가지 기초 경험이다. 즉 우리의 인지 능력 – 그리고 삶 전체 – 을 허물어뜨리는 초월 경험, 우리의 피조 감정을 불러일으키는 우연 경험, 그리고 절대 가치를 깨닫게 하는 공명 경험이 그것이다. 우리는 세속화된 사회에서 사람들이 이러한 경험에 민감해지도록, 그리고 이론적 사유를 통해 그 가능성을 드러낼 수 있도록 노력해야 한다. 이 경험이 직접적으로 종교적인 것은 아니다. 그 경험은 – 하나의 공동체성을 이끌어 내고, 개인의 태도를 지속시켜 주는 – 공적인 종교 언어로 표현되지 않은 채 여기저기 분산되어 있을 수도 있다. 하지만 이 경험은 일종의 샘(Quelle)과 같다. 사람이 샘물을 발견하고 물길을 터주지 않는다면, 그것은 곧 고인 물로 변해버린다. 그렇다면 도대체 이 경험이 종교적 행위로 구현되기 위해서 어떤 일이 일어나야 하는가? 어떤 작용이 일어나야 그러한 경험들이 많은 사람들에게 상대화되거나 종교적 수렁으로 전락하지 않을까? 성서 언어가 여기서 도움을 줄 것이다. 성서 언어는 그러한 경험을 가시화(可視化)한다. 기초적인 종교 경험이 종교 행위로 이어지기 위해서는, 인간 안에 있는 종교적 감각이 바로 이러한 언어를 통해 활성화되어야 한다. 이 종교적 감각만이 그냥 지나쳐버릴 수 있는 체험을 지속적인 배움의 체험으로 만든다. 내 생각에 그러한 종교적 감각을 주제로 삼는 것은 20세기 신학 전통의 관점에서 볼 때 분명 진부한 것이다. 말씀의 신학은 이 종교적 감각을 혐오스런 이교적 신앙의 시작으로 보았다. 그러나 성서의 말씀이야말로 이 종교적 감각을 일깨운다. 엄밀한 의미에서 이 '말씀'(로고스)은 그리스도 자신이다. 그리스도를 통한 계시는 20세기 신학의 흐름 속에서 보편적인 인간 경험과 종교적 선험성에 기초한 모든 신학을 반대했다. 그것이 과연 옳은 것일까? 자신의 종교적 감각을 지닌 사람이라면 이미 성서적 말씀을 구현하고 있는 것 아닐까? 바로 이 점이 그리스도교의 제2원칙으로 우리를 나아가게 한다. 구원자 신앙이 바로 그것이다.

그리스도교의 제2원칙: 구원자 신앙과 세속 경험

현대인들의 지적 수준에서 그리스도론의 인간적 측면에 접근해 가는 것은 쉬운 일이다. 예수는 카리스마적 인물(Charismatiker)의 모습을 가지고 있다. 그는 혁명적인 카리스마로 말미암아 주변 세계와 갈등하게 되고 정치적 이유로 처형당하게 되었다. 이것은 누구나 충분히 이해할 수 있는 부분이다. 그리고 우리가 비판적으로 성찰해야 할 예수에 대한 증거들이 그의 '인간성'에 집중되어 있다는 사실도 인정할 만하다. 문제는 신약성서에 나타나고 있는 예수의 지상적 모습이 뮈토스적 아우라로 둘러싸여 있다는 점이다. 그는 하늘로부터 내려온 하나님의 아들이요, 다시금 하늘로 오른 분이다. 그의 지상적 삶은 단지 거쳐 지나가는 한 단계의 실존적 모습일 뿐이다. 현대인들이 이러한 예수의 신격화를 제대로 이해할 수 있을까? 바로 여기서 우리는 인간의 종교적 의미를 되돌아봄으로써, 인간이 현실 세계 가운데서 한 인간 이상의 존재임을 알아야 한다. 이 종교적 의미가 뜻하는 바가 무엇인지 명확히 하기 위해, 어떤 가상의 사례를 들어보고자 한다. 현대 의술의 호모 파라디시쿠스(*homo paradisicus*), 낙원의 인간 이야기이다.

이렇게 가상해 보자. 몇 명의 과학자들이 완전한 삶을 추구하던 우리를 어느 공간으로 데리고 갔다. 그곳에는 조작을 통해 절대 행복 의식에 사로잡혀 있는 한 인간이 있다. 이 호모 파라디시쿠스는 우리처럼 일상적인 의식 없이 침대에 누운 채, 오직 전선과 기계에만 – 이것은 그에게 편안한 감정만을 느끼게 한다 – 연결되어 있다. 왜 우리는 이 사람의 모습을 받아들일 수 없는가? 왜 우리는 그러한 삶을 참되다고 여기거나 완성된 삶으로 수용하기를 꺼리는가?

- 이 호모 파라디시쿠스는 철저하게 타인에게 의존되어 있기 때문이다. 그의 완전한 삶은 자기 스스로 이룩한 것이 아니다. 그 사람은 자신의 삶에 책임을 질 수 있는 어떤 조건도 가지고 있지 못하다. 그는 자유롭지 못하다. 우리 안에서 자유에 대한 의미가 움터오지 않는가!
- 이 호모 파라디시쿠스는 환상 세계에서 살고 있기 때문이다. 실재와 이 실재에 대한 의식 사이에 차이가 있다는 것을 깨닫게 될 때, 우리는 이 두 가지를 연결시키려는 충동을 갖게 된다. 실재는 절대적인 우위를 점유한다. 환상은, 우리가 그것을 면밀하게 관찰하지 않는 동안만 유익한 것처럼 보인다. 그러나 단 한 번이라도 면밀히 관찰한다면, 그 환상은 더 이상 행복을 주지 못한다. 진리의 명령이 우리 안에 절대에 대한 의미를 불러일으킨다. 즉 우리의 모든 상상과 삶의 조건 하에서 최고 우선순위의 의미를 움트게 한다.
- 우리 삶의 세 번째 특징은 사례 자체보다는 이 사례를 성찰하는 가운데 드러난다. 우리가 이렇게 조작된 호모 파라디시쿠스가 진정한 삶

> 이 아니라는 결론에 이르게 된다면, 이 통찰은 소위 '영원한' 가치를 가지게 된다. 만일 그 깨달음이 가치가 있는 것이라면, 그것은 영원토록, 즉 몇백 만 년이 지난 후에라도 가치를 지니기 때문이다. 육안으로 확인할 수 없는 진리라 하더라도, 그것이 가치 있는 것이라면 유효하다. 예컨대 "모일에 비가 내린다"는 진술은 언제나 유효한 것이다. 만일 그렇다면 "역사의 모일에 비가 내렸다"는 것은 몇백 만 년이 지난 후에도 여전히 유효한 것이다.

인간 스스로 그것을 의식하지 못한다고 하더라도, 인간의 내면에는 자유, 절대, 영원에 대한 감각이 존재한다. 우리는 우리가 살아가는 자명한 이유를 의도적으로 부인하곤 한다. 또 많은 이들이 인간의 자유를 강하게 부정하기도 한다. 그들은 인간이 부자유하다는 확신을 강요하고 있는 것이다. 그들의 주장은 단순히 물리적 관계에 근거하고 있는 것이 아니다. 왜냐하면 그들의 주장대로라면, 사람들은 "그 입장은 유효하다"라고 말할 수 있는 것이 아니라, 오직 지금까지의 모든 사실이 결과로 나타나는 것처럼, 누구나 지금 이 순간 이것만을 말할 수 있을 뿐이고 그 외의 다른 것을 동시에 말할 수 없기 때문이다. 그리고 모든 반대 주장도 동등한 권리를 갖게 된다. 그것들도 이미 결정된 것이기 때문이다. 어떤 주장을 펼치는 자는 완전히 사전에 결정된 것에 근거하지 않을 수 없으며, 따라서 진리에 대한 논쟁도 무의미하게 된다.

이러한 영원, 절대, 책임에 대한 감각은 종교를 통해서 생산적 역할을 수행한다. 곧 우리는 생활 세계에 대한 직관을 가지고 생활 세계 너머에 있는 초월 세계의 그림을 그린다. 사람들이 종교가 제공하는 세계의 그림을 연구할 때, 자유, 절대, 영원에 대한 감각이 작동한다. 따라서 인간에게 하나님을 인식하는 능력이 선험적으로 존재하는 것이 아니라, 우리로 하여금 하나님에 대한 인식에 이르게 만드는 어떤 전제가 존재하는 것이다. 우리 인간은 그 전제 없이 결코 하나님을 바르게 이해할 수 없다. 왜냐하면 '절대'와 '영원'에 대한 감각이 살아 계신 하나님과 동일한 것은 아니기 때문이다. 하나님은 그 이상의 존재다. 그리고 자유와 책임의 감각도 하나님에 대한 의식 없이는 발전될 수 없다. 하지만 우리에게 절대, 영원, 책임의 감각이 없다면, 성서 본문을 통해 하나님에 대한 사유에 이를 수 있는 통로를 획득할 수 없을 것이다. 이제 종교적인 근본 경험을 통한 종교적 범주의 활성화에 대해 간략히 기술하도록 하겠다.

(1) 초월 경험은 우리 안에서 '절대적인 것'에 대한 감각을 활성화시킨다. 우리는 이 경험을 통해서 우리의 모든 무지와 (우리가 살고 있는 유한한 생활 세계의) 환상을 궁극적 실재의 제단 위에 바치라는 명령을 듣게 된다. 만일 우리가 "삶에 유익한 환상이 진리보다 훨씬 낫다"고 말한다면, 우리는 삶의 유익을 진리보다 우위에 두는 것이다. 하지만 우리는 '절대'에 대한 감각을 따르며 살 수도 있다. 이 감각은 우리로 하여금 자의적인 판단을 거스를 수 있도록, 즉 하위의 규범보다는 상위의 규범을 선택하도록 만든다. 비록 이러한 방식이 실패할 수밖에 없다 하더라도 우리는 그 선택에 근거하여 살아갈 수 있다. 물론 우리는 우리 자신의 이성과 감각의 구조에서 벗어날 수 없다. 다시 말해 우리는 실재 자체를 '있는 그대로' 볼 수는 없는 것이다. 그럼에도 불구하고 '절대'에 대한 감각은 우리로 하여금, 모든 경험적인 것을 넘어서는 절대 진리를 추구하도록 만든다.

(2) 우리가 우연 경험을 사소한 것으로 취급하지 않고, 우리의 피조 감정으로 인정하게 되는 것은, 그것이 무(無)와 대면하기 때문이다. 우리는 무에서 세상으로 나오게 되었고, 그 무로 돌아가 사라지게 된다. 이 무는 무한한 것이다. 한번 그 안에 발을 들여놓으면, 우리는 그 발걸음을 멈출 수 없다. 그러나 바로 그렇기 때문에 무는 '영원'

의 감각을 촉발시킨다. 우리는 우리를 삼켜버리는 무를 불가피하게 영원한 무로 파악하게 된다. 그리고 동시에 우리는 소멸하는 실존이 영원한 존재 속으로 등록되어 머물게 된다는 사실을 깨닫게 된다. 비록 우리가 무의 '블랙 홀' 속으로 들어간다 하더라도 말이다. 우리가 존재한다는 사실은 오랜 세월이 흐른 뒤에도 여전히 진실로 남을 것이다. 오늘 우리가 '무한한 세월이 흐른 뒤에는 무엇이 가치 있을까' 고민하고 있다는 사실은 무한한 세월이 흐른 뒤에도 여전히 가치 있을 것이다. 무(無)와 대면함으로써 우리는 영원의 감각을 되찾게 된다. 무의 무한함에 대해서 뿐만 아니라 사멸하는 순간의 영원한 가치에 대해서도…….

(3) 우리가 공명 경험을 가설로 오해하지 않고, 우리를 본래적 의미의 실존으로 인도하는 명령으로 이해한다면, 그것은 우리 안에 자유에 대한 감각을 작동시킨다. 자유는 우리에게서 그 누구도 앗아갈 수 없는 생명에 대한 책임감을 의미한다. 이 공명 경험이 요청하는 내용을 분명히 하기 위해서 다시 한 번 비유를 들어보도록 하겠다. 한 사람이 휴가를 맞아 눈 덮인 알프스로 향했다. 알프스는 그에게 목적을 이루는 도구에 지나지 않았다. 그는 알프스가 단지 휴식과 긴장 해소를 위한 충분한 조건(환경)이 되어 주기를 희망했다. 그러나 그가 스키 위에 올라 처음으로 접하는 설경(雪景) 앞에 섰을 때, 그는 강력한 사명감을 느끼게 되었다. 자신의 스키로 눈 위에 제멋대로 선을 그어서는 안 되고, 아름다운 주변 경관과 잘 어울리도록 멋지게 물결치는 포물선을 그려야 한다는 사명감 말이다. 우리의 삶에도 이러한 일들이 자주 발생한다. 우리는 이 세계와 맞닥뜨리면서, 이 세계가 우리와 잘 어울리기를 기대한다. 그러나 나중에 우리는 이 세계에서 감당해야 할 사명을 깨닫게 되는데, 그 사명은 마치

우리를 향한 호소처럼 들린다. 그 호소는 세계가 우리에게 봉사하는 것이 아니라, 우리가 선한 뜻을 가지고 세계에 봉사해야 한다는 것이다.[164] 객관화된 세계에서 느끼는 그러한 체험은 진정한 현실(실재) – 인간의 결단, 계획, 꿈, 도덕 등 – 의 '흐릿한' 영역이며, 이러한 현실이 인간을 본래적 존재로 완성시킨다. 그 과정에서 우리가 본질적으로 어떤 존재인가 하는 문제, 즉 우리가 충동적 존재인가 아니면 이성적 존재인가 하는 문제는 언제나 열려 있다. 그리고 여전히 채워지지 않은 현실의 '빈 공간' 안에서 우리의 삶이 실현되는 것이다.

정리하자면 기초 종교 경험으로서 초월, 우연, 공명의 경험은 우리 내면의 '자아'(Ich)를 잠에서 깨워, 대체할 수 없는 의미를 부여한다. 자아는 절대 및 영원과 관계를 맺으며, 대체할 수 없는 책임감으로 자신을 무장시킨다. 자아는 실패할 수도, 성공할 수도 있는 사명을 가지고 자신의 생을 다한다. 자아는 본래적 존재가 무엇인지, 그리고 무엇을 위해 결단해야 하는지를 찾는다. 성서는 이 과정에서 중요한 역할을 수행할 수 있다. 사실 많은 성서 본문은 놀라우리만큼 열정적이고, 괴팍스러우며 비현실적이기까지 하다. 하지만 성서는 우리 곁에서, 그리고 우리 안에서 활동한다. 왜냐하면 성서는 우리 안에 잠재되어 있는 것을 말해주기 때문이다. 우리가 대면하는 성서는 성스러움의 절대성을 갖고 영원한 실재와 관계를 맺으라는 책임을 호소한다. 종교는 이러한 근본적인 실존적 경험과 우리 안에 내재하는 종교적 의미의 범주들이 결합함으로써 생겨나는 것이기도 하지만, 성서에서처럼 언제나 구체적이고 전승된 종교적 기호 언어로 전달된다. 이제 우리는 "무엇을 위해서 성서를 읽는가?", "무엇을 위해 우리는 성서를 가르치는가?" 하는 물음에 대한 대답을 시도해 보고자 한다. 가장 중요한 것은 생동적인 종교 경험을 언어화하는 – 반드시 언어화해야만 하는 것은 아니지만 – 종교 언어의 전달이다. 하지만 하필이면 왜 성서란 말인가? 왜 다른 책은 안 되는가? 이 물음에 대답하기 위해 우선 성서의 내용을 살펴봐야 하겠다.

이 종교 언어의 중심에는 신약성서의 예수 그리스도가 한 인간이자 구원자로 서 있다. 그리고 바로 여기서 분명하게 인식되는 것은 영원, 절대, 책임의 감각이 구체적으로 형상화되고 있다는 사실이다. 사회적 · 정치적으로 제한된 조건에서 등장한 한 사람이, 영원과 절대의 현현으로, 그리고 우리의 책임을 요구하는 분으로 이해되었다. 따라서 그의 등장은 서사적 방법으로, 즉 신적 존재로 인정되는 뮈토스적 아우라로 둘러싸이게 되었다. 그러나 이 뮈토스적 아우라가 그를 완전히 집어삼키지는 못했다. 왜냐하면 예수는 죽을 수 밖에 없으며, 제한된 부자유한 존재, 즉 역사 속의 구체적 인물이었기 때문이다. 예수의 형상에 대한 초대 그리스도인들의 내적 확신이 바로 이 점에 근거하고 있지 않았을까? 그리스도론은 인간의 자아 구조와 일치하고 있다. 영원, 절대, 자유에 대한 감각을 소유하고 있으면서 동시에 사멸성, 제한성, 그리고 억압된 상황에 내몰려 있는 인간의 자아 구조 말이다. 예수는 이 새로운 그리스도교의 핵심을 가지고 종교적 감각을 일깨우고, 그 종교적 감각을 지상의 일상 현실과 화해시킬 수 있었던 것일까? 우리가 이미 보았듯이, 신약성서의 모든 근본 모티브들은 예수 그리스도의 형상과 연관되어 있다. 예수의 형상은 신약성서의 성육신 같은 근본 모티브에 영향을 주었다. 따라서 그리스도 형상을 이해하기 위해 결정적으로 중요한 것은, 이 근본 모티브 안에서 그리스도교 밖의 사람들을 설득할 수 있는 세속적 유비(유사점)를 찾을 수 있느냐 하는 문제다.

성서의 근본 모티브에 이르는 세속적 통로

성서의 근본 모티브 중에는 세속적 의식(Bewusstsein)에 수렴 가능한 모티브가 있고, 양자택일해야 하는 모티브도 있다. 이 경우 사람들은 흔히 질문을 제기한다. 세상과 유비적인 성서 전통들이 중요한 것인가, 아니면 이 현실과 대결하는 차별화된 전통이 중요한 것인가? 이제 나는 세상과 유비적인 부분을 기술한 후, 각각의 이론적 해석을 덧붙이려고 한다. 물론 모든 사람들이 이론적 해석에 동의할 필요는 없다. 예를 들어 성서의 근본 모티브에 대한 진화론적 해석이 그러하다. 이 해석은 성서 신앙의 관점을 '현대 언어'로 표현하려는 시도 가운데 하나일 뿐이다.[165] 물론 다른 해석도 원칙적으로 가능할 것이다.

(1) 창조 모티브

창조 모티브는 만물의 우연에 대한 의식과 관련된다. 그리스인과 로마인은 모든 사물이 비이성적이고 우연한 존재라는 것에 대해서 유대인과 그리스도인만큼 철저한 의식을 갖지 못했다. 성서의 창조 신앙은 이에 대한 시야를 넓혀 주었다. 창조 신앙은 존재하는 사물들을 (인간이 규정할 수 없는) 하나님의 명령에 귀속시킨다. 하지만 유럽의 역사 안에 이 우연에 대한 의식이 자리매김할 수 있는 가능성은 쉽지 않아 보인다. 이 우연 의식은 오늘날 경험 과학과 깊이 관련되어 있다. 경험 과학에서 말하는 우연이란 인간은 논리적 연역(추론)을 통해 실재를 인식할 수 없으며, 오로지 예견할 수 없는 데이터나 사실들과 대면함으로써 가능하다는 확신이다. 현존하는 세계와 기대되는 세계는 모두 불확실하다. 그것들은 선험적으로 유추될 수 있는 것이 아니라 오로지 후험적(경험적)으로 확인될 수 있을 뿐이다.

진화론적 사고 틀 안에서 보면, 성서의 창조 모티브는 세속의 우연 모티브와 마찬가지로 비이성적 놀이 행위에 불과하다. 그것은 생명체에 무의미한 개체 변이 – 그중의 소수만이 생존하게 되는 – 를 양산하는 것이기 때문이다. 진화는 '우연과 필연' 의 합작을 통해 이루어진다. 즉 우연은 불확실하고 창조적이며, 새롭고 예견할 수 없는 것이다. 우연은 생물학적 진화의 돌연변이, 즉 유전 인자의 재결합을 통해 발생한다. 여기에는 무로부터의 창조(*creatio ex nihilo*)가 존재할 수는 없지만, 이전에 존재하지 않았던 새로운 구조와 결합을 통한 창조가 가능하다. 자연선택은 현실의 기본 조건에 일치함으로써 생존 가능성을 보유한 새로운 종에게 일어난다. 대부분의 돌연변이는 소멸하게 되는데, 주변 환경이나 유기체의 생명 구조(Baupläne)에 충분히 적응하지 못하기 때문이다. 우연과 필연, 창조와 보존의 이러한 합작은 신약성서의 한 지점에서 급격한 변형을 맞게 된다. 바로 '부적응자' 와 '실패한 자' , 즉 자연선택 과정에서 소멸되도록 규정된 자들이 하나님의 창조 능력을 통해서 구원을 얻게 된다. 십자가에 달린 자는 버림받아 역사에서 도태되어야 하는 자였다. 그는 약자였으나 그의 무력함이 오히려 강력한 항거를 보여주었다. 바로 그에게 하나님께서는 새로운 생명을 주셨던 것이다. 하나님의 창조 능력이 자연선택에 항거하는 예수의 부활을 통해 역사 안으로 진입한다.

(2) 지혜 모티브

지혜 모티브는 모든 과학에서 전제되고 있는 세계의 합법칙성에 부합한다. 합법칙성은 모든 과학적 실험과 이론에서 인정되는 근본 원칙이다. 이러한 세계 질서에 대한 신뢰는 역사를 통해 형성되었다. 우리는 지난 500년간 집약적인 자연과학의 성과를 통해서 자연의 합법칙성에 대한 지속적인 발전상을 이루어 냈다. 비록 우리가 이 질서를 절실하게 요청한 것은 아니지만 말이다. 만일 인간처럼 복잡한 생명체가 과거의 덜 체계화된 세계에서 생존 기회를 갖지 못했다면, 지금의 현실은 또 달라졌을 것이다. 우리가 확증할 수 있는 것은, 이 세계가 상상할 수 없을 만큼 질서가 잡혀 있고 생명을 유지시킬 수 있는 – 인간에게 적합한(anthropisch) – 근본 구조를 지녔다는 사실이다.

진화론적 관점에서 지혜 모티브는 창조와 인간 사이의 조화를 드러낸다. 창조 질서는 생명 친화적이다. 창조 질서를 따르는 자들은 살아남게 된다. 성서적 세계관에 따르면 이 세계와 인간의 '접촉'(Passung)은 창조의 결과다. 하지만 진화론적 입장에서 그것은 오랜 적응(Anpassung)과정의 결과이다. 신약성서는 이러한 적응 과정의 위험성을 "지혜가 어리석게 되었다"는 말로 지적한다. 완벽한 '부적응자'가 '강하고' 성공적으로 보이는 자들보다 궁극적인 현실에 더 잘 어울린다.

(3) 기적 모티브

기적 모티브는 현대인들의 의식 속에서 자주 발견되는 완고한 '불가지론'(不可知論), 즉 우연을 신뢰하고 발전을 확신하지 못하는 태도와 관련된다. 여기서 현대 지성은 둘로 갈라진다. 인간은 결정론적 의식과 자유의식 사이를 왔다 갔다 한다. 하지만 그런 원칙 차원의 확신을 차치(且置)하면, 모든 사람들은 매일매일의 삶 속에서 즉흥적 자유와 더불어 자신에 대한 책임을 필요로 한다(그렇지 않을 경우 모든 질책과 자기 의무는 의미를 상실한다). 그리고 또 모든 사람들은 결정론과 불가지론을 넘어서는 근본적 성찰(Metareflexion)을 통해서 자유로워지기를 바란다.

어디에서 진화론적 해석과의 접촉점을 찾을 수 있을까? 기적은 굶주린

자, 위기에 처한 자, 병든 자, 죽어가는 자들처럼 어떤 가능성도 찾지 못하는 상황에서 갑자기 나타난다. 우리는 복음서의 놀라운 기적을 가끔씩 오해하기도 하지만, 이 기적은 전체 성서가 견지하고 있는 것으로서, 저 선택주의에 항거하는 단순하면서도 절박한 형태다.

(4) **소외 모티브**

소외 모티브는 현대 세속 문화의 강박관념과 연관된다. 우리는 엄청난 부조리 의식 – 심지어 자기 자신에 대해서 '역겨워' 하는 현대인들도 있다 – 에 빠지곤 한다. 그러한 경험은 우리가 자신으로부터 멀리 소외되어 있음을 알리는 신호다. 이러한 소외 의식은 규범이나 일정을 강조함으로써 더 강화된다. 그래서 만일 자신에게 해당하는 규범이나 개인적으로 설계한 일정을 어기게 될 경우, 일반 사회 규범을 어길 때보다 더 심한 압박에 시달린다. 왜냐하면 그 사람은 자기 자신이 무너진다고 느끼기 때문이다. 이러한 상처는 내면적으로 더욱 깊어진다.

진화론적 해석에서 소외 의식은 인간과 창조 사이의 조화에 문제가 생긴 것을 뜻한다. 기존의 모든 적응 구조에도 불구하고 인간들은 일상세계뿐만 아니라 궁극적 실재에 대해서도 심각한 '부적응' 을 경험한다. 인간은 생명의 약속, 현실세계와 인간의 완전한 조화 속에서 가능한 생명의 약속을 상실한다. 고뇌와 죄악은 구원받은 상황으로부터 소외되어 있는 인간의 모습을 암시한다. 그것들은 진화론적 고통이며 새로운 세계를 향한 '피조물의 탄식' 이다.

(5) **갱신 모티브**(희망, 엑소더스, 회개)

갱신 모티브는 세계 변화를 추구하는 이상적 의식과 연관된다. 현대 사회는 그것이 선한 것이든 악한 것이든 그러한 이상에 내몰려 있다. 엑소더스는 현대의 다양한 해방운동 가운데서 노동운동, 청년운동, 여성운동과 같이 늘 새롭게 변형된 형태로 나타난다. 개인적 차원에서 갱신 모티브는 선한 길로 행동을 변화시키는 것을 가능하다고 여기는 일종의 치유 문화에 속한다. 심한 경우 급격한 변화를 추구하는 사람들까지 등장한다. 다양한 치유 학파들이 공유하고 있는 최소한의 기본 입장은 우리에게 확실하다고 여겨지는 생활 모습이 구조적 방식으로 변화된다는 것이다.

갱신 모티브 안에서 진화론적인 변화 의식은 실패하고 만다. 다니엘의 환상(단 7)에 나타나고 있는 제국들의 흥망성쇠는 '짐승'과 같은 권력자로부터 '인간적'인 권력자로 전환되는 모습으로 비춰진다. 초대 그리스도교에서 예수는 이러한 인간적인 모습을 가지고 있었다. 새로운 나라는 그분의 '표징'(Zeichen)을 가지고 짐승들에 대적해 서 있다. 여기서 처음으로 우리는 생물학적 진화로부터 문화적 진화로의 전환 과정에 있다는 의식을 갖게 되지 않는가? 역사의 한복판에 있는 우리가 계속해서 짐승에서 인간으로 전환되는 가운데 있다는 의식을 말하고 있는 것이 아닌가? 그리고 이러한 의식이 참되지 않은가?

(6) 거주 모티브

거주 모티브는 정신적인 것을 감각적인 것으로 구현해 내려는 현대의 충동과 연관된다. 우리는 육체와 감각의 문화 속에 살고 있다. 그 때문에 우리는 역으로 과도하게 아카데믹한 연구 과정을 통해 육체와 감각에 폭력을 가하기도 하지만 말이다. 점점 육체성에 대한 동경이 도를 넘어서고 있다. 그래서 비구어적 육체 언어가 숭배되는가 하면, 스포츠가 숭배되기도 한다. 사방에서 진동하는 '러브-퍼레이드'(Love-Parades)*에서 육체 숭배는 상업화되고 있다.

거주 모티브는 인간을 '빈 공간' 으로 본다. 이 빈 공간은 새로운 본질로 채워질 수도 있고 영적인 것으로 변형될 수도 있다. 인간은 이러한 재탄생의 방식을 통해서 좀 더 심층적인 현실에 속한 '몸' (Organe)을 부여받게 된다. 이 심층적인 현실은 인간을 일상세계의 영역 밖으로 확장시킴으로써, '약육강식' 의 밀림은 단지 제한된 세계의 시각일 뿐이라는 확신을 준다. 그리스도는 평화와 화해의 세계로 인도하는 변형된 인간의 원형이다. 그리스도 안에서 하나님의 육화는 창조적 '돌연변이' 와 비교할 만하다. 이 창조적 돌연변이가 인간과 궁극적 실재 간의 '어우러짐' 을 극대화하여 새로운 차원의 가능성을 열어놓았다.

(7) 대속 모티브

대속 모티브는 모든 생명체는 동일한 생존 과정을 공유하고 있다는 현대 의식과 관련될 수 있다. 이것은 가끔씩 자연주의적 관점에서 지지되고 있는 부분이다. 인간이라는 생명체의 일부는 모든 생명체 안에 있는 것이다. 심지어 우리는 곤충들과 놀랄 정도로 비슷한 유전자 코드를 공유한다. 인간의 대체 불가능성은 인간이 다른 것으로 대신할 수 없는 고유한 인격체라는 의식 속에서 출현한다. 하지만 물질과 육체를 지닌 존재로서 인간은 자연과 관련되어 있다. 그리고 이러한 관련은 하나의 우주적인 공속(共屬)감정으로 체험되기도 한다. 먼지와 티끌로 존재하는 자라면 먼지와 티끌 가운데 있는 자신을 인식할 수 있다. 살과 피로 존재하는 자라면 대속적 차원에서 살과 피를 가진 모든 존재를 친족으로 느낀다. 채식주의는 피

*매년 열리는 동성연애 축제를 말한다.

조물의 공존성을 무시하는 생명의 냉혹성에 대항하며 생겨난 것이다.

진화론적 관점에서 대속 모티브는 두 가지 사실과 관련되는데, 자연선택 원리와 그것에 대한 저항이다. 한편으로 생명체는 언제나 다른 생명체의 희생 위에서 생존한다. 열등한 생명은 우월한 생명체의 생존을 대신하여 사망한다. 그러한 의미에서 대속은 자연선택 이론의 한 표현이다. '생존투쟁' 안에서 능력이 뛰어난 자들은 자신들의 생존을 위해 다른 존재들에게 그 대가를 지불하게 한다. 반면에 대속적 죽음에 대한 그리스도론적 상징성은 바로 이 부분을 결코 용인하지 않는다. 다시 말해 생명체는 여기서 다른 생명의 희생을 대가로 생존하지 않는다. 오히려 생명을 살리기 위해 자발적으로 자기 자신의 죽음을 수용한다. 하지만 무엇보다 중요한 것은 희생된 생명이 죽음에 머물지 않는다는 점이다. 생명은 죽음을 극복함으로써 다른 생명을 대가로 생존하는 법칙을 깨뜨린다.

(8) 신앙 모티브

신앙 모티브는 인본주의적 '만남의 문화'와 관련되며, 근본적 신뢰(basic trust)가 인간의 전 생애를 위해 매우 중요하다는 의식과 관련된다. 우리 삶 속에서 최초의 의미 있는 사람과의 관계 형성은 근본적 신뢰 구축의 열쇠다. 분명한 사실은, 이 근본적 신뢰는 자발적으로 습득되는 것이 아니며, 언제나 상대방의 신뢰에 대한 공명을 통해서 이루어진다는 것이다.

신앙 모티브에 따르면 인간은 (역사에서든 진화 과정에서든) 총체적인 현실에 대한 신뢰 없는 사건의 연속적인 흐름 속에서 좌초하고 말았다. 사람들 간의 만남을 통해 이 신뢰의 기초가 마련된다. 만남 속에서 소위 '질적 도약'이 일어나는데, 이것은 궁극적 실재와의 거시적인 조화를 가능하게 하고 또 그것을 기대하게 한다. 영적 능력이 변화를 가져다줄 것을 확신하는 사람이라면 누구나 신앙을 회복할 수 있다. 이러한 지속적인 신앙의 초석과 갱신의 중심에는 신약성서의 '믿음의 주' (히 12:2)이신 예수가 서 있다.

(9) 아가페 모티브

아가페 모티브는 낯선 자들과 의식적으로 관계를 맺어 가는 세속적 연대와 상통한다. 이웃사랑은 보편적 가치가 된 지 오래지만, 현대사회 속에서 서로 긴장 관계에 있는 우리는 전혀 다른 윤리적 강령을 따르고 있다. 어떤 강령은 목표 달성과 성취 능력을 강하게 지향하고 있는 반면, 그것에 반대하는 강령은 연대와 구제를 지향한다. 그래서 구호 단체들이 전 세계적으로 조직되고 있다. 사람들은 엄청난 시간과 돈을 투자해서 구호 단체를 조직하고 유지해 나간다.

아가페 모티브는 생물학적 진화로부터 문화적 진화로 나아가는 전환점을 추구한다. 생물학적 진화에 있어서는 유전적 동족에 대한 사랑과 다른 동족에 대한 적개심의 결합이 중요하다. 초대 그리스도교에서 이러한 결합은 뒤바뀐다. 사랑의 대상이 원수와 이방인, 죄인에게 향하는 반면, 적개심은 동족에게로 향한다. 그리고 단호하리만큼 부모와 가족과의 단절이 요구된다.

(10) 입장 바꾸기 모티브

입장 바꾸기 모티브는 현대세계의 반(反)권위적 정서와 관련된다. 높은 자리에 있는 사람은 반대편에 위치한 역할을 넘겨받을 준비를 해야 한다. 누군가를 다스리고자 하는 사람은 누군가에게 봉사할 수 있어야 한다. 스스로 낙인찍기(Selbststigmatisierung) 방식으로 이루어지는 극단적인 자기 비하조차도 현대 세계 속에서 변화의 창조적 전략으로 평가된다. 그것은 오늘날 설득 및 표현 기술로 여겨진다.

입장 바꾸기 모티브는 생물학적 진화와 문화적 진화 사이의 긴장 상황 – 인간 삶의 독특성이라 할 수 있는 – 속에서 서서히 자리매김하고 있다. 동물 집단의 권위와 위계 질서는 분명히 집단 생존을 위해 중요하다. 가장 강한 동물들이 혜택을 입는 이유는 그들이 유사시에는 집단의 가장 바깥쪽에 위치하고, 집단의 단결을 위해서는 가장 안쪽에 위치하는 것이 중요하기 때문이다. 그러나 첫째가 곧 꼴찌의 지위를 넘겨받는 자라면, 이러한 생물학적 진화의 특징은 그 힘을 상실하게 된다.

(11) **심판 모티브**

심판 모티브는 개인의 책임 의식과 관련된다. 물론 여기서 법정은 하나님 앞에서가 아니라 개인의 양심 앞에서 이루어지는 법정이다. 사람들은 인생을 판단하는 '법정화'(Tribunalisierung)에 반대해왔다. 하지만 실제로 우리는 줄곧 우리 스스로를 변호하느라 분주하다.

우리의 행동, 우리의 사회, 나아가 우리 세계 전체를 변호하고자 노력한다. 하나님의 심판을 기대하는 것이 가끔은 자기 자신에 대해 최종적인 심판을 가하는 인간의 법정보다 자애로운 것으로 보인다. 반면 세속적 의식 차원에서 볼 때, 죄인의 칭의에 대한 신앙은 – 인간 자신의 행위와 잘못과는 무관하게 – 인간의 존엄성에 대한 절대적 확신과 일치한다.

심판 모티브는 진화론적 의미와 직접적으로 대립한다. 모든 생명은 엄격한 선택 압력에 놓여 있으며, 이 선택 압력에 적응한 생활방식과 적응하지 못한 생활방식이 구별된다. 이 객관적인 선택 압력은 최후의 심판에 대한 판타지를 통해 무너지고 만다. 진화론적 기준에 일치하는 것만이 새로운 세계 안에 안착해야 하는데, 신약성서에서는 선택에서 제외된 약자와 부적응자가 새로운 세계에 진입한다. 어리석은 자가 하나님의 심판에서 의롭다 칭해진다. 죄인에게 자유를 선언하는 복음은 선택 압력을 거부하며 선택주의에 반대하는 항거다.

지금까지 내가 고민했던 것은 이것이다. 성서의 언어가 많은 사람들에게 낯설다. 성서의 언어가 신화적·고대적 시각으로 무장하고 있기 때문이다. 하지만 그 언어가 여전히 현대인을 몰입시키고 있다. 성서 언어의 근본 원칙과 근본 모티브는 현대 문화의 비종교적 의식(意識)과 유사하다. 성서의 언어 세계를 고향처럼 여기고 거기서 거주하기 힘들어하는 사람도 이 근본 원칙과 모티브의 도움을 받는다면, 왜 그 언어가 다른 이들에게는 고향의 역할을 하고 있는지 쉽게 이해할 수 있다. 그리고 학교나 대학, 성인교육, 일반교양 차원에서 성서 교수학의 중요성을 깨닫게 될 것이다. 이처럼 세속 문화와의 대화를 위해서는 신앙고백적 관심에서 거리를 두는 종교철학이 필요하다. 우리는 교육 및 수업 시간에 – 이야기를 해주거나 그림을 개시할 때, 질문을 하거나 논쟁을 할 때조차 – 기초적 방식으로 철학을 이끌어 가야 한다. 어린이는 삶과 죽음, 신과 세계에 대해서 묻는다. 어린이와 함께하는 철학이 가능하다면[166] 청소년과의 철학은 더욱 절실하다. 그동안 신학의 영역 안에서 한물간 변증 이론 또는 '자연신학' 으로 폄하되었던 많은 질문이 실제 생활 속에서는 상당히 중요하다. 가끔씩 이러한 주제들을 신학적 차원에서 토론할 수 없게 만드는 분위기가 생긴다. 그런 분위기에서 하나님에 대한 기초 토론은 – 내 경험에 근거한다면 – 금세 '요리 문답' 이 되곤 한다. 사실 그러한 물음은 궁금증을 가지고 있는 청소년들에게 더 중요한 것이지, 물음에 대한 답을 가지고 있는 신학자에게 필요한 것이 아니다.

세속 사회와의 대화에서 중요한 것은 우리가 종교적 실재를 이해할 수 있는가 하는 문제다. 여기서 다시 한 번 상기해야겠다. 우리에게 주어져 있는 실재에 대한 감각(Sinn)을 신뢰하는 것이 결정적으로 중요한 종교의 근본 원칙이란 사실이다. 그 신뢰를 구체적으로 보여줄 수는 없지만 느낄 수는 있다. 그것은 외부로터 '들려오는 음성을 듣는 것' (Angesprochensein)이다. 그것은 기존의 감각을 확장시킬 뿐만 아니라 그 감각을 자신의 삶 속에 실현하도록 요청한다. 그리고 감각과 요청의 특전은 (비록 그것이 실재의 총체적 시스템으로만 보인다 할지라도) 인간을 넘어서는 심급(Instanz)을 통해서 보장된다. 아직 풀리지 않는 수수께끼는 우리가 어떻게 세속적인 현실 해석으로부터 종교적 현실 해석으로 전환할 수 있는가, 그리고 우리가 어떻게 젊은이들에게 이러한 지각(Wahrnehmung)의 전환이 가능하도록 도울 수 있겠는가 하는 것이다.

이 전환은 반전도형(Kippfiguren)의 지각과 비교 가능하다. 우리 모두가 게슈탈트 심리학이 제공하는 그림들을 통해 알고 있듯이, 우리의 지각은 능동적인 과정이다. 우리가 게슈탈트 그림에서 대상과 배경을 교환할 때, 처음에는 유리잔이 보였다가 두 개의 얼굴이 마주보고 있는가 하면, 처음에는 노파가, 나중에는 젊은 여인이, 처음에는 반밖에 차지 않은 컵으로 보이던 것이 나중에는 거의 가득한 컵으로 보인다. 늘 우리는 – 감각적으로 변함없이 머물러 있는 – 지각 대상에 대한 인지 구조의 변화를 일으킨다. 마찬가지로 종교적 지각에 있어서도 같은 현상이 나타난다. 현실 자체는 동일하게 머물러 있는데, 그것이 내부의 '검색 프로그램' 을 통해서 구조의 변화를 일으킨다. 종교의 근본 원칙과 근본 모티브들이 바로 검색 프로그램이다. 이것은 전(前)이해를 창출해 내고, 우리는 전이해의 관점에서 현실을 바라봄으로써 우리가 세속적으로 인식했던 것과는 다르게 지각한다. 스칸디나비아의 종교심리학은 세속적 지각과 종교적 지각 사이의 단계 변화가 이러한 구조 전환의 과정에서 유래한다고 보았다. 특별히 우리가 현실 속에서 닮아 가려는 역할 모델이 구조 전환에 크게 영향을 미친다.[167]

성서가 이 과정에서 어떤 역할을 할 수 있는가 하는 것을 '포도원 품꾼의 비유' (마 20:1-16)에 근거하여 설명할 수 있다. 만일 도입 부분의 비교 형식을 무시하고 읽는다면, 사람들은 이 비유를 노동 세계에서 유래한 세속적 이야기로 읽을지도 모른다. 이 비유는 특별히 하나님에 대해 언급하고 있지 않다. 한 여성 신학생이 언젠가 이 본문에 대한 설교에서 본문 내용을 수용하지 않은 채 설교를 끝마친 적이 있었다. 이유는 본문에 '하나님' 이란 단어가 빠져 있었기 때문이다. 물론 그녀는 '신 죽음 이후의 신학' 을 배경으로 그렇게 한 것은 아니다. 설교는 단순히 비유의 역동적인 흐름을 따랐고, 공의와 자비를 대조시키는 것에 만족했다. 그렇다면 설교자는 이 비유 어디서 일상세계가 '전혀 다른 것' 을 투영하고 있다는 것을 (비교 문구 없이도) 포착할 수 있었던 것일까? 이 이야기가 '특별한 공백' 을 통해 개연성 있는 흐름을 깨뜨리는 곳에서가 아니겠는가? 즉 모든 품꾼이 서로 다른 노동 시간에도 불구하고 동일한 품삯을 받았을 때이다. 실제 현실의 주인이라면 결코 그런 식의 태도를 취하지 않을 것이다. 도입부의 비교 문구(~와 같으니)에 근거해서 그 사실을 사전에 인식하고 있는 사람은 곧 포도원 주인의 모습 속에서 하나님을 추측하게 될 것이다. 그러나 지금 포도원 주인이 분명히 등장하고 있고, 그는 주인이 아니라 아버지의 태도를 취하고 있다. 그러므로 위에서 언급한 여 신학생의 '세속적인' 해석을 완전히 거부해서는 안 되리라. 이 하나님께서 포도원 주인으로서 다른 태도를 취하였을 때, 그것은 예수 시대에 실제로 존재하던 주인에 대한 간접적인 비판이 될 수 있다. 비유는 실제 행동에 대한 반대 입장을 취한다. 그러나 그럼으로 말미암아 비유라는 구조 전환의 동력이 상실된 것은 아니다. 핵심은 우리가 '못마땅하게' 여기는 것이 주권적인 '선행' 이라는 점이다. 못마땅한 것은 제한된 노동 세계뿐만이 아니라 전체 현실이다. 즉 사람들의 행동에 제대로 '대가가 지불' 되지 않는다는 점이다. 자주 선한 사람이 악한 사람으로, 악한 사람이 충격적일 만큼 선한 사람으로 드러난다. 이런 세계의 윤리적이지만 비이성적 상황은 현실을 종교적으로 지각함에 있어서 걸림돌이 아닐 수 없다. 우리는 예수의 비유와 묘사 속에서, 신앙의 동력(impulse)과 행동의 동기 사이에서 경험하는 모순을 재해석해야 한다. 사람들은 서로 상이한 행동에 대한 동일한 숙명을 자비에 반하는 불의로 여길 수도 있으며, '다른 사람들' 을 위한 은총으로 여길 수도 있다. 세상의 비이성적 윤리는 악한 자들에게도 기회를 주시는 하나님의 선하심의 표징(기호)이 된다. 우리는 이런 식의 구조 전환 중 가장 인상적인 것을 원수사랑에 대한 경고에서 발견한다. 태양은 선한 사람과 악한 사람 모두에게 차별 없이 떠오른다는 사실은 명백한 체념(Resignation)의 근거다. 전도서의 태양은 바로 이러한 의미로 등장하고 있다. 하지만 예수 전승 안에서 이러한 염세적인 그림은 긍정적인 그림으로 전환된다. 하나님의 은혜가 등장하여 자신의 빛을 선과 악 모두에게 비추시고, 사람들은 선뿐만 아니라 악에 대한 인내심을 가짐으로써 하나님의 모습을 닮아 가야만 한다.

성서는 세속적 지각을 종교적 지각으로 전환시키는 이야기와 본문으로 가득하다. 우리는 성서와 비교할 만한 본문을 타종교에서 찾을 수 있다. 성서는 단순히 다른 경전과 경쟁관계에 있는 책이 아니다. 왜 우리는 무조건적으로 성서에 대한 특권 의식을 고수해야 하는가? 세속적 의식과 대화하는 것만큼 중요한 것이 타종교와 대화할 수 있는 능력이다.

2. 타종교와 대화하는 성서

사람들은 성스러움이 거부되고 있다는 이유로 유럽 문화를 자주 비판하곤 한다. 유럽 문화에서 '하나님은 감추어진 분' (Gottesfinsternis)이기 때문이다. 유럽이 점점 문명적으로 우위를 점할수록, 더욱더 타종교들은 유럽을 향해 이 점을 비판하고 나선다. 타종교와의 대화는 오늘날 더 이상 동떨어져 있는 국가나 문화와의 대화가 아니라, 자국 안에서 이루어지는 대화이다. 수많은 무슬림들이 유럽에 살고 있고, 아시아의 종교들이 작은 집단으로 뚜렷한 입지를 점하고 있다. 이제 종교 간 대화는 국가 내외적인 평화의 조건이 되어버렸다. 모든 종교 교육, 그리고 성서 교수학[168]은 이 점을 깊이 고려해야만 한다. 특히 우리는 '구약성서' 를 유대인들과 공유하고 있고, 이슬람은 성서를 근본적으로 존중하고 있다.

비록 우리가 아직 타종교에 관한 적절한 신학을 갖추지 못하였다 하더라도, 우리는 성서를 대화적으로 연구해야 한다. 이와 관련하여 세 가지 고전적 입장이 있는데, 배타주의, 포용주의, 다원주의가 그것이다.[169] **배타주의**(*Exklusivismus*)는 자기 종교의 절대 진리를 고수하면서 다른 모든 진리를 거부한다. 타종교는 인간 자신의 성과를 통해 구원을 추구하는 '율법' 이라는 점에서 복음과 다르고, 인간에 의해서 창조된 종교란 점에서 하나님의 계시와 구별된다. 변증법적 신학이 바로 이 입장에 서 있다. **포용주의**(*Inklusivismus*)는 어디까지나 이 종교들이 자기 종교의 지평 안에서 전개되고 있다는 전제 하에서 타종교의 진리를 인정한다. 포용주의는 가톨릭 신학에 스며들어 있으며, 그래서 가톨릭 신학은 개신교적 흐름보다 종교 간 대화에 좀 더 개방적이다. **다원주의**(*Pluralismus*)는 모든 종교들이 갖고 있는 동등한 고유성을 주장한다. 그 이유로 어떤 이들은 모든 종교가 동일한 궁극적 실재와 관련되어 있다고 보는가 하면, 어떤 이들은 모든 종교가 인간의 구원을 추구하고 있다고 본다. 다원주의는 소수의 현대 신학들에 의해서 지지되고 있다.[170] 또 하나의 입장으로 대화주의(*Dialogismus*)를 여기에 첨가할 수 있다. 대화주의는 타종교에 대해서 닫혀진 입장을 취하는 것이 아니라 종교 간의 대화를 진행해 나가는 절차(방법), 즉 대화의 규칙을 명확히 하고자 한다. 이를 위해서 두 가지가 합의돼야 하는데, 타종교에 대한 존중과 가치 인정, 그리고 자신의 종교를 향한 진정한 참여(authentisches Eintreten)가 그것이다.[171] 다원주의는 오늘의 다원화된 상황에 일치한다. 하지만 다원주의는 자주 감추어진 포용주의로 보인다. 포용주의는 실존하는 종교 상황이 아니라 모든 종교 요소들을 종합하려는 종교 융합(Religionssynthese)을 과제로 삼고 있기 때문이다. 다원주의는 이러한 우위적 관점에서 종교를 내려다보고는[172] 모든 종교를 향해 계속적으로 자기 상대화를 강요하고 있다. 대화주의는 우리의 궁극적인 인식 상황에 걸맞다. 하지만 다원화된 종교를 이론적으로 성찰하고, 자신들의 진리 위에서 타종교를 검증하려는 시도를 너무 일찍 포기하게 만들 위험 요소를 가지고 있다.[173]

개인적으로 성경은 네 가지 방식, 즉 본문 해석을 통해서, 본문에 대한 발생사적, 영향사적, 그리고 비교 문학적 고찰을 통해서 타종교와 대화할 수 있다고 생각한다. 사람들은 타종교와 관련된 성서의 진술을 해석하거나 성서 안에 있는 타종교의 메아리(영향)를 찾아볼 수 있다. 또는 영향사적으로 성서 본문이 타종교 안에서 어떻게 유지되고 있는가를 추적할 수 있고, 성서와 타종교의 비교 본문 간의 역사적 관련성을 전제하지 않더라도 성서의 진술과 타종교의 진술을 비교 문학적으로 살펴볼 수 있다.

본문 해석을 통해 우리는 성서에서 타종교 출신의 사람들을 만나게 된다.[174] 원역사는 이스라엘뿐만 아니라 세계의 민족들과 관련된다.[175] 성서의 지혜는 보편적으로 접근 가능한 경험들을 표명하고 있다. 구약성서에서 경건의 표본이라 할 수 있는 욥은 유대인이 아닌 '우즈 땅'에 거주하던 사람이다. 또 구약성서의 미래 소망은 우주론적이다. 예언은 모든 민족들이 유일하신 하나님을 인정하게 될 것을 소망한다. 이스라엘의 구원 이기주의(Heilsegoismus)에 대한 예언자들의 비판과 요나서의 메시지는 이스라엘 안에서 보편적인 사고가 분파적 사고에 대해 저항하고 있었음을 시사한다. 곧 이방 도시 니느웨가 예표적으로 구원을 받는가 하면, 유대 예언자 요나는 속이 좁은 사람으로 나타난다. 신약성서의 경우, 예수는 경계를 넘어 이방 민족에게로 건너갔으며, 그것은 초대 그리스도교 시기에 일종의 선교 프로그램이 되었다. 바울은 모든 민족을 위한 그리스도교의 문을 연다. 결국 우리는 양면적인 절대성 요구를 동시에 발견하게 되는데, 구약성서(출 20:2-3)에 나타나는 하나님 경외의 유일신적 절대성과 신약성서의 그리스도론적 절대성 요구, 예를 들어 요한복음의 예수의 말씀, "나는 길이요, 진리요, 생명이다. 나를 거치지 않고서는, 아무도 아버지께로 갈 사람이 없다"(요 14:6)나, 베드로의 설교, "이 예수밖에는, 다른 아무에게도 구원은 없습니다. 사람들에게 주신 이름 가운데 우리가 의지하여 구원을 얻어야 할 이름은, 하늘 아래에 이 이름밖에 다른 이름이 없습니다"(행 4:12). 등이다. 성서를 통한 종교들 간의 학습은 그러한 폐쇄적 본문을 도외시해서는 안 될 것이다. 그러한 본문을 오늘날 우리는 계속해서 기록해 나가야 한다. 첫째 계명에 따르면 이집트의 종살이로부터 이끌어 내신 하나님은 유일신 하나님이다. 여기서 절대성이 해방을 위해 요청된다. 요한복음의 예수는 사랑의 길을 예표한다.[176] 그의 절대성 요청이 사랑의 가치를 증거한다. 누가의 두 저작에 나타나는 그리스도는 회심을 요청한다. 그의 절대성 요청이 회심의 가치를 증거한다. 물론 그러한 해석은 성서 말씀을 자유롭게 활용하고 있지만 책임적 방식으로 그 의미를 계속해서 기록하고 있다.

성서 본문에 대한 **발생사적** 읽기는 종교 상호 간의 차원을 더욱 심화시킬 수 있다. 즉 본문의 차원을 넘어서서 타종교에서 유래하고 있는 사람들과 만나게 해준다. 성서의 반(反)혼합주의적 자기 이해는 타종교에서 유래한 많은 표상과 모티브를 받아들였다는 사실과 긴장 관계를 이루고 있다. 창조 기사에는 타종교의 평행 본문들로 가득하다. 솔로몬의 지혜(잠언)는 아멘-엠-오페(Amen-em-ope) 지혜의 일부를 수용하였다(잠 22:17-23:11과 24:10-112). 시편에는 동방의 기도 언어가 그대로 메아리치고 있다. 종교사학파는 타종교에서 유래한 성서의 본문들과 평행 본문을 찾는 법을 가르쳐 주었다. 비록 많은 전개 과정과 유사점들이 진부한 것이긴 하지만, 성서가 많은 종교의 목소리를 가지고 있다는 인식은 여전히 중요하다.[177] 우리는 이러한 과정을 통해서 고대 종교에까지 이르게 된다. 그들이 성서 본문 속에 직간접적으로 흔적을 남겨 놓았기 때문이다.

영향사적 접근은 오늘 우리 시대에까지 존재하고 성서 안에 그 흔적을 남긴 종교를 포함한다. 유대인들은 그리스도인들과 구약성서를 공유함으로써 그리스도인들과 대결하지 않을 수 없었다. 무함마드는 아브라함과 예수를 관련시키고 있다. 그는 성서의 계시적 성격을 인정하였고, 요한복음이 약속한 보혜사로 자신을 이해했다. (이처럼) 성서는 이슬람의 많은 텍스트에 영향을 주었다. 유대교, 그리스도교, 이슬람의 관계 안에서 드러나는 것은 후대 종교가 그 이전 종교에서 어쩌면 사라질 수도 있었던 가능성을 자주 유지해 준다는 것이다. 유대교는 신약성서를 통해서 오늘날 다시 자기 것으로 삼을 수 있는 고유한 역사의 일부를 만나게 된다. 즉 유대적 갱신 운동의 역사인데, 유대교에서 성공하지 못했던 것이다. 오늘날의 그리스도인들은 꾸란에 등장하는 예수의 모습을 통해 유대 그리스도인들이 잃어버린 예수의 모습과 만나게 된다. 즉 신중심적 예언자의 모습이다. 그는 스스로 있는 자가 아니라 오로지 하나님을 중심에 두는 자다. 세 서방 종교들, 즉 유대교, 그리스도교, 그리고 이슬람교는 그들의 발생사를 통해서 깊이 얽혀 있음은 의심할 나위가 없다. 동방의 종교들과 그들은 이차적 만남을 갖는다. 성서는 근대 시대에 이르러 비로소 힌두교와 불교에 영향을 미치게 되었다. 하지만 여기서도 그 고유한 전통 속에 묻혀버렸던 가능성을 만나게 되는데, 예컨대 마하트마 간디가 그것을 여실히 보여준다.

내용 비교는 종교 간의 발생사적·영향사적 관련성과는 다르다. 모든 종교에는 서로 비교할 만한 문제와 구조, 표현 방식들이 있다. 종교현상학은 이것을 기술해왔고 종교의 유형론을 통해 종교 간의 다양성을 보여주었다. 특별히 근세에 들어서면서 종교 간의 활발한 역사적 교류가 이루어지자 내용 비교가 분명해졌다. 물론 유형론은 이상적 유형의 구성이긴 하지만, 우리는 규칙을 파악하려는 시도로서 유형론을 포기할 수 없다. 그리스도교는 다양한 종교 구조를 정확하게 규정함으로써 그 특수한 자리매김을 얻을 수 있다. 즉 그리스도교는 서방 종교들 가운데 서 있으면서 동시에 동방 종교와 가장 가까운 곳에 위치하게 된다. 여기서 드러나는 것은 다양한 관점 가운데 그리스도교가 중심 위치를 차지하고 있다는 사실이다. 이 중심 위치는 그리스도교의 우월성이 아니라, 그리스도교가 수행할 의무를 보여준다.

종교 간의 대화에서도 우리는 타종교의 '자모 하나하나'(Buchstabe)에 대해서가 아니라 그들의 근본 모티브에 대해서 묻게 될 것이다. 그리스도인은 유대인이나 무슬림과 창조, 지혜, 기적, 갱신, 신앙, 아가페 그리고 심판 등 많은 모티브를 공유한다. 어려워 보이는 것이 동양의 신비적 종교들과의 대화이다. 그럼에도 불구하고 우리는 여기서 대립을 넘어 공유하는 것을 심도 있게 추적해야 한다. 그 과정에서 우리가 고려해야 할 것은 이 동방 종교들도 근본 원칙과 근본 모티브에 있어서 서방 종교들보다 더 깊이 있는 차원을 가지고 있다는 점이다. 그러나 우리는 서로 상이한 근본적 확신들 뒤에 존재하는 공통 부분, 즉 양 측면의 자기 이해를 위해 주목해야 할 공유점을 찾게 될 것이다.[178]

타종교를 다루기 위해서 각 종교의 프로필을 좀 더 분명하게 정리해야 하겠다. 외부 관점에서 종교를 비교하는 것은 종교 전반을 이해하기에 좋은 입문 과정이다. 그리고 각 종교의 대표자들을 살펴보는 것은 각 종교 전통을 깊이 있게 이해하게 함으로써 제대로 된 그리스도인, 제대로 된 무슬림, 제대로 된 불교인이 되도록 할 것이다. 여기에 각 종교들의 한계점도 평가해야 할 것이다.

종교 유형론: 타종교를 조망하려는 시도

우리는 어떤 한 지점에서 사고하는 종교학자들의 환상 속에서 살아가고 있지만, 어떤 종교도 우리 세계를 벗어난 한 지점에서 타종교를 관찰할 수는 없다. 우리는 어떤 기준에 근거해서 종교를 구분하려는 목적을 가지고 있다. 모든 종교 유형론은 일면적이다. 사람들이 상이한 종교 유형을 동시에 사용하려 할 때, 여러 일면성들이 드러난다. 이하에서 종교의 다섯 가지 유형을 간략하게 개관할 것이다. 먼저 일차 종교와 문자 종교의 근본적 차이를 설명한 후, 문자 종교 안에서 예언자 종교와 신비 종교, 인본적 종교와 신본적 종교, 민족 종교와 보편 종교, 그리고 화해 종교와 구원 종교의 차이를 순서대로 살펴볼 것이다. 첫째 구분이 근본적인 이유는 모든 종교는 일차 종교적 관점을 통해 연관되어 있어서 이 관점은 문자 종교 안에서 수용되어 확장될 뿐만 아니라 비판되기도 하기 때문이다.

(1) 일차 종교와 문자 종교

사람들은 구전 문화에서 생성된 종교를 자주 원시 종교라는 심한 개념으로 세계 종교와 구분하였다. 이러한 구분은 상당히 일면적인 것에 불과한데, 구전 종교는 문자 종교 안에서 여전히 유지되고 있기 때문이다. 문자 종교는 이미 기존에 있던 종교 실천을 비판하면서 발생하였다. 그들은 단순히 경전의 창시를 전제(조상들의 전통으로부터 자신들을 해방하고 그 자리에 다른 '경전적' 기억을 세우는 전제로서)한 것이 아니라, 그 종교 실천의 깨달음을 문서로 기록한 것이다. 그 과정에서 그들은 '원시 종교'의 표현방식에 근거한다. 따라서 구전 문화 종족의 종교를 '일차 종교라 명명'하는 것이 적절하겠다(테오도르 순더마이어).[179] 일차 종교의 특징은 세계와 인간 실존을 성화(聖化)하는 것이다.[180] 그들은 세계와 인간이 현재와 같이 존재하는 것을 정당화하고 인간들에게 이 세상에 존재하는 고향을 지시한다. 이로써 씨족공동체의 종교 해석, 즉 삶을 유지해 나가는 근거가 시작된다. 또 시간은 일, 월, 년의 순환 과정과 인생의 흐름 속에서 삶에 질서를 부여하는 힘을 갖게됨으로써 거룩해진다. 또 삶을 가능하게 하는 공간과 땅이 거룩하게 된다. 성스러운 시간과 성스러운 공간은 삶이 종교적 광채로 둘러싸이는 축제로 이어진다. 그것 역시 공동체의 생활 질서를 위해서 가치가 있다. 그것은 일종의 자연 질서로서 그 밖의 어떤 것으로도 이해될 수 없는 것이다. 신성은 경험 세계, 즉 샘과 산, 번개와 비, 풍요와 전쟁 등과의 구체적인 관계 속에 머물게 된다. 신의 초월성이 제한되고 있는 것이다. 문자 종교의 발생은 언제나 이 일차 종교가 세계를 성화한 것에 대한 비판과 관련된다. 문자 종교의 비판 정신이 그들 종교의 경전 안에 유입된 (그래서 그들의 신학자들에게 영감을 불러일으켰다) 반면, 일상생활은 일차 종교의 전통을 계속 이어나갔다. 비판의 대상은 신에 대한 표상(이미지)이었다. 즉 이방의 다신론은 유일신론 종교에서 대체적으로 거부된다. 그 과정에서 이슬람도 그리스도교의 삼위일체 신앙을 진부한 이방 종교로의 퇴보라고 비판한다. 신은 더욱 초월적으로 형상화된다. 이제 종교는 이 세계에 대립하는 '전적 타자'가 되는 것이다. 또 다른 비판의 대상이 신성을 지상적 형상으로 의미화하는 것이다. 주로 유대교와 이슬람 안에서 그리고 그리스도교의 성상 거부 운동에서 나타난다. 또한 예식(Kultpraxis)에서 제물에 대한 지나친 의존 방식이 비판받는다. 예물이 강조되면서 예언자들의 권리는 큰 타격을 입게 되었으며, 특히 인도 종교들, 즉 우파니샤드와 불교, 자이나교의 경우 예언자들은 구원에 대해 무능력한 자들로 평가되었다.

종말 기대와 함께 종교는 현존하는 세계를 비판하며 거리를 두게 된다. 예수와 무함마드는 모두 세계 종말의 임박성을 선포했다. 세계의 현실은 규범이 정한 것과 일치하지 않는다. 그래서 이 세계에 대한 심판이 도래한다. 하지만 인도 종교들은 그러한 종말에 대한 기대 없이 부정적이고 비판적인 시각에서 세계를 바라본다. 불교에서 그 정점을 이루는데, 불교는 세상을 감옥으로 보았고 구원을 이 세계로부터 벗어나는 것이라 이해했다. 결국 비판의 대상이 되는 것은 현존하는 생활 규정들이다. 그리스도교는 유대교의 토라를 비판했는가 하면, 이슬람교는 전통적인 아랍의 생활 규정을 비판했다. 그리고 무엇보다도 모든 종교에 걸쳐서 이탈자(Aussteiger)와 방랑 수도사, 금욕주의 운동이 발생했다. 그렇게 되자 자연스레 종족공동체 안에 머물러 있던 일차 종교의 안식이 의문시되었다. 유대인들이 아브라함의 자손이라는 이유로 구원을 확신하고 있는 것에 대해 세례 요한이 경고하였을 때, 그는 바로 이러한 비판의 소리를 외쳤던 것이다. 따라서 모든 문자 종교는 종교 비판적 종교다. 문자 종교는 이 비판을 통해 자신을 일차 종교와 구분한다. 하지만 일차 종교는 종교 행위와 체험의 근본층으로서 여전히 (문자) 종교 안에 살아 있다. 변증법적 신학이 신학적 동기에서 종교를 비판하고 종교와 계시를 갈라놓으려고 했을 때, 신학자들은 모든 문자 종교가 똑같이 자의식을 통해 계시라는 한 측면으로 치우치게 되었다는 것과 변증법적 신학이 추구했던 종교 비판의 대상이 되었다는 것을 의식하지 못하고 있었다. 종교 비판적 종교로서 그리스도교 역시 종교 중 하나일 뿐이다. 그렇다면 어떻게 사람들은 그리스도교를 다른 문자 종교와 구별할 수 있으며, 그리스도교의 고유성을 확보할 수 있는 것인가? 이어지는 종교 유형이 이 질문에 도움이 될 것이다.

(2) 예언자 종교와 신비 종교

예언자 종교와 신비 종교 모두, 모든 종교의 기본 원리, 즉 현실이 어떤 의미를 갖고 있다는 생각에 대한 불신에서 비롯되었다. 즉 이 의미는 더 이상 단순히 존재하는 것이 아니라 찾아야 하거나 구현되어야 한다는 것이다. 이 물음은 세속 사회에서 이루어지는 대화에서 다시 한 번 심화된다. 도대체 현실은 인간이 자신의 삶 속에서 끝까지 견지할 수 있는 의미를 가지고 있는가? 아니면 인간이 그 의미를 이 세계 안으로 끌고 들어오는 것인가? 경험 세계는 자주 의미가 결여된 것처럼 보이기 때문에, 모든 종교는 우리에게 드러나는 세계와 궁극적 실재가 구별된다는 것을 알고 있다. 궁극적 실재와 만남으로써 인간은 자신이 창조하지 않은 완전 가치에 응답해야 하고, 자신이 세우지 않은 명령에 따라야 한다는 것을 확신하게 된다. 종교 체험에는 두 가지 가능성이 존재한다. 우리는 궁극적 실재와 관계를 맺게 되는데, 한편으로 우리는 외부의 '부르심'을 통해 그 궁극적 실재와 대면하게 된다. 그것은 예언자 종교의 방식이다. 저 카리스마적 인물들은 궁극적 실재와 바른 관계를 맺지 못한 사람들을 만나 그들에게 이 세계 저편의 메시지를 전해준다. 다른 한편 우리는 '내면을 향한 방식'을 통해 궁극적 실재에 다가갈 수 있다. 왜냐하면 우리가 우리 자신에 대해서 체험하고 감지하는 것의 이면에서 볼 때, 우리는 궁극적 실재의 모습 또는 그 일부이기 때문이다. 여기서 인간은 근원적인 '고향'과 같이 궁극적 실재를 비추는 내면의 빛을 찾게 된다. 멀리서 다가오는 '전적으로 낯선 분(全的 他者)'과의 만남이 아니라, 지금껏 우리가 멀리해왔으나 사실은 '전적으로 가까운 분'과의 합일이 신비 종교의 목적이다. 종교적 사유와 체험의 두 가지 근본 가능성[181]은 늘 함께 추구되었던 것들이다. 우리는 모든 예언자 종교 안에서 신비적 흐름, 예컨대 유대의 하시디즘, 그리스도교 신비주의, 이슬람의 수피즘(Sufismus) 같은 형태를 발견한다. 반대로 신비 종교 안에도 늘 예언자적 운동이 있었다. 종교 간의 만남은 각 종교가 상실했던 고유한 전통을 새롭게 발견하고 존중하게 한다. 그래서 동양의 신비 종교들은 우리에게 초대 그리스도교와 중세 시대에 있었던 고유한 신비성을 기억나게 한다. 사실 그리스도교는 전체적으로 예언자 종교이긴 하지만, 사람들은 계속해서 그리스도교를 '신비적'으로 해석해 왔다. 물론 예수께서는 밖으로부터 인간에게 들려온, 그리고 인간을 흔들어 깨운 하나님의 말씀이다. 하지만 이 말씀은 모든 그리스도인들 안에서 어떤 형상으로 자리잡을 수 있다. 그래서 신약성서는 그리스도의 신비성, 더 나아가 말씀의 신비, 의지의 신비, 그리고 공동체 신비를 정당화하고 있다.[182]

초대 그리스도교에도 신비적 영향력이 차츰 나타나게 되었다. 가장 의미심장한 문서가 도마복음서[183]인데, 이것은 정경 목록에 수용되지 못했다. 아마 도마복음서가 의도적으로 배제된 것은 결코 아닌 듯하다. 도마복음서는 다른 도마전승과 마찬가지로 동시리아를 근원지로 삼고 있는 데다가, 지정학적으로 정경 형성 시 외딴 지역에 속했던 곳이기 때문이다. 설령 로마와 소아시아, 즉 '정경화된' 그리스도교의 중심지에 도마복음서가 알려졌다 하더라도, 도마복음서가 가지고 있는 급진적 개인주의와 영지주의적 색채 때문에 정경으로 인정되기는 어려웠을 것이다. 도마복음서에는 예수의 하나님 나라에 대한 선포 대신 참 자아의 발견에 대한 선포가 등장하기 때문이다. 모든 사람들은 하나님의 세계로부터 잃어버린 불꽃이다. 예수는 사람들로 하여금 천상의 고향을 기억하게 하고 인간의 고유한 생명의 가치를 깨닫도록 외쳤다. 처음 독자들에게 약속되었던 것은, 독자가 예수 말씀의 비밀스런 의미, 즉 그 말씀의 신비적 의미를 발견할 때, 영원한 생명을 맛보게 되는 것이었다(도마복음1). 인간은 그 의미를 찾아야 하고, 그 찾아가는 과정 중에 길을 잃거나 헤매지 말아야 한다. 그러면 인간은 아르키메데스적 지점, 즉 그곳으로부터 전 우주(das All)를 다스릴 수 있는 지점을 찾게 될 것이다. 이 아르키메데스적 지점은 인간의 내적 자아다(도마복음2). 이어지는 말씀(로기온)은 의도적으로 하나님의 나라를 – 철저히 예수의 말씀과 관련성 속에서(눅 17:21) – 내면적 자아로 해석한다. "예수께서 말씀하셨다: 만일 너희를 가르치는 자들이 너희에게 '보라, 왕국은 하늘에 있다' 고 말한다면, 하늘의 새들이 너희보다 먼저 갈 것이다. 만일 그들이 너희에게 '왕국은 바다 속에 있다' 고 말한다면, 물고기들이 너희보다 먼저 갈 것이다. 그러나 왕국은 너희 안에 있고, 왕국은 너희 밖에 있다. 만일 너희가 너희 자신을 안다면, 너희는 알려질 것이고 너희가 살아 계신 아버지의 아들이라는 것을 알게 될 것이다. 그러나 만일 너희가 너희 자신을 알지 못하면, 너희는 빈곤 속에 있게 되고 너희 자신이 빈곤할 것이다"(도마복음3).* 우리는 예수 말씀의 수집과 해석을 여기서 충분히 논의할 수는 없다. 단지 강조해야 할 점은 거기에는 영지주의가 거부될 만한 특성이 나타나지 않는다는 점이다. 이 말씀은 하나님 외 제2의 창조

---

*우리말 번역은 Osho Rajneesh, 『도마복음강의』, 박노근 역, (서울: 예문, 1995), 374를 따름

자에 대한 가르침도 알지 못하고 있으며, 가현설적 그리스도론을 통해 성육신을 거부하지도 않는다. 그것은 분명히 동양 종교들과 다리놓기에 적당하다. 왜냐하면 그 목적이 내면의 자아가 하나님 나라와 동일시되는 직관적 통찰이기 때문이다. 이 통찰은 부분적으로 공관복음 전승에 등장하는 전통적인 예수의 말씀에 대한 새로운 해석이며, 부분적으로는 알려지지 않은 (많은 부분에 있어서 신비주의적 경건성에 입각하여 새롭게 창작된) 초기 예수의 말씀을 첨가한 것이다. 물론 초대 그리스도교가 가지고 있었던 긴장의 폭을 드러내기 위해서 오늘의 성서 수업은 부분적으로는 억압되고 부분적으로는 상실된 전승을 다뤄야 한다.[184] 우연일지 몰라도 도마복음서 안에 있는 예수 말씀의 일부는 타종교에도 수용되어 전해졌다. 예컨대 우리는 도마복음42에서 "예수께서 말씀하셨다. 나그네가 되어라!" 라는 부분을 읽을 수 있다. 이것은 북인도의 옛 도시, 파트부르-시크리(Fathpur-Sikri)에 있는 아라비아 비문을 기억나게 하는데, 거기에는 "세계는 다리이다. 저 건너편으로 건너가라. 다리 위에서 주저앉지 마라" 고 기록되어 있다.[185]

(3) 인본적 종교와 신본적 종교[186]

위에서 서술한 것처럼, 궁극적 실재와의 관계를 가능하게 하는 두 가지 방법을 통해 신본적 성격과 인본적 성격을 지닌 종교가 등장한다. 신비종교의 중심에는 자기 깨달음을 가진 인간이 서 있고, 예언자 종교의 중심에는 신이 서 있다. 그리스도교는 분명 서방 종교에 속하지만, 전적으로 신본적이지도 인본적이지도 않다. 그리스도교는 그리스도 중심적이다. 그리고 그리스도교의 중심에는 한 인간 안에서 드러난 하나님의 현전(Realpräsenz) 대한 확신이 자리하고 있다. 그는 하나님께서 그분의 영을 통해 모든 인간에게 현재화되기를 바라는 인간의 원형이다. 그는 하나님의 영에 사로잡혀, 그 영의 의지 안에서 자신을 규정하고 변화시킨다. 그리고 그는 내면, 즉 자아의 숨겨진 심연을 향한 길을 가지 않고, 미래를 향한 길을, 즉 새로운 피조물의 삶을 가게 된다.

(4) 민족 종교와 보편 종교[187]

유대교와 힌두교[188]는 한 민족과 연결되어 있는 반면 다른 종교들은 민족을 넘어서 신자들을 보유하고 있다. 그 종교들은 불교와 그리스도교같이 선교를 지향하는 종교이다. 이 두 가지 종교 형태는 서로 다른 구원 이해에서 비롯된다. 먼저 민족 종교는 구원에 대한 긍정적인 상황에서 탄생하게 된다. 그 상황을 보존하는 것이 가치 있기 때문이다. 반대로 보편 종교의 경우 구원은 주어져 있는 상황에서가 아니라 찾아야 하는 새로운 상황에 놓여 있다. 인간은 구원을 절실히 필요로 하며 그것을 위해 자신을 변화시켜야 한다. 비록 보편적 연관성을 가지고 있기는 하지만, 유대교는 민족 종교다. 왜냐하면 유대교는 유일하신 하나님을 전 세계가 인정하는 그날을 기대하기 때문이다. 그리스도교는 이러한 유대교의 보편적 경향을 수용하여 선교 지향적 보편 종교로 만들었다. 그리스도교는 이러한 행보 속에서 염세적 인간관을 발전시켰다. 이러한 인간관을 우리는 이방 선교자 바울에게서 만나게 된다. 바울에 따르면 인간은 오직 철저한 회심을 통해서만 구원받을 수 있다. 인간은 그리스도와 함께 죽음으로써 새로운 생명으로 진입해야 한다. 불교는 힌두교에서 파생된 보편 종교다. 우리는 불교에서 염세적 인간상의 극단적 모습을 발견할 수 있다. 즉 인간의 '자아'(das Ich)는 벗어나야만 할 환상에 사로잡혀 있다. 물론 이 점에 있어서 초대 그리스도교도 비슷한 입장에 서 있다. 그리스도교가 계속해서 한 민족과의 관련성을 유지해야 하는지는 초대 그리스도교 안에서 논쟁의 대상이었다. 그리스도인이 되고자 하면 우선적으로 유대인이 되어야만 하는가? 그것은 할례와 음식 규정 같은 유대 정체성의 특징을 수용하는 것이었다. 바울과 같은 입장의 사람들은 모든 민족을 위한 새로운 신앙으로 개방되기를 원했다. 따라서 신약성서 안에는 두 가지 인간학이 존재한다. 유대 그리스도교가 더 강한 곳에서는 낙관적 인간학이 발견된다. 예수께서 해석하신 토라는 완성될 수 있는 것이다(마태복음). 그것은 짐이 아니라 자유롭게 하는 온전한 율법이다(약 1:25). 반면 이방 선교를 지향하는 그리스도교가 각인되는 곳에서 우리는 염세적 인간학을 발견하게 된다. 율법은 완성될 수 없는 것이다(바울).[189]

(5) 화해 종교와 구원 종교

계속된 종교 유형론은 화해 종교와 구원 종교로 구별된다. 전형적인 구원 종교가 불교라면, 전형적인 화해 종교로는 종족 종교(Stammreligionen), 특별히 유대교를 들 수 있다. 전자가 세상과 분리를 통해서 구원을 추구한다면, 후자는 이 세상과 협력을 통해 구원을 찾는다. "화해 종교의 경우 세상은 인간 행동의 중심자리이다. 그 행동은 함께 좋은 관계를 유지하길 원하고 또 그래야만 하는 이웃, 주변인들을 대상으로 한다. 행복과 성취는 공동체를 통해서 도달할 수 있다. 행동이라는 것이 선하고 공동체에 기반하고 있는 한, 그 행동은 그 자체로 충분한 의미가 있다. 다른 어떤 추가적인 초월적 의미로 그 행동을 강조할 필요가 없다. 축복은 공동체에 합당한 행동의 결과이지 결코 외부의 비가시적 힘이 제공하는 대가가 아니다. 반면 구원 종교의 경우는 상황이 다르다. 여기서 세상은 행동의 대상이 아니며, 오히려 사람들은 세상으로부터 자신을 구원해야 한다. 윤리는 반(反)우주적이며, 선행은 세상으로부터 벗어남을 목적으로 삼는다. 인간의 행동은 공동체와 공동체 번영의 관점에서가 아니라, 미래 자신의 운명을 증진시키기 위해 이루어진다. 이웃은 이웃이라는 자체만으로 돌

봄의 대상이 아니다. 왜냐하면 그것은 곧 세상과의 연합을 의미하기 때문이다. 불교의 최고 덕목인 자비는 감성과 공동체적 참여가 빠진 사랑이다."[190] 구체적인 사례를 들어 설명할 필요는 없으리라고 본다. 유대교는 전형적인 화해 종교 중 하나이다. 유대교는 신세계를 동경함으로써 종말론 속에서 구원 종교의 요소를 수용하고 있긴 하지만, 여전히 공동체에 대한 관련성을 지향한다. 종말론적 기대는 개인의 구원이 아닌 공동체를 위한 신세계를 대상으로 한다. 초대 그리스도교는 화해 종교와 구원 종교 사이에 위치한다. 우리는 예수에게서 화해 종교의 모습을 여전히 발견하게 된다. 하지만 그것은 어디까지나 하나님 나라에 대한 종말론적 기대에서 비롯된 것이다. 반대로 요한복음에서 초대 그리스도교는 구원 종교의 현실을 수용하지만, 지금 그리고 여기서 공동체를 근거짓는 사랑을 강조함으로써 화해 종교의 측면이 여전히 유지된다. 결국 초대 그리스도교의 특징은 서방의 예언자적 종교와 동방의 신비 종교 사이에 위치한 중간자적 입장(Zwischenstellung)이다. 그 근원에서 본다면 초대 그리스도교는 전적으로 화해 종교의 전통에 속한다. 결정적 기준인 이웃사랑이 여전히 고수되고 있는 것이다. 그러나 초대 그리스도교는 구원 종교의 측면을 수용하고 있는데, 예컨대 도마복음서는 공동체를 강하게 상대화함으로써 구원의 측면을 강조한다. 도마복음은 초대 그리스도교가 전혀 다른 상황에서 발생한 경험들에 대해서도 개방적이었다는 사실을 보여주고 있다.

이러한 종교 유형론은 동방과 서방의 종교들이 가지고 있었던 기본적인 동기와 원칙이 너무 다르다는 것을 보여주지 않는가? 서방 종교에서는 이 세계에 대한 긍정이, 동방 종교에서는 세상에 대한 부정이 드러나고 있지 않은가? 그러나 동방의 종교에서도 수도자적 세계 긍정이 존재한다. 만물에 세계 정신이 스며들어 있다면(브라만), 그것으로 만물은 긍정된다. 그래서 그로 말미암아 급진적인 세계 극복이 존재한다. 우리는 도마복음서에서도 그와 같이 상충되는 모습들을 발견할 수 있으며, 가끔은 강한 세계 거부도 접하게 된다. "누구든지 세상을 알게 되면 주검을 깨달은 것이며, 누구든지 주검을 깨달으면 그에게 세상은 어울리지 않는다" (도마복음 56). 이 세상의 거부를 그 무엇도 능가할 수 없다. 하지만 그와 나란히 만물이 신성으로 가득하다는 범신론에 가까운 의식이 나타난다. "예수께서 말씀하셨다. 나는 빛이다. 빛은 모든 것들 위에 있다. 나는 모든 것이다. 모든 것은 나에게서 나왔고 모든 것은 나에게까지 이르렀다. 나무를 쪼개라. 내가 거기에 있다. 돌을 들어 올리라. 그러면 너희는 거기 있는 나를 찾으리라." 여기서 세상을 벗어나고자 하는 동경심과 오직 그 동경을 통해 구원자를 발견할 수 있다는 확신이 나란히 드러나고 있다. 세상에 대한 반(反)우주적 평가는 불교를, 세상에 대한 범신론적 사고는 힌두교적 일원론을 상기시킨다. 이 두 가지 모두 그리스도교와 유사한 면을 가지고 있다.

다시 한 번 강조하자면, 종교 유형들은 언제나 구조적 성격을 띤다. 그리스도교가 문자 종교의 유형 안에서 중간 위치를 점유하고 있다는 점은 결코 우연이 아니다. 그리스도교는 구약성서와의 관련성 때문에 분명히 예언자적이고 신본적 종교에 속한다. 하지만 신약성서에서는 처음부터 신비적이고 인본적 종교의 요소들이 등장한다. 화해 종교와 구원 종교 사이에서 그리스도교는 중간 위치를 점유한다. 그것은 특이한 것이 아니다. 그리스도교가 종교 간의 이해에 다리를 놓고 종교 간의 대화를 지원해야 하는 특별한 의무에서 비롯된 결과인 것이다. 이를 위해서 그리스도교는 신학적 작업을 통해 고도의 성찰 문화를, 그리고 에큐메니칼 운동을 통해 내적 다원성을 실천하는 경험의 보고(寶庫)를 제공한다. 그리스도교는 현재 모든 대륙에서 소수자로 존재한다. 그런 점에서 그리스도교는 관용적일 수 있겠으나, 동시에 관용적이지 못한 전통들을 짊어지고 있다.

이제 우리는 먼저 그리스도교가 서방의 두 종교, 유대교와 이슬람교와 맺고 있는 관련성을 살펴봄으로써 성서 전통의 대화 능력을 이야기하도록 하자. 두 종교는 발생사적, 영향사적으로 그리스도교와 밀접한 관련성을 가지고 있다. 이어서 우리는 동방 종교의 두 종교, 즉 힌두교와 불교로 관심을 돌리도록 하자. 이 두 종교는 근대 시기에 들어서야 비로소 그리스도교와 긴밀한 접촉을 갖게 되었다. 물론 수많은 종교가 있지만, 대표적인 종교만을 다루도록 하겠다.

유대교와 성서: 구약성서의 독자적 가치

그리스도교는 유대교의 자녀이며, 유대교는 그리스도교의 어머니 종교다. 우리가 그리스도 사건 속에서 성취되었다고 보는 성서의 많은 근본 모티브들은 이스라엘 백성의 섭리 안에서 그 가치가 드러난다. 다시 말해 우리는 이스라엘이 하나님의 아들이자 대리인, 진리의 증거자이며 순교자라는 것, 이스라엘이 출애굽과 회심의 백성이라는 것을 통해서 그 대부분의 모티브들을 이해하게 되었다. 이스라엘 민족이 아닌 사람들은 유대인 나사렛 예수를 통해 이 역사(다시 말해 그 역사 안에서 의미화된 근본 동기들)에 참여할 수 있다. 따라서 예수는 그리스도인들에게 있어서 이스라엘의 대리자라고 말할 수 있다. 그를 통해서 그리스도인들은 유대교의 역사와 결합되었다. 200년간 역사 비평적 예수 연구가 이룩한 가장 큰 성과 중 하나는 예수가 두 종교에 속해 있었다는 점이다. 예수는 평생 유대인이었다. 그는 결코 유대인의 정체성을 의심한 적이 없으며, 그의 사역은 전적으로 유대교의 틀 안에 머물러 있었다. 그러나 동시에 그는 다른 유대교 집단들과 갈등을 겪기도 했다.[191] 그의 죽음 이후 예수는 그리스도교의 근본이 되었다. 따라서 유대인들과의 대화에서 예수의 의미를 축소시키는 것은 의미가 없다. 그 무엇보다도 예수를 통해 – 물론 오직 예수만을 통해서는 아니지만 – 그리스도교는 유대교와 결합되었기 때문이다.

그리스도교는 히브리성서, 즉 그리스도 교회의 구약성서를 통해 유대교와 결합되었다.[192] 다시 말해 그리스도교는 자기 자신의 근거에 관련을 맺음과 동시에, 타종교와 관련을 맺게 되는 것이다.[193] 그것은 그리스도교를 위해 좋은 기회다. 종교 간의 대화 안에서 성서의 중요성을 드러내고자 하는 성서 교수학을 고려할 때, 사람들이 구약성서를 양면적인 영향사 안에서 읽어 나간다는 것은 중요한 일이기 때문이다. 다시 말해 구약성서를 단순히 신약성서의 전 단계로만 읽어 나갈 것이 아니라, 그리스도교의 발전과 마찬가지로 유대교의 정당한 발전을 보여주는 진정한 종교경험을 가진 책으로서 읽어 나가는 것이다. 따라서 구약성서를 폄하했던 그리스도교의 전통은 재고되어야 한다. 이미 오래전부터 이것은 신학 작업을 통해 이루어졌던 것이지만 전반적으로 보편적인 지지를 얻지 못하고 있다. 이를 위해 두 가지 핵심적인 진술을 정리하면 다음과 같다.

(1) 구약성서는 신약성서의 관련 문서라는 것 외에 독자적 가치를 가지고 있다. 심지어 여러 가지 관점에서 구약성서는 신약성서보다 우위에 있다.

(2) 구약성서에 대한 부정적 평가의 근거는 신약성서에 대한 평가에도 부정적인 영향을 미친다. 두 성서를 동일한 기준으로 평가하는 것은 정당하지 않다. 오늘날 사람들은 이 두 성서를 비판적으로 연관지을 수 있을 뿐이다.

구약성서의 독자적 가치는 하나님, 세계, 그리고 인간과의 관련성 안에서 드러난다. 만일 이 모든 관련성이 실패하게 되는 경우, 그것은 구약성서를 통해 재성찰되어야 한다.[194]

(1) 구약성서는 유일신을 증거한다

구약성서는 유일신적 측면에서 기록된 인류에 대한 기본 문서이다. 구약성서의 유일신론은 당시 그리스 철학자들 가운데서 통용되었던 유일신론과 공통점을 갖는다. 하지만 실존하는 인간들 중 한 민족 전체(소수의 지성인들만이 아닌)가 유일신과 전 생애에 걸쳐 대화한다는 것은, 더 나아가 언젠가는 모든 사람들이 이 대화에 참여할 것을 소망한다는 것은 아주 특별한 것이다. 그것은 여전히 존속되고 있는 인류의 근본 경험이다. 신약성서조차 이 점을 결코 간과하지 않는다. 구약성서의 하나님 이해는 신약성서의 하나님에 대한 진술을 빗겨갈 수 없다. 물론 혹자는 하나님과 인간과의 대화가 구약성서에서는 한 민족에게만 제한되어 있다고 말할 수 있다. 그래서 구체적인 한 민족과의 이런 식의 특정 결합은 극복되어야 하고, 그 극복은 신약성서에서 일어났다고 말할지도 모른다. 그러나 신약성서에서도 이러한 특정 결합은 계속되고 있다. 만일 누군가 구약성서 안에서 하나님과 그 백성의 결합을 비판하려 한다면, 그는 신약성서의 하나님과 그의 공동체 결합을 비판해야 한다. 물론 출생에 의해서 한 민족 공동체에 속하게 된다는 것과 자유 결단을 통해서 (교회) 공동체에 속하게 된다는 것은 차이가 있지만, 두 경우 모두 유일신 하나님의 보편성과 긴장 관계에 놓여 있는 특수주의(Partikularismus)임에 틀림없다. 두 성서의 하나님 이해는 자신의 특정한 경계를 넘어 더 넓은 곳을 지시한다. 우리는 실제로 보편적인 하나님 신앙으로 나아가는 과정에 있는 자들이다.

(2) 구약성서는 세상과의 포괄적인 대결을 포함한다

이 문제는 세 가지 영역, 창조, 역사, 그리고 사회에 대해 묘사하면서 고려되어야 한다. 창조에 대한, 그리고 만물이 보편적으로 존재한다는 놀라운 보도는 신약성서보다 구약성서에서 훨씬 강력한 감동을 제공한다.

오직 구약성서만이 포괄적인 역사상을 발전시키고 있고, 이 역사에 대한 책임을 인간에게 부여하고 있다. 민족의 거대 역사는 선사(先史)적이고 서사적 방식으로 성찰되고 있다. 이 역사에 대한 책임은 단지 왕들에게만 있는 것이 아니라 민족에 속한 모든 사람들에게 있음을 구약성서는 분명히 밝히고 있다. 그리고 그 역사적 책임이라는 것은 지속적인 새 출발, 즉 고향을 떠난다든지, 종살이하던 이집트를 떠난다든지, 새로운 것을 소망하는 방식을 의미한다. 더욱이 이 역사는 정의에 대한 요청과 힘의 경영을 요구한다. 신약성서의 지평은 그보다 좁다. 신약성서는 한 민족 또는 전체 사회에 대한 문서라기보다는 작은 공동체의 문서이다. 이 신약성서는 생동적인 신앙이 바라봐야 할 것들 중 많은 부분을 간과하고 있다. 구약성서만이 사회적 정의와 힘(권력)에 대한 패러다임을 포함한다. 이것은 신약성서라는 작은 공동체 문서의 지평을 넘어서는 것이다. 요컨대 세상에 대한 인간의 책임을 규정하고 있는 신앙의 공적 언어를 구약성서 없이 상상하기는 어렵다.

(3) 구약성서는 인간의 의미심장한 언어를 포함한다

구약성서는 인격적 체험의 언어를 다룰 때 그 탁월성을 드러낸다. 시편의 터질 듯한 기도 언어에 비할 만한 표현을 신약성서에서 찾기란 쉽지 않다. 우리가 시편을 신약성서의 부록으로 삼을 때, 그것은 진정 시편이 신약성서 이해를 위한 전제 조건이기 때문이라기보다는, 개인적 경건의 모습이 다른 어느 곳보다 시편에서 집약적으로 표현되고 있기 때문이다. 마찬가지로 우리가 아가서에서 육감적으로 대면하게 되는 에로틱한 언어가 신약성서에는 결여되어 있다. 전도서에 나타나는 염세적 언어나 욥기에 나타난 고난받는 자의 외침도 마찬가지다. 전도서는 내가 청소년 시절 가장 집중적으로 읽었던 책이다. '허무주의적' 정조를 가진 책이 성서에

수록되어 있다는 사실이 나를 사로잡았던 것이다. 구약성서 본문을 오로지 비판적으로 해석하고 그중 본문을 선택해서 적용해야 한다는 말도 일리가 있다. 그 말은 신약성서에도 타당하다. 하지만 그리스도인의 인격적 신앙을 위해서라면 구약성서 없이는 언어적으로 커다란 결핍을 드러내게 된다.

(4) 구약성서는 실패를 다스린다

구약성서는 하나님과 세계, 그리고 자기 자신에 대한 관계를 실패자로 해석한다. 신약성서도 물론 실패의 역사라 할 수 있다. 하나님의 나라가 도래하지 않았기 때문이다. 즉 주께서 예고하신 종말은 아직도 일어나지 않았다. 우리는 이해의 틀로서 구약성서 없이 이 실패의 경험을 제대로 연구할 수 없다. 20세기 위대한 신약성서학자인 불트만(R. Bultmann)[195]이 구약성서를 실패의 역사로 해석하였을 때, 그것은 오늘날 자주 회자되는 것만큼 잘못된 것은 아니었다. 나는 불트만의 명제를 다른 배경에서 읽었다. 나는 야스퍼스(K. Jaspers)가 '실패'라는 주제어에 긍정적 의미를 부여한 것에 큰 감명을 받은 바 있다. 인생의 실패를 통해서 그리고 사유의 경계선상에서 절대자에게 나아가는 통로가 비로소 열리게 된다. 구약성서가 계속해서 거듭 실패하게 되는 재난의 이야기이자 모습이라면, 그것은 하나님 앞에 서 있는 그리고 사람들과 더불어 살아가는 우리 인생의 진리를 표현하고 있는 것이다. 오히려 우리가 물어야 할 것은 신약성서가 구약성서에 비할 만큼 실패를 이야기하고, 고백하며 형상화할 수 있는 능력을 가지고 있는가 하는 것이다. 이 질문에 우리는 "네"라고 답할 수 있다. 십자가가 신약성서의 중심에 서 있기 때문이다. 그런데 역사적으로 볼 때, 그 십자가가 대변하고 있는 소망은 실패한 소망이다. 하나님의 나라가 도래하지 않았기 때문이다. 종말은 아직도 오지 않았다. 하지만 우리가 구약성서의 도움을 받는다면, 그러한 경험을 훨씬 잘 다스릴 수 있다.

신약성서에서 구약성서를 선택적으로 수용하는 것은 신약성서가 구약성서를 이해하는 관점에 속한다. 다음의 사고 실험은 그 점을 분명히 밝혀 준다. 만일 우리가 신약성서만 소유하고 있다면, 우리는 예언자들에 대해서 무엇을 알 수 있겠는가? 아마도 우리는 메시아를 기대했던 선포자라는 것 외에는 거의 이해할 수 없게 될 것이다. 우리는 엘리야나 엘리사와 관련해서 그들이 기적을 행했다는 정도만 알게 될 것이다(눅 4:25이하). 우리가 그들이 행했던 사회 비판과 정의를 위한 도전에 대해서는 전혀 접하지 못할 것이다. 신약성서에서 다루고 있는 구약성서는 유대성서로부터 부분적으로 발췌한 것이다. 그것은 초대 그리스도교의 확신과 관점을 대변해 주는 것이다. 하지만 초대 그리스도인들이 구약성서를 읽고 해석했던 방식은 오늘날까지도 충분한 교육적 의미를 가지고 있다. 초대 그리스도인들은 구약성서에 대해서 비판적인 관계를 유지했던 것이다. 그들은 구약성서를 경전으로 받아들였으나, 동시에 구약성서의 모든 계명을 받아들이지는 않았다. 할례 계명이나 음식 규정이 그 예다. 우리는 여기서 종교 전통을 존중함과 동시에 그 종교 전통으로부터 자유할 수 있는 탁월한 관계 모델을 갖게 된다. 즉 우리가 신약성서를 포함한 모든 신학적·종교적 전통들을 어떻게 대해야 하는가에 대한 모델을 말이다. 만일 비판받아야만 하는 몇 개의 본문 때문에 구약성서의 신학적 가치를 근본적으로 제거하려는 이가 있다면, 그는 종교 전통을 대하는 모델, 곧 존중함과 동시에 비평하는 태도를 상실하게 될 것이다.

성서에 대한 이러한 자유함과 별도로, 초대 그리스도인들은 자신들이 표명했던 것보다 훨씬 깊게 구약성서와 관련을 맺고 있었다. 그들은 유일신론의 근본 원칙과 모든 기본 동기들을 구약성서를 통해 공유하고 있었다. 그도 그럴 것이, 그들은 자신들의 내면에 각인시킬 정도로 구약성서 전통의 연속선상에 서 있었기 때문이다. 그들은 역사와 세계, 그리고 인간에 대한 해석의 틀을 유대인들과 공유하고 있었고, 창조와 창조 안에 감추어진 하나님의 지혜를 믿었으며, 기적에 대한 개방성과 인간이 회복되리라는 가능성을 믿고 있었다. 유대인들과의 차이는 오직 그들이 이러한 모든 기본 동기들이 예수의 형상 안에서 육화(구체화)되었음을 발견했다는 점일 뿐이다. 초대 그리스도인들의 제2근본 원칙이었던 구원자 신앙은 그들을 유대교와 분리시켰다. 그리고 이 구원자 신앙은 무엇보다도 이교도들을 향해 자신들을 개방하는 결과를 가지고 왔다.[196] 유대인들이 그리스도교로 개종하였을 때, 그들에게는 과거의 전통이 남아 있었다. 유대인들은 이제 궁극적으로 참 유대교를 발견하게 되었다는 의식을 가질 수 있게 되었다. 반대로 이교도들은 자신들의 이교적 습성에서 벗어나야만 했다. 따라서 이교도들의 그리스도 이전의 삶은 오류와 상실의 삶보다도 훨씬 '어두운' 것으로 드러나야 했다. 그리고 그들의 회심은 자신들의 본질이 철저하게 변화되는 것을 의미했다. 따라서 한편으로 우리는 초대 그리스도교 안에서 자연인과 관련하여 거대한 염세주의, 아마도 쿰란(공동체)에서 대표적으로 드러난 염세주의를 발견한다. 다른 한편으로 우리는 구원과 관련하여 훨씬 더 거대한 '낙관주의', 즉 인간은 성령을 통해서 자신의 내적 변형을 경험할 수 있음에 대한 신앙적 낙관주의를 발견하게 된다. 인간학적 염세주의와 철저한 구원의 확신, 이 두 가지는 서로를 포함하고 있다. 유대인들은 두 가지 점에서 다른 생각을 가지고 있다. 유대인들은 하나님은 토라에 순종하도록 인간을 창조하셨다는 성서의 '낙관적' 인간상을 가지고 인간학적 염세주의에 대립한다. 인간은 하나님의 계명을 완성시킬 능력을 소유하고 있다. 이 인간상은 또한 유대 그리스도인 집단에 의해서 공유되기도 하였다. 우리는 마태복음 또는 야고보서에서 그 점들을 발견한다. 마태복음에 따르면 율법은 실천으로 옮겨질 수 있는데, 특별히 예수에게서처럼 율법을 인간적 차원에서 해석하였을 때(마 5:17이하, 11:28이하)다. 반대로 바울은 자연인을 율법을 성취할 수 없는 능력의 소유자로 보았다(롬 7:7이하). 바울에 따르면, 인간은 구원받아야 마땅하며, 육체적(sarkisch) 본질, 즉 '육신에 사로잡힌' 자연적 존재에서, 영적(pneumatisch) 본질, 즉 '영에 사로잡힌' 본질로 변형되어야 한다. 유대인들은 구원 신앙의 '낙관주의'를 몇 가지 이유에서 다시금 거부한다. 그리스도인들은 구원의 시작을 지금, 여기서 일어나는 인간의 내적 변화로 보았다. 하지만 유대인들이 묻는 것은 세계의 구원은 어디에 머물러 있느냐는 것이다. 세계는 여전히 구원되지 않은 채 머물러 있고 메시아는 아직 오지 않았다는 것이다. 유대인들은 이런 점에서 커다란 '염세주의'를 – 예컨대 1세기 말 제4에스라에서 – 표명하고 있는 셈이다. 유대교는 화해 종교로 머물러버린 데 반해, 그리스도교는 구원 종교로 발전하였다. 그럼에도 불구하고 유대인과 그리스도인 사이에는 결정적인 차이가 존재할 수 없다. 왜냐하면 초대 그리스도교가 '화해 종교'의 유산을 물려받았기 때문이다. 그리고 유대교 안에서도 구원 종교로 나아가려는 경향이 드러난다. 두 종교 간의 차이는 예수가 승천하여 신성을 획득함으로써 유일신 하나님 우편의 왕좌에 앉으셨다는 점에 이르러 드러난다. 그럼으로 말미암아 초대 그리스도인들은 유일신론의 모순(Aporien)을 해결했다. 어떻게 전능하고 유일하신 하나님을 인간의 고난과 자유함에 연관지어 생각할 수 있단 말인가?

초대 그리스도인들은 고난받는 하나님의 아들을 신적 존재로 수용하였다. 하나님은 스스로 인간의 고난을 담당함으로써, 고난이 극복될 수 있음을 확증하였다. 그래서 초대 그리스도인들은 인간을 완성시키고 자유롭게 하는 영에 신적 속성을 부여하였다. 비록 삼위일체론이 신약성서에서 단지 공식 문구화된 용례에서만 나타나고 있지만(마 28:19의 세례명령과 비교), 삼위일체론은 신약성서로부터 도출된 것이다. 유대인들은 반대로 결과론적 유일신론에 머물러 있다.

전통적으로 사람들은 유대교와 그리스도교의 결정적인 차이를 유대교는 율법 종교이고 그리스도교는 은혜 종교라는 차원에서 보았다. 상당한 공감을 가지고 유대교를 대했던 신약성서학자 예레미아스(J. Jeremias)가 이러한 차이를 바로 포도원 품군의 비유와 랍비 문서의 유사 문헌과의 비교에서 발견하였다. "예수의 비유에서는 가장 늦게 일터로 간 사람은 온전한 품삯을 받을 만큼의 성과를 보여주지 않았다. 그런데도 그 사람이 넉넉한 품삯을 받은 것은 전적으로 포도원 주인의 관대함(선의) 덕분이다. 이렇듯 겉보기에는 미소한 차이에서 두 세계의 차이가 드러난다. 한쪽은 율법과 공적의 세계요, 다른 한쪽은 복음과 은총의 세계다. 랍비에서는 공적, 예수에서는 은혜, 랍비에서는 율법, 예수에서는 복음."[197] 하지만 랍비의 관련 문헌을 비교해 보면 다른 결과들이 도출된다.[198] 품삯 메타포를 이 비유의 핵심 은유로 전제한다면 두 개의 상이한 신학적 해석이 불거져 나온다. 하나는 적절한 보상('공정한 품삯')으로서의 품삯이고, 다른 하나는 과분한 선심('은총의 품삯')이다. 첫 번째 입장에 대한 증거가 레위기 26장 9절에 대한 시프라 베쿠코타(Sifra Bechuqqotai) 2장 5절*이다. 이 비유에는 이스라엘이 다른 민족과는 달리 하나님을 위해 각별한 헌신을 보임으로써 특전을 부여받게 되는 일화가 소개된다.

"그리고 나는 너희를 보살피겠다"(레 26:9). 사람들은 한 가지 비유를 들었다. 이것을 누구에 비유할까? 많은 일꾼을 고용한 한 왕에 비유할 수 있다. 한 일꾼은 그 왕을 위해 여러 날 일을 했다. 일꾼들이 품삯을 받을 때가

*유대 레위기 주석의 일종

되자 그도 다른 일꾼들과 함께 갔다. 그때 왕이 그 일꾼에게 말했다. 내 아들아, 내가 너를 보살피겠다. 나를 위해 일을 조금밖에 하지 않은 이 많은 사람들에게는 적은 품삯을 주겠다. 그러나 앞으로 나는 너에게 후한 보상을 해줄 것이다. 이와 같이 이 세상의 이스라엘과 이 세상의 다른 민족들은 모두 하나님이 주실 품삯을 구한다. 그런데 하나님은 이스라엘에게 말씀하신다. 이 세상의 다른 민족들은 나를 위해 조금만 일하였으므로 적은 품삯을 줄 것이다. 그러나 너희들에게는 내가 앞으로 후하게 보상 해줄 것이다. 그렇기 때문에 "내가 너희를 보살피겠다"(레 26:9)고 씌어 있는 것이다.[199]

품삯의 원칙을 포기하지는 않지만, 그것을 가장 중요한 모티브로 삼지 않은 또 다른 비유가 있다(신 22:6에 대한 랍비 해석[신명기 랍바] 6:2[KiTeZe]).

"생명의 길을 지키지 못하며……"(잠 5:6). 랍비 압바 바르 카하나는 말했다. 거룩하신 분 - 그분을 찬양하여라! - 이 말씀하기를, 거기에 앉지 말고 토라의 계명을 지키라고 하신다. '이 계명은 큰 것이니 많은 보상이 있을 것이므로 그것을 지키겠다', 혹은 '이 계명은 작은 것이니 지키지 않겠다' 고 말하지 마라. 그 거룩한 분 - 그분을 찬양하여라! - 은 무엇을 하셨나? 그분은 피조물에게 각각의 계명에 해당되는 보상/품삯이 무엇인지 알려주지 않았다. 그래서 피조물들은 "그 길이 불안정해도 그것을 깨닫지 못한다"(잠 5:6)는 말처럼 모든 계명을 [보상에 대한] 무지 속에서 지키게 된다. 이것은 어떤 사람에 비유할까? 일꾼을 고용한 왕에게 비유할 수 있다. 왕은 곧장 그 일꾼들을 정원으로 보냈는데, 정원의 품삯에 대해서는 아무 말도 하지 않았다. 그래서 일꾼들은 품삯이 적은 일은 그냥 놔두고, 품삯이 큰 일[만] 했다. 저녁이 되자 왕은 일꾼들을 불러놓고 물었다. 너는 어느 나무 아래서 일을 했느냐? 후추나무입니다. 그 일꾼이 받은 품삯은 금화 한 닢이었다. 왕이 다른 일꾼에게 물었다. 너는 어느 나무 아래서 일을 했느냐? 이 나무입니다. 왕이 그 일꾼에게 말했다. 그 나무는 참양각초 나무구나. 너의 품삯은 금화 반쪽이다. 왕은 또 다른 일꾼을 불러 물었다. 너는 어느 나무 아래서 일을 했느냐? 그가 말했다. 이 나무입니다. 왕이 말했다. 이건 올리브 나무다. 너의 품삯은 200마네(maneh)다. 일꾼들이 왕에게 말했다. 어떤 나무가 품삯이 넉넉한 나무인지 알려주셨어야 하지 않을까요? 그래야 우리가 거기서 일할 것 아닙니까? 왕은 일꾼들에게 대답했다. 내가 너희들에게 그걸 알려주었다면 정원 전체를 손볼 수 있었겠느냐?[200]

그뿐만 아니라 랍비 문서를 비교해 보면, 죄인에게 다가오시는 하나님의 은총에 대한 증거까지 나타난다. 여기서 하나님의 은총은 마태복음 20장 1~16절보다 더 철저한 것처럼 보인다(단 9:9에 대한 MidrPss3:3:19a).

이 세상의 습속으로 볼 때, 한 일꾼이 집 주인을 위해 성실하게 일을 한 대가로 품삯을 받는다면 그것 때문에 감사할 필요까지는 없다. 그렇다면 어떤 경우에 일꾼이 주인에게 감사를 드려야 하는가? 그것은 일꾼이 성실히 일하지 않았는데도 주인이 그 일꾼의 품삯을 깍지 않았을 때다. 그래서 기록된 바 "우리는 하나님께 반역하였으나, 주 우리 하나님은 우리를 긍휼히 여겨 주시고 용서하여 주셨습니다"(단 9:9), "주 우리 하나님께는 긍휼과 용서하심이 있사오니 이는 우리가 주께 패역하였음이오며". 랍비 슈무엘 바르 나흐마니가 말했다. 그들이 왕에게 반역했는 데도 왕이 그들에게 양식으로 보살펴 주는 것을 너는 보았느냐? 랍비 요나단이 말했다. 기록된 바 "그들이 호렙에서 송아지를 만들었다"(시 106:19). [그런데도] 만나가 내려왔다.[201]

예수의 비유는 전체적으로 유대 랍비들의 비유 전승에 뿌리내리고 있다. 철저한 은총의 관점조차도 말이다. 그럼에도 불구하고 예수의 비유는 독특성을 가지고 있으며, 정교하게 다듬어진 서사 구조를 가지고 있다. 즉 여러 개의 장면들, 다양한 연령 집단, 그리고 포도원 주인과 일꾼들 사이의 중재적 인물인 청지기가 등장한다.[202] 그뿐만 아니라 품삯 메타포를 복합적으로 사용하고 있다. 비유 안에서 하나님의 공의(마 20:4)와 긍휼(마 20:14b-15)이 서로 마주 대면한다. 그럼으로써 랍비 문헌에는 따로따로 나뉘어져 있는 두 개의 측면, 즉 품삯 메타포의 두 측면이 예수에게서는 하나로 결합된다. 결과적으로 예수의 비유는 인간 상호적 차원에 대한 호소로 옮겨간다. "모든 랍비적 비유들이 이스라엘 전체를 충실하게 노력하는 일꾼(이방인들과 대조됨), 혹은 그렇게 하기를 거부하는 일꾼으로 묘사하는 데 비해, 예수의 비유는 그것을 듣는 유대 청중을 차별화한다. 힘닿는 데까지 하나님의 뜻을 이루고자 애쓰는 사람들(예컨대 바리새인)은 그에 대한 보상을 받게 될 것이다. 그러나 동시에 그들에게 요구되는 것은, 덜 완벽한 사람들(예컨대 세리나 창녀)에 대한 하나님의 관대한 처우에 '온화한' 눈길로 반응하는 것이다. 불평하는 일꾼들의 모습을 본받지 않는 것이다."[203] 결론적으로 말하면, 율법과 은총의 강조가 유대교와 그리스도교를 구별하지 않는다. 유대교나 그리스도교 모두 하나님의 은총을 잘 알고 있다. 그리고 이 사실은 예수의 비유와 랍비들의 비유 안에서 동일한 이야기 자료가 다양하게 현실화(구현)되고 있다는 점에서 매우 분명히 드러난다.

이슬람과 성서: 꾸란에 나타난 하나님상(像)과 예수상(像)

그리스도교가 경전의 상당 부분을 유대교와 공유하고 있고 자신을 유대교의 자녀라고 인정하는 것에 반해, 이슬람교의 탄생 시 그리스도교는 유대교와 함께 대부로서 자리하였다. 이슬람은 모세로부터 시작해 예언자들과 예수를 거쳐 이어지는 역사를 되돌아보며 자신들을 완성자로 이해했다. 무함마드는 자기 자신을 마지막 예언자이자, 예수가 이야기한 보혜사, 즉 완전한 지혜로 이끄는 보혜사로(요 16:13) 이해했으며, 이후에 다른 예언자들이 올 수 없도록 한 '예언자의 봉인' 으로 이해했다. 무함마드는 성서의 많은 전승들을 수용했다.[204] 꾸란과 기타 이슬람 전승들 안에 일치하는 부분들이 있다는 것은 성서 학습을 위해서는 다행스러운 일이다. 거기서 그리스도인들은 그들이 가지고 있는 유일신 신앙의 근본적인 문제와 그들의 예수상 및 인간상에 대해서 많은 것을 배울 수 있다.

(1) 이슬람의 알라는[205] 성서의 하나님이 갖고 있는 풀리지 않는 문제에 대한 그들 나름의 고유한 작업이다. 무함마드는 끊임없이 유일신론을 주장했다는 면에서 유대적 유일신 사상에 가깝다. 물론 유대교의 유일신 사상이 한 민족과 결합되어 있는 반면, 이슬람의 그것은 모든 민족에게 개방되어 있다. 무함마드는 이 보편성을 그리스도교와 공유한다. 그러나 그는 그리스도교의 삼위일체 신앙을 거부한다. 그리스도인들은 삼위일체 신앙을 통해서 '우상숭배' (Beigesellung)의 죄를 짓고 있다는 것이다.* 꾸란 제112장(수라)은 무슬림의 기본 신앙고백으로서 이슬람의 반(反)삼위일체론적 유일신 사상을 잘 알려준다: "말해주어라, 이분이야말로 알라이시며 유일한 분, 알라이시자 영원한 분. 낳지 않고 태어나지도 않고, 오직 한 분으로 그분에 견줄 자 없다."[206] 무슬림의 이러한 보편적 알라 신앙을 순수 유일신 사상 발전의 정점으로 본다면, 이 표현을 이해할 만하다. 이

---

*아랍어로는 "시르크"(shirk)라 한다. 그 뜻은 '어떤 사람의 상대를 만듦' 이다. 즉 알라 곁에/이외에 어떤 다른 것(가령 다른 신)을 두는 것이다. 이슬람에서 우상숭배, 다신교, 그리고 알라를 다른 신들과 연합시키는 것을 뜻하는 말이다. 꾸란은 알라가 어떠한 상대(샤리크)와도 권능을 나누지 않는다고 여러 구절에서 강조하고 있다.

슬람은 유일신론 안에서 첨예화되는 신정론 문제를 삶 속에서 구체화하고자 했던 것이다. 그들은 (그리스도교의) 세 위격을 수용하지 않는데, 그 이유는 그리스도교가 하나님과 인간, 또는 악의 문제에 책임이 있는 악마의 본질을 신학적으로 호도(糊塗)하여 엄청난 모독을 행하고 있다는 것이다.

- 인간상은 염세적이지 않다. 악을 설명함에 있어서 이슬람은 세상의 모든 죄를 인간의 책임으로 돌리지 않으며, 따라서 인간의 죄의식을 극단적으로 몰아가지 않는다. 그렇기에 예수의 대속적 희생과 죽음을 절실하게 요청하지 않는다. 하나님은 인간을 창조하실 때, 인간이 자신의 '바른 길' 을 갈 수 있도록 창조하셨다. 비록 이슬람도 인간의 약함과 죄성을 민감하게 바라보고 있지만, 그렇다고 인간은 희망이 없을 정도로 타락한 존재는 아니다.[207]
- 악마는 자신만의 고유한 실체를 형성하지 않는다. 악을 설명하는 데 있어서 악마의 지배 아래 있는 세계의 설정은 결코 책임적일 수 없다. 비록 이슬람도 사탄의 존재를 알고 있다. 꾸란에서 이 사탄(디아볼로스)에 해당하는 개념이 '이블리스' (Iblis)이다. 하지만 이블리스는 알라의 뜻을 거부한 타락한 천사일 뿐, 그가 알라와 견줄 만한 고유한 세력을 소유하고 있는 것은 아니다.
- 이슬람의 알라는 그리스도교의 선입견처럼 사악한 존재가 아니다. 꾸란은 구원 또는 심판으로 예정된 인간의 운명에 대해서 말한다. 그러나 바로 이어지는 대목에서 인간의 태도에 따라 다르게 반응하는 알라의 모습이 등장한다.[208] 알라는 전능함과 동시에 자비롭다. 그는 결코 전제군주가 아니다.

이러한 유일신 개념이 어떻게 가능할까? 여기서 이슬람 신앙의 두 가지 태도가 나타난다. 첫째는 모든 삶의 역경에도 불구하고 초월적이고 주권적인 알라의 뜻에 전적으로 헌신하고 신뢰하는 '이슬람' 적* 태도다. 그러한 순전한 신앙의 힘은 이슬람 세계의 수많은 사람들에게 매일 체험되고 있으며, 그것은 타종교인들이 인정하고 놀라는 부분이다. 둘째는 이슬람의 윤리관이다. 이슬람의 윤리는 유대적 그리고 그리스도교적 윤리보다 더 강력하다. 알라는 '좀 더 현실주의적인' 윤리관을 가지고 있다. 성서 전체에 걸쳐서 반복적으로 드러나고 있는 바, 폭력을 그만두고자 하는 성서의 하나님은 이슬람의 알라상과 일치하지 않는다. 구약성서에서 발견되는 거룩한 전쟁(聖戰)의 전통이 새롭게 등장한다. 특히 유대-그리스도교와 이슬람의 순교에 대한 이해 차이는 주목할 만하다. 유대교와 그리스도교의 경우, 순교자는 자신의 신앙을 거부하기보다는 죽음을 택하는 자이다. 그는 폭력으로 고통을 당하게 되지만, 다른 누구에게 폭력을 가하지 않는다. 하지만 이슬람의 순교자는 불신자들과의 전쟁에서 쓰러져 간 사람들을 말한다. 즉 적극적인 폭력의 거부는 이슬람의 신 이해와 인간이해를 덜 충족시키는 것이며, 따라서 이슬람의 윤리는 분명히 유대적-그리스도교적 윤리보다 실제 삶의 현실에 잘 부합된다. 한편으로는 '강력한' 윤리 기준으로 말미암아 알라의 자비와 전능 사이의 긴장이 완화되고 있고, 다른 한편, 알라에 대한 신뢰와 복종으로 말미암아 남아 있는 긴장감이 극복되고 있다. 그런 점에서 그리스도교보다는 이슬람에서 전능과 자비는 더 잘 일치한다. 바로 이 점 때문에 이슬람의 윤리를 잘 이해해야 한다. 이슬람은 그리스도교에서처럼 아주 강력한 이타주의 – 물론 성취하지 못함으로 인해 심각한 죄의식의 감정을 남기는 – 를 요구하지 않는다. 이러한 점은 이슬람의 예수 이해에 대한 몇 가지 설명을 필요로 한다.

(2) 이슬람은 예수[209]를 자신들의 경험에 일치하여 신 중심적 메시지를

---

* '이슬람' 은 복종, 순종을 뜻한다.

부여받은 예언자로 본다.

무함마드는 예수의 종교적 경험에 깊은 감명을 받는 대표적인 사람에 속한다. 예수와 그 제자들은 무함마드에게 있어서 모범적인 무슬림이었다. 예수는 예언자이자 신이 파송한 자로 사역했다. 예수는 눈먼 자, 병든 자들을 고쳐 주었고, 죽은 자를 일으켜 새 생명을 부여했다(5:110). 그의 선포는 신 중심적이었다. "예수는 명증(明證)을 가지고 나타나자 '나는 예지를 가지고 너희들에게 왔다. 너희들이 논쟁하고 있는 것들의 일부에 대해서 명백히 대답하리라. 그러니, 알라를 두려워하며 공경하고 나를 따르라. 알라야말로 나의 주이시고 너희들의 주이시다. 그러니 알라를 숭배하여 드려라. 이것이야말로 옳은 길이라는 것이다' 라고 말하였다"(43:63-64). 예수 자신이 모범적으로 무슬림의 도덕률, 특별히 자신의 모친에 대한 기도와 긍휼, 경건을 실천한다. "예수가 (마리아에게) 말하기를, '나는 알라의 종이라. 그분께서는 나에게 성서를 주셨으며, 나를 예언자로 삼으셨노라. 또한 그분께서는 내가 어느 곳에 있든지 축복받도록 하셨으며, 내가 살아 있는 동안 기도와 자선을 하도록 말씀하셨노라. 또한 그분께서는 내가 어머니께 효도하도록 하셨으며 거만하거나 은혜받지 못하게 되지 않도록 하셨노라. 또한 내가 태어날 때 내게 평화가 있게 하셨으며, 내가 죽는 날과 또다시 부활되는 날에도 평화가 내게 있게 하셨노라' 라고 하였노라"(19:31-34). 예수는 자신의 앞과 뒤에 있을 계시의 연장선 안에 자신을 위치시키고 있다. "오, 이스라엘의 자손이여! 참으로 나는 알라께서 너희들에게 보내신 사도이니라. 나보다 먼저 내려진 율법을 실현시키고 나보다 나중에 아흐마드라는 이름의 사도가 올 것이라는 기쁜 소식을 전하기 위해 왔노라"(61:7).

분명히 이슬람은 이 한 사람에 대한 메시지를 받아들이고 있으며, 그 삶의 시작과 마지막이 기적과 같은 성격을 가지고 있음을 인정한다. 무함마드는 예수의 가르침뿐만 아니라, 예수의 삶도 중요하게 생각한다. 그를 사로잡은 것은 예수의 삶의 시작과 마지막이었다. 무함마드는 예수의 동정녀 탄생과 더불어 공생애를 마친 후 예수의 승천을 인정한다.

예수는 마리아의 아들이었다. 알라는 예수를 마리아의 육체를 통해 태어나게 했다. 예수의 동정녀 탄생은 알라에 의한 출생이 아니다. 반대로 알라는 예수를 자신의 영과 말씀으로 창조했다.[210] 따라서 그리스도는 요한복음 서문에서처럼 신과 함께 있던 존재로 인정되지 않은 채, '그 말씀' (der Logos)으로 일컬어지고 있다. 예수를 '말씀' 으로 칭하고 있는 4장은 그리스도인들을 향해 예수의 신격화를 강하게 경고한다: "오, 성서의 백성들아! 너희의 종교의 영역을 벗어나지 말 것이며, 하나님께 진실 외에는 아무것도 말하지 말라. 진실로, 메시아, 마리아의 아들 예수는 알라의 사도였을 뿐이며, 마리아에게 주신 말씀을 충족시키심이었으며, 그분으로부터의 자비였노라. 그러므로, 알라와 그분의 사도들을 믿으며, '그 분들은 세 분이오' 라고 말하지 말라" (4:172). 신의 창조적 능력은 물론 예수 안에서 살아 있다. 무함마드는 위경(Apokryphen)에 전해지고 있는 예수의 어린 시절 전승, 예컨대 진흙으로 새를 빚어 숨을 불어넣으니 살아 움직였다는 전승을 예수에 대한 전설로 받아들였다(3:50, 5:111).[211] 그것이 원칙적으로 옳기 때문이다: "알라께서 당신 자신의 아들을 취하심은 당신의 권위에 맞지 않느니라. 알라께서는 성스러우시도다. 그분께서 어떤 것을 명하실 때 '있으라!' 하시니 그것이 있노라" (19:36).

예수는 반대자들에 의해서 마법사에 불과하다는 비판을 받게 된다 (5:111, 61:7). 유대인들은 그를 살해하려 했으나, 그 대신에 다른 사람을 십자가에 못 박았다. "실로 그들은 예수를 죽이거나 십자가에 못 박지 못하였으나 다만 예수가 못 박힌 것처럼 보이도록 한 것이며, 이를 믿지 아니하는 자들은 분명, 그것에 대한 의혹의 상태에 있으며, 그들은 그것을 분명히 알지 못하고 다만 추측을 따를 뿐이며 또한 그들은 추측을 확인하지 못하였으니, 오히려 알라께서는 예수를 알라께로 높이셨으니, 알라께서는 전지전능하시니라" (4:158-159). 아마 무함마드는 여기서 예수가 아닌 구레네 사람 시몬이 예수와 혼동되어 십자가에 달렸다는 영지주의적 전승을 수용한 듯하다.[212] 무함마드는 예수가 낮아졌고 고난받았으며 실신 상태에 이르렀다는 것을 인정하고 싶지 않았을 것이다. 비록 그가 다른 곳에서 예수의 죽음을 언급하고 있지만, 그것은 예수의 자연사를 말하는 듯하다.[213] 예수의 죽음이 가지고 있는 구원사적 의미가 무함마드에게는 멀게 느껴졌던 것이다. 즉 예수의 모습과 그를 통한 구원 기대와 모순된 것으로 여겨졌던 것이다. 알라는 모든 것을 바로잡기 위해 인간에게 구원의 기회를 준다. 따라서 누군가 세상 죄를 대신해서 죽음으로써 구원을 실현시키는 것이 필요치 않다. 무함마드가 부정하는 그리스도상, 곧 예수의 대속적 죽음 이해는 분명 부활 사건 이후 생겨난 것이다. 부활 사건 이후 제자들은 십자가 사건의 충격에서 벗어나게 되었다. 그들은 예수 안에서 단지 하나님의 나라를 최초로 구현한 마지막 예언자의 모습뿐만 아니라 인간의 죄를 위해 죽었던 구원자를 보았던 것이다. 부활 사건 이후 비로소 바울은, 자기 경험에 근거해서 염세적 인간관을 십자가에 대한 깊이 있는 이해로 발전시킨다. 염세적 인간관은 이제 구원을 더욱 환하게 비춰주게 된 것이다. 바로 이 점에서 그리스도교와 이슬람의 차이가 극명하게 드러난다. 그리스도교는 인간이 하나님으로부터 멀어져 있다는 것을 더 염세적으로 생각한다. 인간은 죄를 극복함으로써 구원받아야 한다. 요컨대 그리스도교에서는 한 인간이 하나님의 곁(Gottesnähe)에 머묾으로써 모든 인간들이 하나님으로부터 멀어져 있음(Gottesferne)을 극복하게 되었다. 반면 무슬림의 시각에서 볼 때, 이것은 '우상숭배' 의 범죄이자, 절대 유일신 사상에 상처를 입히는 행위이다. 비록 신으로부터 멀어짐과 곁에 있음 사이의 긴장이 두 종교 모두에게 각인되어 있긴 하지만, 하나님으로부터의 전적 이탈로서 죄인, 그리고 구원받은 인간의 하나님과의 동행, 이 점에서 그리스도교는 이슬람과 구별된다.

무함마드가 예수를 예언자요 알라의 사자(使者)로 묘사하고, 그의 제자들을 '무슬림' 이라고 칭하고 있다면(3:46, 5:11), 그리고 그가 예수로 하여금 한 권의 책을 가르치도록 하였고(3:49), 무함마드가 그에게 유일신 신앙이 삼위 하나님의 신앙으로 타락하는 것을 경고하고 있다면(4:172), 예수의 선포는 무함마드 자신의 선포다. 그 선포가 그리스도인들에게서 잊혀져 갔을 때, 무함마드는 그 선포를 마지막 예언자의 선포로 갱신한다. 무함마드는 예수 자신의 경고에 맞서, 예수가 하나님 곁에 계신다는 '고등 그리스도론' 을 발전시켰다. 이제 초대 그리스도교 안에는 유대 그리스도인 집단이 존재했다. 이들은 예수에 대한 신앙이 '고등 그리스도론' 으로 되는 것에 동참하지 않았던 사람들이다. 그들에게 있어서 예수는 한 '평범한 인간' 에 불과했다. 그러한 유대 그리스도교적 전통이 무함마드에게까지 전달되었던 것일까? 하지만 무함마드는 동정녀 탄생을 인정했다. 많은 유대 그리스도인들은 예수의 동정녀 탄생을 부정했다. 그들에게 예수는 요셉과 마리아의 자식이다.[214] 오리게네스는 동정녀 탄생을 부정했던(Hom XVII in Luc) 유대 그리스도인들 옆에서 동정녀 탄생을 인정하는 이들을 알고 있었다(c Cels V). 따라서 무함마드는 예수에 관한 그리스도교의 전승을 자기 경험에 근거해서 읽었고, 유대 그리스도교의 전승을 그러한 측면에서 강하게 반박한 것이라고 생각할 수 있다. 하지만 그것은 결코 아니다. 무함마드도 전해내려온 전통에 머물지 않고 자신의 예수상을 정립함에 있어서 예수의 선포(메시지)를 옳게 들을 수 있었을 것이다. 그 선포는 신 중심적이었다. 예수는 하나님의 나라를 선포했지 자신의 나라를 선포하지 않았다. 예수의 하나님 나라 선포는 철저한 유일신 사상이었다. 그의 유일신 신앙은 오직 하나님만이 다스리시며, 그 다스림이 종국에는 실현될 것을 약속한다.[215]

(3) 이슬람은 성서의 종교들에게 상대적 권리를 인정한다.

비록 그리스도인들이 무슬림의 눈에는 '우상 숭배'의 죄에 빠져 있지만, 이슬람은 유대인들과 그리스도인들에게 관용적일 수 있다. 이슬람의 제한적 관용[216]은 이슬람 전승에도 등장하는 성서, 마태복음 20장 1-16절에 근거하고 있다. 아울러 이 본문을 통해 세 문자 종교들 간의 관계가 설정되고 있다.

"알라의 사자가 이르되: '너희 그리고 너희보다 앞서 두 권의 책들을 소유하고 있는 자들(유대인과 그리스도인)은 품삯을 받은 일꾼 중 한 사람에 해당한다.' 그가 이르되: '누가 나를 위해 아침 일찍부터 정오까지 한 키랏(Quirat)에 일하겠느냐?' 그때 유대인들이 일했다. 그 다음에 그가 이르되: '누가 나를 위해 정오부터 오후 기도 시간까지 한 키랏에 일하겠느냐?' 그때 그리스도인들이 일을 하였다. 그 다음에 그가 이르되: '누가 나를 위해 오후부터 해가 지기까지 두 키랏에 일하겠느냐?' 그때 너희들이 일을 하게 되었다. 이제 유대인들과 그리스도인들이 화가 나서 말하기를: '우리는 일을 더 많이 했는데 품삯은 덜 받았습니다' 알라가 이르되: '내가 너희에게 부당하게 대한 일이 있느냐?' 그들이 대답하기를 '아닙니다'. 그때 알라가 이르되: '이것이 내가 원하는 자에게 더하여 주는 품삯이다.'"[217]

마태복음 20장 1-16절과 비교할 때 이슬람 본문에서 두드러지게 나타나는 것은 품꾼들이 모두 같은 품삯을 받는 것이 아니라 마지막 품꾼들이 더 적은 노동 시간에도 불구하고 두 배의 품삯을 받았다는 점이다. 자신들의 우월 의식이 있음에 틀림없지만, 타종교인들의 성과도 충분히 인정하고 있다. 알라는 유대인들과 그리스도인들에게 일한 만큼의 품삯을 제공한다. 그리고 무슬림은 타종교인들이 이미 시작했던 일을 단지 완성하고 있다. 이 비유는 이슬람의 완성 의식을 가시적으로 보여준다. 여기서 유대인, 그리스도인, 무슬림 품꾼들이 같은 주인의 포도원에서 일하고 있다는 공동 소속 의식이 나타나고 있다. 그들은 동일한 일에 매진하고 있다. 무슬림이 더 나은 품삯을 받았을 때, 그것은 전적으로 은총이다. 그들이 덤으로 받은 품삯은 자신들이 요구하지 않았음에도 불구하고 주어진 자유로운 추가 품삯이었다. 유대인들과 그리스도인들이 부당한 대접을 받은 것은 아니었다. 왜냐하면 그들의 일(그들의 종교)이 무가치한 것으로 취급받은 것이 아니라, 무슬림들에게 화가 난 것이기 때문이다. 그들은 마지막 일꾼으로서 무슬림에게 포도원에서 일하도록 허락한 신의 자유 은총을 편안하게 인정할 수가 없었다.[218] 이와 마찬가지로 예수의 비유에서도 마찬가지로 다른 일꾼들이 투덜거리자 꾸지람을 들었다. 단 여기서 꾸지람은 모두가 동일한 품삯을 받은 것을 부당하게 여긴 것에 대해서다. 예수는 여기서 타종교를 염두에 두었던 것은 아니다. 하지만 이미 초대 그리스도교인들은 이것을 유대인, 유대 그리스도인, 이방 그리스도인들에 관한 비유로 생각하고 있었다. 최소한 이것은 널리 알려져 있는 마태복음 20장 1-16절에 대한 해석 전통이었다. 이미 마태복음서 기자는 그런 식으로 해석했다. 그러나 (이슬람적 수용의 시각에서 읽혀진) 그리스도교 전통의 도움으로 사람들은 한 걸음 더 내딛었다. 즉 모든 종교는 알라가 자유롭게 행한다는 것, 다시 말해 모두를 동일하게 취급한다는 사실을 참고 기다려야 한다는 것 아닐까? 모든 사람들은 타인이 나와 다르다는 것을 정서적 불편함 없이 수용하는 법을 배워야 한다는 것 아닐까? 모든 사람들은 타인이 '선한 일꾼' 임을 인정해야 하며, 동일한 '품삯' 에 만족해야 한다는 것 아니겠는가?

그리스도교는 성서를 통해서 유대교 및 이슬람과 관련을 맺고 있다. 이 종교 간의 대화에 관심 있는 사람은 모두 성서를 연구하려는 동기를 가지고 있다. 그는 유대적 그리고 이슬람적 해석의 관점 아래 새로운 눈을 가지고 성서를 읽게 될 것이다. 하지만 동방의 신비 종교들과는 어떤 관계를 가지고 있을까? 그들은 성서를 근대 시기에 들어서야 접하게 되었다. 그 외에도 신비 종교로서 그들은 구조적으로 서방의 종교와 상당한 차이를 가지고 있다. 여기서 진정 의미 있는 만남에 도달할 수 있을까? 그러나 우리는 이미 신비주의가 성서와 관련된 모든 종교 안에서 숨겨진 비판 세력이었다는 사실을 살펴보았다. 그리스도교 신비주의는 거의 초기부터 존재하고 있었다. 그리스도교는 이미 2세기에 영지주의를 통해 신비주의적 관점에서 재해석된 바 있다.[219] 그렇다면 그리스도교는 다른 문서 종교보다 동방 종교에 훨씬 근접해 있는 것일까?

힌두교와 성서: 아힘사와 비폭력

힌두교는 인도 지역에서 발생한 모든 종교를 통틀어 부르는 이름이다. 힌두교는 외국의 지배에 대항하여 자신을 분리해 나가는 과정에서 정체성을 형성하였다. 처음에는 이슬람의 지배에 대항했고, 후에는 영국의 지배에 대항했다. 영국 지배 하에서 그리스도교의 영향과 대결하는 가운데 힌두교의 르네상스 시기를 맞게 되었다. 힌두교 부흥의 중심 인물 중 한 사람인 라마크리슈나(Remakrischna, 1834-1886)는 그리스도 환상을 체험했다. 그의 제자 비베카난다(Vivekananda, 1863-1902)는 1893년 시카고에서 열린 세계 종교회의에 참석하여, 모든 종교들은 참되고 인도는 그 종교들의 어머니라는 메시지를 남기기도 했다. 그리스도교 세계에 가장 큰 감명을 준 사람은 간디(Mahatma Gandhi, 1869-1948)였다. 그는 고대 인도 전통인 '불살생 불상해'(不殺生 不傷害)의 아힘사(*Ahimsa*)를 비폭력을 추구하는 산상수훈 계명과 결합시켜 '비폭력 저항' 이란 개념을 이끌어 낸 장본인이다.

고대 인도의 아힘사 정신은 짐승 제물에 대한 비판과 윤회 사상에서 비롯되었다. 모든 생명체에는 윤회 과정 중에 있는 인간 영혼이 깃들어 있기 때문에 생명체를 상하게 해서는 안 된다는 것이다. 이 정신은 힌두교에 그 뿌리를 두고 발생한 두 개의 금욕적 수도 운동인 자이니교와 불교를 통해 발전하였고, 힌두교 안에도 여전히 남아 있다. 생명의 거룩함을 최고로 존중하는 것이 결코 비폭력 저항은 아니다. 그럼 이 윤리적 개념은 간디가 산상수훈과 만남으로써 발전하게 되었다는 말인가?[220]

미심쩍은 점이 없지는 않다. 산상수훈에는 저항을 금지하는 계명이 분명히 명시되어 있다: "나는 너희에게 말한다. 악한 사람에게 맞서지 말라……"(마 5:39). 간디는 분명 이 부분을 간과하고 읽은 것이다. 또 간디는 산상수훈의 나머지 부분도 선별적으로 받아들였다. 예컨대 맹세를 금지하는 계명을 그는 주목하지 않았다. 그에게 있어서 자기 의무, 맹세, 서약은 해방을 위한 항변의 중요한 도구였기 때문이다. 간디는 오직 자신의 영국 그리스도교 대적자들에게 저항의 합리적 근거를 이끌어 내고 확인시키기 위해서 산상수훈을 표면적으로만 사용했던 것일까?[221] 아니면 다섯 번째 반명제를 비폭력 저항의 요청으로 보았을 때, 그는 그리스도교의 해석 전통에 대항해서 현실에 부합하는 것을 재발견했던 것일까? 즉 역사비평 방법에 근거한 해석이 아닌, 저항과 투쟁을 요청하는 삶의 조건에 근거한 해석 방식을 재발견했던 것일까? 이 모든 문제를 여기서 충분히 논의할 수는 없다. 그러나 개인적으로 간디는 직관적으로 옳은 것에 일치시켰다고 생각한다. 산상수훈의 비폭력은 대적자들의 변화를 기대했던 것이다. 그러나 이러한 해석이 모두 일치하는 것은 아니다.

마태복음 기자는 산상수훈의 다섯 번째 반(反)명제에서 저항 금지와 관련된 구체적인 사례 넷을 들고 있다. 이 사례들은 직접적인 인간 관계(누가 오른편 뺨을 치면 이에 맞서지 말라는 것처럼)만을 언급하는 것이 아니라, 옷을 저당 잡혔을 때의 법적 관계, 강제 노역*과 관련된 공권력의 남용, 기부나 채무와 관련된 경제적 문제까지도 언급하고 있다. 마지막 경고는 배열상에서 특이하다. "네게 달라는 사람에게는 주고, 네게 꾸려고 하는 사람을 물리치지 말아라"(마 5:42). 여기서는 언급되고 있는 사람들**의 소행이 악하다고 말하려고 함이 아니다. 오히려 타인을 향한 선행을 요구하고 있다. 기부 행위로 말미암아 사람은 타인과 관계를 맺게 된다. 빌려준 돈은 다시 환급을 요구할 수 있다. 이러한 사례가 품고 있는 의도는 분명하다. 타인의 행동에 고통스러워하지만 말고 미래를 고려해서 그와 (적극적으로) 관계를 맺으라는 것이다.

다섯 번째 반명제는 자신의 원한을 어떻게 극복할 것인가의 문제를 다루고 있다는 점에서 첫 번째 반명제와 내용상으로 이웃하고 있다. 누구든지 양쪽 측면을 모두 이해할 수 있어야 한다. 왜냐하면 마태복음이 첫 번째 명제를 묘사하고 있는 구체적인 상황이 타인의 행동에 대한 책임을 부과하고 있기 때문이다. "네가 제단에 제물을 드리려고 하다가, 네 형제나 자매가 네게 어떤 원한을 품고 있다는 생각이 나거든, 너는 그 제물을 제단 앞에 놓아두고, 먼저 가서 네 형제나 자매와 화해하여라. 그런 다음에 돌아와서 제물을 드려라"(마 5:23-24). 이 구절이 타인의 태도를 변화시키려는 문제를 다루고 있다고 할 때, 다섯 번째 반명제와 비슷하다고 할 수 있다. 다섯 번째 반명제의 사람처럼 무력한 입장을 취하는 것과는 반대로 전혀 저항하지 않는 방법이 있다. 한편으로 그것은 돈을 꾸어주는 경우에

---

*주로 군인에게 부과되었다.

**채권자나 공권력자

는 합당하지 않겠지만, 다른 한편으로 첫 번째 반명제의 마지막 사례가 이러한 상황을 전제하고 있다. 어떤 사람이 법정으로 가는 길에 재판관이 자신에게 유죄를 선고할까 두려워졌다. 그는 가는 도중에 자신을 고발한 사람과 화해해야 한다. 그는 고발한 사람을 설득해야 하는 것이다.

마지막 반명제의 관점에서 비폭력은 원수사랑의 실천이자 하나님을 본받는 행위이다. 하나님께서는 악한 사람과 선한 사람 모두에게 태양을 비추시지만, 악한 사람의 불의한 행위를 선하다 칭하지 않는 것처럼, 하나님을 본받는 사람은 타인의 불의한 행위를 선하다고 말해서는 안 된다.

산상수훈은 일종의 '역설적 혁명'을 제안한다. 산상수훈은 환자(내담자)가 고통받고 있는 증상을 더 강화시킴으로써 증상을 극복하게 한다는 점에서 심리치료라고 할 수 있다. 예컨대 악한 세상에 대해 늘 불평만 늘어놓는 환자에게 더 어두운 색으로 이 세상을 덧칠하게 함으로써 결국 환자는 자기 자신에게 저항하여 수동적으로 넋두리만 늘어놓는 태도에서 벗어나게 된다. 마찬가지로 타인의 폭력 행위에 맞서는 자는 그의 폭력을 더 부추김으로써 폭력의 사슬을 끊고자 하는 것이다. 당시 팔레스틴에 로마인에 맞선 비폭력 저항의 성공 사례가 있었음을[222] 기억한다면, 산상수훈의 다섯 번째 반명제는 폭력을 가하는 상대방을 변화시키려는 의도를 갖고 있음이 분명하다. 비록 비폭력 정치 저항이 현대 사회의 갈등을 모두 해소할 수 있는 전략은 아닐지라도, 수동적으로 인내하는 것보다는 훨씬 나은 방법이다. 그렇다면 간디는 직관적으로 본문에 부합하는 의미를 발견했던 것인가? 그렇게 함으로써 그가 수많은 그리스도교 주석가들보다도 산상수훈의 역사적 의미에 더 근접했다고 말할 수 있을까?

이 외에 예수를 바라보는 힌두교의 다양한 해석의 틀이 고려되어야 하겠다. 유대교와 이슬람은 직선적 역사 이해 안에서 예수를 바라보기 때문에, 계시의 완성에 대해 질문한다. 그리스도교 신앙에 따르면 예수는 하나님이 역사 한가운데서 순간적으로 완전하게 자신을 드러낸 계시의 완성인 반면, 유대인들은 여전히 역사의 완성을 기다리고 있다. 반대로 무슬림은 예수를 무함마드를 통해 완성되는 계시의 전 단계라고 믿는다. 하지만 간디는 예수에게 전혀 다른 방식으로 접근한다. 간디가 바라보는 역사는 시간을 초월한 진리의 순환 과정이다. 그에게 예수가 역사적인가 아닌가는 관심의 대상이 아니다. 그것은 마치 그가 힌두교의 신 라마가 실존하는가 아닌가 하는 질문을 제기하지 않는 것과 마찬가지다.[223] 간디는 힌두교의 전통 속에는 시간을 초월하는 궁극적인 진리가 존재하며, 그것은 매우 결정적인 의미를 가지고 있다고 보았다. 간디는 신앙을 역사에 결합시키는 일에 대해 충분히 납득하지 못했다. 이처럼 역사로부터 분리된 간디의 신앙은 힌두교 전통에 근거한다. 하지만 그가 런던에서 접했던 신지학(Theosophie)의 영향이 그를 강화시켰다는 증거가 있다.[224] 신지학이 고대 인도의 전통 못지않게 간디의 관용 정치론의 틀을 제공했다는 것이다. 그뿐만 아니라 간디의 가르침은 세계적으로 널리 퍼져 있는 지혜전승에서 비롯되었다고 말할 수 있다(H. Räisänen)[225]. 이것은 성서에서도 발견된다. 사실 산상수훈의 비폭력, 보복 금지의 정신은 모든 민족이 공유하고 있는 전통적인 지혜다. 이 지혜가 산상수훈에서 목적지향적 역사 안으로 편입된 것이다. 산상수훈은 하나님의 주권에 자신을 내맡기는 것을 조건으로 하고 있고, 그런 점에서 역사의 목표에 이르는 길을 제시하는 명령이라 하겠다. 그런 점에서 황금률(마 7:12)이 역사를 초월해서 국제적으로 널리 인정받는 명령에 속한다는 사실은 상당히 주목할 만한 가치가 있다. 이처럼 간디는 힌두교 전통의 비폭력, 신지학의 밀교 성향(密敎/Esoterik), 그리스도교의 산상수훈, 그리고 험난한 삶에 대항하여 보복 금지와 자기 수용의 경종을 울리는 보편적 지혜전승 등 수많은 전통들과 연관되어 있다. 여기서 보편적인 것이 구체화되고 있는 듯하다. 아주 기초적인 수준의 근본 윤리 안에 보편적인 성향이 담겨 있다. 이 보편적 성향을 찾는 것이 종교 간의 대화에 큰 도움을 주지는 못한다. 그렇다고 하더라도 이 보편적 관련성을 무시해서는 안 될 것이다. 언젠가 '세계 윤리'(Weltethos)가 존재하게 된다면, 그러한 전통들이 큰 영향을 미치게 될 것이다. 이제 우리는 불교를 살펴보게 될 것이다. 여기서 우리는 인간이 가지고 있는 모든 성향에 모순되는 것과 마주치게 된다. 바로 우리가 주목해야 할 것들이다.

불교와 성서: 선택 사상에 대한 저항

불교는 – 힌두교보다도 – 초대 그리스도교와 훨씬 먼 거리를 유지하고 있는 듯하다. 먼저 차이점들을 지적할 수 있겠다. 두 종교 모두 창시자를 가지고 있으며, 모두 역사적 인물을 통해 세워졌다. 붓다(기원전 420년과 350년 사이에 사망)에 대한 첫 경전은 그가 죽은 지 한 세기 정도가 지나서 기록되었다. 이것은 불교에 관한 가장 오래된 증거로 손꼽히는 아소카 황제(기원전 약 268-236/232년)의 비문 – 이것도 붓다의 사후 100년이 지나서 건립되었다 – 보다도 더 후대에 이루어진 것이다. 그럼에도 불구하고 아무도 그의 역사성을 의심하지 않는다. 즉 그리스도교의 예수와 같은 역사성 문제가 붓다에게는 전혀 일어나지 않았다. 그의 역사성은 종교적으로 그리 중요하지 않기 때문이다. 오로지 그의 가르침과 그를 통해 전파된 정신이 고려될 뿐이다. 교리는 고(苦), 집(集=고통의 기원), 멸(滅=고통의 소멸), 도(道=고통의 소멸에 이르는 길)의 사성제(四聖諦=네 가지 거룩한 진리)로 종합된다. 따라서 "고통에 대해서 어떤 입장인가?", "고통으로부터 벗어난 구원을 어떻게 보는가?" 하는 관점에서 예수와 붓다를 비교하는 것이 가

능하다.[226]

(1) 자기로부터 구원과 자기의 변화: 예수와 붓다에게서 나타나는 고통의 극복

예수의 치유 기적들을 읽다 보면 자주 등장하는 마법적 성격 때문에 당황하는 사람들이 있다. 하지만 치유 기적은 모든 고난과 한계에 대항하는 생명 의지의 요체(要諦)를 표현하고자 한다. 치유 기적은 영향사적으로 이 의지, 즉 전혀 가망이 없는 중환자조차도 포기해서는 안 된다는 것을 강화시켜왔다. 제자들은 병자를 고치라는 사명을 부여받는다. 이 기적 사건 안에는 이미 문제를 안고 있는 생명체는 도태되고, 생존 능력이 있는 생명체만이 번식하게 된다는 선택 원리에 대한 항거가 포함되어 있다. 냉엄한 생존 경쟁은 기적 사건에서 중단된다. 빵이 넘쳐나서 오천 명이 넘는 사람들이 배부르게 된다. 갈등과 전쟁을 불러일으키는 생활 필수품들이 모든 이들에게 풍족하다. 기적 모티브 – 예언자적 서방 종교의 근본인 – 는 선택주의 입장을 거부한다.

불교는 선택주의에 대한 전혀 다른 차원의 저항을 보여준다. 이것은 붓다의 여행기에 이미 나타나고 있다.[227] 왕의 아들인 붓다는 마차를 타고 자신이 몸담고 있던 왕궁의 화려한 환경을 벗어난다. 그는 지금까지 가지고 있었던 모든 답답한 감정에서 벗어날 수 있었다. 첫 번째 여행에서 붓다는 '쓸모없는 나뭇가지처럼' 숲에 버려진 한 노인을 만난다. 붓다는 얼른 마차를 타고 궁궐로 돌아와 놀이와 향락으로 그 불행한 모습을 잊으려 했다. 두 번째 여행에서 붓다는 한 병자를 만나게 되는데, 그 병자는 "몸은 파리하고 배는 크며 몸은 샛노랗게 되었으며 기침을 하고 구역질을 하며, 온갖 뼈마디는 몹시 쑤시고 아홉 구멍에서는 썩은 물이 흐르며, 부정한 것이 저절로 흘러나오고 있었다"라고 말했다. 다시금 붓다는 방향을

돌려 궁으로 돌아왔으나, 놀이와 향락은 그에게 별 흥미를 주지 못했다. 세 번째 여행에서 붓다는 상여(喪輿)를 만나게 된다. 사람들은 고통스러운 나머지 흐느끼고 통곡하며 울부짖었다. 그들은 자신들의 가슴을 치며 재를 머리에 뒤집어썼다. 붓다는 다시 돌아왔지만, 이제 그는 그러한 불행에서 벗어날 수 있는 길을 고민하게 되었다. 마지막 여행에서 붓다는 사문(沙門)과 만나게 되었을 때, 내적 깨달음을 갖게 되었다. 사문은 모든 욕구를 포기하고 자기를 지배하는 삶을 누리기 위해 죄에 때 묻지 않고 감정과 미움에서 벗어나 '내적 평정'을 찾고자 하는 수도승이 아닌가? 그렇게 인간의 고통과 조우함으로써 붓다는 성스러움의 소리와 대면하게 되었다. 그는 더 이상 지금처럼 살아갈 수 없었다.

고통에 대한 붓다의 대응은 예수의 반응보다 더 철학적이고 숭고하다. 예수는 병자를 고치고자 했고, 그 과정에서 마법적 수단과 악령을 축출하는 선언을 사용했다. 기적 사건 속에서 나타난 예수의 반응은 급하게 격퇴시키는 양상이다. 반면 고통과 고난에 맞서도록 결단하고 저항하게 하는 부분이 뚜렷하게 드러나지 않는다. 그 반대로 붓다의 대응은 처음부터 마지막에 이르기까지 물러남의 태도, 즉 문제 상황에서 벗어나는 태도가 특징이다. 처음에 붓다는 자신의 왕궁으로 도피하여 모든 고통에서 벗어나고자 한다. 마지막에 그는 더 고양된 도피처, 즉 더 이상 고통이 도달할 수 없는 내면의 왕궁을 찾는다. 계속해서 그는 모든 번민에 대한 항체를 찾는다. 반대로 예수는 그 고통을 움켜잡으려 하고 매우 공격적이다. 예수는 고통을 무력화시키고자 한다. 그리고 그는 스스로 고통에 면역되지 않는다. 그는 고통 속에서 죽어간다. 이 두 가지 태도는 서로 다른 문화가 지배함으로서 나타난 징후이다. 두 태도는 각자 다른 문화 속에서 나타나는 대표적 사례인 것이다. 유럽의 역사는 고통에서 벗어나는 것을 명상과 영성에 헌신했던 수도승으로부터 알고 있다. 그리고 불교는 구원받지 못한 중생에 대한 선행을 알고 있다. 그럼에도 불구하고 한편으로는 고통을 물리치려는 의지가, 다른 한편으로는 끊임없이 깊이 숙고하면서 내면의 자리를 찾고자 하는 의지가 지배적이다.

예수와 붓다 이야기에서 간접적으로 표현되고 있는 것이 있다면 두 전승 모두 논쟁의 방식으로 이야기가 구성되어 있다는 점이다. 불교 교리에 따르면 사람이 고통의 원인이 삶의 욕구에 있음을 알게 될 때, 그는 그 고통에서 벗어나게 된다. 생명체들은 욕구 때문에 서로 갈등한다. 사람들이 이 세상에 존재하는 것을 긍정하게 될 때 고통이 엄습해온다. 왜냐하면 어떤 재난이 닥치지 않는다 하더라도, 어떤 죄악이 삶을 침해하지 않는다 하더라도, 인간이 실존하고 있다는 것 자체가 고통으로 가득하기 때문이다. 세상의 존재는 그 자체가 고통으로 가득하다. 따라서 고통으로부터 벗어나는 길은 무엇보다도 자기 자신의 환상을 깨닫는 것이다. 이 자기(Selbst)는 마치 초가 다 타서 없어지듯이 자신을 '비울' 때, 비로소 고통에서 벗어날 수 있다. 이것은 자기 구원과는 전혀 다른 것이며, 오히려 자기로부터의 구원이라고 해야 할 것이다. 이것은 일종의 깨달음으로서, 은총과 같이 인간을 둘러싸는 것이다. 신약성서에 등장하는 자기 극복의 유사 표현은 불교에서처럼 '자기'의 비움이 아닌, '자기'의 고양된 삶을 지향한다. "나를 따라오려고 하는 사람은, 자기를 부인하고, 자기 십자가를 지고, 나를 따라오너라. 누구든지 제 목숨을 구하고자 하는 사람은 잃을 것이요, 누구든지 나와 복음을 위하여 제 목숨을 잃는 사람은 구할 것이다"(막 8:34-35). 분명히 여기서도 자기 자신으로부터 해방이 요구되고 있으나, 그것은 어디까지나 자기의 과제를 수행함으로써 고양된 생명을 얻기 위해서다. 바울에게서도 마찬가지다. 바울은 기록하기를, "나는 율법과의 관계에서는 율법으로 말미암아 죽어버렸습니다. 그것은 내가 하나님과의 관계 안에서 살려고 하는 것입니다. 나는 그리스도와 함께 십자가에 못 박혔습니다. 이제 살고 있는 것은 내가 아닙니다. 그리스도께서 내 안에서 살고 계십니다"(갈 2:19-20). 여기서도 옛 자기의 극복과 고양된 생명(그리스도께서 내 안에 사신다)이 다뤄지고 있다. 삶의 욕구는 더 높은 차원에서 채워지고 있는 것이지, 결코 극복되지 않는다!

이러한 차이가 공통점을 흐릿하게 해서는 안 된다. 널리 인정되고 있듯이 불교는 모든 존재가 고통 가운데 있다는 세계관을 가지고 있다. 만물은 어떤 방식으로든 신음하고 있다. 그리고 그 원인은 물질과 관계된 삶의 욕구다. 우리는 이 욕구 때문에 거대한 경기장에서 목숨을 걸고 싸우는 경기자들이 된다. 거기서 우리는 먼저 성공하기 위해서 서로에게 상처를 주고 억압하고 고통을 가한다. 불교의 구원은 이 현실로부터 벗어날 수 있는 길, 경쟁과 선택으로 인해 고통받고 있는 인간 현실을 지양할 수 있는 길을 찾는 것이다. 그리스도교는 같은 의지를 가지고 있지만, 이 세계의 시합에서 하차하는 것이 아니다. 오히려 희망을 가지고 경쟁과 선택이 난무하는 현실을 변화시켜, 다른 생명의 희생을 요구하지 않는 삶을 구현하고자 하다. 고통을 최소화하기 위한 저항 속에서 그리스도교는 불교보다 더 많은 동력을 필요로 한다. 그리스도교는 새로운 세상을 구현하고자 한다. 반면 불교가 추구하는 고통 극복의 방식은 정적(靜的)이다. 이것은 내적 도량을 요구한다. 이 고통 극복의 종착점을 볼 수 있는 자라면, 그에게 이 도량이 생긴다.

(2) 열반과 하나님의 나라: 불교와 초대 그리스도교의 구원

예수와 초대 그리스도교의 관점에서 볼 때, 고통의 극복은 거대한 우주적 변화, 즉 하나님 나라의 도래를 선취(先取)함으로써 가능하다. 이것은 유일신 하나님이 연출하는 극적 상황이다. 즉 하나님의 나라는 유일하신 하나님이 궁극적으로 만물을 다스리는 상황이다. 그의 주권은 병자들과 약자들, 무소유자들과 주변인들, 사회적 흠이 있는 자들과 이방인들을 향한 은총이다. 한없는 생명에의 의지다. 그것은 모든 장애에 맞서 공의를 실현시킴으로써 고통받는 자를 결국 생명으로 이끈다. 윤리적 에너지의 중심으로서 유일신 하나님은 모든 것들을 성취하시고 모든 눈물을 닦아 주실 것이다. 그러나 하나님의 나라가 곧 도래할 것이라는 기대는 성취되지 않았다. 그것은 실패하였다. 그 기대는 세계의 진행 과정 속에서 원칙상 상처를 입을 만하다.

반대로 불교의 구원 기대는 어떤 저항 요소도 가지고 있지 않다. 즉 자기를 버림으로써 열반(*Nirvana*)* 에 이르는 것은 서방 종교에서 간과했던 것, 즉 무(無)의 삶에 대한 긍정적 재해석처럼 보인다. 하지만 이것은 무 이상의 것이다. 열반은 텅빈 공간과 같이 불멸하고 불변하는 것이다. 열반은 파괴될 수 없는 것이다. 만물에 가까운 동시에 만물로부터 멀리 존재한다. 그것은 절대 평안의 상태이고, 시작도 없고 종결도 없으므로 파괴되지 않는다. 동시에 무는 영적인 존재자이다. 우리는 이것을 부정 신학(theologia negativa)의 스타일로 바꿔 쓸 수 있다. 열반의 공(空)적 성격(Inhaltlosigkeit)은 이것이다. 모든 구체적인 것은 고통을 수반한다. 이미 의식(意識)과 의식 대상의 상대 관계는 분리요 한계를 의미한다. 따라서 열반은 어느 누구도 자신이 그것을 경험했노라고 말할 수 없는 행복이며, 그것은 행복의 최고 상태라 할 수 있다.

그리스도교와 불교의 상반된 특징을 다음과 같은 문구로 표현할 수 있겠다. 하나님 나라의 기대 속에서 유일하신 하나님의 무한한 생명의 에너지가, 모든 생명 경시 풍조에 맞서 대항한다. 죄로 규정되는 그러한 풍조는 인간의 마음에 위치한 것이며, 또는 (악마로 규정되는) 세계를 위협하는

---

* 열반의 본뜻은 '불어서 끄는 것', 또는 '불어서 꺼진 상태'를 말한다.

힘이기도 하다. 그러나 열반은 고통의 원인으로서 삶의 에너지로부터 완전한 해방을 맞는 것이다. 하지만 거기에 수렴의 가능성이 존재한다. 바울은 하나님이 궁극적으로 만유 안에 계신다(고전 15:28)고 말한다. 만일 이것을 일종의 종말론적 범신론으로 이해할 수 있다면, 하나님은 종국에 만물을 깨뜨리고 또 자신 안에 모든 것을 받아들이는 유일한 실재가 될 것이다. 오로지 하나님만이 존재하며 그 외의 어떤 것도 존재하지 않는다. 그러면 행복한 낙원의 실재도 없고, 끔찍한 지옥의 환상도 사라질 것이다. 하지만 그렇게 될 경우 우리는 완전히 구별이 없는 상태에 이르게 된다. 열반도 이와 비슷하다. 거기서는 그 열반을 구체화하려는 모든 사유가 수포로 돌아간다. 서로 다른 두 가지의 표상이 상호 수렴된다는 것은 그 두 가지가 똑같음을 의미하는 것이 아니다. 다만 그 두 가지가 서로를 이해하기 위한 도구일 뿐이다. 만일 우리가 열반 개념에서 그리스도교의 형상 금지의 의미를 이끌어 낼 수 있다면, 그것은 그리스도교의 구원 소망과 수렴된다. 우리는 생명이 없는 존재의 형상이나 모형을 만들어서는 안 되며, 마찬가지로 하나님에 대한 형상도 안 된다. 왜냐하면 거기서 그리스도인에게 기대하는 것은 하나님 자신이기 때문이다. (그렇다면) 불교와의 만남이 그리스도인들로 하여금 피안의 관점에서 형상 금지를 고수할 수 있도록 도울 수 있을까?

종교는 역사의 성장을 거쳐 형성된 것이다. 사람들은 종교를 자의적인 생각으로 변화시킬 수 없다. 그들은 종교의 정체성을 고수해야 하는데, 그렇지 못할 경우 종교는 그 역동성을 상실하게 된다. 따라서 다양한 종교를 종합시키는 것은 대부분 의미 없는 '신흥 종교 또는 형이상학적 잡담' (H. D. Hüsch)에 불과하다. 그러나 선택주의에 저항함과 동시에 냉혹한 삶의 투쟁을 지속적으로 거부하는 불교와 그리스도교의 심도 있는 친화성에 근거한다면, 아마 두 종교는 서로에게 이득을 줄 수 있다. 정리하자면,

삶을 고통에 대한 저항으로 구현해 나가는 데 있어서는 그리스도교가, 모든 번민의 종결로서 죽음을 승인함에 있어서는 불교가 좀 더 확신 있게 보인다. 열반은 빛으로 변화할 수 있는 신의 그림자(실루엣)이다. 예수와 붓다 – 그들은 그곳으로 향하는 길을 열었다고 그들의 추종자들은 믿는다.

아울러 현대 불교에서 성서를 어떻게 수용하고 있는지 살펴보겠다. 나는 여기서 개인적 경험 사례를 이야기하도록 하겠다.[228] 70년대 말에 나는 일본 심리치료사 와타나베(Y. Watanabe)를 알게 되었다. 그는 본래 불교 신자였다. 그런데 그는 심리환자들을 다루는 동안 신약성서를 접하게 되었고, 예수의 비유에서 진정으로 자유롭게 하는 진리를 발견하게 되었다. 그는 (아주 넓은 의미에서) 그리스도인이 되었고 '예수의 친구 모임'을 구성하였다. 그는 자신이 발견한 진리의 기반을 다지기 위해서 종교학을 공부했고 신약성서 주석도 연구했다. 어떤 진리를 알고자 했던 것일까? 와타나베는 자기 자신과 자기 환자들이 무의식적으로 자기 가치에 대해 불안해하는 것을 발견하게 되었다. 그 불안은 사람들로 하여금 모든 수단을 동원해서 자기 자신을 다른 사람들보다 긍정적으로 평가하도록 부추긴다. 그는 이 근본적인 문제에 대한 해답을 포도원 품꾼의 비유(마 20:1-16)에서 찾았는데, 거기서 포도원 주인은 모든 품꾼들에게 성과에 상관없이 동일한 품삯을 주었다. 그가 이 비유를 통해서 깨달은 것은, 인간은 자신의 가치를 일과 성취에 근거해서 결정할 수 없다는 것이다. 이 비유는 인간들로 하여금 성취에 근거해서 자기 가치를 규정하는 길에서 벗어나라고 요청한다. 그래서 예수의 가치 수용을 궁극적인 것으로 안착시키라는 것이다. 와타나베는 자기 가치의 상대화를 극복하고 자기 가치의 우연을 해결해야 하는 과제 앞에서 종교적 관심의 핵심을 찾은 것이다. 그리고 자기 자신의 체험으로부터 두 가지 문제 해결 방식을 깨달은 것이다. 곧 불교적 방식과 그리스도교적 방식이다.

인간은 한편으로 자신이 절대로 '무가치' 하다는 것을 알게 된다. 자신의 자아는 환상에 불과하며 자신이 추구하는 행복도 실제로는 욕망과 고통에 불과하다는 것을 깨닫는다. 그래서 원시 불교는 자기 가치와 관련된 모든 불안에서 벗어날 수 있었다. 그런가 하면 인간은 자신에게 절대적인 가치가 주어져 있다고 신뢰함으로써 자기 가치의 불안에서 해방된다. 그것이 예수의 선포 안에서 나타나고 있다. 우리에게 중요한 것은 원칙적인 구별을 넘어서서 불교와 그리스도교 간에 존재하는 약간의 공통점을 발견했다는 사실이다. 불교의 경우 이 세계는 완전히 환상에 불과한 반면, 그리스도교의 관점에서 이 세계는 최고의 가치를 가지고 있는 창조물이다. 이런 점에서 두 종교는 서로 일치하지 않는다. 하지만 전자에서건 후자에서건 절대적인 자기 확신이 중요하게 다뤄지고 있다.

다원주의 종교 이론과 성서

성서를 비교 종교학적으로 읽어 나갈 때 우리가 전제해야 할 것이 있다면, 성서를 읽는 것이 삶에 유익을 준다는 점이다. 이때 젊은이들이 "왜 우리는 성서를 탈무드나 꾸란보다 더 집중해서 연구해야만 하는가?" 또 "그렇게 해야 하는 근거가 존재하는가?" 라고 묻는다면, 교회 내적으로 그것에 대한 근거를 찾을 필요는 없어 보인다. 성서는 교회에서 하나님과의 대화를 수용할 수 있는 좋은 기회를 제공하며, 그로 말미암아 성서는 '절대적인 가치' 를 갖는다. 하지만 열린 성서 교수학은 교회 밖 사람들 역시 대상으로 삼고자 한다. 그렇다면 우리가 그들에게 성서 연구를 추천할 때, 성서 연구의 보편적인 문화사적 중요성을 제시하는 것으로 만족해야 하는가? 실제로 사람들은 성서가 문화적 기본 정보에 해당하기 때문에,

성서를 알고 이해해야 한다고 생각하고 있다. 다시 말해 비록 지금의 사람들이 성서를 책 중의 책으로 인정하지 않는다 할지라도, 성서를 읽어야 하는 충분한 근거가 존재하는 것이다.

그럼에도 불구하고 문자 종교들 간에 논쟁되고 있는 "이 진리를 대표하는 자가 누구인가" 하는 문제는 교회 밖 사람들을 위해서도 상당히 중요하다. 그리스도교와 성서의 우월성을 설득력 있게 제시하는 다양한 접근 이론이 있다면, 그리스도교와 마찬가지로 타종교도 자기 종교의 우월성을 주장할 수 있는 다양한 근거들을 충분히 가지고 있다. 문제는 사람들이 어느 쪽으로 결단해야 하는가 하는 신앙 고백의 문제다. 교회 밖 사람들에게 중요한 것은 이 다양한 가치 결정을 이해함으로써 다양한 종교들의 타당성을 이해할 수 있게 되는 것이다. 나는 이하에서 세 가지 논쟁의 모범을 제시할 것이다. 즉 그리스도교를 종교 **발전**의 정점으로 볼 것인가, 아니면 다양한 종교들의 **종합**으로 볼 것인가, 또는 종말의 **예기/선취**로 볼 것인가 하는 것이다.

어떤 종교가 종교사적 발전 과정의 종착점인가? 독일 관념론(F. W. 헤겔)[229]처럼 역사를 신의 자기 실현 과정 – 세상을 향한 신의 자기 소외의 과정을 거친 후, 다시금 인간들 가운데서 자기 자신을 의식하는 과정 – 으로 볼 때, 그리스도교는 신이 '자기 자신에게로 회귀하는' 정점에 해당한다. 여기서 (예컨대 요한복음에서처럼) 신성과 인성이 하나되는 이념이 드러나고 있기 때문이다(비교, 요 10:33). 이렇게 생각하는 사람들의 경우 그리스도교 – 최소한 그 본질에 있어서[230] – 는 모든 종교의 역사가 목적으로 추구하는 절대 종교다. 이것은 그리스도인들이 믿고 생각하는 바를 철학이 개념화함으로써 이룩하게 된다. 이제 거꾸로 이슬람을 살펴보자. 이슬람은 가장 늦게 생겨난 거대 문자 종교다. 따라서 이슬람은 이전 종교의 완성이라는 요구를 설득력 있게 대변할 수 있다. 그래서 이슬람은 다음과 같이 주장할는지도 모른다. 유대교는 유일신 하나님에 대한 신앙을 한 민족과 연관시키는 데 머물러 있다. 그리스도교는 유일신 신앙을 모든 민족들에게 개방하되 이방인들에 대한 적용을 대가로 예수를 신격화했다. 유대교에서는 보편성이 아직 펼쳐지지 않은 반면, 그리스도교에서는 유일신 사상이 흐릿해져버렸다. 이슬람은 유대 전통의 유일신 사상을 그리스도교의 보편주의와 결합시킨다. 이슬람 종교는 모든 형태의 이교적 유품 – 형상을 신격화하는 우상숭배– 을 거부하였다. 무함마드는 예언자의 '봉인' 이자, 종교사 발전의 최종적 정점인 것이다! 그리스도교 안에서도 – 한편으로는 역사적 예수에 대한 인식에 근거해서, 다른 한편으로는 역사와 무관하게 인간 예수를 향한 경건에 근거해서– '고등 그리스도론' 이 제기되었던 것처럼, 여기 이슬람으로 수렴되는 종교 성장 과정이 등장한다.[231]

두 번째 접근 방식은 종교가 타종교의 종합이 될 수 있는가 하는 질문과 연관된다. 트뢸취(E. Troeltsch)의 생각에 따르면,[232] 모든 종교는 일상적인 세계와 고상한 세계를 구별한다. 종교는 어떻게 인간을 고상한 세계로 인도하는가에 따라 측정될 수 있다. 유대교와 이슬람교 같은 예언자적 율법 종교는 인간을 인격화(Personalisierung)하여, 각 사람을 인격적으로 절대 계명과 대면하게 한다. 하지만 이 종교의 한계는 고상한 세계로 나아가기 위해 인간의 성과를 요구한다는 점이다. 반대로 힌두교와 불교 같은 구원 종교의 경우, 일상세계에서 고상한 세계로의 전이가 내면의 깨달음을 통해서 이루어진다. 무엇보다도 가장 큰 차이는 예언자적 종교처럼 인격화된 영향력을 고려하지 않는다는 것이다. 오직 그리스도교만이 이 두 종교 형태의 긍정적인 부분을 결합시킴으로써 두 가지 점을 모두 갖고 있다. 그리스도인은 순수 은총을 통해서 자신 자신을 넘어서게 된다! 물론 여기서 이의를 제기할 수 있다. 힌두교는 그 내적 구조에 근거해서 자기 종교가 모든 종교의 종합으로 가장 적절하다고 여긴다. 다신론의 배후에서 하나의 신성(神性)을 발견할 수 있기 때문이다. 힌두교는 유일신적 종교 형태이자 범신론적 종교 형태일 뿐만 아니라, 예언자적 종교 형태이자 신비적 종교 형태이다. 힌두교는 오로지 자신의 고유한 종합적 능력을 모든 종교에 적용시킨다. 이러한 배경에서 비베카난다(S. Vivekananda)는 1893년 시카고 세계 종교회의에서 "모든 종교들은 참되며 인도는 모든 종교의 어머니"라는 명제를 주장했던 것이다.[233]

세 번째 접근 방식은 종교가 역사 전체를 선취한다(*antizipieren*)는 입장이다. 종교의 자기 이해 안에서 전 역사성을 수용하려는 것이다. 판넨베르크(W. Pannenberg)는 이 점에서 유대교와 그리스도교의 우월성을 주장하는데,[234] 이 두 종교는 자신들의 고유한 역사성을 의식하면서, 종합적인 역사관을 기획하고 있기 때문이다. 예수는 그리스도인들에게 보편사를 이해하는 실마리다. 왜냐하면 이 보편사는 아직 마무리되지 않은 텍스트와 같기 때문이다. 우리는 텍스트의 마지막을 읽고 나서야 비로소 그 텍스트를 이해한다. 그런데 이 (역사의) 마지막, 곧 죽은 자들의 부활이 그리스도 안에서 이미 앞질러 일어났다. 그리스도는 종국에 가서 모든 사람들에게 일어날 일을 이미 현재화하는 '선취'(Prolepse)이다. 물론 여기서도 이의를 제기할 수 있다. 만일 영생이 아닌 열반을 통한 소멸이 역사의 마지막에 자리하고 있다면, 사람들은 불교에서 역사 이해의 실마리를 찾아야 할 것이다. 물론 여기에는 사람들이 역사의 종말을 인식할 때 비로소 역사 이해가 가능하다는 것이 전제되어야 한다. 인간은 명상을 통해 현실 속에서 열반을 경험하고, 만물이 운행하는 과정을 깨닫는다. 따라서 역사가 하나의 목표점을 가지고 있다고 말하는 것은 불교의 윤회사상과 상당한 거리감이 있다. 열반은 중생(Wiedergeburt)의 경험을 통해 의미 없는 윤회를 종결짓는 것이지, 하나로 목적화된 역사의 종결이 아니기 때문이다.

이 장을 마무리하는 차원에서 내 개인의 관점을 간략하게 피력하고자 한다. 단지 하나의 제안으로 생각하면 좋겠다. 종교는 두 가지 측면에서 평가되어야 한다. 하나는 **윤리적** 측면으로서, "그 열매로 알고"(마 7:16, 20) 평가되어야 한다. 다른 하나는 **종교적** 측면으로서, 비록 그 종교가 낯선 것이라 하더라도 그 종교적 확신을 존중해야 한다. 선택주의에 반대하는 문화 이론은 종교를 평가할 수 있는 윤리적 잣대를 제공하고 있으며, 타자의 해석학(Hernemeutik des Fremden)은 서로 차이가 있다는 시각을 가지고 종교를 바라보도록 한다. 종교는 타종교 때문에 자기 종교의 고유성(Proprium)을 포기해서는 안 되며, 오히려 늘 자기 종교와 타종교를 새롭게 해석해야 하는 의무를 가지고 있다. 이것은 자기 종교를 위해서나 타종교를 위해서나 모두 유익이 된다. 종교는 윤리적 측면에서 공통점을 추구하며 타종교와 함께 협력할 수 있어야 한다.

먼저 모든 종교의 **윤리적** 측면을 살펴보도록 하자.[235] 내 생각으로 모든 종교는 선택 압력을 줄이는 데 기여한다. 자연 조건 아래서 살아갈 수 없는 인간의 삶을 가능하게 해주는 것이 문화의 출발점이다. 즉 문화는 약자에게 삶의 기회를 제공함으로써, 그가 윤리를 실천하고 기술을 발전시킬 수 있게 한다. 이미 니체(F. Nietzsche)는 연민을 선택 사상에 대항하는 힘으로 보았다.[236] 니체가 선택 사상을 버렸을 때, 그가 기대했던 것은 그리스도교, 즉 하나님의 나라에서 실제로 가난한 자, 병든 자, 배고픈 자 그리고 어린이가 인정받게 되는 것이었다. 초대 그리스도교의 기적 사건은 생명에 대한 자연선택적 분할(자연적 분할)에 항거하고 있다. 기적 사건은 주변인의 삶을 사는 생명에게 새로운 기회를 제공한다. 예수의 윤리는 지금까지의 진화론적 행동 경향을 끊어버린다. 우리는 생물학적 진화 과정에서 (예컨대 유전자적 친화력을 통해서) 혈통이 다른 사람에게 공격적인 성향을 보이는 가족 연대성에 익숙해 있다. 예수는 이것을 역전시키고 있다. 예수는 가족과 단절하고 원수를 사랑하도록 요구한다. 그로 말미암아 예수는 옛 세계와 신세계를 가로지르는 문턱, 즉 생물학적 진화와 문화적 진화 사이에 가로놓여 있는 문턱을 넘어서고 있다. 그렇다고 문턱이 팔레스틴에서 처음으로 극복된 것은 아니다. 이 문턱은 전 역사를 관통하고 있다. 하지만 당시 팔레스틴에는 묵시사상의 영향 때문에 역사는 일종의 전환(Übergang) 의식이 싹트게 되었다. 그래서 다니엘 7장에 따르면, 지금까지 역사를 지배했던 짐승의 왕국들이 인자 같은 이의 왕국에 의해 소멸된다. 초대 그리스도인들은 예수 안에서 이러한 인자의 모습을 보았고, 짐승들로 명명되는 세계 역사로부터 인자의 세계에로의 전환을 경험하였다. 이 전환은 그들에게 지금 여기서 성취되었다. 그리고 지금까지의 진화 단계의 선택 원리와 단절하는 모든 사람들에게서 역시 성취된다. 선한 사람과 악한 사람을 나눔으로써 원시적이고 무자비하게 나타나는 심판에 대한 이미지는 모든 생명체를 짓누르고 있는 선택 압력이다. 만물은 전체 현실에 대한 적응 압력 아래 놓여 있다. 인간의 삶은 그러한 선택 압력과 일치할 수 없다. 죄 용서와 은총의 선포가 의미하는 바는 정반대의 것이다. 즉 선택 압력의 소멸(극복)인 것이다. 십자가와 부활이 그 내용의 중심을 차지할 때, 예수의 선포에 대한 진화론적 해석은 타당성을 지닌다. 진화는 여러 단계로 분할된 생존 가능성으로 이루어져 있다. 진화의 최종 단계는 죽음을 통해 이루어지는데 이 죽음은 바로 생명의 새로운 변이(Varianten)를 위한 공간이다. 죽음이 극복되는 곳에서 선택 원리가 극복된다. 십자가에 달린 자가 생명의 근원이 되듯이, 발전은 생물학적 현실과 종말을 고하는 곳에서 계속 이루어진다. 이제 모든 문화가 선택 압력을 최소화하는 것을 암묵적인 프로그램으로 삼을 때, 예수는 그 문화의 잠재적인 중심에 서게 된다. 그로 말미암아 타종교인 역시 선택 원칙에 대한 저항감을 느끼게 된다. 예컨대 유대교 안에서 이 저항은 생동적이다. 하나님은 거대한 제국에 의해 소멸당할 위기에 처한 작은 이스라엘을 선택했다. 이슬람은 알라의 자비를 선포한다. 동방의 구원 종교들은 생명을 위한 분투를 비폭력(아힘사) 저항으로 제한한다. 불교는 전체적으로 선택주의에 반대하는 입장이다. 하지만 결정적으로 모든 종교는 하나의 고민을 가지고 있다. 종교 에너지를 생존 경쟁을 극복하기 위해서 사용할 것인지, 아니면 그것을 더 심화시키기 위해서 사용할 것인지에 대한 고민이다. 종교적 힘은 보이지 않는 경계선을 넘나든다. 즉 신세계를 향한 소리를 따르려는 사람들과 옛 세계에 머물고자 하는 사람들 사이의 경계선이다. 모든 경우에 해당하는 것은, 부르심을 받은 이들은 많지만 선택받은 자들은 적다는 것이다(마 22:14).

윤리적 잣대로 모든 종교를 평가한다는 것은 보편적으로 공유할 수 있는 분모를 찾으려는 것이다. 종교를 종교적 잣대로 평가하는 것은 정반대로 종교의 고유성을 발전시키고 보존하려는 것이다. 종교의 가장 큰 기여라면 초월적 존재와 대화로 이끈다는 점이다. 그리스도교의 고유성은 삼위일체 하나님에 대한 신앙이다. 분명히 이러한 하나님 이해는 성서가 풀지 못하는 하나님 문제에서 비롯되었다. 구약성서에서 유일신 하나님은 모든 세계를 규정하는 자로 등장한다. 그분은 만물을 창조하시고 선과 악을 주관하신다. 이러한 신앙은 모든 '서구 종교들' 이 공유하고 있는 부분이다. 하지만 이로부터 두 가지 해결되지 않는 문제가 나타난다. (1) 세상에 존재하는 고통의 문제와 (2) 인간의 자유에 대한 문제다. 삼위일체 하나님에 대한 신앙은 이 문제에 대한 해결 작업의 결과다. 다른 유일신 종교들은 그리스도교의 해답을 거부하려고 한다. 하지만 그리스도인들에게는 유대교와 이슬람교에 맞서서 자신들의 고유한 확신을 해석해야 할 과제가 있다. 먼저 고난의 문제와 대면한다. 먼저 성령이 전능하신 하나님 앞에서 자유를 수여한다. 성령과 함께 그리스도교 안에도 어느 정도의 신비주의가 존재한다. 그것을 거부하고자 한다면, 그리스도교의 신비적 측면에는 곧 구멍이 뚫리게 되고, 그로 말미암아 그리스도인들은 종교의 신비적 측면이 가지고 있는 역동성을 잃게 된다. 그리스도인들은 이 성령을 그리스도와 관련시킴으로써 성령을 늘 인간 내면에만 존재하는 가능성으로 보지 않게 되었다. 그럼으로써 그리스도인들은 자신을 역사를 통해 변화되는 존재로 고백하게 되었다. 신과의 합일은 결코 역사에서 벗어나는 것이 아니라, 하나님께서 창조 이래로 주관하시는 역사의 일부인 것이다. 요컨대 삼위일체 신앙은 그리스도교의 고유성이다. 서방 그리스도교가 창조주 하나님 신앙을 강조한 반면, 동방 그리스도교의 경우 성령 신앙을 강조하였다. 예수 그리스도에 대한 신앙은 그 두 신앙과는 또 다른 모습의 그리스도교다. 예수 그리스도 안에서 초월이 나타났기 때문에 그것을 증거하는 것이 그리스도인의 의무다. 하지만 그리스도인도 다른 곳에서 그러한 초월성이 출현하게 된다는 것을 인정할 수 있다. 인류가 그리스도 사건 이전으로 되돌아갈 수 없다는 사실을 믿는 사람이라면 그는 그리스도인이다.

그렇다면 종교 간의 대화를 위한 공식이 존재할 수 있는 것일까? 사람들은 인간관계에 있어서 서로에게 동일한 윤리적 잣대를 적용하면서도, 초월적 관계에 있어서는 모두 각자의 종교적 고유성을 존중한다. 종교들은 그런 식으로 '화해된 다양성' 안에서 존재할 수 있을까? 진리에 관한 논쟁이 그것으로 종결되지는 않겠지만, 그 논쟁이 어떤 규칙에 의거해서 진행될 수는 있을 것이다. 물론 그 규칙이란 계속해서 새롭게 규정될 수밖에 없는 것이지만 말이다.

그럼 이제 최종적으로 무엇이 유효한 것인가? 우리는 이것을 복잡한 사유 과정보다 그림을 통해 더 쉽게 이야기할 수 있다. 상상해 보도록 하자. 세상의 마지막 날 '천상의 과학 아카데미' 에 모든 전통과 책 중에서 영원한 가치를 지니고 있는 것을 선발하라는 과제가 주어졌다. 성서가 그 본질에 있어서 '영원한 경전' 이라는 확신에 이르자, 사람들은 성서를 '거룩한 책' 으로 인정하였다. 그리고 타종교의 텍스트도 이 경전에 편입시키기로 했다. 우리는 그것이 어떤 텍스트인지 모른다. 우리는 이 경전에 타종교의 텍스트가 있는 것에 대해 열린 자세를 취해야 한다. 또 이 경전에 성서 전체가 들어갈 수 없다는 사실에 대해서도 열린 자세를 취해야 한다. 천상의 학자들이 경전에 편입시킬 텍스트를 뽑는 기준 가운데 하나는 – 유일한 기준은 아닐 것이다 – 그 텍스트가 얼마만큼 선택주의에 저항하는 정신을 견지하고 있느냐가 될 것이다.

우리는 겨우 종교 간 학습의 몇 가지 측면을 다룰 수 있었을 뿐이다. 좀 더 분명하게 말하자면, 간(間)종교 교육의 목적은 대화를 통한 정체성 형성에 있다. 만일 대화 참여자들이 그들 자신의 정체성과 대화 상대자의 정체성을 견지한다면, 그때 종교 간의 대화는 생산적 성과를 얻게 된다. 우선 이 대화 가운데서 장애물로 드러나는 것, 곧 그리스도론을 부정해서는 안 될 것이다. 그리스도론은 그리스도교의 정체성에 속하기 때문이다. 만일 우리가 그리스도론에서 출발해서 타종교를 이해하는 길을 찾게 된다면, 그리스도교의 정체성을 지키면서 타종교와 대화를 진행할 수 있을 것이고, 서로 부딪치는 신앙 요소들을 '마모'(磨耗)시키지 않는 방식으로 대화를 이끌어 나갈 수 있다. 대화를 위한 개방성은 다양한 종교의 근본 구조에 민감해질 때 가능하다. 그것은 종교마다 가지고 있는 숨겨진 문법을 말하는 것으로, 우리가 재구성할 수 있는 것이 아니라 직관적으로 파악할 수 있을 뿐이다. 이 민감성은 우리로 하여금 계속해서 드러나는 모순을 넘어서게 해주며, 서로 일치하는 근본 확신들을 찾도록 도와준다. 서방의 예언자적 종교들 가운데서 이 점은 쉽게 드러나는 듯하다. 여기에는 유일신론의 기본 원리 외에도 동일한 근본 모티브가 존재한다. 물론 이 동일한 기본 원리 역시 변화하게 된다, 창조, 기적, 지혜, 회심, 신앙,

심판, 이 모든 것들은 유대교와 이슬람에도 존재한다.[237] 동방의 신비 종교에는 이런 근본 모티브가 부족하다. 비록 그와 유사한 요소가 발견되기는 하지만 그것이 담고 있는 총체적 의미는 예언자적 종교의 입장에서 볼 때 영지주의나 신비주의와 같이 전체적인 흐름을 거스르는 반(反)성향에 불과하다. 바로 그렇기 때문에 다음과 같은 깨달음이 중요하다. 즉 비록 총체적 구조는 상호 대립하지만 이 둘은 선택주의에 반대하는 동일한 기본 입장을 구현할 수 있다는 점이다. 모든 종교는 생물학적 진화로부터 문화적 진화로 넘어가는 문턱의 상징이나 그림과 접촉하고 있다. 동방의 신비적 구원 종교의 경우 이 과정이 구원을 통해 세계를 극복(지양)하려는 의미로 해석되는 반면, 서방의 예언적 화해 종교들의 경우 화해를 통해 세계를 완성하려는 의미로 이해된다. 하지만 전체적인 틀 안에서 근본 모티브들 간에 유사점이 발견되는데, 예를 들어 우리는 회심과 참회 모티브를 동방 종교의 깨달음에서 발견하는가 하면, 사랑과 자비 모티브를 선(善)에서, 지혜 모티브를 환상으로 점철(點綴)되는 세상 가운데서 얻게 되는 통찰에서, 신앙 모티브를 정신적 스승에 대한 헌신에서, 입장 바꾸기 모티브를 수도승의 사회적 실존에서 보게 된다. 우리가 단순히 종교의 표면적 부분들만 연구할 것이 아니라 그 종교에 숨겨진 규칙을 연구하게 될 때, 우리는 타자(他者)를 우리 자신과 동일시해버리지 않으면서, 대신에 그 타자 안에서 우리 자신의 타자를 인식할 수 있을 것이다. 하지만 타종교를 인정한다는 것이 가능할까? 전통적인 종교의 절대성 요구를 포기하지 않고도 그것은 가능한 것일까? 이를 위해 그리스도교 안에서의 경험, 즉 교회 일치를 추구하는 에큐메니칼 차원(ökumenisch)의 대화가 존재한다. 그 대화 안에서 진리의 요청은 비록 가톨릭적 보편주의를 통해서 계속해서 강조되긴 했지만, 사실상 현장 속에서는 표류하고 있다. 이제 그쪽으로 방향을 돌려보도록 하자.

3. 타종파와 대화하는 성서

그리스도교는 종교 간의 대화를 통해 가치 있는 경험을 쌓았다. 그것은 에큐메니칼 차원의 대화를 말한다. 그것은 거의 화해할 수 없을 정도로 상충되는 부분들을 지혜롭게 대처해온 전통이며, 진부한 절대성 주장에 맞서 절망스러운 시간을 견디면서 키워 낸 능력(Frustrationstoleranz)이다. 그리스도교 안에서조차 무지와 증오, 전쟁의 역사를 대화와 상호 이해의 역사로 바꾸려는 것이 오랫동안 불가능하게 보이기도 했다. 그 과정에서 역시 성서가 중요한 역할을 하였다. 모든 그리스도교의 종파들은 성서에 기초하고 있다. 모든 종파들은 성서 원리와 모티브를 공유하는데, 이것들이 상호 귀속의 근거가 되는 한편, 상호 다양성을 정당화한다(E. 케제만).[238] 따라서 종파 다원화 시대의 성서 교수학은 성서를 해석함에 있어서 교회와 종파들 간의 해석 차이를 납득할 수 있도록 진행시킬 것이다. 그리고 그 역도 가능하다. 즉 성서는 그들 교회와 종파의 내적 다양성 안에서 구체화된다. 성서는 그리스도교 교회와 공동체의 다양성보다 더 거대한 존재다. 교회의 다양성은 전통 교회의 한계를 넘어서는 그리스도교의 흐름을 의미한다. 예를 들어 해방신학과 근본주의, 여성신학, 유대-그리스도교 간의 대화, 이 모든 것들이 그리스도교가 내딛는 발걸음의 내적 풍성함을 반영하는 것이다. 우리는 성서의 족장 이야기에서 이웃과의 평화적 공존을 발견하는가 하면, 가나안 정복 이야기에서는 전쟁을 통한 정복 이데올로기를 보게 된다. 성전 중심의 경건과 동시에 삶을 파고드는 세속적 지혜도 발견한다. 권력에 대한 예언자적 저항과 더불어 스스로를 절대적 권위로 삼는 궁정 이데올로기도 보게 된다. 우리는 전도서의 염세주의와 더불어 아가서의 에로틱한 사랑과 대면한다. 많은 사람들은 이러한 다양성에 큰 감동을 받아 성서 내용을 종합적으로 묘사하려는 시도를 포기하고 이 풍성함에 상처를 주지 않으려고 한다.

이러한 풍성함은 오직 본문의 유일한 의미를 수용하려는 해석학의 종말을 의미하는 것이자 더 커다란 해석학으로의 변모를 의미한다. 오늘날 다양한 읽기 방식을 인정하는 것은 어려운 일이 아니다. 본문 해석과 관련하여 해석 전쟁은 불가능하다. 오늘날 독자들에게 왜 개신교와 가톨릭, 루터교와 정교회, 침례교와 감리교 같은 다양한 종파들이, 심지어는 몰몬교나 여호와의 증인들까지 동일한 경전에 근거하고 있는가를 투명하고 설득력 있게 설명하게 된다면, 다원화된 사회를 이해하는 데 결정적인 기여를 하게 될 것이다. 또한 사람들이 모든 해석을 수용할 수 없고 타당한 이유를 들어 몇 가지를 거부할 수 있다는 것도 인정할 수 있다. 성서 읽기는 언제나 오늘날 인간들의 다른 면을 이해하는 데 봉사한다. 우리는 여기서 종파 상호 간의 성서 읽기 방법을 제안하고자 하는 것이 아니라 단지 그 과제를 간략하게 살펴보고자 한다.

세속 문화와의 대화에서 종교적 삶이 갖고 있는 고유성은 모든 삶을 궁극적 실재, 즉 하나님과 관련시키는 것이었다.[239] 종교 간의 대화에서 그리스도교의 정체성은 예수 그리스도와 결합하는 것이다. 반면 그리스도교 종파 간의 대화에서 개신교 프로테스탄트주의의 고유성은 '영'에 대한 신뢰로 나타난다.[240] 이 신뢰는 교회와 직제, 문자를 상대화하고 있다는 점에서 개신교의 전형적 특징임과 동시에 개신교의 역사 안에서 커다란 문제이기도 하다. 왜냐하면 개신교는 중세 가톨릭 교회에 항거하는 증거로 성서를 제시했기 때문이다. 사람들로 하여금 (모든 교회의 직제로부터 독립해서) 성령의 인도하심을 따라 신앙의 문제를 스스로 판단하도록 요청했던 것이다. 개신교는 권위에 대한 비판으로 시작한다. 그리고 프로테스탄트적 활력이 아직 사멸하지 않았다는 점에서, 그것은 오늘날까지 개신교에 영향을 미치고 있다. 이 프로테스탄트 원리를 긍정적으로 그리고 부정적으로 좀 더 자세하게 규명하도록 하자.

'하나님의 영'을 긍정적으로 신뢰한다는 것은 사람들의 마음을 변화시키고, 그들 안에서 "무엇이 하나님과 동행하는 삶을 위해 중요한가" 하는 내적 증거를 이끈다는 것이다. 어느 누구도 이 증거를 강요할 수 없다. 어느 누구에게 이 증거를 당연한 것으로 요구해서도 안 된다. 이 증거는 논쟁을 통해 가시화될 수도 없다. 이 증거는 말씀을 통한 창조 사건이다. 그 말씀은 그리스도를 통해 하나님께 나아가는 길을 찾을 수 있다는 믿음 안에서 모든 사람들로 하여금 물리적·심리적 압박에서 벗어나게 해주며, 오로지 신뢰 속에서 살아가게 한다. 결국 외부 말씀 자체가 확신을 이끌어 내는 것이 아니라, 내적 말씀의 조명을 통해, 즉 성령의 내적 증거(*testimonium spiritus sancti internum*)를 통해 확신이 이루어지는 것이다. 성령 안에서 살아가지 못할 때, 종교와 교회에 속한 모든 것은 곧 없어질 재와 먼지에 불과하게 된다. 이 영을 강요한다면 그 종교는 왜곡된 것이다. 따라서 개신교는 성령과 자유의 종교라고 말할 수 있다.

프로테스탄트 원리(폴 틸리히)[241]는 절대화되는 지상의 것들에 비판적 태도를 취함으로써 부정적 차원의 기능을 수행한다. 하나님의 말씀을 통한 체험적 증거가 종교의 중심을 차지하게 될 때, 세 가지 근본적인 위험성이 생겨난다. 사람들은 인간의 권위를 절대화함으로써 전통적인 공교회성(Katholizismus)을 부정하게 될 수 있다. 또 사람들은 문자를 절대화함으로써 개신교 근본주의 같은 경향을 취하게 된다. 그리고 개신교나 가톨릭의 도덕론처럼 자기 자신의 업적을 절대화할 수도 있다. 프로테스탄트 원리는 그러한 절대화에 비판적이다. 이 비판적 태도는 교회 내에서 뿐만 아니라 제한된 가치를 절대화하는 전체 사회에서도 유효하다. 그러나 이 비판적 태도는 특히 개신교 자신을 겨냥하고 있다.

제도의 절대화: 가톨릭과 프로테스탄트 원리

슐라이어마허는 가톨릭과 개신교의 차이를 다음과 같이 적절하게 표현하였다. "개신교와 가톨릭의 대립은 임시적이다. 개신교가 교회에 대한 개인의 입장을 그리스도와의 관계에 근거하고 있다면, 가톨릭은 거꾸로 그리스도에 대한 개인의 입장을 교회와의 관계에 근거하고 있다."[242] 이것은 성서에 대한 관계에도 똑같이 적용된다. 개신교에서 개인은 교회에 대한 관계를 성서 이해에 근거해서 규정하고 있다면, 가톨릭에서 개인은 성서에 대한 관계를 교회의 직제 관계에 따라 규정하고 있다. 물론 이것은 전통 가톨릭에만 적용되는 이야기다. 현대 가톨릭에서는 내적으로 개신교화가 이루어지고 있다. 그 결과 가톨릭 안에서도 개인들이 무엇을 믿어야 하며 어떻게 행동해야 할 것인가를 스스로 결정하고 있다. 성서에 대한 시각에도 커다란 변화를 가져왔다. 제2차 바티칸공의회 이후로 성서해석에 있어서 종파의 경계를 넘어서게 되었다. 개신교의 산물이었던 역사 비평적 연구도 가톨릭 주석가들에게 도입되었다. 오늘날 개신교 성서해석과 가톨릭 성서 해석 간에는 커다란 차이를 느낄 수 없다. 그들은 서로 동일한 방법과 동일한 논쟁을 벌이고 있고 동일한 오류를 범하고 있다. 현대 가톨릭은 제도의 절대화에 대한 비판도 프로테스탄트 전통 못지않게 신뢰성을 가지고 수행하고 있다.

문자의 절대화: 근본주의와 프로테스탄트 원리

개신교에 있어서 근본주의는 훨씬 커다란 걸림돌이다. 왜냐하면 근본주의는 개신교의 고유한 전통에 근거하고 있기 때문이다. 개신교는 성서에 대한 소명 아래 중세 교회에 대항함으로써 시작되었다. 성서에 근거한 중

세 교회의 권위에 대한 비판은 머지않아 성서와 성서의 권위에 대항하는 쪽으로 향하게 되었다. 비판 정신은 제한을 두지 않게 되었고, 성서에 대한 역사 비평적 연구가 시작되었다. 유사 이래로 종교의 토대가 그토록 비판적으로 검토된 적이 없었으며, 이 비평은 종교에 대한 신실성에도 영향을 미치게 되었다. 본래 사람들은 이 비평을 통해 올곧은 신앙과 더 나은 의사소통에 이르고자 했고, 이로 말미암아 개신교는 '문자 종교'를 넘어서게 된다. 개신교는 더 이상 문자의 종교가 아니라 영(정신)의 종교다. 영이 문자보다 더 중요하기에, 문서는 비판적으로 읽혀지게 된다. 구(舊)프로테스탄트주의에서는 성령의 조명 아래서 읽혀졌던 성서가, 신(新)프로테스탄트주의에서는 비판적 이성의 조명 아래서 읽혀지게 되었다. 따라서 우리는 개신교 안에서 성서에 대한 양면적 특징을 보게 되는데, 하나는 구프로테스탄트주의 이래로 성서에 **근거해서**(*mit* der Bibel) 다른 (인간의) 권위에 비판이 가해졌다는 것이고, 다른 하나는 신프로테스탄트주의 이래로 성서에 **대한**(*an* der Bibel) 비판이 가해졌다는 점이다. 하지만 두 경우 모두 동일한 확신을 가지고 있었다. 누구든지 말씀에 귀 기울이기만 하면, 성서의 '영'이 인간에게 분명하고 명확하게 자신을 전달한다는 확신이었다.

성서에 근거한 구프로테스탄트적 비판은 이 점을 반박할 수 없도록 문서화해야 했다. 그래서 중세 후기의 교회들에 대한 개신교의 문제제기를 정당화하고 반(反)종교개혁에 방어 자세를 취해야 했다.[243] 성서의 권위(*auctoritas*), 충족성(*sufficientia*), 그리고 명료성(*claritas*)은 로마 가톨릭에 대항하는 방파제가 되었다. 이 성서 자체의 정당성은 축자 영감설의 도움으로 확고해졌다. 그런 점에서 오늘날까지 개신교에서 근본주의적 경향이 살아 있다는 것은 놀라운 일이 아니다. 하지만 이 근본주의는 가톨릭 교회에 대한 개신교적 저항을 계속해서 수행하려는 것이 아니라 현대 세계의 정신에 저항하고자 한다. 우리는 이 근본주의의 공을 부분적으로 인정해야 한다. 다시 말해 모든 것을 흡수해버리는 현대 문화에 저항하려는 근본주의의 힘을 인정해야 한다. 하지만 문제는 근본주의가 문자를 방어함으로써 이 힘을 추구한다는 데 있다. 구프로테스탄트주의에 따르면 성서의 영이 인간을 사로잡는 체험적 증거를 가르치는 '성령의 내적 증거' 교리에 근거하고 있다. 그러나 그것은 아무리 비종교적 휴머니즘과 성서적 신앙 간에 일치하는 부분이 있다 해도 현대 세계의 정신과 늘 일치하지 않는다. 따라서 현대 세계에 대한 근본주의적 비판은, 특히 '성서에 관한' 교리를 다루는 자리가 아니라 신앙의 현실(*praxis pietatis*)을 다루는 자리에서 귀 기울여야 할 중요한 목소리인 것이다. 이를 위한 기준은 다음과 같다. "신앙의 근본 모티브들이 이 신앙의 현실과 거기서 일어나는 성서 이해 안에서 영향력을 미치고 있는가, 아니면 오히려 주요 모티브들을 소멸시키는가?"

업적의 절대화: 사회도덕주의와 프로테스탄트 원리

신프로테스탄트주의가 성서를 비판하고 '거룩한 책' 성서를 과학을 통해 자유로운 연구 대상으로 삼자, 이것에 대한 반작용으로 근본주의가 등장했다. 근본주의는 성서의 영은 지금도 활동하고 있으며 언제든지 인간에게 말씀하시고 인간을 변화시킬 수 있다는 확신을 가지고 있다. 여기서 우리 시대에 이루어지고 있는 성서 비평의 두 단계가 구분되어야 하겠다. 그 첫 단계에서는 성서에 등장하는 '고대적'(古代的) 표상에 대한 비판이 이루어졌다. 소위 비신화화 논쟁이 1950~60년대 신앙인들과 신학자들 사이에서 성서에 대한 '대화'의 주제를 이끌었다.[244] 1970년경 이후로는 표상에 대한 비판에서 가치와 규범에 대한 비판으로 자리를 옮기게 되었다.[245] 신화적 표상을 인정할 것인가 말 것인가, 그것을 문자적으로 받아들일 것인가 상징적으로 받아들일 것인가 하는 문제는 우리의 도덕적 정체성에 문제를 제기하지 않는다. 하지만 그것이 문제가 되는 시기는, 우리가 성서를 따라 전통을 확증하고 지켜 나가는 과정에서 그 전통이 고통을 유발하게 될 때이다. 예를 들어 아우슈비츠의 어두운 그림자를 뒷받침했던 본문 내용을 우리의 전통으로 삼고자 할 때, 늘 고통이 뒤따르게 된다. 윤리적 성서 읽기는 언제나 모든 종파를 시험하는 '사회 도덕주의' 의 위험과 결합된다.

먼저 가장 대표적인 사례가 갈라디아서 3장 28절이다. 본문에 따르면 그리스도 안에서 유대인이나 이방인이나, 종이나 자유인이나, 남성이나 여성이나 차별이 없다. 이 갈라디아서 3장 28절의 내용은 성서의 영향사적 측면과 다른 성서 본문 사이의 긴장을 야기한다. 이로부터 지난 30년간 성서 읽기의 흐름을 주도했던 세 가지 가치 비판적 경향이 등장하게 되었다.[246]

(1) 유대인과 이방인 간의 관계를 핵심으로 삼는 성경읽기: 유대교-그리스도교의 대화적 해석

(2) 소외된 자들과 가난한 자들을 위한 정치적 성서 읽기: 해방신학, 민중신학, 또는 가난한 자의 신학

(3) 여성의 관점에서 성서 읽기: 페미니즘적 해석

전문 주석가들은 자주 이런 식의 가치 비판적 성서 해석을 의도적으로 멀리했다. 여전히 인정되고 있는 역사 비평적 정신, 다시 말해 성서 본문을 오늘날의 상황에서가 아니라 당시 역사적 상황에서 이해하려고 하는 태도는 이스라엘 중심적, 해방신학적, 페미니즘적 해석학을 거부하게 만들었으며, 그것은 상당 부분 정당한 것이다. 하지만 오류도 자주 드러나고 있다. 오늘날 우리에게 일어나는 문제가 이미 과거 역사의 상황에서도

작용하고 있었다는 사실 때문이다. 비록 갈라디아서 3장 28절처럼 역사적으로 다른 상황을 전제하기도 하지만 말이다.

오늘날 우리가 확신할 수 있는 것은 위에서 언급한 '가치 비판적 해석학'으로 말미암아 그 이전에 간과했던 성서의 많은 본문들이 재발견되었다는 것이다. 가치 비판적 해석학은 지금까지 대화에서 드러나지 않았던 사람들, 즉 유대인, 가난한 자, 여성을 성서의 대화 주제로 등장시켰다. 더구나 이것은 오랜 프로테스탄트적 확신, 즉 모든 사람이 성서의 근본 진술과 모티브에 가까이 갈 수 있다는 확신, 그리고 성서의 영은 진정으로 모든 사람을 사로잡을 수 있다는 확신과 통한다. 그렇다면 프로테스탄트주의의 계승자들이 정말 귀 기울여 들어야 할 목소리는 누구의 목소리인가? 성서에서는 그 목소리가 (적대자들의 목소리와 더불어) 있는데, 학문적 성서 해석에서는 그 목소리를 낼 수 없었던 사람들 – 그들이 목소리를 낼 때 우리는 제대로 귀 기울이지 않으면 안 될 것이다. 특히 이 같은 참여적 성서 읽기는 문자 절대화를 비판하는 프로테스탄트주의의 노력을 지속시킨다. 성서의 영은 모든 경계를 넘어서 자유롭게 만든다. 따라서 성서의 영에 사로잡힌 사람은 반(反)유대적이거나, 정치 억압적인, 또는 가부장적인 본문에 저항하게 된다.

윤리적 성서 읽기 방식은 분명 **도덕주의**의 유혹에 빠지기 쉽다. 도덕주의란 특정 가치나 규범 그리고 행위를 구원의 기준으로 삼으려는 것이다. 비록 개신교가 (하나님과의 관계 차원에서) 행위를 구원의 토대로 삼는 것에 반대하며 시작된 것이 사실이지만, (인간적 차원에서) 사랑의 실천 역시 요구한다. 자신의 구원에 대한 염려에서 해방된 사람은 자유로워야 하며, 이웃을 염려하고 그들을 위해 행동해야 한다. 하지만 이 정신은 금세 왜곡될 수 있다. 이웃을 위한 행동이 곧 구원의 표징이라는 식으로 말이다. 비록 그것이 구원의 토대는 아니라 하더라도 참 생명을 발견하는 인식의 표징이 된다고 말이다. 이러한 개신교적 도덕주의를 우리는 쉽게 발견하게 된다. 전통적 태도를 고수하려고 한다든지, 정의와 자유, 평등 같은 현대의 가치를 삶에 주입하려고 할 때 등장한다. 개인적인 입장으로서 도덕주의뿐만 아니라 진보적인 사회 도덕주의도 등장한다. 그것은 양심이라는 악명 높은 자기 주장과 연결되어, 마치 그것이 전 세계를 변화시킬 수 있는 것인 양 행세하게 된다. 이처럼 도덕적 참여의 위험성을 의식한 사람은 개신교가 사회 도덕적 불안감을 가지고 있다고 생각할는지도 모른다. 이 도덕주의는 가치 있는 유산이다. 하지만 그것이 삶의 확신이나 구원의 확신과 분리된 행동과 결합될 때, 자기 파괴적인 기능으로 나타나게 된다. 행위의 절대화 – 물론 정의롭고 절실한 행위조차도 – 는 유한한 것을 절대화한 것이며, 성찰의 대상으로 삼아야 한다.

에큐메니칼 차원의 성서 읽기와 관련하여 다시 한 번 포도원 품꾼의 비유를 강조할 필요가 있다. 고대 교회는 (예를 들면 오리게네스) 하루의 일과를 구원사적 의미 또는 도덕적 의미로 해석했다.[247] 서로 다른 품꾼들이 아담, 노아, 아브라함, 모세 시기의 사람들이라면, 마지막 품꾼들은 그리스도인들이었다. 모두가 구원을 받았다. 하지만 (예컨대) 끝에서 두 번째 품꾼들은 끝에서 두 번째 자리를 차지한다. 또 하루 일과는 인간의 생애와 관련되었다. 많은 그리스도인들은 이미 청소년 때부터 그리스도인들이고, 어떤 사람들은 죽기 전에 겨우 그리스도인이 되기도 한다. 모든 사람들이 영원이라는 동일한 품삯을 받을 기회를 가지고 있다. 하지만 종교개혁 이래로 이 비유 해석은 가톨릭교도에 대한 개신교도들의 우월함을 확증하는 것이었다. 율법과 복음의 차이가 비유 안으로 투영되었다. 불평하는 먼저 사람들은 율법의 사람들, 즉 가톨릭 신자들인 반면, 은총의 품삯을 받은 이들은 믿음의 사람들, 곧 개신교도들을 말했다. 모든 품꾼들이 동일한 품삯을 받았다는 것은 더 이상 비유의 핵심이 아니다. 20장 16절(추가적으로 삽입된 결론)에 따라 먼저 된 자(즉 가톨릭 신자)가 나중된 자가 되었고, 나중된 자(개신교 신자들)가 먼저 된 자가 되었다는 것이 핵심이었다(J. Brenz).[248] 반대로 가톨릭 측은 그때부터 가톨릭의 품삯 교리를 비유에 투영하려고 했다. 그에 따르면 모든 사람들은 은총으로 인해 구원받긴 하지만, 자신의 업적에 부합한다. 따라서 한편으로 동일한 품삯이 모든 이들에게 주어져야만 한다. 그래서 토마스 아퀴나스가 말했던 것처럼, 비록 모든 이들에게 동일한 행복이 주어지지만, 그 행복에 서로 다르게 참여하게 된다. 또한 품꾼들의 성과는 서로 다른 노동 시간에도 불구하고 동일한 가치로 묘사된다. 따라서 동일한 품삯은 모두에게 깨달음을 준다. 즉 선한 의도가 나중에 온 품꾼들에게 (뛰어난 업적과 나란히) 품삯으로 주어졌다. 이와 달리 자유로운 주석은 두 해석 모두 본문과 부합하지 않음을 보여주기도 한다. 즉 이 비유에서 하나님의 공의와 자비는 – 개신교적 해석의 경향에 나타나는 것처럼 – 서로 반명제처럼 대립되고 있지 않다. 한편으로 포도원 주인은 오히려 훨씬 공의로운 태도를 취하지만, 동시에 여전히 자비롭다. 그리고 – 개신교도들이 가치를 두는 것처럼 – 품삯과 은총이 대립되고 있지 않다. 왜냐하면 마지막 품꾼들은 처음 품꾼들과 같은 품삯을 받고 있기 때문이다. "무엇보다도 비유는 하나님의 공의와 자비를 서로 연결 지어서 하나를 다른 하나의 기준으로 삼고자 하는 인간적 노력에 대립하고 있다. 만일 그랬다면 하나님은 더 이상 자비롭지 말아야 한다. 자비는 공의의 원칙을 허용하지 않기 때문이다. 아니면 하나님은 모두에게 자비로워야만 한다. 모든 사람들이 하나님의 공의의 원칙에 근거해서 자비를 요구할 것이기 때문이다. 또 이 비유는 공의로운 하나님이 자비로운 분이 되기 위한 자유로움을 추구하고 있다. 자유는 공의에 대한 기존의 가치 체계 – 모든 이들에게 업적(성과)에 따라 분배하는 – 를 새로운 가치 체계 –

업적과 상관없이 자비에 근거한 – 로 대체하지 않는다. 오히려 기존의 가치 체계가 하나님의 사랑이 드러남으로 말미암아 '흔들리게' 되고, 절대적인 효력을 상실하게 된다. '나는 의인을 부르러 온 것이 아니라 죄인을 부르러 왔다' (막 2:17). 예수께서 자신의 행위에 대해서 언급하신 이 구절은 의로운 자들의 공의를 문제 삼고 있는 것이 아니며 그들을 제외시키고 있지도 않다. 하지만 예수께서는 그것이 필요한 사람들, 즉 죄인들에게 하나님을 전하고 있는 것이다" (U. Luz).[249] 이 비유는 가톨릭과 비교해서 개신교가 우월하다는 근거가 되지 못한다. 오히려 그것은 율법과 복음을 대립시키는 개신교의 반명제적 사고보다는, 하나님의 공의가 은총을 통해서 더 값지게 된다는 가톨릭의 순차적 사고에 더 일치한다.

*

성서 학습의 내용에 대한 지금까지의 생각을 요약해 보도록 하자. 성서에 대한 기본 확신과 근본 모티브를 전달하고자 하는 노력이 수업의 핵심으로 자리 잡아야 하겠다. 그리스도교의 정체성은 오직 거기에 근거를 둔다. 이것이 불분명하게 될 때, 다문화 세계 안에서 어떤 대화도 불가능하게 된다. 그리스도교적 정체성 안에서 대화 역량이 생겨나는 것이다. 상대적으로 공식화된 근본 모티브를 기억함으로써 그러한 정체성 형성에 도움을 주어야 한다. 이 근본 모티브들은 – 성부, 성자, 성령에 근거한 – 성서 신앙의 고유성을 부정하지 않으면서 성서적 휴머니즘과 세속적 휴머니즘, 종교와 종파 간의 공통점과 차이점을 발견하게 해준다.

성서 교수학의 두 번째 부분을 마무리하면서 다시 한 번 그리스도교 신앙의 정체성 확립에 관한 문제를 언급해야 하겠다. 신앙의 양면성 문제 말이다. 복잡한 설명보다 하나의 그림을 가지고 이야기하도록 하겠다. 성서는 아직 완결되지 않은 하나의 커다란 '스토리'[250] 즉 이야기다. 우리는 이 성서를 국어 또는 문학 수업 시간에 시작한 이야기를 끝까지 풀어 가도록 어린이들에게 부과된 과제에 비유할 수 있다. 교사는 여기서 어린이들이 각각의 문학 장르의 규범(Gattungsnormen)을 옳게 파악했는가 그리고 내용의 모티브(Sachmotive)를 이야기와 관련하여 적절하게 평가할 수 있는가를 테스트하게 된다. 두 가지 모두 잘 구성된 이야기는 계속해서 전개되게 한다. 그중에는 잘한 것과 못한 것도 있지만, 반드시 전개해야 하는 것들은 없다. 바로 이 점이 성서의 거대한 이야기와 일맥상통한다. 우리는 성서 이야기를 우리의 삶과 관련지어 계속해서 서술해 나간다. 그 과정에서 중요한 것은 우리가 성서의 문학장르의 규범과 내용의 모티브를 제대로 이해했는가 하는 점이다. 우리는 이 형식과 모티브를 분명히 할 수 있다. 즉 위에서 서술한 기본 원리와 근본 모티브가 다루고 있는 것이 그것이다. 그것들이 충분하고 명확하게 드러날 때, 성서 '스토리'의 전개는 적절하다고 할 수 있다. 그러나 만일 스토리의 전개가 그 원리나 모티브를 거스른다면, 그러한 이야기의 전개 과정은 그리스도교의 정체성 상실을 의미하는 것이고, 우리는 이 전개 과정을 비판적으로 성찰해야 할 것이다.

지금 성서의 스토리를 계속해서 써내려가는 과정에 있는 우리가 이 스토리를 끝까지 이야기해야 할 어린이들과 다른 상황에 있다는 것은 당연하다. 어린이들에게는 그들의 행위를 평가하고 수정해줄 교사가 필요하다. 교사는 스토리의 문학 형식과 내용의 모티브를 알고 있으며 이야기의 결말 또한 잘 알고 있다. 그와 반대로 우리는 성서와의 대화 안에서 이야기를 주도하는 모티브와 기본 원리를 스스로 찾아내야 한다. 우리는 스토리의 출발을 알지 못한다. 우리는 '천상의 과학 아카데미'의 가상 회원 같은 태도를 취함으로써, 역사의 끝에서 모든 텍스트와 전승들을 면밀히 살펴야 한다. 그래서 그 안에서 가치 있는 것이 무엇인지 찾아내야 한다.

우리는 성서 전승에 관한 대화를 통해서 '억압되지 않은 자유로운 의사소통' (herrschaftsfreie Kommunikation)을 기대해야 한다. 그것은 지금까지 이 '지상' (irdsich) 현실에서는 불가능했던 것이지만, 이상적인 규칙으로서 영향을 미치고 있는 것이다.[251]

이 과정에서 우리가 어떤 역사적 진실을 성서의 이야기와 텍스트로 묘사하는가는 중요하지 않다. 중요한 것은 성서에 포함되어 있는 근본 모티브가 20세기에도 여전히 생명력을 가지고 있다는 것과 이 세계를 설득력 있게 해석해 낼 수 있다는 사실, 그래서 인간 삶을 위해 반드시 필요한 것을 제시할 수 있다는 것을 신뢰하는 일이다. 성서는 그 사실에 대해 일말의 의심도 허용하지 않는다. 이 점을 세 가지로 정리해 보자.

(1) 우선 성서 본문이 약속하는 것은 우리가 성서의 도움으로 궁극적 실재를 접할 수 있다는 점이다. 성서는 하나님과 대화 가능성의 기회를 제공한다. 성서의 근본 모티브를 자신에게 받아들여, 그것을 통해 변화하는 사람에게는 하나님의 현실이 드러나게 된다. 그것은 마치 매우 혼란스런 숨은 그림 앞에서 우리 눈이 열려진 후에, 갑자기 숨겨진 그림을 발견하는 것과 같다.

(2) 두 번째, 우리가 소위 '성서의 영' 이라고 부르는 모든 모티브와 기본 원리들은 본문에서 뿐만 아니라, 인간의 모습으로 육화되어 나타난다. 즉 예수 안에서 말이다. 말씀이 예수 안에서 육체가 되었다. 우리는 뮈토스적으로 들리는 이 진술을 이렇게 이해할 수 있다. 곧 하나님의 현실을 드러내는 모든 모티브들은 그리스도 안에서 경계점을 갖게 된다. 이 모티브들은 모든 사람들에게 이미 비춰진(요 1:9) 빛이다. 이 빛은 그리스도 안에서 모든 이들에게 접근 가능하게 되었다. 그리스도는 아버지에게로 나아가는 길을 열어 주었다. 그분은 하나님을 전적으로 신뢰하는 믿음으로 인간을 변화시킨다. 인

간은 그 변화로 말미암아 현실을 과거와는 전혀 다르게 경험하게 된다.

(3) 세 번째로 강조해야 할 것은 성서의 영(정신)은 스스로 원하는 곳으로 분다는 점이다. 성서의 영이 인간의 마음을 변화시킬 때, 모든 사람들은 하나님과 직접 관계하게 된다. 이것은 분명히 대화 속에서 검증되어야 하고 교회 전통을 통해서 성찰되어야 하지만, 개신교적 관점에 따르면 교회의 어떤 직제와 권위를 우선적으로 요청하지 않는다. 그럼에도 불구하고 교회의 대화적 가르침은 도움이 될 수 있다. 물론 '성서의 영' 은 문자와 결합되어 있지만, 문자와 동일시되지는 않으며, 교회의 지배 아래 있지 않다. 그리고 예수는 이 영을 통해 스스로 '주' 의 자리에서 '형제' 의 자리로 내려왔다.

새 천년을 맞아 성서적 정체성이 의미하는 바는, 성서 본문이 사유하고 체험하고, 행동하는 근본 모티브를 전달해준다는 것에 신뢰를 갖는 것이다. 이 근본 모티브를 통해서 하나님과 대화하고, 예수와 생명력 있는 관계를 유지하며, 성령을 통해 삶의 변화를 가능하게 하는 것이다. 우리는 (고대-)교회 전통의 흐름 속에서 하나님, 그리스도, 그리고 성령의 세 이름을 가장 중요한 요소로 삼았다. 그리고 우리는 이것을 교회 밖 사람들에게 전파하고자 한다. 그들을 그리스도교 신자로 만들려는 목적에서가 아니라 그 신앙을 이해시키고 주목하게 하려는 겸손한 관심을 가지고서 말이다.

3부

성서 학습의 방법

– 어떻게 성서 학습을 활기차게 할 수 있을까?

1부와 2부에서는 좁은 의미의 교수학, 즉 성서 연구의 목적과 내용을 다루었다. 성서가 **왜** 중요한가, 성서의 **무엇**이 중요한가를 논의했고, 그렇게 많은 좌절과 실망스런 경험에도 불구하고, 우리가 성서 교육에 에너지를 쏟아 부어야 하는 이유를 살펴보았다. 그럼으로써 사람들이 성서를 이해하는 것이 얼마나 중요한 과제인지를 알고자 했다. 3부에서는 **어떻게** 사람들을 – 일차적으로는 청소년을, 그리고 더 나아가 대학생과 성인을 – 성서와 씨름할 수 있도록 동기부여할 것인가에 관해 다루게 된다. 이를 위해서 우리는 여섯 가지로 동기화 작업을 구별하여 개별 성서 연구에 도움을 주고자 한다. 따라서 관련 이론과 용어가 집중적으로 다뤄질 것이다. 지금까지 우리는 성서 연구의 대상을 다루었고, 주로 해석학적 관점에서 성서를 이해하고자 했다. 이제 우리는 학습자의 측면에서, 즉 학습자의 입장과 동기에서 시작하고자 한다. 학습자가 성서와 씨름할 수 있도록 어떻게 성서의 문을 열 것인가 질문하려는 것이다. 따라서 심리학적 범주를 훨씬 많이 사용하게 된다. 하지만 이 심리학적 범주는 성서와 종교를 이해하는 해석학적 관점을 고려해서 다뤄지게 될 것이다.

먼저 6장에서 동기심리학의 주요 개념을 간략하게 살핀 뒤에, 종교적 질문, 즉 도대체 종교적 '관심'이란 무엇인가를 다루고자 한다. 그러기 위해서 종교와 신앙의 근거를 새롭게 조망해야 한다. 하지만 종교심리학 전체를 조망하는 것은 너무 방대한 작업이다. 유감스럽지만 종교심리학 분야에 대한 설명은 상당 부분 생략될 것이다.

7장에서는 성서 교육을 위한 여섯 가지 동기유발법을 소개한다. 연합작용을 통한 동기유발, 성취를 통한 동기유발, 모델을 통한 동기유발, 그리고 문제제시를 통한 동기유발, 결과를 통한 동기유발, 자발성을 통한 동기유발이 그것이다. 각 방법과 관련하여 구체적인 사례를 들 것이다. 단 몇 년 만에 한번 꽃 피는 '난초' 같은 보기 드문 사례보다는 가능한 한 일상적 사례를 중심으로 각각의 동기부여 형태를 구체적으로 묘사할 것이다. 그렇다고 성서 학습을 위해 완벽한 하나의 방법을 추구하지는 않겠다.

6장

학습 동기화와 관련된 일반 범주들

동기 또는 동기화(Motivation)[252]는 '움직이게 하다' 라는 뜻의 라틴어 모베레(movere)에서 온 단어다. 이것은 사람들의 행위를 자극하는 모든 것을 의미한다. 활동 학습이 이루어졌다고 해서 모두 동기화된 학습이라고는 할 수 없다. 동기화라는 교수학적 개념은 학습 목표를 지향하는 태도와 관련된다.[253] 청년들의 맹렬한 시위같이 어떤 목표를 지향하는 태도는 '그 자체로' 는 동기화된 것일 수 있겠지만, 학습 목표에는 반(反)하는 예외적 현상이다. 넓은 의미의 동기화는 목표 지향적 학습 행위를 가능하게 하는 모든 요인을 포함한다. 우리가 이 자극 요인을 직접 눈으로 관찰할 수는 없다. 그러나 자기 성찰을 통해 우리의 소원, 의지, 관심 등의 내적 과정을 추적해 들어감으로써, 관찰 가능한 행위로부터 그 요인을 찾아낼 수 있다. 예컨대 수업 시간에 어느 학생이 자주 발언 기회를 요청하거나,

수업이 끝난 후에도 교사에게 주제와 관련된 질문을 하고, 수업 진행에 대해서 제안을 한다고 하자. 이처럼 그 학생이 수업에 '친근하다' 고 여길 수 있는 수업 태도를 보여준다면, 우리는 '그 학생이 동기화되었다' 고 말할 수 있다. 이와 같이 교수 방법이 동기화를 추구한다면, 목표 지향적 학습 태도의 가능성을 높여줄 것이다. 우리는 이 넓은 의미의 동기화 개념[254]을 세 가지 측면으로 구분할 수 있다: (1) 동기(Motive): 한 사람이 오랜 세월 동안 가지고 있는 태도 성향을 말한다, (2) 좁은 의미의 동기화(Motivation): 동기가 어떤 상황 속에서 현실화되는 것을 말한다, (3) 동기부여(Motivierung, 활성화): 교사의 가르침을 통해 동기가 교수학적 형태로 구현되는 것을 말한다.

(1) 동기: 한 학생이 다른 학생들보다 목표 지향적 태도를 강하게 보일 때, 그 학생은 '동기화' 된 것이다. 모든 학생들에게 상황 조건이 동일할 경우, 대부분 그 태도의 요인은 그 학생 자신(Person)에게 달려 있다. 특히 그 학생이 다른 상황에서도 똑같은 태도를 취하게 될 때, 우리는 그에게 지속적인 관심이 있음을 간파하게 된다.[255] 그 학생 자신에게 그런 행위를 유발하는 지속적인 '동기' 가 있다는 것이다. 따라서 동기는 왜 어떤 사람은 다양한 환경 가운데서 동일하게 반응하는데, 다른 사람은 동일한 상황에도 불구하고 다르게 반응하는가를 설명해 준다.

(2) 동기화: 교사는 가끔씩 흥미를 갖던 학생이 '시큰둥해지고' , 별 흥미를 갖지 않던 학생이 '깊은 관심을 보이는' 모습을 목격하게 된다. 이 문제는 다뤄지는 주제나 상황, 또는 교사의 능력에 달려 있다. 순간적 상황에 대처하는 능력이 학생들에게 동기를 부여하기도 하고 동기를 떨어뜨리기도 하기 때문에, 어떤 학생들에게는 동기를 자극하는가 하면, 어떤 학생들에게는 전혀 그렇지 못하다. 심리학

적으로 (좁은 의미의) '동기화' 란 아주 짧은 순간에 이루어지는 것으로, 상황과 학생 태도를 함께 자극하는 것이다.[256] 만일 자기 학생들을 40~45분 동안 흐트러짐 없이 앉아 있게 할 수 있는 교사가 있다면, 우리는 그것이야말로 동기화라고 말할 수 있다.

(3) 동기부여: 강의자나 교사는 수업의 긍정적 효과에 대해서는 자기 자신의 탓으로 돌리는 반면, 부정적 효과에 대해서는 학생 탓으로 돌리는 경향이 있다.[257] 학생들이 수업에 동참하지 않을 경우, 교사는 학생들이 무능하다고 생각하는 반면, 학생들이 수업에 적극적으로 동참하는 경우, 자신이 그들에게 제대로 동기부여한 결과라고 생각한다. 이것은 일방적인 생각이다. 왜냐하면 어떤 교사도 학생에게 내재된 동기 없이 동기부여할 수는 없기 때문이다. 그저 잠깐 동안 수업 상황의 요소들[258]을 활성화시킬 수 있을 뿐이다. 교수학적 차원에서 볼 때, '동기화' 는 방향을 이끌어 가는 상황적 자극이나 동력, 다시 말해 '동기부여/활성화' 개념과 연관된다. 인도자는 오직 동기부여 차원에서 학생에 대해 직접 책임이 있고, 오직 동기부여 차원에서 학생에게 영향을 미치게 된다.[259] 따라서 이 책에서 다뤄지는 논의들은 이 '동기부여' 문제에 집중하는 것이 타당하리라 여겨진다.

1. 동기화와 종교

인간 태도에 영향을 미치기 위한 시도가 동기 이론을 낳게 되었다. 동기 이론은 "어떻게 인간 행위에 지속적으로 영향을 미칠 수 있는가?" 라는 질문에 대한 대답으로, 여기에 접근하는 이론으로는 크게 세 가지가 있다.

첫째, 외부 환경의 자극을 통한 동기화, 둘째, 욕구감소를 통한 동기화, 셋째, 정보처리로서 동기화이다. 세 가지 모든 요소들이 종교에 중요한 역할을 한다. 종교 역시 자연적으로 발생·성장된 것이 아니기 때문이다. 사람들은 '동기부여를 통해' 종교적 태도를 가질 수 있다. 동기부여에 대한 교수학적 문제를 다루기 전에, 먼저 이 세 가지 동기 이론에 근거해서 동기와 종교의 관계를 간략하게 살펴보도록 하자.

자극을 통한 동기화

인간 행위가 특정 자극에 의해서 유발되는 것이라면, 이것은 교육적 이상(理想)과 상충된다. 기대하는 행위를 이끌어 내기 위해서 오로지 거기에 상응하는 환경 자극만 창출하면 된다고 하니 말이다. 그것은 제한된 범위 내에서 동물에게는 가능하다. 우리는 동물을 조작할 수 있다. 그러나 인간의 경우, 외부 자극과 자신의 태도 사이에는 분명한 차이가 있다.[260] 인간은 외부 자극에 자동적으로 반응하지 않는다. 예외적으로 에로틱한 자극에 반응하는 것처럼 (문화의 영향으로 말미암아) 프로그램화된 소수의 반응만이 있을 뿐이다. 물론 이 말이 인간은 외부 환경으로부터 독립할 수 있다는 것을 의미하지 않는다. 인간은 자신의 태도를 유지하기 위해서 외부 환경에 의지한다. 인간은 자극과 반응의 관계를 먼저 '학습' 하지 않으면 안 된다. 이와 관련된 가장 단순한 설명으로 '고전적 조건화'[261] 또는 '연합 학습' (das assoziative Lernen) 이론을 들 수 있다. 어떤 의도성을 갖지 않은, 즉 중립적인 이차 자극이 최초의 자극과 접촉 또는 연합하게 됨으로써 행위를 구속하는 힘을 갖게 된다. 이 이차 자극이 시공간상에서 반복적으로 최초 자극과 함께 등장하게 될 때, 이 이차 자극은 얼마 후 최초의 자극과 똑같은 반응을 만들어 낸다. 자극의 조건이 되는 것이다. 공포증의 경우, 본래는 평범했던 상황이 어떤 심리적 상처(Trauma)를 경험한 후 불안감을 유발하는 것이다. 향수병의 경우, 긍정적인 연합이 애착을 불러일으키는 것이다. 여기에 풀리지 않은 문제가 남아 있다. 어째서 사람은 자신의 고향을 그리워하는 걸까? 최초 자극, 예컨대 부모에 대한 그리움과 최초의 에로틱한 체험 등은 이미 오랜 과거의 일임에도 불구하고 말이다.[262] 쥐나 침팬지의 경우, 더 이상 이차 자극이 최초 자극과 함께 나타나지 않을 경우, 얼마 후 이차 자극은 더 이상 그들의 행위를 구속하지 못한다. 그러나 인간의 경우 평생토록 자신의 고향을 그리워한다. 이것으로부터 근본적인 문제를 이끌어 낼 수 있다. 인간이 쥐와 구별되는 것이 바로 이 점인데, 인간은 인생에서 겪는 중요한 사건을 의미와 연결시킨다. 인간에게 고향은 그들 삶의 이야기에 속하며, 그들이 어디서 왔으며, 현재 어디에 위치하고 있는가에 대한 정보를 제공한다. 그것은 자전적(自傳的) 정체성의 일부인 것이다. 삶에 대한 자전적 의미 해석은 그 '고향'에 특별한 가치를 부여한다. 그 가치는 고향과 결합된 일차, 이차 '자극'을 훨씬 넘어선다.[263]

조건화를 통한, 또는 연합 작용을 통한 동기유발은 종교에서도 일어난다. 서구인에게 오르간 음악은 주로 예배와 교회에서 체험된다. 따라서 종종 예배에 대한 정서적 반응이 오르간 음악으로 전이되곤 한다. 때로는 편안한 느낌도 주지만, 거부감을 주기도 한다. 성탄절의 정서는 여러 가지 연상의 결합체다. 예컨대 성탄절은 바흐(J. S. Bach)의 〈목자 교향곡〉*을 연상시키는가 하면, 촛불을 떠올리게도 하고, 가정에서 모두가 함께 모여야 한다는 스트레스**를 주기도 한다. 이 모든 것이 해석을 통해 이

---

*바흐의 〈성탄 오라토리오〉 중 한 곡

**우리의 설이나 한가위처럼 서구인들은 성탄절에 흩어져 살던 가족과 친지들이 모여 시간을 함께 보낸다.

루어진다. 즉 우리가 성탄을 어떻게 체험하는가 하는 것은 우리가 이 축제에 부여하는 의미에 달려 있다. 더 구체적으로 말하면, 우리가 성서의 성탄 이야기(눅 2)를 어떻게 이러한 연합 과정에 포함시키는가에 달려 있다. 축제와 예배 주변에는 늘 연합/연상의 아우라(Aura)가 있다. 그렇다고 연합의 아우라가 오직 축제에만 한정되는 것은 아니다. 종교에서는 긍정적 자극의 일반화가 더 근본적인 의미를 갖는다. 근본적 신뢰를 예로 들어보자. 근본적 신뢰는 어린 시절 부모를 통해서 형성된 것이다. 부모로부터 학습된 근본적 신뢰는 이제 종교 영역에서 궁극적 존재에게 전이된다. 그렇다고 불안과 두려움이 전혀 없다는 것은 아니다. 어린 시절 우리는 지금보다 더 심한 불안과 두려움을 경험하곤 했다. 하지만 곁에 있는 부모 덕분에 위협적인 세계의 한가운데서도 아늑함을 느낄 수 있었다. 바로 그것이 전체 신앙의 현실로 옮겨지는 것이다. 아버지나 어머니의 메타포가 하나님에게 전이되고,[264] 하나님의 약속과 결합된다. 결국 인간은, 어린 시절 부모 곁에서 안전함을 느꼈던 것처럼 이 신앙의 현실 속에서 안정감을 유지할 수 있다.

욕구감소로서 동기화

외부 자극만으로 인간 태도를 충분히 설명할 수 없다. 그 외에 내부 자극이 있다. 이것은 선천적으로 지니고 있거나 후천적으로 습득된 심리적 충동(Antrieb)*을 말한다. 욕구 동기이론[265]은 인간 행동을 내적 긴장 상황과 그 긴장의 감소(drive reduction)로 설명한다. 인간은 원하는 것에 도달

*심리적 충동은 욕구에 의해 유발된 심리적 긴장과 흥분 상태를 말한다. 욕구이론은 욕구에서 비롯된 긴장과 흥분을 감소시킴으로써 인간 행동을 조절할 수 있다고 보는 동기이론이다.

하기까지 행동을 지속시킨다. 오늘날 인간은 식욕이나 성욕 같은 소수의 기본적 욕구를 가지고 있지만,[266] 만일 인간의 다양한 행동을 제어하려한다면, 욕구감소라는 다소 복잡한 우회로를 거쳐야 한다.

우리는 행동주의적 측면에서 이차 강화를 통해 그러한 우회로를 확보하게 되었다. 아주 간단하게 설명하도록 하겠다. 먼저 음식을 주는 상황에서 시작하도록 하자. 음식물은 일차 강화물로 작용한다. 그러나 아기의 어머니가 음식을 제공하는 순간에 구술 유인(oraler Lust)이 동반될 경우, 그 유인은 그 순간 음식처럼 충족할 만한 가치로 전환된다. 그것은 이차 강화에 영향을 미치게 된다. 어머니는 보상과 칭찬을 통해 원하는 행동 방식을 강화할 수 있고, 그럼으로 말미암아 음식에 대한 욕구를 가지고 있던 유아는, 세련된 충동(동기)을 가진 교양인이 되는 것이다. 물론 여기서 전제해야 할 것이 있다. 엄마는 자신의 강화 에너지를 아버지나 유모 그리고 교사에게도 전이시킨다는 점이다. 종교 교육에서도 마찬가지다. 자기 부모와 더불어 교회를 즐겨 찾고, 종교적인 분위기에서 성장한 어린이의 경우, 부모의 강화력은 신앙에 깊은 영향을 미치게 된다. 플라톤은 이미 이 점을 알고 있었다. 그는 어린이의 종교적 태도 형성과 관련하여 『법률』에서 다음과 같이 말하고 있다. "어린이는 부모를 주목하면서 알게 되네. 자기 부모가 얼마나 자기 자신과 자녀를 위해 충심으로 신들에게 간구하고 있으며, 또 그 존재를 굳게 믿고 있다는 사실 말일세. 또 어린이는 서로 말하고 듣는다네. 그리스인이든 이방인이든 일월(日月)이 출몰할 때 엎드려 기도하며, 모든 인간의 생사화복 가운데 신이 관여하고 있다는 것, 그래서 신의 존재를 의심할 여지는 그 어느 곳에서도 찾을 수 없다는 것 말이네." (887d/e)

정신분석 이론은 욕구감소의 우회로를 다른 측면으로 설명한다. 여기서 말하는 우회로란 자아(Ich)의 방어 기제(예컨대 승화, 투사, 억압 등), 즉 우리를 극단적으로 몰아가는 방어 기제를 말한다. 유아기의 리비도적·공격적 욕구가 외부 세계와 - 무엇보다도 '일방적인' 척도로 억압하는 아버지의 형태로 - 너무 대대적으로 대립하지 않는다면, 욕구는 우회로를 필요로 하지 않는다. 우리는 내면 깊숙이 있는 부성적(父性的) 계명으로 인해 우리의 욕구 자체와 대결해야 할 상황에 처한다. 내면 깊숙한 곳에 위치한 아버지의 목소리는 양심의 시초로 여겨진다. 그리고 그것은 자주 인간 내면에 존재하는 신의 음성으로 해석된다.

욕구감소 이론과 관련하여 아직 해명되지 않은 것이 있다. 왜 사람들은 긴장 상태를 줄이려고 할 뿐만 아니라 긴장 상태를 유발하는가? 왜 문화적 목적을 추구하는 데 있어서 식욕, 안정감, 그리고 따스함 같은 생물학적 욕구를 충족시켜야 하는가?[267] 왜 사람들은 특정 목적에 대한 근본적 관심이 이미 오래전에 사라졌을 때조차 끊임없이 목적을 추구하는가? 올포트(G. W. Allport)는 이러한 현상을 '동기의 기능적 자율성'*이라고 불렀다.[268] 우리는 - 심리적 욕구란 관점에서 볼 때 - 종교가 인간의 욕구와 소원의 거대한 저장소라는 것을 인정해야만 하는 것인가? 올포트는 이 길을 갔던 것이다.[269] 올포트는 엄격한 종교심리학 체계를 세우지는 않았지만, 생물적(organish) 동기, 심리적(psychogen) 동기, 인지적(kognitiv) 동기를 구분하였다. 유기적으로 기능하는 안정의 욕구, 즉 자연재해, 가난, 버림받음 앞에서 갖게 되는 안전의 욕구는 종교에 생동감을 더해 준다. 그뿐 아니라 종교가 모든 가치들(인간의 존엄성, 학문의 진리, 예술적 아름다움,

---

*올포트는 인간의 현재 행동을 과거의 특정 동기(욕구/경험)에서 확장된 것으로 보려는 행동주의 심리학 또는 정신분석 심리학에 반대한다. 그는 인간의 현재 행동을 최초 동기에서 독립된 것, 즉 자율적인 기능을 갖는 것으로 본다. 예컨대 사냥이 본래 인간의 원시적 욕구에서 출발한 것이긴 하지만, 지금의 사냥은 결코 그 최초 욕구에 얽매인 행동이 아니라, 그 자체로 독립된 동기를 지닌 행동이란 것이다. 이 책 365쪽을 참조하라.

인간들 간의 사랑)을 보장해 주리라는 심리적 욕구도 영향을 미친다. 하지만 종교는 궁극적으로 창조의 기원, 악과 고난, 죽음의 역할과 같이 전체 의미를 추구하는 가운데 생명력을 지니게 된다. 이러한 모든 욕구는 아주 단순한 일차 욕구의 충족으로 나아가기 위한 우회로에 불과한 것인가, 아니면 그것은 자율적 기능을 갖는 것이며, 그래서 그 원인과는 무관한 것인가?

여러 가지 한계가 있음에도 불구하고 강화와 감소, 상과 벌의 중요성을 말해주는 욕구감소 이론은 학습을 위해 분명히 중요하다. 그런 점에서 교육심리학의 결과는 교회의 어린이 교육을 위해 신학 교육 못지않게 중요한 것이다.

인지적 정보처리로서 동기화

다양한 인간 행위가 외부 환경의 자극이나 심리적 욕구 어느 하나에서 비롯된다고 할 수 없다. 마치 외부 자극과 반응 사이에 차이가 있듯이, 인간의 욕구와 인간의 태도 사이에는 차이가 있다. 이 사이에서 인지적 행위가 작동한다. 즉 인지적 행위가 외부로부터 영향을 미치는 자극과 내부에서 영향을 미치는 충동을 해석하는 것이다. 이 해석 작용은 규범과 가치, 표준과 개념, 선(先)경험과 기억 등과 연결되어 있다. 정보이론적 동기이론은 인공두뇌공학(Kybernetik)의 TOTE 모델 – T는 검사(Test), O는 작동(Operation), T는 재검사(Test), E는 종료(Exit)를 의미한다 – 에 힘입어 이러한 것들을 해석한다.[270] 우리는 이 모델을 통해 온도조절 장치의 기능을 설명할 수 있다. 온도조절 장치는 대략 섭씨 19도를 규범 가치로 설정하고 있다. 이 모델은 입력된 정보들을 토대로 실제 온기를 측정하고(검사 1), 정보와 규범 가치 사이에 차이가 나타날 경우 보일러를 작동시키며(작동), 갱신된 온도 비교를 통해(검사2) 규범 가치와 현재 가치의 일치를 확인한다. 그리고 나면 온도조절 장치는 작동을 멈추게 된다(종료). 그 결과 실내 적정 온도가 유지된다.

물론 인간이 쥐와 같지 않은 것처럼, 온도조절 장치와도 같지는 않다. 하지만 인간은 지각과 사고, 감정, 행동으로 구성된 하나의 도식(레퍼토리)을 이용하게 되는데, 인간은 이 도식을 가지고 저마다의 온도조절 장치에 더 효과적으로 적용하게 된다. 인간 행동의 동기는 바로 이 도식에서 생겨난 것으로, 인간은 외부 환경에서 흘러들어오는 정보를 이 동기와 비교하게 된다. 만일 규범 가치가 약화될 경우, 이 차이를 극복하도록 장치가 작동하게 된다. 그럼으로 말미암아 자극과 반응 사이에서 인지적 매개 행위가 일어난다. (1) 유입된 정보와 기존의 규범 가치(동기) 간의 비교, (2) 발생한 차이를 해소할 수 있는 상황에 대한 예견. 따라서 동기화란 현재의 상황과 미래의 규범 상황 사이의 기대 차이를 말한다. 동기부여를 가능하게 하는 요인(주제와 관심)은 삶 전체만큼이나 다양하게 분화되어 있다. 구조화된 경험이나 행동, 사고, 지각의 도식이 존재하는 모든 곳에는 잠재적으로 동기 요인이 존재하며, 이 동기 요인은 현실이 불균형 상태에 이를 경우, 동기화(활성화) 상태로 전환된다. 따라서 동기를 한두 가지 심리적 충동으로 환원시키는 것은 바람직하지 못하다.

욕구감소 이론과 달리 정보처리 이론 모델에서 동기는 에너지의 제공자라기보다는 에너지의 매개체이다. 자동차와 관련지어 보면, "운전에서 중요한 것은 엔진이 아니라 나아갈 방향이다"라는 것과 같다. 동기화 발생의 두 측면, 즉 사람에게 에너지를 부여하는 것과 사람의 태도에 목적을 부여하는 것 중에서 인지적 동기이론은 목적 부여의 측면을 더 강조한다. 물론 그것은 일면적이다. 하지만 바로 그 측면이 교수학에 있어서 중요하다. 교육적으로 학생들에게 중요한 것은 그들을 활성화시키는 것이 아니라 그들을 학습 목표로 이끌어 가는 것이기 때문이다.

이제 종교를 위한 동기 이해의 의미를 언급하도록 하겠다. 상황과 규범 사이의 차이, 그리고 그 차이가 해소되는 일치 경험은 종교 경험의 핵심을 이룬다. 하나님이 창조를 마친 후 "보라, 모든 것이 하나님 보시기에 좋았다"는 확신에서, 우리는 창조 사건 속에서 가장 복된 일치가 전제되고 있음을 알게 된다. 그 일치는 최고의 종교적 행복 속에서 느낄 수 있는 것이다. 인생이란 인생 너머에 있는 약속을 성취해 가는 것이다. 이 '약속' 이라는 범주는 성서 신앙의 핵심이다. 현재와 규범, 현실과 가치 사이의 간격은 종교적 성찰을 촉발시킨다. 예컨대 신정론 문제가 그것이다. 하나님의 선하심과 전능하심 간의 풀리지 않는 모순이 종교적 성찰을 촉발시킨다.

동기화 형식

정보 이론적 동기 모델은 우리가 다양한 동기화 형식들을 구분할 수 있도록 도와준다. 교수학적으로 중요한 동기화 형식들을 다음과 같이 구분할 수 있다.

(1) 긍정적/부정적 동기화*
(2) 동화/조절 동기화
(3) 내적/외적 동기화
(4) 자발적/타율적 동기화

*동기이론에서는 보통 정적/부적 동기화로 표기하고 있으나 정확한 의미 전달을 위해 긍정적/부정적으로 번역하였다.

(1) 긍정적/부정적 동기화

동기화 자극이 이미 익숙해진 정상 가치를 지나치게 약화시키면 거부 반응을 일으킨다. 사람들은 혼란스런 자극을 기피하거나 제거하려고 할 것이다. 이것은 학생들에게도 마찬가지다. 학생들이 수업을 방해하거나 수업에 집중하지 않은 채 앉아 있기만 하는 경우, 학생들의 이러한 태도는 교사가 자신들에게 과도한 것을 기대하고 있다는 인식이 만연되어 있기 때문이다. 교사가 아무리 가르치려는 동기를 강하게 갖고 있다 하더라도, 그것이 지나치게 강압적인 경우 긍정적 동기를 주기보다는 부정적 기피 현상을 일으킨다. 그때 교사는 요즘 학생들이 학습 능력도 떨어지고 사고를 요하는 문제에 무관심하다고 생각하기보다는 좀 더 나은 무엇인가를 고심해야 한다. 이 문제는 신학 교수들에게도 마찬가지다. 소위 '처방적' 교수학*에 능통한 사람조차도 처방전도 없이 과제를 부과하는 경향이 있다. 이것은 수업 시간의 학습 과정에만 해당하는 것이 아니라 전체 삶 속에서 이루어지는 배움에도 해당한다. 종교는 긍정적인 동기화를 이루고, 부정적인 동기화를 긍정적으로 변화시키고자 하는 학습 과정이라 할 수 있다. 종교는 삶으로 나아가게 하는 용기를 강화시키고자 한다 – 또는 (원시 불교에서처럼) 긍정적 차원의 무(無)로 나아가도록 가르치고자 한다.[271]

(2) 동화/조절 동기화

적절한 차이 경험은 긍정적인 동기화를 일으킬 수 있다. 즉 학생들이나 학습자들로 하여금 자신의 불일치 경험을 해소하도록 동기부여한다. 이

---

*학생들에 대한 교사의 요구(예컨대 과제)가 적절한 상황과 학생 능력을 고려한 처방에서 시작해야 한다는 교수학적 관점이다.

것은 두 가지 방식으로 가능하다.

a) 학습자들은 이 차이를 일으킨 정보를 그들이 가지고 있는 행동과 사고, 감정의 도식에 맞춘다. 이 과정을 우리는 '동화' 라고 부른다. 환경(자극)을 해석함으로써 자신의 기대와 일치시키는 것이다.

b) 기존의 도식을 새로운 경험에 맞추는 경우가 발생한다. 이 과정을 '조절' 이라고 부른다. 사람이 자신의 방식을 바꾸어 주변의 문제를 해결함으로써 자신과 주변 환경 사이의 새로운 평형 상태를 만들어 내는 것이다.

우리는 교수학적 측면에서도 동화 자극과 조절 자극을 구분할 수 있다.[272] 반복과 훈련을 통해 동화 자극을 제공함으로써 새롭게 출현한 대상과 관련하여 기존의 도식과 범주를 재발견하도록 도울 수 있다. 반대로 새로운 주제 영역을 탐구할 때에 조절 자극을 이용할 수 있다.[273] 교육의 목적은 학년에 상관없이 실재에 대한 기존의 인지적·행동적·감정적 도식을 조절하는 것이다. 즉 새로운 경험에 대해 개방하게 만드는 것이다. 아울러 여기에서는 학습 과정만이 중요한 것이 아니다. 종교는 일종의 포괄적인 학습 과정이다. 황량한 현실을 우리의 한정된 상상력에 동화시킴으로써 우리가 거주할 수 있는 '의미 있는 세계' 로 변형시키고자 한다. 그러나 동시에 종교는 궁극적 실재가 모든 해석을 철저하게 초월한다는 사실을 깨닫게 한다. 즉 존재 자체로서 하나님은 우리가 다다를 수 없는 초월적 존재이며, 이해하기 힘든 신비적 존재라는 것을 알게 한다. 이것은 마치 기존의 인지 도식에 동화를 시도하는 모든 파도를 산산이 부서뜨리는 거대한 바위에 비유할 수 있다. 우리는 사고의 한계를 깨닫게 하는 이러한 저항을 통해서 진정한 현실을 직시하게 된다. 종교 교육은 악명 높은 현실과 관련된다. 우리는 그곳에서 오직 제한된 상태로 우리 사고의 가능성과 체험을 '동화' 할 수 있을 뿐이다.

(3) 내적/외적 동기화

사람이 의지를 가지고 어떤 행동을 하게 될 경우 내적 동기화가, 우연히 어떤 자극으로 인해 행동하게 될 경우 외적 동기화가 발생한다.[274] 어떤 교사는 학생들을 좀 더 동기화 하고자 수업 시간에 좀 더 멋지게 동기부여를 하려고 동기에 관한 책을 읽을지도 모른다. 그렇다면 이 사람은 내적으로 동기화된 것이며, 그 책을 통해 동기부여를 극대화하려 한다. 하지만 어떤 사람은 책의 표지가 멋지거나 새롭게 눈에 띈 (예컨대 '동기화' 라는) 낯선 단어에 이끌려 책을 읽게 된다. 이러한 자극은 아주 우연하게 책의 내용과 연결되는데, 이때 외적 동기가 작용한다. 물론 여기서도 차이(간격)의 원리가 작용할 수 있다. 즉 기존의 책과 차별화된 멋진 표지가 처음 듣게 된 어휘처럼 작용할 수 있다. 사실 어떤 행동이든지 내적 동기에 의해서만 이루어지는 일은 없다. 또 외적 동기화를 전혀 무시하고 도덕적인 차원에서만 행동하려는 것도 불가능하다.[275]

우리가 여기서 다루고자 하는 것은 수업 시간에 한정된 보편적인 학습 원리가 아니다. 우리는 삶 전체를 다루려고 한다. 사람들은 신앙 발달의 목적을 외적으로 동기화된 행동보다는 내적으로 동기화된 행동으로 보려고 했다. 예컨대 레씽(G. E. Lessing)은 인류의 교육을 세 단계로 구분했다.[276] 구약성서 시대의 인류는 현실 세계의 보상과 처벌을 기대하면서 선한 행위를 하도록 동기화되었다. 신약성서 시대에는 피안의 세계에 대한 기대가 확산되었다. 성령의 시대 사람들은 자기 스스로 선한 행위를 하게 되었다. 레씽이 옳게 지적한 대로, 우리는 신약성서에서 외적 요인으로부터 자유로운 행동으로 내딛는 커다란 발걸음을 보게 된다. 그 사실은 산상수훈의 세 주요 부분에서 분명히 나타나고 있다. 하지만 예수는 "그러나 나는 너희에게 말한다"라는 반(反)명제 부분(마 5:21-48)에서 전통에 반하는 자유, 즉 내적 주도성을 요구하고 있지만, 공격적이고 성적(性

的) 충동에 대립하는 주도성을 요구할 때, 심리적 동기에 대해서도 반대한다. 경건에 대한 규율(마 6:1-15)에서는 주변 세계의 사회적 통제에서 자유할 것을 요구하지만, 다른 사람들의 평가에 의한 동기부여도 거부한다. 또 예수는 사회생활에 대한 권면(마 6:16-7:11)에서 타인을 질투하거나 비판하는 것을 경고할 뿐만 아니라, 질투하고 비판하는 '눈' (6:22-23, 7:3-5)도 역시 경고하고 있다. 따라서 신약성서는 '보상' 에 대한 기대나 약속을 거부한 채 순수하게 내적 동기만을 요구하지 않는다.

(4) 자발적/타율적 동기화[277]

인간이 온도조절 장치와 다른 결정적 차이는 인간은 스스로를 동기화할 수 있다는 것이다. 인간은 자극과 규범에 따라 행동할 뿐만 아니라, 스스로 규범에 영향을 미치고 계획과 가치를 설정한다. 목표를 세우고, 동기부여를 위한 자극을 찾고 종국에는 스스로를 보상한다. 이처럼 자발적인 동기화 능력은 모든 교육의 목표이자 수업의 중요한 동기 요인이기도 하다. 모든 인간 행동에 원인이 있다는 의식은 성취 동기를 전제하고 있다. 성인 교육에서 '분위기' 가 중요한 것처럼, 유아들의 자발적 교육을 위해서도 동기가 촉발되어야 한다.[278] 따라서 자발적 행위를 자극함으로써 학습자를 학습 과정의 주체로 만들어 주는 것, 그리고 그에게 적절한 처방을 통해 책임을 부여하는 것은 교육이 담당해야 할 아주 중요한 역할이다. 자발적 동기화를 너무 쉽게 내적 동기화와 동일시해서는 안 된다. 음악 감상문 과제에 대한 보상이 주어질 때, 학생들은 외적으로 동기화되기도 하지만 자발적으로 동기화되기도 한다. 그럼에도 불구하고 내적 동기화와 자발적 동기화 사이에는 긴밀한 연관성이 있다. 내적으로 동기화된 사람은 주변 환경의 동기부여 없이도 쉽게 자기 자신을 활성화할 수 있기 때문이다.

다시금 이 문제는 수업의 영역을 넘어선다. 우리는 타율적 동기화와 자발적 동기화와 관련해서 종교에 관한 근본적인 질문과 대면하게 된다. 종교는 같은 행위에도 두 가지 원인이 있음을 발견하고, 두 가지 귀인(Attribution)* 사이를 왔다 갔다 함으로써 그 본질이 무엇인지 찾는다. 하나님, 즉 초월적 존재가 행한 일은 동시에 인간이 행한 일이기도 하다. 모든 것들이 한편으로는 하나님의 의지에 의한 것으로, 다른 한편으로는 인간 자신의 의지에서 일어난 것으로 드러날 수 있다. 누군가에게 모순적으로 경험되었던 사건이 종국에는 자신이 원했던 일로 체험되기도 한다. 그렇게 필연성이 자유로 전환되는 것이다.

지금까지 논의한 일반심리학의 동기이론들을 모든 연령의 성서 교육에 적용할 수 있다. 성서 교수학은 주로 심리학의 원칙보다는 해석학의 원칙을 사용한다. 인간의 진술은 그 진술을 중심으로 해석해야 한다는 것이다. 그러나 정보 이론적 동기 모델도 해석학적 과정에 적용할 수 있는데, 그 과정은 인간과 환경 사이에서 일어나는 정보 교환의 특별한 사례다. 여기서 텍스트 자신이 결정적으로 중요한 자극이 된다. 문제는 어떻게 성서의 텍스트가 동기부여의 능력을 펼칠 수 있는가 하는 것이다. 일반 교육과 마찬가지로 성서 교육도 부정적 동기를 제거하고 긍정적 동기화를 추구한다. 조절 방식을 통해 내면적이고 자발적인 동기화를 창출해 내고자 한다. 이것이 바로 성서 교육의 잠재적 목표다. 그 목표에 몇몇 학생들만이 이르렀다 하더라도 그것은 의미 있는 결과가 될 것이다.[279]

---

*귀인이란 원인의 추론 과정을 말한다. 귀인이론은 과제 수행의 성취 결과(성공 또는 실패)에 대한 인과추론을 통해 그후 성취 정서, 성취 동기 및 성취 행동에 미치는 영향을 연구한다.

2. 동기화와 해석 과정

'이해'[280]라고 하는 것은 텍스트의 내용과 삶과의 관련성을 전제한다. 그것을 좁은 의미의 전(前)이해라고 부른다. 수학과 전혀 상관이 없는 사람은 수학 교재를 이해하지 못할 것이다. 의미나 가치에 관한 질문과 전혀 관련이 없는 사람은 종교나 철학 서적이 낯설게 느껴질 것이다. 하지만 결코 이해하는 자는 백지 상태(*tabula rasa*)가 아니다. 그는 사고와 가치, 감정에 대한 특별한 도식(Schemata)을 가지고 있다. 이 도식이 텍스트와 만나 대화하는 것이며, 텍스트를 이해하는 동기인 것이다. 우리는 텍스트와 처음 만남으로써 – 즉 책을 처음 읽게 되거나 아니면 그 책에 대한 사전 정보를 전달받게 됨으로써 – 텍스트에 대한 첫 이해에 이르게 된다. 이해하려는 동기는 첫 이해와 삶과의 관련성 사이의 차이(간격)를 통해 발생한다. 그 차이가 너무 클 경우 해석학적 반감이나 저항이 발생한다. 학생이라면 그 텍스트를 "끔찍하다", "지루하다", "재미없다"고 말할 것이다. 그러나 그러한 틈이 메워지기를 기대할 경우, 일종의 이해 과정, 즉 전이해와 이해 간의 해석학적 순환이 발생한다. 텍스트에 참여함으로써 학생은 전체 그림을 그리게 되고, '전체'와 씨름하면서 전에 가졌던 기대를 다시 수정하게 된다. 심리학적 개념으로 표현한다면, 동화와 조절의 상호과정에 이르게 되는 것이다. 텍스트의 내용은 독자의 범주에 동화되고, 또 독자의 이해는 내용을 통해 수정된다. 성공적인 이해란 동화와 조절의 평형을 이룸으로써 낯선 세계와 자신의 익숙한 세계 간에 '지평 융합'을 이루는 것이다. 분명히 알아야 할 것은 그러한 성공적인 이해가 아주 드물게 일어난다는 것이다. 대부분의 경우 '동화 불능', 즉 낯선 것으로 남아 있거나, 모든 조절 작용을 멀리하는 반감(反感)이 여전히 남아 있게 마련이다. 문화 기억이 바로 이런 식의 유지 행위에 속한다. 여기서 간략하게 소개되는 해석학 이론은 정보 이론적 동기화 모델을 넘어선다. 정보 이론적 동기화 모델은 자극과 반응 사이에서 일어나는 인지적 매개 행위에 주안점을 두었다. 즉 우리는 지각(知覺)과 기대의 표본(Muster)에 한정해서 텍스트 작업을 하게 된다. 해석학이 정보 이론적 모델을 넘어서는 이유는, 전이해를 구성하는 그러한 인지적 매개 행위가 역사적으로 각인되었다는 사실을 말해주기 때문이다. 동화와 조절은 시간을 초월한 주체와 객체 간의 상대성 안에서 이루어지는 것이 아니라, 주체와 객체가 만나는 역사 과정을 통해 이루어진다. 신뢰하는 마음으로 이 과정에 '몸을 맡기라' 는 제안은 너무 일방적이다. 그러기에는 그 위대한 문화 전통이 너무 어두운 면을 많이 가지고 있다.[281] 게다가 거대한 문화 전통 안에는 다른 것에 가리워져서 보이지 않는 부분들이 너무 많이 존재한다. 결국 분명한 사실은 우리는 이해 과정을 자유롭게 접근할 만한 어떤 방법도 가지고 있지 않다는 것이다. 이해 과정은 이미 주어져 있는 역사적 상황과 관련 속에서 고려되어야 하는데, 예컨대 종교적 경험과 상징은 오직 '그 의미를 인지하고 있는 소수의 사람들' (kognitive Minderheit)에게만 실존적 의미를 제공한다.[282]

성서 수업에서 긍정적/부정적 동기화

교사는 성서 교육 학습자들을 부정적 동기화와 관련해서 고려해야 한다. 자칫 교사들이 (이전 교사가 담당했던) 끔찍한 교육을 책임지려고 할 때, 너무 단순하게 행동하는 경우가 있다. 그래서 구체적인 수업 과정과 관계없이 성서에 대한 부정적 태도를 유발시키게 된다. 성공적인 성서 교육조차 부정적 동기들과 깊이 연관되어 있으며, 그것은 신학 수업을 위해서도 중요하다. 여기서는 부정적 동기화의 원인만을 지적해야겠다. 즉 의미와 가치를 묻는 질문은 오리무중으로 인도하는 경우가 있다. 예를 들어 신정론의 문제를 다룰 때, 차이(간격) 경험이 지나치게 클 경우, 학습자들은 그 차이를 동기로 전환하기 어렵다. 이 문제는 우리 삶을 굉장히 고민하게 만든다. 신정론의 문제를 어떤 이는 실존적으로, 어떤 이는 단순히 논쟁적으로 고민하는데, 이 둘 사이에는 커다란 차이가 있다. 신정론 문제에 분명한 대답을 시도하는 세 가지 예가 있다. 죄의 문제를 하나님께 돌리느냐, 인간에게 돌리느냐, 아니면 (죄악으로 가득한) 세계로 돌리느냐 하는 것이다. 물론 그렇게 함으로써 이 문제가 명확하게 정리될 수 있다는 것뿐이지 문제가 해결되는 것은 아니다. 하지만 그러한 답변이 가지고 있는 논리적 명확성만큼은 어느 정도 만족할 만하다. 신정론 문제에 대한 답변이 또 하나의 새로운 문제점(Aporien)을 드러낸다는 지적도 유익할 수 있다. 즉 "신정론의 문제가 고난에 대한 저항 의식을 소멸시키는 것은 아닌가?", "무엇이 우리의 저항을 불러일으키는가를 의미 있게 설명해야 하지 않겠는가?" 이런 통찰도 충분히 의미가 있다. 이 모든 경우에 있어서 종교 교육은 수많은 차이 경험을 자극하게 되며, 그것은 동기화의 문제와 연관된다. 많은 이들이 종교적 질문은 답변이 불가능하다고 말한다. 그렇다면 무엇 때문에 그런 신정론 문제를 다루어야 하는 것인가? 결론 없는 사유는 새로운 사유로 동기화되지 못한다.[283] 동기부여자는 해결 가능한 문제를 다룸으로써, 그 과정 속에서 성취 경험을 갖도록 하는 사람이다. 다행히 종교 교육에도 해결 가능한 문제들이 있다. 하지만 복음의 영역에서 역사성 같은 문제는 평신도들에게 해결하기 어려운 문제다. 그들은 혼란스런 주석 논쟁 속에 매몰되기 때문이다. 교사는 '해결되지 않는 문제'를 다룰 때 '양면성에 대한 관용'을 필요로 한다. 이 태도는 창의적이고 민감한 행동을 이끌어 내기 위한 전제다. 이러한 태도는 명확한 답변이 불가능한 문제에 대해서 개방성을 갖도록 도와준다. 위로가 될지 모르겠지만 카프카(Kafka) 해석조차도 '양면성에 대한 관용'이 요구된다. 그것 없이는 삶의 통전성이란 존재할 수 없다. 그러한 관용이 성숙한 인간의 태도인 것이다.

성서 수업에서 동화/조절 동기화

종교 교육을 진행해 나갈 때 고려해야 할 점은 학생들이 종교(문제)에 대해서 거리를 두고 있다는 사실이다. 교사는 이 거리를 뛰어넘기 위해서 자주 동화 차원의 동기부여를 제공하고자 한다. 즉 교사는 일반 경험 과학, 예컨대 사회학적 또는 심리학적 범주를 통해 종교 전통을 분석하게 된다. 그렇다고 일반 사람들이 사회학적·심리학적 범주들을 이미 활용할 수 있다는 것을 말하는 것은 아니다. 우선적으로 그러한 범주들을 가르쳐서, 그 범주들이 현대 세계의 일부임을 받아들이게 하려는 것이다. 교수학적 고민이 바로 여기에 있다. 즉 이러한 '동화의 기능'이 지나칠 정도로 자율적이란 점이다. 우리는 정신분석의 삼중 모델(Drei-Instanzmodell)을 통해서 로마서 7장을 아주 명쾌하게 해석해 낼 수 있다.* 학생들은 그것에 상당한 흥미를 느낀다. 하지만 그들의 관심은 정신분석의 도움으로 로마서 7장을 해석하는 데 있다기보다는 로마서 7장에 적용된 정신분석 과정에 있는 것이 아닐까? 낯선 대상(롬 7장)이 이미 익숙한 것(정신분석)에 종속돼버리는 것이다. 성서 본문은 더 이상 그 고유성을 드러내지 못한다. 종교 현상에 대한 심리학적·사회학적 적용에 무작정 반발하려는 것은 아니다. 하지만 여기서 "왜 우리는 로마서 7장처럼 접근하기 어려운

---

*프로이트의 정신분석에서 비롯된 이드, 자아, 초자아의 삼중 모델을 적용하여 로마서 7장을 율법, 육체, 자아의 갈등 구조로 해석해 낼 수 있다.

텍스트에 정신분석을 시도해야만 하는 것일까?" 하는 동기 문제가 제기된다. 따라서 흥미만점의 동화 자극일지라도, 만일 그것이 제시된 학습 목표와 관련성을 잃게 될 경우, 또 바울에 대한 이해가 목표가 아니라 개별적인 역사 자료를 가지고 현대 이론을 서술하는 것이 목적일 경우, 오히려 동기화를 저하시킬 수 있다. 따라서 모든 종교 수업이 추구해야 할 것은, 동화 자극과 조절 자극 간의 평형 상태를 유지하는 것이다. 구체적으로 말한다면, 로마서 7장을 다룰 때에 본문에서 동화가 불가능한 측면을 명확하게 설명해줌으로써 자기 치유(정신분석 치료의 목적)와 구원(바울의 목적)이 다른 것임을 알게 해야 한다.[284]

성서 수업에서 내적/외적 동기화

종교 교육은 지나치게 외적으로 동기화하려고 한다는 지적을 자주 받는다. 즉 수업 참여자들의 현실과 관련성도 적고 아주 드물게만 다뤄지는 주제를 수업 시간에 다룬다는 것이다. 이제 외적 동기화와 내적 동기화 간의 차이는 상대적일 뿐이다. 그것은 종교 교육의 학습 목표에 명시되어 있는 것과는 다른 문제다. 어떤 이에게는 '별 것 아닌 것' (Allotria)이 다른 이에게는 핵심적인 문제에 속한다. 예컨대 사람들은 병리 심리학 주제와 관련하여 진자운동을 가지고 동기화할 수 있는데, 진자운동은 무의식적 심리 기제의 영향을 보여주기 때문이다. 만일 누군가 초대 그리스도교의 기적 이야기를 다루려는 목적으로 병리 심리학을 추적해갈 경우, 그는 외적 동기부여를 통해 그 주제를 다루려는 것이다. 하지만 과학으로서 병리 심리학과 종교적 흐름으로서 영성주의를 구분하고 이 관련성 속에서 신약성서의 비정상적인 현상에 접근하고자 하는 것이 목적이라면, 상황은 또 다르다. 그러한 문제는 문제지향적 종교 교육의 전형에 해당한다. 현재의 문제로부터 시작해서 종교 전승에 대해 질문하게 될 때, 동기부여의 어려움이 생긴다. 현재의 문제는 모두 현재 자체에 관심이 있다. 전통의 관심은 (자주 시간적 이유로 인해) 거의 효력을 발생하지 못한다. 그렇지만 우리는 이 문제를 이렇게 해결할 수 있다. 수업 계획을 공동으로 세움으로써 모든 참여자들이 전승에 대한 관심을 기대하도록 한다든지, 아니면 처음부터 문제와 전승을 나란히 연결시키는 것이다. 예컨대 예수께서 원거리에서 병을 고친 기적 이야기(요 4:46이하)와 병리학적 상황을 대면시키는 것이다. 이 문제는 다른 교수학적 상황을 위해서도 중요하다. 예컨대 독일 '교회의 날' (Kirchentag) 성경공부의 경우, 성서 본문을 가지고 현실 문제를 조명해 볼 수 있다. '성경공부' 가 그 모토를 만족시키지 못한다 하더라도, 그것은 그 자체로 의미가 있는 일일 것이다. 역으로 성서 본문을 현재 문제에 투영할 수도 있을 것이다.

성서 수업에서 자발적/타율적 동기화

종교 교육은 우선적으로 자발적 동기화의 기회를 제공한다. 독일의 경우 14살이 되면 종교 수업에 참여할 것인가 말 것인가를 스스로 결정할 수 있다. 종교 수업을 계속해서 받을 것인가를 스스로 판단하는 것이다. 사실 종교 수업만큼 교사가 학생들이 원하는 폭넓은 주제들을 다룰 수 있도록 준비된 과목도 드물다. 뿐만 아니라 종교 수업은 다른 과목보다 성취 압박으로부터 벗어나 있다. 바로 여기서 실험을 위한 시공간이 훨씬 많이 존재한다. 즉 실험을 통해 학생들의 자기 주도성 효과를 발휘하게 할 수 있다는 것이다. 오늘날 교회의 성경공부 참여자들은 현대의 유행에 도전하고자 하는 자기 결단을 갖고 참여한다. 신학을 공부하는 사람은 우리 사회를 지배하고 있는 규범에 예속되지 않는다.

3. 성서 이해를 위한 동기: 종교적 관심

성서 학습에서 실제적인 동기부여를 위해 가장 중요한 요소는 학생 자신의 동기와 관심이다. 교사는 수업 시간을 통해 그것에 접촉점을 제공할 수 있을 뿐이다. 교사는 가정과 또래 집단에서 형성된 학생들의 사고방식을 수용해야만 하며, 그들이 가지고 있는 동기에 접촉을 시도해야 한다. 그러나 과연 동기란 무엇인가? 이미 앞에서 동기는 한 개인의 지속적인 태도 성향이라고 정의하였는데, 이 개인의 태도 성향은 왜 다양한 상황 속에서 동일한 행동이 나오는지, 그리고 동일한 상황에서 어떤 사람은 다른 사람과 상이한 반응을 보이는지 설명해 준다. 정보 이론적 동기이론에 따르면, 이 태도 성향은 개인의 인지적 선취 행위(kognitive Voreingenommenheit)다. 이것은 개인에게 유입된 정보, 즉 현재 가치(Ist-Wert)가 기존의 규범, 규정, 가치와 차이가 나는 경우 유기적으로 개인을 활성화시키는 규범 가치(Soll-Werte)다. 이와 관련하여 두 가지 교수학적 사실을 지적하는 것이 좋겠다. 첫째, 동기는 개인에 따라 차이를 보인다, 둘째, 동기는 개인에게서 학습에 따라 변화할 수 있다. 첫 번째 지적으로부터 교사나 인도자의 동기부여에는 한계가 있다는 사실이 도출된다면, 두 번째 지적으로부터 교사나 인도자는 – 한계성에도 불구하고 – 여전히 학습자들에게 영향을 미칠 수 있는 여지를 가지고 있다는 사실이 도출된다.

개인에 따라(interindividuell) 나타나는 동기 차이: 사람은 상당히 다양한 동기를 가지고 있기 때문에 다양한 주변 환경과 관련을 맺으며 살아갈 수 있다. 물론 모든 사람에게는 몇 가지 기본 동기, 예를 들어 성취 동기, 경쟁 동기, 목표달성 동기, 구호 동기, 친애 동기 등이 있다. 사람들은 각자 서로 다른 동기들을 가지고 있어서 음악을 좋아하는 사람이 있는가 하면 패션에 관심이 있는 사람이 있다. 이렇게 다양한 동기들 때문에 사람들은 자기 자신에 대해 말하기보다는 다른 사람들에 대해 많은 말을 한다. 이 문제는 교사와 학생, 지도자와 구성원 모두에게 해당하는 것이다. 교사가 어떤 동기에 지배되고 있는가에 따라 수업이 어떤 이에게는 잘 맞고, 다른 이에게는 잘 맞지 않는 '자극 구조'[285]를 가지게 된다. 경험적 연구에 따르면, 학습 결과도 그러한 동기에 영향을 받는 것으로 나타난다. 학생들은 자신과 유사한 동기 구조를 가진 교사에게서 더 효과적인 학습 결과를 얻게 된다.[286] 따라서 '수업의 동기 구조가 모든 학생들에게 동시에 효과를 보게 되는'[287] 수업이란 존재할 수 없다. 한 학급이 상당히 내용 주도적인 방식의 교사로부터 좋은 동기화를 얻게 되었다면, 그것으로 말미암아 수업 방식이 긍정적 반응을 불러일으키지 못한 다른 교사는 썩 좋지 못한 교사로 평가받게 마련이다. 장기적으로 보면 그 교사도 의미 있는 교육 과제를 수행한 것이다. 왜냐하면 사람들에게 순응적인 동기 구조를 형성시키는 것이 우리 교육의 목적은 아니기 때문이다. 우리의 목적은 학생들에게서 다양한 사람들의 동기를 관용과 이해로 발전시켜 나가는 것이다.

개인에게서(intraindividuell) 나타나는 동기 변화: 서로 다른 사람들의 다양한 동기 구조에 주목하는 것이, 이러한 동기를 무조건 수용하라는 것을 의미하지는 않는다. 장기적으로 보면 동기는 변화한다. 대부분의 동기는 학습되기 때문이다. 학습될 수 있는 것은 소멸될 수도 있다. 사람들은 아직 학습하지 않은 것을 뒤늦게 학습하기도 한다. 따라서 어떤 사안에 대해 동기부여가 일어났을 때, 현재의 한시적 동기를 지속적인 동기가 되게 할 수 있다. 따라서 동기와 동기화는 서로 순환 관계 속에 있다. 동기화가 동기를 전제하고 있다면, 동기는 동기화를 통해 성취된다. 여기서 하나의 딜레마가 있는 듯하다. 만일 그 이전에 전혀 흥미를 갖지 않았던 사안이 있을 때, 우리는 어떻게 그 사안을 동기화할 수 있겠는가? 이 딜레마는 원칙적으로 쉽게 해결될 수 있다. 하나의 사안은 대부분 다양한 동기와 관련되어 있기 때문이다. 어떤 사람이 종교에 흥미가 없다 하더라도, 정치에 관심이 있을 수 있다. 아마도 그 사람은 '종교와 혁명' 이란 주제에 흥미를 느낄지도 모른다. 그렇게 함으로써 정치와는 상관없이 종교 자체에 흥미를 가질 수 있는 기회를 제공할 것이다. 매개체였던 것을 목적이 되게 할 수 있다. 근원적 동기가 사라지더라도 새로운 동기를 약화시키지 않는다. 올포트(G. W. Allport)는 인간의 역동성을 몇 개의 기본 욕구와 그 욕구에서 파생된 것으로 보려는 모든 시도에 반대하며, 소위 '동기의 기능적 자율성' 을 강조했다. 이 용어가 의미하는 것은 다음과 같다. "지금의 동기는 과거의 동기에서 발생할 수 있지만, 기능적으로 과거의 것과는 완전히 독립된 존재라는 것이다. 이 새로운 동기는 과거의 동기와는 무관하게 영향력을 행사한다."[288] 여기서 교수학적 과제가 등장하게 되는데, 다양하게 동기화할 수 있는 수업 내용을 선택해야 한다는 것, 즉 동시에 다양한 동기를 제공할 수 있는 내용을 선정해야 한다는 것이다. 우리는 여러 학생들에게서 흥미로운 사안을 발전시켰다는 것에 신뢰를 가져야만 한다. 우리는 정치적 관심을 넘어서 서정시에 대한 주된 관심을 일깨우기 위해 약간의 정치적 서정시를 읽게 할 수 있다. 여기서 질문이 하나 제기된다. 이 모든 것들이 종교적 동기 형성을 위해 타당한 것인가? 종교에 대한 관심이 다른 모든 관심처럼 정말 학습되는 것인가?

종교적 동기와 관심 – 종교 교육의 접촉점인가?

50년 전만 해도 종교 교육의 접촉점으로서 종교적 관심을 진지하게 토론하는 것은 불가능한 일이었다. 변증법적 신학은 모든 계시에 대한 인간의 접촉점을 철저하게 부정했고, 믿음을 인간의 지식으로 설명할 수 없으며 하나님의 말씀에서 비롯된 기적이라고 이해했다. 이로써 변증법적 신학은 자유주의 신학에 정면으로 맞섰다. 자유주의 신학의 관점에 따르면 인간에게는 신앙심(종교성)으로 자라게 되는 종교적 배아가 존재하며, 그러한 한에서 종교는 '교육 가능하다'.[289] 따라서 당시에 이런 질문들이 제기되었다. 과연 종교 교육학자와 성서 해석자는 학습자들에게 신체상의 '종교적 기관' 을 전제해야 하는가, 아니면 이러한 기관은 오로지 하나님의 말씀을 통해서, 즉 믿음의 정신 안에서 해석된 성경을 통해서 창출되는 것인가?

해석학적 신학은 이 두 진영의 중재를 시도하였다. 즉 삶의 본질에 대한 인간의 질문을 계시를 위한 접촉점으로 허용하였고, 인간의 '불안정한 마음' (*cor inquietum*) 가운데서 하나님을 향한 이정표를 찾으려 했다.[290] 접촉점의 문제는 지난 한 세기 동안 다양한 신학적 · 기독교교육학적 흐름의 쉬볼렛*이 되었다. 이미 '동기의 기능적 자율성' 개념이 지적한 바처럼, 인간은 선천적 동기와 외부에서 주어진 동기 사이에서 양자택일하려고 하지 않는다. 인간의 동기는 선천적이지도 않고 무로부터 창조되는 것도 아니다. 동기는 학습된다. 종교적 관심도 학습된다. 하지만 단순히 성서와 친밀해진다고 해서 학습되지 않는다. 성서 이해는 이미 일반 생활에 뿌리를 두고 있는 종교적 질문에 관심을 두고 있다. 그리고 이러한 종교적 질문에 대한 일반적 관심도 선천적(apriorisch)인 것이라기보다는 학습된 것이다. 인간의 형식적 학습 조건**도 소여된 것이긴 하지만, 그렇다고 그것이 자동적으로 활성화되지는 않는다. 달리 표현하자면, 인간은 불

---

*구약성서 사사기 12장 6절에 나오는 말이다. 길르앗 지파와 에브라임 지파 간의 싸움에서 길르앗 사람들은 요단강을 건너는 사람이 에브라임 사람인지 아닌지를 확인하기 위해 '쉬볼렛' 을 발음하게 하였다. '쉬볼렛' 이라 하지 못하고 '시볼렛' 이라고 발음하는 사람은 에브라임 지파 사람으로 여겨져 죽임을 당했다.

**예컨대 인간의 종교성

안정한 마음이 있기에 하나님을 찾는다. 하지만 인간은 학습을 통해서 '불안정' 하다는 것을 알 수 있고, 그래서 하나님을 찾게 되는 것이다. 많은 사람들의 경우, 이 불안정한 마음의 흔적을 찾기는 어렵다. 따라서, 불안정한 마음이 무의식중에 존재한다는 사실은 – 비록 의식(意識)은 그것을 부정하겠지만 – 대담한 추측에 속한다. 모든 것이 경험이나 모방, 또는 세상에 대한 탐구와 전적 타자에 대한 민감성을 통해서 학습되듯이, 일상을 넘어서는 의미 성취의 욕구도 학습되어야 할 것이다. 그 과정에서 사람들에게는 장벽을 제거하는 일도 생길 수 있고, 세계나 인생의 심층적 차원에 대해 종교적으로 논증해야 할 일도 생길 것이다. 그러나 아무리 유능한 교사라도, 결국에는 인간이 어찌할 수 없는 계시 경험을 통해 이 심층적 차원이 열려지길 기다려야 한다. 누군가 현실의 심층적 차원이 존재하고, 그것이 삶에 도움이 될 것이라는 보편적인 기대감을 가지게 된다면, 그 사람은 종교적 관심, 또는 종교에 대한 동기를 소유한 것이다.

종교 교사가 겪어야 하는 어려움이라면, 수업 시간에 다양한 모티브와 관심을 제시해 줘야 한다는 것, 특히 종교적 모티브를 분명하게 말해주어야 한다는 것이다. 사실 우리도 신앙이 무엇인지 정확히 알지 못한다.[291] 그럼에도 불구하고 나는 이 책에서 일반적인 의미의 종교적 관심을 제시하고자 했다. 그것은 세 가지 종교적 경험 – 초월 경험, 우연 경험, 공명 경험 – 에 민감해지는 것이자 종교적 의미를 일깨워 주는 것이다. 이제 그곳으로 다시 돌아가야 하겠다.

종교적 경험과 종교적 관심

종교적 관심이 생기게 되는 이유는 우리가 내적으로 '상처' 를 입거나 의문점이 생기기 때문이다. 종교적 관심은 궁극적 실재와의 만남을 요구한다. 그 과정에서 인지적, 정서적, 그리고 행동적 측면을 구별해야 한다.

(1) 우리에게는 **인지적** 관심이 있다. 우리는 전체 현실을 집약적으로 이해하려고 하고, 한계를 갖고 있는 일상세계를 더 거대한 전체의 일부로 파악하려 한다. 우리는 우리 '세계'가 실재가 아니라 우리가 이해하고 구성한 세계라는 것, 우리의 감각과 두뇌와 관련된 현상계라는 것을 너무도 잘 알고 있다. 궁극적 실재는 우리로부터 벗어나 있다. 우리는 궁극적 실재를 인식하려는 노력을 통해서 우리에게 감추어져 있는 것과 대면하게 된다. 여기서 우리는 현재 속으로 침투해 들어오는 초월 경험을 하게 된다.

(2) 우리에게는 **정서적** 관심이 있다. 우리는 전체 현실 속에서 안전한 곳을 찾으려고 한다. 근본적으로 우리의 인식 영역을 벗어나 있는 초월 경험은 의식의 영역 안에선 상당히 끔찍한 체험일 수 있다. 초월은 모든 문제를 관통하고, 그 모든 것을 현재화하기 때문이다. 그럼으로써 내면 가장 깊숙한 곳에서 성찰되는 나 자신이 이 현실의 일부 또는 피조물에 불과하다는 것을 드러내기 때문이다. 우리가 소멸되지 않은 채 존재한다는 사실은 도무지 설명할 수 없는 기적과 같다. 그리고 이 기적은 매 순간 철저하게 인간을 침투해 들어와서는 인간이 자기 자신을 확신하게 하는 사유조차 감싸버린다. 이렇게 모든 것에 침투하여 분쇄시키는 우연 경험은 종교 경험의 두 번째 근원이다. 초월을 통해 자신을 벗어나 있는 곳에서 사람들은 정서적 안전을 경험하게 된다.

(3) 끝으로 우리는 전체 현실과 관련 속에서 행동을 유발하는 **동기화**에 관심을 갖고 있다. 여기서 우리는 종교 경험의 세 번째 근원과 대면한다. 우리는 결코 사실(Fakten)에서부터 당위(Sollen)를 이끌어 낼 수 없다. 따라서 사실 영역에 속하는 이 '세계'는 우리 행동에 어떤

규범도 촉발시키지 못한다. 하지만 우리는 경험을 통해서 존재(Sein)를 가치와 규범으로 대면한다. 우리는 자주 이 현실이 어떤 식으로 질서가 잡혀 있고, 어떤 예술적 형태로 구성되어 있으며, 어떻게 역동적으로 움직이고 있음을 알게 모르게 경험한다. 그럼으로 말미암아 우리는 우리 자신에게서 이 질서를 유지해야 한다거나 이 예술적 형태를 나의 삶에 구현해야 한다는, 또는 이 에너지를 내 자신의 활력으로 삼아야 한다는 의무감을 갖게 된다. 우리는 이러한 규범 경험을 통해 사실 세계를 초월하며, 사실적인 것을 통과하여 "너는 ~을 해야 한다"라고 지시하는 상위 가치를 체험한다. 물론 그러한 경험은 상대화되기 마련이다. 사람들은 말할지도 모른다. 그러한 가치 경험은 우리의 욕구를 현실에 투사한 것에 불과하다고 말이다. 그러나 우리는 삶 속에서 그러한 상대화와 대결한다. 우리는 올바르게 규정되지 않은 채 우리를 규정하고 있는 잣대에 맞서야 한다는 확신을 가지고 불의를 거부한다. 우리는 사실로 인정되는 것에 맞서 대결한다.

정리하자면, 인간에게 종교적 관심을 불러일으키는 세 가지 근본 경험이 있다. 우리의 인지적 능력을 보잘것없게 만드는 초월 경험, 우리의 피조 감정을 불러일으키는 우연 경험, 그리고 무조건적 가치를 체험하게 하는 공명 경험이 그것이다. 세속화된 사회 속에서 우리는 그러한 경험에 민감해져야 하며, 이론적으로 숙고함으로써 그 가능성을 찾도록 노력해야 한다. 그러한 경험이 우리를 직접 신앙(종교)으로 인도하는 것은 아니다. 그 경험은 삶 속에 산재(散在)해 있어서, 하나의 공동체를 이루게 하거나 지속적인 인격적 행위를 가능하게 하는 공적인 종교 언어로 기능하지 못할 수 있다. 그러나 '종교적 음치'라 할지라도 그러한 경험을 통해서 왜 종교가 많은 사람들에게 생명력이 되고 있는지 인식할 수 있다.

종교적 감수성과 종교적 관심

그러한 (그리고 다른) 종교적 경험을 가능하게 하기 위해서 어떤 일이 일어나야 하는가? 어떻게 하면 그러한 경험이 몇몇 사람들에게서처럼 유치한 수준에 머물지 않을 수 있을까? 우리는 여기서 성서 언어에 주목할 필요가 있다. 성서 언어는 그러한 경험을 위해 수채화 같으면서도 강력한 언어를 사용하고 있다. 요체적 종교 경험으로부터 종교적 관심으로 나아간다는 것은 일반적인 언어로 말해야 함을 뜻한다. 중요한 것은 이것이다. 사람들이 그러한 경험의 도움으로 요체적인 종교적 감각을 회복할 수 있다는 것, 그래서 한번 스쳐 지나가는 경험에서 영속적인 학습 경험을 이룰 수 있다는 것이다.

(1) 초월 경험은 우리 안에 '절대'의 감각을 일깨워 줄 수 있다. 그때 우리는 – 생활세계의 한계성에서 비롯된 – 모든 오류와 환상을 진정한 현실의 제단에 불사르라는 명령을 준행하게 될 것이다. 절대에 대한 감각은 우리를 자극해서 모든 경험을 넘어서는 절대 진리를 찾도록 인도한다.

(2) 우연 경험은 우리가 왔던 그리고 언제가 다시 돌아갈 무(無)와의 대면에 기초하고 있다. 이 무(無)는 무한하다. 우리가 무 안으로 일단 발을 들여놓게 되면, 그 발걸음은 어디서도 멈출 수가 없다. 무와의 대면은 우리 안에 '영원'의 감각을 일깨워 준다. 다시 말해 무의 무한성에 대한 감각뿐 아니라 스쳐 지나가는 우리 존재의 순간이 가지고 있는 영원한 가치를 일깨워 준다.

(3) 만일 우리가 규범 경험(공명 경험)을 하나의 조건으로 축소 해석하지 않고, 우리를 진정한 감각의 실존으로 인도하는 절대 명령으로 이해한다면, 이 경험은 우리 안에 '자유'의 감각을 일깨워 준다. 즉

어느 누구도 우리에게서 빼앗아갈 수 없는 우리 생명에 대한 책임을 말한다.

정리하자면, 초월, 우연, 규범의 기초적 종교 경험은 우리 안에서 불변하는 의미를 의식하게 하는 '나'를 일깨운다. 자아는 절대, 영원과의 만남을 가능하게 하며, 무엇과도 바꿀 수 없는 책임과 자유를 통해 구현된다. 자아는 인간의 삶이 꾸준히 채워가야 하는 과제임을 깨닫게 한다. 자아는 무엇이 본래적인 것이며, 무엇이 아직 결정되지 않았는지를 찾아나선다. 결국 종교적 관심의 중심에는 자아 정체성을 향한 요구가 자리잡고 있다. 자아 정체성이란 "다른 사람의 시각에서 바라보는 일치성과 지속성이 내적 일치성과 지속성을 실제적으로 올바르게 유지하는 능력과 일치하게 되리라는 신뢰"를 의미한다.[292] 많은 사람들에게 종교적 질문은 비정체성의 경험, 즉 거짓과 죄의식, 부끄러움의 경험과 함께 드러난다.

보편적 의미 욕구와 종교적 관심

의미 욕구는 종교적 관심에 속한다. 내 생각에, 이 말은 현실이 인간의 내적 동기와 체험적으로 일치하는 것이다. 의미 욕구는 다른 욕구와 나란히 있는 하나의 동기가 아니라 모든 동기에 대한 일종의 '메타 동기'(Metamotiv)다. 누구나 차이 경험을 통해서 그것을 극복하려고 할 때, 그는 일치를 경험한다. 다시 말해 세계 구조와 동기 구조가 일치할 때, 우리는 세계를 '유의미'한 것으로, 그리고 '적합한' 것으로 체험한다.[293] 세계에 대한 의미 충족은 어느 누구에게서도 박탈되어서는 안 된다. 물론 모든 개개인은 자신의 동기 구조 안에서 일방적일 수밖에 없다. 그러나 우리의 동기가 분화되고 다양할수록, 우리는 세계 의미를 더 풍부하게 경험하게 되고, 모순과 불합리에 대해서 더욱 민감해질 수 있다. 과도한 차이 경험은 의미 세계에 대한 우리의 신뢰에 위기를 초래한다. 많은 사람들은 죽음이나 불의(不義) 경험, 좌절과 거짓, 고독과 상실감에 직면하고서야 비로소 종교적 의미 욕구를 분명하게 갖게 된다. 더 강조해야 할 부분은 '의미' 라는 것이 상당히 주관적이란 사실이다. 자기 자신을 아름답다고 느끼는 사람, 브람스의 음악을 듣고 있는 사람, 그리고 한 잔의 와인을 즐기고 있는 또 다른 사람에게, 세계는 모두 '인정할' 만한 것이다. 여기 하나의 합일점이 존재하는데, 모든 종교 교육은 교회에서든, 대학에서든 또는 일반적인 교양 과정에서든 의미와 가치의 문제를 주제화해야 한다는 것이다. 이제 의미와 가치 문제는 비종교적 영역에서조차 주제로 다뤄진다. 종교적 태도를 갖는다는 것(전향)은 바로 인간이 자기 중심적 태도를 포기함으로써 가능하다.[294] 종교적 태도를 가진 사람들은 '내' 가 어떻게 세계를 유의미하게 만들 수 있는가, '내' 가 어떻게 저 사람을 이웃으로 받아들일 수 있는가, '내' 가 어떻게 전체 존재에 관여하게 되는가를 묻지 않는다. 더 중요한 질문은, 내가 어떻게 유의미한 또는 모순된 현실에 적절하게 응답할 수 있는가, 내가 어떻게 내 이웃에게 올바를 수 있는가, 그 이웃의 고통을 어떻게 하면 줄일 수 있을까, 내가 어떻게 현실의 요청에 적절하게 대응할 수 있는가 하는 것이다. 성서의 내용과 역사는 이러한 '전향' (Umkehr)으로 가는 길을 제시하고 있다.

우리는 지금까지 의도적으로 우리의 본래 주제인 성서에 대한 이야기를 미뤄왔다. 우리는 지금까지 성서의 정원에서 뛰놀았던 것이다. 성서를 이해하기 위해서 종교적 질문과 삶과의 관련성을 있는 그대로 살펴봐야 하기 때문이다. 이 삶의 문제는 성서를 통해서 일깨워지는 문제이기도 하지만 원칙적으로 모든 인간 현상 가운데 등장하는 문제이기도 하다. 이것은 모든 인간의 상황을 근거 짓는 문제다. 초월 경험, 우연 경험, 규범 경험은 – 비록 이것이 어떤 '필연성' 을 수반하지 않는다 하더라도 – 인간들에게 일어나는 보편적인 가능성이다. 이러한 경험은 저절로 생성되는 것이 아니라 학습되어야 하는 것이다. 마찬가지로 절대, 영원, 책임에 대한 감각 또한 모든 사람들에게 잠재적으로 존재하는 것이다. 따라서 이러한 감각이 반드시 의식되어야 할 필요는 없으며, 오히려 그렇게 될 경우 부정될 수도 있다. 이제 학습 과정은 이 감각을 발전시키는 방향으로 나아간다. 그러한 가능성이 지속적으로 형성되기 위해서는 살아 있는 종교적 기호와 상징 언어가 큰 도움을 준다. 주관적 종교 체험은 객관화된 언어를 통해서 순간적인 암시의 영역을 넘어서 지속성을 갖게 된다. 종교 경험은 삶 전체로 통합되고 공동체 속에서 살아가면서 의사소통을 가능하게 한다. 그리고 이 경험은 종교 경험에 대한 의미 있는 해석 표본으로 자리 잡게 됨으로써 장기적인 과정 속에서 검증받게 된다.

종교적 모티브에 대한 구체적인 구성 과정은 성서 전승을 통해 그리스도교 영역 안에서 이루어진다. 따라서 우리는 다시 한 번 몇 가지 성서의 근본 모티브를 언급해야 하는데, 지금은 하나의 관점만을 살펴보도록 하겠다. 즉 성서의 모티브(동기)들이 어떻게 개별적인 삶 속에서 활성화되는지, 그것들이 어떻게 오늘날 여전히 근본적인 경험의 요소로서 우리 언어 속에 살아 있는지를 살펴보도록 하겠다. 동기화 문제와 관련해서 하나의 순환 과정이 등장한다. 사람들은 성서를 통해 동기를 갖게 되지만, 이 동기가 사람들로 하여금 성서를 읽게 만든다. 성서 본문과 함께 사람의 심층 영역들이 활성화되는데, 이 심층 영역이 어떤 이들에게는 침묵 속에 머물러 있기도 하다. 그러한 점에서 우리는 이렇게 말할 수 있으리라. 성서는 자기 고유의 동기화 방식을 창출해 낸다고 말이다. 그러나 그 동기화 방식은 학습 경험을 통해서 활성화되지 않으면 안 되는 인간의 선험적 범주(apriorische Kategorien)와 연결되어 있다. 그래서 그 동기화 방식은 영원, 절대, 책임에 대한 감각을 해명하는 데 도움을 준다.

아울러 이것은 – 초월 경험, 우연 경험, 규범 경험을 통해서 – 후험적 경험을 자극한다. 이 경험은 인간이 어찌할 수 없는 것이다. 다시 말해 그 경험은 그러한 경험 현상에 민감한 자들에게 약속되는 것이지만, 인간 스스로는 창출해 낼 수는 없는 것이다. 전통적으로 사람들은 이러한 경험을 표현하기 위해 보통 성서 언어를 사용해왔다. 원칙적으로는 그 경험은 성서 언어와 무관하게 일어날 수 있다. 그 어떤 것이 절대적으로 존재하고 있다는 것, 비(非)존재가 아니라는 놀라움은 철학적 놀라움에 속한다. 우리는 현실 자체에 대한 초월을 철학적 사유를 통해서도 의식할 수 있다. 그리고 이 세계의 사실로부터 규범을 이끌어 낼 수 없다는 것 또한 일반적인 통찰이다. 따라서 종교철학의 성찰은 지성인들이 그러한 경험 안에서 종교의 심층 차원을 지각하도록 도와줄 것이다. 더 평범한 사람들은 옛이야기가 되어버린 성서 언어에 손을 뻗어 직접 읽게 될 것이다.

어떻게 스스로 종교 경험에 대해 민감해질 수 있는가 – 일반적 사유를 통해서 가능한가 아니면 성서 본문을 통해서 가능한가 – 하는 문제는 제외시키도록 하자. 기억해야 할 것은, 성서가 근본 모티브를 인간에게 두고 있다는 것, 그래서 종교 경험을 역사적으로 구체화된 형태로 구성해 내고 있다는 점이다. 그 모티브는 단순히 본문의 모티브(Textmotive)가 아니고, 삶의 모티브(Lebensmotive)다. 삶의 관점 아래 현실이 해석되고 인간 행동의 방향성이 정해진다. 이를 위해 성서가 자기만의 고유한 언어를 이미 소유하고 있다는 사실은, 우리들로 하여금 다시 성서의 근본 모티브들을 전체적으로 살펴보게 한다. 여기서는 몇 가지에 한정하여 살펴보도록 하자.

(1) **창조 모티브**는 우리로 하여금 이 세상을 '아니–있음[非–存在]의 배경에서 볼 수 있도록 해준다. 그러고 보면 이 세상의 그 어떤 것도 당연하지 않다. 그냥 그런대로 살아 있는 생명은 없다. 성서는 이러

한 경험을 언어화하고 있다. 성서는 창조에 대해서 말한다. 성서의 창조 이야기를 우리는 다른 뮈토스와 비교할 수 있다. 자연스럽게 우리는 이 과정 속에서 뮈토스적 언어의 의미로 나아가야 할 것이다. 창조 이야기는 거룩함에 대한 서사적 표현으로서 이야기가 가지고 있는 거부할 수 없는 진리를 분명하게 드러낸다. 나는 가끔씩 내가 창작해 낸 '이야기'를 적용해본다. "삼촌의 커다란 코를 보고는 어린 조카 후베르트가 놀라자, 삼촌이 이렇게 대답한다. '하나님께서 세상을 창조하실 때, 맨 마지막으로 모든 사람들에게 코를 만들어 주셨단다. 그래서 우리는 차례대로 줄을 서서 기다렸지. 나는 즉시 네 코를 내 코로 삼으려고 했지. 그러자 하나님께서 내게 말씀하셨단다. 그것은 코흘리개코(Rotznase)가 아니냐. 나는 너를 위해 훨씬 멋진 것을 준비했단다. 그래서 나는 다른 사람들과 다른 코를 받게 되었단다!'" 여기서 큰 코라는 사실과 이러한 사실을 인정할 수밖에 없는 필연성이 이야기 형태로 묘사되었다. 비록 그것이 이야기 형식을 가졌다 하더라도 그것은 분명 깊이 있는 삶의 지혜를 담고 있다.

(2) **지혜 모티브**는 사람들로 하여금 현실 속에 감추어져 있는 삶의 질서를 찾게 한다. 성서는 창조 세계에 감추어진 지성에 대해 언급하고 있다. 그 빛 가운데서 하나님의 흔적을 찾아가는 것이 자연과학적으로 이해된 세계를 포기하자는 것은 아니다. 자연과학적 이해와 종교적 이해의 공존을 우리는 반전도형(Kippbild)을 통해서 설명할 수 있다. 동일한 재료의 그림이, 처음에는 아름다운 젊은 여성이었는데, 나중에는 나이든 부인으로 드러난다든지, 또 처음에는 마주보고 있는 두 얼굴이었는데, 나중에는 커다란 잔으로 드러나는 것을 본다면, 사람들은 동일한 것을 바라보지만 다양한 해석이 가능

하다는 것을 알게 될 것이다. 비록 전문 신학자들이 – 내 생각에는 옳지 않다고 본다– 하나님의 흔적을 자연에서 찾으려는 시도를 멈추고 말았지만, 그것은 구체적 삶 속에서 분명하게 일어나고 있는 사건이다. 왜 사람들은 우리의 현대 지식을 가지고 시편을 노래할 수 없겠는가?[295]

(3) **기적 모티브**는 우리로 하여금 과거에 보지 못했던 관점에서 현실을 바라보게 한다. 사건이란 것에 놀랄 만한 일이 없다면, 그런 사건은 사람들에게 충분히 각인되지 못한다. 성서의 기적 이야기를 읽을 때 우리는 그런 놀라운 상황에 처하게 된다. 성서의 기적 이야기는 자주 단순한 '가치 차원' 으로 적용된 채, 기적 상황 자체는 '괄호쳐진다' . 하지만 기적을 이끌어 가는 모티브에 주목해 본다면, 예수의 치유 사건은 번민에 대한 항변이며, 출애굽의 기적 사건은 자유에 대한 갈망이다. 그러한 해석은 기적 사건을 삶에 적용하고자 하는 책임 있는 방식에 속한다. 분명히 과거에 전혀 보지 못했던 일이 오늘날에도 벌어지고 있다. 특히나 창조의 증거로서 치유 은사가 존재한다. 전 세계에 존재하는 치유 은사의 역사는 예수의 치유 기적을 이해하는 데 이바지한다. 그것을 통해 예수 기적의 상징적 의미가 드러나게 되는데, 예수에게 특별한 점은 그 기적 사건이 새로운 세계를 지시하는 표징(Zeichen)으로 이해되고 있다는 점이다.

(4) **소외 모티브**는 우리로 하여금 자신의 삶으로부터 거리를 두게 만든다. 그리고 삶이 어떠해야 하는지, 즉 삶은 무한한 가치의 실재, 곧 지고의 선이신 하나님과 만남 속에 머물러야 한다는 것을 인식하게 한다. 성서는 유한성과 죄에 대한 인상 깊은 언어로 가득하다. 예를 들어 시편에 나타나고 있는 개인적 고난과 절박함에 대한 탄식은 여전히 우리를 자극함으로써 우리를 그런 죄에 머무르지 않게 하기

에 충분하다.

결국 이 모든 성서의 모티브는 삶의 모티브로 전이될 수 있다. 그 전이 과정에서 성서의 능력(동력)은 전체 삶 속에서 나타나는 모티브들과 결합하고, 그럼으로 말미암아 궁극적인 실재와 관련을 맺게 된다. 그런 점에서 성서의 모티브는 삶의 모티브일 뿐만 아니라 신앙의 모티브이기도 하다. 성서의 능력을 내적으로 깊이 간직한 사람은 다시금 성서에서 신앙의 근거를 찾아나서게 하는 '동기'를 회복한다. 성서는 여기서 동기 자체를 활성화하는 동기화 능력을 펼치게 된다.

사람이 생동적인 동기를 많이 가지면 가질수록, 그 사람은 세상을 더 의미 있는 것으로 체험하게 될 것이다. 그것이 의식적이든 무의식적이든 간에, 모든 질서와 구조, 미적 형상을 궁극적 실재가 투과된 것으로 체험하도록 하는 동기화 과정을 자신 안에 가지고 있는 사람이라면, 그는 다른 사람들보다 더 풍성한 기쁨과 삶의 의미를 경험하게 된다. 실제로 동기는 '세상은 살기에 좋은 곳', '세상에 존재하는 것은 좋은 것'이란 생각을 반복해서 확신시켜 준다. 삶의 '의미'가 개별적인 체험에 근거한 것은 아니지만, 그러한 체험 속에서 확증되는 것이기도 하다.

종교 교육에 있어서 경험적 관심

우리는 지금까지 종교 교육에 어떤 관심을 기울여야 하는가 하는 질문을 다루었다. 또 다른 질문이 있다. 청소년들이 다른 어떤 관심 때문에 종교 교육에 흥미를 잃게 되는가, 또는 그들의 관심이 어떤 식으로 청소년 시기에 변형되는가 하는 것이다.[296] 외르터(R. Oerter)는 뷔르츠부르크(Würzburg) 시(市)의 중고생을 대상으로 연구한 결과, 11~15세 사이의 청소년에게서 종교의 가치가 급속하게 상실되는 것을 밝혀냈다.[297] 종교의 가치는 1순위 자리에서 4순위 자리로 떨어지고 말았다. 그렇다고 그것이 삶의 의미를 깊게 성찰한 결과도 아니었다. 오히려 학생들은 점점 더 자기 자신의 의견 진술을 꺼리고 있었다. 외르터의 추측에 의하면, "윗세대로부터 물려받은 신앙 내용에 대한 긍정적 가치가 줄어드는 이유는, 인간 삶의 기원과 목표에 대한 물음에 상관하지 않는 경향이 크게 늘어나고 있기 때문이다."[298] 그나마 다행으로 여겨지는 사실은 11세, 13세, 15세 청소년들에게서 동일하게 미적 가치가 종교 가치에 훨씬 못 미치는 최하위를 차지하고 있다는 것이다. 하버스(N. Havers)는 70년대 초반 283명의 10대 그리스도교 학생들(가톨릭/개신교)을 대상으로 그들이 종교 교육 시간에 다루는 가장 흥미로운 주제가 무엇인지 조사했다. 그의 연구가 오늘날까지 흥미로운 이유는 이 연구가 청소년들의 모든 동기 구조의 역사성을 밝혀내고 있기 때문이다. 예를 들어 오늘날 정치에 대한 관심은 청소년들에게 급감하고 있다. 그나마 남아 있는 관심에 접근하고자 하는 종교 교육은 아마도 15년마다 근본적인 변화를 가져와야만 할 것 같다. 다음에 나타나고 있는 통계는 70년대의 수치를 보여준다.[299]

이 목록은 우리에게 몇 가지를 가르쳐 준다. 곧 종교 교육의 교과 과정이 학생들이 바라는 바에 근거해야 한다는 것이다. 그것이 잘못이라고 여기더라도 그 결과는 마찬가지다. 학생들이 상당히 또는 비교적 선호하는 주제들은 다음과 같은 형식적 특징을 가지고 있다. 이것은 오늘날에도 가치 있다고 여겨진다.

(1) 청소년들이 선호하고 있는 주제는 청소년 문제와 성(性), 심리학 문제같이 자기 참여적 성격을 강하게 드러내고 있다. 자기 참여적 성격이 학생들을 적극적이게 만들기는 하지만, 여기에 단점도 나타난다. 지나치게 자기 참여가 강할 경우, 내용과 관련된 문제 해결이

주제영역	흥미롭다(%)	관심없다(%)
청소년 문제	94.6	5.4
현실 정치 문제	91.5	8.5
성 문제/결혼 문제	90.4	9.6
심리적 문제	85.0	15.0
교회와 정치	81.9	18.1
타종교	79.2	20.8
종교와 자연과학	75.8	24.2
불신앙과의 대결	71.9	28.1
그리스도교의 다른 종파들	69.9	30.1
그리스도교와 현대 문학	69.6	30.4
신 존재의 문제	65.6	34.4
현대 신학	63.6	36.4
교회의 위기와 개혁	59.4	40.6
그리스도교적 삶(예: 이웃사랑)	52.1	47.9
교의학적 문제	35.0	65.0
예전적 문제	34.2	65.8
기도와 종교적 삶	32.5	67.5
교회의 직제	31.0	69.0
교회사	26.2	73.8
성서	25.4	74.6
그리스도교적 인간 이해	22.2	77.8

어렵게 된다.[300]

(2) 청소년들은 다각적인 모티브(동기)를 가지고 있는 주제를 선호한다. 종교적 관심 외에 다른 영역(정치, 자연과학, 문학적 관심)의 관심을 불러일으킬 수 있는 주제들이다. 여기서 우리가 깨닫게 되는 것은, 소위 그리 선호되지 않는 역사 주제들이 다각적인 동기를 불러일으킬 수 있다는 것이다. 예컨대 십계명을 행동 연구 차원에서 토론함으

로써 관심을 불러일으킬 수 있다.

(3) 청소년들은 자신이 속하지 않는 종교가 다뤄질 때 그 주제를 선호한다. 예컨대 학생들은 타종파, 타종교, 또는 비종교적 행동에 관심을 가지고 있다.

종교 교육은 전체적으로 학생들의 관심과 동기에서 시작할 수 있다. 학생들은 일반적으로 자신의 기대 이상의 것을 선호하는 편이다.[301] 또한 연구 결과에 의하면 학생들은 '보편적인 신념' 이나 '자신의 삶에 대한 종교적 간섭' 그리고 '교회 전통에 따라 삶을 형성하려는 노력' 등엔 별 관심이 없다. "많은 학생들이 바라는 것은 종교 교육을 통해 가능성 있는 접촉점을 경험하는 것이다. 학생들은 교회에 대해서 가능한 한 자세한 정보를 얻고자 한다. 그럼으로써 교회에 참여할 것인지 말 것인지를 스스로 결정하고 싶어 한다. 또 그들은 자신들의 중요한 문제를 가지고 충분히 대화할 수 있는 교사를 원하고 있다."[302]

7장

성서 학습의 동기화

어떻게 성서 학습에 동기를 부여할 것인가? 여기서 다루게 될 내용은 수업 과정의 일부, 즉 수업 내용에 흥미를 불러일으키기 위한 '도입' 단계를 말하려는 것이 아니다.[303] 그런 도입 단계가 충분히 의미 있는 것이긴 하지만 동기부여의 과제는 전체 수업 과정에 해당한다. 바로 이 문제를 앞으로 다루게 될 것이다. 앞에서 동기화를 '기대'(期待)로 해석했다. 학생들은 지금까지의 수업 상황에 근거해서 앞으로 이어질 수업에 대해 다음과 같은 기대를 교사에게 갖게 된다. 교사는 어떻게 성적을 평가할 것인가? 어떻게 수업을 마무리할 것인가? 어떤 결론을 이끌어 낼 것인가? 지루한 상황에 어떻게 반응할 것인가? 미래의 동기부여 차원에서 볼 때, 이 모든 경험들이 도입 단계보다 훨씬 중요한 역할을 한다. 수업의 시작은 환상적이었는데 점차 지루한 수업으로 치닫는다면 무슨 소용이 있겠

는가? 그것은 도입만 풍성하고 철학은 빈약한 철학입문 수업과 같다. 모두를 실망시킬 것이다.[304]

이제 우리는 교사들이 구현할 수 있는 다양한 동기유발 과정을 분석해 나갈 것이다. 나는 학습심리학의 입장을 따라 여섯 가지 동기유발 방법을 구별하여 살펴볼 것이며, 각각의 방법을 다룰 때마다 성서 교육의 사례를 제시할 것이다.

학습심리학은 연계 학습(verknüpfendes Lernen)과 통찰 학습(einsichtiges Lernen)을 구별한다.[305] 연계 학습의 경우 다양한 요소들이 새로운 방식으로 연관되지만, 이 연관성이 수업의 논리적 흐름에 구애받지 않는다. 반면 통찰 학습의 경우 다양한 요소들 간의 연관성이 정확한 논리적 흐름 안에서 구성된다. 연계 학습에 동기화된 사람은 외적으로 동기화된 사람이다. 예컨대 한 학생이 수업에 집중하게 되는 이유는 여선생님이 다정다감하다고 느끼기 때문이다. 통찰에 의해 동기화된 학생은 내적으로 동기화된 학생이다. 그가 수업에 집중하는 이유는 선과 악에 대한 설명이 그 학생을 자극하기 때문이다. 그 학생은 종교 교육이 그 무엇인가를 분명하게 설명해 주기를 바란다. 수업 시간에 멋진 과제를 부여하는 것도 내적 동기부여에 속한다. 학습심리학은 연계 학습의 형태를 세 가지로 구분한다.[306] 고전적 조건화 학습, 조작적 조건화 학습 그리고 관찰 학습(또는 모방 학습)이다. 이제 다루게 될 세 가지 외적 동기화 방법이 여기에 속한다.

연합동기유발(Assoziationsanreize=고전적 조건화 학습)

고전적 조건화는 행동을 유발하는 일차 자극을 원래 중립적이었던 이차 자극과 연합시킴으로써, 이차 자극이 일차 자극과 동일한 행동을 유발하게끔 하는 것이다. 광고 기능이 바로 이런 원리에 속한다. 아름답고 활력 있는 사람들은 매혹적이다. 그들이 광고의 상품(자동차 광고에서 담배 광고에 이르기까지)과 결합될 때, 광고 기획자들은 그 사람들의 매혹성이 광고 상품으로 전이될 것을 기대한다. 종교 교육과 관련짓기에 무리가 없는 것은 아니지만, 종교 교육이나 성서 연구에 있어서 이런 방식으로 영향을 미치고 있다는 것은 의심할 바 없다. 종교 교육과 성서에 대한 긍정적인 연합이 많이 일어날수록 학생들은 종교 교육이나 성서를 더 매혹적으로 생각하게 될 것이다. 이런 방식의 자극을 '연합동기유발'로 명명하도록 하겠다. 연합동기유발은 성서와 종교 교육에 긍정적인 연합이 이루어짐으로써 발생한다. 잘 구성된 종교 교육 교재, 멋있는 삽화와 그림이 들어간 성서, 언어적으로 이해하기 쉬운 성서 번역, 이 모든 것들이 긍정적인 연합작용을 일으킬 것이다.

성취동기유발(Konsequenzanreize=조작적 조건화 학습)

학습은 학습자의 태도와 학습자가 적절하다고 (또는 적절한 보상으로) 경험하는 성취가 결합함으로써 이루어진다. 모든 교사들은 상벌이 수업 시간에 없어서는 안 되는 요소임을 잘 알고 있다. 그러나 그뿐만 아니라 긍정적인 성취, 그리고 그 성취에 대한 기대가 학생들에게 동기를 부여해서 행동을 유발한다. 물론 우리가 개 실험을 통해 도출된 학습 과정 모델*을 따라야 한다는 것에는 무리가 있다. 하지만 특별히 상벌이나 우열 평가 같은 고전적 방식에서 벗어나고자 한다면, 성취동기유발이 종교 교육과 성경공부의 동기 구축을 위해 중요하다는 것은 누구도 부정할 수 없다. 종교 교육에 있어서 우열 평가는 이미 심각한 문제이기 때문이다.

---

*러시아의 생리학자 이반 파블로프(Ivan Pavlov)가 개 실험을 통해 제시한 조건반사 이론을 가리킨다.

모방동기유발(Modellanreize=관찰 학습)

모방동기유발은 관찰 학습에 기초하고 있는데, 우리가 만족할 만한 행동의 소유자를 모델로 삼아 관찰하는 것을 말한다. 모델은 대리자 역할을 수행한다. 그 모델이 만족할 만한 수준이라면, 우리는 그 행동을 모방하게 된다. 우리는 그 모델의 내적 태도와 동기를 받아들이고, 나아가 그와 동일시함으로써, 모델의 내적 '성향', 동기와 태도까지 모방한다. 종교 교육은 그러한 모델과 깊은 관련이 있다. 물론 부정적 모델과도 관련이 있다. 부모가 자주 종교 교육에 참여하지 않았다든지, 교사가 종교에 대해 부정적 언급을 한다든지 함으로써 부정적 모델이 될 수 있다. 따라서 성서에 가까이 다가가도록 긍정적인 모방을 활성화시키는 것이 중요하다. 이때 가장 중요한 긍정적 모델은 교사 자신이다. 교사 자신이 종교 교육에 임할 때 내용에 대한 내적인 공감을 보인다거나 깊은 감동을 느낄 경우, 그 공감이나 감동이 학생들에게 영향을 미치게 된다. 동기화된 교사가 동기유발의 열쇠인 것이다. 교사가 시대 풍조에 대항해서 성서에 대해 긍정적인 입장을 취할 때, 많은 학생들에게 좋은 표본이 될 것이다.

연계 학습에 기초한 세 가지 동기화(외적 동기화) 방식은 그것을 활성화시키는 행동에 따라 시기적으로 다양한 형태를 갖는다. 즉 연합동기유발이 그 행동과 동시적이라고 한다면, 성취동기유발은 그 이후에, 모방 학습은 처음부터 끝까지 전체 과정에 연관된다. 이 세 가지 동기유발형식은 모두 다양한 요소들 사이에서 외부적으로 연계되는데, 바로 이 점이 통찰 학습에 기초한 동기유발과 다르다. 내적 동기유발방식은 관찰이 쉽지 않고, 형태들 간의 차이도 명확하지 않다.[307] 그러나 외적 동기유발 형식과 마찬가지로 내적 동기유발 형식도 대략 세 가지 형태로 구별할 수 있다.

문제동기유발(Problemanreize)

적절한 차이 경험[308] 또는 모순 경험은 동기를 유발한다. 대체로 사람들은 차이와 모순을 접할 때, 그 차이와 모순을 해소하려고 노력한다. 만일 그것이 불가능한 경우, 차이와 모순을 납득시키려고 한다. 이것을 불일치의 경험 또는 인지적 갈등으로도 설명할 수 있다. 종교와 신앙은 이런 것들로 가득하다. 특히 성서가 그렇다. 복음서에는 사소한 것이지만 일치하지 않는 내용이 자주 등장한다. 우리는 이러한 것들을 설명해 가는 과정에서 신약성서에 대한 연구를 촉발시킬 뿐만 아니라 학생의 동기를 유발할 수 있다. 사실 이 문제동기유발은 성서 내용 때문에(in der Sache) 발생한다. 이것은 학생이 성서 내용을 접하기 이전 문제다. 문제동기유발은 학생들의 태도나 성향에 관계없이 촉발되며, 그들이 성서 내용을 접하는 동안 직접 영향을 미친다. 그런 점에서 이 문제동기유발은 연합동기유발과 비교 가능하다. 문제동기유발은 단지 외적으로 요소를 연결시키는 것이 아니라 서로 긴장 관계에 있는 내적 요소들을 하나의 관점으로 묶어준다.[309] 문제동기유발은 다음과 같은 시점에서 촉발된다. (1) 불충분한 정보가 주어진 시작 시점에서, (2) 충분한 정보가 주어졌거나 목표 지점에 근접한 종결 시점에서, (3) 시작 지점에서부터 종결 지점까지 이끌어 가는 조작 과정에서 발생한다.[310] 수업이라는 예술은 잘 정의된 문제제기로 시작된다. 문제제기를 통해 이 세 가지 요소의 불분명하거나 모호한 점이 해소된다.

결과동기유발(Resultatanreize)

내적으로 동기화된 태도 역시 그 행동의 결과로 계속해서 동기화된다. 하지만 이것들은 단순히 외적인 행동과 연결되는 것이 아니라 행동의 결과 자체와 연관된다. 종결되지 않은 모든 행동은 종결되도록 동기화될 수 있다. 그리고 만일 사전에 추측할 만한 결과나 성과가 이루어지고 있다면, 더 많은 동기부여가 가능하다.

자발적 동기유발(Selbstaktivierungsanreize)

모델이 우리 행위를 외부로부터 동기화할 수 있는 것처럼, 우리는 내부로부터 우리 자신을 동기화할 수 있다. 우리는 스스로 행동을 결정함으로써 외부의 자극에서 비롯된 것보다 더 장기적으로 동기화된다. 사람들이 자신을 어떤 일의 원인 제공자로 느끼게 될 때, 삶의 기쁨을 더 많이 누리게 된다. 따라서 자발적인 분위기는 모든 교육학자들이 꿈꾸는 것이기도 하지만 학교나 수업 시간에 아주 드물게 구현되는 것이기도 하다. 그럼에도 불구하고 우리는 의도적으로 자발적 동기유발을 강화하는 쪽으로 수업을 진행함으로써, 학생들이 수동적인 소비자적 태도를 버리고 능동적 태도를 갖도록 할 수 있다. 우리는 여섯 가지 동기유발 형태를 구분하여, 다음과 같이 정리할 수 있다.

	외적 동기부여	내적 동기부여
자극적 동력	연합동기유발	문제동기유발
목표지향적 동력	성취동기유발	결과동기유발
전체 행동을 규정하는 동력	모델동기유발	자발적 동기유발

이어서 나는 위에서 언급한 각각의 동기유발 형태에 몇 가지 사례를 제시하고자 한다. 물론 이 사례들은 더 다양한 동기들을 가지고 있다. 단순히 연합동기유발 또는 성취동기유발에만 한정되지는 않는다. 내가 확신하고 있는 것은 모든 동기유발은 해석학적 중재를 통해서 일어난다는 것이다. 사람은 자극에 반응하는 존재가 아니라, 유의미하거나 무의미하다고 해석된 자극에 반응하는 존재다.[311] 특별히 모든 수업의 동기부여 작

업은 가능한 한 다각적인 측면을 고려해야 한다. 나아가 수업의 동기부여를 위해 몇 가지 원칙이 존재하는데, 그것에 대해서 간략하게 언급하도록 하겠다.

(1) 질서(Ordnung): 동기를 부여하기 위해서는 최소한의 안정과 질서가 필수적이다. 어떠한 동기부여 시도도 무질서한 상황에서는 허사가 되고 만다. 그러한 상황에서는 자극도 줄 수 없을 뿐만 아니라 기대감도 불러일으키지 못한다. 그래서 나는 부록에 약간의 지면을 할애해서 수업 시간에 어떻게 안정과 질서를 유지할 수 있을지 몇 가지 제안을 첨부하였다. 독자들은 각각의 제안이 대부분 동기화 형태 중 하나에 해당한다는 것을 금세 알아차릴 것이다. 그렇지만 전반적인 문제가 그 안에 포함되어 있다. 각각의 동기유발 형식에 상응하는 질서촉발형식이 있는 것은 아니지만, 모든 동기유발 형식은 (학생들이 수업에 전념하게 하는) 안정과 질서를 지지한다.

(2) 변화(Variabilität): 모든 동기유발은 그것이 자주 반복됨으로써 그 동기부여 능력을 상실하게 된다. 내용과 방법 간의 원활한 순환이 이루어질 때, 동기화된 수업이 가능하다는 것은 이미 잘 알려진 원칙이다. 이 원칙은 아마도 성취동기유발에 해당할 것이다. 각각의 수업 단계마다 새로운 성취가 이어진다면, 그것은 기대감을 불러일으키기에 충분하다. 수업의 변화는 언제나 질서라는 필수요소와 평형을 이루어야 한다. 왜냐하면 질서는 언제나 '안정화' 되기 마련이고, 그래서 늘 그것으로 다시 돌아가거나 이미 알고 있는 내용이 되기 쉽기 때문이다.

(3) 역동성(Dynamik): 가르침과 수업에는 늘 새로운 활력이 있어야 한다. 그렇다고 이전 수업 내용이 아직 이해되지도 않았는데, 그 다음 내용으로 넘어가는 것은 아주 서투른 행동이다. 그럴 경우 '엉망진

창' 이 되게 마련이다. 하지만 전체 학생들은 늘 뭔가가 일어날 것이라는 감정을 가지고 있어야 한다. 그래야 수업은 역동적으로 목표를 향하게 된다.

(4) 긴장 해소: 어느 누구도 시종일관 자신의 태도를 목표에 맞출 수는 없다. 따라서 강력한 목표 지향적 수업에는 일상 얘기나 농담처럼 목표에서 벗어나는 단계가 동기유발 차원에서 필요하다. 그렇다고 수업이 늘 사소한 일상 얘기와 농담으로 시작된다면, 그것 역시 진지하게 진행될 수 없다.[312] 긴장 해소는 교수-학습의 정해진 궤도의 상대 개념으로 반드시 수업 단계에 포함시켜야 한다. 그것이 부족할 경우, 학습자들은 스스로 '휴식' 상태로 진입하게 되고, 부적절한 태도를 취하게 된다.

질서와 변화, 역동성과 긴장 해소는 각각 양극을 지향한다. 하지만 이 요소들은 공존한다. 올바른 구조(질서) 없이 새로운 것, 창조적인 것은 지각되지 않는다. 역동성 없이 긴장을 멈추는 것은 진정한 긴장 해소를 이루지 못한다. 아울러 중요하게 고려해야 할 것이 서로 독립되어 있는 요소 간의 관계다. 예컨대 질서는 고도의 역동성과 함께 이루어져야 하는 것처럼, 긴장 해소와도 함께 이루어져야만 한다.

1. 성서 학습의 연합동기유발

근본 원리는 아주 간단하다. 성서 학습과 긍정적인 연합이 많이 일어날수록 학생들은 성서에 더 가까워진다. 그러나 이 원리를 구현하는 것이 그리 쉬운 일이 아니다. 많은 경우, 성서 자체가 이미 부정적인 동기를 주기 때문이다. 성서 학습의 연합동기유발을 통해 이러한 부정적 동기를 멈추게 해야 한다. 당연한 얘기겠지만 교사는 여기서 가장 중요한 '연합' 요소다. 문제는 교사가 늘 학생들이 원하는 만큼의 기대에 부응하지 못하는데 있다. 교사는 나이를 먹는다. 아무리 역동적인 교사라 하더라도 인생의 여정 가운데서 '명예 청년' 으로 머물 수 없다. 따라서 교사의 중요한 과제는 다양한 방법을 통해 성서 본문에 긍정적 연합을 이끌어 내는 것이다. 예컨대 수업 방식이나 언어, 그림이나 음악 등을 통해서 말이다. 다시 한 번 강조하고 싶은 것은 이 연합작용은 일반적으로 연합의 대상과 해석학적 연계를 통해서 효과를 발휘한다는 점이다. 원칙적으로 연합작용은 연합동기유발 이상의 것이다.

환경 설정[313]

많은 현대인들은 성서에 대한 '연속강의' 를 '사경회' 보다 덜 부담스러워 한다. 학문적으로 성서를 공부하는 '성서 세미나' 를 고백을 강요하는 전통적 '성경공부' 보다 편하게 생각한다. 또 많은 사람들의 경우, 성서를 '문학작품' 으로 다가가는 것이 신앙고백의 책으로 다가가는 것보다 쉬울 수 있다. '성서와 고대 문서' 라는 주제의 성서 연구도 마찬가지다. 구약성서의 창조 기사와 고대근동 작품과의 유사점을 찾는다든지, 솔로몬의 잠언과 이집트의 지혜문학과의 관련성, 그리고 예언자들의 예언과 고대근동의 신탁을 비교해서 읽는 것 등이다. 지성인들은 고백을 강요하지 않는 책으로 성서를 읽고 싶어 한다. 그들은 충격적인 사건에 근거한 계시의 책이나 경건 훈련을 위한 해석을 원하지 않는다. 나사렛 예수와 관련해서도 예수에 대한 소설을 선택해서 읽는다든지, 역사적 지식과 예수에 대한 성서의 기록을 비교하려고 한다. 여기서 솔직하게 인정해야 하겠다. 이 모든 것이 성서에 대해서 '거리를 두고' 살아가는 교양인층을 겨냥하고 있다는 것을 말이다. 분명하게 지적하지는 않았지만, 우리에게는 실존적인 문제를 직접 다루어야 하는 절박성도 가지고 있다. 그래서 사람들은, 성서 말씀을 통해서 기대되는 구원(치유)의 목소리가 들려오지 않을 때, 실망하게 되는 것이다. 하지만 많은 경우에 있어서, 성서에 대한 교양 차원의 관심은 이미 구원에 대한 관심을 은밀하게 가지고 있음을 인정해야 할 것이다.

언어

성서의 언어는 많은 사람들에게 긍정적 의미를 부여하지만, 때로는 혐오스런 반응을 불러일으키기도 한다. 바로 여기서 새로운 번역 성서가 긍정적 효과를 발휘할 수 있다. 번역의 문제를 여기서 다룰 수 없기 때문에, 나는 마태복음 5장 3절 이하에 등장하는 팔복선언의 세 번역본을 제시하였다. 독일 공동번역(Einheitsübersetzung)은 본문 중심의 직역을 원칙으로 한 성서이며, 현대어 성서는(Gute Nachricht) 현실 독자의 언어에 맞게 번역하고자 했다. 반면 베르거/노르트(K. Berger & Ch. Nord)의 번역은 그 둘의 조화를 이루고자 노력했다. 두 사람은 가능한 한 본문 중심의 번역을 시도하다가도 직역에서 벗어나 자유로운 해석을 시도하였다.

독일 공동번역* 1982	베르거/노르트 번역 1999	현대어 성서 1997
3. 마음이 가난한 사람은 복이 있다. 하늘 나라가 그들의 것이다.	3. 영적으로 가난한 사람은 복이 있다. 하나님이 왕이시니 그들이 자유하게 될 것이다.	3. 하나님만을 의지하는 사람들은 행복하다. 그들은 새로운 세계에서 하나님과 함께 살 것이다.
4. 슬퍼하는 사람은 복이 있다. 그들이 위로를 받을 것이다.	4. 슬퍼하는 사람은 복이 있다. 그들이 위로를 받을 것이다.	4. 이 치유될 수 없는 세상에서 고통당하는 사람들은 행복하다. 하나님이

		그들의 고통을 없게 하실 것이다.
5. 온유한 사람은 복이 있다. 그들이 땅을 차지할 것이다.	5. 온유한 사람은 복이 있다. 그들에게 미래가 주어질 것이다.	5. 억압당하면서도 폭력을 쓰지 않는 사람들은 행복하다. 하나님 그들에게 땅을 소유로 주실 것이다.
6. 의에 주리고 목마른 사람은 복이 있다. 그들이 배부를 것이다.	6. 의에 주리고 목마른 사람은 복이 있다. 하나님이 그들을 배부르게 하실 것이다.	6. 지상에서 실현될 하나님의 의에 주리고 목마른 사람들은 행복하다. 하나님이 그들의 주림을 채워주실 것이다.
7. 자비한 사람은 복이 있다. 하나님이 그들을 자비롭게 대하실 것이다.	7. 자비한 사람은 복이 있다. 하나님이 그들을 자비롭게 대하실 것이다.	7. 자비로운 사람들은 행복하다. 하나님이 그들에게 자비를 베푸실 것이다.
8. 마음이 깨끗한 사람은 복이 있다. 그들이 하나님을 볼 것이다.	8. 마음이 깨끗한 사람은 복이 있다. 그들이 하나님을 볼 것이다.	8. 마음이 깨끗한 사람들은 행복하다. 그들이 하나님을 보게 될 것이다.
9. 평화를 이루는 사람은 복이 있다. 하나님이 그들을 자기의 아들이라 부르실 것이다.	9. 평화를 이루는 사람은 복이 있다. 하나님이 그들을 자기의 자녀들이라 부르실 것이다.	9. 평화를 이루는 사람들은 행복하다. 그들이 하나님의 자녀가 될 것이다.
10. 의를 위하여 박해를 받은 사람은 복이 있다. 하늘나라가 그들의 것이다.	10. 무고하게 박해를 받은 사람은 복이 있다. 하나님이 하늘나라를 그들에게 주실 것이다.	10. 하나님의 뜻을 행하다가 박해를 받는 사람들은 행복하다. 그들이 새로운 세계에서 하나님과 함께 살 것이다.
11. 너희가 나 때문에 모욕을 당하고, 박해를 받고, 온갖 비난을 받으면, 복이 있다.	11. 너희가 나 때문에 모욕을 당하고, 박해를 받고, 비난을 받으면, 복이 있다.	11. 나 때문에 모욕을 당하고 박해를 받으며 비난을 받는 너희들은 행복하다.
12. 너희는 기뻐하고 즐거워하여라. 하늘에서 받을 너희의 상이 크기 때문이다. 너희보다 먼저 온 예언자들도 이와 같이 박해를 받았다.	12. 너희는 기뻐하고 즐거워하여라. 하늘에서 너희가 받을 상이 크기 때문이다. 너희보다 먼저 온 예언자들도 이와 같이 박해를 받았다.	12. 기뻐하고 즐거워하여라. 너희가 받을 큰 상이 하나님에게 마련되어 있다. 옛 예언자들도 너희에 앞서 똑같은 대우를 받았다.

*독일 공동번역 성서의 한국어 번역은 주로 새번역 성서를 참고하였다.

그림

현존하는 성서 그림 자료들을 세 유형으로 분류할 수 있다. 이코노그라피(도상학/Ikonographie)*, 성서 세계에 대한 삽화, 그리고 교수법 차원의 예화. (1) 대부분의 이코노그라피 연구가 구약성서에 집중되어 있고, 소수만이 신약성서를 다루고 있다.[314] 여기서 말하는 이코노그라피 연구(고고학적 이코노그라피)는 유대교 및 그리스도교 예술의 이코노그라피(영향사적 이코노그라피)**와 다른 것이다. 종교는 언제나 시각적이었다. 심지어 성상을 금지했던 개혁교회나 이슬람 사원조차도 초월적 하나님을 시각적으로 묘사하고 있다. 그림 열광주의자들은 그림을 좋아하는 차원 이상으로 종교의 시각적 재현을 강조했다. (2) 전혀 다른 종류의 것이 성서에 대한 역사적 삽화다. 팔레스틴 지방의 엽서나 그림 외에도, 고대 도시나 건축물, 사원을 재구성한 그림들이 있다. (3) 어린이와 학생 연령을 고려한 성서 그림을 수업 시간에 사용할 수 있다. 예컨대 만화 성경도 새로운 가능성을 제공할 것이다. 가장 좋은 것은 교사나 강의자가 자신의 아이콘 언어를 개발해서 그것을 칠판에 적어줌으로써 생각을 뒷받침해 주는 것이다.

음악

성서 본문을 노래로 바꿔 부르는 것은 청소년 및 성인 교육에서 오래된 교수법이다. 요즘은 지난 30년 사이에 만들어진 '성서 찬송' 을 어렵지 않

---

*성서 고고학의 부속 학문이라 할 수 있는 것으로, 고대근동 유적에서 발굴된 그림이나 문양을 연구하는 학문이다.

**서양 미술사의 연구 방법 중 하나로 도상(Icon) 또는 이미지를 비교 분류해서 그것이 가지고 있는 상징성이나 우의성(알레고리), 속성을 발견해 내고자 한다.

게 구할 수 있다. 내 경우, 5학년 학급에서 요나 이야기를 다루기 위해 성서 찬송을 들려주었다. 그 찬송이 성서 내용과 완벽하게 들어맞는다고 할 수는 없지만, 그 안에 중요한 메시지가 담겨 있다.

요나, 요나! 요나, 요나!
왜 너는 니느웨로 가지 않는거니?
요나, 요나! 요나, 요나!
왜 너는 바다 저편으로 도망가려하니?
범죄로 가득한 그 도시에
왜 너는 가려하지 않는거니?
그 도시를 위협하는 모든 것을 외쳐라.
재앙과 불안과 죽음을.

요나, 요나! 요나, 요나!
왜 바다가 출렁이며 요동치고 있지?
요나, 요나! 요나, 요나!
왜 너는 모든 것을 포기하려고 하니?
선장은 여전히 희망을 가지고 있고,
아마 폭풍도 가라앉을 텐데,
왜 너만 바다 깊은 곳으로 빠져들려고 하는거니?

요나, 요나! 요나, 요나!
소자야, 너 거기 허망하게 있구나.
요나, 요나! 요나, 요나!
고래가 너를 삼켜버렸다고

너는 거기서 들을 수 없는 거니?
고래가 바다 깊은 곳으로 내려갈 때,
불안과 죽음 앞에서 다시금 들려오는
여호와의 계명을.

요나, 요나! 요나, 요나!
고래가 너를 훅하고 육지에 내뱉었구나.
요나, 요나! 요나, 요나!
여호와께서 너를 다시 한번 보내셨구나.
그러자 거대한 도시 니느웨에서
사람들은 모두 외치는구나, "아이고 아이고!"
모두들 외치는구나, "여호와께서 손을 펼치셨도다.
여호와여, 우리를 용서하지 않으시렵니까?"

요나, 요나! 요나, 요나!
너는 여호와께 전혀 회개하지 않는구나.
요나, 요나! 요나, 요나!
네가 바다에서 죽는 것이 더 좋았을 것을.
아하, 너는 굉장히 기분 나빠하고 있구나.
그리고 여호와의 뜻을 거역하였구나.
여호와께서 니느웨를 용서하셨기 때문에
그래서 네 삶이 고달프구나.

여호와여, 여호와여!, 여호와여, 여호와여!
오히려 당신의 선지자를 웃음거리로 만드셨군요.

여호와여, 여호와여!, 여호와여, 여호와여!
니느웨가 지금 폐망하려고 할 때,
당신은 거기 계셔서 그들을 회개하게 하셨습니다.
거기서 고난 속에 있는 이들에게 희망을 주셨습니다.
거기서 그들의 잘못을 알게 하셨습니다.
그리고 파멸로 떨어지지 않게 하셨습니다.

2. 성서 학습의 성취동기유발

성취동기는 학습 의지와 수업 참여자가 기대할 만한 결과물을 결합시킨다. 성취 자체는 강화 행위와 오직 외적으로 결합되어 있다. 하지만 교사가 수업 내용이 기대하는 행동을 창출하더라도, 그 성취는 단순히 '외적' 동기로만 머물지 않는다. 성취는 기대감을 불러일으켜야 하며, 그럼으로써 동기를 부여한다. 이 기대감 형성의 최고 기반은 지금까지 쌓여진 수업 경험이다. 이런 점에서 기대할 만한 수업이 지속적으로 유지되기 위해서는 다양한 형태의 성취동기를 유발시켜야 한다. 상벌은 늘 똑같은 방식으로 진행돼서는 안 된다. 오히려 중간 강화물[315]이 특별한 동기를 불러일으킨다. 강화는 그것이 긍정적인 효과를 가져올는지 아닐는지에 대한 불확실성을 잠재우는 것이다. 동기를 불러일으킬 수 있는 성취는 세 가지 형태로 구별 된다. (1) 평가나 성적 같은 형식적 성취, (2) 수업의 역동적인 상호작용 속에서 이루어지는 비형식적 성취, (3) 학습 참여자들과 약속을 통해 이루어지는 합의적 성취.

형식적 성취

형식적 성취는 모든 수업에 속한다. 종교 교육은 자주 이 형식적 성취를 진지하게 수용하지 않는다. 성적의 경우, 비록 그것이 학생들에게 지식에 대한 자기 성찰의 기회를 제공하지만 큰 역할을 하지 못하리라고 생각한다. 성인들을 대상으로 프로그램이나 세미나를 여는 경우, 교회는 성서 이해에 대한 자격증을 부여해야 할 것인가에 대해 고민하지 않을 것이다. 언젠가 한 가톨릭 평신도가 내게 평신도 신학과정(구약, 신약, 조직신학 관련 과목) 자격증을 자랑스럽게 보여주었을 때 떠오른 생각이 하나 있었다. 교회에 목회자 외에 평신도 신학자들이 있으면 좋겠다는 것이었다. 소정의 세미나 과정을 개설해서 자신들의 신학적 지식을 심화시킬 수 있게 하는 것이다. 성인교육 과정 및 아카데미로 이러한 프로그램을 진행할 수 있을 것이다. 물론 그것이 소수가 참여하는 프로그램으로 머물겠지만, 그것은 분명히 신학 교육에 이바지할 것이다.

비형식적 성취

수업 중의 피드백은 사람과 관련될 수도, 내용과 관련될 수도 있다. 먼저 대인적(對人的)으로는 상벌 문제가 중요하고, 두 번째 경우엔 학생들에게 활력을 줄 수 있는 수업 내용이 중요하다. 피드백의 형식은 분명히 그 학급 분위기에 좌우된다.

(1) **대인적 피드백**: (음악 교육에서도 마찬가지겠지만) 종교 교육에서 칭찬이나 꾸짖음은 아주 중요한 문제다. 칭찬(상)의 경우 그 근거(인과귀속)가 상당히 중요하다. 좋은 성과에 대해서는 능력에 귀속시키는 것이 좋고(착한 사람들만 저것을 해낼 수 있는데!), 나쁜 성과의 경우 노

력이 부족한 탓으로 돌리는 것이 좋다(네가 조금만 더 신중했더라면, 더 좋은 결과를 얻을 수 있었을 텐데 말이야).[316] 만일 어떤 학생이 "난 종교적 음악성이 없어"라고 말하며 종교 교육에 무관심을 보이게 될 경우, 종교 교육은 어려움에 봉착한다. 내적 능력 때문에 계속적인 무관심을 보일 경우, 동기화는 실패하게 된다. 여기서 중요한 것은, 종교 교육의 주제가 종교에 대한 개인의 입장과는 상관없이 다뤄져야 한다는 것이다.

(2) 내용 관련 피드백은 수업을 이끌어 가는 가장 중요한 요소다. 교사는 피드백을 학생들의 참여가 적극 이어지는 수업의 동력으로 삼아야 한다. 그러기 위해서 교사는 학생들의 참여를 정확하게 짚어 주어야 한다. 가능한 한 많은 학생들의 참여를 이끌어 내는 기술이 중요하다. 하지만 이때 학생들이 고쳐야 할 부분도 분명하게 지적해 주어야 한다. 그러한 피드백은 학생 중심, 또는 교사 중심, 또는 내용 중심의 수업 형태로 구분될 수 있다.

	학생 중심	교사 중심	내용 중심
반복	네가 한번 더 말해준다면, 우리에게 모든 것이 한층 분명해질 것 같구나.	아마도 내가 명확하게 이야기하지 못했나보다. 누가 다시 한 번 이야기 해주련?	우리 다시 한 번 이 문제를 살펴보도록 하자.
보충	누가 더 보충할 내용을 이야기해주겠니?	내 생각으로는 아직 모든 내용이 설명되지 않은 것 같은데……	여기 뭔가가 아직 부족한 것 같구나.
피드백	넌 그것이 여기에 속한다고 생각하는 거니?	내가 보기엔 그것이 우리의 문제를 해결할 수 없을 것으로 보이는데.	다른 점과 관련해서 그것은 흥미로운 주제일 수 있겠다. 하지만 여기서는 우리에게 도움이 되질 않는구나.

오류 분석	두 단어 간의 유사성이 너를 헷갈리게 했구나.	너희들이 착각했나보구나.	문제가 좀 어려운 듯하구나.
수정 요구	네가 바로 그 점을 말했다면 옳은 답이 되었을 텐데.	전에 내가 이미 그것에 대해서 말했던 것 같구나. 헌데 오늘 내가 보기엔……	방향은 맞은 것 같은데, 한 부분이 수정되어야 할 것 같구나.

내용적 피드백과 관련해서 성서 교육이 갖고 있는 특수한 문제가 있다. 현대 (포스트모던적) 해석학은 오직 하나의 옳은 해석을 알지 못한다. 텍스트가 모든 해석을 허용하는 것은 아니지만, 텍스트는 '열린 텍스트'로서 다각적인 방향에서 펼쳐질 수 있는 잠재적 의미를 가지고 있다. 학생들은 내용에 대한 피드백을 통해, 옳고 그른 것을 분명하게 말해주기를 원한다. 만일 학생들의 해석 행위를 가치 있게 여기고 타당성이 있는 해석을 모두 옳다고 인정할 경우, 혼란에 빠져들 것이다. 학생들의 관점에서 모든 것이 동시에 참된 것은 있을 수 없기 때문이다. 내가 희미하게나마 아직도 기억하고 있는 일이 있다. 그 당시 학생들은 내게 계속해서 다음과 같은 피드백을 제공하였다: "선생님은 거의 모든 것을 옳다고 여기시는군요." 또는 "선생님께서는 모든 것이 좋다고 보시는군요"라고 말이다. 이것은 상당히 비판적인 지적이었다.

합의적 성취

형식적 성취가 미리 주어진 규칙에 따라 확정되는 반면, 비형식적 성취는 생동적인 수업 상황에 의존한다. 합의적 성취는 보상과 같은 성격의 참여 프로젝트다. 성서 학습을 이유로 – 성서 본문에 대한 동기부여 차원에서

– 모두가 이스라엘로 여행을 떠날 수는 없겠지만, 슈투트가르트의 성서 하우스*로 여행을 떠날 수 있다. 또한 서로 다른 두 학급이 교환 프로그램을 갖거나 서로 만나는 일도 가능하다. 오늘날 팩스와 이메일을 통해 직접 대면하지 않고도 생동적인 상호작용이 가능하게 되었다.

3. 성서 학습의 모방동기유발

모방동기유발은 다른 사람들의 행위를 수용함으로써 학습 의지를 갖게 될 때 발생한다. 일상언어에서는 잘 구분하고 있지 않지만, 모방을 통해 외적 행동방식을 수용하는 것과 동일시를 통해 내적 태도 및 동기를 수용하는 것은 구별되어야 한다. 누가 모델이 될 수 있을까? 교사처럼 실제 인물이 직접 모델이 될 수도 있고, 역사 인물이 간접적인(medial) 모델 역할을 할 수도 있다. 한편 허구 인물도 모델이 될 수 있다. 모델은 상상할 수 없을 만큼 큰 이점을 가지고 있고, 간접적으로 영향을 미친다. 학생들은 낯선 행동을 관찰하고 수용하기 위해서 스스로 능동적 태도를 가져야 한다. 모방은 학생의 문제다. 아울러 이것은 경제적이기도 한다. 모방행위는 실수와 오류를 범하는 시간 낭비를 줄이게 해준다. 가장 복잡한 능력이 상대적으로 간단하게 전달될 수도 있다. 여기서 각 모델에 대한 규칙을 살펴보도록 하자.

*독일 성서 공회에서 설립한 것으로 역사적으로 다양한 성서 관련 문서와 문헌을 볼 수 있을 뿐만 아니라, 멀티미디어 등을 통해 성서 시대의 문화를 접할 수 있다.

실제 모델(Reale Modelle)

가장 결정적인 모델은 교사다. 교사가 수업 내용에 잘 어우러져 메시지를 '전달' 함으로써 그 교사와 함께하는 공부가 의미 있다고 여겨지면 여겨질수록, 교사는 더 많은 수업 내용을 동기화할 수 있다. 그러나 교사가 (어떤 경우 오로지 비구어적 언어를 통해서) 그 내용에 동의하지 않는다는 것을 드러낼 때, 전혀 효과를 발휘하지 못하게 된다. 이 경우 교사는 자신의 삶을 이야기해줌으로써 스스로를 '매개적' (medial) 모델로 만들 수 있다. 예컨대 교사는 본문과 관련해서 체험했던 일을 들려줄 수 있다. 하지만 유감스럽게도 모든 모델이 모방의 대상이 되는 것은 아니다.[317] 이를 위해서 분명한 특징, 무엇보다도 신망과 성과를 가지고 있어야 한다. 학습심리학 연구 결과에 따르면, 모델의 대상들이 그 자체로 덜 공감적인 경우라 하더라도, 요구 가치가 있는 내용을 전달할 수 있고 다른 사람들을 능가하는 권위를 가졌다면, 그리고 소위 사회적 능력을 지닌 모델이라면 여전히 모방의 대상이 되고 있다. 따라서 유감스럽게도 어린이들과 성인은 정감 있는 사람보다는 우세한 영향력을 가진 사람들을 모방하게 마련이다. 수업과 관련하여 보자면, 자신의 학급을 이끌고 나가지 못하는 자는 모델로서도 수용되지 않을 것이다. 학생들의 판단에 있어서 리더십은 정감보다 더 중요하다. 이러한 사실들은 다른 결과가 나올 수 있는 왜곡된 현실을 반영하고 있는 것일까? 언제나 리더십은 좋게 평가된 교육적 지도 능력보다도 교사들의 일상적 경험에 더 근접해 있다.[318]

매개 모델(Mediale Modelle)

우리는 영향력 있는 많은 모델을 겨우 이야기나 보도를 통해 접할 수 있다. 우리는 성서 연구의 동기부여를 위해서 성서의 영향사 속에 등장하는 어거스틴에서부터 간디에 이르는 인물들을 매개 모델로 사용할 수 있다. 그리고 그 인물들이 오늘 우리시대에 더 근접하면 할수록 당연히 그 영향력은 더 분명해진다. 따라서 사람들이 왜 성서를 읽는지, 그리고 성서가 인생의 어느 지점에서 중요한 의미를 주었는지에 대한 증거 수집도 수업을 위해 가치 있는 일이다.[319]

허구 모델(Fiktionale Modelle)

문학작품도 모델 기능을 한다. 예수에 대해 내러티브적으로 접근한 나의 책 『갈릴래아 사람의 그림자』[320]는 본래 종교 교육을 위해 저술된 것이었다. 첫 장을 세 학급에서 동일하게 읽어 주고, 설명을 한 후 수정하였다. 이 이야기에서 주인공 안드레아스는 독자의 동일시 대상으로 작용한다. 그는 예수를 추적하는 스파이의 임무를 부여받게 되지만, 예수를 단 한 번도 만나지 못한다 – 예외적으로 십자가상에서 짧게 대면한다. 그는 예수에 대한 소문(전승)에 근거해서 하나의 예수상(象)을 결합시켜야만 한다. 그것은 오늘 현대인들의 상황을 반영한다. 현대인들은 직접 예수에게 다가갈 수 없으며, 늘 본문 속에서 예수의 '그림자'만을 대면하게 된다. 동시에 안드레아스는 예수의 메시지 – 비폭력적 윤리로부터 세계의 근본적인 회개에 대한 선포, 그리고 제자들이 예수의 부활 신앙을 가지게 되기까지 – 와 실존적으로 대결하는 모델 역할을 수행한다. 비록 주인공은 성서 독자의 모델은 아니지만 성서의 주인공과 씨름하는 사람의 모델로 등장한다.

4. 성서 학습의 문제동기유발

문제동기유발은 일상 수업 가운데서 가장 중요한 동기 방식이다. 여기에는 내용 자체로부터 주어지는 과제가 등장한다. 그리고 언제나 수업 내용을 '인지적 갈등' 요소로 제공하는 것이 중요하다. 아울러 사람들은 이 갈등을 해결하기 위해 노력한다는 신뢰를 가져야 한다. 이 과정에서 다양한 과제 형태가 구별될 수 있다. (1) **해석 과제**는 내용상의 내적 불일치를 전제하고, 이 불일치에 대한 설명을 시도한다. (2) **비교 과제**는 본문 간의 차이와 유사성 때문에 생기는 불일치가 동기로 작용한다. (3) **성찰 과제**는 학생들 – 그들의 전이해와 추측, 느낌 그리고 가정 – 과 수업 내용 간의 차이에 기초한다. (4) **재구성 과제**는 근원적 내용과 교수 방법적으로 변형된 내용 간의 불일치를 줄이고 본래의 본문을 재구성하고자 한다. 이 과제는 평가를 위해서 또는 복습 차원에서 도입될 수 있다. 따라서 이 과제는 수업의 종결 부분에 이루어지는 것이 좋다.

해석 과제

성서 학습의 해석 과제는 내적으로 동기부여하는 가장 중요한 자극이다. 여기서는 해석 과제의 몇 가지 예를 간략히 설명하도록 하겠다. 해석 과제는 본문 안에 (1) 불일치, (2) 불명확성, (3) 희박한 가능성 그리고 (4) 도발이 등장할 때 시작된다.

(1) 성서 학습의 전형적인 해석 과제가 창세기 1장과 2장의 두 창조 기사 사이에 존재하는 **불일치** 문제다. 성서 학습에서 교사는 무엇 때문에 모세오경의 최종 형태에 두 가지 본문이 나란히 있는가를 설명해 주어야 한다. 또 다른 예를 들자면 바울의 회심에 대한 기사

행 9:3–19(누가의 서술)	빌 3:4–6(바울의 진술)
바울의 **회심** – 개인적인 환상을 통하여: 눈이 멀게됨 – 공개적인 음성을 들음으로써 아나니아가 바울에 대한 계시를 받고 (바울 자신은 더 이상의 계시를 부여받지 못한 채), 아나니아를 통해 바울이 치유받고 세례를 받게 된다.	바울의 **회심** 근본적인 방향 전환으로서 그리스도에 대한 인식을 통해서 바울이 자신의 사도 이전의 시간을 '해로움'과 '배설물'로 여김
행 22:3–21(백성 앞에서 행한 바울의 연설) 바울의 **회심** – 개인적인 음성을 들음으로써 – 공개적인 환상을 통하여 다메섹에 있는 아나니아를 통해 파송받음 **소명**: 바울은 예루살렘 성전에서 황홀경(Ekstase) 중에 사도로 부르심을 받는다.	갈 1:16:"그때에 나는 사람들과 의논하지 않았고" 갈 1:17: "또 나보다 먼저 사도가 된 사람들을 만나려고 예루살렘으로 올라가지도 않았습니다"
행 26:2–23(아그립바2세 앞에서 바울의 연설) 바울의 **소명** – 개인적인 음성을 들음으로써 – 공개적인 환상을 통해서 아나니아는 언급되고 있지 않다.	갈 1:15–16: 바울의 **소명** 선지자의 소명 모델을 따르고 있다 – 어머니의 태로부터 택정됨(사 40:1) – 다메섹 도상에서 소명받음

다. 사도행전에 세 번에 걸쳐 등장하는 회심 기사와 바울 자신이 두 번에 걸쳐 서신에서 보고하는 '자전적' 기사 간에는 차이가 있다. 위의 표는 그 개괄적 내용을 보여준다.

사도행전이 동일한 저자에 의한 단일작품으로 인정되고 있음에도 불구하고, 누가의 보고에는 불일치점이 세 번에 걸쳐 나타나고 있다. 이 불일치는 교수학적으로 풍성함을 이끌어낼 수 있다. 바울이 맨 처음에는 오직 빛만 보았고, 나머지 사람들은 음성만을 들었다면, 내용은 본문 이야기처럼 되어야 한다. 그러나 모든 사람이 빛을 보았다면, 바울처럼 다른 사람들도 눈이 멀어야 했다. 그 외에도 눈이 멀게 된 것과 빛의 모티브는 상징적 의미를 포함한다. 바울의 회심은 빛을 밝혀줌으로써, 즉 어둠에서 빛으로 인도하는 길로 묘사되고 있다. 바울이 예수를 박해한 것은 잘못된 판단에서 비롯된 것이고, 바울은 그 사실을 예수를 만난 직후에 비로소 깨닫게 된다. 바울은 '눈이 멀게' 되었으나, '이방인의 빛'이 된다(행 13:47=사49:6, 비교:42:6). 들려온 음성은 빛(환상) 체험과는 달리 바울의 사도 소명을 위해 결정적이다. 다메섹의 체험을 회심으로 묘사하고 있는 지점에서 누가는 빛의 현현을 이끌어 낸다. 반면 사도로 부르심을 받는 장면에서 누가는 음성을 등장시킨다. 다메섹 도상의 회심(빌 3:4-6)과 소명(갈 1:15-17), 이 두 가지 해석은 이미 바울에게서 나란히 존재한다.

(2) 본문상의 불명확성은 내적 동기를 불러일으킨다. 예수께서 세례를 받는 장면을 읽는다면 그것이 객관적 사건인지 주관적 환상과 음성의 체험을 다루는 것인지 명확하지 않다. 마가복음의 경우 그것은 주관적 체험으로 이해되고 있다. "그 무렵에 예수께서 갈릴리 나사렛으로부터 오셔서, 요단 강에서 요한에게 세례를 받으셨다. 예수께서 물속에서 막 올라오시는데, 하늘이 갈라지고, 성령이 비둘기같이 자기에게 내려오는 것을 보셨다. 그리고 하늘로부터 소리가 났다. "너는 내 사랑하는 아들이다. 내가 너를 좋아한다"(막 1:9-11). 마태복음과 누가복음에서 이러한 불명확성은 배제되었다. 마태복음에서는 하늘의 음성이 모든 사람들을 향하고 있다: "이는 내가 사랑하는 아들이다. 내가 그를 좋아한다"(마 3:17). 누가복음은 이전에 세례를 받은 자들에게는 예수께서 '보신' 내용들이 묘사되지 않고

세례 시 '(비둘기 같은) 구체적인 형체' 가 분명하게 강조되고 있다(눅 3:21-22). 이 같은 문제를 변화산 사건(막 9:2-10)에 적용해 볼 경우, 흥미로운 점이 나타난다. 이 장면의 어떤 부분이 주관적 체험으로 나타나는가? 어떤 부분이 객관적 사건에 가까운가? 여기서 물론 실재 상황(Realtitätsstatus)이 왔다 갔다 한다. 이러한 전제 하에 실제로 제기될 수 있는 질문은 "말하는 자와 듣는 이들이 어떤 삶의 현실에 근거하고 있는가" 하는 것이다. 우리는 '서로 차이가 있는 의식 상황' 을 정상적인 것으로 체험하고, 그것을 객관적 현실로 나아가는 통로로 여기며 살아가는 문화 속에서 살아가고 있다.

(3) 일상적인 현실로부터 벗어나 있다는 사실은 본문의 희박한 가능성에서도 등장한다. 많은 경우 보잘것없이 작은 것, 하지만 그것으로 엄청난 풍성함을 이루는 것이 문제된다. 그래서 예수께서는 마가복음 3장 4절에서 손 마른 사람을 고치신 후 양자택일의 질문을 던진다. "안식일에 선한 일을 하는 것이 옳으냐 악한 일을 하는 것이 옳으냐? 목숨을 구하는 것이 옳으냐 죽이는 것이 옳으냐?" 독자들은 금세 알아차리게 된다. 이 양자택일의 질문이 본문 상황에서 도출된 것이 아니라는 것을 말이다. 여기서 문제되는 것은 죽을 위기에 처한 병자가 아니라 안식일 이후에도 치유될 수 있는 장기적인 장애인이다. 이 희박한 가능성을 의미 있게 만들 수 있다. 역사 지식이 우리에게 말해주는 바에 따르면, 안식일 준수 계명은 전쟁 중에는 자기 방어를 위해 철회되었다. 예수는 중환자로부터 경미한 환자로 관심을 돌리고 있는 것인가? 만일 이미 (자기 방어를 위해) 안식일에 살인 행위가 허락된다면, 얼마나 더 많은 사람들이 생명을 보존하게 된다는 것인가? 아울러 마가복음은 더 포괄적인 상황을 말해주고 있다. 본문 마지막에 바리새인들과 헤롯당원들은 예수를 죽

이기로 결심한다(막 3:6). 그들은 이미 안식일에 살인을 계획한 것이다. 화자는 그것을 생각했던 것이다. 비록 그 살인 계획이 살인 자체와 동일하지 않다고 하더라도 말이다.

(4) 희박한 가능성이 윤리적 문제라고 한다면, 그것은 일종의 도발(Provokation)이다. 예수의 도발은 교수학적으로 가치 있는 것이다. 마태복음 8장 21절은 예수의 도발에 해당하는 말씀인데, 예수는 먼저 자신의 아버지를 장사 지내려고 하는 제자에게 말씀하시기를, "너는 나를 따라오너라. 죽은 사람의 장례는 죽은 사람들이 치르게 두어라"(8:22). 이것을 이차 매장으로 생각함으로써, 예수의 호소를 무시하거나 해석에서 제외시킬 수 있을까? 아버지가 이미 오래전에 세상을 떠나 장사되어 있을 때, 육체가 부패된 후에 그 뼈를 다시금 관에 보존하게 된다. 이 관습이 당시 팔레스틴에서 (특별히 예루살렘 주변에서) 확인되었다. 여기서 일반화되지 않은 이차 매장 관습이 드러난다. 하지만 기본적인 장사 의무를 거부하는 것이 아닌가? 또는 그러한 거부를 의도적으로 요청하고 있는 것 아닌가? 이것과 유사한 경우로 갈릴리의 분봉왕이 디베랴 도시를 건설한 선례를 언급할 수 있다. 헤롯 안티바스는 공동묘지에 도시를 건설하였다(비교: 요세푸스. 『유대고대사』 18:36-38). 이 도시 이전은 그에게 새로운 이주민들이 자신을 위해서 유대의 성결계명을 어길 것인가 아닌가를 시험하는 계기가 되었다. 그리고 아마도 이 충성 시험은 의도된 것이었다. 예수의 경우 분명히 다른 것이 문제되고 있다. 그러나 여기서도 분명 제자들의 충성도가 도마 위에 올라 있다. 그 제자가 예수를 좇는다면, 그는 죽음보다 절대 우선 순위에 있는 생명을 좇는 것이다.

비교 과제

한 본문 속에서 명확한 인지적 긴장을 찾아내기는 어려운 일이지만, 만일 다른 본문과 비교를 통해서라면 상당히 쉽게 찾아낼 수 있다.[321] 유사 본문들은 그 자체로 공통점과 차이점을 인식하고 해석하게 해준다. 공통점이 우세한 경우, 그 차이점을 찾도록 자극해야 하며, 반대로 차이점이 우세한 경우, 공통점을 발견하는 과제가 뒤따라야 할 것이다. 위에서 예로 언급한 해석 과제들이 이미 자주 사용된 비교 본문들이다. 거기서 언급한 (1) 본문 비교 외에도 (2) 양식(Form) 비교와 (3) 내용 비교가 있다.

(1) **본문 비교**는 모든 학문적 해석의 근거가 된다. 성서의 본문 비교는 공관복음 대조뿐만 아니라 사도행전의 바울상과 역사적 바울 간의 비교, 바울의 실제 서신과 이차 서신 사이의 대조 등에 이르기까지 여러 측면에서 익숙하다. 종교사적 그리고 전승사적 비교도 교수학적으로 유익하다. 그래서 수업 시간에 세례요한에 대한 요세푸스의 증거와 신약성서의 세례요한의 모습을 비교할 수 있다. 요세푸스의 보고에 따르면, 헤롯 안티바스는 나밧 사람들과의 전쟁에서 패한 것을 심히 괴로워했는데, 많은 이들이 이 패전을 세례요한을 처형한 것에 대한 벌로 여겼다.

"그러나 유대인 중의 일부는 헤롯의 군대가 패배한 것을 세례자라고 불리던 요한의 목을 벤 헤롯에 대한 하나님의 확실한 응징이라고 생각했다. 세례요한은 선한 사람이었고, 유대인들을 의로운 삶으로 인도하고, 사람들에게 공의를 행할 것과 하나님 앞에서 경건하게 살도록 훈계하며, 세례로 연합하게 한 사람이었음에도 불구하고 헤롯은 억울하게 그를 처형한 것이다. 요한은 세례가 하나님께 용납되기 위해서는 앞서 말한 선한 행실이 전제되어야 한다고 생각했다. 요한은 사람들이 지은 죄를 용서받기 위한 수단으로서 세례를 받는 것이 아니라, 의로운 행동으로 인해 영혼이 이미 깨끗함을 입은 것처럼 몸의 정화를 위해서 세례를 받아야 한다고 설파하였다. 다른 무리들이 요한의 고상한 설교를 듣고 고취되어 이미 모여든 수많은 군중들과 합세하자, 헤롯은 당황하기 시작했다. 왜냐하면 요한의 설교가 자칫하면 구름떼같이 모여든 사람들을 자극하여 소요를 일으킬 가능성이 있다고 생각했기 때문이다. 헤롯의 눈에는 백성들의 모든 행위가 마치 요한 때문에 일어나는 것처럼 보였다. 그래서 헤롯은 어려운 국면에 빠져 나중에 후회하는 것보다는 사전에 요한을 제거하는 것이 더 낫겠다고 생각하고 그를 없애기로 결심하였다. 결국 요한은 헤롯의 이 의심하는 성격 때문에 앞에서 언급했던 마케루스(Machaerus)에 있는 감옥에 갇혀 있다가 거기서 죽음을 당했다. 그렇기 때문에 유대인들은 헤롯의 군대가 패배한 것은 요한의 죽음에 대한 하나님의 심판이라고 보고 있는 것이다"(요세푸스 ,『유대고대사』, 18:116-119).

이 비교를 통해 지금은 사라져버렸지만 세례요한의 설교가 가지고 있는 종말론적 관련성을 찾아낼 수 있다. 이 관련성은 오히려 공관복음에서 간과되고 있다. 즉 세례요한을 하나님에 대한 경건(성)과 인간에 대한 공의라고 하는 고대의 기본적인 두 덕성에 대한 선포자란 관점에서 바라볼 경우, 그의 설교는 공관복음서에서 드러나고 있는 것과 달리 본질적으로 윤리적 지침 이상의 것을 포함하고 있었던 것으로 보인다. 초대 그리스도교는 세례요한을 무엇보다도 예수의 증거자로 생각하였다. 요한의 뒤를 이어 등장할 메시아적 인물, 또는 임박한 하나님의 도래에 대한 선포는 요세푸스에게서 나

타나지 않는다.[322]

(2) 양식 비교: 특정 본문뿐만 아니라 본문 속에서 상세하게 구체화되고 있는 일반적 양식(형식), 즉 특정 형태로 일컬어지는 구조를 나란히 비교할 수 있다. 예컨대 바울서신 도입부의 전형적인 특징들을 분할해서 적어놓고 갈라디아서의 도입부와 비교하도록 과제를 준다. 파격적인 형식이 서신의 처음부터 어떻게 대결적 양상을 드러내는가를 알 수 있다. 나는 대학에서 뿐만 아니라 중고등학교에서 다음과 같은 형태로 양식 비교 방법을 사용하였다. 도식화한 구조를 먼저 제시하고 학습자들로 하여금 내용을 기술하는 과제를 부여한다(아니면 도식 대신에 그 이전에 제시했던 삽화 자료를 사용할 수 있다). 우린 마태복음의 내용을 다음과 같이 구조화하여 그 구조를 복음서의 부분 내용(마태복음서에 등장하는 다섯 편의 설교)에 적용시켜 볼 수 있다. 모든 학습자들은 성서의 복음서 내용을 정확히 규정할 수 있어야 하며 동시에 그 구조를 인식할 수 있어야 한다.

1–4
5–7
8–9
10
11–12
13
14–17
18
19–22
23–25
26–28

(3) 내용 비교(Sachvergleich): 복잡한 역사 사실을 비교하는 것은 여러 영역에서 중요하다. 이와 관련해서 해볼 만한 작업이 있다. 도표의 한

	사두개파	바리새파
자유의지	비결정론: 인간은 자기 운명의 근거다.	
종말론과 영혼론	내세 부정: 영혼의 존속, 영원한 심판이나 보상을 부정한다.	
경전과 전승	경전 원칙: 문서로 기록된 율법만을 인정하고 선조들의 (구전)전승은 부인했다.	
삶의 자리	상류층 소속: 사두개파는 세력 있는 사람들을 자기편으로 삼았으나, 직무에서는 바리새파의 가르침을 지향했다.	
행동 방식	갈등의 문화: 사두개파의 행동은 자신들의 가르침과 배치되었고, 서로 간에도 차이가 있었다.	

쪽에 요약 정리된 목록을 제시해 주고, 학습자들이 나머지 빈칸을 제시된 목록에 일치하도록 채워 나가는 것이다. 예컨대 나는 유대교의 전통적 계파 사이의 차이를 요세푸스의 책(『유대고대사』 13:171-173, 297-298; 18:11-245; 『유대전쟁사』 2:118-166)에 근거해서 도표로 비교해 보았다.[323]

성찰 과제

내용 사실을 다룰 때 자주 나타나는 인지적 갈등은 처음에 가졌던 기대치나 전이해와 그 내용을 직접 보고 얻은 지식 간의 차이(격차)에서 발생한다. 그러한 차이는 내용에 대해서 다시금 숙고하게 할 뿐만 아니라 관찰자가 가지고 있던 태도에 대해서도 반성하게끔 한다. 교육의 과정은 근본적인 구조상 과학에 가깝다고 할 수 있다. 그 이유는 전이해에 근거해서 가정을 세우고 그 가정을 실제 현실에 비추어 검증하기 때문이다. 수업에 있어서 전이해가 가능한 한 분명하게 인식되고 정리되어야 한다. 그리고 그 전이해가 면밀한 내용 작업을 통해서 수정되어야 한다. 그런데 이 과정에서 두 부류의 전이해(Vorgriffe)가 구별되어야 한다 – 비록 두 부류 간에는 넘나들 수 있는 연속성이 존재하지만 말이다. 하나는 주관적 측면의 전이해다. 이것은 인식 주체가 가지고 있는 즉흥적인 태도, 즉 첫 인상 또는 선입견을 말한다. 주관적 전이해는 자기 앞에 있는 학습자들의 내면세계를 규명하고자 한다. 다른 하나는 객관적 측면의 전이해인데, 이것은 수업 내용의 구조를 미리 파악하고 규정하려고 하는 것이다. 학생들이 생각하고, 느끼고 원하는 것이 아니라, 수업 내용과 관련해서 어떤 태도를 취하고 있는가 하는 것이 문제다.

(1) 주관적 측면의 전이해: 주관적 측면의 전이해를 규명하기 위해 많은 방법들이 동원된다. 선지식과 개인적 견해에 대해 직접 묻거나 관련 단어를 수집하게 하거나 토론을 벌일 수도 있다. 만일 순간적으로 떠오르는 것들을 좀 더 세련되게 구성하고자 한다면 글쓰기 명상(Schreibmeditation)의 방식을 사용할 수 있다. 각각의 학생들이 즉흥적으로 앞줄에서부터 나와 칠판에 떠오르는 생각을 적도록 한다. 이때 나머지 학생들은 침묵을 유지한다. 또는 간접적인 방법을 선택할 수도 있는데 약간의 심리학적인 처방에 근거하고 있다.

– 연합 방법: 내용과 관련하여 떠오르는 모든 것을 노트에 적도록 한다. 사전에 익숙해져야 할 것이 소위 메타포 연습인데, 이것은 내용과 유사한 것(비교 가능한 것)을 적어보는 것이다. 예컨대 칠판에 "교회는 마치 ~과 같다"라고 적는다. 그리고 학생들이 자신에게 떠오르는 생각으로 빈칸을 채우는 것이다. 예를 들어 "교회는 마치 묘지와

같다"라든가 "교회는 마치 결혼잔치와 같다"라고 적을 수 있다.

- 선택 방법: 선택해야 할 내용들, 즉 여러 그림이나 사진, 문장이나 관련 용어 등을 늘어놓은 후, 학생들로 하여금 이 중에서 가장 맘에 드는 것이나 내용과 잘 부합하는 것을 선택하게 하는 것이다. 그때 모든 선택은 존중되어야 한다.
- 투사(projektive) 방법은 다의성을 가진 자료에서 해석을 이끌어 내는 것이다. 예컨대 대화 풍선이 있는 그림을 보여주고 다양한 방식으로 그것을 채우게 하는 것이다.
- 창의적 방법은 학생들에게 자유를 부여하여 그들이 그림이나 콜라주 방식을 통해 스스로 자료를 만들도록 기회를 부여하는 것이다. 투사 방법과 창의적 방법은 극명하게 서로를 구별하기는 쉽지 않다.

여기서 지적해야 할 것은 이러한 연습이 자체 목적으로 끝나서는 안 된다는 것이다. 그러한 연습이 자기 묘사로 머무는 대신, 내용으로 연결되어야 한다.

(2) 객관적 측면의 전이해: 주관적 측면의 전이해는 사람들이 생각하고 느끼는 것을 모두 '인정해 준다'. 여기서 그 생각이 사실(wahr)인가 아닌가 하는 것은 문제되지 않는다. 거기에 진실이 담겨 있는가(echt) 담겨 있지 않은가 하는 것이 중요하다. 하지만 객관적 측면의 전이해는 이와 다르다. 객관적 측면의 전이해는 우선적으로 대상을 적절하게 파악해야 한다. 이것은 수업 시간 처음에 그 시간의 주제를 공지하거나 할 때, 유익한 놀이기능을 제공한다. 예컨대 칠판에 간단하게 제시한 그림 퀴즈로 그 시간의 주제를 공지한다거나, 세 개의 핵심 개념을 나열한 뒤, "오늘 우리는 무엇을 하려는 것일까요?" 하고 물을 수 있다.

전이해에 대한 더 고차원적 형태로는 가설(Hypothese), 즉 인지된 것을 진술하고 검증하는 것이 있다. 두 가지 사례를 들어보도록 하겠다. 첫째, 6학년 학급에서 샤갈(M. Chagall)의 그림 '일요일'을 다루었다. 처음 시간에 그림 퀴즈를 통해 '주일'의 본질적 특징들을 수집하였다. 수집된 내용들은 그림 내용과 일치하지 않았는데, 샤갈의 그림은 교회를 가고 있는 그리스도인과 상점을 열고 일을 하는 유대인을 묘사하고 있기 때문이다. 이 그림은 한 마을에서 유대인과 그리스도인이 평화롭게 더불어 생활하는 것으로 주일을 주제화하고 있다. 두 번째 사례는 예수 연구에서 비롯되었다. 예수는 제의계명을 둔화시키시고, 도덕계명을 심화한다는 것을 보편화된 학문적 가정으로 인정할 수 있다. 문제는 성에 대한 진술이다. 여기서 우리는 간음에 대한 두 번째 반명제처럼 성을 배격하는 전승, 즉 음욕을 간음과 동일시하는 전승(마 5:27이하; 비교. 고자된 자의 말씀, 마 19:12)뿐만 아니라 간음한 여인(요 8:1-11)과 큰 죄를 지은 여인(눅 7:36-51)에 대한 이야기같이 성에 관용적인 전승을 발견한다. 따라서 이 가정은 수정되어야 하며, 개인적인 선입견을 비판적으로 성찰해야 한다. 몇 가지 참고 본문을 통해 학생들은 이 관용적 이야기가 예수의 말씀과 구별되는 사건임을 알게 될 것이다. 성에 관용적인 이야기가 특별히 여성을 다루는 경우, 예수는 그 여성을 보호하고자 한 반면, 성을 배격하는 경고는 남성들을 향하고 있다.

재구성 과제

재구성 과제의 패러다임은 이차 작업이 이루어진 본문과 관련된다. 문헌사와 편집사 그리고 전승사 연구는 그 본래적 형태를 재구성하고자 한다. 학생들은 수업 시간에 그러한 본문을 의도적으로 만들어 볼 수 있다. 본문은 불완전하거나 확장되었거나 또는 질서정연하지 않을 수 있다. 본문은 정확하지 않거나 서로 일치하지 않는 요소들을 포함하고 있을 수 있다. 이 과제는 언제나 근원적 또는 올바른 형태를 재구성하는 것이다. 본문 변형의 방식에 따라 우리는 보충 과제, 축소 과제, 수정 과제, 치환 과제로 구별할 수 있다.[324]

(1) **보충 과제**는 이미 널리 알려져 있다. 본문의 빈칸 채우기 같은 것은 대부분의 활동 자료에서 볼 수 있다. 특히 보충 과제는 (특히 저학년에게서) 평가 방법으로 사용될 수 있다. 예컨대 아주 중요한 결과를 칠판에 불완전한 문장으로 적어놓는다. 학생들은 그것을 보완해야만 한다. 좀 더 세련되게 보충 과제를 활용할 수 있다. 예컨대 역사적 관련성을 분명히 하기 위해서다. 전에 나는 어느 6학년 학급에서 유대전쟁 이전에 있었던 일련의 역사 자료를 다음과 같이 제시했다. 어린이들은 역사의 과정을 추측으로 보완해야 했다. "유대인들의 저항운동은 총독 알비누스(Albinus, 기원전 62~64년)에 의해서 진정되었는데, 알비누스는 당시 영향력 있고 친로마적 가문에 속했던 엘르아살 대제사장의 서기장이었다. 수많은 저항군들은 그 당시 로마 감옥에 잡혀 들어갔다." 이 역사는 어떻게 진행되었을까? 학생들은 제대로 조합시켰다. 감옥에 갇힌 자들의 석방을 위해 압력을 행사했다는 것이다. 학생들이 전혀 예측할 수 없었던 것이 있었는데, 엘르아살이 나중에 저항군에 가담했다는 사실이다. 그는 기원전 66년 로마에 대한 저항을 의미하는 기호(표지)를 제시한 바 있다. 내러티브 본문에만 이런 식으로 보완될 수 있는 것이 아니다. 조직화된 자료에도 동일한 효과를 낼 수 있다. 예를 들어 메타포, 대조, 비유, 우화, 그리고 알레고리에 대한 정의를 제시하고 나서 이 정의에 일치하는 신약성서 본문을 첨가(보완)하게 하는 것이다.

(2) **축소 과제**는 본질적인 것을 비본질적인 것에서 분리해 내려 할 때 도움을 줄 수 있다. 예컨대 '심사위원' 역할을 하게 하는 것이다. 아주 긴 본문을 줄여야만 한다. 그러나 본질적인 정보는 하나도 잃어서는 안 된다. 또는 몇 가지 주변적 요소들을 담고 있는 하나의 개념 정의를 제시한다. 과제는 핵심적인 개념 요소만을 골라 밑줄을 그어 연결시키는 것이다.

(3) **수정 과제**는 모든 사람이 수수께끼처럼 인식한다. 이 과제는 저학년 학급에서 어려운 개념을 반복 학습할 때 도움을 줄 수 있다. 그 외에 부담감이 큰 수정 과제도 있다. 예컨대 마가복음에 등장하는 기적 관련 본문 열 개를 가지고 새로운 하나의 기적 이야기로 만드는 것이다. 즉 약간의 변형을 가해서 열 개의 마가 본문을 서로 결합하는 것이다.[325] 다음은 그 사례다.

5:1 그들은 바다 건너편 거라사 사람들의 지역으로 갔다. 7:24 그리고 어
떤 집에 들어가셨는데, 아무도 그것을 모르기를 바라셨으나, 숨어 계실 수
가 없었다. 7:32 사람들이 귀 먹고 말 더듬는 사람을 예수께 데리고 [왔지
만] 2:4 무리 때문에 예수께로 데리고 갈 수 없어서, 예수가 계신 곳 위의
지붕을 걷어내고, 구멍을 뚫어서, 중풍병 환자가 누워 있는 자리를 달아
내렸다. 10:47 그가 "다윗의 자손 예수님, 나를 불쌍히 여겨 주십시오" 하
고 외치며 말하기 시작하였다. 1:41 예수께서 그를 불쌍히 여기시고 8:23
예수께서 그 사람의 손을 붙드시고, 마을 바깥으로 데리고 나가셔서, 그
(귀)에 침을 뱉고, 그에게 손을 얹으시고서 물으셨다. "무엇이 (들리느냐)?"
7:35 그러자 곧 그의 귀가 열리고 혀가 풀려서, 말을 똑바로 하였다. 5:34
그러자 예수께서 그에게 말씀하셨다. "(아들)아, 네 믿음이 너를 구원하였
다. 안심하고 가거라. 그리고 이 병에서 벗어나서 건강하여라." 7:36 예수

께서 이 일을 아무에게도 말하지 말라고 그들에게 명하셨으나 5:20 그는 떠나가서, 예수께서 자기에게 하신 일을 데가볼리에 전파하였다. 그리하니 사람들이 다 놀랐다. 1:27 사람들이 모두 놀라서 "이게 어찌된 일이냐? 권위 있는 새로운 가르침이다! 그가 악한 귀신들에게 명하시니, 그들도 복종하는구나!" 하면서 서로 물었다.*

아울러 쪽지에 한 가지 장면이나 소재를 적은 후, 학생들이 그 쪽지들을 새롭게 배열하게 할 수 있다. 그럼으로써 기적 사건의 화자가 일련의 모티브를 사용하고 있으며, 그것에 근거해서 새로운 기적 이야기를 들려주고 있음을 알게 될 것이다. 예수의 기적 사건은 그렇게 이야기의 채움을 가능하게 했다. 이야기의 형식은 역사적인 것이 아닐지라도, 기적 사건은 예수 자신에게 소급되었던 것이다.

(4) **치환 과제**는 학습 목표 조정을 위한 일종의 '다중 선택 검사'라고 볼 수 있다. 특별히 이 과제는 (저학년 학급에서) 연속적인 본문을 정리해놓은 후, 몇 부분에서 단어들을 선택하게끔 하는 것이다. 예컨대 구약성서의 사사들과 관련된 부분을 요약하여 다음과 같이 정리한다. "이스라엘의 지도자들은 처음에 〈장군/사사/왕〉으로 불렸다. 그 지도자들은 위험한 시기에 〈여호와께서/이스라엘 백성들이〉 선택하였다. 위험한 상황이 지나고 나면 〈그들은 계속 백성의 지도자로 머무르게 된다/그들은 자신의 본래 직업으로 돌아간다〉 이스라엘의 첫째 〈왕/사사〉인 사울은 일생 동안 이스라엘의 지도자가 되었다." 또 도입해 볼 만한 것이 오류 텍스트를 이용하는 것으로, 모든 연령의 학급에서, 그리고 대학의 수업 시간에도 적용할 만하다.

---

* 예문 중 괄호 안의 내용은 문맥에 맞도록 저자가 본문을 수정한 것이다.

예컨대 수업 시간 처음에 지금까지 이루어졌던 수업 내용을 요약 정리해준 뒤, 학생들로 하여금 최소한 세 가지의 오류를 찾도록 과제를 부여하는 것이다. 당연히 거기에는 의도하지 않았던 오류가 있을 수 있고, 실제로 전혀 오류가 없을 수도 있다. 하지만 어쨌든 간에 그러한 오류 본문은 학생들의 비판적 능력을 이끌어 내기에 충분하다.

5. 성서 학습의 결과동기유발

인간의 행위는 결과를 목적으로 한다. 모든 이들은 어떤 행동을 할 때 무엇인가 '도출되어 나오기' 를 바라고, 그래서 그 무엇인가가 '도출되어 나오기' 까지 가능한 한 오랫동안 행동을 유지하려는 경향을 가지고 있다. 동기부여의 상당 부분은 결과에 대한 기대다. 거기서 결정적으로 중요한 것은 (1) **결과의 개연성**(Resultatwahrscheinlichkeit), 즉 어떤 결과에 도달할 것이라는 가능성이다. 아울러 그 결과가 어떤 식의 (2) **결과의 조성**(Resultatgestaltung)으로 나타난다는 사실은 동기를 강화하기에 충분하다. 결과는 성취(Konsequenz)와 다르다. 결과는 드러난 행위와 내용적으로 관련되기 때문이다. 외적으로 동기화된 성취와는 달리 결과에 대한 기대는 내적으로 동기부여한다.

결과의 개연성

수업 결과에 대한 개연성은 가능한 한 높아야 한다. 이를 위한 최선의 원칙은 언제나 수업은 어떤 결과(결말)에 도달해야 한다는 것이고, 이때 학생들은 기대감을 갖게 된다. 도달할 수 없는 목적은 실망으로 이끌며, 도달하기에 너무 쉬운 목적은 도전을 주지 못한다.[326] 그래서 교수학적으로 요청되는 것이 중간적인 난이도의 과제며 여기서 전제되어야 할 것은 다음과 같다.

- 부과된 과제에 대해 명확한 지식과 문제 해결을 위한 필수 정보가 주어져야 하는 한편, 불확실성을 즐길 수 있는 어느 정도의 여유 공간이 주어져야 한다.
- 학생들이 진지함을 잃어버릴 정도의 자유분방함보다는 적절한 제어장치가 필요하다.
- 학생들이 어려움에 봉착했을 때 도움이 되는 자극이 필요한 반면, 잦은 간섭은 자제되어야 한다. 학생들이 자기 스스로 어떤 결과에 도달하기가 어렵다는 자의식을 갖게 될 수 있기 때문이다.
- 긍정적 결과에 대해 피드백을 제공함으로써, 학생들이 다음 단계로 나아갈 수 있도록 동기를 부여하는 한편, 부정적 결과에 대해서는 재평가해야 한다.

정확한 표준을 찾기란 결코 쉽지 않다. 더욱이 대규모 학급의 경우 이러한 과제는 거의 불가능하다. 모든 학생에게 맞는 가시적인 중간 난이도를 찾는 것은 지극히 힘든 일이다. 따라서 우리는 수업 자체의 세분화를 통해 해결책을 찾을 수밖에 없다. 이것은 "학생들 스스로 난이도와 학습 속도를 선택하도록 제시하는 것과 학급에서 자체 운영되는 소모둠 활동을 허용하는 것" 이다.[327] 우리는 그러한 수업을 단지 꿈꿀 수 있을 뿐이다. 그것은 교육적 유토피아다. 그럼에도 불구하고 그것에서 우리의 시선을 돌려서는 안 될 것이다. 적절하게 처방된 차이(격차)는 언제나 내적 동기를 유발하는 결정적 요인이기 때문이다.[328]

결과의 조성

수업의 결과를 개시하는 탁월한 방법 중 하나가, 수업 시간 동안 다루는 내용을 칠판 그림 등을 통해 확인시켜 주는 것이다. 이 경우 내용은 분명 단순해질 것이다. 그러나 학생들도 현실이 학교 칠판보다 더 '복잡하다'는 것쯤은 알고 있다. 이 세계는 자연스레 배움이 이루어지도록 방향 지워져 있다기보다는, 어떤 문화적 활동을 통해 비로소 '배움의 집'이 된다. 노트 필기나 받아쓰기가 그것인데, 이것은 연습을 필요로 한다. 비록 파우스트의 메피스토펠레스는 아이러니하게도 학생에게 맹목적으로 받아 적도록 요구하고 있지만 말이다. 파우스트의 학생은 그 요구를 감사하게 받아들이고 있다. "그것은 두 말할 나위도 없습니다! 받아쓰기가 얼마나 유용한지는 이미 알고 있습니다. 흰 종이에 꺼멓게 쓴 것은 안심하고 집에 가지고 갈 수 있으니까요."* 매 시간 수업 내용을 초록으로 남기는 것도 상당히 추천할 만하다. (수업의 결과를) 팸플릿이나 소책자로 만들어 전시를 하고 함께 행사를 기획하는 것도 특별한 의미를 줄 것이다. 두 학급이 자신들의 결과를 서로 교환한 후, 그것에 대해서 서로 논의하게 하는 것도 동기를 자극할 수 있다.

6. 성서 학습의 자발적 동기유발

동기는 교사가 촉발시킨다. 그래서 최고의 교사는 자기 학생들에게 가장 효과적으로 동기를 부여하는 교사처럼 보인다.[329] 그러나 여기에 가장 중

*괴테의 파우스트 제1부 중 메피스토펠레스와 학생 간의 대화

요한 동기화의 근원이 언급되지 않은 채 남아 있다. 그것이 학생들의 자발성이다. 우리는 학생들의 자발적 행위를 위해 세움받은 자들이다. 우리 교사들은 학생들을 결코 완벽하게 외부적으로 동기부여할 수 없기 때문이다. 그리고 그것은 당연하다고 느껴진다. 우리 사회가 유지될 수 있는 이유도 사람들이 욕구 충족을 뒤로 미룬 채, 스스로 자기 자신을 규제하기 때문이다. 자유가 보장된 문화란 사람들이 자기 자신에게 목적을 부여하는 데 얼마나 자유로운가에 달려 있다. 물론 교사 자신도 관심을 가지고 학생들의 자발성을 뒷받침해 주어야 한다. 그렇지 않으면 동기부여가 잘 이루어진 수업은 오히려 소비 성향만 자극할 뿐이다. 내용에는 무관심한 채, 좋은 분위기만을 만들어 지식을 판매하는 행위가 교사의 과제가 되어버리는 것이다. 교사는 만담(漫談)의 명수(名手)가 되어, 학교가 공부하는 곳이란 사실을 잊게 만들 수도 있다. 아무리 교사가 이런 역할을 수용한다 하더라도, 교사는 경험을 통해서 알고 있다. 사람은 누구나 자기 자신에 대해서 책임이 강할수록, 어떤 일에 더 많은 에너지를 쏟아 붓게 된다는 것을 말이다 – 여기서 전제되고 있는 것은 사람들은 스스로 자기 자신의 성장을 감지한다는 것이다. 경험적 연구 결과에 따르면,[330] 학생들이 자기 고유의 행위를 통해 스스로 무언가를 하고 있다는 의식을 가지고 살아갈 때, 학급 분위기는 활성화된다. 모든 자발적 동기유발은 학생들이 부분적으로 학생의 역할에서 벗어나 다른 역할을 떠맡게 됨으로써 가능해진다. 즉 (1) 스스로 수업의 계획과 과정, 평가에 참여하는 교사 역할을 떠맡을 때, (2) 발견 학습을 통해 연구 과정을 모방하는 주석가 역할을 떠맡을 때, 그리고 (3) 성서 역할, 즉 역할극을 통해 성서의 저자들 이나 등장인물들의 역할을 떠맡게 될 때 가능해진다.

교사 역할 떠맡기

교사는 일반적으로 수업을 계획하고, 질문을 던지고, 과제를 부과한다. 또 정보를 전달하고, 학업 성취를 평가한다. 이런 교사 역할에 학생들이 참여할 수 있다. 물론 교사가 자기 수업에 대한 책임을 내려놓지 않은 상태에서 말이다. 학생은 수업을 통해 단순한 학생 이상이 되어야 한다. 여기서 제안하는 것들은 협동 학습과 관련된다.[331]

(1) 계획을 세우기 위해서는 교과 내용 지식이 필요하다. 특히 수업 계획을 공동으로 세우려 한다면, 수업 자료와 그 배경에 대한 상황을 인식하고 있어야 한다. 사람들은 아주 특별한 경우에만 그런 요구 조건으로부터 완전히 자유로울 수 있다. 나는 70년대 언젠가 중학교 2학년 두 학급에서 종교 과목을 가르친 적이 있었는데, 그 학급에서는 따로 가톨릭 종교 수업을 진행하지 못하고 있었다.* 나는 결국 가톨릭 학생들을 집으로 돌려보낼 것인가 말 것인가를 결정해야 할 상황에 놓이게 되었다. 그때 대부분의 학생들은 입교 교육**(견신례)을 동시에 받고 있었기 때문에, 그리 적절한 상황이 아니었다. 따라서 나는 교과 과정에서 벗어날 수 있는 자유를 얻게 되었다. 우리는 먼저 종교 과목에 속하는 주제들이 무엇인지 함께 이야기 나누는 것으로 시작했다. 첫째 주제는 교회, 둘째는 그리스도교, 셋째는 종교 일반, 그리고 넷째는 삶에 대한 근본 문제였다. 학생들은 가장 포괄적인 주제를 선호했다. 한 학급은 '비그리스도교 종

---

*독일 초중고등학교의 종교 수업의 경우, 대부분 개신교 종교 교육과 가톨릭 종교 교육을 분리해서 진행하고 있다.

**입교 교육은 청소년들이 개신교 또는 가톨릭의 핵심 교리를 배우고 익히는 과정이다. 따라서 개신교와 가톨릭 학생들이 종교 교육을 함께 받는 것은 적절한 교육 환경을 조성하지 못한다.

교' 란 주제를 한 학기 교과 과정으로 결정했다. 다른 학급에서는 '우정' 이란 주제가 가장 선호되었지만, 모두가 일치하는 의견이 아니었기 때문에 수업 시간에 다룰 한 주제로 채택하였다. '비그리스도교 종교' 란 주제는 잘 진행되었다고 여겨진다. 나는 몇 가지 기초적인 지식을 전달할 수 있었다. 하지만 '우정' 이란 주제는 상당한 어려움이 있었다. 난 여기서 '종교' 라는 특정 교과로서의 통제력을 상실하게 되었기 때문이다. 윤리 책에서 발견되는 내용들은 실재 청소년들의 삶과는 거리가 멀다. 그래서 나는 청소년들의 삶의 세계에 대한 것들을 청소년들에게서 배우려고 시도했다. 아마 그랬기 때문에 이 학급은 윤리적 질문에 대한 수업을 타종교에 대한 수업을 진행한 다른 학급(+0.95)보다 더 흥미롭게 평가(+1.35)한 듯했다.[332] 그렇다고 해서 전혀 사전 준비 없이 자유롭게 계획을 세우는 일은 바람직하지도 않고 기대할 만하지도 않다.

나는 또 다른 학급에서 교과 과정상 필수 항목으로 제시된 주제들과 선택 항목으로 제시된 주제 목록을 구별했고, 몇 시간은 자유 주제를 준비했다. 나중에 학생들의 수업 평가를 읽어 보니, 학생들은 마치 모든 주제들을 자유롭게 선택한 것인 양 생각하고 있었다.[333] 그들에게 결정적으로 중요했던 것은 원하는 주제를 진지하게 다루어 보는 체험이었던 것이다.

(2) **정보 전달**이 단순한 발제 형식으로 진행될 때는 학생들의 흥미를 자극하지 못한다. 학생들은 소정의 성과를 체험할 수 있어야 한다. 학생 중 아무도 발제를 귀 기울여 듣지 않는다면, 어느 누구도 수업 시간의 대화에 적극적으로 참여하려 하지 않을 것이다. 그래서 기초적인 수준의 수사학이 모든 문학 수업이나 언어 수업에 들어 있는 것인지 모른다. 대부분의 발제는 교수학적 차원에서 아주 형편

없는 방법이다. 나는 대학 수업을 발제 중심으로 이끌어 가는 것을 거부한다. 학생들의 부족한 발제 능력을 감안한다면, 그것은 수업을 포기하는 것과 다름없는 잘못이다. 그리고 여러 번의 세미나에 대한 기억에 근거해 볼 때, 강사조차도 수업 준비나 노력을 게을리 하게 되는 결과를 낳는다.

(3) 교사는 수업 **인도**를 학생들이나 수업 참여자들과 주고받을 수 있다. 토론 인도는 중요한 사회적 능력으로서 훈련을 통해 형성된다. 한 학생이 발언자 순서를 정해서 토론을 진행한다면, 적절한 토론을 이끌어 갈 수 있을 것이다.

(4) **시험**은 교사의 특권으로 보인다. 하지만 바로 그 이유 때문에 학생들을 시험에 참여시킬 필요가 있다. 단순히 학생들이 서로 자신들을 평가하는 것에 그칠 것이 아니다. 한 고등학교 학급에서 매 수업 시간이 끝나면 교사가 시험을 치르는 재미있는 일을 경험한 적이 있다. 학생들은 참고서적 – 교과서나 사전류 – 에 근거해서 각자 수업 내용에 대한 다섯 가지 질문을 준비해야 한다(당연히 답변도 준비한다. 그렇지 않으면 대답이 옳은지 그른지 평가할 수 없으니까 말이다). 교사가 시험을 치르는 동안 학 학생이 동료 학생을 지명하면, 그 학생이 학생들과 교사에게 질문을 던진다. 최종적으로 학급 학생들이 교사의 성적을 집계한다. 그러는 동안 교사는 고개를 돌려 창문을 본다든지 함으로써 어떤 학생이 자신에게 나쁜 평점을 주는지 볼 수 없다. 학생들은 이 과정에서 철저하게 비판적이다. 무함마드의 삶에 대한 한 성적 평가에서 나는 겨우 3+로 통과한 적이 있다.* 학생들은 단지 패스 또는 넌패스 중 하나를 선택하게 하는 식의 성적

---

*독일의 성적 평가의 경우 1~4점까지 점수가 부여되는데, 4점은 낙제 점수다.

평가를 좋아하지 않는다.[334]

(5) **수업 평가**는 교사의 특권이 아니다. 난 모든 학급에서 설문지를 통해 서면으로 수업을 평가하도록 했다. 나는 그 수업 평가로부터 많은 것을 배웠다. 80년대 대학생들이 강의자에 의한 '일방적'인 피드백을 공격했을 때, 나는 잠깐 동안이지만 대학에서 이 수업 평가를 그만두어야 했다. 학생들이 지적했던 것은, 분명히 지적받아야 할 문제점들이 학생들의 다양한 시각들로 인해서 흐릿해진다는 것이었다. 내 설문 조사도 그러한 비판을 모면하기 위한 시도로 여겨졌던 것이다. 물론 교사는 자신의 교수학적 결단을 그러한 설문 조사 결과에 지나치게 의존해서는 안 될 것이다.

협동 수업의 모형

지금까지 자발성 촉발을 위한 방법으로 기술한 모든 것은 교사-학생 관계를 새롭게 정립하고자 했던 시도였다. 협동 수업은 반대로 학생들 서로의 관계를 중심에 두고 교사를 배후로 물러서게 한다. 수업 시간의 다양한 사회적 형태는 대화식 수업, 일대일 동료 학습(partnerarbeit), 모둠 학습(Gruppenarbeit) 등 협동적으로 구성될 수 있다.

(1) **협동적 대화 수업**에서 의사소통은 교사를 통해 직선적으로 흘러가는 것이 아니라 학생들 간의 간접적인 접촉을 통해 진행된다. 한 학생이 주제를 발표하거나 자신이 수행한 과제의 일부를 토론하게 될 때, 협동적 대화가 필요하다. 동료 학생들은 교사에게 말하지 않고, 책임감을 가지고 직접 발표 학생에게 이야기하게 된다. 또 다른 가능성은 회람식 대화인데, 모든 학생들이 한 주제에 대해서 돌아가며 자신의 의견을 말하는 것이다. 이때 발표된 의견에 대한 즉각적

인 해설은 자제해야 한다. 한 번의 회람이 끝난 후 토론이 이어진다. 마지막은 '역할극' 으로 꾸밀 수 있다. 즉 다양한 입장을 취하고 있는 전문가들로 구성된 공청회를 역할극으로 꾸미는 것이다. 논쟁이 심해질 경우, 학생들 간의 직접적인 대화를 약간 약화시키는 것이 좋다. 반대로 수업이 목표지향적 성격이 강할 때, 교사가 계속적으로 동력(자극)을 제공할 수 있다.

(2) 일대일 **동료 학습**은 쉽게 구성할 수 있다. 보통 동료 학습은 늘 주변 친구와 진행되기 마련인데, 서로 협력적일 수도 있고 아닐 수도 있다. 따라서 동료는 특정 활동과제나 상황에서 공식화되어야 한다. 일대일 동료 학습은 주로 전체 토론의 준비 단계로 적절하다. 각자 옆의 동료와 함께 토론에 무엇을 이야기할 것인지 고민하게 된다.

(3) 안타깝게도 학교에서는 지금까지 **모둠 활동**을 정상적인 수업의 일부로 취급하지 않았다. 그것은 아주 유감스러운 일이다. 중요한 것은 과제 부여다. 과제는 칠판에 적든지 문자로 공지되어야 한다. 과제를 제대로 수행하기위해서는 모든 정보가 (동일하게) 공개되어야 하며 모둠에게 적절한 과제가 부과되어야 한다. 탁월한 모둠 활동이 – 예컨대 모둠별로 아이디어를 수집할 때 – 결코 미사여구에 달려 있지 않다는 것도 중요하다. 학습 활동의 통제는 미미한 것보다는 엄격한 것이 낫다. 각각의 모둠은 활동 보고서(프로토콜)를 제출한다. 교사는 그 보고서의 문제점을 수정해 주고 점수를 부여한다. 한 모둠의 구성원은 모두 동일한 성적을 받는다. 그리고 피해야 할 것이 있다면, 모둠 수업을 느슨한 분위기의 수업으로 생각하는 것이다. 내가 교사로 있던 학교에서 종교 수업을 제외하고는 모둠 활동이 거의 없었다. 한 베테랑 여교사만이 모둠 활동을 도입했다. 그녀는 자신을 '권위적' 이라고 생각하는 사람이었다 – 사실 그녀

는 권위적이지 않았다. 그녀가 이 학습 형태를 도입했던 이유는 강의 수업과 모둠 활동 간에 변화를 줌으로써 학급을 '장악' 할 수 있었기 때문이다.

주석가 역할 떠맡기

교사는 교과 전문 지식을 가지고 수업을 구성한다. 자신의 능력을 전공 지식에 의존하는 것이다. 그러나 학생 스스로 학습의 주체임을 경험해야 한다고 할 때, 교사는 기초 형태의 주석 작업을 고민해야 한다. '발견 학습' 전략이 모두 이 방향에 맞춰진 것이며, 우리가 위에서 문제동기유발을 다룰 때 정리했던 것이 주로 발견 학습과 연관된다. 학생이 20분간의 탁월한 준비 과정을 거쳐 과학이 200년이나 걸쳐 기울여왔던 지식에 다다를 수 있는가 하는 것이 발견 학습의 관건이다. 과연 어떤 연구 과제가 교수학적으로 구체화되어야 할까? 원칙적으로 학생들의 주석을 긍정적으로 평가해야 한다. '모두를 만족시키는 방법' 에 회의적인 포스트모던적 시각이 여기서 필요하다. 교사는 평신도들의 해석을 긍정적으로 진지하게 수용해야지, 전문 주석을 기준 삼아 평가하는 것은 부질없는 행동이다.[335]

(1) 주석가들은 본문·문헌 비평을 통해 추가로 보충된 이차 본문을 찾는다. 개인적으로 볼 때, 마가복음 말미의 추가 본문*을 발견 학습의 결과로 관찰할 수 있을 것이다. 즉 마가복음 16장 8절의 갑작스런 종결은 보충을 요청하였고, 특히 다른 복음서들이 새로운 발견을 이어갔던 것이다.

*마가복음 16장 9-20절

(2) 주석가들은 역사적 인물을 재구성한다: 예컨대 예수는 혁명가였는가? 사람들은 혁명가의 모습을 뒷받침하는 본문을 충분히 수집할 수 있다. "젤롯당 시몬"(눅 6:15), "두 개의 검"(눅 22:38), "분쟁으로 부르심을 받았다는 예수의 진술"(눅 12:51-52/마 10:34), 성전 청결(막 11:15-18), 십자가의 죄패(막 15:26) 그리고 두 강도 사이의 십자가형(막 15:27). 예수에 대한 반역죄인 판결이 정당한 것이었는지에 대해서 사후 소명 절차가 필요하다고 가정한다면, 우리는 가상적인 논의를 거쳐 가시적 결과를 얻을 수 있다. 즉 1세기경 '젤롯' 이란 개념에 대한 추가적 설명이나, 에세네파 사람들이 여행 중 수행했던 의복 규율, 예수의 반(反)가정적 이념(여기에 가족의 분쟁에 대한 생각도 포함된다), 그리고 예언자들의 상징 행위에 대해서 물을 수 있다. 우리는 이 작업을 통해서 십자가 죄패에 적혀 있었던 것처럼 예수가 진정 정치적 권력을 추구했던 지도자로서 합법적으로 처형을 당했던 것인지 알 수 있다.[336]

성서의 역할 떠맡기

학생들은 성서 교육 시간에 학문적 신학 서적을 간접적으로만 접한다. 오히려 그들은 성서 본문과 직접 대면한다. 따라서 학생들이 성서 저자의 역할 속으로 들어가, 주어진 본문의 양식을 따라 새로운 성서 본문을 기록해봄으로써, 자발적 동기를 자극할 수 있다. **'창의적 성서 학습'** 을 구현하기 위한 네 가지 전략을 대표적인 사례를 중심으로 제시하고자 한다.

(1) 성서와 유사한 본문 작성하기: 양식사 연구에 기초해서 다양한 성서 양식의 기본 구조를 살펴본다면, '성서' 텍스트를 새롭게 경험할 수 있다. '예언' 을 주제로 다루는 5학년 수업 시간에 학생들은 책망

의 말씀, 메신저의 공식 문구*, 심판의 결과 등의 예언 구조를 따라 실제로 예언자적 선포를 작성하도록 했다. 대부분의 학생들은 자신들을 불공평하게 대하는 교사에 대한 심판의 말을 적었다. 몇몇 학생들은 정치가들을 대상으로 하기도 했다. 나는 오버튀어(R. Obertür)의 책에서 초등학교 성서 수업을 위한 탁월한 촉진제를 발견했다.[337] 그는 어린이들에게 예언자들처럼 인간의 존엄성에 대한 연설문을 작성하게 하였다. 10살짜리 리사(Lisa)는 윤리적 파토스를 가지고 정치의 도구로 사용되는 전쟁을 공격하였다.

"너희 인간들아, 내 말에 귀 기울여라! 왜 너희는 전쟁을 일으켜야만 하느냐? 너희는 이미 충분히 불의를 저지르지 않았느냐? 너희는 단지 더 많은 땅을 차지하기 위해 죄 없는 시민들과 그 모든 것을 죽이지 않았느냐? 너희 '모두' 평화롭게 살았다면, 너희는 모든 것을 함께 누렸으리라. 그리고 전 세계가 너희 모두에게 속하게 되었으리라. 권력을 차지하는 것이 너희에게 그렇게 중요하더냐? 그것은 더욱 심각한 상황을 만들 것이다. 그리고 너희는 단지 '강자'라는 것을 드러내기 위해서 사람들을 죽이고 자연을 파괴하려느냐? 만일 동물도, 식물도, 사람도 더 이상 존재하지 않게 된다면, 너희는 어차피 아무 힘도 갖지 못할 것이다. 그러니 이 멍청한 전쟁을 그만두어라."

(2) 성서에 대립하는 본문 작성하기: 창의적 학습은 성서에 대립하는 본문을 만들어 낼 수도 있다. 예를 들어 잃어버린 아들(탕자)의 비유를 잃어버린 아버지의 비유로 바꿔보는 것이다. 아버지의 본래 모습을

* 예컨대 여호와께서 말씀하셨느니라.

상실한 문화에 대한 비유로서 말이다.[338]

(3) **성서 내용을 이야기로 꾸미기**: 종교 교육은 이미 오래전부터 '픽션'을 방법으로 사용해왔다. 만일 성서 이야기를 관찰자의 관점에서 새롭게 구연한다면, 성서 본문을 이야기적 자유를 가지고 활용할 수 있다. 나사렛 예수 같은 인물이 외부 사람 예컨대 분별력을 갖춘 로마 장교에게는 어떻게 보일까?

(4) **성서 역할극**: 역할극은 교수학적으로 가치 있는 형태다. 역할극은 성서 이야기와 인격적인 대면을 가능하게 함으로써 이야기 속의 내용과 인물을 '몸으로' 접할 수 있게 한다. 오랜 전통을 가지고 있는 어린이 역할극 외에도 성서의 등장인물을 생동감 있게 극화할 수 있는 가능성이 많이 있다. 그중에 비블리오드라마(Bibliodrama)는 종교적 행위 예술의 한 장르가 되었다. 여기서 성서 본문은 사람들의 몸에 기록된다. 즉 성서 말씀을 자기 몸으로 체득할 수 있다. 성서 말씀을 몸으로 연기함으로써, 사람들은 성서의 인물과 갈등 요소를 전혀 다른 차원에서 만난다.

*

동기를 부여한다는 것은 상당히 멋진 일이다. 그것은 훌륭한 수업 이상의 것이다. 사람들을 세상을 향해, 그리고 세상을 사람들을 향해 개방시키는 일이다. 우리가 어떤 사실이나 사람 때문에 내적으로 동기화된다면, 우리는 그들의 부름을 '듣게' 되고, 그 부름은 우리를 움직여 무엇인가를 하게끔 만든다. 우리는 실재의 가치에 민감해진다. 우리는 세상의 동기화 능력을 종교적 입장에서 하나님께 돌릴 수도 있다. 하지만 바로 그렇기 때문에 우리는 동기화 및 동기부여의 한계에 직면할 때 깊은 소외감을 느낀다. 모든 사람이 모든 주제를 동기화할 수 있다는 것은 교육적 환상에 불과하다. 학생 동기화의 실패를 언제나 교사의 탓으로 돌려서는 안 된다. 여기에 한계가 있다. 책을 마무리하는 시점에서 그 한계에 대해 짧게나마 몇 가지 언급하고자 한다.

(1) 교사와 학생의 동기화 구조는 다양하다. 인간의 다양성을 인정하는 사람이라면, 많은 사람들이 다른 사람들보다 더 적게 말해야 한다는 것을 인정해야 한다. 그리고 교사와 학생 사이에는 도저히 극복할 수 없는 나이 차가 있다. 이것은 교사가 학생들의 세계로 다가서는 것을 차단하기도 한다.

(2) 학급의 과제나 수업의 난이도가 개별적으로 가시화되지 못할 경우, 너무 부담감이 없거나 지나친 부담감을 느끼는 학생들이 생기게 마련이다. 수업의 내적 그리고 외적 차별화의 한계가 존재한다. 높은 수준의 학생의 경우 전반적으로 잘 해내겠지만, 낮은 수준의 학생들은 새로운 동기화의 어려움을 극복해야 할 것이다.

(3) 다양한 동기부여 형태와 동기 사이에는 피할 수 없는 긴장 관계가 있다. 성과를 지향하면서 동시에 학생 중심의 수업을 이끌어 갈 수는 없다. 언제나 수용적으로 대해 주면서 동시에 그 학급을 강하게 훈련시킬 수 없는 노릇이다. 개인적인 삶의 기본 동기인 성과 및 성취 의지와 사회적 유대 형성 요구 사이에는 결코 만족할 수 없는 갈등 요소가 존재한다.

(4) 동기유발은 단순히 동기화로 그치는 것이 아니라 학습에 참여할 수 있는 능력을 습득해야 한다는 최소한의 원칙을 갖고 있다. 수업이 문화적 창조 작업인 것처럼, 이 능력의 습득도 상당히 어려운 교양 형성 작업이다.[339] 사람들은 집중해서 들어야 하고, 언어 능력을 갖추어야 하며, 이성적으로 문제를 처리할 수 있어야 하고, 이를 위해 소정의 훈련 기준도 마련해야 한다. 이러한 학습 능력을 재밌는 '수

다' 로 대치할 수는 없다. 사회적으로 기초 학습 능력을 바로 세우려는 의지가 약화될 때, 교사직은 너무 과중한 '수공업' (Handwerk)으로 전락한다. 학습과 노력의 중요성이 상실되지 말아야 한다. 그렇지 않으면 교육과 학습에 대한 기대는 무너지고 말 것이다.

(5) 오늘날 거의 모든 학급에는 문제 행동을 일으키는 어린이와 청소년이 있다. 물론 이 문제 행동의 어린이를 위한 프로그램을 의사 및 정신분석가들과 공동으로 기획함으로써, 그들에게 학습 기회를 제공할 수 있다. 하지만 그것은 굉장히 오랜 시간을 요한다. 문제 행동을 분석해야 하고, 치료 공간이 있어야 한다. 그리고 그 성과를 위해서 엄청난 노력을 기울여야 하고 강한 확신과 인내, 그리고 이해심을 필요로 한다.

(6) 학교는 교사에게 여러 가지 행동을 허용하고 있다. 우리가 어린 시절에 경험했던 체벌 교사가 더 이상 없다는 것은 축복이다. 물론 잘못된 행동을 저지른 경우 적절하고 현실적인 제재 방법이 부족한 것도 사실이다. 하지만 교통 법규 같은 사회 규칙이 즉각적인 제재 조치를 통해서만 유지될 수 있다고 생각하는 사회는, 사회소설 같은 환상을 일으키게 된다. 그것은 인간의 자기 조절 능력을 무시하는 처사이며, 어린이와 청소년이 성인으로 성장해 가는 것을 거부하는 행위다.

우리는 성서 교수학에 대한 연구의 종착점에 다다랐다. 오늘날 교수학은 교육적 낙관주의와 교육적 염세주의 사이에서 방황하고 있다. 교수학적 차원에서 염세주의는 버려야 할 것이 아니다. 염세주의에 따르면 인간 현실은 우리들이 경험하는 그대로 가르칠 수 있는 것도 아니고, 인간을 교육에 참여시킨다고 해서 자연적으로 성장해 가는 것도 아니다. 두 가지 모두 엄청난 문화적인 노력을 필요로 한다.

우리가 경험하는 현실은 혼란스러울 정도로 다양하기 때문에, 이 현실을 가르치기 위해서는 먼저 교수학적인 준비를 갖춰야 한다. 복잡한 것들을 단순화시켜야 하고, 동시적인 것들을 순차적으로 배열해야 한다. 교수학적 염세주의에 따르면, 우리가 전달하는 현실의 모습은 거의 책임질 수 없을 만큼 단순화된 것이다. 교수학적으로 변신(Metamophorse)한 세계와 문화는 학문적 진실에서 굉장히 동떨어진 구조로 치닫고 있다. 현실에 폭력을 가하고 있다. 그래서 성서 이해를 문제 삼을 때, 사람들은 당연히 오늘날 성서 그 자체의 내용이나 의도를 전달하는 것이 거의 불가능하다고 생각한다. 설령 성서를 전달한다 하더라도, 성서의 고유한 역사성과 극복의 정신이 '심하게 상처 입는다' 고 생각한다. 교수학적 낙관주의는 정반대다. 자연과 역사의 실재는 교육 가능하다. 성서도 역시 교수학적으로 해명할 수 있다. 성서를 교수학적으로 전환하는 것이 학문적 통찰을 제거하자는 것을 말하지 않는다. 우리의 교수학적 구조와 모델은 학문적으로 재구성하려는 동일한 실재를 해명한다. 이 실재는 한 장의 지도 같아서, 우리는 이 지도의 도움으로 그 지역을 여행할 수 있다. 비록 모든 지도가 단순화되었지만, 우리는 좋은 지도와 나쁜 지도를 분간할 수 있다. 이 책은 하나의 좋은 '성서 지도' 를 기획하고자 했다. 성서의 기본 원칙과 근본 동기가 지도의 이정표 역할을 한다. 그것들은 성서를 해명하며 성서의 근본 구조와 일치한다. 이러한 관점에서 이 책은 성서 교수학적 낙관주의를 표방한다고 하겠다.

그럼에도 불구하고 교수학적 염세주의는 타당성을 가지고 있다. 수업은 아주 힘든 문화 창조 작업이다. 인간은 약 45분 동안 집중해서 내용을 파악하고, 강의를 이해하고, 과제를 수행할 수 있는 준비를 갖추고 있지 못하다. 만일 누군가 문제투성이인 학교의 상황을 본다면, 어떻게 이런 사람들이 몇 년 후에 수학 공식을 외우고, 논문을 작성하고, 교육 과정을 끝마침으로써 훈련된 문화의 주역이 되는지 의아해할 것이다. 교수학적 염세주의는 인간 교육을 젊은이들에게 짐을 지우는 강압으로, 즉 그들의 약동하는 에너지를 죽이는 폭력으로 생각한다. 따라서 성서 연구의 경우, 염세주의는 그것을 청소년의 생활 세계에 낯선 몸체를 강요하는 것으로 생각할 것이다. 반대로 교수학적 낙관주의는 인간 교육의 의지는 눈에 보이는 현상보다 더 큰 것이라는 신뢰를 가지고 있다. 어린이와 청소년, 그리고 성인에 이르기까지 교육은 배움을 통해 스스로를 형성(도야)해 가는 기쁨을 제공한다. 그 기쁨은 일반적으로 생각하는 것보다 훨씬 풍부하다. 교육은 인간의 본성에 폭력을 가하는 것이 아니다. 어떤 사람이 한 번이라도 지식의 기쁨을 누리게 된다면, 그는 더 많은 것을 배우려고 할 것이다. 인간은 이해하고 발견하고 싶어 한다. 그것은 인간의 커다란 열정이다. 그것은 인간 본성(자연)의 일부이다. 그것은 우리 세계를 구성하고 있는 거대한 전통을 습득하는 데에도 유효하며, 바로 거기에 속하는 것이 성서다. 정신적으로 깨어 있는 사람은 성서를 배우고 싶어 하며, 왜 성서가 몇 천 년 동안 사람들의 마음을 움직였는지 알고 싶어 한다. 그러므로 우리 사회에서 다른 사람에게 성서를 가르치는 일에 동참하는 것은, 그것이 학교에서건, 대학에서건, 또는 성인을 대상으로 하는 강좌에서건 가장 아름다운 과제 중 하나다.

하지만 교수학적 염세주의는 여전히 간직할 만한 것이다. 교수학적 염세주의는 자신의 수업을 다른 어떤 수업보다도 더 신중하게 준비할 것이다. 염세주의는 낙관주의의 위험성과 오해의 가능성을 더 신중하게 고려할 것이다. 염세주의는 인간이 얼마나 쉽게 조작될 수 있는 존재인지 안다. 또 얼마나 많은 사람들이 천상의 말, 천사의 방언에 '미혹되고' 있는지 안다. 성서 연구가 다른 많은 교육 내용만큼 그리 뛰어나지 않다는 것도 안다. 그러한 염세주의를 고려한 교사가 많은 장애 요소가 있음에도 불구하고 학생들에게 동기를 부여하기 위해 더 준비하면 할수록, 교사는 수업 현장에서 더 낙관적인 자신을 발견하고, 교육은 해볼 만한 것이라고 확신하게 될 것이다. 교사는 교육 상황 안에서 더 많은 것을 배울 것이다! 그것은 기쁨을 제공한다! 준비 과정에서 약간의 목표 염세주의가 필요하다면, 진행 과정에서는 목표 낙관주의가 필요하다.

나는 교수학적 낙관주의를 교사의 기본 정서로 요청하는 바이다. 그러나 거기에 염세주의를 덧붙이고 싶다. 아마도 그것을 현실주의라고 불러도 좋으리라. 성서로 가는 통로를 발견하기가 힘든 것이 사실이지만, 그 가능성은 다시 열리게 마련이다. 그 과정에서 성서의 엄청난 동기부여 능력이 나타날 것이다. 성서는 신앙인들과 비신앙인들 모두에게 삶의 모티브가 된다는 점에서 동기화 능력을 가지고 있다. 성서는 인간을 위한 거대한 배움의 책이다. 인간은 가르침과 배움을 통해서 성서 안으로 들어간다. 그 안에서 함께 생활하는 것은 한번 해볼 만한 작업이다.

부록

교실에서 소란을 줄이기 위한 전략

학급에서 발생하는 소란은 교사가 겪어야 하는 가장 곤혹스런 부분이다. 교사들은 특별히 재능 없는 교사로 낙인찍히지 않기 위해서 동료 교사들에게 무질서한 학급에서 일어난 침울한 경험을 침묵으로 일관하곤 한다. 이것은 바람직하지 못하다. 바로 이 시점에서 가장 필요로 하는 것은 경험의 교환이고 상호 도움이기 때문이다. 따라서 나는 학급에 안정과 질서를 유지하려고 할 때 추천할 만하다고 여겨지는 몇 가지 문제를 제안하려고 한다. 이 제안들은 옛 동료들이 추천한 것을 발전시킨 것이다. 결코 만병통치약으로 기대해서는 안 될 것이다.

안정과 질서를 유지하려고 할 때 삼아야 할 기준은, 그것이 건전한 양심에서 비롯되었는가 하는 것이다. 이와 관련해서 두 가지 선입견이 있다. 첫 번째 선입견은 '그건 권위적이다!' 란 생각이다. 우리는 이 언어적 비판을 지나치게 신경 쓸 필요가 없다. 권위적이란 말은 냉철함을 가지고 학생들에게 강력한 통제와 리더십을 유지하는 태도다. '강력한 리더십' 과 '감성적 수용력' 이 결합한다면, 그것은 권위적이라기보다는 오히려 기대할 만한 것이다. 나는 그것을 많은 교사들의 성공 사례에서 보았다. 외부로부터의 통제를 제한하고 학생들과 학급의 자율 학습을 독려하는 것은 분명히 우리의 목표다. 그러나 이 학습 목표를 절대로 무질서한 학급에서는 성취할 수 없다.

두 번째 선입견은 '어린이들에게는 그들의 움직임, 행동, 공격성을 조절할 밸브 장치가 필요하다' 는 것이다. 질서를 유지하려는 사람은 신경증환자를 만든다는 말이 있다. (많은 정신분석학자들에 의해 사랑받고 있는) 공격성에 대한 이 개폐장치(밸브) 이론(Ventiltheorie)*은 실제로 효력이 없다고 알려져 있다. 학습 목표에 어긋나는 태도를 고집하는 학생은 그 태도를 더 강화시킨다. (비록 개폐장치 이론은 문제 행위의 배후에 있는 긴장이 '해소' 될 경우, 그 태도가 효력을 잃게 된다고 말하지만) 문제 학생은 의도적으로 그 태도를 더 반복하려고 한다. 따라서 질서에 대한 최소한의 기준이 마련되어야 학생과 교사는 자기 행동을 성찰할 수 있고, 감정 상태를 조절할 수 있다. 그리고 비록 긍정적인 결과가 자동적으로 뒤따르지는 않겠지만, 그러한 기준은 '정신적 건강' 에 도움을 준다.

친근한 교사에게 힘든 것은 스스로가 엄격해지는 것이다. 그러나 친근한 교사가 기억해야 할 것이 있다. 학생들에게 친근한 사람이 별 도움이 되지 않는다는 인상을 주어서는 안 된다는 점이다. 그러한 인상을 갖게 될 때 사람들은 무의식적으로 인간관계의 문맹을 유지함으로써, 예의와 친절을 추진력의 부족, 또는 어리석음과 동일시해버린다.

이제 구체적인 제안과 요령을 다섯 가지로 분류해서 살펴보도록 하자.

첫째, 안정된 수업을 위한 전략

둘째, 성과 있는 수업을 가능하게 하기 위한 전략

셋째, 언어적 간섭을 통해 소란을 잠재우는 전략

---

*인간의 폭력과 공격성과 관련된 심리학 이론이다. 인간의 공격성을 일찍부터 정기적으로 소진(카타르시스 요법)시킴으로써 인간 내부에 쌓이는 공격성의 침잠을 해소하고, 나아가 인간의 폭력을 방지하고자 한다.

넷째, 간접적 방식으로 수업을 안정시키는 전략
다섯째, 학급 분위기를 유지시키는 전략

안정된 수업을 위한 전략

1) 가능하다면 늘 수업 시작 타종과 함께 교실로 들어가서, 수업을 시작하라. 수업 시작 전 전체 인사가 도움이 될 수 있겠지만, 안타깝게도 고루한 방식이다. 하지만 그것이 여전히 존재한다면, 유지하는 것이 좋을 것이다.

2) 소란한 가운데서 절대 이야기를 시작하지 마라! 수업 시간 시작뿐만 아니라, 수업 시간 중에도 늘 안정될 때까지 기다려라.

3) 학생들의 발언이 소란 속에 파묻히지 않게 하라! "네 말은 모든 학생들이 주의를 기울일 만큼 중요하다"는 것을 기본 원칙으로 삼으라. 프란츠가 이야기를 하는 동안 한스가 소란을 피울 경우, 다음과 같이 한스에게 말을 걸 수 있다. "자, 이제 프란츠가 너를 위해 방금 한 말을 다시 한 번 반복할거다". 절대 교사가 '스피커' 역할을 하지 마라. 소란으로 인해 들리지 않은 말을 전체 학급을 위해 큰 소리로 반복하지 마라.

4) 거짓 학습 과제를 부과하라. 첫 수업 시간이라면, 다른 과목에 속하는 과제를 학생들과 상의 없이 부과하라. "누구나 처음에는 지독한 모습을 한번 보여줘야 하기"(마키아벨리) 때문이다. 교사는 수업에 무관심하거나 소란스런 상황을 잠식시키고 주의를 환기시키기 위해서 다음과 같이 말할 수 있다. "여러분은 삼주 후에 내가 설명하는 것에 근거해서 발표할

---

*자율 훈련법은(das Autogene Training) 독일의 슐츠(Johannens H. Schultz, 1884-1970)에 의해 개발된 것으로 최면과 명상을 통해 자신을 이완하는 수련법이다.

수 있도록 준비하세요.” 학생들은 그것이 의무가 아니란 것을 느낄 수 있어야 하고, 여기서 처음으로 수업 시간의 규칙에 입문하게 된다. 4학년 정도 이상의 학생이라면 그런 정도의 행동이 규칙에 어긋나는 행동임을 잘 알고 있다.

5) 교사 스스로 내적, 외적으로 안정을 유지하라. 내적 감정과 외적 행위는 끊임없이 영향을 미친다. 그것을 언제나 조절할 수 있다면 얼마나 좋겠는가? 요술 방망이는 아니지만, 이런 경우에 자율 훈련법*이 도움을 줄 것이다.

6) 정확히 제한된 시간 동안 소란을 합법적으로 허용하라. 예컨대 동료 학습이나 모둠 학습을 하는 경우, 또는 ‘휴식 시간’ 동안은 소란을 허용하라. 그리고 그 시간이 끝난 후에는 안정을 엄격하게 고수하라. 그런 식의 대화 시간에 익숙해진다면, 학생들은 교사의 요구를 합법적인 것으로 수용하게 될 것이고, 곧 전체의 의사소통이 방해받지 않기를 기대하게 될 것이다.

긍정적 또는 부정적 성취를 통해 질서와 안정을 유지하는 전략

1) 현실화할 수 없는, 또는 현실화할 의지가 없는 성취 목표는 위협적이지 않다. 특별히 첫 시간에 성과가 있게 하라. “처음에는 고삐를 틀어잡아라. 그러면 나중에 고삐를 풀어줄 수 있다”는 옛 교육학자들의 원칙은 의미 있는 이야기다. 첫 시간에 지나치게 엄격하게 행동함으로써 호감을 주지 못하는 것이 아닌가 하는 두려움은 대부분 근거가 없다. 경험을 통해서 학생들은 교사가 평소에 행동하는 것보다 좀 더 엄격하게 시작한다는 것을 잘 알고 있다. 문제는 교사가 어떤 기준으로 위협하고 부담을 주는가 하는 것이다.

2) 수업 내용을 정리한 **프로토콜**은 그날 수업을 마무리하는 시점에서 요약 정리로 읽어 주거나, 또는 다음 시간에 반복 학습용으로 읽어 준다면, 수업을 안정시키는 데 도움을 줄 수 있다.

3) **특별 과제**: 수업에 소극적인 학생이 있다면, 그 시간에 다룬 주제의 일부를 공부해오도록 과제를 부과할 수 있다. 이것은 교육학적으로 의미 있는 것이며, 결코 벌칙 과제가 아니다(대부분 학생들은 그것을 벌칙이라고 여기곤 하지만 말이다).

4) 보상을 동반한 – 특히 초등학급에서 – **포인트 체제**: 포인트 체제는 학생들과 함께 합의를 이뤄야 한다. 이때 요긴한 것이 (축구 경기에서처럼) 노란 카드, 빨간 카드이다. 교사가 벌점을 주거나 몇 명의 학생이 선생님과 함께 매 수업 시간을 평가한다. 무리 없이 잘 진행된 수업에 대해서는 매 시간 상점을 준다. 점수에 따른 보상이 중요하다. 학생들이 보상으로 선호하는 활동으로는 게임이나 영화 보기, 또는 행운권 추첨 등이다. 벌점의 한계를 넘을 경우 실격이 된다. 교사가 (또는 부모가) 관련 비용을 책임진다.

5) **부모들에게 보내는 서신**(또는 전화 통화): 어떤 정해진 형식을 사용하는 것은 좋지 않다. 이 방법은 과제 수행에 문제가 있을 경우에만 의미가 있다. 사적인 형식으로 편지를 쓰고, 편지 내용에 학생의 긍정적 태도를 적도록 하라. 부모에게 알리지 않은 채 수업 시간에 질책하는 것은 대부분의 경우 큰 효과가 없다.

6) 굉장히 심각한 상황의 경우, **교장 선생님을 방문하게 하라**. 대부분 학생들은 그곳에서 잘못에 대한 반성문을 적는다. 그것은 행동을 어느 정도 '객관화' 하는 데 도움을 준다.

언어적 간섭을 통해 소란을 잠재우는 전략: 경고와 꾸지람

1) 학급이 소란스러울 경우, 전체 학급을 대상으로 조용히 하라는 요구는 대부분 효과가 없다. 더 좋은 방법은 유난히 수업을 방해하는 학생의 이름을 호명하는 것 – 필요한 경우 이름을 '크게 소리쳐 부르라' – 이다. 보통 그것은 다른 학생들에게 미치는 파급 효과가 있다.

2) 한 학생이 여러 번 차분한 경고를 듣고도 자신의 문제 행동에 변화가 없을 경우, 강하게 꾸짖으라. 만일 어느 학생이 막 발표하려는 동료 학생을 방해하는 경우, 이 방법은 상당히 효과적이다. 이때 교사는 교사 자신을 위해서가 아니라 학급 전체를 위해 소란을 잠재우려 한다는 것을 분명히 공지해야한다.

3) 자신의 문제 행동을 교사가 눈치 챘다는 것을 학생이 인지했을 경우, 교사는 항상 간섭해야 한다. 해당 학생에 대한 제재가 없을 경우, 학생은 그것을 자신의 행동에 대한 긍정적 강화로 여기게 된다.

4) 꾸짖은 후에는 곧바로 평상시의 친근한 목소리로 전환하라. 교사는 여러 번 꾸지람을 들은 개별 학생들에게조차 – 문제 행동과 관련 없이 수업 내용 자체와 관련해서 – 수업 시간 중에 평상시의 관계를 유지해야 한다.

5) 심하게 떠드는 학생은 수업 시간 외에 따로 불러서 이야기를 하라. 설교는 별 효과를 주지 못한다. 꾸지람으로 이야기가 시작될 경우 대부분 학생들은 고집을 부리거나 딴전을 피우거나, 가능하면 빨리 그곳을 벗어나고자 애쓴다. 더 좋은 방법은 "난 어제 너희들 때문에 굉장히 감정적으로 힘들었다" 하고 말하는 것이다. 그러면 학생들은 능동적으로 귀 기울이게 된다. 잦은 만남은 공격적이고 부정적인 행동을 제거하거나 줄일 수 있다. 하지만 안타깝게도 이러한 만남이 상당히 부족하다.

6) 호된 꾸지람은 합법적이다. 하지만 예컨대 "제기랄!", "넌 도대체 뭘 하려고 학교에 온 거니, 이 멍청아!" 처럼 욕을 하는 것은 옳지도 않고 학생들의 자기 반성을 방해한다. 전체를 대상으로 "너희들은 최악의 학급이야" 라고 꾸짖는 것도 비슷한 효과를 가져온다. 욕을 동반한 꾸지람은 학생들이나 학급의 부정적인 자기 모습만을 규정할 뿐이다. 이것은 또다시 그들의 (기대하지 않았던) 행동을 유발한다.

7) "너는 형편없어" 하는 식의 이인칭(Du) 진술보다는 일인칭(Ich) 진술이 더 효과적이다. 예컨대 "너희들이 그렇게 소란을 피우면 난 정말 비참한 기분이 든단다", "난 더 이상 수업을 진행하지 않으련다", "이제 난 지쳤다", "지금 난 너무 화나려고 한다, 정말이야" 처럼 말이다. 교사는 자신의 부정적 감정, 화, 실망 등을 분명하고 확신 있게 표현해야 하며, 꼭 필요한 경우라면 그것을 '폭발' 시켜야 한다(제발 자주는 폭발시키지 않길 바란다). 교사는 분명하게 인내의 한계를 존중해 달라고 말해야 한다. 그리고 교사도 학생들의 한계를 존중한다면, 교사는 그러한 태도를 표명할 권리를 더 많이 갖게 될 것이다.

8) 학생과 교사 사이에서 버릇없이 오고가는 대화는 반드시 없어져야 한다. 수업을 진행하려고 교실 문을 열고 들어갈 때, 그러한 식의 대화는 충격적이었다. 물론 예외적인 상황을 고려해야 하겠다. 예컨대 학생들이 기본적으로 편안한 입장을 유지하려고 할 때, 교사는 학생들의 거친 의사표현을 어느 정도 허용할 수 있다. 많은 교사들이 욕을 '부정적' 유머로 사용하곤 한다. 하지만 학생들은 그것을 냉소적으로 받아들이는 경우가 많으며, 엄격한 꾸지람보다 좋지 않게 생각한다. 우리가 추구해야 할 것은 이런 것이다. 예외적으로 학생들에게 '허용' 되는 교사와의 대화를 통해서, 늘 교사에게서만 들을 수 있는 말들이 점차 학급의 언어로 대체되는 것 말이다.

간접적인 방식으로 수업을 안정시키는 전략

1) 자리 배치: 많은 경우에 학생들의 자리 이동이 도움을 줄 수 있다. 담임교사나 동료 교사들과 함께 장기적인 자리 이동에 대해 이야기를 나누어라. 빈자리가 있는 한에서 학생들은 한 시간 동안 다른 학생과 자리를 바꿀 수도 있다. 자리 이동 전략을 절대 체벌로 사용하지 마라.

2) 돌발 질문: 소란스런 학급에서는 누구나 자신에게 질문이 던져지리라는 것을 고려하고 있어야 한다. 이것은 장기적으로 안정된 분위기를 유지하기 위해 아주 중요하다. 따라서 비록 질문에 대답하려고 손을 들어 지원하는 학생들이 있더라도, 지원하지 않은 학생에게 대답하게 한다. 절대 사전에 통보하지 말고, "이제 그쪽 열에 앉아 있는 학생들이 순서대로 한 문단씩 읽어보도록!" 하고 말하라. 멀리 창밖으로 먼 산만 바라보고 있는 학생이 있다면, 곧바로 질문을 던지도록 하라. 대답이 틀렸을 경우라도 절대 모욕을 주지는 마라. 오히려 "네 대답은 약간 부족한 것 같구나", 또는 "네게 다시 한 번 기회를 줄 테니, 그땐 절대 모른 척하지 마라" 하고 말하라.

3) 점검: 학습 과제나 시험 외에 자주 학습 능력을 점검하도록 하라. 전체 학생에게 구두(口頭) 질문을 던지는 경우, 충분히 생각할 수 있는 시간을 주도록 하라. 그러면 모든 학생들이 문제의 답을 찾을 수 있을 것이다. 학생이 제출한 과제는 늘 점검해 주어야한다. 오류가 있는 과제의 경우, 편안하게 "뭔가 바로잡아야 할 것이 있구나!"라고 적어주도록 하라. 특별한 경우 다른 교사들과 합의하에 '특별 점검 기간' (Ordnungsmonat)을 가질 수 있다. 즉 모든 부족한 과제에 대해서 가정으로 통보해 주는 것이다. '특별 점검 기간' 을 제한해야 하는 이유는 학생들뿐만 아니라 교사들 역시 오랜 시간 거기에만 몰두할 수 없기 때문이다.

4) 변화: "저학년 학급의 경우 매 시간 방법과 주제에 변화를 주라"는 옛 교사의 지혜는 고려할 만한 가치가 있다. 언제나 늘 새로운 동력이 발생하게 하라! 동료 교사의 훌륭한 아이디어를 수용하고, 남의 것을 도용했다는 양심의 가책에서 벗어나도록 하라.

5) 지연: 대부분 수업이 지루해지면 소란스러워진다. 교사는 수업 시간마다 학생들이 지금 기대하는 것이 무엇인지를 정확히 파악해야 한다. 따라서 교사는 늘 수업 시작 시간에 일련의 질문 놀이를 반복하는 것도 좋겠다. 그리고 수업 시간의 마지막을 길게 지연시키지 마라. "오늘 계획했던 내용을 모두 마쳤습니다"라고 말하고 나면, 간단한 수수께끼를 제시한다든지 과제를 부여한다든지, 전혀 다른 주제에 대해서 말하라. 절대 이미 마무리한 것을 연장해서 말하지 마라.

6) 요구 수준: 대부분의 소란스런 학급은 요구 수준이 너무 낮거나 과도한 경우에 해당한다. 절대로 무질서한 학급이라고 해서 학습 수준이 자동적으로 낮아지지 않는다. 가끔씩 힘든 과제를 놀랄 정도로 잘 소화해 내기도 한다.

7) 주제 선택: 다루기 힘든 학급의 경우, 호기심을 자극하는 주제를 '도입하라'. 여러 과목에서 정말 멋진 수업이 가능하다는 경험이 있어야 한다. 물론 그 점에 있어서 어떤 과목들 - 예컨대 문학이나 종교 - 은 상당히 유리한 점이 있다. 공평하지 않은가! 바로 그런 과목 - 예컨대 문학이나 종교- 은 소란해지기 쉬우니 말이다.

학급 분위기를 유지시키는 전략

학생과 교사가 어떻게 하면 서로 영향을 주고받을 수 있을까 하는 것을 의식하고 있다면, 학급의 공동체 분위기를 장기적으로 개선할 수 있다.

그렇게 되면 학생들은 자신의 태도를 고려할 수 있다. 학급 상황과 다른 친구들의 체험에 민감해지기 위해서 일회성 트릭이나 술책은 도움이 되지 못한다. 하지만 몇 가지 도움이 되는 지침을 제시할 수 있다.

1) **소란 시간 측정**: 수업 시간에 스톱워치를 가지고 소란 때문에 낭비되는 시간을 측정한다. 이제 학생들은 자신들이 얼마나 많은 시간을 낭비하고 있는가를 의식하게 될 것이다. 그 외에 수업 시간 처음에 안정을 찾기 위해서 많이 도입하는 방법이, "누가 30초 동안 침묵할 수 있는지 살펴볼까?" 라고 말함으로써 학생들이 자신의 시계를 들여다보게 하는 것이다.

2) **행동 프로토콜**: 눈에 띄게 행동하는 학생이 있을 경우, 교사는 각각의 사례에 대해 행동 프로토콜을 작성할 수 있다. 학생들은 (자신에게 배달된) 쪽지를 받게 되는데, 그 쪽지에는 여러 가지 행동 중 그 학생에게 해당하는 행동에 밑줄이 그어져 있다. 예컨대 "현재 나는 수업 시간 중에 너무 말이 많다" 라고 말이다. 이를 통해서 학생들은 자신의 현재 모습을 의식하게 된다.

3) **선택하게 해주기**: 수업을 방해하는 어린이의 경우, 교사는 그 어린이에게 수업에 참여할 것인지 아니면 교실 밖에 (3~5분간) 서 있을 것인지 선택하게 한다. 중요한 것은 어린이 스스로가 선택해야 한다는 점이다.

4) 교사는 **일인칭(Ich)-진술 방식**을 통해 학생들이 자신에게 어떤 영향을 미치고 있는지, 그리고 자신이 학습을 어떻게 체험하고 있는지에 대해 의사를 표현할 수 있다. 잊지 말아야 할 것은 교사가 수업 방해로 인한 부정적 '감정' 을 표현할 뿐만 아니라 자신의 긍정적인 감정도 표현해야 한다는 점이다. 예컨대 "너희 학급은 훌륭한 학급이야. 잘 훈련받았구나" 라고 말하기보다는, "난 너희에 대해서 좋은 느낌을 갖고 있단다", "난 지금 정말 열심히 수업을 인도하고 있단다", "이 반 수업은 참 재미있구나", "난 지금 그리 좋은 느낌이 아니란다" 라고 말하는 것이 좋겠다. 재치와 예

절이 함께 전제되어야 다른 사람에게 정직한 감정이 전달될 수 있다. 교사도 자신이 어떠한 의욕을 가지고 있는지 학생들에게 알려주어야 한다.

5) 학생들은 수업 시간에 자신들이 경험한 것을 표출시킨다. 교사는 **불만 상자**를 준비하거나, 아니면 **설문지**를 통해서 교사의 수업 시간 행동을 몇 가지 기준에 의거해서 평가하게 한다. 예컨대 "수업 준비가 잘 이루어졌음, 친절함, 학생들에게 충분히 말할 수 있는 기회를 제공하였음, 학생 수준을 충분히 고려하였음" 등의 항목을 놓고 +3점에서부터 -3점까지 평가하게 하는 것이다. 여기에는 항상 개방형 질문이 뒤따라야 한다. 예컨대 "교사의 어떤 점이 당신 맘에 들었는가?", "교사의 어떤 점이 맘에 들지 않았는가?", "그 외에 교사에 대해서 느낀 것이 있는가?" 등이다. 소란스런 학급에서는 늘 이 소란 문제가 언급될 것이다. 설문지 조사를 통해서 알 수 있는 것은, 교사뿐만이 아니라 학급의 학생들도 소란(소음)을 심각한 문제로 여기고 있다는 점이다. 이것은 소란에 함께 대처할 수 있는 '기준'을 세우기 위한 좋은 기반이 된다.

6) **역지사지 연습**: 특히 시험이나 성적 평가와 같이 학교가 일방적인 행위를 강요하는 상황에서 역지사지의 태도를 연습하라. 수업의 마지막 시간에 교사 시험을 치르게 하는 것이다. 모든 사람들이 다섯 문제를 준비해온다. 교사는 그 질문에 답을 해야 한다. 학급의 학생들은 (교사가 창문을 향해 돌아서 있는 동안) 점수를 매긴다.

마지막으로 강조하고 싶은 것이 있다. 결국 가장 중요한 것은 학급의 분위기다. 학생들 간의, 그리고 교사와 학생들 간의 관계를 개선하기 위한 모든 전략은 간접적으로 수업의 안정과 질서 유지에 도움이 된다. 장기적으로 볼 때, 일반적인 학습 분위기를 잘 유지하는 것이, 문제 상황에 일회적으로 잘 대처하는 것보다 훨씬 중요하다.

모든 '기준'은, 학생들이 그것을 옳다고 인정하고, 개인 상황에 부합할 때 효력을 발휘한다. 학생들에게는 문제 행동에 대한 분명한 이유(흔적)가 있다. 따라서 교사는 학생이 자꾸 거부하는 것을 강요해서는 안 된다.

학급의 안정과 질서는 학급을 둘러싼 외부 조건에 크게 의존하고 있다. 사실 아래의 외부 조건은 교사된 우리가 영향을 미치기는 아주 어려운 문제일 수 있으나, 결코 '자연법칙'일 수는 없다.

- 학급 크기: 이것은 자주 어린이들의 의욕을 상실하게 만드는 환경이다.
- 교사의 수업 시간: 학생들에게 더 많은 피드백 – 예컨대 숙제를 읽어본다든지, 제출된 과제에 도움이 될 만한 '조언'을 준다든지 – 을 제공할 시간이 부족하다.
- 허용과 규칙: 여기엔 답답한 점들이 너무 많다. 예컨대 고교 학생들에게 수업 시간의 25%까지 결석을 허용하는 규칙은 말도 안 되는 소리다.
- 학교와 가정의 교육 분위기
- 특이 학생을 위한 치료 학급이나 치료 프로그램, 또는 학습을 방해하는 학생을 위한 상담 제도가 너무 부족하다.
- 전체 사회적인 분위기와 사회 제도, 그것에서부터 비롯되는 사회적 선호도

외부 조건이 좋지 못하다고 해서 주어진 가능성을 충분히 이용해야 하는 의무에서 자유로울 수 없다. 그래야 교사들이 공적 측면에서 좀 더 신뢰성을 가지게 되고, 당연히 구조적인 (무엇보다도 재정적인) 기준 마련에 박차를 가하게 될 것이다. 거꾸로 구조적인 환상을 가지고 있지 않은 자라면, 자신의 일상적 태도에 더욱 신뢰성을 높여야 한다. 우리는 자주 어린이들의 문제 행동 앞에서 손을 놔버리고 마는데, 그것은 어린이들에 대한 책임을 회피하는 것이다.

여기 정리해놓은 것들 중 상당 부분은 옛 동료들로부터 제공받은 것이지만, 내게 새로운 깨달음을 주었고, 나도 직접 시도해 본 것들이다. 언제나 좋은 성과를 거두지는 못했다. 하지만 여전히 중요하다고 여겨지는 것들이다.

1. 시도해 볼 수 있는 일련의 행동 방식을 수업 시간에 지속적으로 사용하는 것이 중요하다. 그럼으로써 학생들은 교사가 끈기 있는 사람이라는 것을, 그리고 현재 상황에 만족하지 않고 있다는 것을 깨달을 것이다. 또 교사가 무엇인가를 전해주고자 노력하고 있다는 것을, 아직 포기하지 않고 있다는 것을 눈치 채게 될 것이다.

2. 교사는 자신의 실수를 자각하는 것이 중요하다. 그래야 그 실수를 쉽게 인정하고 바로잡을 수 있다. 소란스런 학급의 끔찍한 경험은 우리 같은 교사직에 늘 따라다니는 것이다. 교사는 그러한 실수 경험을 공개적으로 이야기할 수 있어야 한다. 부탁하건대 "난 아무 문제없이 학급을 인도해 왔다!" 라고 말하지 마라. 물론 그것은 아주 인간적인 반응이긴 하지만, 문제 상황에 처해 있는 동료 교사들뿐만 아니라 자기 자신에게 전혀 도움이 되지 않는다. 오히려 사실이 폭로될까 걱정만 늘게 될 것이다.

마지막으로 교육학적 성과가 언제나 무조건적으로 소란을 줄여 주는 것은 아니다. 하지만 교육의 성과가 소란을 증가시킨다는 설득력 있는 증거도 존재하지 않는다. 늘 규칙은 예외를 인정하니까 말이다.

본문 주석

〈들어가는 말〉

1. H. Schwier, Praktische Theologie und Bibel. Die Rolle von Bibel und Exegese in der derzeitigen Standortbestimmung der Praktischen Theologie, EvTh 61 (2001) 340-353. 여기서 슈비어(Schwier)는 뢰슬러(D. Rössler)가 Grundriß der Praktischen Theologie, Berlin / New York: de Gruyter 1986에서 구분한 바, 그리스도교의 세 가지 모습, 즉 교회적 모습과 개인적인 모습과 공적인 모습을 성서의 세 가지 형식과 연결시켰다. 첫째, 성서가 교회와 연결되면 '고백의 책' (Bekenntnisbuch)이다. 개인의 종교생활과 연결되면 '가르쳐 깨닫게 하는 교화(敎化)의 책' (Erbauungsbuch)이다. 사회 전체와 연결되면 '자료로서 쓰이는 책' (Quellenbuch)이다. 여기서 나는 그의 개념을 조금 바꾼 셈이다. '가르쳐 깨닫게 하는 책' 이라는 개념은 자유주의적 성서 읽기를 배제하는 개념이다. '자료로 쓰이는 책' 이라는 개념은 성서가 우리의 일반 사회와 문화 속에서 지니는 의미를 드러내기에는 너무나 협소한 개념이다. 성서는 학문적인 강의의 장에서도 단순한 '자료' 이상의 의미를 가지고 있다.
2. 이것은 과거 서독의 상황에도 적용된다. 동독과의 통일, 유럽연합으로의 통일은 이러한 발전을 가속화했다. 오늘의 유럽은 자기 자신을 자기의 정체성을 정의하는 데 그리스도교를 의식하지 않는다. 유럽을 만들어 낸 바로 그 종교를…….
3. 제13차 쉘-청소년연구(Shell-Jugendstudie)의 통계. K. Gabriel, Tradierungskirse, LexRP 2 (2001) 2137-2139.
4. 문화신학적 분석을 시도한 자료들은 책장을 가득 채우는 데 비해 교회를 채우지는 못하는 실정이다. 세속화에 대해서 이런 식의 신학적 해석을 시도하는 것은 신학 자체가 세속화된 것 같은 인상을 강하게 해준다. 이런 해석은 자유주의 신학이 역사 비평적인 방법으로 자신의 출생증명서를 찾을 때 필요한 학문적인 연구 프로그램 같다. 자유주의 신학은 자기의 생존권이 교회에 기초한 것인지, 사회에 기초한 것인지 스스로도 잘 모르는 것 같다. 이런 자유주의 신학에는 인간적으로 괜찮은 사람은 있어도, 교회 공동체를 세울 만한 힘을 가진 신학은 없다.
5. P. Berger, Sehnsucht nach Sinn. Glauben in einer Zeit der Leichtgläubigkeit (영어판은 A Far Glory: The Quest for Faith in an Age of Credibility, 1992), GTB 1323: Mohn 1999, 31-52. 신념(확신)의 다원화는 세속화 체험을 강화한다. 우리는 도저히 타협

할 줄 모르는 뿌리 깊은 신념들을 붙잡고 씨름하려고 하지 않는다. 그것을 중요한 논의에서 살짝 제외시킨다. 그런 신념은 공적인 영역에서 표명되지 않고 내적인 대화 속에 감춰져 있다. 이제 종교는 '사적인 사안' (Privatsache) 정도가 아니라 아예 '가장 내밀한 사안' (Intimsache)이 되었다. 사람들은 이제 가정에서도 신앙에 대해 이야기하지 않는다. 개인적으로 가까운 사람들하고나 그런 이야기를 할 수 있다. 그 밖에는 공식적으로 종교적 물음에 대해 말해야 하는 사람들, 즉 목사나 종교 교사들뿐이다.

6. 하이델베르크의 시립 극장에서 그레고리 타보리(Gregory Tabori)의 작품을 무대에 올렸을 때 '집어넣은' 슬로건. 프리드리히 니체는 1844년에 나서 1900년에 죽었다.

7. 이에 대한 설문 조사 결과로는 H.K. Berg, Grundriss der Bibeldidaktik. Konzepte, Modelle, Methoden, München / Stuttgart: Kösel / Calw 1993, 12-19를 보라.

8. 이 문제의 심각성은 평균 연령이 높아졌다고 해도 전혀 완화되지 않는다. 노년층이 다시금 성서에 대한 관심을 보이고 있기는 하다. 또 나이든 사람들이 옛날보다 많아지고 있다. 하지만 교사에게는 별로 위로가 되지 않는다. 노년이 되어서 성서에 다시 가까워지는 것은 어린 시절이나 청소년 시기에 어느 정도 성서를 접할 때 가능하다. 물론 그것은 교사를 통해 가능할 터, 교사에게 감사의 마음을 전하고 싶은 마음이 드는 때는 이미 늦어버린 다음이 아닐까?

9. 종교 교사가 자신들만의 어려운 과제 때문에 남다른 고생을 하고 결국 탈진 상태에 빠진다는 사실을 입증하는 경험적 연구는 지금까지는 없었다. 참조: A.A. Bucher, Religionsunterricht: Besser als sein Ruf? Empirische Einblicke in ein umstrittenes Fach, Salzburger Theologische Studien 3, Innsbruck / Wien: Tyrolia 1996. 부허(A.A. Bucher)는 이 글을 다음과 같이 요약한다(S. 148-151): 종교 교사는 (1) 직업 만족도가 높고 (2) 번 아웃(Burnout) 현상이 적고 (3) 자기의 직업이 의미 있는 일이 될 수 있다고 생각하는 사람들이 많고 (4) 이 일이 꼭 필요한 일이라는 확신을 가진 사람들도 많다. (5) 물론 종교 교사 중에도 정말 이 직업 때문에 힘들어하는 사람들이 있다. 그러나 그 수는 적다.

10. 종교 교사라고 해서 항상 그런 것은 아니다. 여성 종교교육학자 렌츠(Ch. Reents)는 오랫동안 교사 교육에 몸담았던 자신의 경험에 기초하여 성서 수업에 대한 반대 의견에는 어떤 것들이 있는지를 간추려 준다. G. Lämmermann / Ch. Morgenthaler / K. Schori / Ph. Wegenast (Hg.), Bibeldidaktik in der Postmoderne, FS K. Wegenast, Stuttgart: Kohlhammer 1999, 337-344에 실린 렌츠의 논문 'Bibel weg - hat kein' n Zweck!' Zwölf Argumente und zwölf Gegenargumente. 그녀의 경험에 따르면 사람들은 성서에 대해 흔히 다음과 같은 생각을 갖고 있다. 성서는 (1) 고대에 기록된 책이라서 (2) 오늘의 일상을 위한 의미가 없고 (3) 전문가만 이해할 수 있으며 (4) 교회의 영향력이 감소하면서 함께 그 의미를 잃고 있다. 성서는 (5) 가부장제적인 하나님 이미

지를 고수하고 있으며 (6) 고난당하는 사람과의 자기 동일시를 통해 잘못된 희생 의식을 심어 준다. 또한 성서의 (7) 하나님 신앙은 자기 스스로 삶을 개척해 나가는 것을 방해하고 (8) 성서의 윤리는 우리의 삶에 필연적인 개인화와 마찰을 일으키고 (9) 보복의 필요성을 거부하고 화해를 주장한다. 성서는 (10) 시대에 뒤떨어진 그리스도교 명절 문화의 일부로서 (11) 도무지 믿을 수 없는 허무맹랑한 이야기로 가득하고 (12) 어린이를 위한 책으로도 부적절하다. 물론 종교 교사가 성서에 대해서 느끼는 혐오감은 학생이 느끼는 혐오감보다는 큰 것 같다. 위의 책 135-147쪽에 실린 부허(A. A. Bucher)의 논문 'Verstehen postmoderne Kinder die Bibel anders?' 는 3학년, 4학년 학생의 대부분이 성서 이야기 듣는 것을 행복한 시간으로 생각한다는 연구 결과를 소개하고 있다.

11. 1960년대에는 성서가 신학 수업의 핵심이었다. 성서 해석학은 신학에서 제일 중요한 테마였다. 그러나 현재의 상황은 성서 주석학자들이 신학과 안에서도 성서학의 중요성을 일부러 강조해야 할 정도가 되었다. 심지어 신학 교육에서 생기는 여러 가지 결함이 마치 성서 주석학의 전통적인 학풍 때문인 양 지적을 당할 때도 많다. 그러다 보니 기괴한 오버 액션이 연출되기도 한다. 예컨대 제네바의 어떤 신학대학에서는 4학년부터는 신약신학과 주석학 과목을 듣지 않아도 된다!

12. H. Halbfas, Die Bibel, erschlossen und kommentiert von Hubertus Halbfas, Düsseldorf: Patmos 2001, 17.

13. C. Strube, Art. Postmoderne I, TRE 27 (1997) 82-87; W.v. Rejen, Art. Postmoderne, EKL 3 (1992) 1276-1282.

14. 하버마스(J. Habermas)가 독일 출판협회에서 주는 '평화상' 을 받는 자리에서 행한 연설: Glauben und Wissen, Frankfurt: Suhrkamp 2001. '세속화 후기 사회' (postsäkulare Gesellschaft)라는 개념은 13쪽을 비롯하여 여러 군데에 등장한다.

15. 근본주의의 개념은 1910~1915년 사이에 나온 12권짜리 문집 "The Fundamentals" 에서 나온 것이다. 1919년에 필라델피아에서는 '세계 그리스도교 근본주의 연맹' (World' s Christian Fundamentals Association)이 창립되었다. 참조: W. Joest, Art. Fundamentalismus, TRE 11 (1983) 732-738; K. Kienzler, Der religiöse Fundamentalismus. Christentum, Judentum, Islam, bsr 2031, Munchen: Beck 1996.

16. 이들은 1943년 'National Association of Evangelicals' 라는 단체를 만들었다. 그러다가 1957년 분열을 맞았다. 비교적 온건한 입장을 취하던 사람들은 부흥 설교자 빌리 그래함(Billy Graham)을 둘러싼 의견 충돌을 계기로 근본주의에서 떨어져 나왔다. 참조: M.S. Hamilton, Art. Fundamentalismus, II,2b, RGG[4] 3(2000) Sp. 416-418.

17. K. Kienzler, Fundamentalismus, 9-10. 킨츨러는 다음과 같은 연대기적 자료를 제시한다. 1977년 5월 리쿠드 블록(Likud Block=이스라엘의 우익 연합 정당)이 정권을 잡

자 이스라엘에서는 근본주의 세력이 정치적 영향력을 발휘하게 되었다. 1978년 9월 폴란드인 카롤 유제프 보이티와(Karol Józef Wojtila)가 교황이 되었다. 그는 가톨릭교회 내에서 보수 세력의 힘을 강화해 주었다. 1979년에는 아야톨라 호메이니가 테헤란으로 돌아왔다. 1980년에는 로널드 레이건이 미국 근본주의 진영의 지원을 받아 미국 대통령으로 당선됐다.

18. 이 책이 지향하는 성서 교수학은 근본주의에 반대한다. 역사 비평적 연구, 진화론적 자연관, 그리고 도덕규범 재고의 필요성은 긍정돼야 한다.

19. 참조: G. Lämmermann u. a. (Hg.), Bibeldidaktik in der Postmoderne, 1999, 182-197에 실린 그랩(W. Grab)의 논문 Die Pluralisierung des Religiösen in der 'Postmoderne' als Problem der 'Bibeldidaktik' : "성서 교수학이라는 용어는, 성서가 잘 어울리지 않는 곳에 성서를 억지로 '반입하려는' 노력을 연상시킬 때가 많다."(197쪽)

20. 이 책이 지향하는 '열린 성서 교수학' (offene Bibeldidaktik)은 자유주의적 종교교육학에서 시작하여 상징 교수학에 이르기까지 다양한 성서 교수학 모델에 대한 성찰을 참조하려고 한다. 열린 성서 교수학은 그 '삶의 자리' 를 단순히 교회뿐만이 아니라 학교에도 두고 있기 때문에 신학 내에서만 통용되는 해석학적 모델보다 훨씬 개방적이다. 우리는 물론 이런 개방성을 표방하지 않을 수 없다.

21. Die ZEIT 2002년 14호. 3월 27일자 1쪽에 실린 J. Ross의 기사 Faust, Bach und die Bibel('파우스트, 바하, 그리고 성서').

〈1장〉

22. 참조: W. Härle / H. Schmidt / M. Welker (Hg.), Das ist christlich. Nachdenken über das Wesen des Christentums, Gütersloh: Kaiser 2000, 157-174에 실린 슈미트(H. Schmidt)의 논문 Bildung ohne Christentum?

23. H. J. Schultz, Sie werden lachen - die Bibel, Stuttgart: Kreuz 1975.

24. C. Menze, Art. Bildung, HPG I (1970) 135-184; R. Lennert, Art. Bildung I, TRE IV (1980) 568-582.

25. 빌헬름 폰 훔볼트(W.v. Humboldt)는 이것을 지금 우리에게도 적용될 수 있는 언어로 설명한 바 있다. "한 인간이 훌륭한 수공업자, 상인, 군인, 사업가가 되려면 그는 그 자체로, 어떤 특별한 직업과 무관하게 먼저 좋은 사람, 바른 사람, 자신의 신분에 맞게 깨어 있는 사람이자 시민이어야 한다. 그러기 위해 꼭 필요한 것을 학교 수업이 그 사람에게 줄 수 있다면, 그는 나중에 자기 직업에 필요한 특별한 능력을 아주 쉽게 익힐 수 있고, 사람이 살면서 자주 경험하듯 그 직업을 다른 직업으로 바꿔야 할 경우에도 항상 자유로움을 유지할 수 있다. …… 하지만 그가 특정한 직업에 필요한 지식을 습득하는 일을 먼저 한다면, 그 직업을 수행하되 단편적으로 할 수밖에 없다. 그런 사람은 결코

숙련성(Geschicklichkeit)과 자유에 도달하지 못한다. 그런데 이 두 가지는 자기 직업의 영역만 놓고 보더라도, 그저 다른 사람이 하는 것을 기계적으로 모방하는 것이 아니라 스스로 뭔가를 확대하고 개선하는 데 꼭 필요한 것이다."(W.v. Humboldt, Bericht der Sektion des Kultus und Unterrichts, 1. Dezember 1809, in: W.v. Humboldt, Studienausgabe in 3 Bänden, hg. v. K. Muller-Vollmer, Bd. 2, Paderborn: Schöningh 1971, 144-145). 훔볼트는 인간이 천부적으로 받은 것이 아니라 스스로 계발시켜야 할 '개인성' (Individualität), 인간이 가진 능력의 '총체성' (Totalität), 그리고 그 능력이 계발되는 데 필요한 교육 자료의 '보편성' (Universalität)를 교양/도야(Bildung)에 포함시켰다.

26. 클라우스 샬러(Klaus Schaller)는 휴머니즘의 교양 개념에서 나타나는바 교양의 자기 관련성(Selbstbezogenheit)을 비판한다. K. Schaller, Die Krise der humanistischen Pädagogik und der kirchliche Unterricht, Heidelberg: Quelle & Meyer 1961. 신앙은 인간을 자기에 대한 집착에서 해방시키며, 인간이 다른 사물과 다른 인간을 위해 자유로워질 수 있게 해준다. 인간은 다른 사물과 다른 인간의 요구에 응할 수 있어야 한다. 이러한 그의 교양 이해는 자신의 논문 모음집 제목에 그대로 나타나 있다. K. Schaller, Der Gebildete heute, Sachwalter und Mitmensch, Bochum(오늘의 교양인, 전문가, 그리고 함께 살아가는 사람): Kamp 1962.

27. K. Dienst, Friedrich Adolph Wilhelm Diesterweg (1790-1866), in: H. Schröer / D. Zilleßen (Hg.), Klassiker der Religionspädagogik, Frankfurt: Diesterweg 1989, 135-148; H.F. Rupp, Diesterweg, Friedrich Adolph Wilhelm, LexRP I (2002) 344-347.

28. W. Klafki, Das pädagogische Problem des Elementaren und die Theorie der kategorialen Bildung, Göttinger Studien zur Pädagogik NF 6, Weinheim: Beltz ^{3}1963, 297: 그러니까 교양은 "사물과 관련된 현실과 정신과 관련된 현실이 인간을 위해 해명됨[Erschlossensein = 열어 밝혀짐]이요(객관적 측면), 동시에 인간이 이러한 현실을 위해 해명됨이다(주관적 측면)."

29. 이렇게 각각의 과목이 해당 전공 학문에 집중하는 것에 대한 비판은 항상 있었다. 하지만 이런 분류가 없다면 수업 시간에 가르칠 내용에 대한 학문적 통제는 불가능하다. 그렇게 되면 특정 이데올로기가 지배하거나 무능한 수업이 되어버린다.

30. 클라프키는 이것을 정신과학적 교수학에서 비판적-구성적 교수학으로의 전환이라고 말한다. W. Klafki, Grundlinien kritisch-konstruktiver Didaktik, in: ders., Neue Studien zur Bildungstheorie und Didaktik. Zeitgemäße Allgemeinbildung und kritisch-konstruktive Didaktik, Weinheim: Beltz ^{3}1993, 83-138.

31. 위의 책 43-81쪽. 클라프키는 이 책 56쪽에서 이렇게 말한다. "이런 측면에서 봤을 때

일반교양(Allgemeinbildung)이란 역사를 매개로 하여 현재의 핵심적인 문제와 – 예측 가능한 한에서 – 미래의 문제를 의식하는 것(das geschichtlich vermitteltes Bewuß tsein von zentralen Problemen der Gegenwart und der Zukunft)이다. 또 이러한 문제에 직면하여 모두가 함께 책임을 지는 것에 대한 통찰을 얻는 것, 그리고 그 문제의 해결을 위해 함께 노력할 자세가 되어 있는 것이다."

32. 교양에 대한 이 두 가지 정의는 서로 모순되지 않는다. 이 세상과 인간의 상호 해명은 두 방향의 해명이다. 초기의 클라프키는 대상의 해명을 강조했지만, 클라프키의 후기 사상은 그 해명이 인간과 그의 삶에 지니는 의미를 강조했다.

33. 앎의 형태를 나누는 것과 관련해서는 두 개의 모델을 언급할 필요가 있다. 하나는 M. Scheler, Die Wissensformen und die Gesellschaft, Leipzig: Der Neue-Geist-Verlag 1926. 여기서 막스 셸러는 자연과학의 지배 지식(Herrschaftswissen)과 현상학의 본질 지식(Wesenswissen)과 종교의 치유적 지식(Heilswissen)을 구분했다. 종교가 지니고 있는 이 치유의 지식은 어떤 대상에 대한 지식에서 나타나는 것이 아니라, 하나님의 사랑의 행위를 함께 실천할 때 드러나는 것이다. 다른 하나는 J. Habermas, Erkenntnis und Interesse, in: ders., Technik und Wissenschaft als 'Ideologie', ed. suhrkamp 287, Frankfurt: Suhrkamp 1968, 146-168. 여기서 위르겐 하버마스는 자연과학의 기술적 관심[자연 지배], 역사적 · 해석학적 과학의 실천적 관심[동의 추구], 체계적 행위 과학의 해방적 관심[자유의 실현]을 구분한다.

34. 이 주제에 관한 탁월한 저술로는 J. Polkinghorne, Science and Theology, SPCK / Fortress 1998.

35. E. Cardenal, Das Buch von der Liebe. Lateinamerikanische Psalmen, GTB 168, Gütersloh: Mohn 1981, 130. 이러한 시도의 고전적 모범은 떼이야르 드 샤르뎅(Teilhard de Chardin)이다. 그는 종교의 역사를 우주 전체의 진화라는 목적론적 입장에서 서술한 바 있다.

36. R. W. Burrhoe, Religion's Role in Human Evolution: The Missing Link between Ape-man's Selfish Genes and Civilized Altruism, in: R.W. Burrhoe, Toward a Scientific Theology, Belfast / Dublin / Ottawa: Christian Journals 1981, 201-233. 이 분야와 관련된 논의는 다음의 책에도 등장한다. H. Meisinger, Liebesgebot und Altruismusforschung. Ein exegetischer Beitrag zum Dialog zwischen Theologie und Naturwissenschaft, NTOA 33, Freiburg Schweiz: Universitätsverlag / Göttingen: Vandenhoeck 1996.

37. 이러한 모델은 〈Zygon〉과 같은 잡지에서도 찾아볼 수 있다. 그 밖에도 참조할 만한 글로는 Ph. Hefner, The Human Factor. Evolution, Culture, and Religion. Minneapolis: Fortress 1993; G. Theißen, Biblischer Glaube in evolutionarer

Sicht, Munchen: Kaiser 1984.

38. W. Schluchter, Die Entwicklung des okzidentalen Rationalismus. Eine Analyse von Max Webers Gesellschaftsgeschichte, Tubingen: Mohr 1979.

39. 테오프라스트(Theophrast), 메가스테네스(Megasthenes), 클레아르코스(Clearchus) 같은 사람들의 저술에 그렇게 나타나 있다. M. Stern (Hg.), Greek and Latin Authors on Jews and Judaism, vol. 1, Jerusalem; The Israel Academy of Sciences and Humanities 1976, 8; 10; 45-46; 49-50.

40. G. Büchner, Werke und Briefe, Leipzig: Insel 1952, 171.

41. K. Marx, Zur Kritik der Hegelschen Rechtsphilosophie. Einleitung, in: S. Landshut (Hg.), K. Marx, Die Frühschriften, Stuttgart: Kröner 1964, 207-224, S. 208: "종교는 억눌린 피조물의 탄식, 심장 없는 세상의 심정, 정신 없는 상황의 정신이다. 종교는 민중의 아편이다."

42. G. Theißen, Die Religion der ersten Christen. Eine Theorie des Urchristentums, Gütersloh: Kaiser [3]2002. 우리말 번역: 『기독교의 탄생』(박찬웅, 민경식 옮김), 대한기독교서회, 2009.

43. E. A. Knauf, Die Umwelt des Alten Testaments, NSK.AT 29, Stuttgart: Kath. Bibelwerk 1994. 크나우프의 이 책은 단순한 주변 세계 묘사가 아니다. 그가 스케치하고 있는 이스라엘의 문헌과 역사 속에서 그 주변 세계는 끊임없이 반향을 일으키고 있으며, 나름의 독특한 방식으로 수용된다.

44. F. Crüsemann, Die Bildung des Menschengeschlechts, Überlegungen zum Thema 'Bildung' im Alten Testament, in: J. Ochel (Hg.), Bildung in evangelischer Verantwortung auf dem Hintergrund des Bildungsverständnisses von F.D.E. Schleiermacher, Göttingen: Vandenhoeck 2001, 79-100. 크뤼제만은 구약성서가 교양 사상에 기여한 바로 다음과 같은 것을 열거한다. (1) 인간 안에 '지워 없앨 수 없는 특징' (character indelebilis)으로 각인된 하나님의 형상, (2) 지혜문학의 교육 사상, (3) 선조들의 죄를 거울삼아 배움, (4) 선과 악에 대한 인식.

45. 성서 안에는 이 두 가지가 공존하고 있다. 신명기 및 신명기적 역사관은 역사에 대한 책임을 가르친다. 하나님의 계약은 그 백성도 하나님을 신뢰하고, 하나님을 배신하지 않을 때만 유지되는 것이다. 이 계약은 조건부 계약이다. 계약은 파기될 수도 있다. 하지만 제사장 문헌은 결코 파기될 수 없는 영원한 언약을 가르친다. 이스라엘 백성은 계속 실패하지만, 희생 제사는 그 실패를 계속 없애 준다. 그러므로 신명기적 문헌은 인간이 어떻게 죄를 피할 수 있는지를 가르쳐 주고, 제사장 문헌은 어떻게 그 죄를 없앨 수 있는지 가르친다. K. Schmidt, Der Geschichtsbezug des christlichen Glaubens, in: W. Härle / H. Schmidt / M. Welker, Das ist christlich. Nachdenken über das

Wesen des Christentums, Gutersloh: Kaiser 2000, 71-90 참조.

46. 이런 주제에 대한 요약으로는 Th. Sundermeier, Was ist Religion? Religionswissenschaft im theologischen Kontext. Ein Studienbuch, ThB 36, Gutersloh: Kaiser 1999 참조.

47. D. Schwanitz, Bildung, Frankfurt: Eichborn 1999, 45 참조. 우리말 번역: 『교양』(인성기 외 옮김), 들녘 2001. "서양 문화의 핵심을 이루는 형상이 바로 이 역사에 나오는 신이다. 이 신을 믿지 않는 사람도 있지만, 그가 신을 부정할 때도 바로 이 신의 형상을 전제로 하고 있다. 서양인이 신을 믿지 않는다고 말할 때는 제우스를 믿지 않는다는 뜻이 아니라 바로 이 신을 믿지 않는다는 뜻이다."(54쪽)

48. W. Härle, Religion als Horizont und Element der Bildung, in: M. Faßler / M. Lohmann / E. Müller (Hg.), Bildung, Welt, Verantwortung. FS 50 Jahre Ev. Studienwerk Villigst, Gießen: Focus 1998, 159-180, S. 160.

49. W. Härle, 위의 책, 161.

50. W. Weischedel, Der Gott der Philosophen Bd II, Darmstadt: Wiss. Buchgemeinschaft 1972, 165-174.

51. W. Härle, 위의 책, 162. 여기에 더하여, 루터의 대(大)요리문답(Großer Katechismus)에서 제1계명에 대한 주석을 참조할 것.

52. W. Härle, 위의 책, 163.

53. W. Härle, 위의 책, 165.

54. W. Härle, 위의 책, 167-168.

〈2장〉

55. M. Stallmann, Christentum und Schule, Stuttgart: Schwab 1959. 마르틴 슈탈만의 이 책은 실존주의적 해석을 바탕으로 해석학적 종교 수업의 기초를 놓았다. H. Stock, Studien zur Auslegung der synoptischen Evangelien im Unterricht, Gütersloh: Mohn 1959. 한스 슈톡의 이 책은 구체적인 복음서 텍스트를 가지고 실존주의적 해석을 추진했다. G. Otto, Schule - Religionsunterricht - Kirche, Göttingen: Vandenhoeck 1961. 게르트 오토는 이 책을 통해 종교 수업의 근거를 학교 이론의 관점에서 구명함으로써 새로운 사조에 대해 개방적인 태도를 취했다. 해석학적 종교 교수학에 관해서는 다음과 같은 책을 참조할 것: H. Schmidt, Leitfaden der Religionspädagogik, UB 443, Stuttgart: Kohlhammer 1991, 106-109; G. Lämmermann, Religionspädagogik im 20. Jahrhundert, KT 160, Gütersloh: Kaiser 1994, 94-124; Ch. Grethlein, Religionspädagogik, Berlin / New York: de Gruyter 1998, 159-163. I. Baldermann, Art. Hermeneutische Religionspädagogik,

Hermeneutischer Religionsunterricht, LexRP 1 (2001) 829-834. 마르틴 슈탈만에 대해서는 K. Wegenast, Art. Stallmann, Martin, LexRP 2 (2001) 2031-2034; W. Janzen, Existenziale Theologie und Religionspädagogik. Das Beispiel Martin Stallmann, RpäH20, Aachen: Rimbaud 1990. 한스 슈톡에 대해서는 G. Otto, Art. Stock, Hans, LexRP 2 (2001) 2064-2066.

56. 특히 H. Stock, Studien, 1959, [3]1963.

57. 슈탈만은 "그리스도교와 학교"(Christentum und Schule)(1959)에서 종교 수업의 근거를 학교에서 찾는다. 하지만 훗날 출간된 그의 책 『수업 속의 성서적 역사』(Die biblische Geschichte im Unterricht, Göttingen: o. Verlagsangabe 1963)는 그 근거를 신학과 교회에서 찾는다. 강조점의 변화는 두 책의 주제하고만 관련된 것이 아니다. 이것은 슈탈만이 첫 번째 책 때문에 받은 비판에 대한 반응이기도 하다. 그는 당시 지배적인 영향력을 행사하고 있었던 '복음적 훈육' 모델에 다시금 호의를 보였다. 이로써 슈탈만은 일반교양 이론에 기댄 교수학을 – 램머만(G. Lämmermann)의 『종교교육학』(Religionspädagogik) 111쪽에 의하면 사실상 슈탈만은 이런 방향의 교수학의 발전에 영향을 끼쳤음에도 (나도 램머만의 생각이 어느 정도 타당성은 있다고 생각한다) – 거부했다(Die biblische Geschichte, 258-266). 오늘날 해석학적 종교 수업은 그 편협성 때문에 실패한 모델로 간주된다. 이 모델은 너무나 전통에 매몰돼 있었고, 학생들의 삶의 현실을 경시했다. 종교 수업에서 중요한 것은 인간의 보편적인 자기 이해가 아니라 (혹은 자기 이해만이 아니라) 자라나는 세대의 자기 이해다. 이것을 모조리 실존철학의 범주로 파악할 수는 없는 노릇이다. 우리에게는 구체적인 경험적 연구도 필요하다. 이 모든 것에도 불구하고 수업의 해석학적 과제는 여전히 중요한 것으로 남아 있다.

58. H. G. Gadamer, Wahrheit und Methode. Grundzüge einer philosophischen Hermeneutik, Tübingen: Mohr 1960. 우리말 번역: 『진리와 방법 I』- 철학적 해석학의 기본 특징들(이길우 외 옮김), 문학동네, 2000.

59. J. Assmann, Das kulturelle Gedächtnis. Schrift, Erinnerung und Identität in fruhen Hochkulturen, München: Beck [2]1999, 24.

60. G. Theißen, Tradition und Entscheidung. Der Beitrag des biblischen Glaubens zum kulturellen Gedächtnis, in: J. Assmann / T. Hölscher (Hg.): Kultur und Gedächtnis, Frankfurt: Suhrkamp 1988, 170-196.

61. Th. Sundermeier, Den Fremden verstehen. Eine praktische Hermeneutik, Göttingen: Vandenhoeck 1996.

62. C. Strube, Art. Postmoderne I, TRE 27 (1997) 82-87; W.v. Reijen, Art. Postmoderne, EKL 3 (1992) 1276-1282.

63. J. Assmann, Das kulturelle Gedachtnis, 11.

64. E.A. Knauf, Audiatur et altera pars. Zur Logik der Pentateuch-Redaktion, BiKi 53 (1998) 118-125.

65. 전체적인 조망을 위해서 참조할 책들로는 H. Schmidt, Leitfaden, 109-119; G. Lämmermann, Religionspädagogik, 125-161; Ch. Grethlein, Religionspädagogik, 164-168; K.E. Nipkow, Art. Problemorientierter Religionsunterricht, LexRP 2 (2001) 1559-1565.

66. K. Wegenast, Die empirische Wendung in der Religionspädagogik, EvErz 20 (1968) 111-124 = K. Wegenast (Hg.), Religionspädagogik Bd. I: Der evangelische Weg, Darmstadt 1982, 241-264.

67. P. Heimann / G. Otto / W. Schulz, Unterricht - Analyse und Planung, Hannover: Schroedel 1965.

68. D. Stoodt, Religionsunterricht als Interaktion, Dusseldorf: Pro-Schule 1975.

69. 마르틴 슈탈만의 경우(1958, 58) 문화 비관주의는 다음과 같이 표출되었다. "개개인은 노동 세계의 생산 조건에 순응해야 하며 소비자 집단의 소비 습관에 어울려야 한다."

70. H. K. Berg / F. Doedens, Globalziel im Wandel (1970), in: dies., Unterrichtsmodelle im RU, Frankfurt / München: Diesterweg 1974, 87.

71. S. B. Robinsohn, Bildungsreform als Revision des Curriculum, Berlin: Luchterhand 1967; D. Knab, Art. Curriculum, LexRP 1 (2001) 297-302.

72. H. B. Kaufmann, Muß die Bibel im Mittelpunkt des Religionsunterrichts stehen?, in: G. Otto / H. Stock, Schule und Kirche vor den Aufgaben der Erziehung, Hamburg: Furche 1968, 79ff, in: H.B. Kaufmann (Hg.): Der Streit um den problemorientierten Religionsunterricht, Frankfurt: Diesterweg 1973, 23-27.

73. K. E. Nipkow, Grundfragen der Religionspädagogik, Bd. 1: Gesellschaftliche Herausforderungen und theoretische Ausgangspunkte, Gütersloh: Mohn 1975; Bd. 2: Das pädagogische Handeln der Kirche, Gütersloh: Mohn 1975; Bd. 3: Gemeinsam leben und glauben lernen, Gütersloh: Mohn 1982.

74. K. H. Berg, Bibeldidaktik, 31. 베르크는 이렇게 추측한다. 어쩌면 "수업 시간에 가능한 한 많은 성서 본문을 사용하는 것은 '정체성의 위기' 와 연관된 것일 텐데, 일부 종교교육학자는 문제 지향적 수업의 등장 이후 이런 위기를 감지하게 된 것이다. 적지 않은 수의 사람들이 종교 수업의 정체성은 많은 성서 본문을 통해서만 확보되거나 재건될 수 있다고 생각했다."

75. H. Blankertz, Art. Didaktik, in: J. Speck / G. Wehle (Hg.), Handbuch pädagogischer Grundbegriffe, München: Kösel 1970, 240-296, S. 289.

76. 그 과정에서 엄청난 결함이 드러났다. 할프파스(H. Halbfas)는 자신의 책 Das dritte

Auge. Religionsdidaktische Anstöβe, Schriften zur Religionspädagogik 1, Düsseldorf: Patmos 1982, 15-16쪽에서 문제 지향적 종교 수업을 신랄하게 비판한다. 그의 비판은 단순한 풍자의 수준이 아니었다. "텍스트를 다룰 때 해석학적 능력이 경시되고 있음이 분명하다. …… 문제 지향적 종교 수업은 성서 구절을 해석할 때 조금 좋게 말하면 부주의하고, 나쁘게 말하면 칠칠치 못한 해석을 강행하고 있으니, 이는 1960년대 성서 교수학이 해석학적으로 예민함을 알고 있는 모든 사람들에게 가히 충격적인 일이다. 이것은 분명한 퇴보이며 새로운 모습의 무식에 다름 아니다."

77. H. Lübbe, Religion nach der Aufklärung, Graz / Wien / Köln: Styria 1986, 특히 127-218.

78. 상징 교수학의 초석이 된 중요한 저작으로는 다음과 같은 것이 있다. P. Biehl / G. Baudler, Erfahrung - Symbol - Glaube, RPäH 2, Frankfurt: Haag und Herchen, 1980; H. Halbfas, Das dritte Auge. Religionsdidaktische Anstöße, Schriften zur Religionspädagogik 1, Dusseldorf: Patmos 1982; P. Biehl, Symbol und Metapher. Auf dem Wege zu einer religionspädagogischen Theorie religiöser Sprache, JRP 1 (1984) 29-64. 상징 교수학 전반에 관하여 참고할 만한 글로는 P. Biehl: Art. Symboldidaktik, LexRP 2 (2001) 2074-2079; Ch. Grethlein, Religionspädagogik, 169-173 (할프파스에 관한 부분), 179-182 (바우들러에 관한 부분).

79. 상징 개념의 재평가와 더불어 종교적 가르침과 배움의 다른 측면들이 새롭게 발견됐다. 성서와 종교에 논리로만 접근하려는 시도를 넘어서는 측면들이었다. 첫째, 그림 교수학(Bilddidaktik)은 그림/이미지의 가치를 재발견했다. 예컨대 H. Halbfas, Das dritte Auge, 51-83; G. Lange, Bild, Bilddidaktik, LexRP 1 (2001) 186-192. 둘째, 이야기의 중요성을 재발견하여 이야기 교수학(Erzähldidaktik)이 탄생했다. 예컨대 G. Baudler, Einführung in die symbolisch-erzählende Theologie, Paderborn: Schöningh 1982; I. Baldermann, Art. Erzählen, LexRP 1 (2001) 435-441. 셋째, 성서를 읽을 때 일어나는 상호작용의 가치를 재발견함으로써 비블리오드라마(Bibliodrama)가 태동했다. 이에 대해서는 G.M. Martin, 'Bibliodrama' als Spiel, Exegese und Seelsorge, WPKG 68 (1979) 135-144; D. Dormeyer / R. Kollmann / F. Munzel, Art. Bibelarbeit, Bibeldidaktik, LexRP 1 (2001) 172-180.

80. R. Otto, Das Heilige, Über das Irrationale in der Idee des Göttlichen und sein Verhältnis zum Rationalen, Breslau: Trewendt 1917, 8ff. 우리말 번역: 루돌프 옷토, 『성스러움의 의미』(길희성 옮김), 분도출판사, 31995, 41-45.

81. 내가 보기에는 슐라이어마허의 '절대 의존'(schlechthinnige Abhängigkeit)이라는 개념은 적절하지 못하다. 이 개념은 오해를 불러일으킬 수 있다. 마치 종교가 의존성, 즉 우리가 마땅히 제거해야 할 의존성을 미화하는 듯한 - 물론 이런 오해는 이 개념이 뜻

하는 바와는 거리가 멀지만 - 인상을 주기 때문이다. 그래서 나는 이 '피조물 감정' 을 나 자신의 방식으로, 즉 음악적 메타포를 빌려 표현하려고 한다. '만물의 실존' 이라는 기적이 '우리 자신의 실존' 이라는 기적과 상응할 때 '공명(共鳴)의 현상' (Resonanzphänomen)이 일어난다. 존재 그 자체는 마치 어떤 소리처럼 (혹은 우리를 감동시키는 어떤 말씀처럼) 우리의 귀로 들을 수 있고, 우리의 현 존재 안에 메아리를 일으킨다. 이러한 공명의 관계는 결코 의존 관계가 아니다. 울림을 일으키는 쪽이 그 울림을 받아 소리를 내는 악기를 지배하지 않는 것이다. 이와 관련하여 참조할 만한 글로는 G. Theißen, Argumente für einen kritischen Glauben. Oder: Was hält der Religionskritik stand?, TEH 202, München: Kaiser 31988. '공명의 경험' (Resonanzerfahrung)이라는 개념은 동의, 이해, 사랑의 적극적인 경험을 포괄한다. 공명이 중단된 것을 일컬어 나는 '부조리의 경험' (Absurditätserfahrung)이라 불렀다. 피조물 감정은 이 두 가지를 포괄하는 것이라고 말할 수 있다. 다시 말해 공명과 부조리의 모순이야말로 그 감정의 특징이다. 루돌프 옷토는 이 모순을 '황홀하게 매혹시킴과 동시에 떨리도록 두려운 신비' (myterium fascinosum et tremendum)라고 표현했다.

82. H. Schmidt, Symbole - elementare Bausteine religiöser und moralischer Bildungsprozesse. Ein symboldidaktischer Sanierungsversuch, in: R. Bernhard / U. Link-Wieczoreck (Hg.), Metapher und Wirklichkeit. Die Logik der Bildhaftigkeit im Reden von Gott, Mensch und Natur, Gottingen: Vandenhoeck 1999, 221-239.

83. 상징 개념에 관한 포괄적인 진술로는 A.A. Bucher, Symbol - Symbolbildung - Symbolerziehung, SPT/Z 36, St. Ottilien: EOS, 1990. 내가 보기에, 상징 개념의 다의성은 그 개념이 사용되는 다양한 사상적 전통을 명시할 때 비로소 분명해진다. (a) 미학적 전통은 상징과 알레고리를 구별한다. 상징은 어떤 이데아의 감각적 발현인 데 반해, 알레고리는 생각을 통해 감각적인 것과 그것의 의미 사이를 매개할 수 있을 뿐이다. 어떤 객관적인 것이 상징으로 드러날 수도 있고 알레고리로 드러날 수도 있다(요한 볼프강 폰 괴테). (b) 심층심리학 전통은 상징 개념을 인간의 꿈과 뮈토스 안에 있는 무의식의 표현으로 이해한다. 여기서 상징은 사회적으로 허용되지 않는 소망과 충동, 즉 직접적인 의사소통의 영역으로 들어올 수 없는 소망과 충동을 은폐하는 것일 수도 있고(지그문트 프로이트의 경우), 무의식을 공공연한 의사소통의 대상이 될 수 있도록 만드는 언어일 수도 있다(칼 구스타프 융의 경우). (c) 신칸트학파 전통에서 상징 개념은, 뮈토스와 언어와 예술과 인식을 통해 이 세상에 질서와 구조를 만들어 내는 다양한 '상징적 형식' 의 상위 개념이다(에른스트 카시러). 여기서 상징 개념은 객관적이거나 주관적인 '초월적' (transzendent) 실재의 발현과 관계된 것이 아니라, 인간이 자기의 세상에 질서를 잡아가는 데 필요한 '초월론적/선험적' (transzendental) 행위의 표현이다.

84. U. Früchtel, Mit der Bibel Symbole entdecken, Göttingen: Vandenhoeck 21994. 프뤼히텔은 상징은 다른 방식으로 분류한다. (1) 자연 현상에서 찾을 수 있는 상징. 물과 사막, 빛과 어둠, 높이와 깊이 같은 대립 상징(Kontrastsymbol)이 여기에 속한다. (2) 인간의 몸에서 발견할 수 있는 상징. 여기에는 발, 손, 눈, 귀, 입, 등, 얼굴, 심장 등이 있다. (3) 자연의 영역뿐만 아니라 문화의 영역에서도 구할 수 있는 상징. 예컨대 길의 상징과 불의 상징이 있다. (4) 문화의 영역에서 가져온 상징. 이런 상징으로는 우물, 집, 정원, 포도원, 빵, 옷, 배가 있다. 프뤼히텔의 모델은 긍정적으로 평가할 만한데, 그것은 여기서 성서가 그저 상징의 보편 세계로 진입하기 위한 진입로로 간주되지 않고 오히려 상징이 성서로 들어가는 문을 열어 주기 때문이다.

85. 구상성(具象性, Bildlichkeit)의 다양한 개념을 구분하는 데 도움을 주는 글로는 P. v. Gemünden, Vegetationsmetaphorik im Neuen Testament und seiner Welt, NTOA 18, Freiburg / Schweiz: Universitätsverlag / Göttingen: Vandenhoeck 1993, 1-49.

86. 종교란 인간이 현실을 감지하는 구조에 변화를 가져오는 역할 공급원(Rollenangebot)이라고 주장을 편 저술로는 Hjalmar Sunden, Die Religion und die Rollen (스웨덴어 원서는 1959년), Berlin: Töpelmann 1966; Hjalmar Sundén, Gott erfahren. Das Rollenangebot der Religionen, GTB 98, Gütersloh: Mohn 1975. 이러한 생각을 긍정적으로 평가하고 지속시켜 나가고자 하는 시도로는 Bernhard Lang, Art. Rolle, HRWG IV, 1998, 460-476, 특히 469쪽 이하. 또 다른 글로는 Nils G. Holm / J.A. Belzen (Hg.), Sundén' s Role Theory - an Impetus to Contemporary Psychology of Religion, Religionsvetenskapliga skrifter 27, Aabo: Aabo Akademi 1995.

87. H. Halbfas, Das dritte Auge, 132: "원형적 상징에는 두 개의 범주는 없다. 그래서 신화, 제의, 민담, 전설의 상징 언어는 종교의 언어요 근원적 문화의 언어다. 이것은 단일한 상징 언어다. 인간은 언제 어디서나 바로 이 언어를 배워야 할 것이다. 인간은 이 언어의 도움으로 인류의 모든 전승을 잘 이해할 수 있다." 할프파스가 옳게 본 것은, 우리가 어떤 역사적 상징 언어 하나를 배우면, 거기에 기초해서 다른 언어에 접근할 수 있는 길도 발견할 수 있다는 사실이다. 하지만 할프파스의 다른 진단은 지나친 면이 많다. 물론 그렇다고 해서 할프파스가 성서 교수학을 위해 기여한 바를 평가 절하할 필요는 없다. 그는 성서의 역사적 성격을 대단히 설득력 있게 논구했다.

88. 상징 교수학은 어떤 기호와 그것이 지시하는 것 사이에 '천성적인' 연관성이 있다고 여길 때가 많았다. 그러므로 하나의 상징(das Symbol)은 상징화된 무엇(das Symbolisierte)을 대표한다. 상징은 그 대상의 존재에 참여한다. 그 존재는 상징 안에서 실제로 현존한다(real präsent). 그러나 실제로는 기호와 그것이 지시하는 것 사이에는 - 상징의 경우도 마찬가지지만 - 언제나 문화적으로 창출된 연관성만 존재하고, 그 연

관성은 '학습돼야' 한다. 우리가 이 문화적 (다시 말해 필연적인 것이 아닌 자의적인) 연관성을 이해할 때라야 상징은 실질적으로 '교수학'의 대상이 될 수 있다. 요컨대 상징은 배워서 익혀야 하는 것이다. 이런 관점에서 상징 교수학을 매우 설득력 있게 비판한 글로는 M. Meyer-Blanck, Vom Symbol zum Zeichen. Symboldidaktik und Semiotik, Hannover: Luth. Verlaghaus 1995; M. Meyer-Blanck, Vom Symbol zum Zeichen. Plädoyer für eine semiotische Revision der Symboldidaktik, EvTh 55 (1995) 337-351.

89. P. Biehl, Symbole geben zu lernen. Einführung in die Symboldidaktik anhand der Symbole Hand, Haus und Weg, Neukirchen: Neukirchener 1989.

90. H. Weippert, Schöpfer des Himmels und der Erde. Ein Beitrag zur Theologie des ersten Jeremiabuches, SBS 102, Stuttgart: Kath. Bibelwerk 1981: 예레미야 시대에 이스라엘이 겪어야 했던 위협, 즉 이방 민족으로 인한 위협, 그리고 약속의 땅 상실의 위협은 역설적으로 하늘과 땅의 창조자이신 하나님에 대한 신앙이 잉태되는 계기가 되었다.

91. 상징 교수학이 이러한 순진함에 빠졌다고 책망한다면 그것은 정당하지 않은 일이다. 상징 교수학은 오히려 그 순진함을 극복하기 위한 노력을 기울였다. 바우들러(G. Baudler)는 (르네 지라르의 견해를 따라) 종교 상징 안에 잠재된 폭력성을 폭로하기도 했다. G. Baudler, Töten oder Lieben, Gewalt und Gewaltlosigkeit in Religion und Christentum, Munchen: Kösel 1994.

92. Gerd Theißen, Jesus und die symbolpolitischen Konflikte seiner Zeit. Sozialgeschichtliche Aspekte der Jesusforschung, EvTh 57 (1997) 378-400.

93. H. Schmidt, Symbole als Bausteine, 233.

94. '케리그마적 종교 수업'이라는 개념을 고른 것은, 1930~70년 어간에 독일의 가톨릭 종교교육학에서 일어난 '실질적-케리그마적 운동'(material-kerygmatische Bewegung)까지도 포괄할 수 있는 개념이기 때문이다. 이 운동은 그리스도교 신앙의 진리를 대변하는 신학의 과제와, 그 진리가 우리의 삶에 방향을 제공하도록 이끄는 교육의 과제를 구분한다. 이로써 당시의 지배적인 경향, 즉 단순히 수업 형식의 개혁을 통해 '형식적-케리그마적'(formal-kerygmatisch)으로 교리교육을 활성화하려는 경향에 반대했던 운동이다. 이 운동은 개신교 진영의 '복음적 훈육' 모델이 그랬던 것처럼 학교 안의 교회(Kirche in der Schule)가 되고자 했다. 이와 관련한 글로는 R. Englert, Art. Materialkerygmatik, materialkerygmatische Bewegung, Erneuerung, LexRP 2 (2001) 1297-1303.

95. 물론 그런 실패에 대처하는 것을 학습 목표로 삼을 수도 있을 것이다. 그런 방식으로 실패마저도 학습 목표 중심의 커리큘럼에 포함시킬 수 있을 것이다. 그 실패에 대처하

는 데 필요한 자질과 능력을 정의할 수도 있을 것이다. 그러나 그 모든 것을 미리 준비할 수 있는 학습 활동은 불가능하다. 실패에 대응하는 법은 구체적인 실패와 한계 경험을 통해서만 배울 수 있다. 어떤 교육학도 그런 상황을 미리 연출할 수 없으며, 또 그래서도 안 된다.

96. 이러한 배움의 기회에 대해서는 H.K. Berg, Grundriss der Bibeldidaktik, 1993, 37ff.

97. 그러나 이것이 종교 교육만의 독특한 것은 아니다. 볼노(O.F. Bollnow)는 지속적인 과정의 교육학과 나란히 비지속적인 과정(위기 상황, 각성, 권고, 조언, 만남)의 교육학을 말하는데, 이것은 의도적인 것이었다. 비지속적인 과정은 인간이 완전히 계획하고 실행할 수 없는 것이며, 실패의 가능성은 그 과정의 필수적 요건이다. O.F. Bollnow, Existenzphilosophie und Pädagogik. Versuch über unstetige Formen der Erziehung, UB 40, Stuttgart: Kohlhammer 1959.

98. 변증법적 신학의 영향을 받은 케리그마적 종교 수업의 시초가 된 책은 G. Bohne, Das Wort Gottes und der Unterricht, Berlin: Furche 1929. 2차 세계대전 이후 '복음적 훈육' 모델은 보네의 주장을 계승했다. 이 모델을 대표하는 저작으로는 H. Kittel, Vom Religionsunterricht zur Evangelischen Unterweisung, Wolfenbüttel / Hannover: Schroedel 1947. 변증법적 신학의 영향을 받은 종교교육학 일반에 대한 글로는 D. Stoodt, Art. Evangelische Unterweisung, LexRP 1 (2001) 521-526; G. Lämmermann, Religionspädagogik, 63-94; H. Schmidt, Leitfaden, 102-106.

99. 여기서 우리는 칼 바르트의 유명한 말을 떠올린다. "우리는 신학자로서 하나님에 대해 말해야 한다. 그러나 우리는 인간이며, 인간은 하나님에 대해 말할 수 없다. 우리는 이 두 가지, 즉 우리의 '해야 함' (Sollen)과 '할 수 없음' (Nicht-Können)을 모두 알아야 하며 바로 이것으로 하나님께 영광을 돌려야 한다" (GV I, 158. E. Jüngel, Art. K. Barth, TRE 5 (1980) 251-268 중에서 259쪽 인용 참조).

100. 진보적인 문화 교육학, 가치 교육학 성향의 종교 수업의 대표적인 사상가는 프리드리히 니버갈(F. Niebergall)이었다. F. Niebergall, Der neue Religionsunterricht, Langensalza o. J. (1922). 니버갈의 경우, 종교의 문화 의미(Kulturbedeutung)는 국가 프로테스탄티즘의 특징을 많이 안고 있다. 이에 관하여 참조할 만한 글로는 D. Zilleßen, Art. Niebergall, Friedrich, LexRP 2 (2001) 1412-1415.

101. G. Bohne, Religionsunterricht und religiöse Entscheidung (1930). 중요한 부분을 따로 발췌해 놓은 것으로는 K. Wegenast, Religionspädagogik, Bd. 1, 118-130.

102. G. Adam, Oskar Hammelsbeck (1899-1975), in: H. Schröer / D. Zilleßen (Hg.), Klassiker der Religionspädagogik, Frankfurt: Diesterweg 1989, 236-249. G. Adam, Art. Hammelsbeck, Oskar, LexRP 1 (2001) 786-789.

103. B. Vrijdaghs, Gerhard Bohne (1895-1977), in: H. Schröer / D. Zilleßen (Hg.),

Klassiker der Religionspädagogik, 223-235; B. Vrijdaghs, Art. Bohne, Gerhard, LexRP 1 (2001) 206-209; G. Lämmermann, Religionspädagogik, 63-94.

104. J. Lähnemann, Helmuth Kittel (1902-1984), in: H. Schröer / D. Zilleßen, Klassiker, 250-265; Ch.Th. Scheilke, Art. Kittel, Helmuth, LexRP 1 (2001) 1067-1070; F. Rickers, "Zwischen den Stuhlen". H. Kittels Beziehung zum Nationalsozialismus, in: K. Ebert (Hg.), Alltag und Ethik. Beiträge zu einem sozialethischen Problemfeld, FS A. Weyer, Wuppertal: Hammer 1988, 197-241.

105. H. Schmidt, Leitfaden Religionspadagogik, 103.

106. I. Baldermann, Biblische Didaktik. Die sprachliche Form als Leitfaden unterrichtlicher Texterschießung am Beispiel synoptischer Erzählungen, Hamburg: Furche 1963, 37ff. I. Baldermann, Der biblische Unterricht. Ein Handbuch fur den evangelischen Religionsunterricht, Braunschweig: Westermann 1969, 29. 이 책의 각주 2에서 발더만은 이렇게 적었다. "나는 에른스트 푹스(Ernst Fuchs)의 저술에서 많은 걸 배웠다는 사실을 부인할 수 없다." 그러나 발더만에게 더 중요한 것은 "교수 학습의 과정에서 나타나는 직접적인 증거"다. 이로써 발더만은 변증법적 신학, 즉 '하나님-말씀' 신학의 입장에 가까이 다가선다. 이 신학은 말씀의 증거를 신뢰하는 반면, 해석학적 전달이나 방법론적 전달은 경시한다. 발더만의 잇따른 저술에서도 그런 경향이 나타난다. I. Baldermann, Die Bibel - Buch des Lernens. Grundzüge biblischer Didaktik, Göttingen: Vandenhoeck 1980. 이 책의 제3판이자 증보판으로 나온 책은 Einfuhrung in die Bibel, UTB 1486, Göttingen: Vandenhoeck 1988 41993. I. Baldermann, Einfuhrung in die biblische Didaktik, Darmstadt: Wiss. Buchgesellschaft 1996. B. Feininger, Mit der Bibel das Leben erzählen, BiKi 56 (2001) 148-155. 파이닝어는 발더만의 모델과 나의 모델을 비교하면서 많은 시사점을 밝혀 주었다.

107. I. Baldermann, Einfuhrung, 11.

108. I. Baldermann, Wer hört mein Weinen? Kinder entdecken sich selbst in den Psalmen, Neukirchen: Neukirchener [2]1989.

109. I. Baldermann, Einführung, 73ff; 83ff. 물론 발더만은 '하나님의 통치와 신들의 통치' 개념과 '죽음과 생명' 개념을 구분하고 있다. 그러나 발더만은 이전에도 항상 하나님의 역사하심, 그 영향력, 인간의 삶 속에 일어나는 응답을 함께 다룬 바 있고, 내용적으로는 이 개념들이 서로 통한다고 볼 수 있다.

110. 그의 해석학도 말씀 사건(에른스트 푹스, 게르하르트 에벨링)에 대한 신뢰를 가장 큰 특징으로 한다.

111. H. K. Berg, Grundriss der Bibeldidaktik, 1993, 10.

112. Th. Ruster, Die Welt verstehen gemäß den Schriften. Religionsunterricht als Einführung in das biblische Wirklichkeitsverständnis, rhs 43 (2000) 189-203. 루스터의 종교 교육 모델에 토대가 된 것은 루스터 자신의 책이다. Der verwechselbare Gott. Theologie nach der Entflechtung von Christentum und Religion, QD 181, Freiburg: Herder 2000. 루스터의 책은 활발한 토론의 계기가 되었다. 루스터의 주장에 대한 입장 표명이 담긴 글로는 T. Meurer, Bibelkunde statt Religionsunterricht? Zu Thomas Rusters Konzept einer 'Einführung in das biblische Wirklichkeitsverständnis', rhs 44 (2001) 248-255; H. Halbfas, Thomas Rusters 'fällige Neubegründung des Religionsunterrichts'. Eine kritische Antwort, rhs 44 (2001) 41-53.

113. 나는 경제 지상주의에 맞서 저항하는 목소리에 전적으로 공감하고 있다는 사실을 일단 강조하고 싶다. "나는 생각한다. 고로 존재한다!"가 아니라 "나는 계산한다. 고로 존재한다!"는 구호가 판치는 세상에서 루스터가 보여주는 것과 같은 신학적 비판의 목소리는 반드시 필요한 것이다. 그럼에도 나는 이렇게 묻지 않을 수 없다. 자본주의 체계가 정말 그렇게 '전능'한가? 자본주의 체계가 '모든 것을 규정하는 실재'가 될 수 있었던 것은 우상 숭배적인 신앙 때문이 아닐까? 자본주의적 이해관계와 충돌을 일으키곤 하는 생태주의적 체계야말로 궁극적으로는 더욱 강력한 것 아닐까? 만일 그렇다면 우리는 창조 사상, 자연 신학의 유산에 지금보다 훨씬 큰 의미를 부여할 수 있을 것이다. 또 이렇게 물을 수도 있다. 돈의 전능함은 우리 사회의 부분 체계, 즉 가정, 문화, 교육 등에서 저항에 부딪히고 있지 않은가? 정치의 중요한 과제 가운데 하나가 시장의 힘을 사회적으로 규제하고 그 틀 안에서 활용하는 것 아닌가? 요컨대 전능한 우상인 '돈'은 우리 사회의 이곳저곳에서 저항에 부딪히고 있다. 그런 저항에서 중요한 한몫을 감당하고 있는 것이 성서 종교인 그리스도교의 예언자적 비판이다. 자기 통제 능력을 상실한 자본주의가 인간의 삶을 '식민화'하고 있는 데도 그리스도교가 거기에 저항하지 않는다면 그런 그리스도교는 허상에 불과할 것이다.

114. 루스터가 여기서 참조하고 있는 글은 S. Alkier, Jenseits von Entmythologisierung und Rehistorisierung. Skizzen einer Semiotik des Wunderbaren, in: M. Meyer-Blanck / B. Dressler (Hg.), Religion zeigen. Religionspädagogik und Semiotik, Munster: LIT 1998, 27-60.

115. Th. Ruster, Die Welt verstehen, 201-202.

116. Th. Ruster, Die Welt verstehen, 201.

117. Th. Ruster, Die Welt verstehen, 196-197.

118. I. Schoberth, Rechtfertigung und Schülersehnsucht. Zentralartikel ohne Resonanz?, EvTh 59 (1999) 49-61.

119. H. K. Berg, Ein Wort wie Feuer. Wege lebendiger Bibelauslegung, Stuttgart: Calwer 1991.

120. 슈미트(H. Schmidt)는 '변증법적 종교 교수학'을 비판적으로 한 단계 더 발전시킨 사람이다. H. Schmidt, Religionsdidaktik. Ziele, Inhalte und Methoden religiöser Erziehung in Schule und Unterricht Bd. I, Stuttgart: Kohlhammer 1982, 133.

〈3장〉

121. G. Lämmermann, Grundriss der Religionsdidaktik, Stuttgart: Kohlhammer 1991, 95-99. '범주적 교육'(kategoriale Bildung)은 학습 내용의 전달에만 힘쓰는 '자료적/물질적 교육'(materiale Bildung)도 아니고, 학습 주체의 능력에만 초점을 맞추는 '형식적 교육'(formale Bildung)도 아니다. '범주'는 학습 내용을 토대로 구성되는 것이다. 그러나 인간은 이 '범주'의 도움을 받아 자기를 개방하고 학습 내용에 다가서게 되는 것이다.

122. K. E. Nipkow, Bildung in einer pluralen Welt, Bd. 1: Moralpädagogik im Pluralismus, Bd. 2: Religionspädagogik im Pluralismus, Gütersloh: Mohn 1998. Ders., Art. Pluralität, Pluralismus, LexRP 2 (2001) 1520-1525.

123. 그렇기 때문에 우리는 어린 시절에서 성인기에 이르기까지 종교적 발달의 과정을 고려해야 한다. 요체적인 것에 대한 고민은, 성서 공부를 할 때 성서 안의 어떤 것에서 시작해야 하는지에 초점을 맞춘다. 또한 어떤 텍스트를 범례적인(exemplarisch) 텍스트로 골라내야 하는지를 묻는다.

124. G. Lämmermann, Art. Elementarisierung, LexRP 1 (2001) 382-388.

125. F. Schweitzer / K.E. Nipkow / G. Faust-Siehl / B. Krupka, Religionsunterricht und Entwicklungspsychologie. Elementarisierung in der Praxis, KT 138; Gütersloh: Kaiser 1995. 이 책의 저자들은 요체적인 것의 개념을 아주 넓게 확대한다. 요컨대 요체적인 것은 학습 내용의 '근본적인 것'(das Fundamentale)까지 포괄하는데, 이것은 다시 '요체적 핵심 구조'(elementare Sachstruktur)와 '요체적 진리'(elementare Wahrheit)로 나뉜다. '근본적인 것'과 대칭되는 것으로, 학생의 삶 속에서 나타나는 '요체적인 것'(das Elementare)이 있다. 이것도 '요체적 경험'(elementare Erfahrung)과 '요체적 발단'(elementare Anfänge)으로 나뉜다. 종교교육학이 책임져야 할 것이 곧 '요체적인 것'이라면, 이 개념의 확대는 일반적으로 신학이 책임지던 문제까지도 종교교육학이 관여하겠다는 말이기도 하다(H. Schwier도 이 점을 지목한다). '요체적인 것'의 개념이 '근본적인 것'까지 포괄하는 개념으로 확대된 것에 고무되어 나도 그 두 가지를 요체화라는 개념으로 합치게 되었다.

126. R. Bultmann, Theologie des Neuen Testaments, Tübingen: Mohr [4]1961.

127. O. Cullmann, Christus und die Zeit. Die urchristliche Zeit- und Geschichtsauffassung, Zürich: Evang. Verlag 1946. Ders., Heil als Geschichte, Tübingen: Mohr 1965.

128. 요한복음서의 그리스도는 실제로 이렇게 말한다. "나는 길이요, 진리요, 생명이다. 나를 거치지 않고서는 아무도 아버지께로 갈 사람이 없다"(요 14:6). 이로써 하나님께로 가는 길을 전적으로 자기 자신과 연결시킨다. 그러나 바로 그 예수가 성령을 자신의 대리자로 소개한다(14:16-17, 26). 심지어 그 성령은 예수 자신을 능가하여 사람들을 '모든 진리 가운데로 인도할' 것이다(16:12-13). 우리는 성령을 통해 하나님께 갈 수 있다. "하나님은 영이시다. 그러므로 하나님께 예배를 드리는 사람은 영과 진리로 예배를 드려야 한다"(요 4:24). 요한복음서에서 이 영은 말씀과 연결되어 있다. "내가 너희에게 한 이 말은 영이요, 생명이다"(6:63). F. Porsch, Pneuma und Wort, FTS 16, Frankfurt: Knecht 1974.

129. F. Schweitzer, Die Konstruktion des Kindes in der Bibeldidaktik. Bilder von Kindlichkeit und Jugendlichkeit zwischen erster und zweiter Moderne, in: G. Lämmermann u. a. (Hg.), Bibeldidaktik in der Postmoderne, 1999, 122-133; F. Schweitzer / K.E. Nipkow / G. Faust-Siehl / B. Krupka, Religionsunterricht und Entwicklungspsychologie, 1995.

130. H. Schmidt, Leitfaden, 199-206.

131. H. Schmidt, Leitfaden, 63-84; F. Schweitzer, Lebensgeschichte und Religion. Religiöse Entwicklung und Erziehung im Kindes- und Jugendalter, München: Kaiser [2]1991. 우리말 번역: 프리드리히 슈바이처, 『삶의 이야기와 종교』(송순재 옮김), 한국신학연구소, [2]2009.

132. I. Baldermann, Einführung, 32. 발더만은 '기도'나 '잠언의 지혜' 같은 소박한 말의 형태에 비할 때 '이야기'는 2차적 언어 형태라고 본다. 이야기는 '거리두기의 첫 걸음'(S. 32)이다. 거리두기의 둘째 걸음은 '성찰'이다. 죽음을 눈앞에 둔 인간은 이야기하거나 토론하지 않고 기도할 것이다. 하지만 '이야기'는 두 가지 측면에서 필수적이다. (1) 이야기는 한 개인의 정체성을 표현해 준다. 호스피스 병동에서 일하는 사람들의 말에 의하면, 죽어 가는 사람이 자기가 살아온 이야기를 할 수 있고 또 그것을 누군가가 받아 적었다가 다시 들려준다면 그 이야기 자체가 임종의 순간에 큰 위로가 된다. 또 수업 현장의 경험이 말해주듯이, 교사와 학생은 서로 자기 삶의 이야기를 주고받으면서 '자기 자신과 자기 정체성에 대한 감각'을 형성한다. Ch. Morgenthaler, Subjekt, Story und Tradition, in: G. Lämmermann u. a. (Hg.), Bibeldidaktik in der Postmoderne, 1999, 90-103. (2) 이야기는 어느 집단의 총체적 정체성을 표현해 준다. "이야기는 공동체의 총체적 기억과 연관되고, 소박한 언어 형태는 생활 세계의

행동 문제와 연관된다." (H. Schmidt, Leitfaden, 204). 이야기가 정체성을 형성하는 데 발휘하는 능력에 대해서는 D. Ritschl / H.O. Jones, "Story" als Rohmaterial der Theologie, TEH 192, München: Kaiser 1976. 어쨌든 발더만은 이야기를 거리두기의 언어 형태로 간주하면서 살짝 깎아 내리는 입장을 취한다. 게다가 이야기 그 자체가 틀-이야기를 통해 이야기의 소재와 거리를 두면 그런 입장은 더욱 강화된다. 나의 소설 "Der Schatten des Galiläers" (1986)도 그런 틀-이야기의 하나다(우리말 번역: 게르트 타이쎈, 『갈릴래아 사람의 그림자』, 차봉희 옮김, 한국신학연구소, 2007). 이 소설은 어린이가 아니라 젊은이를 겨냥한 이야기였다. 이 이야기가 지속적인 호응을 얻고 있는 것은 자유롭고도 비판적인 관점에서 성서의 이야기 소재와 대면할 수 있도록 해주기 때문이다. 그러나 발더만은 달리 보고 있는 것 같다. I. Baldermann, Einführung, 115-118; Art. Erzählen, LexRP 1 (2001) 435-441. 여기서 발더만은 나의 예수 이야기를 눈에 띄게 비판한다. 틀-이야기에 대한 견해 차이가 나올 수밖에 없는 것이, 나는 이 책을 어린이와 어른(약 16세 이상)을 위해서 썼는데 발더만은 자꾸 어린이를 생각하고 있다. 하지만 발더만은 내 책이 어른이 읽기에도 '견디기 어려운' 책이라고 말한다(Einführung, 117). 그렇다면 많은 사람들이 아직도 이 책을 읽는 것은 과연 무엇 때문일까?

133. 베게나스트(K. Wegenast)는 이런 의미에서 '범주적 교육 이론'과 양식사를 한데 묶는다. K. Wegenast, Der biblische Unterricht zwischen Theologie und Didaktik, Gütersloh: Mohn 1965, 47-51.

134. K. Wegenast, Der biblische Unterricht, 50.

135. A. de Pury / E.A. Knauf, La théologie de l' ancien testament: kérygmatique ou descriptive? ETR 70 (1995) 323-334.

136. K.E. Nipkow, Art. Pluralität, Pluralismus, LexRP 2 (2001) 1520-1525. 닙코는 근본적 긴장에 대해 말한다. 그 긴장은 "특수한 것과 공통적인 것 사이, 자신의 정체성과 타인과의 소통 사이에 있다. 차이와 대면하는 것은 다원주의 문제의 매듭이다. 이 말이 전혀 위험스럽지 않게 들릴 수도 있다. 그러나 낯선 타자 혹은 원수가 우리에게 몸으로 부닥쳐 올 때는 그 말이 매우 불편하게 들린다."

〈4장〉

137. 로마서 10장 17절의 바울의 말을 참조하라. "그러므로 믿음은 들음에서 생기고, 들음은 12)그리스도를 전하는 말씀에서 비롯됩니다."

138. 대개 그리스도교 구약학자들은 구약성서에 독자적인 중심이 있다고 인정하지 않고, 단 하나의 '외적인 중심', 즉 신약성서 안에 있는 중심을 주장하는 경향이 있다. 그러나 이것은 그리스도교식의 해석(interpretatio christiana) 안에서나 가능한 주장이다.

139. F. Stolz, Einführung in den biblischen Monotheismus, Darmstadt: Wiss. Buchgesellschaft 1996. A.V. Ström / W.H. Schmidt / E. Starobinski-Safran / Ch. Schwöbel, Art. Monotheismus I-IV, TRE 23 (1994) 233-262.

140. Ch. Markschies, Die Gnosis, bsr 2173, München: Beck 2001.

141. R. Rendtorff, Theologie des Alten Testaments. Ein kanonischer Entwurf. 2 Bde, Neukirchen: Neukirchener 1999 / 2001, Bd. 1, 11-15; Bd. 2, 7-19.

142. R. Rendtorff, Theologie, Bd. 1, 331-342; Bd. 2, 233-235.

143. 기적은 상징적으로 이해되기 때문에 신약성서의 신앙과 관련된 아주 다양한 주제와 연결된다. 기적이 이 세상에서 일어나는 역설적 사건으로 이해된다면, 이때 기적은 하나님과 그리스도의 이미지에 속하며, 은사로 이해된다면 교회 이해에 속하고, 치유로 이해되면 인간론에 속한다. 이 세상은 기적을 통해서 '구원의 영토' (Enklave des Heils) 안으로 들어온다.

144. R. Rentorff, Theologie, Bd. 1, 31-44; Bd. 2,53-61.

145. B. Janowski, Stellvertretung. Alttestamentliche Studien zu einem theologischen Grundbegriff, SBS 165, Stuttgart: Kath. Bibelwerk 1997. 우리말 옮김: 베른트 야노브스키, 『대속』- 신학적 기본 개념에 관한 구약성서 연구 (김충호 옮김), 한국신학연구소, 2005.

146. B. Janowski, 'Ich will in eurer Mitte wohnen' , Struktur und Genese der exilischen Schekina-Theologie, JBTh 2 (1987) 165-193.

147. H. Meisinger, Liebesgebot und Altruismusforschung, 1996.

148. S. Krahe, Die Letzten werden die Ersten sein. Das Umkehrprinzip in der Bibel, Würzburg: Echter 1997; G. Guttenberger Ortwein, Status und Statusverzicht im Neuen Testament und seiner Umwlet, NTOA 39, Freiburg; Universitätsverlag / Göttingen: Vandenhoeck 1999.

149. '암묵적 원리' 를 따를 때 사용되는 '단순화' (simpflication)의 모티브에 대해서는 다음의 글을 인도하라. S. Sykes: 'Essensce of Christianity" versus "implicit Axioms' in: W. Huber (u. a.), Implizite Axiome, München: Kaiser 1990, 263-276.

150. R. Rendtorff, Theologie Bd. 1, 11ff.

151. 이 비유를 요체화의 관점에서 논한 책으로는 F. Schweitzer u. a., Religionsunterricht und Entwicklungspsychologie, Elementarisierung in der Praxis, 173-183. 이 비유에 대한 주석서로는 U. Luz, Das Evangelium nach Matthäus (Mt 18-35), EKK I / 3, Neukirchen: Neukirchener / Zürich: Benziger 1997, 138-156; C. Hezser, Lohnmetaphorik und Arbeitswelt in Mt 20,1-16. Das Gleichnis von den Arbeitern im Weinberg im Rahmen rabbinischer

Lohngleichnisse, NAOT 15, Freiburg Schweiz: Universitätsverlag / Göttingen: Vandenhoeck 1990.

152. 일반교양의 영역에서도 꼭 필요한 성서 지식을 요약한 책으로 나는 다음의 두 권의 책을 언급하려고 한다. D. Schwanitz, Bildung. Alles wan man wissen muss, Frankfurt: Eichborn 1999, 45-50; 67-72; Die Bibel. Erschlossen und kommentiert von Hubertus Halbfas, Düsseldorf; Patmos 2001.

〈5장〉

153. 이것은 자기 모순적 체제본성, 또는 '체제의 함정' (Systemfallen)이라 하겠다. 예컨대 학교와 같은 하부 체제는 폭력에 맞서 싸워야 하는데, 실제로는 이 폭력이 사회를 구성하는 기본 요소가 되어버린 상황이다. 또 학교는 모종의 태도를 양산해 내야 하는데, 실제로는 그 사회 속의 삶이 그런 태도를 인정하지 않는 상황이다. 이러한 상황은 필연적으로 이데올로기 비판을 요청한다. 비교: K. E. Nipkow, Hermeneutik und Ideologiekritik. Konzepte der Vergangenheit? Herausforderungen für die Zukunft!, in: G. Lämmermann u.a. (Hg.), Bibeldidaktik in der Postmoderne, 1999, 268-280, dort 275.

154. M. Buber, Gottesfinsternis, Zürich: Manesse 1953 [남정길 역, 神의 일식(日蝕), 서울: 전망사 1983].

155. 마틴 하이데거의 후기 철학이 이 경우에 해당한다. 예컨대 M. Heidegger, Was heiß t Denken? (1952), in ders., Vorträge und Aufsätze, Pfullingen: Neske 1954. 비교: H. Rosenau, Art. Religionsphilosophie I, TRE 28 (1997) 749-761, dort S. 758f. J. Rohls, Protestantische Theologie der Neuzeit Bd. II: Das 20. Jahrhundert, Tübingen: Mohr 1997, 239-243. 397-398.

156. 그러한 '존재의 경건' 과 관련하여 우리는 아마도 빅터 프랭클(V. Frankl)의 말을 기억하는 것이 좋을 듯하다: "깨달은 것을 고백하기 위해 약간의 용기가 필요하듯이, 오랜 세월 동안 증거로 삼았던 것을 하나님이라는 단순한 단어로 부르기 위해서 약간의 겸손이 필요하다." V. Frankl, Der unbewußte Gott. Psychotherapie und Religion, München: Kösel [8]1991, 50.

157. 릴케의 서정시 작품을 경쾌하면서도 냉철하게 해석한 연구서로는 E. C. Mason, Rainer Maria Rilke. Sein Leben und sein Werk, KVR / 194, Göttingen: Vandenhoeck 1964을 참고하라.

158. H. Vincon, Spuren des Wortes. Biblische Stoffe in der Literatur: Materialien fur Predigt, Religionsunterricht und Erwachsenenbildung, 2 Bde. Stuttgart: Steinkopf 1988-1990; S. H. Berg / H. K. Berg, Biblische Texte verfremdet,

München: Kösel 1986-1992; F. Hahn, Bibel und moderne Literatur. Große Lebensfragen in Textvergleichen, Stuttgart: Quell 1966; Ders., Mittelpunkt Mensch, Stuttgart: Quell 1975. H. Schroer, Spuren der Bibel in säkularer Poesie, in: G. Lämmermann u.a. (Hg.), Bibeldidaktik in der Postmoderne, 1999, 300-314; H. Schmidinger, Die Bibel in der deutschsprachigen Literatur des 20. Jahrhunderts, Mainz: Matthias-Grünewald-Verlag 1999.

159. '선험적' (transzendental)이란 우리가 자의적이지 않고 필연적으로 사고를 추구해 나감으로써 보편적 경험에 도달할 수 있게 하는 이성적 행위를 말한다. 즉 선험적이란 우리 인간 안에 내재하는 '인식 가능성의 조건들' 을 말한다. 반면 '초월적' (transzendent)이란 우리 인간의 주관과 인식 능력 너머에 있는 존재를 가리킨다.

160. 물론 형상금지는 우선적으로 물질로 제작된 형상 및 그 형상숭배의 금지와 관련된 것이었다. 제2계명은 분명히 하고 있다: "너는 그것들에게 절하지 말며 그것들을 섬기지 말라!" 그러나 이것은 오래전부터 종교의식의 모든 규정과 관련되었으며(신4), 신약시대에는 하나님에 대한 모든 규정과 관련되어 있었다. 아울러 하나님 역시 모든 인간의 사유를 넘어선다는 생각은 후대 '부정 신학' 의 틀 안에서 나타나기 시작한다.

161. H. Poser / H. Deuser, Art. Kontingenz, TRE 19 (1990) 544-559. '우연' 은 전통적인 신(神) 개념에서 벗어나 있는 것으로, 가능하면서 동시에 불가능한 상황을 의미한다. 우연은 종교철학의 핵심 개념이 되었다. 뤼베는 종교를 "도저히 어떻게 할 수 없는 우연 존재임을 인정하는 문화"라고 정의한다(H. Lübbe, Religion nach der Aufklärung, 16); 이와 관련하여 K. Wuchterl, Art. Religionsphilosophie II. Neuansätze und Neubewertungen, TRE 28 (1997) 761-766, S. 특히 763-764를 참고하라.

162. 나는 그러한 공명 경험을 G. Theißen, Argumente für einen kritischen Glauben, 1978에서 불합리성의 경험인 공명의 부재와 연관시켜 종교적 경험으로 기술한 바 있다. '공명' 은 모든 것 - 가장 작은 미립자에서부터 최고로 분화되어 있는 유기체에 이르기까지 - 을 포함하고 있는 우스꽝스런 원칙으로 이해할 만하다. "미립자를 융합시키는 힘이 무엇인지 우리는 알지 못한다. 우리는 그것을 전자기, 중력, 인력이라고 부른다. 이 두 개의 분리된 미립자를 합치는 힘에서 중요하게 생각해야만 할 것은 이 미립자의 자기운동, 즉 미립자의 진자운동으로부터 유발되는 힘이다. 물리학자들은 그것을 공명이라고 부르고, 그 외의 음악가들도 그렇게 부른다. 두 개의 진동 체계(파동, 미립자, 분자, 유기체, 그리고 또한 인간)가 서로 공명을 일으킬 때마다, 일종의 친화 상태에 이르게 된다. 공명을 통해 점점 더 흔들거리는 친화력은 특정 조건 안에서 어떤 지점에 도달하게 되고, 거기서 어떤 충격으로 말미암아 두 체계 간의 경계가 무너진다. 계속적으로 그것들은 공명 속에서 진동한다. 그렇게 생성된 전체는 부분의 집합

이상의 것이다. 그것은 새롭고 고유한 속성을 지니게 되고, 스스로 새로운 자신만의 리듬 속에서 진동한다. 공명은 전체를 중재하는 우리 세계의 원칙이다. '이러한 방식으로' 분자생물학자 크라머(Friedrich Cramer)는 우주를 진동하는 미립자들의 생동감 있는 합주, 즉 세계공명으로 설명했다." G. Hüter, Die Evolution der Liebe. Was Darwin bereits ahnte und die Darwinisten nicht wahrhaben wollen, Göttingen: Vandenhoeck 1999, 64.

163. 당위(Sollen)과 존재(Sein)에 대한 현대의 구별에도 불구하고, 두 가지를 결합시키려는 사상의 대표적인 예로 H. Jonas, Das Prinzip Verantwortung. Versuch einer Ethik für die technologische Zivilisation, Frankfurt: Insel 1979, 92-102. 153-170을 참고하라.

164. G. Theißen, Argumente für einen kritischen Glauben, 1978, 38-39를 참조하라.

165. G. Theißen, Biblischer Glaube in evolutionärer Sicht, 1983을 참고하라. G. Hüter, Die Evolution der Liebe, 1999는 예수를 사랑의 진화과정 안에 집어넣고 있다.

166. B. Brüning, Philosophieren mit Kindern, LexRP 2 (2001), 1507-1509를 참조하라.

167. H. Sundén, Gott erfahren. Das Rollenangebot der Religionen, GTB 98, Gütersloh: Mohn 1975; N. G. Holm, Einführung in die Religionspsychologie, UTB 1592, München: Reinhardt 1990. 오래전 종교교사 시절, 나는 이중그림을 통해서 어떻게 동일한 것이 우리에게 한 번은 사물(세속적 지각과 비교 가능)로, 또 다음은 사람(종교적 지각과 비교 가능)으로 지각되는지를 설명하려고 시도한 바 있다. 그 과정에서 중요하게 여겼던 것은 인간의 '투사'(Projektionen)가 아니고, 객관적으로 존재한다고 '보였던' 지각 대상에서 나타난 역동적인 변형이었다.

168. J. Lähnemann, Evangelische Religionspädagogik in interreligiöser Perspektive, Göttingen: Vandenhoeck 1998이 제시하고 있는 개괄적인 설명을 참조하라.

169. 고전적인 '삼중 구조'는 1936년 옥스퍼드에서 행한 S. Radhakrishnan의 강의에서 비롯되었다. 이 내용은 A. Race, Christian and Religious Pluralism. Patterns in the Christian Theology of Religions, Maryknoll: Orbis Books 1983을 통해 널리 알려졌다.

170. 이와 관련된 문헌으로는 R. Bernhardt, Der Absolutheitsanspruch des Christentums. Von der Aufklärung bis zur Pluralistischen Religionstheologie, Gütersloh: Mohn 1990; Ders., (Hg.), Horizontüberschreitung. Pluralistisiche Theologie der Religionen, Gütersloh: Mohn 1991; Ders., Aufbruch zu einer pluralistischen Theologie der Religionen, ZTHK 91 (1994) 230-246을 참조하라.

171. J. Polkinghorne, Theologie und Naturwissenschaften, 168은 세 가지 고전적 입장 외에 '지속적인 대화' 입장을 소개한다. 이 입장의 중요 요소들은 다른 세 가지 입장

에서도 발견된다. 이 입장은 Th. Sundermeier, Evangelisation und die “Wahrheit der Religion”. in: R. Bernhardt (Hg.), Horizontuberschreitung, 175-190과 H. Kung, Dialogfähigkeit und Standfestigkeit. Über zwei komplementäre Tugenden, EvTh 49 (1989) 492-504에서도 강조되고 있다.

172. 그런 점에서 펠트켈러의 지적은 타당하다. A. Feldkeller, Theologie und Religion. eine wissenschaft in ihrem sinnzusammenhang, ThLZ.F 6, Leipzig: Ev. Verlagsanstalt 2002, 39-42.

173. 하나의 종교이론을 가지고 종교들 간의 대화를 이끌어 갈 수는 없다. 사상적 도구를 통해 다른 사람과 어떤 관계를 맺는 사람은 그 대화 너머에 있는 어떤 우월한 관점을 주장해서는 안 된다. 오히려 일반적인 범주의 도움을 받아 타종교들을 해석하고, 그로써 타종교를 좀 더 잘 이해하려고 노력해야 한다. 우리는 타종교에 대한 선부른 수용을 주의하기 위해서, (1) 우리 자신 또한 상대화할 수 있어야 한다. 즉 아주 포괄적인 관련성 안에 자신을 위치시키는 사람은, 외부인들이 자신을 얼마나 다르게 지각하는지에 민감해야 한다. 그리고 (2) 우리는 서로 충돌하는 법규와 구조를 가지고 그 법규와 구조가 최종적인 내용이 아님을 검증할 필요가 있다.

174. J. Lähnemann, Die Bibel - ein Buch interreligiösen Lernens? in: G. Lämmermann u.a. (Hg.), Bibeldidaktik in der Postmoderne, 1999, 281-293을 참조하라. Lähnemann은 (1) 성서 안의 종교 간 학습과 (2) - 축제와 관련성 안에서 - 성서를 통한 종교 간의 학습을 구별하고 있다.

175. K. J. Kuschel, Bibel und interreligiöser Dialog - Perspektiven einer Genesis-Theologie der Religionen, in: J. Lähnemann (Hg.), “Das Projekt Weltethos” in der Erziehung, Hamburg: EB-Verlag 1995, 120-129를 참조하라. 유대 보편주의에 대해서는 J. D. Levenson, The Universal Horizon of Biblical Particularism, in: H. G. Brett (Hg.), Ethnicity and the Bible, Biblical Interpretation Series 19, Leiden / New York / Köln 1996, 143-169를 참조하라: 이스라엘의 선택이 보편주의 안에 포함되었다. 즉 한편으로 이스라엘의 선택은, 그것이 하나님의 계명을 성취하고 세계에서 그의 존재를 증거하는 데 기여한다는 점에서 도구적이다. 다른 한편 하나님이 끝없는 사랑으로 다른 민족이 아닌 바로 이 민족을 선택했다는 점에서 이스라엘 선택은 그 자체로 하나의 가치이다.

176. 아주 엄격한 본문 중심의 해석도 요한복음의 배타적 요청이 양면성을 가지고 있다는 결론에 이르게 된다. 요한복음에서 그리스도는 만물 안에 존재하는 빛이자, 만물에 의미를 부여하는 말씀이다(요1:1-18). 그리스도는 세상의 떡이며 빛이다. 세상은 언제나 그리스도를 통해 그 생명을 지니게 되기 때문이다. 예수는 후임으로 성령을 보낸다. 성령은 진리로 인도한다. 그 진리는 예수께서 제자들에게 말씀하셨던 것을 넘어선다

(16:12-13). 이 성령은 자신이 원하는 곳으로 분다(3:8). 성령은 그리심과 예루살렘의 성소로부터 독립된 채, (새롭게) 하나님께로 향하는 통로를 연다: "하나님은 영이시다. 그러므로 하나님께 예배를 드리는 사람은 영과 진리로 예배를 드려야 한다" (4:24). 그러므로 예수는 '세상의 구주' (4:42)시다. 요한복음의 그리스도는 배타성을 요구하는데, '말씀' 으로서 그가 온 세계에 존재하는 하나님의 창조 능력이기 때문이고, '보혜사' 가 그리스도의 죽음 이후, 우주적인 구원 능력의 화신(化身)이기 때문이다. 따라서 배타성 이론의 역도 성립한다. 아무도 예수로 말미암지 않고는 아버지께로 올 자가 없다. 그렇다면 아버지께로 온 자는 누구나 이 포괄적인 그리스도를 통해 아버지께 온 것이다. 이사야는 자신의 소명 환상 중에 하나님을 보았다고 생각했지만, 실제로 그는 그리스도를 본 것이었다(요12:41). 따라서 다음과 같이 말할 수 있으리라. 요한복음의 본문 세계에서도 배타성 요구는 처음에 비춰진 것처럼 그렇게 '배타적' 이지 않다고 말이다.

177. 신약성서에 나타나는 평행 본문을 수집한 책으로는 K. Berger / C. Colpe (Hg.), Religionsgeschichtliches Textbuch zum Neuen Testament, NTD Textreihe 1, Göttingen: Vandenhoeck 1987. 초대 그리스도교와 고대 타종교들 간의 관련성을 교수법적 측면에서 탁월하게 묘사한 책으로는 D. Zeller, Christus unter den Göttern. Zum antiken Umfeld des Chrsitusglaubens, Stuttgart: Kath. Bibelwerk 1993을 추천한다. 최고의 교재로는 H.-J. Klauck, Die religiöse Umwelt des Urchristentums, 2 Bände, Stuttgart: Kohlhammer 1995/1996.

178. 그리스도교를 타종교와 전체 구조에서 뿐만 아니라 각각의 주제와 모티브 차원에서 비교한 아주 탁월한 저작으로는 H. M. Barth, Dogmatik. Evangelischer Glaube im Kontext der Weltreligionen. Ein Lehrbuch, Gütersloh: Kaiser 2001이 있다.

179. '일차 종교 경험과 이차 종교 경험' 에 대해서는 Th. Sundermeier, Was ist Religion?, 1999, 34-42를 참조하라.

180. 이하의 개관은 A. Feldtkeller, Theologie und Religion, 2002, 46-62의 입장을 따르고 있다.

181. (용어상이 아닌) 내용상으로 이러한 구분은 N. Söderblom에 기인하고 있다. Uppenbarelsereligion, Uppsala 1903에서 그는 개인들의 영이 신적 우주 안에서 다시금 승화되고자 노력하는 무한성의 신비(Mystik der Unendlichkeit)와 인간 관계의 모형을 따라 하나님과의 관계를 이해라는 '인격의 신비' (Mystik der Persönlichkeit)를 구분하였다. 전자가 융합을 추구한다면, 후자는 사랑을 추구한다. 이 '인격의 신비주의' 를 그는 예언자적이라고 명명했다. 반면 그는 기포드 강연에서 (금욕적 자기 구원을 강조하는) 신비적 훈련 종교를 예언자적 계시 종교와 구별하였다: N. Söderblom, Der lebendige Gott im Zeugnis der Religionsgeschichte.

Nachgelassene Gifford-Vorlesungen, hg. v. Ch. M. Schröder / R. Hartner / F. Heiler, Munchen: Reihhardt 1942 [2]1966. 참조: E. J. Sharpe, Nathan Söderblom (1866-1931), in A. Michaels (Hg.), Klassiker deer Religionswissenschaft. Von Friedrich Schleiermacher bis Mircea Eliade, München: Beck 1997, 157-169. 381-383; M. Stausberg, Art. Söderblom, Nathan (1866-1930), TRE 31 (2000) 423-427.

182. 참조: M. Dibelius, Paulus und die Mystik, in: Botschaft und Geschichte, Gesammtliche Aufsätze 2, Tübingen 1956, 134-159 = K. H. Rengstorf (Hg.), Das Paulusbild in der neueren deutschen Forschung, WdF 24, Darmstadt 1964, 447-474. 또한 A. Schweitzer, Die Mystik des Apostels Paulus, Tübingen: Mohr 1929, 1954.

183. 참조: W. Schneemelcher, Neutestamentliche Apokryphen, Tübingen: Mohr [5]1987, 93-113.

184. 성서에서 다뤄지고 있는 신비적 영성은 오늘날 더욱 중요하다. 이것은 드레버만의 심층심리학적 성서 해석을 통해 체득할 수 있는 것 이상이다 (참고: E. Drewermann, Tiefenpsychologie und Exegese, 2 Bde, Olten: Walter 1984/1985): 성서 말씀은 여기서 다시금 치유하는 말씀 그리고 치유를 중재하는 말씀으로 경험된다. 성서는 자기 자신과 하나님을 찾는 자아 드라마(Dramatik des Selbst)를 그려내고 있다. 심리학적 범주들은 옛 신비적 영성을 본문에 새롭게 적용한 현대적 언어일 뿐이다. 사람들은 이 해석에 상당한 비판을 가하고 싶어 한다. 그 해석이 '성서의 정신' 에 일치하는가? 실제 그것이 여기 기록되었고 인간의 마음을 변화시키는 성서의 근본 모티브란 말인가? 또는 우리는 여기서 겨우 현대의 자기발견 문화에 일치하는 인간의 모티브들 중 하나를 가지고 있다는 말인가? 새로운 영성은 상당히 '개인적' 이며 친밀하다. 자주 역사와 사회에 대한 책임 부족이 위협의 대상이 되지만, 그렇다고 그것이 특별히 사회적 책임과 관련될 수 있다고 섣불리 판단할 근거는 전혀 없다.

185. 참조: O. Hofius, Versprengte Herrenworte, in: W. Schneemelcher, Neutestamentlicher Apokryphen, 76-79, 특히 77쪽의 각주 7.

186. 이 구분은 T. Ling, Die Universalität der Religion, München: List 1971을 따른 것이다.

187. 이 구분은 G. Mensching, Volksreligion und Weltreligion, Leipzig: Hinrichs 1938; ders., Die Religion. Erscheinungsformen, Strukturtypen und Lebensgesetze, Goldmanns Gelbe Taschenbucher 882 / 883, München: Goldmann 1959, 65-77; ders., Soziologie der Religion, Bonn: Röhrscheid 1947, 25ff.의 연구에서 비롯되었다.

188. 힌두교는 수많은 종교들과 민족들을 포함하고 있다. 힌두교도들은 처음에 모슬렘과 영

국인에 대해 공통적인 분리를 선언함으로써 한 국가가 되었다. 이러한 한에서 힌두교 역시 민족 종교에 속한다고 하겠다. 나머지에 있어서 이스라엘 또한 포로기 이후 시대에 비로소 종교를 통해 한 민족을 이루어 계속 생존하게 되었다. 힌두교에 대해서는 H. v. Stietencron, Der Hinduismus, bsr 2158, München: Pipper 2001을 참조하라.

189. G. Mensching의 유형론은 그리 알려져 있지 않지만 내용상으로 E. P. Sanders, Paulus und das palästinische Judentum. Ein Vergleich zweier Religionsstrukturen, StUNT 17, Göttingen: Vandenhoeck 1985 (engl. 1977)의 유형론과 유사하다. Sanders의 유형론에서 중요한 것은 어떻게 인간이 한 종교에 입문하게 되는가, 그리고 어떻게 그 종교 안에 머물게 되는가 하는 것이다.

190. Th. Sundermeier, Was ist Religion? EvTh 53 (1993) 124-146.

191. G. Theißen, Jesus im Judentum. Drei Versuche einer Ortsbestimmung, Kirchen und Istrael 14 (1999) 93-109.

192. 슐라이어마허에 따르면 신약성서는 그리스도교 신앙을 위해 충분한 의를 갖고 있다. 반면 그리스도교 신앙을 위해 구약성서는 신학적인 의미보다는 단지 역사적 의미만을 제공한다. 왜냐하면 (1) 초대 그리스도인들이 구약성서를 설교에 이용했고, (2) 신약성서가 구약성서에 근거하고 있기 때문이다. 따라서 슐라이어마허는 구약성서 - 시편과 예언서에 무게를 두면서 - 를 신약성서의 부록 정도로 첨가시키려 했다. 참고: F. Schleiermacher, Der christliche Glaube nach den Grundsätzen der evangelischen Kirche im Zusammenhange dargestellt, 2 Bde, Berlin ^{2}1830/31 = M. Redeker (Hg.), Berlin: de Gruyter ^{7}1960, 299.304.

193. G. Theißen, Neutestamentliche Überlegungen zu einer jüdisch-christilichen Lektüre des Alten Testaments, in: Kirche und Israel 19 (1995) 115-136을 참조하라.

194. 여기서 모든 주석의 해석학적 원칙이 도출된다. 즉 모든 텍스트는 그 근본 원칙으로 말미암아 독자적 가치를 지니게 된다. 텍스트의 고유한 가치는 모든 사람이 고유한 가치를 지닌다는 사실, 아울러 한 사람의 진술은 결코 다른 사람의 진술을 이해하기 위한 도구로 볼 수 없다는 사실에 근거한다. 비록 신약성서 기자들이 구약성서를 자신들의 신앙적 관점을 통해서 수용했다지만, 우리는 우리가 갖고 있는 해석학적 확신에 근거해서 그것으로부터 벗어나야 할 것이다. 신약성서 또한 자주 구약성서의 독자적 가치를 전제하고 있다.

(1) 신약성서는 철저하게 역사적 예수에게 되돌아간다. 예수는 유대교에 속한 자이며 동시에 그리스도교의 근거이다. 예수는 두 개의 종교와 관련된다. 만일 사람들이 구약성서를 단지 신약성서를 이해하기 위한 전제로 연구한다면, (마치 불트만이 다다른 종착점처럼) 역사적 예수를 선포된 그리스도에 대한 신앙의 이해 조건으로만 여기게 될 것이다. 역사적 예수가 신학적으로 뿐만 아니라 역사적으로도 독자적 가

치를 가지고 있다면, 예수의 정신 세계의 기반으로서 구약성서의 독자적 가치를 인정해야 할 것이다.

(2) 로마서 4장 23절에서 바울은 아브라함의 신앙(창15:6참고)에 대해서 "'그가 의롭다는 인정을 받았다' 하는 말은, 아브라함만을 위하여 기록된 것이 아니라, 하나님께서 의롭다고 여겨주실 우리, 곧 우리 주 예수를 죽은 사람들 가운데서 살리신 분을 믿는 우리까지도 위한 것입니다"라고 말한다. 여기 분명히 나타나고 있는 사실은, 성서는 그리스도인에게 뿐만 아니라 아브라함에게도 고유한 가치를 부여하고 있다는 점이다. 마찬가지로 로마서 4장에 등장하는 아브라함은 구약의 한복판에서 완전히 의롭다 여겨진 신앙 사례이다. 그는 그리스도를 믿은 것이 아니라, 그리스도인처럼 죽음을 이기시는 하나님을 믿는 자이다. 오직 신약성서와의 관련성에 근거해서 구약성서의 가치를 평가하는 것은 결코 인정될 수 없는 자기모순이다.

195. R. Bultmann, Die Bedeutung des Alten Testaments für den Christlichen Glauben, in: ders., Glauben und Vestehen Bd. I, Tübingen: Mohr 1933, [5]1964, 313-336.

196. G. Theißen, Judentum und Christentum bei Paulus. Sozialgeschichtliche Überlegungen zu einem beginnenden Schisma, in: M. Hengel / U. Heckel (Hg.): Paulus. Missionar und Theologe und das antike Judentum, WUNT 58, Tübingen: Mohr 1991, 331-356.

197. J. Jeremias, Die Gleichnisse Jesu, Göttingen: Vandenhoeck [2]1952, 138. [『예수의 비유』, 허혁 역 (왜관: 분도출판사, [5]1991), 134. 본문과 관련된 랍비 문서의 유사점에 대해서는 같은 책, 133을 참조하라. 역주]

198. A. Merz는 G. Theißen / A. Merz, Der historische Jesus. Ein Lehrbuch, Göttingen: Vandenhoeck 1996 [3]2001, 306-307 [손성현 역, 『역사적 예수. 예수의 역사적 삶에 대한 총체적 연구』, (서울: 다산글방 2001), 492-494]에서 이 비유를 자세하게 다루고 있다.

199. 인용은 C. Hezser, Lohnmetaphorik, 303을 따름[이하의 랍비 문서 인용 부분의 번역은 G. Theißen / A. Merz,『역사적 예수』, 492-493의 번역을 따랐음. - 역주]

200. 인용은 C. Hezser, Lohnmetaphorik, 303-304을 따름. 본문 304-306쪽에서도 마찬가지로 본문 (Tan Ki Teze 2:330a와 MidrPss 9:3:41a)을 인용하고 있다.

201. 인용은 C. Hezser, Lohnmetaphorik, 308을 따름. 토라 학습과 토라적 태도와 관련하여 동일한 비유가 여러 번 반복해서 등장하고 있다(MidrPss 26:3:109a; MidrPss 105:13:227a). 위의 책, 307-309를 참조하라.

202. 메르츠에 따르면 예수는 여기서 자기 자신을 비유 속으로 옮겨놓는다. G. Theißen / A. Merz, 『역사적 예수』, 494쪽 각주 42를 참조하라. "랍비적 비유의 관점에서 보면

이 관리인의 존재는 수수께끼다. 이 이야기만 놓고 보았을 때, 품삯의 지급을 그 관리인에게 위탁할 필요가 없다. 왜냐하면 곧이어 전개되는 대화, 즉 투덜거리는 일꾼들과 주인의 대화에서 나타나듯이, 포도원 주인이 장면에서 사라져버리지 않았기 때문이다. …… 일꾼을 찾은 주인은 하나님이고 인간은 그분을 섬기는 존재이므로 관리인은 하나님의 명령을 받아 움직이는 심판자라 할 수 있다. 그러니까 마태의 틀 속에서는 인자를 가리키는 것이다. 비유에 등장하는 회계 관리인은 하위의 역할을 수행하고 단지 '하나님의 조수' 기능을 할 뿐이기 때문에, 예수가 관리인이라는 인물을 통해 자신의 사명을 상징적으로 표현했을 가능성도 전혀 배제할 수 없다."

203. G. Theißen / A. Merz, 『역사적 예수』, 496.

204. 이어지는 사상에 대해서는 H. Räisänen, Marcion, Muhammad and the Mahatma. Exegetical Perspectives on the Encounter of Cultures and Faiths, London: SCM 1997, 81-97; ders., Das koranishe Jesusbild. Ein Beitrag zur Theologie des Korans, Schriften der finnischen Gesellschaft für Missiologie und Ökumenik, 20 Helsinki: Finnische Gesellschaft für Missiologie und Ökumenik 1971을 참조하라.

205. H. M. Barth, Dogmatik, 243-248.296-304.

206. 제112장과 이슬람의 유일신론에 대해서는 H. Bobzin, Der Koran, bsr2109, München: Beck 1999 55-63을 참조하라. 제112장은 고대 아라비아의 다신론도 반대한다. 중요한 사실은 "알라 외에는 어떤 신도 존재하지 않는다"라고 번역하지 않고 있다는 것인데, 그 이유는 '알라'가 고유명사가 아니라 '신'을 의미하기 때문이다. 그리스도인이라면 "하나님 외에는 그 어떤 신성도 존재하지 않는다"는 말을 하게 될 것이다.

207. H. M. Barth, Dogmatik, 500-503. 554-557. 인간은 변덕스럽고 연약하며, 오직 사탄, 즉 이블리스만이 모든 사람들에게서 희망을 강탈한다. 39장 8절에서 대속의 사상은 거부된다. "짐을 진 자(영혼)에게 타인의 짐까지 지도록 하지 아니하시느니라".

208. 이것이 H. Räisänen, The Idea of Divine Hardening. Leading Astray and Inciting to Evil in the Bible and the Quran, Publications of the Finnish Exegetical Society 25, Helsinki [2]1976의 결론이다. ders., Marcion, Muhammad and the Mahatma, 98-117을 참조하라.

209. 간략한 요약으로는 H. M. Barth, Dogmatik, 394-396을 참조하라.

210. 여기서 확실한 강조점의 이동이 나타난다. "무함마드는 처음에 예수 탄생의 본질을 신적 **숨**을 거론하면서 해석했던 반면, 후에 그는 동일한 목적을 가지고 신적 '**말씀**이다!'라고 생각하였다. 중요한 것은 동일한 사실에 대한 두 개의 해석이 평행을 이루고 있다는 점이다." H. Räisänen, Das koranishe Jesusbild, 29.

211. 도마복음서 2장(in: W. Schneemelcher, Neutestamentliche Apokryphen [5]1987, 353)

의 소년 시절 설화를 참조하라.

212. 이 혼동 이론은 영지주의자 바실리데스가 처음 주장했다 (Irenäus adv.haer. I 24:2; "Der zweite Logos des großen Seth" NHC 55:18-19;55:34-35를 참조하라). 그러나 무함마드 역시 자신의 후대 가르침에서 그리스도의 죽음을 다루고 있음을 유념하는 것이 좋겠다. 율리아노스 할리카르나소스(Julianos von Halikarnassos, 기원전 6세기)의 가르침에 따르면, 그리스도는 죽었지만, 그의 육체는 상하지도 않았고 찢기지도 않았다. 예수를 따르는 무리들의 공식문구 "그는 고난 중에 상하지 않았고, 죽음 속에서 찢긴바 되지 않았다"는 "그가 죽지 않았다"는 오해를 불러일으켰던 것이다(H. Räisänen, Das koranishe Jesusbild, 70을 참조하라).

213. H. Räisänen, Das koranische Jesusbild, 65-76, 특히 73쪽을 참조하라. "예수는 분명 십자가에 달려 죽은 것이 아니라, 무함마드처럼 죽었음에 틀림없다. 예언자는 그리스도인들에 반대해서 처음 것을 강조했고, 유대인에 반대해서 나중 것을 강조한다." 예수의 죽음과 관련해서 꾸란의 다음 구절들을 참조하라: 아기예수가 요람에서 이르되, "또한 내가 태어날 때 네게 평화가 있게 하셨으며, 내가 죽는 날과 또다시 부활되는 날에도 평화가 내게 있게 하셨노라"(19:34). 여기서 예수의 부활은 죽은 자들의 전체 부활과 관련되고 있으며, 같은 장의 세례 요한에 대한 진술에서도 동일한 표현이 등장한다(19:16- "그가 태어나는 날과 죽는 날 그에게 평화를 주었으며, 그가 다시 부활[하는] 날에도 평화가 그에게 있을 것이니라"). 무함마드는 나중에 부활의 때를 '앞당겼다', 알라가 다음과 같이 말하기 때문이다. "오 예수여! 내가 너로 하여금 사망하게 하고 그리고 내게 오르게 할지니, 그리하여 믿지 아니하는 자의 죄를 너로부터 씻으리니, 그리고 부활의 날까지 믿지 아니하는 자 중에서 너를 따르는 자를 선택할 것이니라"(3:56). 이와 반대로 4장 156절을 예수가 결코 죽음을 보지 않고 바로 하나님께 들림받았다는 의미로 볼 수 있는가 하는 문제는, 본문의 진술만을 가지고서는 인정하기 어렵다.

214. Irenäus adv.haer. III 21:1; I 26:2;V 1:3; 참조: Justin Dial 48.

215. H. M. Barth, Dogmatik, 399-400과 그의 요약된 명제를 참조하라. "타종교에서 나타나는 나사렛 예수에 대한 존중은 그리스도론이 간과했던 측면을 재발견하여 통합시킬 것을 요청하고 있다(sic!). 즉 구약성서적-유대적 배경과 더불어 이슬람에서 강조하고 있는 예언자적 요소, 또 (신-)힌두교에서 분명하게 나타나고 있는 우주론적 관점, 그리고 불교가 강조하고 있는 독특한 관점들을 말하는 것이다(409).

216. 이슬람의 제한적 관용은 그리스도인들과 유대인들의 이슬람 개종을 허용한다는 의미이며, 반대로 모슬렘이 그리스도교나 유대교로 개종하는 것은 허용되지 않는다. 하나의 경전을 중심으로 하는 종교 신자들은 이슬람 국가 안에서 사는 것이 허용된다. 비록 2급 시민이긴 하지만 이슬람은 중세 시대에 타종교에 대한 관용 차원에서 그리스도교보다 더 너그러웠다고 여겨진다. 그리스도교의 관용은 종파 간 전쟁의 고통과 계

몽주의라는 잊혀질 수 없는 오랜 역사의 결과로 나타난 것이다.

217. 출처는 Buhari, Igara (Vermietung), Kap. 8~9장에서, 인용은 O. Spies, Die Arbeiter im Weinberg (Mt 2001-15) in islamischer Überlieferung, ZNW 66 (1975) 279-283(본문은 279)를 따랐다. 이 본문들은 C. Hezser, Lohnmetaphorik und Arbeitswelt in Mt 20:1-16, 311에서도 볼 수 있다.

218. 이 비유 외에도 레씽(Lessing)의 반지 비유를 언급할 수 있겠다. 모든 종교가 여기서 동일하게 취급되고 있지만, 우리는 포도원 품꾼들 비유에서 사용된 하나의 정신을 발견한다. 그것은 사람들이 무엇을 하는가, 사람들이 각자의 종교를 통해서 어떤 행동을 하도록 동기화되는가 하는 것이다.

219. Ch. Markschies, Die Gnosis, 2001.

220. H. Räisänen, Marcion, Muhammad and the Mahatma, 170-188.

221. O. Wolff, Mahatma und Christus. Eine Charakterstudie Mahatma Gandhis und des modernen Hinduismus, Berlin: Lettner-Verlag 1955, 135는 간디가 신약성서를 도구적으로 사용했다고 평가한다. "간디는 목적을 지향하는 정치가답게 신약성서와 산상수훈, 그리고 그리스도 자신을 활용한다. 그는 종교적으로 그것들과 대면하지 않는다. 그리스도는 간디에게 자신이 추구하는 저항의 동맹관계에 있을 뿐이다. 간디는 사상적으로 그리스도 논쟁의 협력자가 되기에는 너무 멀리 떨어져 있다."

222. G. Theißen, Gewaltverzicht und Feindesliebe (Mt 5:38-48/Lk 6:27-38) und deren sozialgeschichtlicher Hintergrund, in: Studien zur Soziologie des Urchristentums, Tübingen: Mohr 1979, 160-197.

223. M. Chatterjee, Gewaltfrei widerstehen. Gandhis religiöses Denken - Seine Bedeutung für unsere Zeit, Güterloh: Kaiser 1994 (engl. 1983), 48: "간디는 일반 힌두교도들과 마찬가지로 역사성에 전혀 중요성을 두지 않았다. 크리슈나 또는 라마가 실제로 생존했는가 하는 사실은 종교적 상상력에 아무 영향을 주지 못한다." 그녀는 54쪽에서 1925년 캘커타에 모인 선교사들에게 말한 간디의 전형적인 표현을 인용하고 있다. "나는 이 (역사적) 예수를 통해서 전혀 영적인 경험을 충족시킬 수 없습니다. 하지만 영원한 예수, 그러니까 예수와 더불어 내면에 거주하는 우주적 사랑의 종교를 언급하게 된다면, 나를 이렇게 말할 수 있을 것입니다. 예수는 마치 크리슈나 또는 라마가 살아 있는 방식 그대로 내 마음에 살아 있노라고 말입니다."

224. M. Bergunder, Gandhi und das Christentum. Neue Erkenntnisse zu einem alten Thema, Vortrag vor der Theol. Fakultät Heidelberg am 19.12.2001. 간디는 1888-1891년 런던에 체류하는 동안 신지학을 접하게 되었다. 신지학자들과의 만남은 그에게 큰 영향을 미쳤다. 신지학은 인도 지혜에 큰 관심을 가지고 있었는데, 이로 인해 간디는 자기 자신의 유산을 집중적으로 연구하게 되었다. D. Rothermund,

Mahatma Gandhi. Der Revolutionär der Gewaltlosigkeit. Eine politische Biographie, Munchen / Zürich: Piper 1989, 29-30.

225. 이것이 바로 H. Räisänen, Marcion, Muhammad and the Mahatma, 186-188이 제안하고 있는 해답이다. 저자는 마틴 루터 킹(Martin Luther King)이 산상수훈에 근거해서 간디를 더욱 적극적으로 수용했음을 지적하면서, "간디의 것와 마태의 것이 결합된 보편적 지혜가 (마틴 루터 킹의) 수정을 거치면서 인류의 미래에 긍정적으로 기여하게 된다" 고 말한다.

226. 이에 대한 기초적 연구로는 U. Luz / A. Michaels, Jesus oder Buddha. Leben und Lehre im Vergleich, bsr 1462, München: Beck 2002이 있다. 앞으로 이어지는 사고과정은 이 두 가지 주제를 포괄적으로 비교 연구하려는 것이 아니다. 이에 대해서는 위의 탁월한 책을 추천하고자 한다.

227. 나는 이 이야기를 G. Theißen, Synoptische Wundergeschichten im Lichte unseres Sprachverständnisses. Hermeneutische und didaktische Überlegungen, WPKG 65 (1976) 289-308에서 초대 그리스도교의 기적 사화와 비교하였다. 하지만 여기서는 단지 일면적으로 나타나는 상호 간의 대조에 집중했다.

228. Y. Watanabe, Selbstwertanalyse und christlicher Glaube, EvTh 40 (1980) 58-75를 참조하라.

229. 그리스도교 절대성에 대한 헤겔의 사상은 R. Bernhardt, Absolutheitsanspruch, 83-86을 참조하라.

230. U. Mann, Das Christentum als absolute Religion, Darmstadt: Wiss. Buchgesellschaft [2]1982, 13.18. 헤겔은 경험적 토대 위에서 그리스도교를 미래에 실현될 절대 종교로 나아가는 도상에 있다고 보았다. R. Bernhardt, Absolutheitsanspruch, 86을 참조하라.

231. 모슬렘의 몇 가지 관점에 대해서는 다음을 참조하라. A. Feldtkeller, Der Islam-aktuelle Gotteslehre und Christologie?, CIBEDO - Beiträge zum Gespräch zwischen Christen und Muslimen 11 (1997) 53-60: 우리는 현대 그리스도교 안에서 잠재된 이슬람(krypto-islamisch) 경향을 보게 되는데, 그것은 하나님 이미지, 예수 신앙, 그리고 인간상과 관련해서다. 이 세 가지는 모두 그리스도교와 유대교의 대화를 통해서 강화되었다. 만일 진리가 타종교와 결합하는 가운데 존재한다는 전제를 받아들인다면, 그리스도교 안에서도 동방의 신비주의 종교와 연결되는 부분을 특히 강조할 것이다. 그리고 그리스도교를 이슬람이나 유대교와 구분하는 삼위일체론의 요소들, 예컨대 성령이 재평가될 것이다.

232. E. Troeltsch, Die Absolutheit des Christentums und die Religionsgeschichte (1902), GTB 138, Güterlsoh: Mohn [2]1985, 84-91. 트뢸치 사상의 분석으로는 R.

Bernhardt, Absolutheitsanspruch, 128-149를 참조하라.

233. M. v. Brück, Art. Hinduismus, EKL 2 (1989) 523-530, 특히 528.

234. W. Pannenberg, Erwägungen zu einer Theologie der Religionsgeschichte, in: ders., Grundfragen der systematischen Theologie, Bd. 1, Göttingen: Vandenhoeck [3]1979, 252-259. 상당한 입장 차이를 가지고 판넨베르크의 내용을 자세하게 분석한 것으로는 R. Bernhardt, Absolutheitsanspruch, 89-94를 참조하라.

235. 이런 관점에서 볼 때, 세계 윤리 프로젝트는 옳은 길을 가고 있다고 하겠다. H. Küng,, Das Projekt Weltethos, München: Piper 1990; H. Küng / K.-J. Kuschel (Hg.), Die Erklarung zum Weltethos. Die Deklaration des Parlaments der Weltreligionen, München: Piper 1993을 참조하라.

236. F. Nietzsche, Der Antichrist §7, in: ders., Werke, hg. v. G. Colli / M. Montinari, Berlin: de Gruyter 1969: "연민은 그 완전한 위대함 안에서 발전의 율법, 선택의 율법을 못 박는다. 연민은 소멸을 준비하는 원숙함을 품고 있다."

237. 이슬람과 관련해서는 A. Feldtkeller, Der Islam - aktuelle Gotteslehre und Christologie?, 58을 참조하라. "만일 누군가 이슬람 종교의 근저에 있는 근본 원리를 타이센이 그리스도교의 근본 원리를 기술했던 것과 비슷한 방식으로 기술하려고 한다면, 그는 아마도 그리스도교적 근본 모티브의 일부와 매우 유사한 목록을 갖게 될 것이다. 기술 형태는 다르게 선택되어야 하겠지만, 핵심 사상은 여전히 일치하는 목소리를 내게 될 것이다." 펠트켈러가 옳게 강조하고 있듯이, 그리스도교를 이슬람으로부터 구별하는 것은 그리스도와 그의 성육신, 그리고 십자가와 부활에 대한 신앙, 즉 제2근본 원칙인 구원자 신앙이다!

238. E. Käsemann, Begrundet der neutestamentliche Kanon die Einheit der Kirche? in: ders., Exegetische Versuche und Besinnungen Bd. I, Göttingen: Vandenhoeck [6]1970, 214-223.

239. 사람들이 종교를 궁극적 실재와 관련시킨다 하더라도, 모든 신성을 상대화시키는 원시 불교에겐 아무 문제가 되지 않는다. 열반이 일종의 궁극적 실재이기 때문이다.

240. 영에 대한 신뢰는 프로테스탄트주의 개념 형성에 큰 영향을 미쳤다. 영에 대한 신뢰는 종교개혁의 좌파, 소위 '광신자' (Schwärmer)들에 의해 강력하게 주장되었다가 계몽주의, 즉 신프로테스탄트주의 시기에 이르러 전체 프로테스탄트주의를 규정하기에 이른다. 반면 종교개혁 우파는 프로테스탄트주의를 (객관적인) 하나님의 말씀으로 명명해야 했다. 말씀은 그들에게 율법과 복음으로 말을 걸어오기 때문이다.

241. P. Tillich, Der Protestantismus als kritisches und gestaltendes Prinzip (1929), in: ders., Gesammelte Werke Bd. VII, Stuttgart: Ev. Verlagswerk 1959-1975, 29-53.

242. F. D. E. Schleiermacher, Glaubenslehre, 137, §24.

243. W. Joest, Fundamentaltheologie, Stuttgart: Kohlhammer 1981, 148-174, 특히 153쪽 이하를 참조하라.

244. R. Bultmann 사상의 토대가 되는 논문, Neues Testament und Mythologie, in: ders., Offenbarung und Heilsgeschehen, BEvTh 7, München: Kaiser 1941, 27-69 [=E. Jüngel (Hg.), Neues Testament und Mythologie, BEvTh 96, München: Kaiser [3]1988]은 이 2차대전 중에 발표되었으나 전후 시대에 가서야 그 영향력을 미치게 되었다. 오늘날 논의되고 있는 변화된 상황에 대해서는 K. Berger, Hermeneutik des Neuen Testaments, Gütersloh: Mohn 1988, 366-390을 참조하라. 그는 '신화와 재신화화' (Mythos und Remythologisierung)란 제목 아래서 비신화화가 사라져야 한다는 입장에서 비신화화 문제를 다루고 있다.

245. 해석학 작업의 무게 중심이 '신앙과 이해' (참조: R. Bultmann, Glauben und Verstehen, Bd. 1-4, Tübingen: Moh 1933-1975)에서 '신앙과 태도' 로 옮겨졌다.

246. 각각의 대표적인 책 제목만 나열하도록 하겠다. 유대교-그리스도교의 대화로서는 P.v.d. Osten-Sacken, Grundzüge einer Theologie im christlich-jüdischen Gespräch, München: Kaiser 1982; 가난의 신학으로는 L. Schottroff / W. Stegemann, Jesus von Nazaret - Hoffnung der Armen, UB 639, Stuttgart: Kohlhammer 1978; 페미니즘적 성서 해석으로는 E. Schussler-Fiorenza, Zu ihrem Gedächtnis. Eine feministisch-theologische Rekonstruktion der christlichen Ursprunge (engl. 1983), Mainz: Grünewald / München: Kaiser 1988.

247. 고대 교회의 해석에 대해서는 U. Luz, Evangelium nach Matthäus I/3, 155이하를 참조하라.

248. 종교개혁 이후의 성서 해석에 대해서는 U. Luz, Evangelium nach Matthäus I/3, 142-145를 참조하라.

249. U. Luz, Evangelium nach Matthäus I/3, 151.

250. 아울러 성서의 기호 세계가 서구적 '스토리' 안에 존재한다는 이해와 관련하여 나는 D. Ritschl / H. O. Jones, "Story" als Rohmaterial, 1976의 덕을 입었다.

251. 신학적 해석학 안에서 프랑크푸르트 학파의 담론철학 수용에 관해서는 W. Joest, Fundamentaltheologie, 1981, 183/184를 참조하라.

〈6장〉

252. 일반 학습이론 및 동기이론에 대한 기초를 제시하는 문헌으로는 Ph. G. Zimbardo, Psychologie. Deutsche Bearbeitung von S. Hoppe-Graff, B. Keller, I. Engel, Berlin / Heidelberg: Springer [6]1995, 263-309; 학습 동기화에 대한 문헌으로는 P. R. Pintrich / D. H. Schunk, Motivation in Education. Theory, Research, and

Application, Englewood Cliffs / Columbus: Prentice Hall 1996; H. Schiefele, Lernmotivation und Motivlernen, Munchen: Ehrenwirth 1974; F. E. Weinert, C. F. Graumann u.a., Funkkolleg. Pädagogische Psychologie 1/2, Frankfurt: Fischer 1974, 133-209. 577-601; 수업 지도를 위한 간략한 서술로는 Pädagogische Psychologie Bd. II: Entwicklung und Motivation, und Bd. IV: Sozial- und motivationspsychologische Aspekte der Schule, Weinheim: Belz 1976; 주요 문제 상황에 대한 소개는 H. Skowronek, Lernen und Lernfähigkeit, München: Juventa 1969, 102-131; 종교 수업과 관련해서 중요한 기초 문헌으로는 H. K. Berg, Lernziel: Schülerinteresse. Zur Praxis der Motivation im Religionsunterricht, RPP 20, Calw: Calwer Verlag / München: Kösel 1977을 참조하라.

253. 동기화된 태도는 습관화된 태도나 반사 작용과 다르다. 물론 그 경계선을 늘 뚜렷하게 그을 수 있는 것은 아니지만, 자동적으로 유발되는 태도는 동기화될 필요가 없다.

254. 동기화 개념은 '목표를 추구해 나가는 과정에서 나타나는 특정 행위의 선호도, 반응에 대한 집중력, 그리고 행위의 지속성을 설명하기 위한' 것이다. (Ph. G. Zimbardo, Psychologie, 455).

255. 심리적 욕구(Antriebe)로서 '동기'는 주로 학습이 된다는 점에서 생물학적 욕구(Triebe/drive)와 구별된다(Ph. G. Zimbardo, Psychologie, 407). 동기(Motive)는 상당히 일반화된 태도 성향을 말하는 것이다. 예컨대 성취 동기, 폭력 동기, 권력 동기, 구호 동기, 그리고 친애(親愛) 동기 등이 있다.

256. H. Heckhausen, Förderung der Lernmotivierung und der intellektuellen Tüchtigkeit, in: H. Roth (Hg.), Begabung und Lernen, Stuttgart: Klett [5]1970, 193-228, 특히 194: 동기화는 "한 개인의 순간적인 준비도로서, 기대되는 목표 상황에 도달하기 위해 그의 감각, 인지, 행동 기능을 유도하고 조정 예측한다. 학습 동기부여는 (다른 모든 동기부여와 마찬가지로) 항상 상대적으로 지속적인 개인 성향(Persönlichkeit)과 순간적인 상황 간의 상호작용을 통해 이루어진 결과다."

257. Funkkolleg 1, 167-168.

258. '상황 요소'란 학생의 성향과 관련 없는 모든 외적 소여물을 말한다. 예컨대 학습 목표, 주제, 방법, 매체, 공간, 수업 일정 등이 그것이다. 교사는 부분적으로만 영향을 미칠 수 있을 뿐이지, 날씨나 학교 건물의 건축 구조에 영향을 미칠 수는 없다.

259. 이것은 장기적이고 구조적인 수업 구조에 간접적으로 미치는 영향을 배제하는 것이 아니다. 교사는 학교에 더 나은 교수 매체를 도입하거나, 전국 교과위원회에 새로운 교육 과정을 제안할 수도, 또는 정당에 새 교육 정책을 입안할 수 있다.

260. A. Gehlen, Der Mensch, Frankfurt: Athenaum [7]1962, 20.

261. 고전적 조건화에 대해서는 Ph. G. Zimbardo, Psychologie, 266-274를 참조하라.

262. R. Oerter, Moderne Entwicklungspsychologie, Donauwörth: Auer [3]1968, 79-80.

263. 여기서 자극이 자연적 자극이든, 조건화된 자극이든, 또는 해석된 자극이든 상관없다. 익숙해진 자극과의 미묘한 차이, 즉 정상적인 상태에서 벗어난 모든 것이 동기를 유발할 수 있다. 단 고통이나 공포를 불러일으키는 자극은 그렇게 효과적이지 못하다. 동기부여자는 단순 자극과 마찬가지로 지나친 충격 자극(Reizdiskrepanz)을 피해야 한다.

264. B. Grom, Religionspsychologie, Munchen: Kösel / Göttingen: Vandenhoeck 1992, 239-241.

265. 동기화에 대한 욕구이론에 대해서 Ph. G. Zimbardo, Psychologie, 410-416를 참조하라. 욕구 동기이론과 인지적 동기이론의 차이에 대해서는 바로 R. Oerter, Moderne Entwicklungspsychologie, 61이하를 참조하라.

266. 굶주린 쥐를 관찰한 결과, 욕구를 감소시키는 '보상' (Belohnung)은 강화 기능을 한다는 것이 드러났다. 보상은 강화 태도가 출현할 가능성을 높여준다. 동기를 유발하는 일차 강화물(예를 들어 먹이)은 이차 강화물과 결합함으로써 그 동기유발의 힘을 이차 강화물로 이동시킬 수 있다. 예컨대 침팬지가 돈을 대가로 먹이를 얻을 수 있는 상황이라면, 돈을 이용해서 침팬지가 특정 행위를 하도록 동기유발할 수 있다. 인간 태도의 문제 - 특별히 돈과 관련해서 - 를 되돌아볼 때 분명해지는 것은, 인간은 단순히 돈으로 음식물을 얻으려고 하기보다는 가능한 모든 것을 얻고자 한다는 점이다. 문제는 어떻게 그와 같이 다양한 인간 행동이 발생하는가 하는 점이다.

267. 매슬로우(A. Maslow)의 욕구 계층 이론을 참조하라. 매슬로우는 결핍동기(욕구)와 성장동기(욕구)를 구분하였는데, 왜 인간이 이 구분을 통해 긴장을 증가시키는 상황을 추구하는지, 그리고 어째서 그것이 생리적 욕구로부터 해서 안전의 욕구, 소속의 욕구, 그리고 자기 존중(자존감)의 욕구를 거쳐 자기 실현과 초월의 욕구에까지 이르는 계층 구조가 존재하는가를 설명하였다. 일반적으로 저차원의 욕구가 충족된 후에 고차원의 욕구가 발동한다(Ph. G. Zimbardo, Psychologie, 425이하). 우리는 수업에서 직접 일차 욕구인 생리학적 욕구와 접촉할 수 있는 기회가 거의 없다. 아주 드물게 사탕 같은 보상이 아주 어린 학생들을 대상으로 있게 되지만 말이다. 따라서 우리가 시도하려는 것은 고차원의 욕구를 활성화시키는 것이다.

268. G. W. Allport, Entstehung und Umgestaltung der Motive, in: H. Thomae (Hg.), Die Motivation menschlichen Handelns, Köln: Kiepenheuer & Witsch 1965, 488-497.

269. G. W. Allport, The Individual and his Religion, New York: Macmillan 1960. B. Grom, Religionspsychologie, 109-111의 강연을 참조하라.

270. H. Schiefele, Lernmotivation, 76; R. Oerter, Entwicklungspsychologie, 68-69.

271. 여기에 몇 마디 덧붙이고자 한다. 비록 종교 교육 시간이 아니더라도 교사가 학생들을

영적 대상으로 이끌려고 한다면, 그 교사의 행동은 '종교적' 이라고 받아들일 수 있다. 그 교사는, 지금의 삶을 긍정하고 창조 세계 가운데 충만한 가치를 지각하도록 돕고 있기 때문이다. 신앙이 생명으로 인도하는 동기가 될 경우, 삶의 여정에서 뿐만 아니라 일순간의 체험에서 일어나는 모든 동기화 과정 속에는 분명한 종교적 의미가 담겨 있다고 말할 수 있다. 그렇다고 그러한 해석을 모든 교사들에게 추천하거나 강요하려는 것은 아니다.

272. 동화와 조절의 구분은 피아제(J. Piaget)에 근거하고 있다. L. Montada, Die Lernpsychologie Jean Piagets, Stuttgart: Klett 1970, 36이하를 참조하라.

273. 이 둘은 학습자의 발달 측면에서 확연하게 구분된다. 이미 학습된 것을 '단지' '적용하는' 것이 동화 행위라면, 새로운 인식의 범주를 생성하는 것이 조절에 해당한다.

274. Ph. G. Zimbardo, Psychologie, 439.

275. 이와 반대로 G. Portele, Lernen und Motivation, Weinheim: Belz 1975는 외적 동기를 강하게 비판한다. 그는 강화를 통한 학습을 소외된 학습이라고 부르면서, 마르크스적 인본주의의 정서를 가지고 '소외' 를 강력하게 거부한다.

276. G. E. Lessing, Die Erziehung des Menschengeschlechtes, in: K. Wolfel (Hg.), Lessings Werke, Frankfurt: Insel 1967, 544-563.

277. 이 성취 동기의 이해를 위해서는 귀인이론(Attributionstheorie)을 참조하라. Ph. G. Zimbardo, Psychologie, 436-440.

278. F. E. Weinert u.a., Funkkolleg. Pädagogische Psychologie, 586.

279. 동기화 문제에 대한 기독교교육의 교수학 관련 문헌은 실제로 거의 없는 상황이다. Motivation. Anfangsphase im Konfirmandenunterricht (ku-praxis 5), Gutersloh 1975; H. K. Berg, Lernzeil: Schülerinteresse, 1977을 참조하라.

280. 해석학에 대해서는 H.-G. Gadamer, Wahrheit und Methode, Tübingen: Mohr [2]1965, und R. Bultmann, Das Problem der Hermeneutik, in: Glauben und Verstehen II, Tübingen: Mohr 1952, 211-235을 참조하라.

281. 여기서 해석학에 대한 이데올로기 비판적 접근이 고려되어야 한다. J. Habermas, Der Universalitätsanspruch der Hermeneutik, in: Hermeneutik und Ideologiekritik, Frankfurt: Suhrkamp 1971, 120-159 및 이 저서 안에 포함되어 있는 기타 논문들을 참조하라.

282. 이 개념에 대해서는 P. L. Berger, Auf den Spuren der Engel, Frankfurt: Fischer 1972, 19이하를 참조하라.

283. G. Mietzel, Pädagogische Psychologie, 293은 N. R. F. Maider(1949)의 테제를 다음과 같이 재론하고 있다: "해결이 불가능한 문제들, 그래서 실망을 안겨주는 주제들과 지속적으로 씨름함으로써, 그러한 문제 해결을 위해 절실하게 요청되는 유연성이

제한받고 있다. 해결책을 찾고자 무모하게 반복적으로 시도만 했을 뿐 아무 성과도 이끌어 내지 못한 지금까지의 결과들이 그 사실을 말해주고 있다."

284. Gerd Theißen, Der Ambivalenzkonflikt mit Gott dem Vater. Über die therapeutische Funktion religiöser Symbolik bei Paulus, in: M. Josuttis / H. Schmidt / S. Scholpp (Hg.), Auf dem Weg zu einer seelsorglichen Kirche. Theologische Bausetine. Göttingen: Vandenhoeck 2000, 223-244을 참조하라.

285. H. Heckhausen, Studienbegleitbriefe IV, 92.

286. 예외적으로 상당히 성과에 집착하는 학생을 지적할 수 있다. 이 학생은 목표 달성 또는 실패 이유를 자신의 능력과 집중력의 탓으로 돌린다.

287. H. Heckhausen, Studienbegleitbriefe IV, 94.

288. G. W. Allport, Entstehung, 494.

289. R. Kabisch, Über die Lehrbarkeit von Religion, ZThK 12 (1902) 316-318. K. Wegenast (Hg.), Religionspädagogik, Bd. 1, 1981, 19-25에는 그중 핵심 내용을 발췌해놓았다.

290. 접촉점의 신학적 문제에 대해서는 R. Bultmann, Anknüpfung und Widerspruch, in: Glauben und Verstehen 2, Tübingen: Mohr 1937, 117-132를 참조하라.

291. 신앙(종교)개념에 대해서는 H. Schrödter, Die Religion der Religionspädagogik, Zürich: Benzinger 1975를 참조하라. 그의 신앙(종교)개념은 본인이 기피하고 있는 신앙 개념과 마찬가지로 상당히 일방적이라고 여겨진다. F. Wagner, Was ist Religion? Studien zu ihrem Begriff und Thema in Geschichte und Gegenwart, Gütersloh: Mohn 1986과 비교하라.

292. H. A. Zwergel, Religiöse Erziehung und Entwicklung der Persönlichkeit, Zürich: Benzinger 1976, 48(E. Erikson을 따르고 있다). 학생의 정체성에 대한 집중적인 연구로는 H. Reiser, Identität und religiöse Einstellung, Hamburg: Furche 1972를 참조하라.

293. '의미 개념' 은 기호학적 의미 개념(기호와 대상과의 관계 속에서), 목적론적 의미 개념(목적과 수단의 관계 속에서), 동기부여적 의미 개념(동기와 충족의 관련 속에서) 등 다양하게 사용되고 있다. 동기부여적 의미 개념에 대해서는 H. Thomas, Das Individuum und seine Welt, Göttingen: Hogrefe 1968, 583이하를 참조하라.

294. 빅터 프랭클(V. Frankl)에게는 이것이 삶의 코페르니쿠스적 전환(전향)을 이룬다. R. Nurmela, Die innere Freiheit. Das jüdische Element bei Viktor E. Frankl, Europäische Studien zur Ideen- und Wissenschaftsgeschichte 9, Frankfurt: Lang 2001, 51은 다음과 같이 요약하고 있다. "도대체 삶의 의미가 무엇인가? 이 질문에 대해 프랭클은 완벽한 대답의 척도를 제시하고 있지는 않지만, 어느 정도 신빙성

있는 대답을 예시해 주고 있다. 프랭클에 따르면, 만일 삶의 의미에 대한 질문이 막연한 '그' (das) 삶을 의미하고, 구체적인 '내 실존' (je meine Existenz)을 지시하지 않는다면, 그 질문은 잘못된 것이다. 이 실존으로 '코페르니쿠스적 전환' 이 일어나야만 한다. 즉 인간이 삶에 대해 질문을 제기해야 하는 것이 아니라, 거꾸로 인간이 삶에게 질문을 들어야 하는 것이다. 중요한 것은 우리가 삶에 기대하는 것이 무엇인가 하는 것이 아니라, 삶이 우리에게 기대하는 것이 무엇인가 하는 것이다."

295. E. Cardenal, Lateinamerikanische Psalmen, 101981, 105-140에서 우리는 자연과학적 지식이 하나님을 찬양하는 아름다운 시편을 찾을 수 있다.

296. 지금까지의 종교 교육에 대한 경험적 고찰 결과를 잘 조망하고 있는 책으로는 A. A. Bucher, Religionsunterricht: Besser als sein Ruf? Empirische Einblicke in ein umstrittenes Fach, Salzburger Theologische Studien 3, Innsbruck / Wien: Tyrolia 1996, 18-32을 참고하라.

297. R. Oerter, Die Entwicklung von Werthaltung während der Reifezeit, München: Reinhardt 1966, 53을 참조하라.

298. R. Oerter, Die Entwicklung, 231. 사춘기 청소년들이 소위 '종교적 성인' 됨을 거부하고 있다는 연구에 대해서는 P. Ausubel, Das Jugendalter, München: Juventa 1968, 268을 참조하라.

299. N. Havers, Religionsunterricht, Analyse eines unbeliebten Fachs. Eine empirische Untersuchung, München: Kösel 1972, 139-140.

300. R. Oerter, Psychologie des Denkens, Donauwörth: Auer 1971, 402-403.

301. A. A. Bucher, Religionsunterricht: Besser als sein Ruf?을 참조하라.

302. N. Havers, Religionsunterricht, 118.

〈7장〉

303. R. Maskus, Motivation in Erziehung und Unterricht, Neuburgweiler: Schindele 1972, 51이하. 동기화를 수업 과정의 특정 단계로 제한하는 것은 동기부여라는 특정 단계를 제시했던 로트(H. Roth)의 생각에 기인한다. A. Vogel, Artikulation des Unterrichts, Ravensburg: Maier 1973, 18; W. Klafki u.a., Funkkolleg. Erziehungswissenschaft 2, Frankfurt: Fischer 1970, 143.

304. E. Bloch, Tübinger Einleitung in die Philosophie, Frankfurt 1963, 7.

305. F. E. Weinert u.a., Funkkolleg. Pädagogische Psychologie 1, 107ff.

306. Ph. G. Zimbardo, Psychologie, 263-309.

307. N. M. Seel, Psychologie des Lernens, UTB 8198, München / Basel: Reinhardt 2000은 복잡한 학습 형태를 자세하게 설명해 주고 있다.

308. F. E. Weinert u.a., Funkkolleg. Pädagogische Psychologie 1, 125.

309. R. Oerter, Psychologie des Denkens, 483는 문제동기유발에 대해서 몇 마디 지적하고 있다. "동기부여는 사고(思考)에 결정적인 영향을 미치기 때문에 '본질적' 이고 '내재적' 인 것이다. 인지 구조에 불균형이 생기는 경우, 이것이 동기를 자극한다. 좀 더 구체적으로 말하자면, 이 불균형은 불확실한 정보를 추론해 나가는 인지적 갈등으로 이해하면 된다."

310. Ph. G. Zimbardo, Psychologie, 376.

311. 학습에 대한 인지적 영향력에 대해서는 Ph. G. Zimbardo, Psychologie, 292.

312. 동기부여 차원에서 긴장 해소와 농담의 필요성에 대해서는 R. Oerter, Psychologie des Denkens, 483.

313. 능숙한 심리치료사들은 '환경 설정' (공간 구성, 복장, 신청 방법 등)에 신중하게 임한다. 비록 그것이 현실적으로는 부차적인 문제라 할지라도, 교사나 강사도 환경 설정에 진지하게 임해야 한다.

314. 키일의 논문과 슈뢰어의 짧은 글을 참조하라. O. Keel, Bibel und Ikonographie, BiKi 40 (1985) 1443-147; S. Schroer, Art. Ikonographie, NBL 2 (1995), 219-226.

315. Ph. G. Zimbardo, Psychologie, 288-289.

316. 인과 귀속에는 여러 가능성이 존재한다. 결과의 원인은 학생들에게서(내적 귀속), 또는 외부적 요소(외적 귀속)에서 찾을 수 있다. 두 가지 경우 모두 상대적으로 안정적일 수도 불안정적일 수도 있다. 따라서 인과귀속의 네 가지 가능성은 다음과 같다(비교: Ph. G. Zimbardo, Psychologie, 438-439).

	내적	외적
안정적	능력	과제 난이도
불안정적	노력	운(행운 또는 불운)

학습 목표를 거스르는 행동이 안정적인 내적 요소에서 비롯된 경우(예: 과잉활동 장애)는 아주 드물다. 대부분의 경우 불안정한 내적 요소가 원인이 된다. 따라서 수업에 방해되는 행위를 꾸짖는 것은 전체적으로 볼 때 타당하다, 단, 꾸짖는 행위가 불안정적 요소에서 비롯되었다는 것을 학생이 분명히 인지할 수 있어야 한다. 반대로 수업에 방해되는 행위가 개선될 수 없는 학생의 요인에서 비롯된 것이라면, 그것에 대한 꾸짖음은 오히려 역효과를 가져올 것이다. 그 꾸짖음은 계속되는 악순환을 낳는다. 학생 X는 수업에 방해되는 행위를 하기 때문에 훼방꾼으로 불리게 되고, 그는 이미 훼방꾼으로 낙인찍힌 상태이기 때문에 끝까지 수업에 방해를 주게 될 것이다. 지나치게 활동적인 어린이의 경우, 치료 차원에서 적절한 간섭 전략을 고려해야 한다. 결코 "칭찬이 체벌

보다 낫다"란 식의 단순화된 공식은 금물이다. 이런 공식은 교사의 일상 경험에 부합하지도 않고, 동기심리학 측면에서도 받아들여지지 않는다.

317. Ph. G. Zimbardo, Psychologie, 295. 모델이 충분한 영향을 미치려면, 모델은 강력하게 그리고 긍정적으로 지각되어야 하고, 관찰자와 모델 사이에 유사성이 존재해야 한다. 또한 모델을 향한 관찰자의 집중도가 높아야 하고, 모델의 태도가 가시적이면서 특별해야 하며, 그것을 모방할 만한 관찰자의 능력이 있어야 한다. 한편 모방과 관련된 한계에 대해서는 다음 각주를 참조하라.

318. 반두라(Bandura)의 획기적인 실험을 R. Oerter, Entwicklungspsychologie 90-91가 잘 설명하고 있다. 어린이들에게 영상을 하나 보여주었는데, 영상에서는 어른 록키와 조니가 올가미와 칼, 막대기같이 폭력적인 장난감을 가지고 놀고 있다. 한 실험 집단의 어린이들에게 록키가 조니의 장난감을 빼앗은 후 노래를 부르며 밖으로 나가는 장면을 보여줬다. 영상에는 "록키가 승리했다"라는 자막이 등장한다. 다른 실험 집단의 어린이들에게는 장난감을 빼앗으려는 록키를 조니가 물리치고 결국에 록키는 구석에 울면서 앉아 있는 모습을 보여줬다. 영상에는 "록키가 벌 받았다"란 자막이 등장한다. 세 번째 실험 집단(통제 집단)에게는 두 친구가 서로 다툼없이 장난감을 가지고 노는 영상을 보여줬다. 그후 어린이들로 하여금 이 영화 장면에 나타났던 장난감을 가지고 놀게 하였을 때, 어린이들은 대부분 공격적이었고 성과를 얻은 모델을 모방하였다. 등장인물 중 어린이들이 되고 싶은 사람은 누구냐고 물었을 때, 어린이들이 가장 선호하는 모델은 폭력을 통해 상을 차지한 록키였다. 사실 록키는 무척 몰인정한 사람이었다. 하지만 록키는 세 번째 실험 집단의 어린이들로부터는 단 한 명의 지지도 얻지 못했다.

모델의 선택	보상 모델에 의한 실험 집단	체벌 모델에 의한 실험 집단	중간적 모델에 의한 통제 집단
록키	60	20	0
조니	5	20	30
결정하지 못함	35	60	70

319. H. J. Schultz, Sie werden lachen - die Bibel, Stuttgart / Berlin Kreuz-Verlag 1975; J. Kuhn (Hg.), Manchmal setzt der Himmel Zeichen. Die Bibel in meinem Leben, Stuttgart Kreuz-Verlag 1989에 수록된 성서 읽기와 관련된 증언들을 참조하라.

320. G. Theißen, Der Schatten des Galiläers, Gütersloh: Kaiser 1986 [15]2001(차봉희 역, 『갈릴래아 사람의 그림자: 이야기 형식을 빈 역사적 예수 연구』, 서울: 한국신학연구소,

1988).

321. 비교 방법이 동기화 차원에서 중요하다는 것은 이미 A. Aebli, Psychologische Didaktik, Stuttgart: Klett [5]1973, 105가 강조하였다. "학생들에게 대상을 각각 하나씩 보여주는 대신에, 첫 번째 것과 대조를 이루는 두 번째 것을 동시에 보여주어라. 예컨대 우리가 루터에 대해서 서술하려고 한다면, 칼뱅의 모습과 대조되는 루터의 모습을 소개할 수 있다. 두 사람의 외모에서 나타나는 대조, 즉 한 사람은 극히 농가적이고 열정적인 반면, 다른 사람은 날카롭고 이지적이고 인내하는 듯한 모습은 학생들의 놀라운 주의력을 불러일으킨다. …… 그 결과 학급을 역동적인 대화 학습에 참여시킬 수 있고, 훨씬 뛰어난 과제수행으로 인도하게 된다."

322. 이와 관련된 본문과 평가에 대해서는 G. Theißen / A. Merz, 『역사적 예수』, 279-281. 293이하를 참조하라.

323. 에세네파까지 포함해서 다섯 가지 비교항목에 대해 자세하게 정리해놓은 도표로는 Gerd Theißen / Annette Merz, 『역사적 예수』 341을 참고하라.

324. 만일 이 방법(과제)들의 기초를 근거짓고자 한다면, 이 과제들의 유래는 언어학적 '삭제 검사, 변형 검사 그리고 치환 검사' 에서 찾을 수 있을 것이다.

325. G. Theißen, Synoptische Wundergeschichten im Lichte unseres Sprachverständnisses. Hermeneutische und didaktische Überlegung, WPKG 65 (1976) 289-308을 참조하라.

326. H. Heckhausen, Studienbegleitbriefe I, 155: "동일한 동기유발가치는 출현 가능성이 감소함으로 인해 그 무게감을 상실한다" 를 참조하라. 공식을 통해 표현한다면, "동기 강도 = 동기유발가치 × 출현 가능성" 이다. 동기유발가치란 기대되는 결과와 성과를 의미한다.

327. H. Heckhausen in: F. E. Weinert u.a., Funkkolleg Pädagogische Psychologie, 585.

328. 헤크하우젠에 따르면 여기에 "수업의 구현을 위한 가장 중요한 동기 요소" 가 담겨 있다. H. Heckhausen in: F. E. Weinert u.a., Funkkolleg. Pädagogische Psychologie, 584.

329. 만일 수업 목표에 동의하지 않는 학생이 있을 경우, 우리는 '동기화' 의 문제보다는 '조작' 을 문제 삼아야 할 것이다. 성공적인 자발적 행위는 조작 의혹과 경계선을 나란히 하고 있다. 학생을 단지 '도구화하여' 자발적 행위를 촉발하려는 교사도, 자신이 목적을 향해 나아가고 있다고 생각할 것이다. 자발성을 가진 사람은 언젠가 반드시 자신의 목표를 스스로 결정하고자 할 것이다.

330. H. Heckhausen in: F. E. Weinert u.a., Funkkolleg. Pädagogische Psychologie, 588-589.

331. 여기서 다루고자 하는 것은 모든 학과목에서 나타나고 있는 문제다. 따라서 나는 여기서 몇 가지 관점을 요약하되, 특별히 교사 역할에 대한 학생들의 참여에 제한하고자 한다. 아울러 모둠 학습의 문제를 구별해서 다룰 것이다.

332. 점수는 -3점에서부터 +3점까지로 두었다. 학생들의 수업 평가를 보면, 계획 단계의 참여는 긍정적인 것으로 평가되었으나, 그와 더불어 그러한 공동 결정에 있어서 고려해야 할 문제들이 드러나기도 했다:

(1) 계획이 합일점에 도달하기는 아주 드문 일이고, 오히려 갈등의 원인이 될 수 있다. 14세 정도의 남녀 학생들은 서로 상당히 다른 생활세계와 관심을 가지고 있다. 그래서 한 학생은 다음과 같이 적었다. "표결함에 있어서 유의해야 할 사항이라면, '우정' 이란 주제를 선택했을 때처럼 다수를 차지하는 집단이 선택에 결정적인 영향을 미쳐서는 안 된다는 것입니다. 그 경우에 있어서 모든 여학생들이 '우정' 이란 주제를 선택한 반면, 남학생들은 다른 주제를 선호했거든요. 어떤 경우에서든 두 집단의 의견이 모두 반영되도록, 그리고 다수에 의해서 주제가 결정되지 않도록 노력해야만 합니다. 어떤 제안에 전적으로 반대하는 이가 있다면, 그 이유를 찾으려고 노력해 줄 것을 제안하고 싶습니다."

(2) 종교 교육의 특정 주제 – 특히 성서 – 가 소홀히 다뤄질 수 있다. 그 이유를 한 학생은 자신이 이 고대 시대의 책에 대해 근본적으로 무관심해서가 아니라, (a) 그것을 주제로 하는 대화에 참여할 수 있는 능력이 너무 부족하기 때문이라고 말했다: "학생으로서 제 자신이 성서와 관련된 경험을 갖는 경우는 매우 드뭅니다. 그래서 종교 교육 시간에 성서에 대해서 뿐만 아니라 더 많은 주제를 다루게 되는 것이 무척 다행스런 일이라고 생각합니다. 다른 주제들이 다뤄질 경우, 학생들 스스로 대화에 참여할 수 있을 겁니다." 다른 학생은 (암기식) 학습으로 알려진 종교 교육의 외적 이미지에서 오는 (b) 부정적 전이해를 언급했다. "종교는 내게 즐거움을 줍니다. 왜냐하면 종교 교육 시간에 현실과 관련된 주제들이 다뤄지기 때문이죠. 보통 사람들은 종교 교육 시간엔 주로 찬송이나 시편 구절을 암기한다고 생각합니다만 그것은 사실과 전혀 다릅니다. 종교 수업은 학생들이 관심 갖는 문제를 다루지 교사가 원하는 문제를 다루지 않습니다. 그뿐만 아니라 종교 교과 선생님들은 우리를 대할 때 뭔가 부족한 학생으로 보는 것이 아니라, 고유한 가치를 지닌 인간으로 대해 줍니다. 많은 선생님들이 숙제를 내주고 꾸짖고 나쁜 점수를 주는 형식으로 우리를 대하는 권위를, 종교 교과 선생님들은 자신들에게 적용하지 않습니다."

(3) 마지막으로 지적하고 싶은 것이 있다. 주제를 선정할 때 학생들을 참여시키는 것은 제한적으로만 긍정적인 효과를 미치게 된다는 것이다. 즉 학생들의 주제 선정이 관심의 표현으로 인정되고 교사가 주제들에 대해서 잘 준비되어 있을 때 한에서다. "선생님이 우리를 선생님과 동등한 사람으로 보아주고 그래서 우리를 존중해 주는 것이 굉장히

좋게 느껴졌습니다. 그리고 선생님이 우리에게 주제 자체를 찾아보도록 한 것도 좋았다고 생각합니다. 선생님은 수업을 성실하게 준비하셨고, 수업을 의미 있게 인도하기 위해서, 또 우리들의 고유한 관점을 개발시키려고 많은 노력을 기울이셨습니다."

333. "여러분의 맘에 들었던 것은 무엇입니까?" 라는 질문에 학생들은 다음과 같이 대답했다. "내게 좋았던 것은 선생님이 학생들의 제안을 수용했다는 겁니다." "선생님이 우리에게 주제나 수업의 과정을 선택하게 한 것이 맘에 들었어요." "선생님이 우리의 제안을 진지하게 생각해 주셨습니다." "모든 게 다 맘에 들어요. 특별히 선생님을 학생들이 평가하게 하는 이 쪽지 제도가 좋았습니다. 또 선생님은 우리에게 주제 자체를 선택하게 했고, 그리고 그 주제들을 가지고 수업을 진행하셨어요." "내게 인상적이었던 것은 선생님이 늘 준비를 잘해 오셨고, 모두를 동등하게 대해 주셨다는 겁니다. 어떤 요청도 외면하지 않았고 학생들을 잘 이해해 주셨어요."

334. 6학년 학급에서 나온 몇 개의 진술을 소개하겠다. "내 맘에 들었던 것은 모둠 학습과 교사 시험이었어요." "모둠 학습이 제일 맘에 들었어요. 그리고 그 못지않게 선생님께 질문하는 것도 좋았어요." 어떤 진술에서는 내가 교사 시험을 통해 자주 더 많은 것을 가르치려 했다는 점이 지적되었다. "선생님은 시험을 치를 때 자주 수업 내용을 추가로 말했어요. 선생님은 질문을 던지고 답변을 요구했던 학생들에 대해서보다 더 많은 것들을 말했죠." 난 교사 시험을 자랑스럽게 생각한다. 부모들을 통해 들은 바로는, 자신들의 학생들이 실제로 사전을 들추면서 질문거리를 찾았고 그 과정에서 새로운 정보를 얻었다는 것이다. 하지만 그것이 모든 학생들에게 의미 있게 작용했던 것은 아니다. 과거 내 종교 수업에 참여했던 여학생을 대학 신학부에서 다시 만났을 때 물었더니, 그 학생은 교사 시험에 대해서 아무것도 기억하지 못하고 있었다.

335. 이 점에서 F. Schweitzer, Die Konstruktion des Kindes in der Bibeldidaktik, in: G. Lämmermann u.a., Bibeldidaktik in der Posmoderne, 122-134는 '어린이들과 청소년들을 해석자로서' 인정할 것을 요청한다. K. u. P. Wegesnast, Biblische Geschichten dürfen auch unrichtig verstanden werden. Zum Erzählen und Verstehen neutestamentlicher Erzählungen, in: D. Bell / H. Lipsik-Melchior / J. v. Lüpke / B. Ventur (Hg.), Menschen suchen - Zugänge finden. Auf dem Weg zu einem religionspädagogisch verantworteten Umgang mit der Bibel, FS Ch. Reents, Wuppertal: Foedus 1999, 246 이하를 참조하라.

336. 이런 형태의 수업 과정을 여기서 소개할 수는 없다. 이와 관련된 자료로는 G. Theiß en / A. Merz, 『역사적 예수』, 655-656을 참조하라.

337. R. Oberthür, Kinder fragen nach Leid und Gott. Lernen mit der Bibel im Religionsunterricht, München: Kösel 1998. 위에서 인용된 사례는 134쪽에 제시되어 있다.

338. W. Neidhart, “Gegengeschichten”. Grosse Erzählungen erzählend unterlaufen?, in: G. Lämmermann u.a., Bibeldidaktik in der Postmoderne, 315-321.

339. H. Giesecke, Pädagogische Illusionen, Lehren aus 30 Jahren Bildungspolitik, Stuttgart: Klett 1998, 33-45(특히 39). “스스로 수업에 참여하게 하는 능력은 다른 학습 능력으로 대치할 수 없다. 우리가 매일 관계하는 세계-경제, 정치, 문화-는 그 자체로는 가르칠 수도 없고 학습할 수도 없기 때문이다. 세계는 현재 자신의 모습 그대로를 우리에게 말하지 않는다.” 교사는 방법을 변형시킴으로써 가치 있는 동력을 제공할 수 있다. “그렇다고 그것이 학습의 수고를 줄여줄 것이라고 기대해서는 안 된다. 학생들은 금세 방법에 대한 저항자가 되는 듯하다. 교사가 교육 방법에 대해 심각하게 고민을 했다고 해서, 학생들의 학습 능력 부족이나 집중력 부족, 성취도 부족을 해결하지는 못한다”(44).

참고 문헌

Adam, G., Oskar Hammelsbeck(1899-1975), in: H. Schröer / D. Zilleßen (Hg.), Klassiker der Relegionspädagogik, Frankfurt: Diesterweg 1989, 236-249

Ders., Art. Hammelsbeck, Oskar, LexRP 1(2001) 786-789

Aebli, H., Psychologische Didaktik, Stuttgart: Klett [5]1973

Alkier, S., Jenseits von Entmythologisierung und Rehistorisierung. Skzzen einer Semiotik des Wunderbaren, in: M. Meyer-Blanck / B. Dressler (Hg.), Religion zeigen. Religionspädagogik und Semiotik, Münster: LIT 1998, 27-60

Allport, G. W., Entstehung und Umgestaltung der Motive, in: H. Thomae(Hg.), Die Motivation menschlichen Handelns, Köln: Kiepenheuer & Witsch 1965, 488-497

Ders., The Individual and his Religion, New York: Macmillan 1960

Assmann, J., Das kulturelle Gedächtnis. Schrift, Erinnerung und Identität in frühen Hochkulturen, München: Beck [2]1999

Ausubel, P., Das Jugendalter, München: Juventa 1968

Baldermann, I., Biblische Didaktik. Die sprachliche Form als Leitfaden unterrichtlicher Texterschließung am Beispiel synoptischer Erzählungen, Hamburg: Furche 1963

Ders., Der biblische Unterricht. Ein Handbuch für den evangelischen Religionsunterricht, Braunschweig: Westermann 1969

Ders., Die Bible - Buch des Lernens. Grundzüge biblischer Didaktik, Göttingen: Vandenhoeck 1980, überarbeitet in 3. Auflage als: Einführung in die Bibel, UTB 1486, Göttingen: Vandenhoeck 1988 [4]1933

Ders., Wer hört mein Weinen? Kinder entdecken sich selbst in den Psalmen, Neukirchen: Neukirchener [2]1989

Ders., Einführung in die biblische Didaktik, Darmstadt: Wissenschafl. Buchgesellschaft 1996

Ders., Art. Hermeneutische Religionspädagogik, Hermeneutischer

Religionsunterricht, LexRP 1(2001) 829-834

Ders., Art. Erzählen, LexRP 1(2001) 435-441

Barth, H. M., Dogmatik. Evangelischer Glaube im Kontext der Weltreligionen. Ein Lehrbuch, Gütersloh: Kaiser 2001

Baudler, G., Einführung in die szmbolisch-erzählende Theologie, Paderborn: Schöningh 1982

Ders., Töten oder Lieben, Gewalt und Gewaltlosigkeit in Religion und Christentum, München: Kösel 1994

Berg, H. K., Lernziel: Schülerinteresse. Zur Praxis der Motivation im Religionsunterricht, RPP 20, Calw Verlag/ München: Kösel 1977

Ders., Ein Wort wie Feuer. Wege lebendiger Bibelauslegung, Stuttgart: Calwer 1991

Ders., Grundriss der Bibeldidaktik. Konzepte-Modelle-Methoden, München: Kösel / Stuttgart: Calwer 1993

Berg, H. K / Berg, S., Biblische Texte verfremdet, München: Kösel 1986-1992

Berg, H. K / Doedens, F., Globalziel im wandel (1970), in: dies., Unterrichtsmodelle im RU, Frankfurt / München: Diesterweg 1974

Berger, K., Hermeneutik des Neuen Testaments, Gütersloh: Mohn 1988

Berger, K. / Colpe, C (Hg.), Religionsgeschichtliches Textbuch zum Neuen Testament, NTD Textreihe 1, Göttingen: vandenhoeck 1987

Berger, P., Sehnsucht nach Sinn. Glauben in einer Zeit der Leichtgläubigkeit(engl. 1992), GTB 1323, Gütersloh: Mohn 1999

Ders., Auf den Spuren der Engel, Frankfurt: Fischer 1972

Bernhartdt, R., Der Absolutheitsanspruch des Christentums. Von der Aufklärung bis zur Pluralistischen Religionstheologie, Gütersloh: Mohn 1990

Ders. (Hg.), Horizontüberschretung. Pluralistische Theologie der Religionen, Gütersloh: Mohn 1991

Ders., Aufbruch zu einer pluralistischen Theologie der Religionen, ZThK 91 (1994) 230-246

Biehl, P., Symbol geben zu lernen, Bd 1: Einführung in die Symboldidaktik anhand der Symbole Hand, Haus und Weg, Neukirchen-Vluzn: Neukirchener 1989

Ders., Symbole geben zu lernen, Bd 2: Zum Beispiel: Brot, Wasser und Kreuz. Beiträge zur Symbol- und Sakramentendidaktik, Neukirchen-Vluyn:

Neukirchener 1993
Ders., Art. Symboldidaktik, LexRP 2 (2001) 2074-2079
Ders., Symbol und Metapher. Auf dem Wege zu einer religionspädagogischen Theorie religiöser Sprache, JRPäd 1 (1984) 29-64
Biehl, P. / Baudler, G., Erfahrung - Symbol - Glaube, RPäH 2, Frankfurt: Haag und Herchen 1980
Blankertz, H., Art. Didaktik, in: J. Speck / G. Wehle(Hg.), Handuch pädagogischer Grundbegriffen, München: Kösel 1970, 240-296
Bloch, E., Tübinger Einleitung in die Philosophie, Frankfurt: Suhrkamp 1963
Bobzin, H., Der Koran, bsr 2109, München: Beck 1999
Bohne, G., Das Wort Gottes und der Unterricht, Berlin: Furche 1929
Ders., Religionsunterricht und regiöse Entscheidung, ZEvRU 41(1930) 1-11.49-58
Bollnow, O. F., Existenzphilosophie und Pädagogik. Versuch über unstetige Formen der Erziehung, UB 40, Stuttgart: Kohlhammer 1959
Brück, M. von, Art. Hinduismus, EKL 2 (1989) 523-530
Brüning, B., Art. Philosophieren mit Kindern, LexRP 2 (2001) 1507-1509
Buber, M., Gottesfinsternis, Zürich: Manesse 1953
Bucher, A. A., Symbol - Symbolbildung - Symbolerziehung, SPT/Z 36, St. Ottilien: EOS 1990
Ders., Religionsunterricht: Besser als sein Ruf? Empirische Einblicke in ein umstrittenes Fach, Salzburger Theologische Studien 3, Innsbruck / Wien: Tyrolia 1996
Ders., Verstehen postmoderne Kinder die Bibel anders?, in: G. Lämmermann / Ch. Morgenthaler u.a. (Hg.), Bibeldidaktik in der Postmoderne, FS K. Wegenast, Stuttgart / Berlin / Kölin: Kohlhammer 1999, 337-344
Büchner, G., Werke und Briefe, Leipig: Insel 1952
Bultmann, R., Die Bedeutung des Alten Testments für den Christlichen Glauben, in: ders., Glauben und Verstehen Bd. I, Tübingen: Mohr 1933, [5]1964, 313-336
Ders., Neuse Testment und Mythologie, in: ders., Offenbarung und Heilsgeschehen, BEvTh 7, München: Kaiser 1941, 27-69 [=E. Jüngel (Hg.), Neues Testment und Mythologie, BEvTh 96, München: Kaiser [3]1988]
Ders., Das Problem der Hermeneutik, in: Glauben und Verstehen Bd. II,

Tubingen: Mohr 1952, 211-235

Ders., Theologie des Neuen Testaments, Tübingen: Mohr [4]1961

Ders., Glauben und Verstehen Bd. I-IV, Tübingne: Mohr 1933-1975

Burrhoe, R. W., Toward a Scientific Theology, Belfast / Dublin / Ottawa: Christian Journals 1981

Cardenal, E., Das Buch von der Liebe. Lateinamerikanische Psalmen, GTB 168, Gütersloh: Mohn 1981

Chatterjee, M., Gewaltfrei widerstehen. Gandhis religiöses Denken - Seine Bedeutung für unsere Zeit, Gütersloh: Kaiser 1994 (engl. 1983)

Conzelmann, H., Die Mitte der Zeit, BHTh 17, Tübingen: Mohr [6]1977

Crüsemann, F., Die Bildung des Menschengeschlechts, Überlegungen zum Thema 'Bildung' im Alten Testament, in: J. Ochel (Hg.), Bildung in evangelischer Verantwortung auf dem Hintergrund des Bildungsverständnisses von F. D. E. Schleiermacher, Göttingen: Vandenhoeck 2001, 79-100

Cullmann, O., Christus und die Zeit. Die urchristliche Zeit- und Geschichtsauffassung, Zürich: Evang. Verlag 1946

Ders., Heil als Geschichte, Tübingen: Mohr 1965

Dibelius, M., Paulus und die Mystik, in: Botschaft und Geschichte, Gesammelte Aufsätze 2, Tübingen 1956, 134-159 = K. H. Rngstorf (Hg.): Das Paulusbild in der neueren deutschen Forschung, WdF 24, Darmstadt 1964, 447-474

Dienst, K., Friedrich Adolfph Wilhelm Diesterweg (1790-1866), in: H. Schröer / D. Zilleßen (Hg.), Klassiker der Religionspädagogik, Frankfurt: Diesterweg 1989, 135-148

Dormeyer, D. / Kollmann, R. / Munzel, F., Art. Bibelarbeit, Bibeldidaktik, LexRP 1 (2001) 172-180

Drewermann, E., Tiefenpsychologie und Exegese, 2 Bde, Olten: Walter 1984 / 1985

Englert, R., Art. Materialkerygmatik, materialkerygmatische Bewegung, Erneuerung, LexRP 2 (2001) 1297-1303

Feldtkeller, A., Der Islam - aktuelle Gotteslehre und Christologie?, CIBEDO-Beiträge zum Gespräch zwischen Christen und Muslimen 11 (1997) 53-60

Ders., Theologie und Religion. Eine Wissenschaft in ihrem Sinnzusammenhang, ThLZ.F 6, Leipzig: Ev. Verlagsanstalt 2002

Feininger, B., Mit der Bibel das Leben erzählen, BiKi 56 (2001) 148-155

Frankl, V., Der unbewußte Gott. Psychotherapie und Religion, München: Kösel [8]1991

Früchtel, U., Mit ddr Bibel Symbole entdecken, Göttingen: Vandenhoeck 1991 [2]1994

Gadamer, H. G., Wahrheit und Methode. Grundzüge einer philosophischen Hermeneutik, Tübingen: Mohr 1960

Gehlen, A., Der Mensch, Frankfurt: Athenäum [7]1962

Gemünden, P. von, Vegetationsmethaphorik im Neuen Testament und seiner Umwelt, NTOA 18, Freiburg Schweiz: Universitätsverlag / Göttingen: Vandenhoeck 1993

Giesecke, H., Pädagogische Illusionen, Lehren aus 30 Jahren Bildungspolitik, Stuttgart: Klett 1998

Gräb, W., Die Pluralisierung des Religiösen in der 'Postmoderne' als Problem der 'Bibeldidaktik', in: G. Lämmermann u.a. (Hg.), Bibeldidaktik in der Postmoderne, FS K. Wegenast, Stuttgart / Berlin / Köln: Kohlhammer 1999, 182-197

Grethlein, Ch., Relgionspädagogik, Berlin / New York: de Gruyter 1998

Grom, B., Religionspsychologie, München: Kösel / Göttingen: Vandenhoeck 1992

Guttenberger Ortwein, G., Status und Statusverzicht im Neuen Testament und seiner Umwelt, NTOA 39, Freiburg Schweiz: Universitätsverlag / Göttingen: Vandenhoeck 1999

Habermas, J., Erkenntnis und Interesse, in: ders., Technik und Wissenshcaft als "Ideologie", ed. surhkamp 287, Frankfurt: Suhrkamp 1968, 146-168

Ders., Glauben und Wissen, Sonderdruck ed. suhrkamp, Frankfurt: Suhrkamp 2001

Ders., Der Universalitätsanspruch der Hermneutik, in: Hermeneutik und Ideologiekritik, Frankfurt: Suhrkamp 1971, 120-159

Härle, W., Religion als Horizont und Element der Bildung, in: M. Faßler / M. Lohmann / E. Müller (Hg.), Bildung, Welt, Verantwortung. FS 50 Jahre Ev. Studienwerk Villigst, Gießen: Focus 1998, 159-180

Hahn, F., Bibel und moderne Literatur. Große Lebensfragen in Textvergleichen, Stuttgart: Quell 1966

Ders., Mittelpunkt Mensch, Stuttgart: Quell 1975

Halbfas, H., Das dritte Auge. Religionsdidaktische Anstöße, Schriften zur Religionspädagogik 1, Düsseldorf: Patmos 1982

Ders., Thomas Rusters 'fällige Neubegründung des Religionsunterrichts'. Eine kritische Antwort, rhs 44 (2001) 41-53

Ders., Die Bibel. Erschlossen und kommentiert von Hubertus Halbfas, Düsseldorf: Patmos 2001

Hamilton, M. S., Art. Fundamentalismus, II,2B, RGG⁴ 3 (2000) 416-418

Havers, N., Religionsunterricht, Analyse eines unbeliebten Fachs. Eine empirische Untersuchung, München: Kösel 1972

Heckhausen, H., Förderung der Lernmotivierung und der intellektuellen Tüchtigkeit, in H. Roth (Hg.): Begabung und Lernen, Stuttgart: Klett ⁵1970, 193-228

Hefner, Ph., The Human Factor. Evolution, Culture and Religion. Minneapolis: Fortress 1993

Heidegger, M., Was heißt Denken?(1952). in ders., Vorträge und Aufsätze, Pfullingen: Neske 1954

Heimann, P. / Otto, G. / Schulz, W., Untertícht - Analyse und Planung, Hannover: Schroedel 1965

Hezser, C., Lohnmetaphorik und Arbeitswelt in Mt 20, 1-16. Das Gleichnis von den Arbeitern im Weinberg im Rahmen rabbinischer Lohngleichnisse, NTOA 15, Freiburg Schweiz: Universitätsverlag / Göttingen: Vandenhoeck 1990

Hofius, O., Versprengt Herrenworte, in: W. Schneemelcher, Neutestamentliche Apokryphen ⁵1987

Holm, N. G., Einführung in die Religionspsychologie, UTB 1592, München: Reinhartdt 1990

Holm, N. G., / Belzen, J.A.(Hg.), Sundén's Role Theory - an Impetus to Contemporary Psychology of Religion, Religionsvetenskapliga skrifter 27, Aabo: Aabo Akademi 1995

Hüther, G., Die Evolution der Liebe. Was Darwin bereits ahnte und die Darwinisten nicht wahrhaben wollen, Göttingen: Vandenhoeck 1999

Humboldt, W. von, Bericht der Sektion des Kultus und Unterrichts, 1. Dezember 1809, in: W.v. Humboldt, Studienausgabe in 3 Bänden, hg. v. K. Müller-Vollmer, Bd. 2, Paderborn: Schöningh 1971

Janowski, B., 'Ich will in eurer Mitte wohne' . Struktur Genese der exilischen Schekina-Theologie, JBTh 2 (1987) 165-193

Ders., Stellvertretung. Alttestamentliche Studien zu einem theologischen Grundbegriff, SBS 165, Stuttgart: Verlag Kath. Bibelwerk 1997

Janzen, W., Existenzial Theologie und Religionspädagogik. Das Beispiel Martin Stallmanns, RpäH 20, Aachen: Rimbaud 1990

Jeremias, J., Die Gleichnisse Jesu, Göttingen: Vandenhoeck ²1952

Joest, W., Art. Fundamentalismus. TRE 11 (1983) 732-738

Ders., Fundamentaltheologie, Stuttgart: Kohlhammer 1981

Jonas, H., Das Prinzip Verantwortung. Versuch einer Ethik für die technologische Zivilisation, Frankfurt: Insel 1979

Jüngel, E., Art. K Barth, TRE 5 (1980) 251-268

Käsemann, E., Begründet der neutestamentliche Kanon die Einheit der Kirche? in: ders., Exegetische Versuche und Besinnungen Bd. I, Göttingen: Vandenhoeck ⁶1970, 214-223

Kaufmann, H,-B., Müß die Bibel im Mittelpunkt des Religionsunterrichts stehen?, in: Ders. (Hg.): Der Streit um den problemorientierten Religionsunterricht, Frankfurt: Diesterweg 1973, 23-27

Kabisch, R., Über die Lehrbarkeit von Religion, ZThK 12 (1902) 316-318

Keel, O., Bibel und Ikonographie, BiKi 40 (1985) 143-147

Kienzler, K., Der religiöse Fundamentalismus. Christentum, Judentum, Islam, bsr 2031, München: Beck 1996

Kittel, H., Vom Religionsunterricht zur Evangelischen Unterweisung, Wolfenbüttel / Hannover: Schroedel 1947 ³1957

Klafki, W., Das pädagogische Problem des Elementaren und die Theorie der kategorialen Bildung, Weinheim: Beltz ³1963

Ders. u. a. (Hg.), Funkkolleg Erziehungswissenschaft 2, Frankfurt: Fischer ²1970

Ders., Grundlinien kritisch?konstruktiver Didaktik, in: ders., Neue Studien zur Bildungstheorie und Didaktik. Zeitgemäße Allgemeinbildung und kritisch-konstruktive Didaktik, Weinheim: Beltz ³1993, 83-138

Ders., Grundzüge eines neuen Allgemeinbildungskonzepts. Im Zentrum: epochaltypische Schlusselprobleme, in: ders., Neue Studien zur Bildungstheorie und Didaktik, Weinheim: Beltz ³1993, 43-81

Klauck, H. -J., Die religiöse Umwelt des Urchristentums, 2 Bde, Stuttgart:

Kohlhammer 1995/1996
Knab, D., Art. Currirulum, LexRP 1 (2001) 297-302
Knauf, E. A., Die Umwelt des Alten Testaments, NSK.AT 29, Stuttgart: Verlag kath. Bibelwerk 1994
Ders., Audiatur et altera pars. Zur Logik der Pentateuch-Redaktion, BiKi 53(1998) 118-125
Krahe, S., Die Letzten werden die Ersten sein. Das Umkehrprinzip in der Bibel, Würzburg: Echter 1997
Küng, H., Dialogfähigkeit und Standfestigkeit. Über zwei komplementäre Tugenden, EvTh 49 (1989) 492-504
Küng, H., Das Projekt Weltethos, München: Piper 1990, [4]1992
Küng, H., / Kuschel, K.-J. (Hg.), Die Erklärung zum Weltethos. Die Deklaration des Parlaments der Weltreligionen, München: Piper 1993
Kuhn, J. (Hg.), Manchmal setzt der Himmel Zeichen. Die Bibel in meinem Leben, Stuttgart: Kreuz 1989
Kuschel, K. -J., Bibel und interreligiöser Dialog - Perspektiven einer Genesis-Theologie der Religionen, in: J. Lähnemann (Hg.), 'Das Projekt Weltethos' in der Erziehung, Hamburg: EB-Verlag 1995, 120-129
Lähnemann, J., Evangelische Religionspädagogik in interreligioser Perspektive, Göttingen: Vandenhoeck 1998
Ders., Die Bibel - ein Buch interreligiösen Lernens? in: G. Lämmermann / Ch. Morgenthaler u.a. (Hg.), Bibeldidaktik in der Postmoderne, FS K. Wegenast, Stuttgart / Berlin / Köln: Kohlhammer 1999, 281-293
Ders., Helmuth Kittel (1902-1984), in: H. Schröer / D. Zilleßen, Klassiker der Religionspädagogik, Frankfurt: Diesterweg 1989, 250-265
Lämmermann, G., Grundriss der Religionsdidaktik, Strttgart: Kohlhammer 1991
Ders., Religionspadägogik im 20. Jahrhundert, KT 160, Gütersloh: Kaiser 1994
Ders., Art. Elementarisierung, LexRP 1 (2001) 382-388.
Lämmermann, G. / Morgenthaler, Ch. / Schori, K. / Wegenast, Ph. (Hg.), Bibeldidaktik in der Postmoderne, FS K. Wegenast, Stuttgart / Berlin / Köln: Kohlhammer 1999
Lange, G., Art. Bild, Bilddidaktik, LexRP 1 (2001) 186-192
Lennert, R., Art. Bildung I, TRE 4 (1980) 568-582
Levenson, J. D., The Universal Horizon of Biblical Particularism, in: H.G. Brett

(Hg.), Ethnicity and the Bible, Bibical Interpretation series 19, Leiden / New York / Köln: Brill 1966, 143-169
Ling, T., Die Unibersalität der Religion, München: List 1971
Lübbe, H., Religion nach der Aufklärung, Graz / Wien / Köln: Styria 1986
Luz, U., Das Evangelium nach Matthäus, EKK I / 1-3, Neukirchen: Neukirchener / Zürich: Benziger 1985, 1990, 1997
Luz, U./ Michaels, A., Jesus oder Buddha. Leben und Lehre im Vergleich, bsr 1462, München: Beck 2002
Mann, U., Das Christentum als absolute Religion, Darmstadt: Wiss. Buchgesellschaft [5]1982
Markschies, Ch., Die Gnosis, bsr 2173, Munchen: Beck 2001
Martin, G. M., 'Bibliodrama' als Spiel, Exegese und Seelsorge, WPKG 68 (1979) 135-144
Marx, K., Zur Kritik der Hegelschen Rechtsphilosophie. Einleitung, in: S. Landshut (Hg.), K. Marx, Die Frügschriften, Stuttgart: Kröner 1964, 207-224
Maskus, R., Motivation in Erziehung und Unterricht, Neuburgweiler: Schindele 1972
Mason, E. C., Rainer Maria Rilke. Sein Leben und sein Werk, KVR 192/194, Göttingen: Vandenhoeck, 1964
Meisinger, H., Liebesgebot und Altruismusforschung. Ein exegetischer Beitrang zum Dialog zwischen Theologie und Naturwissenschaft, NTOA 33, Freiburg Schweiz: Universitätsverlag / Göttingen: Vandenhoeck 1996
Mensching, G., Volksreligion und Weltreligion, Leipzig: Hinrichs 1938
Ders., Soziologie der Religion, Bonn: Röhrscheid 1947
Ders., Die Religion. Erscheinungsformen, Strukturtypen und Lebensgesetze, Goldmanns Gelbe Taschenbücher 882/883, München: Goldmann 1959
Menze, C., Art. Bildung, HPG I (1970) 135-184
Meurer, T., Bibelkunde statt Religionsunterricht? Zu Thomas Rusters Konzept einer 'Einführung in das biblische Wirklichkeitsverständnis', rhs 44 (2001) 248-255
Meyer-Blanck, M., Vom Symbol zum Zeichen. Symboldidaktik und Semiotik, Hannover: Luth. Verlagshaus 1995
Ders., Vom Symbol zum Zeichen. Plädoyer für eine semiotische Revision der Symboldidaktik, EvTh 55 (1995) 337-351

Mietzel, G., Pädagogische Psychologie, Göttingen: Hogrefe 1973

Montada, L., Die Lernpsychologie Jean Piagets, Stuttgart: Klett 1970

Morgenthaler, Ch., Subjekt, Story und Tradition, in: G. Lämmermann / Ch. Morgenthaler u.a. (Hg.), Bibeldidaktik in der Postmoderne, FS K. Wegenast, Stuttgart / Berlin / Köln: Kohlhammer 1999, 90-103

Neidhart, W., 'Gegengeschichten'. Grosse Erzählungen erzählend unterlaufen?, in: G. Lämmermann / Ch. Morgenthaler u.a. (Hg.), Bibeldidaktik in der Postmoderne, FS K. Wegenast, Stuttgart / Berlin / Köln: Kohlhammer 1999, 315-321

Niebergall, F., Der neue Religionsunterricht, Langensalza o. Verlagsangabe, o. J. (1992)

Nietzsche, F., Werke, Werke, hg. von G. Colli / M. Montinari, Berlin: de Gruyter 1969

Nipkow, K. E., Grundfragen der Religionspädagogik, Bd. 1: Gesellschaftliche Herausforderungen und theoretische Ausgangspunkte, Gütersloh: Mohn 1975

Ders., Bildung in einer pluralen Welt. Bd. 1: Moralpädagogik im Pluralismus Bd. 2: Religionspädagogik im Pluralismus, Gütersloh: Mohn 1998

Ders., Hermeneutik und Ideologiekritik. Konzepte der Vergangenheit? Herausforderungen für die Zukunft!, in: G. Lämmermann / Ch. Mergenthaler u.a. (Hg.), Bibeldidaktik in der Postmoderne, FS K. Wegenast, Stuttgart / Berlin / Köln: Kohlhammer 1999, 268-280

Ders., Art. Problemorientierter Religionsunterricht, LexRP 2 (2001) 1559-1565

Ders., Art. Pluralität, Pluralismus, LexRP 2 (2001) 1520-1525

Nurmela, R., Die innere Freiheit. Das jüdische Element bei Victor E. Frankel, Europäische Studien zur Ideen- und Wissenschaftsgeschichte 9, Frankfurt: Lang 2001

Oberthür, R., Kinder fragen nach Leid und Gott. Lernen mit der Bibel im Religionsunterricht, Müchen: Kösel 1998

Oerter, R., Die Entwicklung von Werthaltungen während der Reifezeit, München: Reinhardt 1966

Ders., Psychologie des Denkens, Donauwörth: Auer 1971

Ders., Moderne Entwichlungspsychologie, Donauwörth: Auer ^{3}1968

Osten-Sacken, P. von der, Grundzüge einer Theologie im christlich-jüdischen

Gespräch, München: Kaiser 1982
Otto, G., Schule - Religionsunterricht - Kirche, Göttingen: Vandenhoeck 1961
Ders., Art. Stock, Hans, LexRP 2 (2001) 2064-2066
Otto, R., Das Heilige. Über das Irrationale in der Idee des Göttlichen und sein Verhältnis zum Rationalen, Breslau: Trewendt 1917
Pannenberg, W., Erwägungen zu einer Theologie der Religionsgeschichte, in: ders., Grundfragen der systematischen Theologie, Bd. 1, Göttingen: Vandenhoeck ³1979, 252-259
Pintrich, P. R. / Schunk, D. H., Motivation in Education. Theory, Research, and Applications, Englewood Cliffs / Columbus: Prentice Hall 1996
Polkinghorne, J., Theologie und Naturwissenschaften. Eine Einführung (engl. 1998), Gütersloh: Kaiser 2001
Porsch, F., Pneuma und Wort, FTS 16, Frankfurt: Knecht 1974
Poser, H. / Deuser, H., Art. Kontingenz TRE 19 (1990) 544-559
Pury, A. de / Knauf, E.A., La théologie de l' ancien testament: kérygmatique ou descriptive? ETR 70 (1995) 323-334
Race, A., Christian and Religious Pluralism. Patterns in the Christian Theology of Religions, Maryknoll: Orbis Books 1983
Räisänen, H., Das Koranische Jesusbild. Ein Beitrag zur Theologie des Korans, Schriften der finnischen Gesellschaft für Missiologie und Ökumenik 20, Helsinki: Finnische Gesellschaft fur Missiologie und Ökumenik 1971
Ders., The Idea of Divine Hardening. Leading Astray and Inciting to Evil in the Bible and the Qu' ran, Publications of the Finnish Exegetical Society 25, Helsinki: o. Verlagsangabe ²1976
Ders., Marcion, Muhammad and the Mahatma. Exegetical Perspectives on the Encounter of Cultures and Faiths, London: SCM 1997
Reents, Ch., "Bibel weg - hat kein' n Zweck!"? Zwölf Argumente und zwolf Gegenargumente, in: G. Lämmermann / Ch. Morgenthaler u.a. (Hg.), Bibeldidaktik in der Postmoderne, FS K. Wegenast, Stuttgart / Berlin / Köln: Kohlhammer 1999, 337-344
Reiser, H., Identität und religiöse Einstellung, Hamburg: Furche 1972
Reijen, W. van, Art. Postmoderne, EKL 3 (1992) 1276-1282
Rendtorff, R., Theologie des Alten Testaments. Ein Kanonischer Entwurf. 2 Bde, Neukirchen: Neukirchener 1999 / 2001

Ross, J., Faust, Freud, Bach und die Bibel, in: Die ZEIT Nr. 14 vom 27.3.2002, 1.

Rickers, F., 'Zwischen den Stühlen'. H. Kittels Beziehung zum Nationalsozialismus, in: K. Ebert (Hg.), Alltag und Ethik. Beiträge zu einem sozialethischen Problemfeld, FS A. Weyer, Wuppertal: Hammer 1988, 197-241

Ritschl, D. / Jones, H. O., 'Story' als Rohmaterial der Theologie, TEH 192, München: Kaiser 1976

Robinsohn, S. B., Bildungsreform als Revision des Curriculum, Berlin: Luchterhand 1967

Rohls, J., Pretestantische Theologie der Neuzeit Bd. II, Das 20. Jahrhundert, Tübingen: Mohr 1997

Rössler, D., Grundriß der Praktischen Theologie, Berlin / New York: de Gruyter 1986

Rosenau, H., Art. Religionsphilosophie I, TRE 28 (1997) 749-761

Rothermund, D., Mahatma Gandhi. Der Revolutionär der Gewaltlosigkeit. Eine politische Biographie, München / Zürich: Piper 1989

Rupp, H. F., Art. Diesterweg, Friedrich Adolph Wilhelm, LexRP 1 (2002) 334-347

Ruster, Th., Der verwechselbare Gott. Theologie nach der Entflechtung von Christentum und Religion, QD 181, Freiburg: Herder 2000

Ders., Die Welt verstehen gemaß den Schriften. Religionsunterricht als Einführung in das biblische Wirklichkeitsverständnis, rhs 43 (2000) 189-203

Sanders, E. P., Paulus und das palästinische Judentum. Ein Vergleich zweier Religionsstrukturen, StUNT 17, Göttingen: Vandenhoeck 1985 (engl. 1977)

Schaller, K., Die Krise der humanistischen Pädagogik und der kirchliche Unterricht, Heidelberg: Quelle & Meyer 1961

Ders., Der Gebildete heute, Sachwalter und Mitmensch, Bochum: Kamp 1962

Scheilke, Ch.Th., Art. Kittel, Helmuth, LexRP 1 (2001) 1067-1070

Scheler, M., Die Wissensformen und die Gesellschaft, Leipzig: Der Neue-Geist-Verlag 1926

Schiefele, H., Lernmotivation und Motivlernern, München: Ehrenwirth 1974

Schleiermacher, F. D. E., Der christliche Glaube nach den Grundsätzen der evangelischen Kirche im Zusammenhange dargestellt, 2 Bde, Berlin ^{2}1830/31 hg. von M. Redeker, Berlin: de Gruyter ^{7}1960

Schluchter, W., Die Entwicklung des okzidentalen Rationalismus. Eine Analyse von Max Webers Gesellschaftsgeschichte, Tübingen: Mohr 1979

Schmid, K., Der Geschichtsbezug des christlichen Glaubens, in: W. Härle / H. Schmidt / M. Welker, Das ist christlich. Nachdenken über das Wesen des Christentums, Gütersloh: Kaiser 2000, 71-90

Schmidinger, H., Die Bibel in der deutschsprachigen Literatur des 20. Jahrhunderts, Mainz: Grünewald 1999

Schmidt, H., Religionsdidaktik. Ziele, Inhalte und Methoden religiöser Erziehung in Schule und Unterricht Bd. I, Stuttgart: Kohlhammer 1982

Ders., Leitfaden der Religionspädagogik, UB 443, Stuttgart: Kohlhammer 1991

Ders., Symbole - elementare Bausteine religiöser und moralischer Bildungsprozesse. Ein symboldidaktischer Sanierungsversuch, in: R. Bernharde / U. Link-Wieczoreck (Hg.), Metapher und Wirklichkeit. Die Logik der Bildhaftigkeit im Reden von Gott, Mensch und Natut, Göttingen: Vandenhoeck 1999, 221-239

Ders., Bildung ohne Christentum? in: W. Härle / H. Schmidt / M. Welker (Hg.), Das ist christlich. Nachdenken über das Wesen des Christentums, Gütersloh: Kaiser 2000, 157-174

Schmidt, W. H., Art. Monotheismus II, TRE 23 (1994) 237-248

Schneemelcher, W., Neutestamentliche Apokryphen, Tübingen: Mohr [5]1987

Schoberth, I., Rechtfertigung und Schülersehnsucht. Zentralartikel ohne Resonanz? EvTh 59 (1999) 49-61

Schottroff, L. / Stegemann, W., Jesus von Nazarth - Hffnung der Armen, UB 639, Stuttgart: Kohlhammer 1978

Schrödter, H., Die Religion der Religionspädagogik, Zürich: Benzinger 1975

Schröer, H., Spuren der Bibel in säkularer Poesie, in: G. Lämmermann / Ch. Morgenthaler u.a. (Hg.), Bibeldiddaktik in der Postmoderne, FS K. Wegenast, Stuttgart / Berlin / Köln: Kohlhammer 1999, 300-314

Schröer, H. / Zilleßen, D. (Hg), Klassiker der Relegionspädagogik, Frankfurt: Diesterweg 1989

Schröer, S., Art. Ikonographie, NBL 2 (1995) 219-226

Schüssler-Fiorenza, E., Zu ihrem Gedächtnis. Eine feministisch-theologische Rekonstruktion der christlichen Ursprünge, Mainz: Grünewald / München: Kaiser 1988 (engl. 1983)

Schultz, H. J., Sie werden lachen - die Bibel, Stuttgart: Kreuz 1975
Schwanitz, D., Bildung. Alles, was man wissen muss, Frankfurt: Eichborn 1999
Schweitzer, A., Die Mystik des Apostels Paulus, Tübingen: Mohr 1930
Schweitzer, F., Die Konstruktion zwischen erster und zweiter Moderne, in: G. Lämmermann / Ch. Morgenthaler u.a. (Hg.), Bibeldidaktik in der Postmoderne, FS K. Wegenast, Stuttgart / Berlin / Köln: Kohlhammer 1999, 122-133
Ders., Lebensgeschichte und Religion. Religiöse Entwicklung und Erziehung im Kindes- und Jugendalter, München: Kaiser ^{2}1991
Schweitzer, F. / Nipkow, K.E. / Faust-Siehl, G. / Krupka, B., Religionsunterricht und Entwicklungspsychologie. Elementarisierung in der Praxis, Gütersloh: Kaiser 1995
Schwier, H., Praktische Theologie und Bibel. Die Rolle von Bibel und Exegese in der derzeitigen Standortbestimmung der Praktischen Theologie, EvTh 61 (2001) 340-353
Schwöbel, Ch., Art. Monotheismus IV, TRE 23 (1994) 256-262
Seel, N. M., Psychologie des Lernens, UTB 8198, Munchen / Basel: Reinhardt 2000
Sharpe, E. J., Nathan Söderblom (1866-1931), in A. Michaels (Hg.), Klassiker der Religionswissenschaft. Von Friedrich Schleiermacher bis Mircea Eliade, München: Beck 1997, 157-169. 381-383
Skowronek, H., Lernen und Lernfähigkeit, München: Juventa 1969
Söderblom, N., Der lebendige Gott im Zeugnis der Religionsgeschichte. Nachgelassene Gifford-Vorlesungen, hg. v. Ch.M. Schröder / R. Hartner / F.Heiler, München: Reinhardt 1942 ^{2}1996
Ders., Uppenbarelsereligion, Uppsala: o. Verlagsangabe 1903
Spies, O., Die Arbeiter im Weinberg (Mt 20,1-15) in islamischer Uberlieferung, ZNW 66 (1975) 279-283
Stallmann, M., Christentum und Schule, Stuttgart: Schwab 1959
Ders., Die biblische Geschichte im Unterricht, Göttingen: o. Verlagsangabe 1963
Starobinski-Safran, E., Art. Monotheismus III, TRE 23 (1994) 249-256
Stausberg, M., Art. Söderblom, Nathan (1866-1831), TRE 31 (2000) 423-427
Stern, M. (Hg.), Greek and Latin Authors on Jews and Judaism, vol. 1, Jerusalem:

The Israel Academy of Sciences and Humanities 1976

Stock, H., Studien zur Auslegung der synoptischen Evangelien im Unterricht, Gütersloh: Mohn 1959

Stolz, F., Einführung in den biblischen Monotheismus, Darmstadt: Wiss. Buchgesellschaft 1996

Stoodt, D., Religionsunterricht als Interaktion, Düsseldorf: Pro-Schule 1975

Ders., Art. Evangelische Unterweisung, LexRP 1 (2001) 521-526

Stietencron, H. von, Der Hinduismus, bsr 2158, Munchen: Beck 2001

Ström, A. V., Art. Monogheismus I, TRE 23 (1994) 233-237

Strube, C., Art. Postmoderne I, TRE 27 (1997) 82-87

Sundén, H., Die Religion und die Rollen (schwedisch 1959), Berlin: Töpelmann 1966

Ders., Gott erfahren. Das Rollenangebot der Religionen, GTB 98, Gütersloh: Mohn 1975

Sundermeier, Th. Evangelisation und die 'Wahrheit der Religionen' . in: R. Bern hardt (Hg.), Horizontüberschreitung. Pluralistische Theologie der Religionen, Gütersloh: Mohn 1991, 175-190

Ders., Den Fremden verstehen. Eine praktische Hermeneutik, Göttingen: Vandenhoeck 1996

Ders., Was ist Religion? Religionswissenschaft im theologischen Kontext. Ein Studienbuch, ThB 36, Gütersloh: Kaiser 1999

Sykes, S., 'Essence of Christianity' versus 'Implicit Axioms' , in: W. Huber (u.a.), Implizite Axiome, München: Kaiser 1990, 263-276

Theißen, G., Synoptische Wundergeschichten im Lichte unseres Sprachverständnisses. Hermeneutische und didaktische Überlegungen, WPKG 65 (1976) 289-308

Ders., Argumente fur einen kritischen Glauben. Oder: Was hält der Religionskritik stand?, TEH 202, München: Kaiser 1978 [3]1988

Ders., Gewaltverzicht und Feindesliebe (Mt 5,38-48 / LK 6,27-38) und deren sozialgeschichtlicher Hintergrund, in: Studien zur Soziologie des Urchristentums, Tübingen: Mohr 1979, 160-197

Ders., Biblischer Glaube in evolutionärer Sicht, München: Kaiser 1984

Ders., Der Schatten des Galiläers, Gütersloh: Kaiser 1986 [15]2001.

Ders., Tradition und Entscheidung. Der Beitrag des biblischen Glaubens zum kulturellen Gedächtnis, in: J. Assmann / T. Hölscher (Hg.): Kultur und Gedächtnis, Frankfurt: Suhrkamp 1988, 170-196

Ders., Judentum und Christentum bei Paulus. Sozialgeschichtliche Überlegungen zu einem beginnenden Schisma, in: M. Hengel / U. Heckel / U. Heckel (Hg.), Paulus. Missionar und Theologe und das antike Judentum, WUNT 58, Tübingen: Mohr 1991, 331-356

Ders., Neutestamentliche Überlegungen zu einer jüdisch-christlichen Lekure des Alten Testaments, in: Kirche und Israel 10 (1995) 115-136

Ders., Jesus und die symbolpolitischen Konflikte seiner Zeit. Sozialgeschichtliche Aspekte der Jesusforschung, EvTh 57 (1997) 378-400

Ders., Jesus im Judentum, Drei Versuche einer Ortsbestimmung, Kirche und Israel 14 (1999) 93-109

Ders., Der Ambivalenzkonflikt mit Gott dem Vater. Über die therapeutische Funktion religioser Symbolik bei Paulus, in: M. Josuttis / H. Schmidt / S. Scholpp (Hg.), Auf dem Weg zu einer seelsorglichen Kirche. Theologische Bausteine. Göttingen: Vandenhoeck 2000, 223-244

Ders., Die Religion der ersten Christen. Eine Theorie des Urchristentums, Gütersloh: Kaiser [3]2002

Theißen, G. / Merz, A., Der historische Jesus. Ein Lehrbuch, Gottingen: Vandenhoeck 1996 [3]2001

Thomae, H., Das Individuum und seine Welt, Göttingen: Hogrefe 1968

Tillich, P., Der Protestantismus als kritisches und gestaltendes Prinzip (1929), in: ders., Gesammelte Werke Bd. VII, Stuttgart: Ev. Verlagswerk 1962, 29-53

Troeltsch, E., Die Absolutheit des Christentums und die Religionsgeschichte (1902), GTB 138, Gütersloh: Mohn [2]1985

Vincon, H., Spuren des Wortes. Biblische Stoffe in der Literatur: Materialien für Predigt, Religionsunterricht und Erwachsenenbildung, 2 Bde, Stuttgart: Steinkopf, 1988-1990

Vrijdaghs, B., Gerhard Bohne (1895-1977), in: H. Schröer / D. Zilleßen (Hg.), Klassiker der Religionspädagogik, Frankfurt: Diesterweg 1989, 223-235

Ders., Art. Bohne, Gerhard, LexRP 1 (2001) 206-209

Vogel, A., Artikulation des Unterrichts, Ravensburg: Maier 1973

Wagner, F., Was ist Religion? Studien zu ihrem Begriff und Thema in Geschichte und Gegenwart, Gütersloh: Mohn 1986

Watanabe, Y., Selbstwertanalyse und christlicher Glaube, EvTh 40 (1980) 58-75

Wegenast, K., Der biblische Unterricht zwischen Theologie und Didaktik, Gütersloh: Mohn 1965

Ders., die empirische Wendung in der Religionspädagogik, EvErz 20 (1968) 111-124

Ders., Religionspädagogik Bd. 1: Der evangelische Weg, WdF 209, Darmstadt: Wiss. Buchgesellschaft 1982

Ders., Art. Stallmann, Martin, LexRP 2 (2001) 2031-2034

Weinert, F. E. / Graumann, C. F., u.a.: Funkkolleg Pädagogische Psychologie 1/2, Frankfurt: Fischer 1974

Weippert, H., Schöpfer des Himmels und der Erde. Ein Beitrag zur Theologie des ersten Jeremiabuches, SBS 102, Stuttgart: Kath. Bibelwerk 1981

Weischedel, W., Der Gott der Philosophen, Bd. II, Darmstadt: Wiss. Buchgesellschaft 1972

Wölfel, K., (Hg.), Lessings Werke, Frankfurt: Insel 1967

Wolff, O., Mahatma und Christus. Eine Charakterstudie Mahatma Gandhis und des modernen Hinduismus, Berlin: Lettner 1955

Wuchterl, K., Art. Religionsphilosophie II. Neuansätze und Neubewertungen, TRE 28 (1997) 761-766

Zeller, D., Christus unter den Göttern. zum antiken Vmfeld des Christusglaubens, Stuttgart: kath, Bibelwerk 1993

Zeller, D., Art. Niebergall, Friedrich, LexRP 2 (2001) 1412-1415

Zimbardo, Ph. G., Psychologie. Deutsche Bearbeitung von S. Hoppe-Graff, B. Keller, I. Engel, Berlin / Heidelberg: Springer [6]1995

Zwergel, H. A., Religiöse Erziehung und Entwicklung der Persönlichkeit, Zürich: Benzinger 1976

성서, 어떻게 가르칠 것인가?
— 열린 성서 학습의 길

2010년 9월 2일 초판 1쇄 인쇄
2021년 3월 2일 초판 3쇄 발행

지은이 | 게르트 타이쎈
옮긴이 | 고원석 · 손성현
펴낸이 | 김영호
편 집 | 김구 박연숙 정인영 김율 디자인 | 황경실
펴낸곳 | 도서출판 동연
등 록 | 제1-1383호(1992. 6. 12.)
주 소 | 서울시 마포구 월드컵로 163-3
전 화 | (02)335-2630
전 송 | (02)335-2640
이메일 | yh4321@gmail.com
블로그 | https://blog.naver.com/dong-yeon-press

ISBN 978-89-6447-119-7 93200